РУССКИЙ ЯЗЫК

Практическая грамматика с упражнениями

I. M. Pul'kina, J. B. Sachava-Nekrassova

RUSSISCH

Praktische Grammatik mit Übungen

7., unveränderte Auflage

Moskau · Verlag Russkij Jazyk · 2005

И. М. Пулькина, Е. Б. Захава-Некрасова

РУССКИЙ ЯЗЫК

Практическая грамматика с упражнениями

Издание 7-е, стереотипное

Москва · Издательство «РУССКИЙ ЯЗЫК» · 2005

УДК 811.161.1'36(075)
ББК 81.2 Рус-96
  П88

П88
     Пулькина, И. М.
     Русский язык. Практическая грамматика с упражнениями : учебник (для говорящих на немецком языке) / И. М. Пулькина, Е. Б. Захава-Некрасова. — 7-е изд., стереотип. — М. : Рус. яз., 2005. — 608 с.
     ISBN 5-200-03272-5
     Книга представляет собой учебник по грамматике русского языка. Состоит из двух разделов — морфологии и синтаксиса. Материал учебника распределён по грамматическим темам. Изучение каждой темы сопровождается тренировочными упражнениями, цель которых — развитие навыков устной и письменной речи. Многочисленные таблицы систематизируют учебный материал.
     Учебник рассчитан на тех, кто имеет подготовку по русскому языку. Продвинутый этап обучения.

                                          **УДК 811.161.1'36(075)
                                          ББК 81.2Рус-96**

ISBN 5-200-03272-5

ПРЕДИСЛОВИЕ

Данный учебник предназначается учащимся, имеющим определенные знания русского языка, а именно: представления о структуре простого предложения, о типах связей слов в предложении, а также об основных правилах склонения и спряжения.

В нем представлен краткий обзор грамматического материала, изученного на начальном этапе, что будет полезно для его повторения, а также для дальнейшего развития навыков устной речи.

Основное внимание в учебнике уделено темам, представляющим наибольшие трудности для изучающих русский язык: значение и употребление падежей, продуктивные и непродуктивные типы русских глаголов, виды глаголов, глаголы движения, употребление местоимений, значение и употребление союзов и союзных слов в сложносочиненных и сложноподчиненных предложениях.

В учебник включено большое количество упражнений, необходимых для практического овладения русским языком.

Примеры, дающиеся в комментариях и в упражнениях, как правило, включают наиболее частотные, используемые в повседневной речи слова, что облегчает усвоение грамматических явлений. Кроме того, в упражнениях приводятся фразы и выдержки из произведений русских писателей и поэтов с тем, чтобы познакомить студентов с современным русским языком.

VORWORT

Das vorliegende Lehrbuch „Russisch. Praktische Grammatik mit Übungen" setzt bei den Lernenden bestimmte Grundkenntnisse des Russischen voraus: über die Struktur des einfachen Satzes, über die Zusammenhänge zwischen den einzelnen Wörtern im Satz sowie über die Grundregeln der Deklination und Konjugation.

Die Studenten finden hier eine kurze Übersicht des Lehrstoffs, den sie früher gelernt haben, was einerseits der Wiederholung des ihnen bereits bekannten Sprachstoffs und andererseits der Weiterentwicklung ihrer Sprechfertigkeiten dient.

Den Schwerpunkt des Lehrbuchs bilden grammatische Themen, die in der Regel die meisten Schwierigkeiten bereiten: die Bedeutung und der Gebrauch der Fälle, die produktiven und unproduktiven Klassen der russischen Verben, die Aspekte der Verben, die Verben der Fortbewegung, der Gebrauch der Pronomen, die Bedeutung und der Gebrauch der Konjunktionen bzw. unechter Konjunktionen in den zusammengesetzten Sätzen und im Satzgefüge.

Das Lehrbuch enthält eine Vielzahl von Übungen, die für die praktische Aneignung der russischen Sprache unentbehrlich sind.

In der Regel sind die Beispiele in den Erläuterungen sowie die ersten Übungen so zusammengestellt, daß sich der Lernende dank der Ausnutzung eines einfachen alltäglichen Wortschatzes ein klares Bild über die anzueignenden grammatischen Erscheinungen machen kann. Außerdem werden in den Übungen komplette Sätze und ganze Auszüge aus Werken russischer Schriftsteller und Dichter angeführt, um die Studenten mit der russischen Gegenwartssprache vertraut zu machen.

VERWENDETE ABKÜRZUNGEN

Von Schriftstellernamen

Аж.— В. Н. Ажа́ев
Акс.— С. Т. Акса́ков
А. К. Т.— А. К. Толсто́й
Алиг.— М. И. Алиге́р
А. Н. Остр.— А. Н. Остро́вский
Ант.— С. П. Анто́нов
Арс.— В. К. Арсе́ньев
А. Т.— А. Н. Толсто́й
Бар.— А. Л. Барто́
Бел.— В. Г. Бели́нский
Б. Пол.— Б. Н. Полево́й
Буб.— М. С. Бубенно́в
Г.— Н. В. Го́голь
Гайд.— А. П. Гайда́р
Гарш.— В. М. Га́ршин
Гонч.— И. А. Гончаро́в
Горб.— Б. Л. Горба́тов
Гриб.— А. С. Грибое́дов
Долм.— Е. А. Долмато́вский
Исак.— М. В. Исако́вский
И. Сур.— И. З. Су́риков
И. Э.— И. Г. Эренбу́рг
Кат.— В. П. Ката́ев
Кольц.— А. В. Кольцо́в
Кор.— В. Г. Короле́нко
Кр.— И. А. Крыло́в
Купр.— А. И. Купри́н
Леб.-К.— В. И. Ле́бедев-Кума́ч
Л.— М. Ю. Ле́рмонтов
Л. Т.— Л. Н. Толсто́й
Майк.— А. Н. Ма́йков
М. Г.— Макси́м Го́рький

М.-С.— Д. Н. Ма́мин-Сибиря́к
Марш.— С. Я. Марша́к
Маяк.— В. В. Маяко́вский
Мих.— М. Л. Миха́йлов
Михалк.— С. В. Михалко́в
Мич.— И. В. Мичу́рин
Н.— Н. А. Некра́сов
Ник.— И. С. Ники́тин
Н. О.— Н. А. Остро́вский
Овеч.— В. В. Ове́чкин
Ош.— Л. И. Оша́нин
Павл.— П. А. Павле́нко
Пав.— И. П. Па́влов
Пан.— В. Ф. Пано́ва
Пауст.— К. Г. Паусто́вский
Плещ.— А. Н. Плеще́ев
Приш.— М. М. При́швин
П.— А. С. Пу́шкин
С.-Щ.— М. Е. Салтыко́в-Щедри́н
Сераф.— А. С. Серафимо́вич
С.-М.— И. С. Соколо́в-Микито́в
Твард.— А. Т. Твардо́вский
Тих.— Н. С. Ти́хонов
Тург.— И. С. Турге́нев
Тютч.— Ф. И. Тю́тчев
Фад.— А. А. Фаде́ев
Фед.— К. А. Фе́дин
Фурм.— Д. А. Фу́рманов
Черн.— Н. Г. Черныше́вский
Чех.— А. П. Че́хов
Шол.— М. А. Шо́лохов

Von grammatikalischen Begriffen

A., Akk.— Akkusativ
buchspr.— buchsprachlich
D., Dat.— Dativ
Dekl.— Deklination
Fut.— Futur
G., Gen.— Genitiv
I., Instr.— Instrumental
männl.— männlich

N., Nom.— Nominativ
Pl., Plur.— Plural
P., Präp.— Präpositiv; Präposition
sächl.— sächlich
Sg., Sing.— Singular
unvoll.— unvollendet; unvollendeter Aspekt
voll.— vollendet; vollendeter Aspekt

FORMENLEHRE

Das Russische unterscheidet Begriffswörter und Hilfswörter.
Begriffswörter bezeichnen Dinge (ма́льчик *der Junge*, стол
der Tisch, каранда́ш *der Bleistift*), Eigenschaften (краси́вый *schön*,
большо́й *groß*, си́ний *blau*), eine Anzahl (два *zwei*, три *drei*, де́сять
zehn), Handlungen (пи́шет [*er*] *schreibt*, бе́гает [*er*] *läuft*, у́чится [*er*]
lernt), nähere Bestimmungen einer Handlung (хорошо́ *gut*, пло́хо
schlecht, бы́стро *schnell*, ти́хо *still*).
Hilfswörter weisen auf Beziehungen zwischen Begriffswörtern
bzw. Sätzen hin.

Кни́га и журна́л лежа́т на столе́.	Das Buch und die Zeitschrift liegen auf dem Tisch.
Я прие́хал из Румы́нии.	Ich bin aus Rumänien gekommen.
Мой друг не пришёл в университе́т, потому́ что заболел.	Mein Freund ist nicht in die Universität gekommen, weil er erkrankt ist.

In diesen Sätzen sind folgende Hilfswörter enthalten: и, на, из, не,
в, потому́ что.
Je nachdem, was ein Wort bezeichnet, wie es abgewandelt wird und
welche Funktion ihm im Satz zukommt, gehört es einer Gruppe
gleichartiger Wörter an, die man als W o r t a r t bezeichnet.
Alle Wörter, sowohl Begriffs- als auch Hilfswörter, werden in Wortarten eingeteilt.
Im Russischen unterscheidet man zehn Wortarten:
1. das S u b s t a n t i v (учени́к *der Schüler*, стол *der Tisch*, внима́-
ние *die Aufmerksamkeit*);
2. das A d j e k t i v (краси́вый *schön*, большо́й *groß*, деревя́нный
hölzern);
3. das Z a h l w o r t (оди́н *ein*, два *zwei*, пе́рвый *der erste*);
4. das P r o n o m e n (я *ich*, ты *du*, он *er*, тот *jener*, мой *mein*);
5. das V e r b (чита́ть *lesen*, сиде́ть *sitzen*, учи́ться *lernen*);
6. das A d v e r b (хорошо́ *gut*, за́втра *morgen*, здесь *hier*);
7. die P r ä p o s i t i o n (в *in*, на *auf*, из *aus*, о́коло *neben, bei*);
8. die K o n j u n k t i o n (и *und*, но *aber*, что *daß*, потому́ что
weil);
9. die P a r t i k e l (ра́зве *etwa, denn*, ли *ob*, ведь *doch*, же *doch*);
10. die I n t e r j e k t i o n (увы́! *o weh!* ах! *ach!* ой! *oh!*).
Sechs Wortarten — S u b s t a n t i v e, A d j e k t i v e, Z a h l w ö r -
t e r, P r o n o m e n, V e r b e n und A d v e r b i e n — sind B e g r i f f s -

w ö r t e r. Alle diese Wortarten können im Satz als Satzglieder auftreten (über die Satzglieder siehe S. 447).

Drei Wortarten — P r ä p o s i t i o n e n, K o n j u n k t i o n e n und P a r t i k e l n — sind H i l f s w ö r t e r. Sie können nicht als Satzglieder auftreten.

Die I n t e r j e k t i o n e n gehören weder zu den Begriffs- noch zu den Hiflswörtern.

Das Wort und seine Bestandteile

Die russischen Wörter lassen sich in Bestandteile zerlegen.

1. Der Hauptteil des Wortes ist die W u r z e l, die Grundbedeutung des Wortes enthält.

Das Wort kann allein aus der Wurzel bestehen, z. B. двор *der Hof*, дом *das Haus*, стол der Tisch.

2. Das Wort kann aus Wurzel und Suffix (Nachsilbe) bestehen: двóр-ник *der Hauswart*, дóм-ик *das Häuschen*, стóл-ик *das Tischchen*.

In dem Wort двóрник ist двор- die Wurzel, -ник — das Suffix. Das Suffix -ник dient in diesem Fall zur Bildung eines neuen Wortes, das eine Person bezeichnet. Dieselbe Bedeutung hat das Suffix -ник in den Wörtern лесни́к *der Forstwart*, помóщник *der Gehilfe* u. a.

In den Wörtern стóлик, дóмик bezeichnet das Suffix -ик eine Verkleinerung. Dieselbe Bedeutung der Verkleinerung hat das Suffix -ик in den Wörtern сáдик *das Gärtchen*, карандáшик *kleiner Bleistift* u. a.

Suffixe können auch zur Bildung grammatischer Formen dienen. So ist in dem Verb дал (*er*) *gab* да- die Wurzel und -л das Suffix, mit dessen Hilfe die Vergangenheitsform gebildet wird.

In dem Wort краси́вее *schöner* ist краси́в- die Wurzel, -ее ist das Suffix, mit dessen Hilfe die Steigerungsform des Adjektivs gebildet wird.

D a s S u f f i x ist der Teil des Wortes, der nach der Wurzel steht und zur Bildung neuer Wörter bzw. Wortformen dient.

Suffixe verleihen den Wörtern verschiedene Schattierungen.

3. Das Wort kann aus Wurzel und Präfix (Vorsilbe) bestehen, z. B. вы́лет *Abflug*. In dem Wort вы́лет ist -лет die Wurzel, in der die Grundbedeutung des Wortes enthalten ist. Dieselbe Wurzel finden wir in den Wörtern летáть *fliegen*, лётчик *der Flieger*, лётная (погóда) *das Flugwetter* u. a. Вы- ist in dem Wort вы́лет das Präfix, das ihm eine neue Bedeutung verleiht. Dieselbe Bedeutung verleiht dieses Präfix den Wörtern выходи́ть *ausgehen*, выбегáть *hinauslaufen*.

D a s P r ä f i x ist der Teil des Wortes, der vor der Wurzel steht und vornehmlich zur Bildung neuer Wörter dient.

4. Wurzel, Suffix und Präfix sind Bestandteile des Wortstammes. Jeder Stamm hat eine Wurzel.

Der Stamm kann nur aus der Wurzel bestehen: двор *der Hof*, дом *das Haus*, стол *der Tisch*. Solche Stämme nennt man u n a b g e l e i t e t e.

Stämme, die außer der Wurzel noch Präfixe oder Suffixe enthalten, nennt man a b g e l e i t e t e: двóрник, дóмик, вы́лет.

Ein Stamm kann mehr als ein Präfix oder ein Suffix haben. Im Wort **понастро́ить** *bauen* (понастро́ить мно́го домо́в *viele Häuser bauen*) sind beispielsweise zwei Präfixe enthalten, nämlich **по-** und **на-**; das Wort **иссле́дователь** *der Forscher* weist die Wurzel **-след-**, das Präfix **ис-** und die beiden Suffixe **-ова-** und **-тель** auf.

Ein Wort kann auch mehr als eine Wurzel haben. So besteht das Wort **парохо́д** *der Dampfer* aus zwei Wurzeln: **пар** *Dampf* und **ход** *Gang*. Solche Wörter nennt man zusammengesetzte Wörter.

5. Der Teil des Wortes, der nach dem Stamm steht und auf die Beziehungen zwischen den Wörtern im Satz hinweist, heißt Endung. Verschiedenartige Beziehungen ein und desselben Wortes zu anderen werden durch verschiedene Endungen ausgedrückt, z. B. Я взял журна́л **бра́та**. Я взял журна́л **бра́ту**.

In diesen Sätzen hat das Substantiv **брат** *der Bruder* verschiedene Endungen, die auf verschiedenartige Beziehungen zwischen den Wörtern hinweisen: im ersten Satz heißt es, daß ich die Zeitschrift genommen habe, die meinem Bruder gehört; (*чей* журна́л? *wessen Zeitschrift?* — журна́л **бра́та** *die Zeitschrift des Bruders*); im zweiten Satz wird ausgesagt, daß ich die Zeitschrift für den Bruder genommen habe (*кому́? für wen?* **бра́ту** *für den Bruder*).

Das Adjektiv **большо́й, больша́я, большо́е** *groß* hat verschiedene Endungen, die auf das Geschlecht des Substantivs hinweisen, mit dem dieses Adjektiv verbunden ist: **большо́й** ма́льчик *ein großer Junge*, **большо́й** стол *ein großer Tisch* (männlich), **больша́я** де́вочка *ein großes Mädchen*, **больша́я** кни́га *ein großes Buch* (weiblich), **большо́е** собра́ние *eine große Versammlung*, **большо́е** письмо́ *ein langer Brief* (sächlich).

In dem Verb **писа́ть** — **пишу́** (*ich*) *schreibe*, **пи́шешь** (*du*) *schreibst*, **пи́шет** (*er*) *schreibt*, **пи́шем** (*wir*) *schreiben*, **пи́шете** (*ihr*) *schreibt*, **пи́шут** (*sie*) *schreiben* ist der Stamm des Wortes **пиш-**; die Endungen **-у, -ешь, -ет, -ем, -ете, -ут** weisen auf die Person und die Zahl des Verbs hin.

Suffigierung. Mit Hilfe von Suffixen können von ein und derselben Wurzel Wörter verschiedener Wortarten gebildet werden. So ist z. B. das Wort **чита́ть** *lesen* ein Verb; die Wörter **чита́тель** *der Leser*, **чте́ние** *das Lesen*, **чи́тка** *das Vorlesen*, **чита́льня** *der Lesesaal* sind Substantive; die Wörter **чита́тельский** *Leser-*, **чита́льный** (зал) *der Lese-(saal)* sind Adjektive; so auch **стро́ить** *bauen* (Verb), **стро́итель** *der Bauarbeiter*, **строи́тельство** *das Bauwesen*, **строе́ние** *der Bau*, **постро́йка** *das Gebäude* (Substantive), **строи́тельный** (материа́л) *das Bau(material)* (Adjektiv).

Jeder Wortart sind bestimmte Suffixe eigen. Suffixe einer jeden Wortart haben vielfältige Bedeutungen, besonders die der Substantive und Adjektive.

Man unterscheidet die Suffixe nach ihrer Produktivität: mit Hilfe produktiver Suffixe wird eine große Zahl von Wörtern gebildet, die in der russischen Gegenwartssprache gebräuchlich sind, dagegen läßt sich mit Hilfe unproduktiver Suffixe nur eine begrenzte Zahl von Wörtern bilden.

Produktive Suffixe zur Bildung von Substantiven sind: **-ец** (**бое́ц** *der Soldat,* **боре́ц** *der Kämpfer*); **-ик, -(н)ник** (уда́рник *der Bestar-beiter,* **отли́чник** *bester Schüler,* **шко́льник** *der Schüler*); **-чик, -щик** (перево́дчик *der Übersetzer,* **разве́дчик** *der Kundschafter,* **ка́мен-щик** *der Maurer*); **-ани(е), -ени(е)** (внима́ние *die Aufmerksamkeit,* **зада́-ние** *die Aufgabe,* **наблюде́ние** *die Beobachtung*) u. a.

Die gebräuchlichsten produktiven Suffixe zur Bildung von Adjekti-ven sind: **-н-** (ле́тний *sommerlich,* **вече́рний** *abendlich,* **ме́стный** *örtlich,* **фабри́чный** *Fabrik-*), **-ск-** (городско́й *städtisch,* **крестья́нский** *bäuer-lich,* **арме́йский** *Armee-*).

Pr ä fi gi e ru n g. Mit Hilfe von Präfixen werden neue Wörter in-nerhalb ein und derselben Wortart gebildet: Verben werden von Ver-ben abgeleitet (**писа́ть** *schreiben* — **переписа́ть** *umschreiben,* **списа́ть** *abschreiben,* **вы́писать** *herausschreiben*), Adjektive von Adjektiven (**вку́сный** *schmackhaft* — **безвку́сный** *geschmacklos,* **му́дрый** *weise* — **прему́дрый** *sehr weise,* **весёлый** *lustig* — **развесёлый** *sehr lustig,* **нау́ч-ный** *wissenschaftlich* — **антинау́чный** *unwissenschaftlich*).

Präfixe sind (abgesehen von einigen vornehmlich fremden Ur-sprungs) für Verben (**написа́ть** *niederschreiben,* **перестро́ить** *umbauen,* **уе́хать** *fortfahren*) und für von Verben abgeleitete Substantive (**прихо-ди́ть** *kommen* — **прихо́д** *die Ankunft,* **взмахну́ть** *schwingen* — **взмах** *der Schwung, das Schwingen*) typisch.

Präfixe verleihen den Wörtern die mannigfaltigsten Bedeutungen. So bezeichnet das Präfix **вы-** in Verbindung mit Verben, z. B. eine Be-wegung von innen nach außen (**выходи́ть** из аудито́рии *aus dem Audi-torium gehen,* **выезжа́ть** из го́рода *aus der Stadt hinausfahren,* **выно-си́ть** что́-либо из ко́мнаты *etwas aus dem Zimmer hinaustragen,* **выво-зи́ть** това́ры из страны́ *Waren aus einem Lande ausführen*; doch kann dasselbe Präfix **вы-** in Verbindung mit anderen Verben auch das Errei-chen eines bestimmten Resultats bezeichnen (**лечи́ть** больно́го *den Kranken ärztlich behandeln* — **вы́лечить** больно́го *den Kranken heilen,* **проси́ть** у това́рища кни́гу *den Freund um ein Buch bitten* — **вы́просить** кни́гу *sich das Buch ausbitten*); es kann auch den Sinn von 'herausnehmen' haben (**выреза́ть** карти́нки — **вы́резать** карти́нки *Bilder ausschneiden*).

Ebenso wie die Suffixe werden die Präfixe in produktive und unpro-duktive eingeteilt. Mit Hilfe einiger Präfixe (z. B. **при-, пере-, с-**) läßt sich eine große Zahl präfigierter Verben mit verschiedenen Bedeutun-gen bilden; dagegen wird mit Hilfe solcher Präfixe wie **вз-, вос-** nur eine begrenzte Zahl von Verben gebildet.

Übung 1. Schreiben Sie die Wörter ab und unterstreichen Sie die Wurzel.

1. ро́дина, роди́тели, родно́й. 2. земля́, подзе́мный, земля́к, земля́чество. 3. но́вый, но́вость, нова́тор. 4. лете́ть, лётчик, по-лёт. 5. цена́, цени́ть, це́нный, оце́нка.

Übung 2. Schreiben Sie Wörter mit derselben Wurzel heraus.

1. Вот сад. В саду́ рабо́тает садо́вник. Он посади́л краси́вые са-до́вые цветы́. 2. Ско́ро рассве́т. На горизо́нте све́тлая полоса́. Не́-бо светле́ет. Ско́ро со́лнце освети́т по́ле и лес. 3. Мы идём по лес-

ной доро́ге. Вокру́г густо́й лес. Впереди́ до́мик лесника́. Лесни́к охраня́ет лес. 4. На на́шей у́лице стро́ят но́вый дом. К ме́сту стро́йки подъезжа́ют автомаши́ны. Они́ приво́зят строи́тельные материа́лы. Стро́ители рабо́тают по-но́вому. Они́ зако́нчат строи́тельство до́ма досро́чно.

Übung 3. Suchen Sie Wörter mit derselben Wurzel.

рабо́та, свобо́да, мир, Москва́, борьба́, молодо́й, ста́рый, учи́ть, труд, сча́стье

Übung 4. Bestimmen Sie die Suffixe in den hervorgehobenen Wörtern.

Садо́вник рабо́тает в саду́. *Лесни́к* охраня́ет лес. *Столя́р* де́лает столы́. *Дво́рник* подмета́ет двор. *Моря́к* лю́бит мо́ре. *Писа́тель* написа́л рома́н. *Учи́тель* у́чит. *Ученики́* у́чатся. *Тракто́рист* во́дит тра́ктор.

Übung 5. Schreiben Sie die folgenden Wortverbindungen ab und zerlegen Sie dabei die hervorgehobenen Wörter in ihre Bestandteile.

M u s t e r: мор-ск-о́й

лесна́я доро́га, *садо́вые* цветы́, *зи́мняя* оде́жда, *интере́сная* но́вость, *счастли́вая* мо́лодость, *беспоко́йная* жизнь, *се́льское* хозя́йство, *ли́повая* алле́я

Übung 6. Bestimmen Sie die Präfixe in den folgenden Wörtern:

вы́ход, вход, полёт, разгово́р, безопа́сность, рассве́т

Der Lautwechsel im Wortstamm

Im Russischen tritt sowohl bei der Bildung verschiedener Formen ein und desselben Wortes als auch bei der Bildung neuer Wörter durch Suffigierung mitunter ein Lautwechsel auf. Man unterscheidet den Konsonantenwechsel (z. B. **писа́ть** *schreiben* — **пишу́** *(ich) schreibe*; **друг** *der Freund* — **дру́жеский** *freundschaftlich*) und den Vokalwechsel (**лома́ть** *brechen*, **разлома́ть** — **разла́мывать** *zerbrechen*, **вздыха́ть** *seufzen* — **вздох** *der Seufzer*). Außerdem ist bei der Formbildung innerhalb eines Wortstammes mitunter Einschub oder Ausfall der Vokale **o, e** zu beobachten (man spricht in diesen Fällen von f l ü c h t i g e n Vokalen): **сон** *der Schlaf* — **сна, оте́ц** *der Vater* — **отца́, день** *der Tag* — **дня, боре́ц** *der Kämpfer* — **борца́, кусо́к** *das Stück* — **куска́, ко́роток** *kurz* (männliche Kurzform) — **коротка́** (weibliche Kurzform). Der Konsonantenwechsel ist im Russischen häufiger als der Vokalwechsel.

Die Hauptarten des Konsonantenwechsels

с — ш: писа́ть — пишу́, пи́шешь...   высо́кий — вы́ше
schreiben   hoch
носи́ть — ношу́, но́сишь...
tragen

11

х — ш:	паха́ть — пашу́, па́шешь... pflügen	у́хо — у́ши das Ohr стару́ха — стару́шка die Alte сухо́й — су́ше trocken страх — стра́шный die Furcht
з — ж:	вози́ть — вожу́, во́зишь... jmdn., etwas fahren	ни́зкий — ни́же niedrig
г — ж:	ля́гу — лёг, ля́жешь... liegen могу́ — мо́жешь, мо́гут... können	дорого́й — доро́же teuer нога́ — но́жка der Fuß
г — ж — з:		друг — дру́жный — друзья́ der Freund — einmütig — Freunde
д — ж:	сиде́ть — сижу́, сиди́шь... sitzen	молодо́й — моло́же jung
к — ч:	крик — крича́ть der Schrei — schreien	сук — су́чья der Ast река́ — ре́чка der Fluß кре́пкий — кре́пче stark восто́к — восто́чный der Osten лицо́ — ли́чный
ц — ч:		das Gesicht; die Person — persönlich пти́ца — пти́чий der Vogel
т — ч:	хоте́ть — хочу́, хо́чешь... wollen	круто́й — кру́че steil
ст — щ:	пусти́ть — пущу́, пу́стишь... lassen	просто́й — про́ще einfach
ск — щ:	иска́ть — ищу́, и́щешь... suchen	
б — бл:	люби́ть — люблю́, лю́бишь... lieben	
п — пл:	терпе́ть — терплю́, те́рпишь... dulden	
в — вл:	лови́ть — ловлю́, ло́вишь... fangen	
ф — фл:	графи́ть — графлю́, графи́шь... linieren	

м — мл: кормить — кормлю, кор-
мишь...
füttern, zu essen geben

Übung 7. Schreiben Sie die folgenden Wörter ab, unterstreichen Sie die Wurzel und nennen Sie die wechselnden Konsonanten.

1. *восто́к, восто́чный* райо́н 2. *столи́ца, столи́чные* теа́тры 3. *рука́, ру́чка, ручно́й* медве́дь, *вручи́ть* письмо́ 4. *друг, дружо́к, подру́га, подру́жка, друзья́, дружи́ть, дру́жная* рабо́та, *дру́жеский* приве́т

Übung 8. Lesen Sie die folgenden Sätze. Schreiben Sie die Wörter mit gleicher Wurzel heraus, in denen Konsonantenwechsel auftritt. Unterstreichen Sie die wechselnden Konsonanten.

1. — Прошу́ тебя́, приходи́ ко мне сего́дня ве́чером.— Не проси́, не могу́, я сего́дня о́чень за́нят. Я бу́ду сиде́ть до́ма и занима́ться.— Жаль! Но е́сли не мо́жешь сего́дня, приходи́ за́втра.— Не могу́ и за́втра: за́втра — четве́рг, я ка́ждый четве́рг хожу́ рабо́тать в библиоте́ку и сижу́ там весь ве́чер.

2. Вчера́ я купи́л интере́сную кни́гу. Я давно́ хоте́л купи́ть э́ту кни́жку. Если хо́чешь, я и тебе́ куплю́ таку́ю кни́гу.

3. — Почему́ у тебя́ сего́дня тако́й плохо́й вид? — Вчера́ я по́здно лёг спать, и у меня́ боли́т голова́. Обы́чно я ложу́сь в 11 часо́в, вчера́ лёг в 2 часа́ но́чи и до́лго лежа́л — не мог засну́ть.

4. На окра́ине го́рода постро́или но́вую фа́брику. Фабри́чное зда́ние — большо́е и све́тлое.

Zusammengesetzte Wörter

Die Zusammensetzung von Wortstämmen. Durch die Zusammensetzung zweier oder mehrerer Stämme (unabgeleiteter und abgeleiteter) können neue Wörter entstehen: **пар-о-хо́д** *der Dampfer*, **овц-е-во́д** *der Schafzüchter*, **трёх-эта́жный** *dreistöckig*. Dieser Typ der Wortbildung ist besonders für Substantive und Adjektive kennzeichnend.

Die aus zwei (mitunter mehreren) Wortstämmen gebildeten Wörter werden als z u s a m m e n g e s e t z t e Wörter bezeichnet. Die Verbindung der Wortstämme erfolgt durch sogenannte B i n d e v o k a l e : - o- nach harten Konsonanten (**паро**хо́д *der Dampfer*), **-e-** nach weichen Konsonanten (**земледе́лие** *der Ackerbau*), nach Zischlauten (**друже**лю́бие *die Freundlichkeit*) und nach ц (**овце**во́д *Schafzüchter*).

Zusammengesetzte Wörter können auch ohne Bindevokal gebildet werden: **Волго-гра́д, пяти-ле́тка** *der Fünfjahrplan*.

Zusammengesetzte Wörter werden in der Regel aus einem Substantivstamm und einem Verbalstamm gebildet (**листопа́д** *der Laubfall*, **самолётострое́ние** *der Flugzeugbau*); sie können auch aus Stämmen eines Adjektivs und eines Substantivs (**чернозём** *die Schwarzerde*), eines Pronomens und eines Substantivs (**самокри́тика** *die Selbstkritik*), eines Zahlwortes und eines Substantivs (**четырёхто́нка** *der Viertonner*) bestehen.

Von den zusammengesetzten Wörtern können neue Wörter mit Hilfe von Suffixen abgeleitet werden: овцевод-**ств(о)** *die Schafzucht*, земледель-**ческ(ий)** *landwirtschaftlich*, Ackerbau-, дружелюб-**н(ый)** *freundschaftlich*, добродуш-**н(ый)** *gutmütig*. Zusammengesetzte Wörter können nicht nur aus vollständigen, sondern auch aus verkürzten Wortstämmen gebildet werden (**зарп**лата *der Arbeitslohn*, **колхоз** *der Kolchos*). Solche Wörter bezeichnet man als A b k ü r z u n g s w ö r t e r . In der russischen Gegenwartssprache haben Abkürzungswörter nach der Großen Sozialistischen Oktoberrevolution eine starke Verbreitung erfahren (**комсомол** *der Komsomol*, **колхоз** *der Kolchos*, **вуз** *die Hochschule* u. a.).

Nach der Art der Abkürzung und Zusammensetzung werden die Substantive in folgende Gruppen eingeteilt:

1. **профсоюз** *die Gewerkschaft* **запчасти** *die Ersatzteile*	**профессиональный союз** **запасные части**	Verkürzt ist nur das erste Wort.
2. **универмаг** *das Warenhaus* **собкор** *der Spezialkorrespondent*	**универсальный магазин** **собственный корреспондент**	Verkürzt sind alle Wörter, aus denen das zusammengesetzte Substantiv besteht.
3. **вуз** *die Hochschule* **США** *die Vereinigten Staaten von Amerika*	**высшее учебное заведение** **Соединённые Штаты Америки**	Das Substantiv besteht aus den Anfangslauten der Wörter, aus denen es gebildet ist.
4. **РФ** (wird ausgesprochen wie эр-эф) *die Russische Föderation*	**Российская Федерация**	Das Substantiv besteht aus den Anfangsbuchstaben einiger Wörter.
5. **Днепрогэс** *die Wasserkraftstation am Dnepr*	**Днепровская гидроэлектрическая станция**	Das Substantiv besteht aus dem verkürzten ersten Wort und den Anfangsbuchstaben der nachfolgenden Wörter.

A n m e r k u n g . Auch von Abkürzungswörtern lassen sich mit Hilfe von Suffixen neue Wörter ableiten, z. B. **вуз** *die Hochschule* — **вузовец** *der Student*, **вузовская** конференция *die Hochschulkonferenz*.

Das Substantiv

Die russischen Substantive werden nach dem G e s c h l e c h t unterschieden und nach Z a h l und F a l l abgewandelt.

Geschlecht

Die Substantive gehören im Russischen einem der drei Geschlechter an: dem m ä n n l i c h e n, dem w e i b l i c h e n oder dem s ä c h l i c h e n.

Es ist wichtig, das Geschlecht der Substantive zu kennen, denn die mit dem betreffenden Substantiv verbundenen Adjektive, Ordnungszahlwörter und Verben in der Vergangenheitsform sowie einige Pronomen stimmen mit ihrem Beziehungswort im Geschlecht überein, d.h., sie wandeln ihre Endungen nach dem Geschlecht des Substantivs ab, auf das sie sich beziehen, z. B.

männlich	weiblich	sächlich
интере́сный докла́д	**интере́сная** кни́га	**интере́сное** зада́ние
ein interessanter Vortrag	ein interessantes Buch	eine interessante Aufgabe
си́ний каранда́ш	**си́няя бума́га**	**си́нее пятно́**
der blaue Bleistift	blaues Papier	ein blauer Fleck
наш пе́рвый уро́к	**на́ша пе́рвая ле́кция**	**на́ше пе́рвое собра́ние**
unsere erste Unterrichtsstunde	unsere erste Vorlesung	unsere erste Versammlung
пришёл студе́нт	**пришла́** студе́нтка	**пришло́** письмо́
ein Student ist gekommen	eine Studentin ist gekommen	ein Brief ist angekommen

I. Das Geschlecht der Substantive, die P e r s o n e n b e z e i c h n e n, ist durch das n a t ü r l i c h e G e s c h l e c h t dieser Personen bestimmt. Bei allen übrigen Substantiven ist das Geschlecht aus den Endungen ersichtlich.

Die Wörter **мужчи́на** *der Mann*, **ю́ноша** *der Jüngling, der Jugendliche*, **де́душка** *der Großvater*, **оте́ц** *der Vater*, **брат** *der Bruder*, **ма́льчик (мальчи́шка)** *der Junge*, **па́рень (парни́шка)** *der Bursche* sind ungeachtet ihrer Endungen m ä n n l i c h e n Geschlechts.

Die Wörter **же́нщина** *die Frau*, **де́вушка** *das Mädchen*, **мать** *die Mutter*, **дочь** *die Tochter*, **ба́бушка** *die Großmutter*, **сестра́** *die Schwester* sind w e i b l i c h e n Geschlechts.

Alle männlichen Vornamen sind ungeachtet ihrer Endung m ä n n l i c h e Substantive: **Ива́н (Ва́ня), Никола́й (Ко́ля), Влади́мир (Воло́дя), Ники́та, Валенти́н (Ва́ля), Алекса́ндр (Са́ша)**.

Alle weiblichen Vornamen sind w e i b l i c h e Substantive: **Татья́на (Та́ня), А́нна (А́ня), Валенти́на (Ва́ля), Алекса́ндра (Са́ша)**.

Von allen Substantiven, die Personen bezeichnen, ist nur das Wort **дитя́** *das Kind* s ä c h l i c h (dieses Wort wird in der russischen Gegenwartssprache selten gebraucht).

II. Das Geschlecht russischer Substantive, die n i c h t P e r s o n e n
b e z e i c h n e n, erkennt man gewöhnlich an der Endung im Nominativ
Singular.

1. Substantive mit der Endung -a (-я) sind w e i b l i c h : **странá** *das
Land,* **рóдина** *die Heimat,* **земля** *die Erde, das Land,* **дерéвня** *das Dorf,*
áрмия *die Armee.*

2. Substantive mit der Endung -o (-ё), -e sind s ä c h l i c h : **письмó**
der Brief, **прáво** *das Recht,* **мóре** *das Meer,* **здáние** *das Gebäude,* **ущé-
лье** *die Schlucht,* **плáтье** *das Kleid.*

3. Endungslose Substantive mit Stammauslaut auf einen harten
Konsonanten (**лес** *der Wald,* **гóрод** *die Stadt,* **мост** *die Brücke,* **дом** *das
Haus*) oder auf den Konsonanten -й (**музéй** *das Museum,* **край** *das
Land, der Rand,* **бой** *das Gefecht*) sind m ä n n l i c h.

4. Endungslose Substantive mit Stammauslaut auf einen weichen
Konsonanten (**день** *der Tag,* **тень** *der Schatten,* **огóнь** *das Feuer,* **жизнь**
das Leben, **ýголь** *die Kohle,* **сталь** *der Stahl*) sowie auf einen harten
bzw. weichen Zischlaut (**нож** *das Messer,* **рожь** *der Roggen,* **карандáш**
der Bleistift, **тушь** *die Tusche,* **луч** *der Strahl,* **ночь** *die Nacht,* **плащ** *der
Regenmantel,* **вещь** *das Ding*), können m ä n n l i c h oder w e i b l i c h
sein:

a) Die Wörter **день** *der Tag,* **огóнь** *das Feuer,* **ýголь** *die Kohle* sind
m ä n n l i c h;

die Wörter **тень** *der Schatten,* **жизнь** *das Leben,* **сталь** *der Stahl*
sind w e i b l i c h (das Geschlecht dieser Substantive muß man sich mer-
ken, s i e h e Anlage auf S. 21—22).

b) Die Wörter **нож** *das Messer,* **карандáш** *der Bleistift,* **луч** *der
Strahl,* **плащ** *der Regenmantel* sind m ä n n l i c h;

die Wörter **рожь** *der Roggen,* **глушь** *das Dickicht,* **ночь** *die Nacht,*
вещь *das Ding* sind w e i b l i c h.

Das Geschlecht der Substantive mit Stammauslaut auf einen
Zischlaut ist an ihrem Schriftbild erkennbar: bei weiblichen Substanti-
ven steht im Nominativ Singular nach dem Zischlaut ein weiches Zei-
chen -ь, unabhängig davon, ob der Zischlaut hart oder weich ist; bei
männlichen Substantiven steht nach dem Zischlaut nie ein -ь.

5. Im Russischen gibt es 10 Wörter s ä c h l i c h e n Geschlechts auf
-мя (**имя** *der Name,* **врéмя** *die Zeit,* **знáмя** *das Banner,* **плáмя** *die Flam-
me,* **плéмя** *der Stamm, die Generation,* **сéмя** *der Samen,* **тéмя** *der Schei-
tel,* **стрéмя** *der Steigbügel,* **брéмя** *die Last, die Bürde,* **вымя** *das Euter*).

6. Fremdsprachige unbelebte Substantive mit Stammauslaut auf
einen Vokal sind s ä c h l i c h : **пальтó** *der Mantel,* **метрó** *die Metro,*
кинó *das Kino,* **бюрó** *das Büro,* **жюри** *die Jury,* **пари** *die Wette* usw.,
ausgenommen das Wort **кóфе** *der Kaffee* (m ä n n l i c h — **слáбый,
крéпкий** кóфе *dünner, starker Kaffee*).

Übung 9. Lesen Sie den folgenden Text. Bestimmen Sie das Geschlecht der hervorgeho-
benen Substantive und schreiben Sie sie in drei Spalten geordnet auf.

M u s t e r :   m ä n n l i c h   w e i b l i c h   s ä c h l i c h
                  гóрод   стáнция   ýтро

Бы́ло *воскресéнье*. Мы реши́ли поéхать зá *город*. Рáно ýтром пришли мы на *вокзал* и сели в *поезд*. Мы ехали *час*. *Время* прошло незаметно. Вот наша *станция*. Мы вышли из *вагона*. Было ясное *утро*, чистое *небо*. На небе лишь одно белое *облачко*. Недалеко от станции был *лес*. В лес через поле вела *тропинка*. В поле ещё стоял *туман*. Мы вошли в лес. *Трава* была мокрая. На траве блестела *роса*. Мы шли и вдыхали свежий лесной *воздух*. Кругом *тишина* и *покой*. Слышно только *пение* птиц. Вот мы услышали тихое *журчание* воды. Это *ручей*. В ручье холодная прозрачная *вода*. Мы попили воды и пошли дальше. *Дорога* привела нас в поле. *Солнце* высоко стояло в небе. Был уже *полдень*. В лесу была прохладная *тень*, а в поле жарко. Мы остались в лесу.

Übung 10. Bestimmen Sie das Geschlecht der folgenden Substantive und schreiben Sie sie in drei Spalten geordnet auf (wie in Übung 9).

дерево, дуб, сосна, берёза, клён, куст, болото, река, речка, озеро, пруд, овраг, поляна, луг, ягода, гриб, погода, жара, гроза, гром, молния, радуга, ветер, деревня, село, стадо, ночь, луна, костёр, луч, рожь

Übung 11. Schreiben Sie die folgenden Sätze ab. Unterstreichen Sie die hervorgehobenen Substantive, und zwar die männlichen mit einer Linie, die weiblichen mit zwei Linien, die sächlichen mit einer Wellenlinie.

1. Близ леса протекала тихая *речка*. 2. На солнце ярко блестело *озеро*. Мы вышли на поляну. *Поляна* пестрела цветами. Уже появилась *земляника*. 4. Стояла сильная *жара*. 5. В деревне мы пили чудесное *молоко*. 6. Вечером *погода* изменилась: началась гроза. Ярко сверкала *молния*, гремел *гром*. Но очень скоро гроза утихла. Небо прояснилось. Мы развели *костёр*, вскипятили *чай*, поужинали и легли спать. 7. *Ночь* мы провели в лесу.

Übung 12. Schreiben Sie alle Namen der Wochentage auf und geben Sie das Geschlecht dieser Substantive an.

Übung 13. Schreiben Sie die folgenden Sätze ab. Unterstreichen Sie die Substantive, die auf einen Zischlaut auslauten, und zwar die männlichen Substantive mit einer Linie, die weiblichen mit zwei Linien.

1. Врач спешит на помощь к больному. 2. На столе лежит чертёж. В банке чёрная тушь. 3. Сторож взял ключ и открыл гараж. 4. Директор произнёс речь. 5. С песнями вышла молодёжь на работу. 6. В поле поспела рожь. 7. Стояла тёмная ночь. 8. Ландыш цветёт в мае.

Übung 14. Verbinden Sie die folgenden männlichen Substantive mit den Pronomen *мой, твой*, die weiblichen Substantive mit *моя, твоя* (schriftlich):

мяч, нож, вещь, ключ, карандаш, тушь, товарищ, плащ, речь

Übung 15. Verbinden Sie die männlichen Substantive mit dem Zahlwort *один*, die weiblichen mit *одна* (schriftlich):

этаж, гараж, мышь, сторож, печь

Übung 16. Verbinden Sie die männlichen Substantive mit *один*, die weiblichen mit *одна* und die sächlichen mit *одно*.

студе́нт, студе́нтка, учени́к, учени́ца, ю́ноша, де́вушка, письмо́, кни́га, альбо́м, клуб, библиоте́ка, аудито́рия, музе́й, окно́, ме́сяц, неде́ля, час, мину́та, секу́нда

Übung 17. Lesen Sie die folgenden Sätze. Schreiben Sie dann die Verbindungen der hervorgehobenen Substantive mit männlichen Pronomen in eine Spalte, die Verbindungen mit weiblichen Pronomen in eine zweite und die mit sächlichen Pronomen in eine dritte Spalte.

1. *Это* большо́е *зда́ние* — теа́тр. *Эта у́лица* — у́лица Толсто́го. *Эта пло́щадь* — пло́щадь Гага́рина. *Этот па́мятник* — па́мятник Пу́шкину.
2. Как *ва́ша фами́лия? Моя́ фами́лия* — Мю́ллер. Как *ва́ше и́мя? Моё и́мя* — Ди́тер.
3. Вчера́ я *всё у́тро* рабо́тал до́ма. *Весь день* я был в университе́те.
4. Пе́рвого ма́я мы бы́ли на Кра́сной пло́щади. *Вся пло́щадь* была́ полна́ наро́ду.

Übung 18. Verbinden Sie die folgenden Substantive mit dem Adjektiv *но́вый* bzw. *но́вая* (schriftlich):

жизнь, путь, тетра́дь, цель, день, портфе́ль

Übung 19. Verbinden Sie die folgenden Substantive mit den Adjektiven *интере́сный, -ая, -ое* oder *после́дний, -яя, -ее*:

докла́д, ле́кция, бесе́да, речь, консульта́ция, выступле́ние, собра́ние, голосова́ние, конфере́нция, заседа́ние, совеща́ние, конце́рт

Übung 20. Schreiben Sie Ihnen bekannte Substantive im Singular zu den Themen a) Stadt, b) Theater, c) Universität auf und verbinden Sie sie mit passenden Adjektiven.

Übung 21. Lesen Sie die folgenden Sätze. Geben Sie an, welche Wörter mit den hervorgehobenen Substantiven kongruieren (übereinstimmen); bestimmen Sie das Geschlecht dieser Substantive.

1. В саду́ растёт большо́й серебри́стый *то́поль*. Хорошо́ в зно́йный *по́лдень* под те́нью то́поля. 2. Наступи́ла *о́сень*. Ча́сто идёт ме́лкий *дождь*. 3. В огоро́де росла́ *морко́вь* и рос *карто́фель*. 4. Вот морска́я *при́стань*. У при́стани стои́т большо́й *кора́бль*. 5. *Боле́знь* помеша́ла ему́ приня́ть уча́стие в на́шей рабо́те. 6. Я сове́тую вам посмотре́ть э́тот интере́сный *спекта́кль*.

Das Geschlecht der endungslosen Substantive, deren Stamm auf einen weichen Konsonanten auslautet

Das Geschlecht der im Nominativ Singular endungslosen Substantive mit weichem Stammauslaut muß man sich einprägen, es ist in jedem Wörterbuch angegeben. In einigen Fällen läßt sich das Geschlecht jedoch auch am Nominativ Singular erkennen, und zwar:

1. an dem Suffix:

a) Zahlreiche Substantive mit den Suffixen **-тель, -арь** (**чита́тель** *der Leser*, **писа́тель** *der Schriftsteller*, **выключа́тель** *der Schalter*, **библиоте́карь** *der Bibliothekar*) sind männlich. (In den weiblichen Substantiven **метéль** *der Schneesturm*, **артéль** *die Genossenschaft* ist **-тель** nicht Suffix.)

b) Alle Substantive mit den Suffixen **-ость**, **-есть** (**нóвость** *die Neuigkeit*, **промы́шленность** *die Industrie*, **свéжесть** *die Frische*) sind weiblich.

2. a n d e r B e d e u t u n g:

Die Monatsnamen sind männlich: **янвáрь** *der Januar*, **феврáль** *der Februar*, **апрéль** *der April*, **ию́нь** *der Juni*, **ию́ль** *der Juli*, **сентя́брь** *der September*, **октя́брь** *der Oktober*, **нoя́брь** *der November*, **декáбрь** *der Dezember*.

3. a m W o r t a u s l a u t:

Zahlreiche Substantive, die unbelebte Dinge bezeichnen und auf **-знь** (**жизнь** *das Leben*), **-сть** (**честь** *die Ehre*), **-сь** (**высь** *die Höhe*), **-вь** (**любóвь** *die Liebe*), **-бь** (**прóрубь** *das Eisloch*), **-пь** (**степь** *die Steppe*) ausgehen, sind weiblich (s i e h e Anlage 1, S. 21).

In den übrigen Fällen muß man im Wörterbuch nachschlagen. (Die gebräuchlichsten männlichen und weiblichen Substantive, die unbelebte Dinge bezeichnen, s i e h e in der Anlage 2, S. 21).

Übung 22. Lesen Sie die folgenden Sätze. Bestimmen Sie das Geschlecht der hervorgehobenen Substantive.

1. Глухáя *ночь*. *Рекá* ревёт. (*П.*)
2. Вот *дóждик* бры́знул. *Пыль* летúт. (*Тютч.*)
3. Был *вéчер*. *Нéбо* мéркло. *Вóды* струúлись тúхо. *Жук* жужжáл. (*П.*)
4. *Вéтер* спал. *Метéль* утúхла, *нéбо* бы́ло необыкновéнно чúсто. (*Б. Пол.*)
5. Был *янвáрь*, со степú дул óстрый сéверный *вéтер*. (*Б. Пол.*)
6. Морóз и *сóлнце*. *День* чудéсный. (*П.*)
7. Прозрáчный *лес* одúн чернéет,
   И *ель* сквозь úней зеленéет,
   И *рéчка* подо льдóм блестúт. (*П.*)
8. *Дождь* прошёл. *Травá* блестúт.
   В нéбе *рáдуга* стоúт. (*Марш.*)

Übung 23. Bestimmen Sie das Geschlecht der folgenden Substantive:

нарóд, рóдина, мир, жизнь, труд, дру́жба, едúнство, сою́з, борьбá, свобóда, независимость, молодёжь, безопáсность, сою́зник, борéц, прогрéсс, правúтельство, госудáрство, áрмия, пáртия, представúтель, председáтель, съезд, полúтика, культу́ра, идеолóгия

Übung 24. Verbinden Sie die Substantive aus der Übung 23 mit passenden Adjektiven.

Das Geschlecht von Berufsbezeichnungen und Titeln

Berufsbezeichnungen und Titel sind in der Regel männlichen Geschlechts (**педагóг** *der Pädagoge*, **профéссор** *der Professor*, **доцéнт** *der Dozent*, **врач** *der Arzt*, **судья́** *der Richter*, **секретáрь** *der Sekretär*, **механик** *der Mechaniker*, **тóкарь** *der Dreher*, **садовóд** *der Gärtner*). Dieselben männlichen Substantive können in der russischen Gegenwartssprache auch zur Bezeichnung weiblicher Personen dienen:

1. **Она́** *о́пытный* **врач.**	Sie ist eine erfahrene Ärztin.
Эта **де́вушка**—*хоро́ший* **то́карь.**	Dieses Mädchen ist eine gute Dreherin.
Моя́ **сестра́**—*прекра́сный* **педаго́г.**	Meine Schwester ist eine ausgezeichnete Pädagogin.

In solchen Fällen kongruieren die Adjektive (**о́пытный** *erfahren*, **хоро́ший** *gut*, **прекра́сный** *ausgezeichnet*, **наро́дный** *Volks-*) mit dem männlichen Substantiv, auf das sie sich beziehen.

2. — Кто выступа́л на собра́нии с докла́дом?	Wer hat in der Versammlung einen Vortrag gehalten?
— **Выступа́ла профе́ссор Миха́йлова.**	Professor Michailowa.
— Скажи́те, пожа́луйста, где секрета́рь?	Sagen Sie bitte, wo ist der Sekretär?
— **Секрета́рь вы́шла.**	Sie ist hinausgegangen.

Das als Prädikat verwendete Verb steht gewöhnlich in der weiblichen Vergangenheitsform, wenn die Handlung von einer Frau ausgeführt wurde (**выступа́ла, вы́шла**).

Die Substantive zweierlei Geschlechts

Im Russischen gibt es Substantive mit der Endung—**-а(-я)** (**сирота́** *die Waise*, **кале́ка** *der Krüppel*, **у́мница** *der, die Kluge*, **рази́ня** *die Schlafmütze*, **неря́ха** *die Schlampe* u. a.), die entweder männlich oder weiblich sind—je nachdem, ob sich das Substantiv auf eine männliche oder eine weibliche Person bezieht:

a) Handelt es sich um eine weibliche Person, so ist das betreffende Substantiv weiblichen Geschlechts, und die mit ihm verbundenen Adjektive, Pronomen, Ordnungszahlen und Verben in der Vergangenheitsform erhalten die weibliche Endung (**э́та де́вочка—кру́глая сирота́** *dieses Mädchen ist eine Vollwaise*; **кака́я же она́ у́мница** *wie gescheit sie doch ist*; **э́та де́вушка—на́ша лу́чшая запева́ла** *dieses Mädchen ist unsere beste Vorsängerin*).

b) Handelt es sich um eine männliche Person, so stehen die mit dem betreffenden Substantiv verbundenen Adjektive, Pronomen, Ordnungszahlen und Verben in der Vergangenheitsform in der Regel in der männlichen Form (**э́тот па́рень—наш** *лу́чший* **запева́ла** *dieser Bursche ist unser bester Vorsänger*); gelegentlich können diese Wörter aber auch die weibliche Form aufweisen (**э́тот ма́льчик—кру́глый сирота́**, **э́тот ма́льчик—кру́глая сирота́** *dieser Junge ist eine Vollwaise*; *како́й-же* **он у́мница!** *кака́я же* **он у́мница!** *wie gescheit er doch ist!*)

Das Geschlecht der undeklinierbaren Substantive

Im Russischen gibt es Lehn- und Fremdwörter, die auf einen Vokal auslauten und nicht dekliniert werden:

20

1. Substantive, die unbelebte Dinge bezeichnen, sind sächlich (моё пальто́ *mein Mantel*, краси́вое метро́ *die schöne Metro*, удо́бное купе́ *das bequeme Abteil*, э́то кино́ *dieses Kino*, э́то такси́ *dieses Taxi*, спра́вочное бюро́ *die Auskunftsstelle*, интере́сное интервью́ *das interessante Interview*, пуши́стое боа́ *die weiche Pelzboa*, вку́сное рагу́ *das schmackhafte Ragout;* A u s n a h m e: ко́фе *der Kaffee* (männlich): пью кре́пкий ко́фе (*ich*) *trinke starken Kaffee.*

2. Substantive, die Lebewesen bezeichnen, sind m ä n n l i c h (краси́вый какаду́ *der schöne Kakadu*, ма́ленький коли́бри *der kleine Kolibri*, большо́й кенгуру́ *das große Känguruh*, заба́вный шимпанзе́ *der ulkige Schimpanse*); jedoch weist in den Sätzen — шимпанзе́ корми́ла своего́ детёныша *das Schimpansenweibchen nährte sein Junges*, кенгуру́ корми́ла своего́ детёныша *das Känguruhweibchen nährte sein Junges* — die weibliche Vergangenheitsform des Verbs darauf hin, daß in diesen Sätzen die Substantive шимпанзе́ und кенгуру́ weibliche Tiere bezeichnen.

Treten Interjektionen, Adverbien u. a. Wörter im Satz als Substantive auf, so nehmen sie und die mit ihnen verbundenen Wörter die sächliche Form an:

Раздало́сь гро́мкое «ура́!».	Es erschallte ein lautes „Hurra!"
Это «но» мне не нра́вится.	Dieses „Aber" gefällt mir nicht.
Вы не уме́ете произноси́ть *ру́сское твёрдое «л».*	Sie können das harte russische „л" nicht richtig aussprechen.

Die gebräuchlichsten weiblichen Substantive, die im Nominativ Singular auf -знь, -сть, -сь, -вь, -бь, -пь ausgehen

боле́знь	die Krankheit	жизнь	das Leben
бровь	die Augenbraue	за́висть	der Neid
весть	die Nachricht	за́пись	die Notiz
власть	die Macht	казнь	die Hinrichtung
высь	die Höhe	кисть	der Pinsel, die Hand
дробь	die Bruchzahl; der Schrott	кость	der Knochen
горсть	die Handvoll	кровь	das Blut
грусть	die Schwermut	про́пасть	der Abgrund
лесть	die Schmeichelei	про́рубь	das Eisloch
ле́топись	die Chronik	скорбь	die Trauer
любо́вь	die Liebe	со́весть	das Gewissen
месть	die Rache	степь	die Steppe
морко́вь	die Möhre	страсть	die Leidenschaft
не́нависть	der Haß	цепь	die Kette
о́бувь	das Schuhwerk	часть	der Teil
по́весть	die Erzählung	честь	die Ehre
по́дпись	die Unterschrift	шерсть	die Wolle

Die gebräuchlichsten männlichen und weiblichen Substantive mit -ь am Wortende

(ausgenommen die Substantive mit dem Stammauslaut auf Zischlaute und diejenigen, die auf -знь, -сть, вь, -бь, -пь ausgehen)

m ä n n l i c h

автомоби́ль	das Auto	паро́ль	die Parole
анса́мбль	das Ensemble	пень	der Baumstumpf
бино́кль	das Fernglas	по́лдень	der Mittag

бюллете́нь	das Bulletin	портфе́ль	die Aktentasche
вихрь	der Wirbelwind	пузы́рь	die Blase
гвоздь	der Nagel	путь	der Weg
го́спиталь	das Spital	реме́нь	der Riemen
день	der Tag	роя́ль	der Flügel
дождь	der Regen	рубль	der Rubel
ка́мень	der Stein	руль	das Steuer
карто́фель	die Kartoffeln	спекта́кль	die Vorstellung
ка́шель	der Husten	сте́бель	der Stiel, der Halm
кисе́ль	süße Mehlspeise	сте́ржень	die Stange, der Kern
контро́ль	die Kontrolle	стиль	der Stil
кора́бль	das Schiff	суха́рь	der Zwieback
ко́рень	die Wurzel	та́бель	die Kontrolliste
кремль	der Kreml	то́поль	die Pappel
ла́герь	das Lager	тунне́ль	der Tunnel
ли́вень	der Platzregen	у́голь	die Kohle
ло́коть	der Ellenbogen	у́ровень	das Niveau
монасты́рь	das Kloster	фона́рь	die Laterne
но́готь	der (Finger-)Nagel	ци́ркуль	der Zirkel
нуль	die Null	я́корь	der Anker
ого́нь	das Feuer	ячме́нь	die Gerste

weiblich

арте́ль	das Artel, die Genossenschaft	даль	die Ferne
боль	der Schmerz	дверь	die Tür
брань	der Zank, Schimpfworte	ель	die Fichte
быль	Gewesenes, wahre Erzählung	колыбе́ль	die Wiege
га́вань	der Hafen	корь	die Masern
гармо́нь	die Ziehharmonika	крова́ть	das Bett
ги́бель	der Untergang	ладо́нь	die Handfläche
горта́нь	der Kehlkopf	лень	die Faulheit
грань	die Grenzlinie, begrenzende Fläche	мазь	die Salbe, die Schmiere
грудь	die Brust	меда́ль	die Medaille
грязь	der Schmutz	медь	das Kupfer
мете́ль	der Schneesturm	мель	die Sandbank
мора́ль	die Moral	пыль	der Staub
мысль	der Gedanke	роль	die Rolle
нефть	das Erdöl	ртуть	das Quecksilber
нить	der Faden	связь	die Verbindung
о́сень	der Herbst	сире́нь	der Flieder
ось	die Achse	ска́терть	die Tischdecke
о́трасль	der Zweig	соль	das Salz
о́ттепель	das Tauwetter	сталь	der Stahl
о́чередь	die Reihe	сте́пень	der Grad
па́мять	das Gedächtnis	ступе́нь	die Stufe
печа́ль	die Trauer	тень	der Schatten
печа́ть	das Siegel	тетра́дь	das Heft
пе́чень	die Leber	ткань	das Gewebe, der Stoff
пло́щадь	der Platz	треть	das Drittel
посте́ль	das Bett (samt Bettwäsche, Polstern u. a.)	цель	das Ziel
при́быль	der Gewinn	шине́ль	der Uniformmantel
при́стань	die Anlegestelle	ширь	die Weite
		щель	der Spalt

Zahl

Die Substantive werden im Russischen nach der Zahl abgewandelt: die meisten Substantive können im S i n g u l a r und im P l u r a l stehen. Der Plural unterscheidet sich vom Singular durch die Endung (**заво́д** *der Betrieb, das Werk* — **заво́ды, дом** *das Haus* — **дома́, газе́та** *die Zeitung* — **газе́ты, кни́га** *das Buch* — **кни́ги, письмо́** *der Brief* — **пи́сьма, по́ле** *das Feld* — **поля́**); in einigen Fällen tritt außerdem noch Stammveränderung ein (**граждани́н** *der Bürger* **гра́ждане, ребёнок** *das Kind* — **ребя́та, брат** *der Bruder* — **бра́тья, зна́мя** *das Banner* — **знамёна**).

Oft findet Betonungswechsel statt.

Die Pluralbildung der männlichen und der weiblichen Substantive

Die männlichen und weiblichen Substantive mit den Endungen
-ы, -и im Nominativ Plural

1. Die Endung **-ы** haben:

a) die m ä n n l i c h e n Substantive mit Stammauslaut auf einen harten Konsonanten (**заво́д** *das Werk* — **заво́ды, колхо́з** *der Kolchos* — **колхо́зы**); Ausnahmen sind die Substantive mit Stammauslaut auf **г, к, х, ж, ш,** die die Endung **-и** aufweisen, und die beiden Substantive **сосе́д** *der Nachbar* — **сосе́ди, чёрт** *der Teufel* — **че́рти**;

b) die w e i b l i c h e n Substantive mit der Endung **-a** (**газе́та** *die Zeitung* — **газе́ты, маши́на** *die Maschine* — **маши́ны**), ausgenommen die Substantive mit Stammauslaut auf **г, к, х** und Zischlaute, die die Endung **-и** aufweisen.

2. Die Endung **-и** haben:

a) die m ä n n l i c h e n Substantive auf **-й** (**геро́й** *der Held* — **геро́и, музе́й** *das Museum* — **музе́и**);

b) die w e i b l i c h e n Substantive auf **-я** (**дере́вня** *das Dorf* — **дере́вни, статья́** *der Artikel* — **статьи́, ли́ния** *die Linie* — **ли́нии**);

c) die m ä n n l i c h e n und w e i b l i c h e n Substantive mit Stammauslaut auf einen weichen Konsonanten (**дождь** *der Regen* — **дожди́, пло́щадь** *der Platz* — **пло́щади**);

d) die m ä n n l i c h e n und w e i b l i c h e n Substantive mit Stammauslaut auf Zischlaut (**нож** *das Messer* — **ножи́, ко́жа** *die Haut* — **ко́жи, каранда́ш** *der Bleistift* — **карандаши́, но́ша** *die Last* — **но́ши, врач** *der Arzt* — **врачи́, ночь** *die Nacht* — **но́чи, плащ** *der Regenmantel* — **плащи́, ро́ща** *der Hain* — **ро́щи**);

e) die m ä n n l i c h e n und w e i b l i c h e n Substantive mit Stammauslaut auf **г, к, х** (**враг** *der Feind* — **враги́, нога́** *der Fuß* — **но́ги, звук** *der Laut* — **зву́ки, фа́брика** *die Fabrik* — **фа́брики, пасту́х** *der Hirt* — **пастухи́, стару́ха** *die Alte* — **стару́хи**).

A n m e r k u n g e n.
1. Bei einigen Substantiven fällt **o** oder **e** in den Pluralformen aus: **кружо́к** *der Zirkel* — **кружки́, оте́ц** *der Vater* — **отцы́, орёл** *der Adler* — **орлы́, огонёк** *das Licht* — **огоньки́, солове́й** *die Nachtigall* — **соловьи́**.
2. Bei einigen männlichen und weiblichen Substantiven verlagert sich bei der Pluralbildung die Betonung:
a) bei weiblichen Substantiven von der Endung auf den Stamm: **страна́** *das Land* — **стра́ны, звезда́** *der Stern* — **звёзды, рука́** *die Hand* — **ру́ки, нога́** *der Fuß* — **но́ги, голова́** *der Kopf* — **го́ловы**;

b) bei männlichen Substantiven von der Endsilbe im Singular auf die Endsilbe im Plural: **огóнь** *das Feuer* — **огни́, огонёк** *das Licht* — **огоньки́, кружóк** *der Zirkel* — **кружки́, рубéж** *die Grenze* — **рубежи́, шалáш** *die Hütte* — **шалаши́, карандáш** *der Bleistift* — **карандаши́.** Die Betonung solcher Wörter muß man sich fest einprägen.

Übung 25. Schreiben Sie den Plural folgender Substantive auf und setzen Sie Betonungszeichen. Lesen Sie die Wörter im Singular und im Plural.

M u s t e r: странá — стрáны

рукá, ногá, звездá, земля́, травá, головá, горá, стенá, доскá

M u s t e r: нож — ножи́, соловéй — соловьи́

уж, ёж, рубéж, шалáш, плащ, карандáш, ключ, врач, воробéй

M u s t e r: огонёк — огоньки́, кружóк — кружки́

кусóк, листóк, платóк, потолóк, звонóк

Übung 26. Schreiben Sie die folgenden Sätze ab, setzen Sie dabei die hervorgehobenen Substantive und die mit ihnen kongruierenden Wörter in den Plural. Lesen Sie die Sätze.

Muster: Весной *оврáг* напóлнился водóй.
Весной *оврáги* напóлнились водóй.

1. *Пастýх* вы́гнал стáдо. 2. Вдали́ мелькнýл *огонёк*. 3. Под горóй бьёт холóдный *ключ*. 4. Зеленéет *рóща*. 5. Я́ркий *луч* сóлнца освети́л кóмнату. 6. Идёт си́льный *дождь*. 7. В нáших лесáх растёт *ель*. 8. Как преобрази́лась нáша *степь!* 9. В пóле собралáсь большáя *стáя* птиц. 10. В садý поёт *соловéй*.

Die männlichen Substantive
mit den Endungen -a(-я) im Plural

Einige männliche Substantive haben im Plural die Endung **-a(-я)** (**-a** bei hartem und **-я** bei weichem Stammauslaut); sie sind endungsbetont: **дом** *das Haus* — **домá, край** *das Land* — **края́, бéрег** *das Ufer* — **берегá, гóрод** *die Stadt* — **городá, учи́тель** *der Lehrer* — **учителя́,** профéссор *der Professor* — **профессорá.**

Diese Substantive können einsilbig (**дом, край**), zweisilbig (**бéрег, гóрод**), seltener dreisilbig (**учи́тель, профéссор**) sein. Der Nominativ Singular dieser Substantive wird nie auf der letzten Silbe betont.

Einsilbige			Zweisilbige		
бок	die Seite	— **бокá**	**бéрег**	das Ufer	— **берегá**
век	das Zeitalter	— **векá**	**вéчер**	der Abend	— **вечерá**
глаз	das Auge	— **глазá**	**гóлос**	die Stimme	— **голосá**
дом	das Haus	— **домá**	**гóрод**	die Stadt	— **городá**
край	das Land	— **края́**	**дóктор**	der Doktor	— **докторá**
лес	der Wald	— **лесá**	**мáстер**	der Meister	— **мастерá**
луг	die Wiese	— **лугá**	**нóмер**	die Nummer	— **номерá**
снег	der Schnee	— **снегá**	**óстров**	die Insel	— **островá**
рог	das Horn	— **рогá**	**пóгреб**	der Keller	— **погребá**
сорт	die Sorte	— **сортá**	**пóяс**	der Gürtel	— **поясá**
			пáрус	das Segel	— **парусá**
			пóезд	der Zug	— **поездá**
			пóвар	der Koch	— **поварá**

профе́ссор	der Professor	— профессора́
учи́тель	der Lehrer	— учителя́

Übung 27. Lesen Sie die folgenden Sätze und schreiben Sie sie ab. Versehen Sie die hervorgehobenen Wörter mit Betonungszeichen.

1. Краси́вы *берега* Во́лги, осо́бенно краси́в пра́вый *берег* — круто́й, покры́тый ле́сом. 2. Весно́й зелене́ют *луга*. 3. Далеко́ в мо́ре беле́ют *паруса*. 4. Оживи́лись окра́ины *города*: постро́ены но́вые высо́кие *дома*, но́вые *заводы, фабрики*. 5. Преобража́ются на́ши *города*.

Übung 28. Schreiben Sie aus der Tabelle (S. 24) sechs männliche Substantive mit der Pluralendung -а(-я) heraus; bilden Sie mit diesen Wörtern Sätze.

Die Pluralbildung der sächlichen Substantive

Die sächlichen Substantive haben im Nominativ Plural die Endung -а (-я).

1. -а haben die Substantive, die im Nominativ Singular auf -о ausgehen (письмо́ *der Brief* — пи́сьма, де́ло *die Sache* — дела́, госуда́рство *der Staat* — госуда́рства.)

2. -я haben die Substantive, die im Nominativ Singular auf -е und auf -ё ausgehen (по́ле *das Feld* — поля́, мо́ре *das Meer* — моря́, зда́ние *das Gebäude* — зда́ния, ружьё *das Gewehr* — ру́жья, копьё *die Lanze* — ко́пья).

A n m e r k u n g. Abweichende Pluralbildung weisen folgende Substantive auf: у́хо *das Ohr* — у́ши, плечо́ *die Schulter* — пле́чи, коле́но *das Knie* — коле́ни, ве́ко *das Augenlid* — ве́ки, я́блоко *der Apfel* — я́блоки.

3. Bei der Pluralbildung kann sich die Betonung von der ersten Silbe auf die letzte verlagern (де́ло *die Sache* — дела́, пра́во *das Recht* — права́) oder von der letzten Silbe auf die erste (окно́ *das Fenster* — о́кна, ружьё *das Gewehr* — ру́жья, письмо́ *der Brief* — пи́сьма); die Substantive mit den Suffixen -ани(е) bzw. -ени(е) und -ство haben konstante Betonung (зда́ние *das Gebäude* — зда́ния, собра́ние *die Versammlung* — собра́ния, впечатле́ние *der Eindruck* — впечатле́ния, госуда́рство *der Staat* — госуда́рства, хозя́йство *die Wirtschaft* — хозя́йства).

Übung 29. Lesen Sie den Text. Bestimmen Sie das Geschlecht und die Zahl der hervorgehobenen Substantive.

МОСКВА́

Москва́ — *столи́ца* Росси́и.
В Москве́ рабо́тает Росси́йское *прави́тельство*.
Москва́ — кру́пный, промы́шленный центр. В Москве́ больши́е

фа́брики и заво́ды, наприме́р, металлурги́ческий заво́д «Серп и мо́лот», автозаво́д и́мени Лихачёва и др. Из Москвы́ во все концы́ Росси́и и в зарубе́жные стра́ны вывозят *автомоби́ли, станки́, сталь, сельскохозя́йственные маши́ны, о́бувь, кни́ги.*

Москва́ — центр нау́ки и культу́ры. В Москве́ нахо́дится *Акаде́мия наук* и Моско́вской госуда́рственный *университе́т* и́мени Ломоно́со-ва — старе́йший университе́т страны́. В Москве́ мно́жество *ву́зов*, школ, библиоте́к. Росси́йская госуда́рственная библиоте́ка — велича́йшее *книгохрани́лище*. В Москве́ нахо́дится *консервато́рия* и́мени Чайко́вского, Акаде́мия худо́жеств, Большо́й теа́тр и други́е теа́тры. В Третьяко́вской галере́е — карти́ны замеча́тельных мастеро́в ру́сской жи́вописи.

Со все́ми конца́ми Росси́и Москву́ свя́зывают желе́зные *доро́ги* и возду́шные *тра́ссы*. В Москве́ 9 вокза́лов и 5 аэропо́ртов. Москва́ — порт пяти́ море́й. Она́ располо́жена на берега́х Москвы́-реки́. Кана́л и́мени Москвы́ соединя́ет Москву́ с Во́лгой.

В Москве́ большо́е у́личное *движе́ние*. Са́мый удо́бный вид тра́нспорта в Москве́ — э́то *метро́*. Оно́ свя́зывает с це́нтром отдалённые *райо́ны* столи́цы.

О́блик столи́цы непреры́вно изменя́ется: появля́ются но́вые *шко́лы, кинотеа́тры, магази́ны, скве́ры.* Выраста́ют це́лые *кварта́лы* и у́лицы многоэта́жных домо́в. Прекра́сные но́вые *зда́ния* украша́ют столи́цу. С ка́ждым го́дом Москва́ стано́вится краси́вее.

Übung 30. Schreiben Sie die folgenden Substantive in der Singular- und in der Pluralform auf. Geben Sie die Betonung an.

M u s t e r: окно́ — о́кна

письмо́, кольцо́, стекло́, зерно́, лицо́, село́

M u s t e r: де́ло — дела́

пра́во, ста́до, ме́сто, зе́ркало, сло́во

M u s t e r: зда́ние — зда́ния, госуда́рство — госуда́рства

собра́ние, заседа́ние, совеща́ние, упражне́ние, прави́тельство

Einige Besonderheiten der Pluralbildung männlicher und sächlicher Substantive

1. Die männlichen Substantive auf -анин, -янин (граждани́н *der Bürger,* крестья́нин *der Bauer*) enden im Nominativ Plural auf -ане, -яне (гра́ждане, крестья́не).

Abweichende Pluralbildung weisen die Substantive auf -ин auf:

хозя́ин der Wirt	—	хозя́ева
господи́н der Herr	—	господа́
тата́рин der Tatar	—	тата́ры
болга́рин der Bulgare	—	болга́ры
грузи́н der Grusinier	—	грузи́ны

2. Die männlichen Substantive auf **-онок, -ёнок**, die junge Tiere bezeichnen (**волчо́нок** *das Wolfsjunge*, **котёнок** *das Kätzchen*), enden im Nominativ Plural auf **-а т а, -я т а волча́та, котя́та**).

Vom Wort **ребёнок** *das Kind* wird zwar die Pluralform **ребя́та** gebildet, häufiger wird jedoch **де́ти** gebraucht.

3. Einige männliche und sächliche Substantive enden im Nominativ Plural auf **-ья:**

брат	der Bruder	— **бра́тья**
де́рево	der Baum	— **дере́вья**
звено́	das Glied (einer Kette)	— **зве́нья**
крыло́	der Flügel	— **кры́лья**
лист	das Blatt	— **ли́стья**
перо́	die Feder	— **пе́рья**
стул	der Stuhl	— **сту́лья**

Bei der Pluralbildung tritt im Stamm einiger Substantive Konsonantenwechsel auf, z. B.

друг	der Freund	— **друзья́**
сук	der Ast	— **су́чья**

A n m e r k u n g : Die Wörter **муж** *der Ehemann*, **сын** *der Sohn* weisen im Plural Doppelformen auf: **муж — мужья́, мужи́; сын — сыновья́, сыны́.** Die Formen **мужья́, сыновья́** gehören der normalsprachlichen Stilschicht an, während **мужи́, сыны́** dem gehobenen Sprachstil eigen sind:

Лу́чшие **сыны́** вели́кой ма́тери-Ро́дины   Die besten Söhne des großen Vaterlandes.

4. Die sächlichen Substantive auf **-мя** haben verschiedene Stämme im Singular und im Plural:

вре́мя	die Zeit	— **времена́**
зна́мя	das Banner	— **знамёна**
пле́мя	der Stamm	— **племена́**
и́мя	der Name	— **имена́**
се́мя	der Same	— **семена́**
стре́мя	der Steigbügel	— **стремена́**

Die Wörter **бре́мя** *die Last*, **вы́мя** *das Euter*, **пла́мя** *die Flamme*, **те́мя** *der Scheitel* werden im Plural nicht gebraucht.

Das Wort **вре́мя** *die Zeit* hat im Plural eine besondere Bedeutungsschattierung: В те далёкие **времена́**... *Das war zu jenen alten Zeiten*... (Man kann aber auch sagen: В то далёкое вре́мя.)

5. Zwei sächliche Substantive auf **-о** weisen eine Stammveränderung im Plural auf:

не́бо	der Himmel	— **небеса́**
чу́до	das Wunder	— **чудеса́**

Das Wort **небеса́** kommt vornehmlich in der poetischen Sprache vor: Сине́я бле́щут небеса́. (*П.*)

Übung 31. Schreiben Sie die folgenden Sätze ab und setzen Sie dabei die hervorgehobenen Substantive und die mit ihnen kongruierenden Wörter in den Plural:

1. *Брат* отпра́вился на ры́бную ло́влю. 2. *Ребёнок* игра́л о́коло до́ма. 3. *Друг* ча́сто пи́шет мне пи́сьма. 4. Напро́тив моего́ окна́ растёт *де́рево*. 5. *Хозя́ин* приве́тливо встре́тил госте́й. 6. Из-под забо́ра вы́скочил *котёнок*. 7. В ко́мнате тишина́, слы́шно то́лько, как скрипи́т *перо́*. 8. Агроно́м внима́тельно разгля́дывал спе́лый *ко́лос* пшени́цы. 9. Впереди́ коло́нны демонстра́нтов развева́лось *зна́мя*.

Einige männliche Substantive weisen im Plural Doppelformen mit Bedeutungsunterschied auf (**лист** де́рева *das Blatt des Baumes*, **лист** бума́ги *das Blatt Papier*, a b e r : **ли́стья** де́рева, **листы́** бума́ги).

Singular	Plural	
лист das Blatt; der Bogen	**листы́** Мы приго́товили больши́е *листы́* бума́ги для диагра́мм. Wir haben große Bogen Papier für Diagramme besorgt.	**ли́стья** На дере́вьях жёлтые *ли́стья*. An den Bäumen sind gelbe Blätter.
про́пуск das Fehlen; der Passierschein	**про́пуски** У ученика́ есть *про́пуски* заня́тий по боле́зни. Der Schüler hat wegen Krankheit viel gefehlt.	**пропуска́** Часово́й проверя́л *пропуска́*. Der Posten überprüfte die Passierscheine.

A n m e r k u n g e n :
1. Die Pluralform von **цвето́к** *die Blume* lautet **цветы́** (На лугу́ запестре́ли **цветы́**. *Auf der Wiese begannen bunte Blumen zu blühen.*); die Pluralform von **цвет** *die Farbe* ist **цвета́** (Люблю́ я́ркие **цвета́**. *Ich habe helle (leuchtende) Farben gern.*).
2. Die Pluralform von **челове́к** *der Mensch* lautet **лю́ди**. Nach Zahlwörtern gebraucht man jedoch den Genitiv Plural **челове́к** (**пять челове́к** *fünf Personen*).

Übung 32. Schreiben Sie die folgenden Sätze ab. Wählen Sie von den beiden in Klammern stehenden Wörtern das sinngemäß passende und setzen Sie es ein.

1. Осень. На дере́вьях жёлтые и кра́сные .... На столе́ лежа́ли бе́лые ... бума́ги. (*листы́, ли́стья*) 2. У не́которых това́рищей в на́шей гру́ппе есть ... заня́тий по боле́зни. При вхо́де на заво́д ну́жно предъявля́ть .... (*про́пуски, пропуска́*) 3. В карти́не преоблада́ли мра́чные .... На окне́ стоя́ли .... (*цветы́, цвета́*) 4. Бухга́лтер проверя́л .... Конто́рские ... с гро́хотом упа́ли на́ пол. (*счета́, счёты*)

Substantive, die nur im Singular oder nur im Plural gebraucht werden

Es gibt im Russischen eine Anzahl von Substantiven, die nur im Singular oder nur im Plural vorkommen.
1. Zu den Substantiven, die n u r i m S i n g u l a r vorkommen, gehören:
a) Sammelnamen, d. h. Substantive, die in der Singularform eine Menge gleichartiger Lebewesen oder Dinge bezeichnen: **молодёжь** *die Jugend*, **детвора́** *die Kinder(schar)*, **студе́нчество** *die Studentenschaft*, **челове́чество** *die Menschheit*, **беднота́** *die Armut*, **бельё** *die Wäsche*, **посу́да** *das Geschirr*, **листва́** *das Laub*, **ме́бель** *das Möbel*;

b) einige Substantive, die Metalle, chemische Stoffe, Arzneimittel, Flüssigkeiten, Lebensmittel bezeichnen: **желе́зо** *das Eisen*, **медь** *das Kupfer*, **сталь** *der Stahl*; **кислоро́д** *der Sauerstoff*, **азо́т** *der Stickstoff*, **водоро́д** *der Wasserstoff*; **аспири́н** *das Aspirin*, **йод** *das Jod*, **пеницилли́н** *das Penizillin*; **вода́** *das Wasser* (aber: минера́льные во́ды); **вино́** *der Wein* (aber: дороги́е ви́на); **мя́со** *das Fleisch*, **са́хар** *der Zucker*, **мука́** *das Mehl*, **рис** *der Reis*;

c) einige Substantive, die Gemüse- und Getreidearten und Beerensorten bezeichnen: **карто́фель** *die Kartoffeln*, **лён** *der Flachs*, **лук** *die Zwiebel*, **морко́вь** *die Möhre*, **рожь** *der Roggen*, **мали́на** *die Himbeere*;

d) die Bezeichnungen einiger Pflanzen: **сире́нь** *der Flieder*, **черёму-ха** *der Faulbeerbaum*, **крапи́ва** *die Brennessel*;

e) von einigen Adjektiven und Verben abgeleitete Abstrakta: **чте́ние** *das Lesen*, **внима́ние** *die Aufmerksamkeit*, **перепи́сывание** *das Umschreiben*, **мо́лодость** *die Jugendjahre*, **белизна́** *das Weiß*, **темнота́** *die Dunkelheit*.

2. Zu den Substantiven, die n u r i m P l u r a l gebraucht werden, gehören:

a) Substantive, die paarige Gegenstände benennen: **очки́** *die Brille*, **но́жницы** *die Schere*, **щипцы́** *die Zange*, **брю́ки** *die Hose*, **трусы́** *die Turnhose*, **воро́та** *das Tor*, **са́ни** *der Schlitten*, **кавы́чки** *die Anführungszeichen*;

b) eine Reihe von Substantiven, die man sich fest einprägen muß: **бу́дни** *der Alltag*, **ви́лы** *die Heugabel*, **весы́** *die Waage*, **де́ньги** *das Geld*, **дрова́** *das Holz*, **дро́жжи** *die Hefe*, **духи́** *das Parfüm*, **кани́кулы** *die Ferien*, **кура́нты** *die Turmuhr mit Glockenspiel*, **носи́лки** *die Tragbahre*, **пери́ла** *das Geländer*, **по́хороны** *die Beisetzung*, **су́мерки** *die Dämmerung*, **сли́вки** *die Sahne*, **су́тки** *Tag und Nacht, 24 Stunden*, **счёты** *das Rechenbrett*, **черни́ла** *die Tinte*, **часы́** *die Uhr*, **ша́хматы** *das Schachspiel*, **ша́шки** *das Damespiel*, **щи** *die Kohlsuppe*, **фина́нсы** *die Finanzen*, **про́воды** *der Abschied*, **хло́поты** *die Sorgen*.

Alle Wörter, die mit diesen Substantiven kongruieren, stehen ebenfalls im Plural:

Я купи́л *кра́сные* **черни́ла**.	Ich habe rote Tinte gekauft.
Он хорошо́ провёл *ле́тние* **кани́кулы**.	Er hat seine Sommerferien gut verbracht.
Я не спал *це́лые* **су́тки**.	Ich habe 24 Stunden nicht geschlafen.

3. Die undeklinierbaren Substantive **пальто́** *der Mantel*, **метро́** *die Metro*, **такси́** *das Taxi*, **шоссе́** *die Chaussee* u. a. weisen keine Pluralendungen auf; werden diese Substantive zur Bezeichnung mehrerer

Gegenstände gebraucht, so stehen die mit ihnen übereinstimmenden Wörter im Plural:

Сда́йте, пожа́луйста, *все ва́ши* **пальто́** в гардеро́б.

Gebt bitte alle eure Mäntel an der Garderobe ab.

Проло́жены но́вые доро́ги, *но́вые* **шоссе́.**

Es sind neue Straßen, neue Chausseen angelegt worden.

На у́лицах появи́лись *но́вые красивые* **такси́.**

Es sind neue schöne Taxen auf den Straßen.

Übung 33. Schreiben Sie die folgenden Substantive ab und bestimmen Sie ihr Geschlecht:

a) крестья́нство, интеллиге́нция, студе́нчество, детвора́, родня́, сырьё, бельё, ору́жие, листва́, о́бувь, оде́жда, ме́бель

б) любо́вь, дру́жба, честь, терпе́ние, печа́ль, сме́лость, ло́вкость, по́мощь

Übung 34. Suchen Sie zu jedem Substantiv ein passendes Adjektiv und schreiben Sie die Wortverbindungen nach Geschlecht geordnet in drei Spalten auf.

желе́зо, медь, зо́лото, серебро́, сталь, о́лово, нефть, пшени́ца, рожь, лук, капу́ста, морко́вь, карто́фель, клубни́ка, молоко́, чай, са́ло, мя́со, мука́, мы́ло, кероси́н, бензи́н, пыль, во́здух

Übung 35. Schreiben Sie die folgenden Substantive in drei Spalten auf: a) die nur im Singular gebräuchlichen, b) die nur im Plural gebräuchlichen, c) die im Singular und im Plural gebräuchlichen Substantive. Suchen Sie zu den hervorgehobenen Substantiven passende Adjektive.

Со́лнце, луна́, звезда́, во́здух, моро́з, жара́, пыль, *дождь*, снег, *тума́н*, трава́, сыр, молоко́, вино́, крупа́, *мука́*, соль, са́хар, са́ни, *молото́к*, топо́р, кле́щи, *о́бувь, ме́бель*, воро́та, *черни́ла*, но́жницы, ша́хматы, ша́шки, *ору́жие, ору́дие*, сапоги́, брю́ки, *перча́тки*, руба́шка, костю́м

Fall

Es gibt im Russischen sechs Fälle. Jeder Fall antwortet auf eine bestimmte Frage.

Имени́тельный — **кто? что?**
Nominativ (1. Fall) — *wer? was?*
Роди́тельный — **кого́? чего́?**
Genitiv (2. Fall) — *wessen?*
Да́тельный — **кому́? чему́?**
Dativ (3. Fall) — *wem?*
Вини́тельный — **кого́? что?**
Akkusativ (4. Fall) — *wen? was?*
Твори́тельный — **кем? чем?**
Instrumental (5. Fall) — *mit wem? womit?*
Предло́жный — **о ком? о чём?**
Präpositiv (6. Fall) — *über wen? worüber?*

Alle Fälle außer dem Nominativ bezeichnet man als abhängige Fälle.

Das ein Lebewesen bezeichnende Substantiv antwortet auf die Fragen:

N.	кто?	(*кто?*) Друг живёт в Москве́.
		Mein Freund wohnt in Moskau.
G.	кого́?	Я был (*у кого́?*) у дру́га.
		Ich war bei meinem Freund.
D.	кому́?	Я написа́л (*кому́*) дру́гу.
		Ich habe meinem Freund geschrieben.
A.	кого́?	Я встре́тил (*кого́?*) дру́га.
		Ich habe meinen Freund getroffen.
I.	(с) кем?	Я занима́лся (*с кем?*) с дру́гом.
		Ich habe mit meinem Freund gelernt.
P.	о ком?	Мы говори́ли (*о ком?*) о дру́ге.
		Wir haben über meinen Freund gesprochen.

Das Nichtlebewesen (Dinge) bezeichnende Substantiv antwortet auf die Fragen:

N.	что?	(*что?*) Письмо́ лежи́т на столе́.
		Der Brief liegt auf dem Tisch.
G.	чего́?	На столе́ нет (*чего́?*) письма́.
		Auf dem Tisch liegt kein Brief.
D.	чему́?	Я рад (*чему́*) письму́.
		Ich freue mich über den Brief.
A.	что?	Я получи́л (*что?*) письмо́.
		Ich habe einen Brief bekommen.
I.	чем?	Я о́чень дово́лен (*чем?*) письмо́м.
		Ich bin mit dem Brief sehr zufrieden.
P.	о чём?	Я рассказа́л (*о чём?*) о письме́.
		Ich habe über den Brief berichtet.

Übung 36. Schreiben Sie die folgenden Sätze ab, indem Sie über dem hervorgehobenen Substantiv das betreffende Fragewort angeben.

A. 1. *Студе́нт* рабо́тает в лаборато́рии. 2. Вчера́ я был на консульта́ции у *профе́ссора*. 3. Я написа́л письмо́ *отцу́*. 4. В теа́тре я встре́тил *това́рища*. 5. На экску́рсии мы разгова́ривали с *дире́ктором* заво́да. 6. Ве́чером рабо́чие говори́ли о заво́де, о но́вом *дире́кторе*.

B. 1. Я́рко свети́ло *со́лнце*. 2. Сего́дня нет *со́лнца*. 3. Мы всегда́ ра́ды *со́лнцу*. 4. Я люблю́ *со́лнце*.

Zur Bedeutung der Fälle

Die Fälle weisen im Russischen eine Vielzahl von Bedeutungen auf. Durch ein und denselben Fall können im Satz (mit oder ohne Präposition) verschiedene Beziehungen zwischen den Wörtern zum Ausdruck gebracht werden.

DER GENITIV

1. Der Genitiv drückt das Verhältnis der Zugehörigkeit aus. Er wird mit *чей? wessen?* erfragt.

Кни́га **бра́та**. (чья кни́га? — бра́та)

Das Buch des Bruders. (Wessen Buch? — des Bruders)

О́кна до́ма. (чьи о́кна? — до́ма)

Die Fenster des Hauses. (Wessen Fenster? — des Hauses)

2. In Verbindung mit den Wörtern **нет** *ist nicht, hat nicht, es gibt nicht*, **не́ было** *war nicht, hatte nicht, es gab nicht*, **не бу́дет** *wird nicht sein, wird nicht haben, es wird nicht geben* bezeichnet der Genitiv das Nichtvorhandensein eines Gegenstandes.

У меня́ нет **карандаша́**.

Ich habe keinen Bleistift.

Вчера́ не́ было **дождя́**.

Gestern gab es keinen Regen.

За́втра не бу́дет **врача́**.

Morgen ist der Arzt nicht da.

3. In Verbindung mit Präpositionen drückt der Genitiv verschiedene Beziehungen aus.

Я был (*у кого́?*) **у до́ктора**.

Ich war beim Arzt.

Я купи́л кни́гу (*для кого́?*) **для дру́га**.

Ich habe das Buch für meinen Freund gekauft.

Он прие́хал (*отку́да?*) **из Санкт-Петербу́рга**.

Er ist aus Sankt Petersburg gekommen.

DER DATIV

Der Dativ bezeichnet Personen oder Gegenstände, auf die die Handlung gerichtet ist. Der Dativ wird ohne Präposition und mit der Präposition **к** gebraucht, er antwortet auf die Fragen *кому́? чему́? wem? к кому́? (к чему́?) zu wem?*

Помога́ю (*кому́?*) **дру́гу**.

Ich helfe meinem Freund.

Ра́дуюсь (*чему́?*) **успе́хам**.

Ich freue mich über die Erfolge.

Иду́ (*к кому́?*) **к преподава́телю**.

Ich gehe zum Lehrer.

DER AKKUSATIV

1. In Verbindung mit einem transitiven (zielenden) Verb bezeichnet der Akkusativ den Gegenstand, auf den sich die Handlung erstreckt. Fragen: *кого́? wen? что? was?*

Чита́ю (*что?*) **газе́ту**.

Ich lese die Zeitung.

Встре́тил (*кого́?*) **дру́га**.

Ich habe meinen Freund getroffen.

2. In Verbindung mit den Präpositionen **в, на** gibt der Akkusativ den Ort an, auf den die Handlung gerichtet ist, und antwortet auf die Frage *куда́? wohin?*

Иду́ (*куда́?*) **в декана́т**.

Ich gehe ins Dekanat.

Иду́ (*куда́?*) **на собра́ние**.

Ich gehe zur Versammlung.

1. Der Instrumental bezeichnet das Instrument oder das Mittel, mit dessen Hilfe eine Handlung durchgeführt wird, und antwortet auf die Frage *чем? womit?*

Пишу́ (*чем?*) **ме́лом.**   Ich schreibe mit Kreide.
Ре́жу (*чем?*) **ножо́м.**   Ich schneide mit dem Messer.

2. Der Instrumental kann eine Person bezeichnen, mit der gemeinsam eine Handlung durchgeführt wird; er antwortet dann auf die Frage *с кем? mit wem?*

Занима́юсь (*с кем?*) **с учени-** Ich lerne mit dem Schüler.
ко́м.
Говорю́ (*с кем?*) **с препода-** Ich spreche mit dem Lehrer.
ва́телем.

DER PRÄPOSITIV

Der Präpositiv wird nur mit Präpositionen gebraucht:
1. Mit der Präposition **o** bezeichnet er die Person bzw. den Gegenstand, über die bzw. über den gesprochen wird, und antwortet auf die Frage *о ком? über wen? о чём? worüber?*

Мы чита́ли (*о ком?*) **о Пу́шкине.** Wir haben etwas über Puškin gelesen.
Они́ говори́ли (*о чём?*) **о литера-** Sie haben über Literatur gesprochen.
ту́ре.

2. Mit den Präpositionen **в** und **на** gibt er den Ort der Handlung an und antwortet auf die Frage *где? wo?*

Я был (*где?*) **в теа́тре.**   Ich war im Theater.
Я рабо́таю (*где?*) **на фа́брике.**   Ich arbeite in der Fabrik.

Übung 37. Lesen Sie die folgenden Sätze. Erfragen Sie die Substantive und bestimmen Sie ihren Fall. Übersetzen Sie:

1. Мой оте́ц рабо́тает на заво́де. Брат у́чится в институ́те. 2. Сестра́ това́рища у́чится в Москве́. 3. Теа́тр нахо́дится в це́нтре го́рода. 4. Студе́нт сдал зачёт преподава́телю. 5. Я пишу́ письмо́ това́рищу. Я подари́л бра́ту портфе́ль. 6. На э́той бума́ге мо́жно писа́ть то́лько карандашо́м. 7. Вчера́ мы слу́шали интере́сный докла́д о междунаро́дном положе́нии. 8. На у́лице я встре́тил това́рища. 9. Я до́лго разгова́ривал с това́рищем о докла́де.

Die Deklination
der Substantive im Singular

Die russischen Substantive werden nach den Endungen der Fälle im Singular in drei Deklinationstypen eingeteilt.

Die erste Deklination

Zur ersten Deklination gehören die m ä n n l i c h e n Substantive mit endungslosem Nominativ und die s ä c h l i c h e n Substantive mit den Endungen -o (-ё), -e.

Innerhalb der ersten Deklination unterscheidet man die Deklination der Substantive mit h a r t e m und w e i c h e m Stammauslaut.

DIE DEKLINATION DER MÄNNLICHEN SUBSTANTIVE MIT HARTEM STAMMAUSLAUT

Fall	Substantive		Endungen
N. *кто? что?*	учени́к der Schüler	заво́д das Werk	endungslos
G. *кого́? чего́?*	ученика́	заво́да	**-а**
D. *кому́? чему́?*	ученику́	заво́ду	**-у**
A. *кого́? что?*	ученика́	заво́д	wie G. oder N.
I. *кем? чем?*	ученико́м	заво́дом	**-ом**
P. *о ком? о чём?*	об ученике́	о заво́де	**-е**

DIE DEKLINATION DER MÄNNLICHEN SUBSTANTIVE MIT WEICHEM STAMMAUSLAUT UND MIT STAMMAUSLAUT AUF -Й

Fall	Substantive				Endungen
N. *кто? что?*	вождь der Führer	ого́нь das Feuer	геро́й der Held	бой das Gefecht	endungslos
G. *кого́? чего́?*	вождя́	огня́	геро́я	бо́я	**-я**
D. *кому́? чему́?*	вождю́	огню́	геро́ю	бо́ю	**-ю**
A. *кого́? что?*	вождя́	ого́нь	геро́я	бой	wie G. oder N.
I. *кем? чем?*	вождём	огнём	геро́ем	бо́ем	**-ём, -ем**
P. *о ком? о чём?*	о вожде́	об огне́	о геро́е	о бо́е	**-е**

Bei den männlichen Substantiven, die Lebewesen bezeichnen, fällt der Akkusativ mit dem Genitiv zusammen (**ученика́, вождя́, геро́я**); bei den unbelebten Substantiven ist der Akkusativ gleich dem Nominativ (**заво́д, ого́нь, бой**).

Bei den männlichen Substantiven **наро́д** *das Volk* und **отря́д** *der Trupp*, die Gruppen von Lebewesen bezeichnen, fällt der Akkusativ mit dem Nominativ zusammen (любить **наро́д** *das Volk lieben*, вести **отря́д** *den Trupp führen*).

A n m e r k u n g. Der Instrumental hat die betonte Endung—**ём** und die unbetonte Endung **-ем**.

Die Deklination der sächlichen Substantive

Die sächlichen Substantive mit hartem bzw. mit weichem Stammauslaut werden ebenso dekliniert wie die männlichen Substantive.

Fall	Sächliche Substantive mit hartem Stammauslaut		Endungen	Sächliche Substantive mit weichem Stammauslaut		Endungen
N.	окно́ das Fenster	де́ло die Sache	-о	ружьё das Gewehr	по́ле das Feld	-ё, -е
G.	окна́	де́ла	-а	ружья́	по́ля	-я
D.	окну́	де́лу	-у	ружью́	по́лю	-ю
A.	окно́	де́ло	wie N.	ружьё	по́ле	wie N.
I.	окно́м	де́лом	-ом	ружьём	по́лем	-ём, -ем
P.	об окне́	о де́ле	-е	о ружьё	о по́ле	-е

Der Akkusativ der sächlichen Substantive fällt stets mit dem Nominativ zusammen.

Zur Schreibung der Substantivendungen nach Zischlauten und ц

Nach Zischlauten (**ж, ш, ч, щ**) und **ц** haben die sächlichen Substantive im Nominativ Singular bei Endbetonung die Endung **-о́** (**кольцо́** *der Ring*, **плечо́** *die Schulter*), bei unbetonter Endung **-е** (**се́рдце** *das Herz*, **учи́лище** *die Fachschule*).

Im Instrumental Singular haben die männlichen und die sächlichen Substantive die betonte Endung **-о́м** (**бойцо́м, ножо́м, плечо́м, кольцо́м**) und die unbetonte Endung **-ем** (**волгогра́дцем, това́рищем, се́рдцем, учи́лищем**).

DIE DEKLINATION DER MÄNNLICHEN SUBSTANTIVE AUF -ИЙ UND DER SÄCHLICHEN AUF -ИЕ

Fall	männliche Substantive		sächliche Substantive
N. *кто? что?*	пролета́рий der Proletarier	санато́рий das Sanatorium	собра́ние die Versammlung
G. *кого́? чего́?*	пролета́рия	санато́рия	собра́ния
D. *кому́? чему́?*	пролета́рию	санато́рию	собра́нию
A. *кого́? что?*	пролета́рия	санато́рий	собра́ние
I. *кем? чем?*	пролета́рием	санато́рием	собра́нием
P. *о ком? о чём?*	о пролета́рии	о санато́рии	о собра́нии

Die männlichen Substantive auf **-ий** (**пролета́рий, Васи́лий, сана-то́рий**) und die sächlichen auf **-ие** (**собра́ние** *die Versammlung*, **внима́ние** *die Aufmerksamkeit*) weisen im Präpositiv, abweichend von den anderen männlichen und sächlichen Substantiven, die Endung **-и** auf (**о пролета́рии, о Васи́лии, в санато́рии, на собра́нии**).

Übung 38. Schreiben Sie die folgenden Sätze ab. Bestimmen Sie Geschlecht und Fall der hervorgehobenen Substantive und versehen Sie diese mit Betonungszeichen.

1. Мы слу́шали докла́д о собы́тиях *за рубежо́м*. 2. Вчера́ мы ходи́ли *с товарищем* в теа́тр. 3. Я говори́л *с врачом*. 4. Стари́к рабо́тает на фе́рме *сторожем*. 5. Птене́ц вы́рос и стал весёлым *пев-*

цом. 6. Мы покры́ли дно ло́дки *камышом*. 7. В лесу́ па́хнет *ланды-шем*.

Übung 39. Beantworten Sie mündlich und schriftlich folgende Fragen; verwenden Sie dabei die männlichen Substantive *преподаватель* und *лаборант*. Versehen Sie alle Wörter mit Betonungszeichen.

1. Кто вошёл в аудито́рию? 2. Чья это кни́га? 3. Кому́ студе́нты отда́ли свои́ рабо́ты? 4. Кого́ студе́нты вы́брали председа́телем собра́ния? 5. С кем студе́нты рабо́тают в лаборато́рии? 6. О ком была́ в стенгазе́те статья́?

Übung 40. Bilden Sie Sätze und verwenden Sie dabei die Wörter *ученик* und *секретарь* in allen Fällen des Singulars. Schreiben Sie die Sätze auf und versehen Sie die Wörter mit Betonungszeichen.

Übung 41. Deklinieren Sie die sächlichen Substantive *строи́тельство, зда́ние* und *заседа́ние*: gebrauchen Sie diese Substantive im Präpositiv in Sätzen.

Übung 42. Schreiben Sie den Instrumental folgender Substantive auf:

каранда́ш, луч, кузне́ц, со́лнце, лицо́, па́лец, скворе́ц, птене́ц

Genitiv und Präpositiv einiger männlicher Substantive
Der Genitiv mit der Endung -y (-ю)

Bei Mengenangaben oder zur Bezeichnung eines Teils des Stoffganzen können einige männliche Substantive im Genitiv Singular die Endung -y (-ю) haben:

кусо́к **са́хару** *ein Stück Zucker*, стака́н **ча́ю** *ein Glas Tee*, килогра́мм **мёду** *ein Kilo Honig*;

купи́ть **са́хару, мёду** *Zucker, Honig kaufen*, вы́пить **ча́ю** *Tee trinken*; набра́ть **хво́росту** *Reisig sammeln*.

Die Substantive **хлеб** *das Brot* und **овёс** *der Hafer* haben im Genitiv nie die Endung -y.

A n m e r k u n g. Einige männliche Substantive haben den Genitiv Singular auf -y in Verbindung mit Präpositionen, z.B. вы́шел **из до́му, из ле́су** *(er) ging aus dem Haus, aus dem Wald;* шёл **до до́му** час *(er) ging eine Stunde lang bis nach Hause.* In diesen Fällen wird die Betonung auf die Präposition verlagert.

Übung 43. Lesen Sie die folgenden Sätze. Erläutern Sie, warum die hervorgehobenen Substantive im Genitiv Singular die Endung -y bzw. -ю haben.

1. Нале́йте мне, пожа́луйста, ча́шку *ча́ю*. 2. Да́йте мне, пожа́луйста, кило́ *са́хару* и стака́н *мёду*. 3. Ты пойдёшь в магази́н? Купи́ мне, пожа́луйста, хле́ба, *сы́ру* и *са́хару*. 4. Не уходи́, мы сейча́с вы́пьем *ча́ю*.

Der Präpositiv mit der Endung -y (-ю)

Einige männliche Substantive weisen im Präpositiv nach den Präpositionen **в** und **на** (zur Orts- mitunter auch zur Zeitangabe) die betonte Endung -y (-ю) auf, z.B.

а) **в лесу́** *im Walde*, **в саду́** *im Garten*, **в углу́** *in der Ecke*, **в шкафу́** *im Schrank*, **в носу́** *in der Nase*, **в глазу́** *im Auge*, **во рту́** *im Munde*, **в бою́** *im Kampf*, **в тылу́** *im Rücken, im Hinterland*, **в плену́** *in Gefangenschaft*, **в Крыму́** *auf der Krim.*

b) **на берегу́** *am Ufer, am Strand*, **на мосту́** *auf der Brücke*, **на лугу́** *auf der Wiese*, **на шкафу́** *auf dem Schrank*, **на лбу́** *auf der Stirn*, **на носу́** *auf der Nase*, **на посту́** *Wache (stehen)*, **на краю́** *am Rande*, **на Дону́** *am Don.*

В како́м **году́?** — **В** 1955 **году́.** *In welchem Jahre? Im Jahre 1955.* В кото́ром **часу́?** — **В** пе́рвом **часу́.** *Um wieviel Uhr? Um eins.*

Übung 44. Lesen Sie die folgenden Sätze. Bestimmen Sie den Fall der hervorgehobenen Substantive und schreiben Sie den Nominativ und den Präpositiv dieser Substantive auf; versehen Sie die Wörter mit Betonungszeichen.

M u s t e r : *лес — в лесу́*

1. Мы долго гуляли *в лесу*. 2. Пожелтели листья *в саду*. 3. Мы набрали хворосту и развели костёр *на берегу* реки. 4. *На посту* стоит часовой. 5. *На мосту* большое движение. 6. Лето мы провели *в Крыму*. 7. *В каком году* вы родились? Я родился *в 1952 году*. 8. *В котором часу* вы пришли домой? 9. Он много видел *на своём веку*.

Übung 45. Bilden Sie fünf Sätze mit männlichen Substantiven im Präpositiv auf -y (-ю).

Übung 46. Schreiben Sie eine kleine Erzählung und verwenden Sie dabei die Wörter *ле́то, мо́ре, со́лнце, о́тдых, санато́рий*, den Präpositiv der männlichen Substantive *на берегу́, в лесу́* u. a. und die Wortverbindungen *провели́ ле́то, ра́довались о́тдыху* (ра́доваться чему?), *любова́ться мо́рем, закатом со́лнца* (любова́ться чем?), *вспомина́ли о ле́те* (вспомина́ть о чём?)

Die zweite Deklination

Zur zweiten Deklination gehören die weiblichen Substantive auf -a (-я).

Innerhalb der zweiten Deklination unterscheidet man die Beugung der Substantive mit hartem und mit weichem Stammauslaut.

DIE WEIBLICHEN SUBSTANTIVE MIT HARTEM STAMMAUSLAUT

Fall	Substantive		Endungen	Substantive mit Stammauslaut auf г, к, х		Endungen
N.	страна́ das Land	же́нщина die Frau	-a	рука́ die Hand	доро́га der Weg	-a
G.	страны́	же́нщины	-ы	руки́	доро́ги	-и
D.	стране́	же́нщине	-e	руке́	доро́ге	-e
A.	страну́	же́нщину	-у	ру́ку	доро́гу	-у
I.	страно́й	же́нщиной	-ой	руко́й	доро́гой	-ой
P.	о стране́	о же́нщине	-e	о руке́	о доро́ге	-e

DIE WEIBLICHEN SUBSTANTIVE MIT WEICHEM STAMMAUSLAUT

Fall	Substantive auf -я			Endungen	Substantive auf -ия	Endungen
N.	земля́	семья́	ста́я	-я	а́рмия	-я
	die Erde	die Familie	der Schwarm		die Armee	
G.	земли́	семьи́	ста́и	-и	а́рмии	-и
D.	земле́	семье́	ста́е	-е	а́рмии	-и
A.	зе́млю	семью́	ста́ю	-ю	а́рмию	-ю
I.	землёй	семьёй	ста́ей	-ей (-ёй)	а́рмией	-ей
P.	о земле́	о семье́	о ста́е	-е	об а́рмии	-и

1. Die Substantive mit hartem Stammauslaut weisen folgende Endungen auf:
im Nominativ -a, im Genitiv -ы (aber nach г, к, х — -и: нога́ — ноги́ der Fuß, das Bein, рука́ — руки́ die Hand, der Arm, му́ха — му́хи die Fliege), im Dativ -e, im Akkusativ -y, im Instrumental -ой (-ою).

2. Die Substantive, deren Nominativ Singular auf -ия ausgeht (а́рмия die Armee, ли́ния die Linie), haben im Dativ und im Präpositiv die gleiche Endung -и (а́рмии, ли́нии).

3. Nach der zweiten Deklination werden ebenfalls die männlichen Substantive und die Substantive zweierlei Geschlechts auf -a (-я) gebeugt: мужчи́на der Mann, -ы, -е, -у, -ой, -е; дя́дя der Onkel -и, -е, -ю, -ей, -е; у́мница die (der) Kluge -ы, -е, -у, -ей, -е.

Zur Schreibung der Substantivendungen nach Zischlauten und ц

Nach Zischlauten (ж, ш, ч, щ) und ц haben die Substantive im Instrumental Singular die betonte Endung -ой (-ою): межа́ der Rain — межо́й, свеча́ die Kerze — свечо́й, овца́ das Schaf — овцо́й und die unbetonte Endung -ей: кры́ша das Dach — кры́шей, ро́ща der Hain — ро́щей, пти́ца der Vogel — пти́цей, ту́ча die Wolke — ту́чей, лу́жа die Pfütze — лу́жей.

Übung 47. Beantworten Sie mündlich und schriftlich die folgenden Fragen und gebrauchen Sie dabei die weiblichen Substantive *преподава́тельница, сестра́, лаборантка.* Unterstreichen Sie in diesen Wörtern die Endungen. Versehen Sie jedes Wort mit Betonungszeichen.

1. Кто вошёл в ко́мнату? 2. Чья э́то кни́га? 3. Кому́ вы написа́ли письмо́? 4. Кого́ вы ви́дели на собра́нии? 5. С кем вы разгова́ривали по телефо́ну? 6. О ком вы говори́ли с това́рищем?

Übung 48. Deklinieren Sie die Substantive *фа́брика, кни́га, аудито́рия.* Bilden Sie mit diesen Substantiven im Präpositiv Sätze und schreiben Sie sie auf.

Übung 49. Schreiben Sie die folgenden Sätze ab. Versehen Sie die hervorgehobenen Wörter mit Betonungszeichen.

1. Верши́на горы́ закры́лась *тучей.* 2. Мы шли *рощей.* 3. Ко́мната освеща́лась *свечой.* 4. Ученики́ заинтересова́лись *задачей.* 5. Ла́сточки сви́ли гнездо́ *под крышей.* 6. Мы до́лго любова́лись *птицей.*

Die dritte Deklination

Nach der dritten Deklination werden die weiblichen Substantive mit endungslosem Nominativ Singular gebeugt, deren Stamm auf einen weichen Konsonanten bzw. auf einen harten oder weichen Zischlaut ausgeht:

	Fall		Substantiv			Endungen
N.	кто? что?	жизнь das Leben	ночь die Nacht	рожь der Roggen	мышь die Maus	endungslos
G.	кого? чего?	жи́зни	но́чи	ржи	мы́ши	-и
D.	кому́? чему́?	жи́зни	но́чи	ржи	мы́ши	-и
A.	кого́? что?	жизнь	ночь	рожь	мышь	wie N.
I.	кем? чем?	жи́знью	но́чью	ро́жью	мы́шью	-ью
P.	о ком? о чём?	о жи́зни	о но́чи	о ржи	о мы́ши	-и

a) Der Akkusativ Singular der Substantive der dritten Deklination ist stets dem Nominativ Singular gleich.

b) Im Genitiv, Dativ und Präpositiv Singular weisen sie die gleiche Endung -и auf (жи́зни, но́чи, ржи, мы́ши).

c) Im Instrumental Singular gehen diese Substantive auf -ью aus (жи́знью, но́чью, ро́жью, мы́шью).

d) Einige Substantive, die in allen Fällen des Singulars stammbetont sind, weisen im Präpositiv Singular zur Ortsangabe Endbetonung auf: цепь *die Kette*, це́пи, це́пью, a b e r: **на цепи́**; степь *die Steppe*, степи́, сте́пью, о сте́пи, a b e r: **в степи́**; кровь *das Blut*, кро́ви, кро́вью, a b e r: **в крови́**.

Übung 50. Lesen Sie die folgenden Sätze. Bestimmen Sie den Fall der hervorgehobenen Substantive.

1. Широко́ раски́нулась *степь.* Хорошо́ *в степи́.* 2. Огро́мный труд люде́й преобража́ет *степь.* Огни́ гига́нтских стро́ек горя́т *над сте́пью.* 3. На́ша страна́ бога́та *не́фтью.* Мы добыва́ем *нефть* во мно́гих места́х на́шей страны́. 4. Мы бы́ли на заво́де — в це́хе, где льют *сталь.*

Übung 51. Deklinieren Sie die Substantive *речь, сме́лость.*

Übung 52. Sagen Sie, zu welcher Deklination die Substantive *о́сень, зима́, ле́то* und alle Monatsnamen gehören.

Übung 53. Schreiben Sie die folgenden Sätze ab. Erklären Sie, warum die hervorgehobenen Substantive die Endung -и oder die Endung -е haben.

1. Мы бы́ли на Кра́сной *пло́щади.* 2. На *площа́дке* пе́ред до́мом игра́ют де́ти. 3. Я запи́сываю ле́кции в о́бщей *тетра́ди,* а но́вые слова́ — в ма́ленькой *тетра́дке.*

Übung 54. Deklinieren Sie die folgenden Substantive:

Ночь, но́чка; крова́ть, крова́тка; ло́шадь, лоша́дка; ступе́нь, ступе́нька

Die Deklination der Substantive im Plural

Die männlichen, sächlichen und weiblichen Substantive haben im Dativ Plural -ам (-ям), im Instrumental -ами (-ями) (außer людьми́, дверьми́, лошадьми́) und im Präpositiv -ах (-ях). Im Genitiv Plural weisen die Substantive unterschiedliche Endungen auf.

Fall	Erste Deklination			Endungen
N.	заво́ды	огни́	геро́и	
	die Werke	die Lichter	die Helden	
G.	заво́дов	огне́й	геро́ев	
D.	заво́дам	огня́м	геро́ям	-ам (-ям)
A.	заво́ды	огни́	геро́ев	
I.	заво́дами	огня́ми	геро́ями	-ами (-ями)
P.	о заво́дах	об огня́х	о геро́ях	-ах (-ях)

Fall	Erste Deklination			Endungen
N.	дела́	поля́	зда́ния	
	die Sachen	die Felder	die Gebäude	
G.	дел	поле́й	зда́ний	
D.	дела́м	поля́м	зда́ниям	-ам(-ям)
A.	дела́	поля́	зда́ния	
I.	дела́ми	поля́ми	зда́ниями	-ами(-ями)
P.	о дела́х	о поля́х	о зда́ниях	-ах(-ях)

Fall	Zweite Deklination			Dritte Deklination	Endungen
N.	зе́мли	же́нщины	а́рмии	сте́пи	
	die Böden	die Frauen	die Armeen	die Steppen	
G.	земе́ль	же́нщин	а́рмий	степе́й	
D.	зе́млям	же́нщинам	а́рмиям	степя́м	-ам(-ям)
A.	зе́мли	же́нщин	а́рмии	сте́пи	
I.	зе́млями	же́нщинами	а́рмиями	степя́ми	-ами(-ями)
P.	о зе́млях	о же́нщинах	об а́рмиях	о степя́х	-ах(-ях)

1. Bei den belebten Substantiven ist der Akkusativ Plural dem Genitiv Plural gleich (геро́ев, же́нщин); bei den unbelebten Substantiven ist der Akkusativ Plural dem Nominativ Plural gleich (заво́ды, огни́, дела́, поля́, зе́мли, сте́пи).

2. Die männlichen und sächlichen Substantive, die im Nominativ Plural auf -ья ausgehen (бра́тья *die Brüder*, дере́вья *die Bäume*), behalten das weiche Zeichen ь in allen Fällen; Genitiv — бра́тьев, дере́вьев; Dativ — бра́тьям, дере́вьям; Instrumental — бра́тьями, дере́вьями; Präpositiv — о бра́тьях, о дере́вьях.

Übung 55. Schreiben Sie die folgenden Sätze ab. Setzen Sie die in Klammern stehenden Substantive im erforderlichen Fall (zuerst im Singular, dann im Plural) ein.

1. Мы вы́пустили стенгазе́ту к ... . (пра́здник) 2. Ученики́ при-

слáли ... поздравлéние к Нóвому гóду. (преподавáтель, преподавá-
тельница) 3. Я написáл письмó ... . (товáрищ, брат, сестрá)
4. Преподавáтель постáвил зачёт ... . (студéнт, слýшатель, слýша-
тельница) 5. Фéрмеры обрабáтывают зéмлю ... и убирáют уро-
жáй ... . (трáктор, комбáйн) 6. Самолёт летит над ... . (степь, пóле,
лес, гóрод, дерéвня) 7. Преподавáтель довóлен ... . (учени́к, учени́-
ца) 8. Мы любовáлись ... . (здáние, карти́на, стáтуя) 9. Началóсь
большóе строи́тельство в ... . (гóрод, дерéвня, степь) 10. Студéнты
запи́сывают лéкции в ..., а нóвые словá в ... . (тетрáдь, словáрик)
11. Мы бы́ли на ... и в ... . (завóд, фáбрика, музéй, теáтр). 12. Я
рассказáл дрýгу о ... . (кни́га, письмó, карти́на)

Der Genitiv Plural der Substantive

Die erste Deklination

A. Die männlichen Substantive weisen im Genitiv Plural die En-
dungen -ов, -ев, -ёв, -ей auf:

1. Die Endung -ов haben die Substantive mit hartem Stammaus-
laut: завóд *das Werk*, завóды — завóдов; учени́к *der Schüler*, учени-
ки́ — учеников; лес *der Wald*, лесá — лесóв.

Die stammbetonten Substantive, die im Nominativ Plural auf -ья
ausgehen (брат *der Bruder* — брáтья, лист *das Blatt* — ли́стья, стул
der Stuhl — стýлья, кóлос *die Ähre* — колóсья), haben im Genitiv Plu-
ral die Endung -ьев (кни́ги брáтьев *die Bücher der Brüder*, цвет ли́сть-
ев *die Farbe der Blätter*, окрáска стýльев *die Farbe der Stühle*, длинá
колóсьев *die Länge der Ähren*), die endungsbetonten -ей: друзья́ *die
Freunde* — друзéй, сыновья́ *die Söhne* — сыновéй, мужья́ *die Ehemän-
ner* — мужéй.

Bei Stammauslaut auf -ц (боéц *der Soldat*, комсомóлец *der Komso-
molze*) weisen die Substantive die betonte Endung -óв (бойцóв) und die
unbetonte Endung -ев (комсомóльцев) auf.

2. Bei Stammauslaut auf -й (бой *der Kampf*, герóй *der Held*, музéй
das Museum) weisen die Substantive die betonte Endung -ёв (боёв) und
die unbetonte Endung -ев (герóев) auf.

3. Bei Stammauslaut auf weiche Konsonanten und Zischlaute wei-
sen die Substantive die Endung -ей auf (вождь *der Führer* — вождéй,
огóнь *das Feuer* — огнéй, товáрищ *der Genosse* — товáрищей, врач *der
Arzt* — врачéй, нож *das Messer* — ножéй, карандáш *der Bleistift* —
карандашéй).

Anmerkung: Einige männliche Substantive sind im Genitiv Plural endungslos:
пять солдáт *fünf Soldaten*, дéсять партизáн *zehn Partisanen*, шесть человéк *sechs Per-
sonen*, пáра сапóг *ein Paar Stiefel*, нéсколько раз *einige Male*. Die Substantive auf
-анин, -янин sind im Genitiv Plural ebenfalls endunglos: граждани́н *der Bürger* —
грáждан, крестья́нин *der Bauer* — крестья́н.

B. 1. Die sächlichen Substantive auf -о (окнó *das Fenster*, письмó
der Brief), auf -ие (собрáние *die Versammlung*) und auf -е bei Stamm-
auslaut auf -ц oder Zischlaute (учи́лище *die Fachschule*, полотéнце *das
Handtuch*) sind im Genitiv Plural endungslos (стёкла óкон *die Fenster-

scheiben, доста́вка **пи́сем** *die Zustellung der Briefe,* протоко́лы **собра́- ний** *Protokolle der Versammlungen,* зда́ния **учи́лищ** *die Gebäude der Fachschulen,* узо́р **полоте́нец** *das Muster der Handtücher):* **-ий** im Genitiv Plural der Substantive **собра́ний, зда́ний, выступле́ний** gehört zum Stamm der Wörter * (собра́ни[j-e] — собра́ний).

Die Substantive **уще́лье** *die Schlucht,* **мгнове́нье** (**мгнове́ние**) *der Augenblick* bilden den Genitiv Plural (**уще́лий, мгнове́ний**) auf die gleiche Weise.

2. Das sächliche Substantiv **о́блако** *die Wolke* weist im Genitiv Plural die betonte Endung **-о́в** auf (**облако́в**).

Die sächlichen Substantive auf **-о**, die im Nominativ Plural auf **-ья** ausgehen (**перо́** *die Feder* — **пе́рья, крыло́** *der Flügel* — **кры́лья, де́рево** *der Baum* — **дере́вья**), haben im Genitiv Plural **-ьев** (скрип **пе́рьев**) *das Kratzen der Federn,* взмах **кры́льев** *der Flügelschlag,* листва́ **дере́вьев** *das Laub der Bäume*).

3. Die sächlichen Substantive **мо́ре** *das Meer,* **по́ле** *das Feld* gehen im Genitiv Plural auf **-ей** aus (глубина́ **море́й** *die Tiefe der Meere,* просто́р **поле́й** *die Weite der Felder*).

Übung 56. Schreiben Sie die folgenden Sätze ab. Setzen Sie die in Klammern angegebenen Substantive im Genitiv Plural ein.

1. На у́лицах Москвы́ большо́е движе́ние ... . (авто́бус, троллейбус, автомоби́ль, трамва́й) 2. В Москве́ мно́го ... . (теа́тр, музе́й) 3. Я получи́л не́сколько пи́сем от ... . (това́рищ) 4. Фе́рмеры зако́нчили вспа́шку ... . (по́ле) 5. В году́ двена́дцать ... . (ме́сяц) 6. В сентябре́ три́дцать ... . (день)

Übung 57. Schreiben Sie die folgenden Sätze ab. Gebrauchen Sie die hervorgehobenen Substantive im Plural.

1. Студе́нты из *университе́та* собрали́сь на фо́рум. 2. Па́дают жёлтые ли́стья с *де́рева*. 3. По́сле *дождя́* всё зазелене́ло. 4. Из-за *о́блака* вы́глянуло со́лнце. 5. Гудки́ *парово́за* нару́шили тишину́ но́чи.

Übung 58. Bilden Sie den Genitiv Plural:

врач, председа́тель, руководи́тель, дире́ктор, чертёж, урожа́й, геро́й, о́зеро, мо́ре, гнездо́, па́стбище, учи́лище, кольцо́, яйцо́, зда́ние, англича́нин

Die zweite Deklination

Die weiblichen Substantive mit den Endungen **-a (-я)** haben im Genitiv Plural keine Endungen.

---

* Der russische Buchstabe **е** gibt in Wörtern wie **собра́ние** zwei Laute wieder: [je] собра́ни[je].

Nominativ Singular		Nominativ Plural	Genitiv Plural
же́нщина	die Frau	же́нщины	же́нщин
страна́	das Land	стра́ны	стран
земля́	die Erde	зе́мли	земе́ль
дере́вня	das Dorf	дере́вни	дереве́нь
ста́я	der Schwarm	ста́и	стай
семья́	die Familie	се́мьи	семе́й
а́рмия	die Armee	а́рмии	а́рмий

Im Genitiv Plural weisen die Substantive mit hartem Stammauslaut einen harten Endkonsonanten auf (**стран, же́нщин**). Die Substantive mit weichem Stammauslaut haben im Genitiv Plural einen weichen Endkonsonanten (**дереве́нь, земе́ль**), ausgenommen einige Substantive wie z. B. **пе́сня** *das Lied,* **ви́шня** *die Kirsche,* die im Genitiv Plural auf einen harten Konsonanten auslauten: **пе́сен, ви́шен.**

Die Substantive mit dem Stammauslaut auf [j] (**ста́я** — ста́[j-a] *der Schwarm,* **семья́** — сем[j-á] *die Familie,* **а́рмия** — а́рми[j-a] *die Armee*) haben im Genitiv Plural **-й** (d.h. den Endkonsonanten des Stammes): **стай, семе́й, а́рмий** (bei dem Substantiv **семья́** *die Familie* — **семе́й** tritt flüchtiger Vokal **е** auf).

Die dritte Deklination

Die weiblichen Substantive der dritten Deklination weisen im Genitiv Plural die Endung **-ей** auf.

Nominativ Singular		Nominativ Plural	Genitiv Plural
степь	die Steppe	**сте́пи**	**степе́й**
ночь	die Nacht	**но́чи**	**ноче́й**
мышь	die Maus	**мы́ши**	**мыше́й**
тетра́дь	das Heft	**тетра́ди**	**тетра́дей**

Übung 59. Schreiben Sie die folgenden Sätze ab. Setzen Sie die in Klammern stehenden Substantive im Genitiv Plural ein.

1. Две́ри ... бы́ли откры́ты. (ко́мната, аудито́рия) 2. На собра́нии мы обсужда́ли план ... . (экску́рсия) 3. В саду́ мно́го ... . (гру́ша) 4. В на́шем лесу́ мно́го ... . (берёза, сосна́, ель) 5. В саду́ слы́шно жужжа́ние ... . (пчела́) 6. В лесу́ слы́шно пе́ние ... . (пти́ца)

Übung 60. Schreiben Sie die folgenden Wortverbindungen ab, ersetzen Sie dabei den Genitiv Singular durch den Genitiv Plural.

эне́ргия реки́, строи́тельство электроста́нции, ремо́нт маши́ны, сия́ние звезды́, темнота́ но́чи, вспы́шка мо́лнии, просто́р степи́, лай соба́ки, ржа́ние ло́шади, мыча́ние коро́вы

Substantive, die keine Singularform haben, weisen im Genitiv Plural folgende Formen auf:

1. die Endung -ов

трусы́	die Sporthose	— трусо́в
штаны́	die Hose	— штано́в
консе́рвы	die Konserven	— консе́рвов
очки́	die Brille	— очко́в
часы́	die Uhr	— часо́в
духи́	das Parfüm	— духо́в
щипцы́	die Zange	— щипцо́в
весы́	die Waage	— весо́в
фина́нсы	die Finanzen	— фина́нсов
по́иски	die Suche	— по́исков
про́воды	der Abschied	— про́водов
кура́нты	die Turmuhr mit Glockenspiel	— кура́нтов

2. die Endung -ей

са́ни	der Schlitten	— сане́й
се́ни	der Flur	— сене́й
щи	die Kohlsuppe	— щей
лю́ди	die Leute	— люде́й
дро́жжи	die Hefe	— дрожже́й
бу́дни	der Alltag	— бу́дней
я́сли	die Kinderkrippe	— я́слей

3. keine Endung:

но́жницы	die Schere	— но́жниц
пери́ла	das Geländer	— пери́л
воро́та	das Tor	— воро́т
дрова́	das Holz	— дров
черни́ла	die Tinte	— черни́л
хло́поты	die Sorgen	— хлопо́т
кани́кулы	die Ferien	— кани́кул
по́хороны	die Beisetzung	— похоро́н
де́ньги	das Geld	— де́нег
су́тки	24 Stunden	— су́ток
су́мерки	die Dämmerung	— су́мерек
носи́лки	die Tragbahre	— носи́лок

Abweichende Deklination einiger Substantive

Die sächlichen Substantive auf -мя (и́мя *der Name*, зна́мя *das Banner*), das männliche Substantiv путь *der Weg*, die weiblichen Substantive мать *die Mutter*, дочь *die Tochter* und das sächliche Substantiv дитя́ *das Kind* werden wie folgt dekliniert:

Fall	sächlich		männlich	weiblich	

Singular

Fall	sächlich		männlich	weiblich	
N.	и́мя der Name	зна́мя das Banner	путь der Weg	мать die Mutter	дочь die Tochter
G.	и́мени	зна́мени	пути́	ма́тери	до́чери
D.	и́мени	зна́мени	пути́	ма́тери	до́чери
A.	и́мя	зна́мя	путь	мать	дочь
I.	и́менем	зна́менем	путём	ма́терью	до́черью
P.	об и́мени	о зна́мени	о пути́	о ма́тери	о до́чери

Plural

Fall	sächlich		männlich	weiblich	
N.	имена́	знамёна	пути́	ма́тери	до́чери
G.	имён	знамён	путе́й	матере́й	дочере́й
D.	имена́м	знамёнам	путя́м	матеря́м	дочеря́м
A.	имена́	знамёна	пути́	матере́й	дочере́й
I.	имена́ми	знамёнами	путя́ми	матеря́ми	дочерьми́
P.	об имена́х	о знамёнах	о путя́х	о матеря́х	о дочеря́х

1. Alle sächlichen Substantive auf -мя (вре́мя *die Zeit*, зна́мя *das Banner*, пла́мя *die Flamme*, се́мя *der Samen*, бре́мя *die Last*, те́мя *der Scheitel*, вы́мя *das Euter*, стре́мя *der Steigbügel*, пле́мя *der Stamm, die Generation*) werden im Singular ebenso dekliniert wie и́мя. Die Wörter пла́мя, бре́мя, те́мя, вы́мя werden im Plural nicht verwendet. Zum Unterschied von и́мя und den anderen Wörtern auf -мя ist das Wort зна́мя in allen Kasus des Plurals auf der zweiten Silbe betont. Der Genitiv Plural vom Wort се́мя ist семя́н, vom Wort стре́мя ist стремя́н.

2. Das Substantiv männlichen Geschlechts путь wird in allen Fällen des Singulars und des Plurals wie ein weibliches Substantiv mit weichem Stammauslaut (кость *der Knochen*) gebeugt; der Instrumental Singular lautet jedoch abweichend — путём.

3. Die weiblichen Substantive мать, дочь haben in allen Fällen des Singulars (außer dem Akkusativ) und des Plurals den Stammauslaut auf -ер- (ма́тери, до́чери, матере́й, дочере́й).

4. Das sächliche Substantiv дитя́ wird im Singular gewöhnlich im Nominativ und Akkusativ verwendet. In den übrigen Fällen wird in der Regel das Wort ребёнок gebraucht: ребёнка, ребёнку, ребёнком, о ребёнке. Im Plural wird gewöhnlich das Wort де́ти (дете́й, де́тям, дете́й, детьми́, о де́тях) verwendet.

Übung 61. Bilden Sie Sätze, gebrauchen Sie dabei in allen Fällen des Singulars oder Plurals a) eines der folgenden Wörter: *имя, знамя, время*; b) das Wort *путь*; c) eines der Wörter *мать, дочь*. Versehen Sie jedes Wort mit Betonungszeichen.

Der Gebrauch der Fälle mit und ohne Präposition

Der Genitiv ohne Präposition

Der Genitiv ohne Präposition wird gebraucht: in Verbindung mit Substantiven (ответ **студе́нта** *die Antwort des Studenten*), mit Adjektiven (по́лный **ра́дости** *voller Freude*), mit Zahlwörtern (пять **студе́нтов** *fünf Studenten*), mit Verben (доби́ться **успе́хов** *Erfolge erzielen*).

Der Genitiv in Verbindung mit Substantiven

Der Genitiv steht nach einem Substantiv und bezeichnet:
1. eine Person, der der Gegenstand gehört (Fragen: *чей? чья? чьё? чьи? wessen?*)

Это кни́га **това́рища.**	Das ist das Buch des Freundes.
— Чья э́то кни́га?	— Wessen Buch ist das?
— **Това́рища.**	— Das des Freundes.
Это альбо́м **сестры́.**	Das ist das Album der Schwester.
— Чей э́то альбо́м?	— Wessen Album ist das?
— **Сестры́.**	— Das der Schwester.

2. eine handelnde Person oder einen Gegenstand nach einem Substantiv, das eine Handlung ausdrückt:

Мы слу́шали пе́ние **арти́ста.**	Wir hörten den Gesang des Künstlers an.
Студе́нты отвеча́ли на вопро́сы **преподава́теля.**	Die Studenten antworteten auf die Fragen des Dozenten.

3. einen Gegenstand, auf den die durch das Substantiv ausgedrückte Handlung übergeht:

Изуче́ние **грамма́тики** необходи́мо.	Das Studium der Grammatik ist notwendig.
Зако́нчилась убо́рка урожа́я.	Die Getreideernte ist abgeschlossen.

4. ein Merkmal einer Sache:

В клу́бе был ве́чер **та́нцев.**	Im Klub fand ein Tanzabend statt.
— *Како́й* ве́чер?	— Was für ein Abend?
— Ве́чер **та́нцев.**	— Ein Tanzabend.
Нас интересу́ют вопро́сы **совреме́нности.**	Wir interessieren uns für Probleme der Gegenwart.
— *Каки́е* вопро́сы?	— Für welche Probleme?
— Вопро́сы **совреме́нности.**	— Für Probleme der Gegenwart.

5. eine Eigenschaft (in Verbindung mit einem Adjektiv):

Вошёл челове́к *высо́кого* **ро́ста.**	Ein Mensch von hohem Wuchs trat ein.
Мы проезжа́ли места́ *замеча́тельной* **красоты́.**	Wir fuhren an Orten von erstaunlicher Schönheit vorbei.

6. eine Sache oder Person, deren Merkmal durch das Bezugswort ausgedrückt ist:

Белизна́ **сне́га.**
Темнота́ **но́чи.**
Во́ля **челове́ка.**

Das Weiß des Schnees.
Die Dunkelheit der Nacht.
Der Wille des Menschen.

7. ein Ganzes in bezug auf einen Teil:

Ве́тка **де́рева.**
Кусо́к **хле́ба.**
Ру́чка **две́ри.**
Угол **ко́мнаты.**

Der Zweig des Baums.
Ein Stück Brot.
Die Türklinke.
Die Ecke des Zimmers.

Übung 62. Lesen Sie die folgenden Sätze. Suchen Sie die Substantive im Genitiv heraus und bilden Sie Fragesätze.

M u s t e r: Кни́га сестры́ лежи́т на столе́.
Чья кни́га лежи́т на столе́?

1. Сестра́ принесла́ су́мку. Су́мка сестры́ лежи́т на столе́. 2. Това́рищ предложи́л мне уче́бник. Я взял уче́бник това́рища. 3. Профе́ссор чита́л ле́кцию. Ле́кция профе́ссора была́ интере́сна. 4. Писа́тель зако́нчил но́вый рома́н. Но́вый рома́н писа́теля вы́шел из печа́ти. 5. Пу́шкин — вели́кий ру́сский поэ́т. Мы у́чим стихотворе́ния Пу́шкина.

Übung 63. Schreiben Sie die folgenden Sätze ab. Setzen Sie die hervorgehobenen Substantive im Genitiv ein.

А. 1. На конце́рте выступа́л *хор.* Выступле́ние ... всем понра́вилось. 2. *Учени́к* отве́тил уве́ренно. Отве́т ... был пра́вильным. 3. Наступа́ет *весна́.* Нас ра́дует наступле́ние ... . 4. Во дворе́ игра́ли *де́ти.* Мы наблюда́ли за игро́й ... 5. *Преподава́тель* объясни́л пра́вило. Объясне́ние ... поня́тно ученика́м. 6. *Това́рищ* попроси́л меня́ купи́ть ему́ биле́т. Я вы́полнил про́сьбу ... .

В. 1. На на́шей у́лице стро́ится но́вый *дом.* Строи́тельство ... че́рез ме́сяц бу́дет зако́нчено. 2. Мы организу́ем литерату́рный *ве́чер.* Това́рищи поручи́ли мне организа́цию ... . 3. Заво́д вы́полнил *план.* Дире́ктор сообщи́л о выполне́нии ... . 4. На собра́нии студе́нты критикова́ли *недоста́тки* в уче́бной рабо́те. Кри́тика ... улучша́ет рабо́ту. 5. Аспира́нт защити́л *диссерта́цию.* Защи́та ... состоя́лась вчера́. 6. Вчера́ гру́ппа студе́нтов посети́ла *музе́й.* Това́рищ рассказа́л мне о посеще́нии ... .

Übung 64. Lesen Sie die folgenden Sätze. Schreiben Sie die Verbindungen der Substantive mit Genitivattributen heraus.

M u s t e r: 1. *Письмо́ неприя́тного содержа́ния.*

1. Обло́мов накану́не получи́л из дере́вни письмо́ неприя́тного содержа́ния. (*Гонч.*) 2. На стене́ Ти́хонов уви́дел два портре́та прекра́сной рабо́ты. (*Пауст.*) 3. Арка́дий огляну́лся и уви́дел же́нщину высо́кого ро́ста в чёрном пла́тье. (*Тург.*) 4. Это был челове́к лет тридцати́ двух-трёх о́т роду, сре́днего ро́ста, прия́тной нару́жности. (*Гонч.*) 5. Все собы́тия после́дних дней каза́лись ему́ невероя́тными. (*Пауст.*)

Übung 65. Beantwortern Sie die folgenden Fragen und verwenden Sie dabei die in Klammern stehenden Wörter.

M u s t e r : *Какие места* мы проезжали? (*замечательная красота*)
Мы проезжали места *замечательной красоты.*

1. Какой человек вошёл в комнату? (*высокий рост*) 2. Какие вопросы интересуют вас? (*международное положение*) 3. Какой человек этот писатель? (*большой ум и талант*) 4. Какое платье было на девушке? (*синий цвет*)

Übung 66. Lesen Sie. Bestimmen Sie die Bedeutung des Genitivs der hervorgehobenen Substantive.

1. Я выполнил просьбу *товарища.* 2. На столе лежали чертежи *брата.* 3. Строительство *завода* идёт быстрыми темпами. 4. Завод выпускает продукцию *высокого качества.* 5. Путешественников поразила красота *моря.* 6. Машины облегчают труд *человека.* 7. Преподаватель исправил ошибки *студента.* 8. Руководитель проверил исполнение *поручения.*

Übung 67. Bilden Sie Sätze mit folgenden Wortverbindungen:

доклад студента, выступление делегата, изучение опыта, путь борьбы, вопрос большой важности, глава диссертации

Der Genitiv in Verbindung mit Adjektiven

1. Der Genitiv steht nach einem Adjektiv im Komparativ.

Брат *старше* **сестры**.	Der Bruder ist älter als die Schwester.
Волга *длиннее* **Днепра**.	Die Wolga ist länger als der Dnepr.

A n m e r k u n g . Nach einem Komparativ kann statt des Genitivs der Nominativ mit der vorangestellten Konjunktion **чем** stehen.

Брат старше, **чем** сестра.
Волга длиннее, **чем** Днепр.

Übung 68. Schreiben Sie die folgenden Sätze ab. Ersetzen Sie dabei *чем* + Substantiv im Nominativ durch das Substantiv im Genitiv.

M u s t e r : *Москва больше,* **чем** *Киев.*
Москва больше Киева.

1. Волга шире, чем Ока. 2. Крымский климат теплее, чем климат Поволжья. 3. Золото дороже, чем серебро. 4. Сын стал выше, чем отец.

2. Der Genitiv wird nach den Adjektiven **полный** und **достойный** gebraucht:

На столе стоял кувшин, *полный* **молока**.	Auf dem Tisch stand ein Krug voll Milch.
Он прожил жизнь, *полную* **борьбы**.	Er hat ein Leben voller Kampf gelebt.
Этот вопрос *достоин* **внимания**.	Diese Frage verdient Aufmerksamkeit.

Übung 69. Lesen Sie den folgenden Text. Schreiben Sie die Verbindungen Adjektiv + Substantiv im Genitiv heraus.

1. Товáрищи, жизнь даёт кáждому человéку огрóмный, неоценѝмый дар — мóлодость, пóлную сил, ю́ность, пóлную чáяний, желáний, стремлéний к знáниям, к борьбé, пóлную надéжд и уповáний... (*Н. О.*)

2. Лишь тот достóин жѝзни и свобóды, кто кáждый день за них идёт на бой. (*Гёте*)

Der Genitiv in Verbindung mit Wörtern,
die eine Menge bezeichnen

1. Der Genitiv wird nach den G r u n d z a h l e n **два, три, четы́ре, пять, шесть** usw. gebraucht, wenn diese im Nominativ oder Akkusativ stehen.

В аудитóрии *четы́ре* **окнá.**	Im Auditorium gibt es vier Fenster.
Я купѝл *две* **книѝги.**	Ich habe zwei Bücher gekauft.
В нáшей квартѝре *пять* **кóмнат.**	Unsere Wohnung hat fünf Zimmer.

Nach den Zahlwörtern **два, две** *zwei,* **óба, óбе** *beide,* **три** *drei,* **четы́ре** *vier* und allen zusammengesetzten Zahlwörtern, die als letztes Glied **два, три** oder **четы́ре** enthalten (**двáдцать два** *zweiundzwanzig,* **пятьдеся́т три** *dreiundfünfzig*), wird der Genitiv Singular gebraucht: *два* **карандашá** *zwei Bleistifte, две* **рýчки** *zwei Füller, óба* **ученикá** *beide Schüler, óбе* **ученѝцы** *beide Schülerinnen, три* **мáльчика** *drei Jungen,* **четы́ре дéвушки** *vier Mädchen,* **двáдцать два ученикá** *zweiundzwanzig Schüler.*

Nach den Zahlwörtern **пять** *fünf,* **шесть** *sechs,* **семь** *sieben* usw. steht der Genitiv Plural: *пять* **карандашéй** *fünf Bleistifte, шесть* **рýчек** *sechs Füller, семь* **ученикóв** *sieben Schüler.*

2. Der Genitiv steht nach Wörtern, die eine unbestimmte Anzahl bezeichnen:

a) **мнóго** *viel, viele,* **мáло** *wenig, wenige,* **скóлько** *wieviel, wie viele,* **стóлько** *so viel, so viele,* **нéсколько** *einige* (*мнóго* **студéнтов** *viele Studenten, нéсколько* **минýт** *einige Minuten*);

b) **большинствó** *die Mehrheit,* **меньшинствó** *die Minderheit,* **мнóжество** *die Vielzahl* (*большинствó* **студéнтов** *die Mehrheit der Studenten, меньшинствó* **делегáтов** *eine kleine Anzahl von Delegierten*).

A n m e r k u n g. Substantive, die keine Pluralformen haben, stehen nach den Wörtern **мнóго** und **мáло** im Genitiv Singular (*мнóго* **энéргии** *viel Energie, мáло* **врéмени** *wenig Zeit*).

3. Der Genitiv steht nach Maßangaben: *килó* **хлéба, сáхару** *ein Kilo Brot, Zucker; литр* **молокá** *ein Liter Milch; метр* **сукнá** *ein Meter Tuch.*

Übung 70. Lesen Sie die folgenden Sätze. Begründen Sie den Gebrauch der Substantive im Genitiv.

1. Пе́ред о́кнами расту́т три де́рева. 2. В институ́те не одна́, а не́сколько библиоте́к. 3. Студе́нты за́дали ле́ктору мно́го вопро́сов. 4. Ну́жно купи́ть полкило́ ма́сла и литр молока́. 5. У меня́ в э́том ме́сяце мно́го рабо́ты. 6. Большинство́ това́рищей поддержа́ло моё предложе́ние. 7. Я купи́л сестре́ на пла́тье три ме́тра шёлку.

Übung 71. Beantworten Sie schriftlich die folgenden Fragen. Verwenden Sie dabei die in Klammern angegebenen Wörter.

1. Ско́лько столо́в в аудито́рии? (*де́сять*) 2. Ско́лько о́кон в аудито́рии? (*четы́ре*) 3. Ско́лько книг он купи́л? (*две*) 4. Ско́лько пи́сем вы получи́ли из до́ма? (*пять*) 5. Ско́лько ме́сяцев вы про́жили в Москве́? (*три*) 6. Ско́лько экза́менов должны́ сдать студе́нты весно́й? (*два*) 7. Ско́лько студе́нтов в ва́шей гру́ппе? (*двена́дцать*)

Übung 72. Schreiben Sie die folgenden Sätze ab. Setzen Sie die in Klammern stehenden Substantive im erforderlichen Fall ein.

1. В э́том году́ у меня́ мно́го ... . (рабо́та) 2. Для о́тдыха остаётся ма́ло ... . (вре́мя) 3. На пло́щади стоя́ло не́сколько ... . (автомоби́ль) 4. По у́лицам дви́галось мно́жество ... . (маши́на) 5. В Донба́ссе мно́го ... . (у́голь) 6. В Финля́ндии мно́го ... . (о́зеро) 7. Ско́лько ... стои́т по́езд? (мину́та) 8. В экску́рсии уча́ствовало большинство́ ... . (студе́нт) 9. В э́том году́ в лесу́ ма́ло ... . (гриб) 10. Де́ти принесли́ из ле́са мно́го ... . (я́года)

Der Genitiv in Verbindung mit Verben

1. Nach einem transitiven Verb steht der Genitiv, wenn sich die durch dieses Verb ausgedrückte Handlung nicht auf das ganze Objekt, sondern nur auf einen Teil desselben, auf eine unbestimmte Menge erstreckt.

Vergleichen Sie den Gebrauch des Akkusativs und des Genitivs nach transitiven Verben.

Akkusativ

В буты́лке есть ещё **молоко́**. Да́йте э́то молоко́ ребёнку.
In der Flasche ist noch Milch. Geben Sie diese Milch dem Kind.

Genitiv

Ребёнок хо́чет есть. Да́йте ему́ **молока́**.
Das Kind will essen. Geben Sie ihm Milch.

Einige Verben bezeichnen stets eine Handlung, die sich nur auf einen Teil eines Gegenstandes oder auf eine unbestimmte Menge erstrekken. Diese fordern immer den Genitiv. Sie werden von einigen transitiven Verben mit Hilfe des Präfixes **на-** gebildet:

unvollendet

руби́ть **дрова́** (*Akk.*)
Holz hauen
печь **пироги́** (*Akk.*)
Kuchen backen
носи́ть **во́ду** (*Akk.*)
Wasser tragen

vollendet

наруби́ть **дров** (*Gen.*)
eine Menge Holz hauen
напе́чь **пирого́в** (*Gen.*)
viel Kuchen backen
наноси́ть **воды́** (*Gen.*)
genug Wasser holen

рвать **цветы́** (*Akk.*)
Blumen pflücken

нарва́ть **цвето́в** (*Gen.*)
viele Blumen pflücken

Die Verben mit dem Präfix на- und der Partikel -ся bezeichnen eine bis zur Genüge ausgeführte Handlung: **напи́ться воды́** *reichlich Wasser trinken,* **нае́сться я́год** *sich an Beeren satt essen.*

Übung 73. Begründen Sie den Gebrauch des Genitivs und des Akkusativs in den folgenden Sätzen.

1. Ну́жно купи́ть тетра́дей и карандаше́й. Я забы́л до́ма тетра́ди и карандаши́. 2. Больно́й попроси́л воды́. Он вы́пил всю во́ду, кото́рая была́ в графи́не. 3. Мать налила́ мне ча́ю. Я вы́пил чай и встал из-за стола́. 4. Оте́ц с бра́том во дворе́ пили́ли и коло́ли дрова́. Пото́м они́ принесли́ дров, и мы затопи́ли печь.

Übung 74. Bilden Sie Sätze mit den angegebenen Verben. Gebrauchen Sie nach den Verben das Genitivobjekt.

привезти́, принести́, купи́ть, доста́ть, дать, нали́ть, присла́ть, насы́пать

Übung 75. Begründen Sie den Gebrauch des Genitivs in den folgenden Sätzen:

1. В пра́здник мать напекла́ пирого́в, и мы позва́ли госте́й. 2. Де́вушка нарвала́ цвето́в и сплела́ вено́к. 3. Брат помога́л ма́тери по хозя́йству. Он наколо́л дров. 4. Я пое́хал в го́род и накупи́л книг. 5. Мы останови́лись у ручья́ и напи́лись воды́. 6. В лесу́ мы нае́лись сла́дкой земляни́ки.

2. Der Genitiv steht nach verneinten transitiven Verben:

Я *не по́нял* **вопро́са**.
Ich habe die Frage nicht verstanden.

Мы *не получи́ли* твоего́ **письма́**.
Wir haben deinen Brief nicht bekommen.

Он ещё *не ви́дел* но́вого **фи́льма**.
Er hat den neuen Film noch nicht gesehen.

O h n e Verneinung:

Я по́нял **вопро́с**.
Ich habe die Frage verstanden.

Мы получи́ли твоё **письмо́**.
Wir haben deinen Brief bekommen.

Он ви́дел но́вый **фильм**.
Er hat den neuen Film gesehen.

A n m e r k u n g. Nach verneinten transitiven Verben wird manchmal, besonders in der Umgangssprache, auch der Akkusativ gebraucht:

Я *не чита́л* э́ту **кни́гу**.
Ich habe dieses Buch nicht gelesen.

Мы *не получи́ли* твоё **письмо́**.
Wir haben deinen Brief nicht bekommen.

Jedoch ist der Gebrauch des Akkusativs nach verneinten transitiven Verben nicht immer möglich. So kann der Akkusativ nicht stehen, wenn das Verb in übertragener Bedeutung gebraucht wird und das Substantiv keinen konkreten Gegenstand bezeichnet:

Его́ предложе́ние *не встре́тило* **подде́ржки**.
Sein Vorschlag fand keine Unterstützung.

В рабо́те он *не знал* **уста́лости**.
Bei der Arbeit war er unermüdlich.

51

Bezeichnet das Substantiv einen konkreten Gegenstand oder eine Person, so ist der Akkusativ möglich.

Он *не дал* мне **кни́гу**.	Er hat mir das Buch nicht gegeben.
Он *не знал* э́ту **студе́нтку**.	Er hat diese Studentin nicht gekannt.

Übung 76. Vergleichen Sie die nebeneinanderstehenden Sätze. Bestimmen Sie den Kasus der hervorgehobenen Wörter und begründen Sie den Gebrauch des Genitivs und des Akkusativs.

1. Я уже́ чита́л *сего́дняшнюю газе́ту*.
   Я ещё не чита́л *сего́дняшней газе́ты*.
2. Учени́к по́нял *вопро́с*.
   Учени́к не по́нял *вопро́са*.
3. Брат получи́л *письмо́*.
   Брат не получи́л *письма́*.
4. Студе́нт вы́полнил *зада́ние*.
   Студе́нт не вы́полнил *зада́ния*.
5. Он перемени́л *реше́ние*.
   Он не перемени́л *реше́ния*.
6. Студе́нты обсужда́ли *докла́д*.
   Студе́нты не обсужда́ли *докла́да*.
7. Шко́льник реши́л *зада́чу*.
   Шко́льник не реши́л *зада́чи*.
8. Почтальо́н уже́ принёс *по́чту*.
   Почтальо́н ещё не принёс *по́чты*.

3. In Verbindung mit den Wörtern **нет, не́ было, не бу́дет** wird im Russischen immer der Genitiv gebraucht.

У меня́ *нет* **биле́та**. (*Präsens*)	Ich habe keine Eintrittskarte.
У меня́ *не́ было* билета. (*Präteritum*)	Ich hatte keine Eintrittskarte.
У меня́ *не бу́дет* **биле́та**. (*Futur*)	Ich werde keine Eintrittskarte haben.

Sätze mit **нет, не́ было, не бу́дет** sind unpersönlich (sie haben kein Subjekt) und drücken das Nichtvorhandensein eines Gegenstandes aus.

A n m e r k u n g. An Stelle der Wörter **нет, не́ было, не бу́дет** können in derselben Bedeutung folgende Verben mit der Partikel **не** gebraucht werden: **не существу́ет** *es existiert nicht*, **не оста́лось** *es blieb nichts übrig als*, **не оказа́лось** *es war nicht vorhanden*, **не встре́тилось** *es kam nicht vor* u. a. Nach diesen verneinten Verben steht ebenfalls der Genitiv. Häufig werden diese Verben durch das deutsche *es gibt nicht* wiedergegeben.

Э́тих **тру́дностей** тепе́рь *не существу́ет* (нет).	Diese Schwierigkeiten gibt es heute nicht.
Журна́ла на столе́ *не оказа́лось* (нет, не́ было).	Diese Zeitschrift war nicht auf dem Tisch.
Хле́ба *не оста́лось* (нет).	Es blieb kein Brot mehr übrig.
Никаки́х **тру́дностей** в рабо́те *не встре́тится* (не бу́дет).	Es wird keine Schwierigkeiten bei der Arbeit geben.

Übung 77. Verneinen Sie die folgenden Sätze:

1. На не́бе ту́чи. 2. Сего́дня дождь. 3. Брат до́ма. 4. Това́рищ здесь. 5. Около до́ма сад. 6. У меня́ сего́дня есть свобо́дное вре́мя. 7. У нас сего́дня ле́кция по исто́рии XX в. 8. В понеде́льник у меня́ экза́мен. 9. У э́того това́рища есть о́пыт рабо́ты.

Übung 78. Antworten Sie verneinend (schriftlich).

1. Есть ли у вас но́вый журна́л? 2. До́ма ли оте́ц? 3. Есть ли сего́дня ле́кция по хи́мии? 4. Бу́дет ли за́втра семина́р? 5. Был ли вче-

рá дождь? 6. Есть ли у ва́шего бра́та спосо́бности к му́зыке? 7. Бу́-
дет ли сего́дня в клу́бе конце́рт? 8. У вас есть часы́? 9. Бы́ли ли в за́-
ле свобо́дные места́? 10. Бу́дет ли у вас за́втра свобо́дное вре́мя?

Übung 79. Schreiben Sie die folgenden Sätze ab. Unterstreichen Sie die Substantive im Genitiv und begründen Sie ihren Gebrauch.

1. Машини́ст во́время останови́л по́езд, и круше́ния не прои-
зошло́. 2. На на́шем пути́ не встре́тилось ни одно́й дере́вни. 3.
В ка́ссе теа́тра не оста́лось биле́тов на сего́дня. 4. В на́шем ма-
гази́не не оказа́лось уче́бника по фи́зике.

4. Der Genitiv steht nach folgenden Verben, die einen Wunsch, eine
Erwartung, eine Bitte, eine Forderung u. a. ausdrücken:

unvollendet	vollendet
добива́ться	**доби́ться** успе́хов
	Erfolge erringen
достига́ть	**дости́чь** успе́хов
	Erfolge erreichen
	дости́гнуть верши́ны горы́
	den Berggipfel erreichen
хоте́ть	
wollen	
жела́ть	**пожела́ть** ми́ра, сча́стья, успе́ха
wollen, wünschen	Frieden, Glück, Erfolg wünschen
ждать, ожида́ть	
warten	
дожида́ться	**дожда́ться** отве́та, подде́ржки
warten	Antwort, Unterstützung bekommen
проси́ть	**попроси́ть** сове́та
	um Rat bitten
тре́бовать	**потре́бовать** выполне́ния
	Erfüllung verlangen

Nach diesen Verben steht der Genitiv zur Bezeichnung des Gegen-
standes der Wünsche, Erwartungen, der Bitte usw.:

Мы *хоти́м* **ми́ра**.	Wir wollen den Frieden.
Мы *добива́емся* счастли́вой **жи́зни** для всех.	Wir streben nach einem glückli-chen Leben für alle.
Он *иска́л* в кни́гах **отве́та** на э́тот вопро́с.	Er suchte in den Büchern nach Antwort auf diese Frage.

Die Verben **добива́ться** *streben, erringen* und **достига́ть** *erreichen*
fordern immer den Genitiv.

Die Verben **хоте́ть** *wollen,* **ждать** *warten,* **иска́ть** *suchen,* **проси́ть**
bitten, **тре́бовать** *fordern* werden sowohl mit dem Genitiv als auch mit
dem Akkusativ gebraucht.

Der Akkusativ steht nach diesen Verben gewöhnlich nur dann,
wenn das Substantiv einen konkreten Gegenstand oder eine Person be-
zeichnet.

Akkusativ	Genitiv
Я *ищу́* **кни́гу.**	Я *ищу́* **подде́ржки.**
Ich suche ein Buch.	Ich suche Unterstützung.
Она́ *ждёт* **подру́гу.**	Мы *ждём* **отве́та** на наш во-про́с.
Sie wartet auf ihre Freundin.	Wir erwarten eine Antwort auf unsere Frage.
Он *попроси́л* у меня́ **тетра́дь.**	Он *попроси́л* **сове́та.**
Er bat mich um ein Heft.	Er bat um Rat.

A n m e r k u n g. Nach dem Verb ждать stehen die Substantive **письмо́, по́езд, трамва́й** stets im Genitiv, obwohl sie konkrete Gegenstände bezeichnen: жду письма́, по́езда, трамва́я *ich warte auf den Brief, den Zug, die Straßenbahn.*

Nach den Verben **проси́ть** *bitten,* **тре́бовать** *verlangen* steht der Genitiv, wenn sich die Handlung nur auf einen Teil des (durch das Substantiv bezeichneten) Gegenstandes erstreckt, bezieht sie sich auf einen bestimmten Gegenstand, so steht das Substantiv im Akkusativ.

Akkusativ	Genitiv
Он *попроси́л* **тетра́дь.**	Он *попроси́л* **бума́ги.**
Er bat ums Heft.	Er bat um Papier.
Он *про́сит* **рубль.**	Он *про́сит* **де́нег.**
Er bittet um einen Rubel.	Er bittet um Geld.
Она́ *потре́бовала* свою́ **кни́гу.**	Она́ *потре́бовала* **книг.**
Sie verlangte ihr Buch.	Sie verlangte Bücher.

Übung 80. Beantworten Sie schriftlich die folgenden Fragen. Verwenden Sie dabei die in Klammern stehenden Wortverbindungen.

1. Чего́ добива́ются студе́нты? (*хоро́шая успева́емость*) 2. Чего́ доби́лись на́ши лы́жники? (*побе́да в состяза́ниях*) 3. Чего́ дости́гли студе́нты? (*хоро́шие результа́ты в изуче́нии ру́сского языка́*) 4. Чего́ дости́гли путеше́ственники? (*верши́на горы́*)

Übung 81. Schreiben Sie die folgenden Sätze ab und unterstreichen Sie die Verben, die den Genitiv fordern.

1. Мы хоте́ли прскра́сной, счастли́вой жи́зпи, и мы шли ря́дом со свои́ми отца́ми завоёвывать своё сча́стье. (*Н. О.*) 2. Большо́го напряже́ния и вели́кой стра́сти тре́бует нау́ка от челове́ка. (*Пав.*) 3. Рабо́та была́ сло́жная, кропотли́вая, тре́бовала но́вых ме́тодов и была́ свя́зана с вычисле́ниями. (*Пауст.*) 4. Про́за, когда́ она́ дости-га́ет соверше́нства, явля́ется, по существу́, по́длинной поэ́зией. (*Пауст.*)

Übung 82. Schreiben Sie die folgenden Sätze ab und setzen Sie dabei die in Klammern angegebenen Substantive im erforderlichen Fall ein.

1. Она́ ждала́ ..., что́бы вме́сте идти́ в теа́тр. (подру́га) 2. Я жду ... на своё письмо́. (отве́т) 3. Учи́тель тре́бовал от ученико́в ... . (внима́ние) 4. Това́рищ попроси́л у меня́ ... . (уче́бник) 5. Лю́ди на перро́не жда́ли ... . (по́езд) 6. Наро́ды всех стран хотя́т ... . (мир)

Übung 83. Schreiben Sie je zwei Sätze mit jedem der folgenden Verben auf. Gebrauchen Sie das Substantiv in dem ersten Satz im Akkusativ, in dem zweiten im Genitiv.

M u s t e r: *Я прошу́ кни́гу. Я прошу́ извине́ния.*

хоте́ть, ждать, проси́ть, тре́бовать

5. a) Den Genitiv fordern Verben, die Scham, Abneigung, Furcht u. dgl. ausdrücken:

unvollendet	vollendet
избега́ть	**избежа́ть** встре́чи
	das Treffen (ver)meiden
лиша́ться	**лиши́ться** подде́ржки
	Unterstützung einbüßen
пуга́ться erschrecken, sich ängstigen	**испуга́ться** шу́ма
	erschrecken (vor Lärm)

боя́ться хо́лода Angst haben (vor Kälte)
опаса́ться осложне́ния befürchten (eine Komplikation)
остерега́ться просту́ды sich hüten (vor Erkältung)
стыди́ться оши́бки sich schämen (eines Fehlers)
сторони́ться ⎫
чужда́ться ⎭ люде́й meiden (Menschen)

Она́ почему́-то *избега́ет* **встре́чи** с ни́ми.	Sie vermeidet aus irgendeinem Grunde das Treffen mit ihnen.
Он *стыди́тся* э́той **неуда́чи**.	Er schämt sich dieses Mißerfolgs.
Ребёнок *испуга́лся* **соба́ки**.	Das Kind erschrak vor dem Hund.
Цветы́ *боя́тся* **хо́лода**.	Die Blumen vertragen die Kälte nicht.

b) Den Genitiv fordern auch die Verben: **каса́ться** *(uv) betreffen —* **косну́ться** *(vo) berühren,* **слу́шаться** — **послу́шаться** *(vo) gehorchen,* **держа́ться** *(uv) sich an etwas halten.*

Э́тот вопро́с *каса́ется* на́шей **рабо́ты**.	Diese Frage betrifft unsere Arbeit.
Ве́тка де́рева *косну́лась* моего́ **плеча́**.	Der Zweig des Baums berührte meine Schulter.
Друг *послу́шался* моего́ **сове́та**.	Mein Freund folgte meinem Rat.
Он *де́ржится* того́ же **мне́ния**.	Er ist derselben Meinung.

c) Der Genitiv steht nach dem Verb **сто́ить** in der Bedeutung ‚verdienen': Э́тот вопро́с сто́ит **внима́ния**. *Diese Frage verdient Beachtung.* — Genitiv, aber: Кни́га сто́ит **рубль**. *Das Buch kostet einen Rubel* — Akkusativ.

d) Der Genitiv steht nach dem unpersönlichen Verb **хвата́ет** *(uv) es reicht aus* — **хва́тит** *(vo) es wird ausreichen.* Präteritum — **хвата́ло** — **хвати́ло**.

У меня́ *хвата́ет* **вре́мени** на о́тдых.	Ich habe genug Zeit, um mich zu erholen.
Ему́ *хва́тит* э́тих **де́нег**.	Dieses Geld wird ihm reichen.

Übung 84. Schreiben Sie die folgenden Sätze ab. Setzen Sie die in Klammern stehenden Substantive im Genitiv ein.

1. Она́ избега́ла .... (разгово́ры на э́ту те́му) 2. Больно́й лиши́лся .... (сон) 3. Врач опаса́лся .... (осложне́ние) 4. Врачи́ обсуж-

дáли вопрóсы, котóрые касáются .... (нóвые мéтоды лечéния) 5. Больнóй послýшался ... врачá. (совéт)

Übung 85. Bilden Sie Sätze mit den folgenden Verben:

добивáться, достигáть, избегáть, боя́ться, лишáться, пугáться, касáться, слýшаться, стóить, хватáть

Der Genitiv mit Präposition

Den Genitiv fordern folgende Präpositionen:
1. Präpositionen, die einen O r t bezeichnen (Frage *где? wo?*): **близ дерéвни** *neben dem Dorf*, **вóзле лéса** *neben dem Wald*, **óколо дóма** *in der Nähe des Hauses*, **у окнá** *am Fenster*, **вокрýг дóма** *rings um das Haus*, **вдоль дорóги** *längs des Weges*, **внутри́ дóма** *im Hause*, **вне дóма** *außerhalb des Hauses*, **ми́мо ворóт** *am Tor vorbei*, **посреди́ (среди́) плóщади** *mitten auf dem Platz*, **прóтив окнá** *gegenüber dem Fenster*.
2. Präpositionen, die die R i c h t u n g e i n e r B e w e g u n g angeben (Frage *откýда? woher?*): **из кóмнаты** *aus dem Zimmer*, **с кры́ши** *vom Dach*, **от бéрега** *vom Ufer*, **из-за тýчи** *hinter der Wolke hervor*, **из-под кустá** *unter dem Strauch hervor*.
3. Präpositionen, die die Z e i t e i n e r H a n d l u n g angeben (Frage *когдá? wann?*): **наканýне прáздника** *am Vorabend des Festes*, **пóсле рабóты** *nach der Arbeit*, **среди́ нóчи** *mitten in der Nacht*, **до войны́** *vor dem Krieg*.
4. Präpositionen, die eine U r s a c h e bezeichnen (Frage *почемý? warum?*): **из при́нципа** *aus Prinzip*, **из-за плохóй погóды** *wegen des schlechten Wetters*, **от хóлода** *vor Kälte*, **с гóря** *vor Kummer*.
5. A n d e r e Präpositionen: **без интерéса** *ohne Interesse*, **вмéсто товáрища** *statt des Freundes*, **для повторéния** *zur Wiederholung*, **крóме меня́** *außer mir*, **поми́мо вóли** *ungewollt*.

A n m e r k u n g. Einige Präpositionen, die den Genitiv fordern, werden auch mit anderen Fällen gebraucht. Die Präposition **с** fordert z. B. in der Bedeutung ‚mit' den Instrumental (**он бесéдовал с товáрищем** *er hat sich mit dem Freund unterhalten*), in der Bedeutung ‚ungefähr, etwa' den Akkusativ **прошли́ с киломéтр** *wir sind etwa einen Kilometer gegangen*.

Präpositionen zur Angabe des Ortes

Die Präpositionen **у** *bei, an, neben*, **óколо** *neben, bei*, **вóзле** *neben*, **близ** *neben, in der Nähe von*, **вокрýг** *um... herum*, **вдоль** *längs, entlang*, **ми́мо** *vorbei, vorüber an*, **среди́** *mitten, inmitten*, **посреди́** *mitten auf*, **прóтив** *gegenüber, gegen*, **мéжду** *zwischen* bezeichnen den Ort, wo sich ein Gegenstand befindet oder wo eine Handlung vor sich geht. Diese Präpositionen (außer **мéжду** *zwischen*) fordern stets den Genitiv.

(*Где* стои́т стол?)	Стол стои́т **у окнá**.
(Wo steht der Tisch?)	Der Tisch steht am Fenster.
(*Где* сидя́т гóсти?)	Гóсти сидя́т **вокрýг столá**.
(Wo sitzen die Gäste?)	Die Gäste sitzen um den Tisch herum.

(*Где* расту́т дере́вья?)	Дере́вья расту́т **вдоль доро́ги**.
(Wo wachsen die Bäume?)	Die Bäume wachsen längs des Weges.
(*Где* прохо́дят демонстра́нты?)	Демонстра́нты прохо́дят **ми́мо трибу́ны**.
(Woran gehen die Demonstranten vorüber?)	Die Demonstranten gehen an der Tribüne vorbei.
(*Где* стои́т па́мятник?)	Па́мятник стои́т **посреди́ пло́-щади**.
(Wo steht das Denkmal?)	Das Denkmal steht mitten auf dem Platz.
(*Где* останови́лась маши́на?)	Маши́на останови́лась **про́тив вхо́да**.
(Wo hielt das Auto?)	Das Auto hielt gegenüber dem Eingang.

Übung 86. Schreiben Sie aus jedem der folgenden Sätze die Fügung Präposition + Substantiv heraus, die auf die Frage *где?* antwortet.

1. У подъе́зда останови́лась маши́на. 2. Вокру́г ёлки пры́гали де́ти. 3. Посреди́ о́зера был острово́к. 4. Вдоль бе́рега плыла́ ло́дка. 5. Около шка́фа стоя́л дива́н. 6. Па́мятник стои́т про́тив теа́тра.

Übung 87. Bilden Sie Sätze mit Präpositionen aus Übung 86.

Präpositionen zur Angabe der Richtung

Die Präpositionen **из** *aus (heraus)*, **с** *von*, **от** *von... weg, von*, **из-за** *hinter... hervor* und **из-под** *unter... hervor* stehen mit dem Genitiv zur Bezeichnung der Richtung (Frage *откуда? woher?*):

Студе́нт прие́хал (*отку́да?*) **из Волгогра́да**.	Der Student kam aus Wolgograd.
Я взял кни́гу (*отку́да?*) **со стола́**.	Ich nahm das Buch vom Tisch (weg).
Ло́дка плывёт (*отку́да?*) **от бе́рега** к парохо́ду.	Das Boot fährt vom Ufer zum Dampfer.
Со́лнце появи́лось (*отку́да?*) **из-за ту́чи**.	Die Sonne kam hinter der Wolke hervor.
За́яц вы́скочил (*отку́да?*) **из-под куста́**.	Der Hase sprang unter dem Strauch hervor.

Auf die Frage *где wo?* antworten Substantive in Fügungen mit den Präpositionen **в** *in*, **на** *auf*, **у** *an, bei*, **за** *hinter*, **под** *unter*.

Auf die Frage *откуда? woher?* antworten Substantive im Genitiv in Fügungen mit den Präpositionen **из** *aus*, **с** *von*, **от** *von... weg, von*, **из-за** *hinter... hervor*, **из-под** *unter... hervor*:

в го́роде (*Präp.*)	**из го́рода**
in der Stadt	aus der Stadt
на столе́ (*Präp.*)	**со стола́**
auf dem Tisch	vom Tisch

у бе́рега (*Gen.*)	от бе́рега
am Ufer	vom Ufer
за ту́чей (*Instr.*)	из-за ту́чи
hinter der Wolke	hinter der Wolke hervor
под кусто́м (*Instr.*)	из-под куста́
unter dem Strauch	unter dem Strauch hervor

Übung 88. Setzen Sie die im jeweils ersten Satz hervorgehobenen Substantive in den zweiten ein; achten Sie auf die erforderliche Präposition und den entsprechenden Fall (Frage *отку́да?*).

Muster: Кни́га лежа́ла (*где?*) *на по́лке.*
Я не зна́ю, кто взял кни́гу (*отку́да?*) *с по́лки.*

1. Письмо́ бы́ло *в конве́рте.* Он вы́нул письмо́ ... . 2. *В стака́не* вода́. Вы́лей во́ду ... . 3. *На столе́* пыль. Сотри́ пыль ... . 4. Де́ти гуля́ли *в лесу́.* Они́ принесли́ ... мно́го я́год. 5. Я иду́ *в институ́т,* ... я пойду́ не домо́й, а на като́к. 6. Карти́на висе́ла *на стене́.* Ма́льчик снял карти́ну ... . 7. Ле́том мои́ де́ти отдыха́ли *в ла́гере.* Они́ прие́хали ... загоре́лые и окре́пшие. 8. Мать была́ *на ры́нке и в магази́не,* ... она́ принесла́ мя́со и о́вощи, а ... хлеб и са́хар. 9. Купи́ *на по́чте* конве́рты и ма́рки и возвраща́йся ... пря́мо домо́й. 10. Сего́дня я был *в библиоте́ке.* Я принёс ... кни́ги. 11. Мой това́рищ ле́том был *на Кавка́зе.* Он присла́л ... два письма́. 12. Он жил *в Сиби́ри.* ... он прие́хал в Москву́ учи́ться. 13. Ве́чером я бу́ду *на собра́нии.* Я приду́ ... по́здно. 14. Брат сейча́с *на заво́де.* Он ско́ро вернётся... . 15. Ребёнок был *в де́тском саду́.* Мать принесла́ ребёнка домо́й ... . 16. Спортсме́н стои́т *на вы́шке.* По сигна́лу он пры́гнет ... в во́ду. 17. *На фа́брике* ко́нчился рабо́чий день. Рабо́чие шли домо́й ... . 18. Мы занима́лись *в аудито́рии.* Това́рищ вы́шел ... покури́ть. 19. Мно́гие пти́цы прово́дят зи́му *на ю́ге.* Весно́й они́ опя́ть прилетя́т к нам ... . 20. Он давно́ не́ был *на ро́дине.* Он уе́хал ... три го́да наза́д.

Übung 89. Beantworten Sie die Fragen jedes zweiten Satzes; verwenden Sie dabei die im jeweils ersten Satz hervorgehobenen Substantive mit der erforderlichen Präposition und im erforderlichen Fall.

1. Письмо́ лежа́ло *под кни́гой.* Отку́да он доста́л письмо́? 2. За́яц сиде́л *за кусто́м.* Отку́да вы́скочил за́яц? 3. Трава́ *под сне́гом* была́ зелёная. Отку́да показа́лись пе́рвые подсне́жники? 4. Со́лнце до́лго пря́талось *за ту́чей.* Отку́да появи́лось со́лнце? 5. Змея́ уползла́ *под ка́мень.* Отку́да вы́ползла змея́?

Präpositionen zur Angabe der Zeit

Die Präpositionen до *bis, vor,* по́сле *nach,* накану́не *am Tage vor, kurz vor,* среди́ *mitten in* stehen zur Bezeichnung der Zeit stets mit dem Genitiv (Frage *когда́? wann?*):

Тяжела́ была́ жизнь наро́да **до револю́ции.**	э́того	Das Leben war vor der Revolution sehr schwer.	dieses Volkes

После революции трудящиеся начали строить новую жизнь.

Nach der Revolution begannen die Werktätigen, ein neues Leben aufzubauen.

Друзья соберутся вместе **накануне Нового года**.

Die Freunde werden kurz vor Neujahr zusammenkommen.

Ребёнок проснулся **среди ночи**.

Das Kind erwachte mitten in der Nacht.

Übung 90. Bilden Sie Sätze mit den Präpositionen *до, после, накануне, среди* zur Angabe der Zeit.

Präpositionen mit verschiedenem Bedeutungswert

Die Präposition *от*

Die Präposition **от** *von* fordert stets den Genitiv.

1. Mit der Präposition **от** bezeichnet das Substantiv den Ausgagnspunkt einer Bewegung:

От озера путешественники шли пешком.

Von dem See an gingen die Wanderer zu Fuß.

Dabei hat das Verb der Fortbewegung oft das Präfix **от-**:

Лодка *отплыла* **от берега**.

Das Boot legte vom Ufer ab.

Поезд *отошёл* **от станции** в 7 часов.

Der Zug fuhr von der Station um 7 Uhr ab.

2. Die Präposition **от** wird in Verbindung mit der Präposition **до** zur Bezeichnung einer Entfernung verwendet:

От Петербурга до Москвы 650 километров.

Von Petersburg bis Moskau sind es 650 km.

Расстояние **от леса до станции** мы прошли пешком.

Die Strecke vom Wald bis zum Bahnhof sind wir zu Fuß gegangen.

3. Die Fügung **от** + Substantiv bezeichnet eine Person oder einen Gegenstand als Urheber bzw. Ursache der Handlung:

Я получил письмо **от брата**.

Ich habe von meinem Bruder einen Brief bekommen.

От дерева ложится длинная тень.

Der Baum wirft einen langen Schatten.

4. Die Präposition **от** verweist auf das Datum eines Schriftstückes:

Письмо **от пятого декабря**.

Der Brief vom 5. Dezember.

Резолюция **от первого марта**.

Die Resolution vom 1. März.

Протокол собрания **от тридцатого апреля**.

Das Protokoll der Versammlung vom 30. April.

5. Mit der Präposition **от** bezeichnet das Substantiv oft eine Sache, gegen die man sich schützen möchte: **лекарство от гриппа** *ein Grippemittel*, **защита от ветра** *der Schutz vor Wind*.

In derselben Bedeutung wird mitunter auch die Präposition **про́тив** *gegen* gebraucht: лека́рство **про́тив гри́ппа**.

6. Die Präposition **от** steht nach den Adverbien **далеко́** *weit*, **недалеко́** *unweit*, **спра́ва** *rechts*, **сле́ва** *links*.

Недалеко́ **от дере́вни** протека́ла река́.   Nicht weit vom Dorf entfernt floß ein Fluß.

7. Folgende Verben verlangen die Präposition **от**:

unvollendet	vollendet	
освобожда́ть(ся)	**освободи́ть(ся)**	(sich) befreien
избавля́ть(ся)	**изба́вить(ся)**	(sich) befreien (etw. loswerden)
защища́ть(ся)	**защити́ть(ся)**	(sich) verteidigen
спаса́ть(ся)	**спасти́(сь)**	(sich) retten
скрыва́ть(ся)	**скры́ть(ся)**	(sich) verbergen
пря́тать(ся)	**спря́тать(ся)**	(sich) verstecken
отка́зывать(ся)	**отказа́ть(ся)**	etw. absagen, abschlagen (ablehnen, sich weigern)
зави́сеть	—	abhängen
отстава́ть	**отста́ть**	zurückbleiben
отлича́ться	—	sich unterscheiden

Он уже́ *освободи́лся* **от** э́той рабо́ты.   Er war mit dieser Arbeit schon fertig.

Я до́лго не мог *изба́виться* **от мы́сли** о свое́й неуда́че.   Ich konnte den Gedanken über meinen Mißerfolg lange nicht loswerden.

Мы *спря́тались* **от дождя́** под ста́рым ду́бом.   Wir fanden unter einer alten Eiche Schutz gegen den Regen.

8. Die Fügung **от** + Substantiv kann die Ursache einer Handlung oder Eigenschaft ausdrücken und auf die Frage *почему́? warum?* antworten:

a) смея́ться **от ра́дости** *vor Freude lachen*; пла́кать **от го́ря, от оби́ды** *vor Kummer, vor Beleidigung weinen*; дрожа́ть **от хо́лода, от стра́ха** *vor Kälte, vor Furcht zittern*; стона́ть, крича́ть **от бо́ли** *vor Schmerz stöhnen, schreien*; умере́ть **от ра́ны** *an einer Verwundung sterben*; вздро́гнуть **от неожи́данности** *überrascht zusammenzucken*.

Ребёнок засмея́лся **от ра́дости**. *Das Kind lachte vor Freude*. Ребёнок запла́кал **от оби́ды**. *Das Kind weinte vor Kränkung*. Он дрожа́л **от хо́лода**. *Er zitterte vor Kälte*.

b) бе́лый **от сне́га** *weiß durch den Schnee*, мо́крый **от дождя́** *naß vom Regen*, се́рый **от пы́ли** *grau vom dem Staub*, горя́чий **от со́лнца** *heiß von der Sonne*. Трава́ была́ мо́крой **от дождя́**. *Das Gras wurde vom Regen naß*.

Übung 94. Bestimmen Sie in den folgenden Sätzen die jeweilige Bedeutung der Präposition *om*.

A. 1. Ло́дка плыла́ от бе́рега к парохо́ду. 2. Студе́нт получи́л

письмо́ от роди́телей. 3. Мне нужна́ газе́та от два́дцать пе́рвого
февраля́. 4. Поля́ ста́ли бе́лыми от сне́га. 5. Пожа́луйста, купи́ мне
лека́рство от ка́шля. 6. Свет ˙от у́личного фонаря́ па́дал в окно́.
7. Он до́лго не мог ничего́ сказа́ть от волне́ния. 8. Я по́здно вчера́
пришёл от това́рища.

B. 1. Легко́ на се́рдце от пе́сни весёлой. (*Леб.-К.*) 2. Когда́ со́лн-
це поднима́ется над луга́ми, я нево́льно улыба́юсь от ра́дости...
(*М. Г.*) 3. Всё бы́ло мо́кро от росы́. (*Пауст.*) 4. От моего́ жили́ща
до круто́го обры́ва над о́зером всего́ два́дцать шаго́в. (*Пришв.*) 5.
Тут же, на вокза́ле, от знако́мого нача́льника ста́нции лейтена́нт
узна́л, что оте́ц его́ у́мер ме́сяц наза́д. (*Пауст.*) 6. Да́ша отказа́-
лась от обе́да, взяла́ в карма́н хле́ба и крыжо́внику и ушла́ в лес.
(*А. Т.*)

Übung 92. Schreiben Sie aus den folgenden Sätzen die Verben heraus, die mit der Prä-
position *om* gebraucht werden. Bilden Sie Sätze mit diesen Verben.

1. Высо́кие берега́ закрыва́ют о́зеро от ветро́в. 2. Го́ры защи-
ща́ли зали́в от ве́тра. 3. Де́ти укры́лись от дождя́ под де́ревом.
4. Оди́н ма́льчик отста́л от това́рищей и заблуди́лся в лесу́.
5. Учи́тель написа́л предложе́ние и отошёл от доски́.

Übung 93. Bilden Sie Sätze mit den Verben *зави́сеть, отказа́ться, отлича́ться,*
спасти́, пря́таться und verwenden Sie nach diesen Verben die Präposition *om*.

Übung 94. Bilden Sie Sätze mit den Adjektiven *бе́лый, чёрный, мо́крый, горя́чий,*
уста́лый und verwenden Sie zur Angabe einer Ursache die Fügung *om* + Substantiv.

Übung 95. Bilden Sie Sätze mit der Präposition *om* und den Adverbien *далеко́,*
вблизи́, спра́ва, сле́ва.

Die Präposition *до*

Die Präposition **до** fordert immer den Genitiv.

1. Mit der Präposition **до** bezeichnet ein Substantiv den Endpunkt
einer Handlung (*до како́го ме́ста? bis wohin?*).

До ста́нции мы шли пешко́м.	Bis zum Bahnhof sind wir zu Fuß gegangen.
Я дочита́л кни́гу (*до како́го ме́-ста?*) до середи́ны.	Ich habe das Buch bis zur Hälfte gelesen.

Dabei hat das Verb oft das Präfix **до-**: дочита́л **до конца́** *habe bis*
zu Ende gelesen, доéхал **до до́ма** *habe das Haus erreicht, bin zu Hause*
angekommen.

2. Mit der Präposition **до** bezeichnet ein Substantiv das Ende eines
Zeitabschnitts der Handlung:

Дождь шёл (*до како́го вре́мени?*) **до утра́** (d. h. дождь переста́л у́тром).	Es regnete bis zum Morgen (d. h. der Regen hörte am Morgen auf).
Мы рабо́тали **до ве́чера** (d. h. ве́чером ко́нчили).	Wir haben bis zum Abend gearbeitet (d. h. am Abend haben wir die Arbeit beendet).

Дети жили на даче **до сентября** (d. h. в сентябре уехали с дачи). | Die Kinder haben bis September auf dem Lande gelebt (d. h. im September sind sie fortgefahren).

3. Die Fügung **до** + Substantiv kann den Zeitraum einer Handlung bezeichnen (Frage *когда? wann?*):

Он сегодня пришёл домой (*когда?*) **до обеда**. | Er ist heute vor dem Mittagessen nach Hause gekommen.

Студенты вошли в аудиторию (*когда?*) **до звонка**. | Die Studenten betraten den Hörsaal vor dem Klingelzeichen.

Übung 96. Erfragen Sie die Fügung *до* + Substantiv in den folgenden Sätzen mit *до какого времени? до каких пор? когда?*

1. Друзья расстались до осени. 2. Когда мы добрались до вершины горы, солнце уже садилось. 3. Лекции будут до трёх часов. 4. Молодёжь гуляла в парке до позднего вечера. 5. Сегодня мы доехали до института за 30 минут. 6. Буря продолжалась до утра. 7. Я приеду домой до обеда. 8. Мы решили отложить работу до возвращения руководителя.

Übung 97. Lesen Sie die folgenden Sätze. In welcher Bedeutung werden hier die Präpositionen *от* und *до* gebraucht?

1. От Москвы до **Петербурга** 650 километров. 2. От деревни до города мы шли пешком. За один день он прочитал книгу от первой до последней страницы. 4. От Волгограда до города **Саратова** мы плыли на теплоходе по Волге, от **Саратова** до Москвы – ехали поездом.

Die Präposition с (со)

Die Präposition **с** *von... herab, von... her, von... an, seit, vor, aus, mit* wird nicht nur mit dem Genitiv, sondern auch mit dem Instrumental und dem Akkusativ verbunden.

1. Mit der Präposition **с** *von... an, seit* gibt das Substantiv den Zeitpunkt an, zu dem eine Handlung beginnt.

Занятия в вузах и школах начинаются (*с какого времени?*) **с первого сентября**. | An den Hochschulen und an den Schulen beginnt der Unterricht am 1. September.

Он готовится к экзамену (*с какого времени?*) **с понедельника**. | Er bereitet sich seit Montag auf die Prüfung vor.

Дети **с утра** гуляют в саду. | Die Kinder gehen seit dem frühen Morgen im Garten spazieren.

Die Präposition **с** *von (... zu)* wird oft in Verbindung mit der Präposition **до** *bis* gebraucht:

На полях **с утра до вечера** кипит работа. | Auf den Feldern wird vom Morgen bis zum Abend tüchtig gearbeitet.

| Врач принима́ет с десяти́ до пятна́дцати часо́в. | Der Arzt hat von 10 bis 15 Uhr Sprechstunde. |

2. Die Präposition **c** gibt die Richtung einer Bewegung an (Frage *отку́да? woher?*):

| Студе́нт взял кни́гу (*отку́да?*) с по́лки. | Der Student nahm das Buch vom Regal. |
| Он пришёл (*отку́да?*) с у́лицы. | Er kam von der Straße (her). |

3. In einigen Wortverbindungen gibt die Fügung **c** + Substantiv den Grund einer Handlung an:

запла́кать **с го́ря** *vor Kummer weinen*, сде́лать что-ли́бо **с отча́яния** *etwas aus Verzweiflung tun*, сказа́ть **со зло́сти** *etwas aus Bosheit sagen*; убежа́ть **со стра́ху** *aus Angst davonlaufen*; закрича́ть **с испу́гу** *vor Schreck losschreien*; уста́ть **с непривы́чки** *aus Mangel an Gewohnheit ermüden*.

Übung 98. Erfragen Sie die Fügung *c* + Substantiv. Welche Bedeutung hat die Präposition in den einzelnen Sätzen?

1. Со всех концо́в страны́ съе́хались уча́стники на I Всеросси́йский съезд фе́рмеров. 2. Заня́тия в шко́лах начина́ются с сентября́. 3. С ра́ннего утра́ до по́зднего ве́чера рабо́тают в по́ле тра́кторы. 4. С у́лицы в ко́мнату доноси́лись гудки́ автомоби́лей. 5. Библиоте́ка рабо́тает с девяти́ утра́ до оди́ннадцати ве́чера. 6. Си́льный дождь идёт с утра́. 7. С дере́вьев па́дают после́дние жёлтые ли́стья. 8. Он с де́тства увлека́лся му́зыкой.

Übung 99. Beschreiben Sie kurz einen Tagesablauf; gebrauchen Sie dabei die Präpositionen *c, do* zur Angabe der Zeit.

Die Präposition *из*

Die Präposition **из** *aus (heraus)*, *von* fordert immer den Genitiv.

1. **из** gibt die Richtung einer Handlung oder Bewegung an (Frage *отку́да? woher?*):

Он прие́хал сюда́ (*отку́да?*) из дере́вни.	Er kam aus einem Dorf hierher.
Она́ вы́нула плато́к (*отку́да?*) из карма́на.	Sie holte ihr Taschentuch aus der Tasche.
Това́рищ позвони́л мне (*отку́да?*) из институ́та.	Mein Freund hat mich aus dem Institut angerufen.

2. Mit der Präposition **из** kann ein Substantiv eine Quelle, die Herkunft von etwas (von jemandem) bezeichnen:

Э́ти слова́ из стихотворе́ния Пу́шкина.	Diese Worte stammen aus einem Gedicht Puškins.
Э́тот това́рищ из рабо́чей семьи́.	Dieser Genosse stammt aus einer Arbeiterfamilie.
Я узна́л об э́том из газе́т.	Ich habe darüber aus der Zeitung erfahren.

3. Ein Substantiv mit **из** kann einen Stoff, ein Material bezeichnen: платόк **из шёлка** *das Kopftuch ist aus Seide*, плáтье **из шéрсти** *das Kleid ist aus Wolle*, крýша **из желéза** *das Dach ist aus Eisen*.

4. In einigen Wortverbindungen kann das Substantiv mit der Präposition **из** den Grund ausdrücken:

слýшать **из вéжливости** *aus Höflichkeit zuhören*; отказáться **из гόрдости, из принципа** *aus Stolz, aus Prinzip auf etwas verzichten*; совершить пόдвиг **из любви** к рόдине *eine Heldentat aus Liebe zur Heimat vollbringen*.

5. Die Fügung **из** + Substantiv kann eine Gesamtheit bezeichnen, aus der ein Teil hervorgehoben wird:

Нéкоторые **из рабόчих** вы́полнили задáние досрόчно.	Einige Arbeiter haben die Aufgabe (den Plan) vorfristig erfüllt.
Мнόгие **из студéнтов** нáшей грýппы учáствовали в лы́жных состязáниях.	Viele Studenten unserer Gruppe haben an den Schiwettkämpfen teilgenommen.
На собрáнии вы́ступил *один* **из аспирáнтов**.	In der Versammlung hat einer der Aspiranten gesprochen.

Übung 100. Lesen Sie die folgenden Sätze. Erklären Sie den Gebrauch der Präposition *из*.

1. Мнόго пόдвигов совершили лю́ди из любви к рόдине. 2. Мнόгие из рабόчих нáшего цéха перевыполня́ют нόрмы. 3. В метрό прекрáсные колόнны из мрáмора и лю́стры из хрусталя́. 4. В один из я́сных зи́мних дней друзья́ отпрáвились на лы́жную прогýлку. 5. Урόки кόнчились, дéти шли из шкόлы. 6. Запи́ска былá напи́сана на листкé из блокнόта. 7. Бензи́н и кероси́н дéлают из нéфти. 8. Из осторόжности он не срáзу откры́л дверь.

Übung 101. Schreiben Sie die folgenden Sätze ab. Setzen Sie dabei die passenden Wörter im Genitiv ein.

1. На столé стоя́ла краси́вая вáза ... . 2. ... вы́ехал автомоби́ль. 3. Певéц испόлнил áрию ... . 4. Емý бы́ло скýчно, но он слýшал ... . 5. Пόезд ... прихόдит в вόсемь часόв. 6. Мы узнáли ... о фестивáле инди́йских фи́льмов в Москвé. 7. Во мнόгих вýзах Росси́и ýчатся студéнты ... . 8. Никтό ... не мог реши́ть э́той задáчи.

(ворόта, Москвá, рáзные стрáны, ученики́, стеклό, вéжливость, газéты, όпера)

Die Präposition *y*

Die Präposition **у** *bei, an, neben* fordert stets den Genitiv.

1. Die Fügung **у** + Substantiv dient zum Ausdruck des Besitzes oder der Zugehörigkeit (Frage *у когό? bei wem?*):

У брáта есть интерéсная кни́га.	Mein Bruder hat ein interessantes Buch.
У студéнта имéются прогрáммы по всем дисципли́нам.	Der Student hat die Lehrprogramme für alle Fächer.
У моéй сестры́ краси́вый гόлос.	Meine Schwester hat eine schöne Stimme.
У орлá могýчие кры́лья.	Der Adler hat mächtige Flügel.

2. Mit der Präposition **y** bezeichnet das Substantiv einen Gegenstand oder ein Lebewesen, in dessen Nähe sich etwas befindet oder eine Handlung vor sich geht:

Стол стои́т (*где?*) **у окна́.**	Der Tisch steht am Fenster.
Мы жи́ли ле́том (*где?*) **у мо́ря.**	Wir haben den Sommer an der See verlebt.
Де́ти игра́ли (*где?*) **у реки́.**	Die Kinder spielten am Fluß.
Я был (*у кого́?*) **у дру́га.**	Ich war bei meinem Freund.
Он жил ле́том (*у кого́?*) **у роди́телей.**	Er lebte im Sommer bei seinen Eltern.

3. Die Präposition **y** wird nach folgenden Verben gebraucht:

unvollendet	vollendet	
брать	**взять**	nehmen
отнима́ть	**отня́ть**	(weg)nehmen, entreißen
проси́ть	**попроси́ть**	bitten
спра́шивать	**спроси́ть**	fragen, bitten
покупа́ть	**купи́ть**	kaufen
красть	**укра́сть**	stehlen

Das Substantiv mit der Präposition **y** bezeichnet nach diesen Verben eine Person, der etwas genommen wird:

Я *взял* **у това́рища** уче́бник.	Ich nahm das Lehrbuch bei meinem Freund.
Мать *отняла́* **у ребёнка** но́жницы.	Die Mutter nahm dem Kind die Schere weg.
Он *попроси́л* **у сестры́** кни́гу.	Er bat seine Schwester um ein Buch.

Übung 102. Lesen Sie die folgenden Sätze. Stellen Sie zu jedem Satz eine Frage, die auf eine Antwort mit der Verbindung **y** + Substantiv zielt.

1. Охо́тники сиде́ли у костра́. 2. Ве́чером у бра́та собрали́сь его́ шко́льные това́рищи. 3. У де́вочки анги́на. 4. Ле́том ученики́ отдыха́ли в ла́гере у мо́ря. 5. У э́того това́рища большо́й о́пыт рабо́ты. 6. На столе́ у секретаря́ стоя́л телефо́н. 7. У нас на ро́дине идёт большо́е строи́тельство. 8. В по́езде мы се́ли у окна́. 9. Ле́том я жил у роди́телей. 10. Он был у врача́. 11. Я взял э́ту кни́гу у това́рища по институ́ту. 12. Он учи́лся пе́нию у изве́стного певца́. 13. Маши́на останови́лась у са́мого до́ма.

Übung 103. Bilden Sie sechs Sätze mit der Präposition *y* in verschiedenen Bedeutungen.

Die Präposition *без*

Die Präposition **без** *ohne* fordert immer den Genitiv.

1. Die Präposition **без** weist auf das Nichtvorhandensein eines Gegenstandes oder einer Person hin:

Он пришёл сего́дня (*без чего́?*) **без портфе́ля.**	Er kam heute ohne Aktentasche.
Я пью чай (*без чего́?*) **без са́хара.**	Ich trinke Tee ohne Zucker.
Без твое́й по́мощи (*без чего́?*) я не спра́влюсь с рабо́той.	Ohne deine Hilfe werde ich mit der Arbeit nicht fertig.
Де́ти гуля́ли (*без кого́?*) **без ма́тери.**	Die Kinder gingen ohne die Mutter spazieren.

Als Antonym zur Präposition **без** in dieser Bedeutung tritt die Präposition **с** (mit dem Instrumental des Substantivs) auf:

Пришёл **без портфе́ля.**	Er kam ohne Aktentasche.
Пришёл **с портфе́лем.**	Er kam mit der Aktentasche.
Пью чай **без са́хара.**	Ich trinke Tee ohne Zucker.
Пью чай **с са́харом.**	Ich trinke Tee mit Zucker.

2. Die Fügung **без** + Substantiv kann die Art und Weise einer Handlung bezeichnen (Frage *как? wie?*):

Учени́к реши́л зада́чу (*как?*) **без труда́.**	Der Schüler löste die Aufgabe mühelos.
Он говори́т по-ру́сски (*как?*) **без оши́бок.**	Er spricht fehlerfrei Russisch.

Auch in dieser Bedeutung tritt als Antonym zur Präposition **без** die Präposition **с** (mit dem Instrumental des Substantivs) auf.

Реши́л зада́чу **без труда́.**	Er löste die Aufgabe mühelos.
Реши́л зада́чу **с трудо́м.**	Er löste die Aufgabe mit Mühe.
Говори́т по-ру́сски **без оши́бок.**	Er spricht fehlerfrei Russisch.
Говори́т по-ру́сски **с оши́бками.**	Er spricht Russisch mit Fehlern.

3. Die Präposition **без** wird bei der Zeitangabe gebraucht:

Сейча́с **без пяти́ де́сять.**	*Es ist jetzt 5 Minuten vor 10.*

Übung 104. Lesen Sie die folgenden Sätze und schreiben Sie sie ab. Unterstreichen Sie die Substantive mit der Präposition *без*. Wie verstehen Sie diese Sätze?

1. Без труда́ не вы́нешь и ры́бку из пруда́. (*Посл.*) 2. Дыма без огня́ не быва́ет. (*Посл.*) 3. Челове́к без ро́дины — солове́й без пе́сни. (*Посл.*) 4. Кто живёт без печа́ли и гне́ва, тот не лю́бит отчи́зны свое́й.(*Н.*)

Übung 105. Erfragen Sie die Fügung *без* + Substantiv.

1. Студе́нт уже́ мо́жет чита́ть газе́ту без словаря́. 2. Он до́лжен был прийти́ с сестро́й, но пришёл без сестры́. 3. Я пришёл на заня́тия с конспе́ктом, а он яви́лся без конспе́кта. 4. Студе́нт написа́л сочине́ние без оши́бок. 5. Учени́к без труда́ вы́полнил граммати́ческое зада́ние, а сочине́ние написа́л с трудо́м. 6. Он расска́зывал споко́йно, без волне́ния. 7. Он выполня́л э́ту рабо́ту без увлече́ния, а я рабо́тал с увлече́нием. 8. Сего́дня тепло́, мо́жно ходи́ть без пальто́. Ещё вчера́ все ходи́ли в пальто́.

Übung 106. Schreiben Sie die folgenden Sätze ab und setzen Sie die in Klammern stehenden Substantive im erforderlichen Fall ein.

1. Он обещал прийти с товарищами, но пришёл без ... . (товарищи) (*мн. ч.*) 2. Ученики написали диктанты без ... . (ошибки) (*мн. ч.*) 3. Отец не может читать без ... . (очки) 4. Все студенты без ... участвовали в субботнике. (исключение) 5. Он рассказывал спокойно, без ... . (волнение) 6. В новом доме окна были ещё без ... . (стёкла) (*мн. ч.*) 7. Он выполнил поручение без ... . (труд)

Die Präposition *для*

Die Präposition **для** *für* verlangt stets den Genitiv.

1. Die Präposition **для** weist darauf hin, daß eine Handlung zugunsten einer Person oder Sache vor sich geht (Frage *для кого? для чего? für wen? wofür?*):

Я купил книгу (*для кого?*) для **товарища.**	Ich habe das Buch für meinen Freund gekauft.
Студент читал литературу (*для чего?*) для **доклада** на семинаре.	Der Student las die Literatur für einen Vortrag im Seminar.
Он искал в словаре слова (*для чего?*) для **сочинения.**	Er schlug im Wörterbuch Wörter für einen Aufsatz nach.

2. Die Präposition **для** bezeichnet das Ziel einer Handlung. Das Substantiv mit **для** antwortet auf die Fragen *зачем? wozu?, для чего? wofür?, с какой целью? für welchen Zweck?*

Путешественники остановились **для отдыха.**	Die Reisenden kehrten zur Rast ein.

3. Die Präposition **для** weist auf die Bestimmung eines Gegenstandes hin:

На столе лежит тетрадь **для сочинений.**	Auf dem Tisch liegt ein Aufsatzheft.
Не забудь посуду **для молока.**	Vergiß nicht, die Milchkanne mitzunehmen.

4. Die Präposition **для** wird in Verbindung mit einigen Substantiven, Adjektiven und Adverbien gebraucht.

a) mit den Substantiven:

значение *Bedeutung*, **основа** *Grundlage*, **условие** *Bedingung, Voraussetzung*, **возможность** *Möglichkeit*, **средство** *Mittel*, **повод** *Vorwand*:

В нашей стране созданы все условия **для развития** науки.	In unserem Lande sind alle Voraussetzungen für die Entwicklung der Wissenschaft geschaffen.
Это открытие имеет большое значение **для производства.**	Diese Entdeckung hat für die Industrie eine große Bedeutung.

b) mit den Adjektiven:

ну́жный *nötig*, **необходи́мый** *notwendig*, **обяза́тельный** *obligatorisch*, **ва́жный** *wichtig*, **тру́дный** *schwierig*, **лёгкий** *leicht*, **интере́сный** *interessant*, **изве́стный** *bekannt*, **знако́мый** *bekannt*, **поня́тный** *verständlich* (in Lang- bzw. Kurzform) u. a.:

Зада́ча была́ *тру́дной* **для ученика́.**	Für einen Schüler war die Aufgabe schwierig.

c) mit den Adverbien:

ну́жно *nötig*, **необходи́мо** *notwendig*, **обяза́тельно** *unbedingt*, **ва́жно** *wichtig*, **поле́зно** *nützlich* u. a.:

Для успе́шной учёбы нам *необходи́мо* овладе́ть ру́сским языко́м.	Um erfolgreich zu lernen, müssen wir die russische Sprache beherrschen.

Übung 107. Lesen Sie die folgenden Sätze. Stellen Sie zu jedem Satz eine Frage, die auf eine Antwort mit der Fügung *для* + Substantiv zielt.

1. На юг я прие́хал для рабо́ты над кни́гой. (*Пауст.*) 2. Мы купи́ли для ры́бной ло́вли надувну́ю рези́новую ло́дку. (*Пауст.*) 3. Я сча́стлив, что я могу́ рабо́тать для мое́й люби́мой Ро́дины и для сча́стья всего́ челове́чества. (*Пав.*) 4. Изве́стный писа́тель Арка́дий Гайда́р писа́л кни́ги для дете́й. Его́ кни́ги интере́сны не то́лько для дете́й, но и для взро́слых. 5. С ка́ждым го́дом промы́шленность даёт всё бо́льше маши́н для се́льского хозя́йства.

Übung 108. Bilden Sie Sätze unter Verwendung folgender Wörter mit der Präposition *для*.

интере́сный, поня́тный, поле́зный, вре́дный, опа́сный, ну́жный

Übung 109. Bilden Sie Sätze unter Verwendung folgender Wortverbindungen mit der Präposition *для*:

име́ть значе́ние, име́ть возмо́жность, созда́ть усло́вия, приня́ть ме́ры

Die Präposition *кро́ме*

Die Präposition **кро́ме** *außer* verlangt immer den Genitiv. Die Präposition **кро́ме** hat folgende Bedeutungen:

a) mit Ausnahme von

На при́стани никого́ не́ было, **кро́ме сто́рожа.**	An der Anlegestelle war niemand außer dem Wächter.
На экску́рсии бы́ли все студе́нты, **кро́ме одного́ больно́го.**	An der Exkursion waren alle Studenten außer einem kranken beteiligt.

b) zusätzlich zu

Кро́ме ру́сского языка́ он зна́ет ещё англи́йский.	Außer dem Russischen kann er noch Englisch.
В саду́ **кро́ме я́блонь** росли́ ещё две гру́ши.	Im Garten wuchsen außer Apfelbäumen noch zwei Birnbäume.

Übung 110. Lesen Sie die nebeneinanderstehenden Sätze. Bilden Sie nach diesem Muster eigene Sätze.

1. Все пришли́ во́время. То́лько оди́н това́рищ опозда́л.

   Все, кро́ме одного́ това́рища, пришли́ во́время.

2. Никто́ не зна́л доро́ги. Доро́гу знал то́лько руководи́тель экспеди́ции.

   Никто́, кро́ме руководи́теля экспеди́ции, не знал доро́ги.

3. У всех студе́нтов есть уче́бники, а у одного́ това́рища нет уче́бника.

   У всех студе́нтов, кро́ме одного́ това́рища, есть уче́бники.

4. Ле́том я от всех получи́л пи́сьма. То́лько от бра́та я не получи́л письма́.

   Ле́том я получи́л пи́сьма от всех, кро́ме бра́та.

5. До́ма была́ не то́лько мать, но и оте́ц.

   До́ма кро́ме ма́тери был оте́ц.

6. Мы купи́ли не то́лько уче́бники, но и слова́рь.

   Кро́ме уче́бников мы купи́ли слова́рь.

Die Präposition *вместо*

Die Präposition **вме́сто** *statt, anstatt, anstelle* verlangt stets den Genitiv und gibt an, daß etwas oder jemand durch etwas oder jemand anderen ersetzt wird.

Сего́дня я рабо́тал **вме́сто больно́го това́рища**.

Ich habe heute statt meines kranken Kollegen gearbeitet.

В клу́бе **вме́сто конце́рта** бу́дут та́нцы.

Im Klub wird statt des Konzertes ein Tanzabend stattfinden.

Übung 111. Übersetzen Sie ins Deutsche.

1. Това́рищ обеща́л написа́ть мне письмо́. Вме́сто письма́ он присла́л мне телегра́мму. 2. Пу́тники шли в дере́вню че́рез лес. Когда́ они́ вы́шли из ле́са, вме́сто дере́вни они́ уви́дели по́ле и ре́ку. 3. Вме́сто уче́бника я взял с собо́й слова́рь.

Der Dativ ohne Präposition

Der Dativ in Verbindung mit Verben

1. In Verbindung mit Verben bezeichnet der Dativ eine Person oder eine Sache, auf die die Handlung gerichtet ist.

Я написа́л письмо́ (*кому́?*) **отцу́.**

Ich habe einen Brief an meinen Vater geschrieben.

На уро́ках мы уделя́ем мно́го внима́ния (*чему́?*) **произноше́нию.**

Im Unterricht schenken wir der Aussprache große Aufmerksamkeit.

In der erwähnten Bedeutung steht der Dativ nach Verben, die eine Handlung zugunsten einer Person bezeichnen:

unvollendet	vollendet	
дава́ть	дать	geben
дари́ть	подари́ть	schenken
покупа́ть	купи́ть	kaufen
приноси́ть	принести́	bringen
посыла́ть	посла́ть	schicken, senden
пока́зывать	показа́ть	zeigen
обеща́ть	пообеща́ть	versprechen
помога́ть	помо́чь	helfen

Nach einigen Substantiven, die von diesen Verben abgeleitet sind, steht ebenfalls der Dativ:

дари́ть де́тям *den Kindern schenken* — пода́рки де́тям *Geschenke für die Kinder*; помога́ть това́рищу *dem Freund helfen* — по́мощь това́рищу *Hilfe für den Freund.*

2. Der Dativ steht nach vielen Verben des Sagens:

говори́ть слу́шателям *vor den Zuhörern sprechen*, расска́зывать дру́гу *dem Freund erzählen*, отвеча́ть учи́телю *dem Lehrer antworten*, объясня́ть ученику́ *dem Schüler erklären.*

unvollendet	vollendet	
говори́ть	сказа́ть	sprechen, sagen
расска́зывать	рассказа́ть	erzählen
сообща́ть	сообщи́ть	mitteilen
объявля́ть	объяви́ть	bekanntgeben
отвеча́ть	отве́тить	antworten
объясня́ть	объясни́ть	erklären
писа́ть	написа́ть	schreiben
звони́ть	позвони́ть (по телефо́ну)	anrufen

Nach einigen Substantiven, die von diesen Verben abgeleitet sind, steht ebenfalls der Dativ:

писа́ть отцу́	an den Vater schreiben
письмо́ отцу́	der Brief an den Vater
отвеча́ть учи́телю	dem Lehrer antworten
отве́т учи́телю	die dem Lehrer erteilte Antwort

3. Der Dativ steht nach Verben des Hindernisses und der feindlichen Einstellung:

меша́ть бра́ту *den Bruder stören*, меша́ть рабо́те *bei der Arbeit stören*, вреди́ть лю́дям *den Menschen Schaden zufügen*, вреди́ть здоро́вью *der Gesundheit schaden*, изменя́ть де́лу *eine Sache verraten*, мстить врагу́ *sich an dem Feind rächen.*

unvollendet	vollendet	
меша́ть	помеша́ть	stören
препя́тствовать	воспрепя́тствовать	hindern
вреди́ть	повреди́ть	schaden
изменя́ть	измени́ть	verraten

противоде́йствовать	—	widerstreben
мстить	отомсти́ть	sich rächen
сопротивля́ться	—	sich widersetzen

Nach einigen Substantiven, die von diesen Verben abgeleitet sind, steht ebenfalls der Dativ:

измени́ть де́лу *eine Sache verraten* — **изме́на** де́лу *Verrat an einer Sache*, **мстить** врагу́ *sich an dem Feind rächen* — **месть** врагу́ *die Rache an dem Feind.*

4. Den Dativ verlangen die Verben des Lehrens und Lernens:

обуча́ть/обучи́ть lehren	Преподава́тель *обуча́л* студе́нтов (*чему́?*) **ру́сскому языку́.** Преподава́тель *обучи́л* студе́нтов **ру́сскому языку́.** Der Lehrer hat die Studenten die russische Sprache gelehrt.
учи́ть/научи́ть unterrichten, beibringen, vermitteln	Преподава́тель *учи́л* студе́нтов (*чему́?*) **пра́вильному произноше́нию.** Преподава́тель *научи́л* студе́нтов **пра́вильному произноше́нию.** Der Lehrer vermittelte den Studenten die richtige Aussprache.
учи́ться/научи́ться (er)lernen	Мы *у́чимся (чему́?)* **ру́сскому языку́.** Wir lernen Russisch. Мы *научи́лись* **ру́сскому языку́.** Wir haben Russisch gelernt (d. h. wir können Russisch).

Anmerkungen.

1. Das Verb des vollendeten Aspekts **научи́ться** wird selten mit dem Dativ gebraucht, viel häufiger steht nach ihm der Infinitiv: Мы *научи́лись* **говори́ть** по-ру́сски. *Wir haben gelernt, Russisch zu sprechen.*

2. Das Verb des unvollendeten Aspekts **учи́ть** hat in der Bedeutung ‚etwas auswendig lernen' den Aspektpartner **вы́учить**:

Я *учи́л* стихотворе́ние.	Ich lernte das Gedicht (d. h. ich war dabei, das Gedicht zu lernen).
Я *вы́учил* стихотворе́ние.	Ich habe das Gedicht gelernt (d. h. ich kann das Gedicht auswendig).

5. Der Dativ steht nach einigen Verben, die Gefühle ausdrücken.

unvollendet	vollendet	
ра́доваться	**обра́доваться**	sich freuen
удивля́ться	**удиви́ться**	sich wundern, staunen
зави́довать	**позави́довать**	beneiden
сочу́вствовать	**посочу́вствовать**	mitfühlen

Nach diesen Verben bezeichnet das Substantiv im Dativ Personen oder Dinge, die dieses Gefühl hervorrufen: **ра́доваться весне́** *sich auf den Frühling freuen*, **удивля́ться сме́лости** *die Tapferkeit bestaunen*, **зави́довать това́рищу** *den Freund beneiden*, **зави́довать успе́ху** *jmdn. wegen seines Erfolgs beneiden*, **сочу́вствовать дру́гу** *mit dem Freund mitfühlen.*

Der Dativ in einigen Wortverbindungen

Der Dativ steht oft in folgenden Wortverbindungen:

Ми́ру — мир!	Frieden in aller Welt!
Война́ — войне́!	Nie wieder Krieg!
Сла́ва геро́ям!	Ruhm den Helden!
Приве́т друзья́м!	Seid gegrüßt, Freunde!
Па́мятник Пу́шкину.	Das Puškindenkmal.

Übung 112. Schreiben Sie die folgenden Sätze ab. Setzen Sie die in Klammern stehenden Wörter im erforderlichen Fall ein.

А. 1. Оте́ц подари́л ... велосипе́д. (сын) 2. Ма́ленькой ... он купи́л ку́клу. (дочь) 3. Мать поёт ... колыбе́льную пе́сню. (ребёнок) 4. Ба́бушка расска́зывает ... ска́зку. (внук) 5. Я написа́л письмо́ ... . (подру́га) 6. Почтальо́н принёс ... письмо́. (сосе́д) 7. Он посла́л ... телегра́мму. (роди́тели) 8. Учени́к за́дал ... вопро́с. (учи́тель) 9. Учи́тель объясни́л ... непоня́тное сло́во. (учени́к) 10. Ле́ктор пока́зывает ... схе́мы и диагра́ммы. (слу́шатели) 11. Докла́дчик сообщи́л ... о выполне́нии пла́на. (делега́ты) 12. Студе́нт сдаёт экза́мен... . (профе́ссор) 13. Студе́нт отве́тил ... на все вопро́сы. (экзамена́тор) 14. Библиоте́карь дал ... но́вую кни́гу. (чита́тель)

В. 1. Дочь помога́ет ... гото́вить обе́д. (мать) 2. Шум меша́ет ... занима́ться. (де́ти) 3. Я обеща́л ... принести́ кни́гу. (това́рищ) 4. Врач запрети́л ... кури́ть. (больно́й) 5. Преподава́тель поручи́л ... сде́лать докла́д. (студе́нт) 6. Руководи́тель посове́товал ... прочита́ть э́ту статью́. (аспира́нт) 7. Мать разреши́ла ... идти́ на като́к. (сын)

Übung 113. Beantworten Sie schriftlich die folgenden Fragen und verwenden Sie dabei die in Klammern angegebenen Wörter im erforderlichen Fall.

1. Кому́ мать сши́ла но́вое пла́тье? (сестра́) 2. Кому́ студе́нт сдаёт экза́мен? (профе́ссор) 3. Кому́ аплоди́руют зри́тели? (арти́ст) 4. Кому́ ты о́тдал запи́ску? (председа́тель) 5. Кому́ чита́тель сдал кни́ги? (библиоте́карь) 6. Кому́ она́ звони́ла по телефо́ну (подру́га) 7. Кому́ помога́ет ма́льчик? (мать)

Übung 114. Schreiben Sie die folgenden Sätze ab. Unterstreichen Sie die Verben, nach denen das Substantiv immer im Dativ steht.

1. Вели́кий ру́сский кри́тик Бели́нский посвяти́л свою́ жизнь борьбе́ за передово́е иску́сство, кото́рое слу́жит наро́ду. 2. Иску́сство, литерату́ра помога́ют челове́честву в его́ движе́нии от про́шлого к бу́дущему. (*Кор.*) 3. Он (Го́рький) знал и люби́л свою́ ро́дину, и э́тому чу́вству мы должны́ у него́ учи́ться. (*Пауст.*) 4. Она́ ра́довалась свобо́де, была́ в восто́рге, что могла́ одна́ ходи́ть по го́роду, ра́довалась всему́, что ви́дела в Ленингра́де. (*Пауст.*) (сейча́с г. Санкт-Петербу́рг.)

Übung 115. Bilden Sie Sätze mit folgenden Verben. Setzen Sie die Substantive nach diesen Verben in den Dativ.

вреди́ть, подчиня́ться, возража́ть, ве́рить, доверя́ть, служи́ть, подража́ть, сочу́вствовать

Übung 116. Bilden Sie Sätze mit den folgenden Wortverbindungen:

уделя́ть внима́ние (*кому́? чему́?*), приноси́ть по́льзу (*кому́? чему́?*); дава́ть возмо́жность (*кому́? чему́?*)

Übung 117. Schreiben Sie die folgenden Sätze ab. Bestimmen Sie den Fall der Substantive und erklären Sie ihren Gebrauch.

Наш долг — отстоя́ть мир, и мы его́ отстои́м. Пусть все зна́ют, что те же мы́сли, те же чу́вства в сердца́х всех сове́тских гра́ждан. Мир наро́дам, мир города́м и сёлам, мир старика́м и де́тям! Мир ми́ру! (*И. Э.*)

Der Dativ in unpersönlichen Sätzen

In unpersönlichen Sätzen wird der Dativ zur Bezeichnung der Person gebraucht, die eine Handlung ausübt oder sich in einem Zustand befindet.

In unpersönlichen Sätzen wird der Dativ wie folgt gebraucht:

a) in Verbindung mit den Wörtern

на́до	
ну́жно	es ist notwendig, man muß
необходи́мо	

мо́жно es ist möglich, man kann, man darf
нельзя́ es ist unmöglich, man kann nicht, man darf nicht

Nach diesen Wörtern steht im Russischen in der Regel der Infinitiv:

Бра́ту *необходи́мо* вы́ехать сего́дня.	Mein Bruder muß heute fortfahren.
Студе́нтам *ну́жно* гото́виться к экза́мену.	Die Studenten müssen sich auf die Prüfung vorbereiten.
Я нездоро́в, *мо́жно* **мне** уйти́ с заня́тий?	Ich fühle mich nicht wohl, darf ich nach Hause gehen?
Больно́му *нельзя́* кури́ть.	Der Kranke darf nicht rauchen.

b) in Verbindung mit Wörtern wie **ве́село** *froh*, **хорошо́** *gut*, **гру́стно** *traurig*, **ску́чно** *langweilig*, und zwar mit oder ohne Infinitiv:

Де́тям *ве́село*.	Die Kinder sind froh.
Сестре́ *ску́чно*.	Die Schwester langweilt sich.
Студе́нтам *интере́сно* слу́шать ле́кцию.	Für die Studenten ist es interessant, diese Vorlesung zu hören.

c) in Verbindung mit unpersönlichen Verben:

Ма́тери *не спи́тся*.	Die Mutter kann nicht einschlafen.
Бра́ту *нездоро́вится*.	Mein Bruder fühlt sich nicht wohl.

73

| Това́рищу *не рабо́тается.* | Mein Freund kann (heute) nicht richtig arbeiten. |
| Де́тям *хо́чется* гуля́ть. | Die Kinder möchten (wollen) spazierengehen. |

(Siehe S. 510 „Unpersönliche Sätze".)

Übung 118. Lesen Sie die folgenden Sätze. Erklären Sie die Gebrauch des Dativs. Bilden Sie nach diesem Muster eigene Sätze.

1. Делега́там ну́жно зарегистри́роваться до нача́ла конфере́нции. 2. Студе́нтам на́шей гру́ппы захоте́лось отпра́виться на лы́жную прогу́лку. 3. Сюда́ нельзя́ входи́ть посторо́нним. 4. В па́рке культу́ры ве́село и интере́сно. 5. Сего́дня нет дождя́, де́тям мо́жно идти́ гуля́ть. 6. Ла́сточкам хо́лодно зимо́й в на́ших края́х, они́ улета́ют на юг.

Der Dativ in Verbindung mit Adjektiven

1. Der Dativ wird in Verbindung mit einigen Adjektiven (sowohl in der Lang- als auch in der Kurzform) gebraucht: **подо́бный** *ähnlich*, **сво́йственный** *eigen*, **ве́рный** *treu*, **вражде́бный** *feindlich*, **благода́рный** *dankbar*:

Он был *благода́рен* **това́рищам** за по́мощь.	Er war den Freunden für ihre Hilfe dankbar.
Он рабо́тал со *сво́йственной* **ему́** эне́ргией.	Er arbeitete mit der ihm eigenen Energie.
Я не встреча́л люде́й, **подо́бных** *э́тому челове́ку.*	Ich traf noch keinen, der diesem Menschen ähnlich gewesen wäre.

2. Der Dativ wird in Verbindung mit dem Adjektiv **рад** *froh* gebraucht (dieses Adjektiv wird nur in der Kurzform verwendet):

| Я *рад* **встре́че** с дру́гом. | Ich freue mich auf die Begegnung mit meinem Freund. |

3. Der Dativ wird in Verbindung mit Adjektiven wie: **ну́жный** *nötig*, **необходи́мый** *notwendig*, **интере́сный** *interessant*, **поле́зный** *nützlich*, **изве́стный** *bekannt, namhaft*, **знако́мый** *bekannt*, **поня́тный** *verständlich* gebraucht:

Эта кни́га *нужна́* **бра́ту.**	Mein Bruder braucht dieses Buch.
Докла́д был *интере́сен* **слуша́телям.**	Der Vortrag war für die Zuhörer von Interesse.
Объясне́ние *поня́тно* **ученика́м.**	Die Erklärung ist für die Schüler verständlich.

A n m e r k u n g. Nach diesen Adjektiven kann auch die Präposition **для** mit dem Genitiv stehen:

| Докла́д был *интере́сен* **для слу́шателей.** | Der Vortrag war für die Zuhörer interessant. |

Übung 119. Schreiben Sie die folgenden Sätze ab. Unterstreichen Sie das Adjektiv mit dem Substantiv im Dativ.

1. Наро́дам ну́жен мир, наро́дам не нужна́ война́. 2. Докла́дчик приводи́л приме́ры, поня́тные и интере́сные всем слу́шателям. 3. Слу́шатели бы́ли благода́рны докла́дчику за хоро́ший докла́д. 4. Поэ́зия Пу́шкина удиви́тельно верна́ ру́сской действи́тельности. (*Бел.*) 5. И взро́слые, и де́ти ра́ды весне́.

Übung 120. Bilden Sie Sätze mit den Adjektiven aus Übung 119.

Der Dativ bei der Altersangabe

Altersangaben werden im Russischen durch den Dativ der Person und die betreffende Jahreszahl ausgedrückt.

Мне тогда́ бы́ло *три́дцать два го́да*. **Мару́се**—*два́дцать де́вять*, а **до́чери на́шей Светла́не**—*шесть с полови́ной*. (*Гайд.*)	Ich war damals 32 Jahre alt, Marusja 29 und unsere Tochter Svetlana sechseinhalb.
У моего́ бра́та сего́дня день рожде́ния. **Бра́ту испо́лнилось** *18 лет*.	Mein Bruder hat heute Geburtstag. Er ist 18 Jahre alt geworden.

Übung 121. Beantworten Sie die folgenden Fragen schriftlich.

1. Ско́лько вам лет? 2. Ско́лько лет ва́шей сестре́? 3. Ско́лько лет ва́шему бра́ту? 4. Ско́лько лет ва́шему отцу́?

Übung 122. Bilden Sie vier Sätze mit Altersangaben.

Der Dativ mit Präposition

Der Dativ steht nach folgenden Präpositionen: к *zu*, по *nach, auf, über, entlang, durch, an*, благодаря́ *dank*, согла́сно *laut, gemäß*, навстре́чу *entgegen*, вопреки́ *trotz*:

Иду́ **к това́рищу**.	Ich gehe zu meinem Freund.
Ло́дка плывёт **к бе́регу**.	Das Boot fährt zum Ufer.
Мы гуля́ли **по у́лице**.	Wir sind die Straße entlang gegangen.
Благодаря́ твое́й по́мощи рабо́та шла успе́шно.	Dank deiner Hilfe wurde die Arbeit mit Erfolg durchgeführt.
согла́сно реше́нию собра́ния	entsprechend dem Beschluß der Versammlung
согла́сно прика́зу дире́ктора	entsprechend, gemäß der Anweisung des Direktors
согла́сно статье́ Конститу́ции	laut Artikel der Verfassung
Хозя́ин вы́шел **навстре́чу гостя́м**.	Der Gastgeber kam den Gästen entgegen.
Он встал с посте́ли **вопреки́ сове́ту врача́**.	Er ist trotz dem Rat des Arztes aufgestanden.

75

A n m e r k u n g. Die Präposition **по** kann auch den Akkusativ oder den Präpositiv fordern.

Die Präposition к

Die Hauptbedeutung dieser Präposition ist die Angabe einer Richtung, die Annäherung in Raum und Zeit, die Bewegung auf ein Ziel zu.

1. Die Fügung **к** + Substantiv bezeichnet einen Gegenstand bzw. eine Person, der sich ein anderer Gegenstand bzw. eine andere Person nähert (Fragen *куда? к кому? к чему? wohin? zu wem?*)

Де́ти бегу́т (*куда́?*) **к реке́**.	Die Kinder laufen zum Fluß.
Учени́к подошёл (*к чему́?*) **к до-ске́**.	Der Schüler ging an die Tafel.
Больно́й идёт (*к кому́?*) **к врачу́**.	Der Kranke geht zum Arzt.

A n m e r k u n g. Die entgegengesetzte Bedeutung wird durch die Präposition **от** *von (weg)* ausgedrückt: Учени́к отошёл (*от чего́?*) **от доски́**. *Der Schüler ging von der Tafel weg.*

Der Verben, die eine Annäherung bezeichnen, haben in der Regel die Präfixe **при-** oder **под-**:

Сын *прие́хал* **к роди́телям** на кани́кулы	Der Sohn ist für die Ferienzeit zu seinen Eltern gekommen.
Автомоби́ль *подъе́хал* **к до́му** и останови́лся у подъе́зда.	Das Auto fuhr an das Haus heran und hielt am Eingang.
Я *пришёл* **к това́рищу** в го́сти.	Ich kam zu meinem Freund zu Besuch.
Я уви́дел това́рища и **подошёл к нему́**.	Ich sah meinen Freund und ging auf ihn zu.

Die Verben der Bewegung mit dem Präfix **под-** verlangen immer die Präposition **к** (он *подошёл* **к това́рищу** *er trat an den Freund heran*, автомоби́ль *подъе́хал* **к до́му** *das Auto fuhr an das Haus heran*, он *подплы́л* **к бе́регу** *er schwamm ans Ufer*).

Die Verben der Bewegung mit Präfix **при-** können auch mit anderen Präpositionen verbunden werden (он *пришёл* **в университе́т, на заво́д** *er kam in die Universität, ins Werk*; он *прие́хал* **в Москву́** *er kam nach Moskau*).

2. Mit der Präposition **к** kann das Substantiv einen Gegenstand bezeichnen, an den etwas angefügt wird. Dabei wird das Verb stets mit dem Präfix **при-** gebraucht: *привяза́ть* ло́шадь **к де́реву** *das Pferd an einen Baum binden*; *приши́ть* пу́говицы **к пла́тью** *Knöpfe an ein Kleid annähen*.

3. Die Präposition **к** steht nach vielen Verben mit dem Präfix **при-** und nach einigen anderen Verben:

приближа́ться/прибли́зиться к го́роду
sich einer Stadt nähern
привыка́ть/привы́кнуть к кли́мату
sich an ein Klima gewöhnen
приуча́ть/приучи́ть к поря́дку
jmdn. an Ordnung gewöhnen

76

приуча́ться/приучи́ться к поря́дку
sich an Ordnung gewöhnen
призыва́ть/призва́ть к борьбе́, к организо́ванности
zum Kampf, zur Geschlossenheit aufrufen
прислу́шиваться/прислу́шаться к разгово́ру
auf ein Gespräch horchen, genau hinhören
гото́виться/подгото́виться к экза́мену
sich auf eine Prüfung vorbereiten
обраща́ться/обрати́ться к наро́ду
sich an das Volk wenden
относи́ться к това́рищам
sich den Freunden gegenüber verhalten
стреми́ться к зна́ниям
nach Kenntnissen streben

Anmerkung. Das Verb **принадлежа́ть** *gehören* kann ohne die Präposition к gebraucht werden.

Кому́ *принадлежи́т* э́та кни́га? (d. h. чья э́то кни́га?)	Wem gehört dieses Buch?
Кни́га *принадлежи́т* **преподава́телю.**	Das Buch gehört dem Lehrer.

Die von diesen Verben abgeleiteten Substantive verlangen ebenfalls die Präposition к:

подгото́вка **к экза́мену**	die Vorbereitung auf die Prüfung
обраще́ние **к наро́ду**	der Appell an das Volk
отноше́ние **к това́рищам**	das Verhalten den Freunden gegenüber
приближе́ние **к го́роду**	das Näherkommen an die Stadt
привы́чка **к поря́дку**	die Gewohnheit an Ordnung
призы́в **к борьбе́**	der Aufruf zum Kampf
принадле́жность **к организа́ции**	die Zugehörigkeit zu einer Organisation
стремле́ние **к зна́ниям**	das Streben nach Kenntnissen

4. Die Präposition к steht nach vielen von Verbalstämmen abgeleiteten Substantiven, die Gefühle oder Einstellungen zu jmdm. (etwas) ausdrücken; die entsprechenden Verben stehen ohne Präposition:

интересова́ться му́зыкой sich für Musik interessieren	— **интере́с** к му́зыке das Interesse für Musik
люби́ть ро́дину die Heimat lieben	— **любо́вь** к ро́дине die Liebe zur Heimat
ненави́деть врага́ den Feind hassen	— **не́нависть** к врагу́ der Haß gegen den Feind
уважа́ть учи́теля den Lehrer ehren	— **уваже́ние** к учи́телю die Achtung vor dem Lehrer
доверя́ть лю́дям den Menschen vertrauen	— **дове́рие** к лю́дям das Vertrauen zu den Menschen
сочу́вствовать това́рищу mit dem Freund mitfühlen	— **сочу́вствие** к това́рищу das Mitgefühl mit dem Freund

5. к steht nach folgenden Adjektiven:

гото́вый к отъе́зду *reisefertig*, **спосо́бный к му́зыке** *musikalisch begabt*, **привы́чный к хо́лоду** *an die Kälte gewöhnt*, **стро́гий к ученика́м** *streng gegenüber den Schülern*, **тре́бовательный к ученика́м** *hohe Anforderungen (an die Schüler) stellend*, **до́брый к лю́дям** *gut zu den Menschen*, **равноду́шный к му́зыке** *gleichgültig der Musik gegenüber*, **беспоща́дный к врага́м** *unerbittlich gegen die Feinde*, **внима́тельный к ну́ждам това́рищей** *rücksichtsvoll seinen Freunden gegenüber*.

6. Die Präposition к wird zur Zeitangabe gebraucht (Frage *когда́? к како́му вре́мени? wann? zu welcher Zeit?*):

Он пришёл домо́й (*когда́?*) **к обе́ду.**	Er kam gegen Mittag nach Hause.
Мы зако́нчили рабо́ту (*когда́?*) **к ве́черу.**	Wir haben die Arbeit gegen Abend beendet.
Студе́нты должны́ прие́хать (*к како́му сро́ку?*) **к пе́рвому сентября́.**	Die Studenten sollen zum ersten September eintreffen.

Übung 123. Erfragen Sie die Fügung к + Substantiv. Welche Bedeutung hat die Präposition in den einzelnen Sätzen?

1. Ло́дка плывёт от парохо́да к бе́регу. 2. Мать зовёт дете́й. Де́ти бегу́т к ма́тери. 3. Доро́га привела́ нас к о́зеру. 4. Автомоби́ль поверну́л нале́во, к зда́нию клу́ба. 5. Я приду́ домо́й к обе́ду. 6. За́втра я пойду́ к подру́ге в го́сти. 7. Учени́к подошёл к доске́. 8. Това́рищи соберу́тся к ча́су дня. 9. Но́чью мы подъе́хали к ма́ленькой ста́нции.

Übung 124. Bilden Sie sechs Sätze mit der Präposition к in verschiedenen Bedeutungen.

Übung 125. Setzen Sie die in Klammern stehenden Substantive im Dativ mit der erforderlichen Präposition ein.

1. Студе́нты гото́вились ... . (экза́мен) 2. Покупа́тель обрати́лся ... с вопро́сом. (продаве́ц) 3. Мы привы́кли ... . (кли́мат се́вера) 4. Парохо́д приближа́лся ... . (при́стань) 5. Охо́тник прислу́шивается ... . (ка́ждый звук) 6. Мы присоедини́лись ... . (экску́рсия) 7. Мать приучи́ла дете́й ... . (поря́док) 8. Сестра́ приши́ла пу́говицу ... . (руба́шка)

Übung 126. Bilden Sie Sätze:

a) mit den Verben:

гото́виться к..., стреми́ться к..., привы́кнуть к..., относи́ться к..., призыва́ть к...

b) mit den Adjektiven:

гото́вый к..., спосо́бный к..., стро́гий к..., равноду́шный к...

c) mit den Substantiven:

отноше́ние к..., дове́рие к..., стремле́ние к...

Die Präposition **по**

1. Die Präposition **по** wird zur Bezeichnung einer Bewegung auf der Oberfläche gebraucht (Frage *где? wo?*):

Дети бе́гали (*где?*) **по́ двору́.**
Die Kinder liefen auf dem Hof herum.

Автомоби́ль е́дет (*где?*) **по шоссе́.**
Der Wagen fährt die Chaussee entlang.

Парохо́д плывёт (*где?*) **по Во́лге.**
Der Dampfer fährt auf der Wolga.

Мы гуля́ли (*где?*) **по бе́регу реки́.**
Wir gingen am Ufer des Flusses spazieren

Река́ течёт (*где?*) **по равни́не.**
Der Fluß fließt durch die Ebene.

In Verbindung mit den Verben **бить** *schlagen,* **стуча́ть** *klopfen,* **ударя́ть** *schlagen* bezeichnet **по** + Substantiv ebenfalls die Oberfläche:

Он уда́рил кулако́м (*по чему́?*) **по́ столу́.**
Er schlug mit der Faust auf den Tisch.

Дождь стуча́л **по кры́ше.**
Der Regen trommelte auf das Dach.

2. Die Präposition **по** wird zur Angabe des Ortes einer Handlung verwendet, und zwar zur Bezeichnung:

a) eines Ganzen:

По всему́ ми́ру распространи́лось движе́ние сторо́нников ми́ра.
Die Bewegung der Friedensanhänger hat sich über die ganze Welt ausgedehnt.

b) verschiedener Punkte:

По фа́брикам, по заво́дам устра́ивались ми́тинги.
In den Fabriken und Werken wurden Meetings veranstaltet.

c) verschiedener Richtungen:

По́сле собра́ния все разошли́сь **по дома́м.**
Nach der Versammlung gingen alle nach Hause.

d) der Bewegung von einem Punkt zum anderen:

Мы ходи́ли **по магази́нам** (d. h. из одного́ магази́на в друго́й).
Wir gingen in die Geschäfte (d. h. von einem Geschäft ins andere).

Санита́рная коми́ссия ходи́ла **по всем ко́мнатам общежи́тия.**
Die Gesundheitskommission ging durch alle Zimmer des Studentenwohnheims.

3. Die Präposition **по** wird zur Bezeichnung einer Handlung verwendet, die sich in bestimmten Zeitabschnitten wiederholt.

До́ктор принима́ет (*когда́?*) **по вто́рникам и суббо́там.**
Der Arzt hat dienstags und sonnabends Sprechstunde.

Я рабо́таю **по вечера́м**, иногда́ **по ноча́м**. (Man kann aber nicht sagen: «по дням».)

Ich arbeite abends, manchmal auch nachts.

4. Die Präposition **по** wird zur Bezeichnung des Grundes für eine Handlung gebraucht (Frage *почему? warum?*):

Студе́нт отсу́тствовал на ле́кции **по боле́зни**.

Der Student hat wegen Krankheit in der Vorlesung gefehlt.

Он пропусти́л заня́тия **по уважи́тельной причи́не**.

Er hat den Unterricht aus stichhaltigem Grunde versäumt.

Учени́к сде́лал оши́бку **по небре́жности, по рассе́янности**.

Der Schüler hat diesen Fehler aus Nachlässigkeit, aus Zerstreutheit gemacht.

Она́ разби́ла ва́зу **по неосторо́жности**.

Sie hat die Vase aus Unachtsamkeit zerbrochen.

5. Die Präposition **по** dient der Bezeichnung eines Berufs, eines Fachgebiets:

специали́ст **по се́льскому хозя́йству**

ein Fachmann für Landwirtschaft

рабо́та **по геогра́фии**

eine Arbeit in Geographie

заня́тия **по фи́зике**

der Unterricht in Physik

семина́р по **ру́сской литерату́ре**

ein Seminar für rusische Literatur

экза́мен **по хи́мии**

eine Prüfung in Chemie

6. Die Präposition **по** wird in der Bedeutung ‚laut‘, ‚entsprechend‘, ‚nach‘, ‚gemäß‘ verwendet:

Мы рабо́тали **по пла́ну**.

Wir haben nach dem Plan gearbeitet.

занима́ться **по расписа́нию**

nach dem Stundenplan lernen

сде́лать что́-либо **по про́сьбе, по прика́зу, по тре́бованию**

etwas auf eine Bitte, auf einen Befehl, auf eine Forderung hin tun

7. Die Präposition **по** wird zur Angabe des Merkmals eines Gegenstandes gebraucht:

Я узна́л его́ **по го́лосу, по похо́дке**.

Ich habe ihn an seiner Stimme, an seiner Gangart erkannt.

Ита́лия превосхо́дит Испа́нию **по чи́сленности населе́ния**.

Italien übertrifft Spanien hinsichtlich der Einwohnerzahl.

Die Einwohnerzahl Italiens ist größer als die Spaniens.

8. Die Präposition **по** wird bei Hinweis auf Verwandtschaft, Nähe zu jemandem verwendet:

ро́дственник **по ма́тери**

ein Verwandter mütterlicherseits

това́рищ **по шко́ле, по рабо́те**

ein Schulkamerad, ein Arbeitskollege

сосе́д **по ко́мнате** — ein Zimmernachbar

9. Die Präposition **по** wird in der Bedeutung „je einer" gebraucht:

Ка́ждый учени́к получи́л **по** **уче́бнику**. — Jeder Schüler erhielt ein Lehrbuch.

Я купи́л два биле́та **по рублю́** (оди́н биле́т сто́ит оди́н рубль). — Ich habe zwei Theaterkarten zu je einem Rubel gekauft.

10. Die Präposition **по** wird zur Angabe der Nachrichtenübermittlung in folgenden Wortverbindungen verwendet:

посла́ть письмо́ **по по́чте** — den Brief per Post schicken
позвони́ть **по телефо́ну** — anrufen
говори́ть **по телефо́ну** — telefonieren
сообщи́ть **по телегра́фу** — telegrafisch mitteilen
выступа́ть **по ра́дио** — im Rundfunk sprechen
слу́шать **по ра́дио** — Rundfunk hören

A n m e r k u n g. Die Präposition **по** wird auch mit dem Akkusativ und mit dem Präpositiv gebraucht (s i e h e S. 86, 107).

Übung 127. Welche Bedeutung hat die Präposition **по** in den folgenden Sätzen? Erfragen Sie die Fügung **по** + Substantiv.

1. Мы до́лго гуля́ли по у́лицам и площадя́м Москвы́. 2. По вечера́м мы ча́сто встреча́лись в клу́бе. 3. Го́сти из Испа́нии прое́хали по Пу́шкинским места́м. 4. По сообще́нию газе́т, убо́рка урожа́я в Омской о́бласти зако́нчена. 5. Движе́ние за мир распространи́лось по всем стра́нам. 6. В зи́мнюю се́ссию мы бу́дем сдава́ть экза́мен по исто́рии XX в. 7. Он взял чужу́ю тетра́дь по оши́бке. 8. Набежа́ла ту́ча, и по кры́ше застуча́л дождь. 9. Преподава́тель ведёт заня́тия по програ́мме. 10. Стране́ нужны́ специали́сты по се́льскому хозя́йству. 11. Эту но́вую пе́сню мы неда́вно слы́шали по ра́дио. 12. Мать дала́ де́тям по я́блоку.

Übung 128. Bilden Sie Sätze mit den Verben *идти́, гуля́ть, плыть, е́хать* und gebrauchen Sie dabei die Präposition *по*.

Übung 129. Bilden Sie Sätze mit den folgenden Wortverbindungen:

разгова́ривать по телефо́ну; де́йствовать по прика́зу; плыть по тече́нию; узна́ть по го́лосу; идти́ по но́вому пути́

Übung 130. Bilden Sie vier Sätze mit der Präposition **по** in verschiedenen Bedeutungen.

Die Präposition **благодаря́**

Die Präposition **благодаря́** *dank* wird zur Angabe des Grundes, der Ursache gebraucht. Mit **благодаря́** wird nur Positives ausgesagt:

Благодаря́ хоро́шему руково́дству рабо́та была́ зако́нчена досро́чно. — Dank der guten Leitung wurde die Arbeit vorfristig beendet.

Экску́рсия прошла́ уда́чно **благодаря́ хоро́шей пого́де**. — Die Exkursion verlief dank dem guten Wetter erfolgreich.

Anmerkung. Handelt es sich um negative Erscheinungen, so wird gewöhnlich die Präposition **из-за** *wegen* (mit Genitiv) gebraucht:

Из-за плохо́го руково́дства рабо́та не была́ зако́нчена в срок.	Wegen schlechter Leitung wurde die Arbeit nicht termingerecht beendet.
Экску́рсия не состоя́лась **из-за плохо́й пого́ды.**	Wegen des schlechten Wetters fand die Exkursion nicht statt.

Übung 131. Setzen Sie die in Klammern stehenden Wörter mit der passenden Präposition ein.

1. Бойцы́ победи́ли... . (несокруши́мая во́ля к побе́де) 2. Бы́стрые те́мпы строи́тельства возмо́жны ... . (успе́хи те́хники) 3. Я зако́нчил рабо́ту досро́чно ... . (по́мощь това́рищей) 4. Урожа́й был прекра́сный ... . (весе́нние дожди́) 5. Ма́льчик отли́чно учи́лся ... .(уси́дчивость и хоро́шие спосо́бности)

Die Präpositionen вопреки́, навстре́чу, согла́сно

1. Die Präposition **вопреки́** *trotz* kann durch die Präposition **несмотря́ на** *ungeachtet* (mit Akkusativ) ersetzt werden:

Вопреки́ всем тру́дностям экспеди́ция вы́полнила зада́ние.	**Несмотря́ на все тру́дности,** экспеди́ция вы́полнила зада́ние.

Trotz aller Schwierigkeiten hat die Expedition ihre Aufgabe erfüllt.

Вопреки́ сове́ту врача́ больно́й встал с посте́ли.	**Несмотря́ на сове́т врача́,** больно́й встал с посте́ли.

Entgegen der Empfehlung des Arztes ist der Kranke aufgestanden.

Jedoch kann die Präposition **несмотря́ на** nicht immer durch **вопреки́** ersetzt werden, z. B. **Несмотря́ на моро́зы** я́блони не поги́бли. *Trotz der Fröste sind die Apfelbäume nicht eingegangen.* Die Präposition **вопреки́** steht vor allem in den Fällen, wenn ein Mensch entgegenwirkende Kräfte überwinden muß.

2. Die Präposition **навстре́чу** *entgegen* wird gewöhnlich in Verbindung mit Verben der Bewegung gebraucht.

Мне навстре́чу шёл това́рищ.	Mein Freund kam mir entgegen.
Чле́ны экспеди́ции шли **навстре́чу всем опа́сностям.**	Die Mitglieder der Expedition scheuten sich vor keinen Schwierigkeiten.

3. Die Präposition **согла́сно** *laut, entsprechend, gemäß, nach* ist für die Geschäftssprache charakteristisch: **согла́сно распоряже́нию ре́ктора** *laut Anordnung des Rektors,* **согла́сно директи́вам** *entsprechend den Direktiven,* **согла́сно реше́нию суда́** *laut Beschluß des Gerichts* usw.

Согла́сно распоряже́нию ре́ктора зачёты начина́ются по́сле 15 декабря́.	Laut Anordnung des Rektors beginnen die Vorprüfungen nach dem 15. Dezember.

Übung 132. Bilden Sie sechs Sätze mit den Präpositionen *вопреки, навстречу, согласно.*

Der Akkusativ ohne Präposition

Ohne Präpositionen wird der Akkusativ nur in Verbindung mit Verben gebraucht. Mit Substantiven, Adjektiven und Pronomen steht der Akkusativ stets mit Präpositionen.

1. Der Akkusativ wird zur Bezeichnung eines Objekts der Handlung gebraucht, d. h. der Person oder der Sache, auf die die Handlung übergeht:

Рабочие *строят (что?)* дом.	Die Arbeiter bauen das Haus.
Отец *читает (что?)* газету.	Der Vater liest die Zeitung.
Мать *любит (кого?)* сына.	Die Mutter liebt den Sohn.

Verben, nach denen ein Substantiv im Akkusativ ohne Präposition stehen kann, das mit *кого? что? wen? was?* erfragt wird, nennt man transitive (zielende) Verben.

Transitive Verben bezeichnen u. a. physische Tätigkeiten, Empfindungen, Gefühle, sprachliche Mitteilungen.

unvollendet	vollendet	
строить	построить (дом)	bauen (ein Haus)
шить	сшить (платье)	nähen (ein Kleid)
убирать	убрать (комнату)	aufräumen (ein Zimmer)
брать	взять (книгу)	nehmen (ein Buch)
класть	положить (тетрадь)	legen (ein Heft)
ставить	поставить (стакан)	stellen (ein Glas)
вешать	повесить (пальто)	hängen (einen Mantel)

* * *

видеть	увидеть (друга)	sehen (einen Freund)
смотреть	посмотреть (картину)	sich ansehen (ein Bild)
слышать	услышать (песню)	hören (ein Lied)
слушать	прослушать (лекцию)	zuhören (einer Vorlesung)
чувствовать	почувствовать (боль)	empfinden (Schmerz)
испытывать	испытать (беспокойство)	empfinden (Unruhe)
замечать	заметить (недостаток)	bemerken (Fehler)
любить	— (родину)	lieben (die Heimat)
ненавидеть	— (врага)	hassen (den Feind)
презирать	— (труса)	verachten (den Feigling)
ценить	— (человека)	schätzen (lernen) (einen Menschen)

помнить	— (песню)	sich erinnern an, wissen (ein Lied)
понима́ть	поня́ть (объясне́ние)	verstehen (eine Erklärung)
изуча́ть	изучи́ть (вопро́с)	studieren (ein Problem)
реша́ть	реши́ть (зада́чу)	lösen (eine Aufgabe)
учи́ть	вы́учить (стихотворе́ние)	(auswendig) lernen (ein Gedicht)
расска́зывать	рассказа́ть (ска́зку)	erzählen (ein Märchen)
объясня́ть	объясни́ть (пра́вило)	erklären (eine Regel)
сообща́ть	сообщи́ть (но́вость)	mitteilen (eine Neuigkeit)
говори́ть	сказа́ть (пра́вду)	sagen (die Wahrheit)

* * *

вспомина́ть	вспо́мнить (дру́га)	sich erinnern, denken (an den Freund)
встреча́ть	встре́тить (сестру́)	treffen (die Schwester)
руга́ть	поруга́ть (ма́льчика)	tadeln (den Jungen)
ждать	подожда́ть (подру́гу)	warten (auf die Freundin)
благодари́ть	поблагодари́ть (това́рища)	danken (dem Freund)
поздравля́ть	поздра́вить (отца́)	gratulieren (dem Vater)

Übung 133. Beantworten Sie die folgenden Fragen schriftlich und verwenden Sie dabei die in Klammern stehenden Wörter.

1. Что чита́ет профе́ссор? (*докла́д*) 2. Кого́ слу́шают студе́нты? (*профе́ссор*) 3. Что сдаёт студе́нт? (*экза́мен*) 4. Кого́ спра́шивает преподава́тель? (*студе́нт*) 5. Что стро́ят рабо́чие? (*мост*) 6. Кого́ ждут рабо́чие? (*инжене́р*) 7. Что у́чит брат? (*стихи́*) 8. Кого́ брат у́чит ката́ться на конька́х? (*сестра́*) 9. Что расска́зывает ба́бушка де́тям? (*ска́зка*) 10. Кого́ зовёт мать? (*дочь*) 11. Кого́ вы встре́тили? (*почтальо́н*) 12. Что принёс почтальо́н? (*журна́л*)

Übung 134. Setzen Sie die in Klammern angegebenen Substantive im erforderlichen Fall (Akkusativ oder Dativ) ein.

1. Студе́нт расска́зывает ... текст. (*преподава́тель*) 2. Преподава́тель внима́тельно слу́шает ... (*студе́нт*) 3. Преподава́тель задаёт вопро́сы ... . (*студе́нты*) 4. Учи́тель похвали́л ... за хоро́шее сочине́ние. (*учени́ца*) 5. Учени́к слу́шал ... невнима́тельно, поэтому пло́хо по́нял вопро́с. (*учи́тель*) 6. Я сиде́л далеко́ и пло́хо слы́шал ... . (*ле́ктор*) 7. Я помога́ю ... учи́ть англи́йский язы́к. (*подру́га*) 8. Му́зыка меша́ет ... занима́ться. (*студе́нтка*) 9. Сын позвони́л ... . (*оте́ц*) 10. Оте́ц спроси́л ... о пого́де в Москве́. (*сын*)

11. Мы благодари́м ... за по́мощь. (*това́рищ*) 12. Я учу́ ... игра́ть на гита́ре. (*брат*) 13. Ба́бушка расска́зывает ска́зку ... . (*вну́ки*) 14. Мать даёт молоко́ ... . (*ребёнок*) 15. Мы ждём ... , что́бы вме́сте идти́ гуля́ть. (*друзья́*) 16. Ю́ноша фотографи́рует ... . (*де́вушка*) 17. Де́вочка рису́ет ... . (*слон*) 18. Вчера́ в теа́тре я встре́тил ... . Я был рад ви́деть ... . Я обеща́л ..., что приду́ к нему́ в суббо́ту. (*друг*) 19. Брат пи́шет письмо́ ... . (*сестра́*)

Übung 135. Suchen Sie in den folgenden Sätzen Verben, die den Akkusativ fordern: bilden Sie mit diesen Verben eigene Sätze.

1. Ре́ктор поздра́вил студе́нтов-дипло́мников с оконча́нием университе́та. 2. Я до́лго не мог вспо́мнить пе́сню и наконе́ц вспо́мнил её. 3. Он поблагодари́л това́рищей за по́мощь. 4. Я по́мню ва́шу про́сьбу. 5. Я запо́мнил ваш а́дрес.

Übung 136. Bilden Sie Sätze mit den folgenden Wortverbindungen:

име́ть значе́ние, игра́ть роль, дать сло́во, подава́ть приме́р, ока́зывать по́мощь, приня́ть реше́ние, соверши́ть по́двиг, испо́лнить про́сьбу

2. Der Akkusativ kann in Verbindung mit Verben zur Angabe eines bestimmten Zeitabschnitts dienen, in dem sich die Handlung vollzieht (Frage *ско́лько вре́мени, как до́лго, как ча́сто? wie lange? wie oft?*):

Мы жи́ли (*ско́лько вре́мени?*) **всё ле́то** в дере́вне.	Wir haben den ganzen Sommer auf dem Lande gelebt.
Он отдыха́л (*ско́лько вре́мени?*) **неде́лю**.	Er hat sich eine Woche lang erholt.
Второ́й день идёт дождь.	Es regnet schon zwei Tage hintereinander.
Мы занима́емся ру́сским языко́м (*как ча́сто?*) **ка́ждый день**.	Wir haben jeden Tag Russischunterricht.
Студе́нты слу́шают ле́кцию по полити́ческой эконо́мии **ка́ждую неде́лю**.	Die Studenten haben jede Woche Vorlesungen in politischer Ökonomie.

3. In Verbindung mit Verben der Bewegung kann der Akkusativ einen bestimmten Streckenabschnitt bezeichnen:

Полови́ну доро́ги мы *е́хали* на маши́не.	Die Hälfte des Weges sind wir mit dem Auto gefahren.
Всю доро́гу они́ *шли* мо́лча.	Den ganzen Weg gingen sie, ohne ein Wort zu sagen.
Мы *прошли́* **киломе́тр** и уви́дели ре́ку.	Nachdem wir einen Kilometer gegangen waren, erblickten wir den Fluß.

Dabei haben die Verben der Bewegung oft das Präfix **про-: про́ехать киломе́тр** *einen Kilometer (mit einem Fahrzeug) zurücklegen,* **пройти́ версту́** *eine Werst (zu Fuß) gehen,* **проплы́ть де́сять ме́тров** *zehn Meter schwimmen.*

4. In Verbindung mit den Verben **сто́ить** *kosten* und **ве́сить** *wiegen* bezeichnet der Akkusativ den Preis bzw. das Gewicht:

Кни́га *сто́ит* **рубль.**	Das Buch kostet einen Rubel.
Ка́мень *ве́сит* **то́нну.**	Der Stein wiegt eine Tonne.
Чемода́н *ве́сит* **де́сять кило-гра́ммов.**	Der Koffer wiegt 10 Kilo.

Übung 137. Beantworten Sie die folgenden Fragen schriftlich und verwenden Sie dabei die in Klammern stehenden Wörter.

1. Ско́лько вре́мени вы е́хали сюда́? (*два дня*) 2. Ско́лько вре́мени вы говори́ли по телефо́ну? (*одна́ мину́та*) 3. Как ча́сто у вас быва́ет семина́р? (*ка́ждая неде́ля*) 4. Ско́лько киломе́тров прое́хал автомоби́ль? (*три́дцать киломе́тров*) 5. Ско́лько сто́ит портфе́ль? (*четы́ре рубля́*)

Übung 138. Beantworten Sie die folgenden Fragen schriftlich.

1. Ско́лько вре́мени вы отдыха́ли ле́том? 2. Ско́лько вре́мени продолжа́ются зи́мние кани́кулы? 3. Ско́лько вре́мени вы занима́лись ру́сским языко́м? 4. Ско́лько дней в неде́лю вы занима́лись ру́сским языко́м? 5. Ско́лько дней вы е́хали в Москву́?

Der Akkusativ mit Präposition

Den Akkusativ verlangen die Präpositionen: **про** *über*, **сквозь** *durch*, **че́рез** *über, durch, in*, **в** *in*, **на** *auf*, **за** *hinter*, **под** *unter*, **по** *bis*, **с** *etwa, ungefähr*, **о** *gegen:*

Я люблю́ чита́ть кни́ги **про мо-лодёжь.**	Ich lese gern Bücher über die Jugend.
Он рассказа́л **про посеще́ние му-зе́я.**	Er hat über seinen Museumsbesuch erzählt.
Сквозь кры́шу протека́ла вода́.	Durch das Dach kam Wasser.
Че́рез ре́ку постро́или мост.	Über den Fluß wurde eine Brücke gebaut.
Студе́нт положи́л кни́ги **в порт-фе́ль.**	Der Student legte seine Bücher in die Aktentasche.
Он положи́л кни́ги **на стол.**	Er legte die Bücher auf den Tisch.
Мы выступа́ем **за мир.**	Wir treten für den Frieden ein.
Он положи́л письмо́ **под кни́гу.**	Er legte den Brief unter das Buch.
У меня́ о́тпуск **по сентя́брь.**	Ich habe bis September Urlaub.
С киломе́тр (d. h. о́коло кило-ме́тра) мы шли мо́лча.	Wir gingen etwa einen Kilometer, ohne ein Wort zu sagen.
Кора́бль разби́лся **о ска́лы.**	Das Schiff ist an den Felsen zerschellt.

Anmerkungen.

1. Die Präpositionen **про, сквозь, че́рез** werden nur mit dem Akkusativ gebraucht.
2. Die Präpositionen **в, на, о** werden auch mit dem Präpositiv gebraucht.
3. Die Präpositionen **за, под, с** werden auch mit dem Instrumental gebraucht. Die Präposition **с** wird mit dem Genitiv gebraucht.
4. Die Präposition **по** wird mit dem Dativ und dem Präpositiv gebraucht.

Die Präpositionen в, на, за, под
zur Angabe einer Richtung

Die Präpositionen в *in, zu,* на *auf, in, zu,* за *hinter,* под *unter* verlangen den Akkusativ, wenn sie die Richtung angeben (Frage: *куда́? wohin?*):

Де́ти иду́т **в шко́лу.**	Die Kinder gehen in die Schule.
Студе́нты иду́т **на собра́ние.**	Die Studenten gehen zur Versammlung.
Он положи́л чертежи́ **за шкаф.**	Er legte die Zeichnungen hinter den Schrank.
Он положи́л письмо́ **под кни́гу.**	Er legte den Brief unter das Buch.
Газе́та упа́ла **под стол.**	Die Zeitung fiel unter den Tisch.

Anmerkung. Bei einer Ortsangabe (Frage *где? wo?*) werden die Präpositionen в und на mit Präpositiv gebraucht:

Ве́щи лежа́т *(где?)* **в чемода́не.**	Die Sachen liegen im Koffer.
Кни́ги лежа́т *(где?)* **на столе́.**	Die Bücher liegen auf dem Tisch.

Bei einer Ortsangabe (Frage *где?*) werden die Präpositionen за und под mit dem Instrumental gebraucht:

Чертежи́ лежа́т *(где?)* **за шка́фом.**	Die Zeichnungen liegen hinter dem Schrank.
Мы отдыха́ли *(где?)* **под де́ревом.**	Wir rasteten unter einem Baum.

Übung 139. Beantworten Sie die folgenden Fragen schriftlich und verwenden Sie dabei die in Klammern stehenden Wörter.

1. Куда́ ма́льчик пове́сил карти́ну? Где виси́т карти́на? *(стена́)* 2. Куда́ сестра́ положи́ла кни́ги? Где лежа́т кни́ги? *(шкаф)* 3. Куда́ вы спря́тались, когда́ начался́ дождь? Где вы спря́тались от дождя́? *(де́рево)* 4. Куда́ скры́лось со́лнце? Где со́лнце? *(ту́ча)*

Die Präposition сквозь

Die Präposition **сквозь** *durch, hindurch* bezeichnet eine Bewegung durch ein Hindernis hindurch.

Кровь просочи́лась **сквозь бинт.**	Das Blut sickerte durch die Binde.
Вода́ протека́ет **сквозь кры́шу.**	Das Wasser kommt durch das Dach.

Übung 140. Lesen Sie die folgenden Sätze. Schreiben Sie die Substantive mit der Präposition *сквозь* aus.

1. Сквозь ночно́й тума́н
   Вдали́ черне́ет холм огро́мный. *(П.)*
2. Сквозь зелёные ве́тви молоды́х берёз просве́чивало со́лнце. *(Л. Т.)*
3. В алле́ю тёмную вхожу́ я,
   Сквозь кусты́ гляди́т вече́рний луч. *(Л.)*

Die Präposition через

1. Die Präposition **через** *über, durch* bezeichnet eine Bewegung, die von einer Seite auf die andere gerichtet ist.

Пешехо́д идёт **через у́лицу**.	Der Fußgänger geht über die Straße.
Че́рез ре́ку мы переплы́ли на ло́дке.	Wir sind mit dem Boot über den Fluß gefahren.

Die Verben haben dabei häufig das Präfix **пере-** (*перейти́* **через** *у́лицу über die Straße gehen, переплы́ть* **через** *ре́ку über den Fluß schwimmen, перепры́гнуть* **через** *ручей über den Bach springen*). Dieselbe Bedeutung haben die erwähnten Verben in Verbindung mit dem Akkusativ ohne Präposition (*перейти́* **у́лицу** *über die Straße gehen, переплы́ть* **ре́ку** *über den Fluß schwimmen*).

2. Die Bedeutung der Präposition **через** ist der der Präposition **сквозь** *durch, hindurch* ähnlich (Мы шли **через** лес. Wir gingen durch den Wald); jedoch läßt sich die Präposition **через** nur dann durch die Präposition **сквозь** ersetzen, wenn bei der Bewegung irgendwelche Hindernisse zu überwinden sind:

Мы пробира́лись **через** непроходи́мую **ча́щу** ле́са.	Wir zwängten uns durch das Walddickicht.
Мы пробира́лись **сквозь** непроходи́мую **ча́щу** ле́са.	

Кровь просочи́лась **через** бинт.	Das Blut sickerte durch die Binde.
Кровь просочи́лась **сквозь** бинт.	

3. Die Präposition **через** wird zur Angabe einer Zeitspanne gebraucht (Frage *когда́? wann?*).

Че́рез год он вернётся в родно́й го́род.	In einem Jahr wird er in die Heimatstadt zurückkehren.
Че́рез мину́ту начнётся конце́рт.	In einer Minute beginnt das Konzert.

4. Die Präposition **через** wird in der Bedeutung ‚durch, mit Hilfe von' gebraucht:

Разгово́р шёл **через перево́дчика**.	Das Gespräch wurde mit Hilfe eines Dolmetschers geführt.
Объявле́ния бы́ли даны́ **через газе́ту**.	Die Bekanntmachungen wurden durch die Zeitung veröffentlicht.

Übung 141. Lesen Sie die folgenden Sätze. Bestimmen Sie die Bedeutung der Präposition *через*.

1. *Че́рез неде́лю* мы бу́дем сдава́ть зачёт. 2. Де́вушка бро́сила мяч *че́рез се́тку*. 3. Он переда́л мне письмо́ *че́рез сестру́*. 4. Мы перепра́вились *че́рез ре́чку* вброд. 5. Наш путь лежа́л *че́рез го́ры*.

6. *Через лес* проложи́ли но́вую доро́гу. 7. Мы вошли́ в дом *через гла́вный вход.* 8. Мы не зна́ли ру́сского языка́ и поэ́тому разгова́ривали *через перево́дчика.*

Übung 142. Bilden Sie vier Sätze mit der Präposition *через* in verschiedenen Bedeutungen.

Übung 143. Bilden Sie Sätze mit den folgenden Verben und der Präposition *через*: перейти́, перепры́гнуть, перебежа́ть, перебро́сить, переле́зть, переплы́ть

Die Präposition про

Die Präposition **про** *von, über* bezeichnet den Gegenstand einer Rede oder eines Gedankens und steht nach den Verben des Sagens und Denkens oder nach den von diesen Verben abgeleiteten Substantiven:

Това́рищ расска́зал мне **про свою́ пое́здку.**	Mein Freund erzählte mir von seiner Reise.
Де́ти слу́шали ска́зку **про Ива́на-царе́вича.**	Die Kinder hörten sich das Märchen über den Zarensohn Iwan an.

Die Präposition **про** ist gleichbedeutend mit der Präposition **о**. **Про** wird in der Umgangssprache, **о** sowohl in der Umgangssprache als auch in der Schriftsprache gebraucht.

Übung 144. Lesen Sie die folgenden Texte. Bestimmen Sie den Fall der hervorgehobenen Substantive und bilden Sie den Nominativ Singular und Plural dieser Substantive.

1. По́мни про *шко́лу* —
    то́лько с ней
  ста́нешь
    строи́телем
      ра́достных дней! (*Маяк.*)
2. Спой нам, ве́тер, про ди́кие *го́ры,*
  Про глубо́кие *та́йны* море́й,
  Про пти́чьи *разгово́ры,*
  Про си́ние *просто́ры,*
  Про сме́лых и больши́х *люде́й.* (*Леб.-К.*)
3. Неда́ром по́мнит вся Росси́я
  Про *день* Бородина́. (*Л.*)
4. Опя́ть стари́к расска́зывал свои́ бесконе́чные исто́рии про *охо́ту.* (*Л. Т.*)

Die Präposition за

Die Präposition **за** *hinter, statt, für, während* wird wie folgt gebraucht:
1. zur Angabe einer Richtung (Frage *куда́? wohin?*):

Со́лнце зашло́ **за ту́чу.**	Die Sonne verbarg sich hinter einer Wolke.
Автомоби́ль поверну́л **за́ угол.**	Das Auto ist um die Ecke gebogen.

89

2. in der Bedeutung von **вме́сто** *statt,* wenn es sich um eine Person handelt:

Сего́дня я рабо́таю **за това́рища** (**вме́сто това́рища**)	Ich arbeite heute anstelle meines Freundes.

3. zur Angabe des Zwecks oder Ziels einer Handlung nach folgenden Verben: **боро́ться за мир** *für den Frieden kämpfen,* **стоя́ть за мир** *für den Frieden eintreten* (aber: о т с т а́ и в а т ь **мир** *den Frieden verteidigen,* з а щ и щ а́ т ь **мир** *den Frieden schützen*), **сража́ться за ро́дину** *für das Vaterland kämpfen,* **воева́ть за свобо́ду** *für die Freiheit kämpfen,* **выступа́ть за предложе́ние** *für den Vorschlag eintreten,* **вы́сказаться за предложе́ние** *den Vorschlag unterstützen,* **голосова́ть за кандида́та** *für einen Kandidaten stimmen,* **голосова́ть за резолю́цию** *für eine Resolution stimmen.*

Die Präposition **за** steht ebenfalls nach Substantiven, die von diesen Verben abgeleitet sind: **борьба́ за мир** *der Kampf für den Frieden,* **би́тва, сраже́ние за Ленингра́д** *die Schlacht um Leningrad,* **выступле́ние за предложе́ние** *die Unterstützung eines Vorschlages.*

Die Präposition **за** hat in diesen Wortverbindungen die entgegengesetzte Bedeutung der Präposition **про́тив** *gegen:* голосова́ть (голосова́ние) **про́тив резолю́ции** *gegen eine Resolution stimmen (die Stimmabgabe gegen...),* выступа́ть (выступле́ние) **про́тив предложе́ния** *einen Vorschlag ablehnen (die Ablehnung eines Vorschlags).*

4. mit folgenden Verben:

a) **благодари́ть/поблагодари́ть** danken	Я *поблагодари́л* това́рища **за по́мощь.** (Я сказа́л това́рищу спаси́бо за по́мощь.) Ich dankte meinem Freund für seine Hilfe.
награжда́ть/награди́ть auszeichnen	**За отли́чную учёбу** его́ *награди́ли* меда́лью. Er wurde für gute Leistungen im Studium mit einer Medaille ausgezeichnet.
хвали́ть/похвали́ть loben	Учи́тель *похвали́л* ученика́ **за хоро́шее сочине́ние.** Der Lehrer hat den Schüler für seinen guten Aufsatz gelobt.
руга́ть/поруга́ть tadeln	Оте́ц *руга́л* (брани́л) сы́на **за плохо́е поведе́ние.** Der Vater tadelte seinen Sohn wegen des schlechten Benehmens.
нака́зывать/наказа́ть (be)strafen	Оте́ц *наказа́л* сы́на **за плохо́е поведе́ние.** Der Vater hat seinen Sohn wegen des schlechten Benehmens bestraft.

штрафова́ть/оштрафова́ть bestrafen	Милиционе́р *оштрафова́л* его́ **за наруше́ние** пра́вил у́лично-го движе́ния. Der Milizionär hat ihn wegen Nichteinhaltung der Straßenverkehrsordnung bestraft.
b) плати́ть/заплати́ть zahlen bezahlen	Я *заплати́л* **за кни́гу** рубль. Ich habe für das Buch einen Rubel gezahlt.
покупа́ть/купи́ть kaufen	Он *купи́л* кни́гу **за рубль**. Er hat das Buch für einen Rubel gekauft.
получа́ть/получи́ть bekommen	Он *получи́л* де́ньги **за рабо́ту**. Er hat das Geld für die Arbeit bekommen.
продава́ть/прода́ть verkaufen	Он *про́дал* радиоприёмник **за сто рубле́й**. Er hat den Rundfunkempfänger für 100 Rubel verkauft.

5. in folgenden Wortverbindungen:

бра́ться/взя́ться принима́ться/приня́ться ⎱	**за де́ло** **за рабо́ту**	ans Werk gehen, sich an die Arbeit machen

Все дру́жно *взяли́сь* **за рабо́ту** (d. h. на́чали рабо́тать).

Alle gingen einmütig ans Werk.

Кани́кулы ко́нчились, пора́ *принима́ться* **за учёбу** (d. h. начина́ть учёбу).

Die Ferien sind zu Ende, es ist Zeit, mit dem Lernen zu beginnen.

6. zur Zeitangabe:

a) Die Fügung **за** + Substantiv kann einen Zeitabschnitt ausdrücken, in dem eine bestimmte Tätigkeit auszuführen ist:

За како́й срок (за како́е вре́мя) ты прочита́л кни́гу?

Wie lange hast du das Buch gelesen?
In welcher Zeit hast du das Buch durchgelesen?

Я прочита́л кни́гу **за неде́лю**.

Ich habe das Buch in einer Woche durchgelesen.

b) In Verbindung mit der Präposition **до** kann **за** + Substantiv einen Zeitabschnitt bezeichnen, der einem Geschehen vorausgeht:

Он пришёл (*когда́?*) **за мину́ту** до звонка́.

Er kam eine Minute vor Beginn des Unterrichts.

Мы прие́хали в Москву́ **за́ два дня** до нача́ла заня́тий.

Wir trafen in Moskau zwei Tage vor Beginn des Unterrichts ein.

Übung 145. Lesen Sie die Sätze. Schreiben Sie die Verben heraus, die mit der Präposition *za* gebraucht werden. Bilden Sie die Sätze mit diesen Verben.

1. На́ши спортсме́ны упо́рно боро́лись за пе́рвое ме́сто в соревнова́ниях. 2. Она́ с утра́ оживлённо приняла́сь за приготовле́ния к отъе́зду. 3. С утра́ я взя́лся за убо́рку кварти́ры. 4. Мы голосова́ли за резолю́цию комите́та. 5. Мы выступа́ем за разви́тие торго́вли и сотру́дничества с други́ми стра́нами. 6. Инжене́р получи́л пре́мию за изобрете́ние. 7. Встреча́я Но́вый год, мы пи́ли за здоро́вье друзе́й, кото́рых не́ было с на́ми. 8. Войдя́ в ко́мнату, она́ извини́лась за опозда́ние. 9. Я поблагодари́л това́рищей за по́мощь. 10. Учи́тель похвали́л ученика́ за сочине́ние. 11. Това́рищи уважа́ли его́ за принципиа́льность. 12. Его́ критикова́ли за плоху́ю рабо́ту. 13. Её люби́ли за весёлый хара́ктер. 14. Он купи́л уче́бник за рубль. 15. Он заплати́л за уче́бник рубль. 16. Милиционе́р оштрафова́л шофёра за наруше́ние пра́вил у́личного движе́ния.

Übung 146. Lesen Sie die Sätze. Erfragen Sie die hervorgehobenen Satzglieder.

1. Нельзя́ отступа́ть *перед пе́рвыми же тру́дностями*, ну́жно боро́ться *за осуществле́ние* на́шего пла́на. 2. *За́ день до отъе́зда* Кузьмина́ Баши́лов переда́л ему́ письмо́ для свое́й жены́. (*Пауст.*) 3. *За отли́чную учёбу* выпускнико́в шко́лы награжда́ют меда́лью. 4. Маши́на сверну́ла *за́ угол* большо́го до́ма. 5. Всё ле́то де́ти бы́ли в спорти́вном ла́гере. *За ле́то* они́ попра́вились и загоре́ли. 6. Бра́ту принесли́ телегра́мму. Его́ не́ было до́ма. *За бра́та* расписа́лась сестра́. 7. Ле́том мы пересели́лись *за́ реку*, в дере́вню. 8. Этот дом постро́или *за ме́сяц.* 9. Он купи́л биле́т в кино́ *за со́рок рубле́й.*

Übung 147. Bilden Sie sechs Sätze und verwenden Sie dabei die Präposition *за* mit dem Akkusativ in verschiedenen Bedeutungen.

Die Präposition в

Die Präposition **в** *in, nach* wird wie folgt gebraucht:
1. zur Angabe der Richtung einer Handlung mit dem Akkusativ (Frage *куда́? wohin?*):

Студе́нт положи́л тетра́дь (*куда́?*) **в портфе́ль.**	Der Student hat das Heft in die Mappe gelegt.
Он вошёл (*куда́?*) **в ко́мнату.**	Er ist in das Zimmer hineingegangen.

2. zur Angabe der Uhrzeit und der Wochentage:

Собра́ние бу́дет (*когда́? в како́й день?*) **в сре́ду.**	Die Versammlung findet am Mittwoch statt.
Собра́ние начнётся (*когда́? в кото́ром часу́?*) **в шесть часо́в.**	Die Versammlung beginnt um sechs Uhr.

Die Präposition **в** mit Akkusativ gibt auch in folgenden Fügungen die Zeit an:

В мину́ту опа́сности он помо́г мне.	Er brachte mir Hilfe in Gefahr.
В го́ды войны́ он рабо́тал на заво́де.	In den Kriegsjahren arbeitete er in einem Werk.

В пе́рвый день кани́кул мы пошли́ в теа́тр.

Am ersten Ferientag gingen wir ins Theater.

3. zur Angabe eines Zeitabschnittes, innerhalb dessen sich eine Handlung vollzieht (wie auch die Präposition **за**):

Прочита́л кни́гу **в оди́н день** (и́ли **за оди́н день**).

Ich habe das Buch in einem Tag durchgelesen.

Написа́л докла́д **в неде́лю** (и́ли **за неде́лю**).

Er hat seinen Vortrag (Artikel) in einer Woche geschrieben.

4. in folgenden Wortverbindungen:

раз в ме́сяц (Я писа́л домо́й **раз в ме́сяц.**) *einmal im Monat (Ich habe einmal im Monat nach Hause geschrieben.);* **бо́льше в два ра́за** (У де́вочки оре́хов **в два ра́за бо́льше,** чем у ма́льчика.) *zweimal soviel (Das Mädchen hat zweimal soviel Nüsse wie der Junge.).*

5. mit dem Akkusativ nach folgenden Verben und den von ihnen abgeleiteten Substantiven:

ве́рить в побе́ду *an den Sieg glauben* (**ве́ра в побе́ду** *der Glaube an den Sieg*); **стреля́ть в цель** *auf die Scheibe schießen* (**стрельба́ в цель** *das Schießen auf die Scheibe*); **игра́ть в ша́шки, в волейбо́л** *Dame, Volleyball spielen* (**игра́ в ша́шки, в волейбо́л** *das Damespiel, Volleyballspiel*).

Die Präposition на

Die Präposition **на** *auf, an, in, für, nach* wird wie folgt gebraucht:
1. zur Angabe einer Richtung mit Akkusativ (Frage *куда́? wohin?*):

Каранда́ш упа́л (*куда́?*) **на́ пол.**

Der Bleistift ist auf den Fußboden gefallen.

Я пове́сил карти́ну (*куда́?*) **на сте́ну.**

Ich habe das Bild an die Wand gehängt.

Он вы́шел (*куда́?*) **на у́лицу.**

Er ist auf die Straße hinausgegangen.

2. zur Zeitangabe in folgenden Wortverbindungen:

на друго́й день *am nächsten Tag;* **на сле́дующий день** *am folgenden Tag;* **на второ́й, на тре́тий** и т. д. **день** *am zweiten, dritten usw. Tag:*

На второ́й день по́сле прие́зда он пришёл к нам.

Am zweiten Tag nach seiner Ankunft ist er zu uns gekommen.

A n m e r k u n g. Beachte aber: **в сле́дующие дни** *in den nächsten Tagen,* **в пе́рвый день** *am ersten Tag.*

3. mit dem Akkusativ zur Bezeichnung eines Zeitabschnitts, auf den sich das Resultat einer Handlung erstreckt (Frage *на како́е вре́мя? auf wie lange? für welche Dauer?*):

Он уе́хал в дере́вню **на ле́то** (d. h. он бу́дет жить в дере́вне в тече́ние ле́та).

Er ist für den Sommer aufs Land gefahren.

Он лёг отдохну́ть **на час** (d. h. он бу́дет отдыха́ть час).

Er hat sich für eine Stunde hingelegt, um auszuruhen.

Я взял кни́гу в библиоте́ке **на неде́лю** (d. h. кни́га бу́дет у меня́ в тече́ние неде́ли).	Ich habe das Buch in der Bibliothek für eine Woche entliehen.

4. in der Bedeutung von **для** *für* (zur Angabe des Zwecks):

На э́ту рабо́ту ну́жно де́сять дней.	Für diese Arbeit braucht man zehn Tage.
Я взял де́ньги **на кни́гу.**	Ich habe das Geld genommen, um ein Buch zu kaufen.
Магази́н закры́ли **на ремо́нт.**	Das Geschäft ist wegen Renovierung geschlossen.

5. in Verbindung mit dem Komparativ (der Mehrstufe) eines Adjektivs oder Adverbs zur Angabe eines Unterschieds:

Това́рищ **на го́лову** *вы́ше* меня́.	Mein Freund ist um einen Kopf größer als ich.
Он прие́хал **на неде́лю** *ра́ньше*, чем я.	Er kam eine Woche früher als ich.

6. mit dem Akkusativ nach folgenden Verben:

влия́ть на разви́тие *die Entwicklung beeinflussen*; **надея́ться на по́-мощь** *auf Hilfe hoffen*; **серди́ться на сы́на** *seinem Sohn böse sein*; **на-па́сть на врага́** *den Feind überfallen*; **походи́ть на отца́** *seinem Vater ähnlich sein*; **дели́ть на ча́сти** *in Teile zerlegen*.

Übung 148. Fragen Sie nach den hervorgehobenen Wörtern. Erklären Sie die Bedeutung der Präpositionen *в* und *на.*

1. Альпини́сты подняли́сь *на верши́ну* горы́. 2. Он посла́л телегра́мму и *на друго́й день* получи́л отве́т. 3. Во двор привезли́ до́ски *на постро́йку* сара́я. 4. Брат ста́рше сестры́ *на́ год.* 5. Ребёнок похо́ж *на мать.* 6 Мать пригото́вила обе́д *на́ два дня.* 7. Все уча́стники экспеди́ции раздели́лись *на не́сколько отря́дов.* 8. О́сенью пти́цы летя́т *на юг.* 9. Магази́н закры́т *на ремо́нт.* 10. По́езд въе́хал *в тунне́ль.* 11. *В воскресе́нье* мы пойдём *на като́к.* 12. Я прочита́л э́ту кни́гу *в оди́н ве́чер.* 13. Наш кружо́к пе́ния рабо́тает раз *в неде́-лю.* 14. Това́рищ всегда́ помо́жет тебе́ *в тру́дную мину́ту.* 15. Брат ста́рше сестры́ *в два ра́за.*

Übung 149. Lesen Sie die folgenden Sätze, erklären Sie ihre Bedeutung.

M u s t e r : Оте́ц вы́писал газе́ты и журна́лы на́ год. = Оте́ц бу́дет получа́ть газе́ты и журна́лы в тече́ние го́да.

1. Де́ти уе́хали в спорти́вный ла́герь на ле́то. 2. Тури́сты взя́ли с собо́й проду́ктов на неде́лю. 3. Он лёг отдохну́ть на час. 4. Рабо́-чий останови́л стано́к на полчаса́. 5. Студе́нт соста́вил план рабо́-ты на ме́сяц. 6. Я взял кни́гу на неде́лю. 7. Брат прие́хал в Москву́ на́ три дня. 8. По́езд останови́лся на де́сять мину́т.

Übung 150. Vergleichen Sie die folgenden Satzpaare.

1. Студе́нт соста́вил план рабо́ты *за неде́лю.* Студе́нт соста́вил план рабо́ты *на неде́лю.* 2. Мы собрали́сь *в оди́н день.* Мы собра-ли́сь *на оди́н день.*

Übung 151. Lesen Sie die folgenden Sätze. Begründen Sie den Gebrauch der Präpositionen **за** und **на**.

1. Дети уехали зá город *на всё лéто.* 2. *За лéто* дéти хорошó отдохнýт и окрéпнут. 3. Сóлнце показáлось из-за туч *на однó мгновéние* и снóва скрýлось. 4. Студéнты приéхали в Москвý учúться *на пять лет.* 5. *За три гóда* студéнты хорошó овладéли рýсским языкóм. 6. Врач освободúл егó от рабóты *на мéсяц.* 7. *За год* моегó отсýтствия в нáшем гóроде мнóгое изменúлось. 8. Подождúте егó, он вышел *на минýтку.*

Übung 152. Schreiben Sie die folgenden Sätze ab. Setzen Sie die passenden Präpositionen *на* oder *за* ein.

1. Рабóчий остановúл станóк ... полчасá. 2. Шкóльник приготóвил урóки ... два часá. 3. Все уéхали, а он остáлся ... час, чтóбы закóнчить рабóту. 4. Инженéр уéхал в командирóвку ... мéсяц. 5. Завóд выполнил годовóй план ... дéсять мéсяцев. 6. Библиотéку закрýли ... мéсяц, чтóбы произвестú ремóнт.

Übung 153. Bilden Sie schriftlich Sätze mit den Verben *вéрить, надéяться, влиять, превращáться.* Gebrauchen Sie dabei die Präpositionen *на* oder *в.*

Die Präposition **по**

Die Präposition **по** *je, bis, als, für, kurz vor* wird in folgenden Fällen gebraucht:

1. in der Bedeutung ‚je zwei, je drei, je vier' usw.:

Все купúли **пó две кнúги.**	Alle haben je zwei Bücher gekauft.
Кáждый получúл по **четы́ре я́блока.**	Jeder hat vier Äpfel bekommen.

A n m e r k u n g. Bei der Verteilung je eines Gegenstandes steht das entsprechende Substantiv im Dativ. (Дéти получúли по **я́блоку.** *Die Kinder haben je einen Apfel bekommen.*) Die Grundzahlwörter ab fünf stehen nach **по** entweder im Akkusativ oder im Dativ, das entsprechende Substantiv im Genitiv Plural: **по пять я́блок** oder **по пятú я́блок** *je fünf Äpfel.*

2. zur Angabe des Preises mehrerer gleichartiger Gegenstände:

Студéнт купúл четы́ре тетрáди **по сóрок копéек.**	Der Student hat vier Hefte zu je vierzig Kopeken gekauft.
(a b e r: однý тетрáдь за сóрок копéек).	(a b e r: ein Heft zu vierzig Kopeken).

A n m e r k u n g. Werden bei Preisangaben Substantive wie **копéйка, рубль, грúвенник, пятáк** u. ä ohne Zahlwort gebraucht, so stehen sie im Dativ Singular: Я купúл четы́ре кнúги по **рублю́.** *Ich habe vier Bücher zu je einem Rubel gekauft.*

3. zur Bezeichnung einer zeitlichen Grenze mit der Bedeutung ‚bis an', ‚bis zu':

Учúтель получúл óтпуск (*по какóе врéмя?*) **по пéрвое сентября́.**	Der Lehrer hat bis zum ersten September Urlaub bekommen.

4. zur Angabe einer räumlichen Grenze:

Воды́ в ручье́ бы́ло **по коле́но** (до коле́н).	Das Wasser im Bach ging bis an die Knie.
У него́ рабо́ты **по го́рло.** (идиомати́ческое выраже́ние)	Er hat alle Hände voll zu tun. (eine idiomatische Wendung)

Die Präposition под

Die Präposition **под** *unter, als, für, kurz vor* wird mit dem Akkusativ in folgenden Fällen gebraucht:

1. zur Angabe der Richtung einer Handlung (Frage *куда́? wohin?*)

Она́ положи́ла письмо́ (*куда́?*) **под кни́гу.**	Sie hat den Brief unter das Buch gelegt.

2. zur Angabe des Verwendungszwecks:

Э́ту ко́мнату отвели́ **под чита́льный зал.**	Dieses Zimmer ist als Lesesaal eingerichtet worden.
Возьми́ буты́лку **под молоко́.** (man kann auch sagen: для молока́)	Nimm die Milchflasche mit.

3. in der Bedeutung von **накану́не** *kurz vor, am Vorabend* in folgenden Wortverbindungen:

под Но́вый год *kurz vor Neujahr*; **под пра́здник** (*kurz*) *vor dem Fest, am Vorabend des Festes*; **под воскресе́нье** *vor dem Sonntag*; **под выходно́й день** *vor dem freien (arbeitsfreien) Tag*;

Под выходно́й день он уе́хал за́ город.	Vor seinem freien Tag ist er aufs Land gefahren.

4. in folgenden Wortverbindungen:

танцева́ть под му́зыку *zur Musik tanzen*; **засыпа́ть под шум дождя́** *unter dem Rauschen des Regens einschlafen*; **зако́нчить речь под аплодисме́нты делега́тов** *die Rede unter dem Beifall der Delegierten beenden*;

взять под контро́ль, под наблюде́ние, под надзо́р *unter Kontrolle, Aufsicht, Überwachung stellen*; **ста́вить под угро́зу** *einer Gefahr aussetzen.*

Übung 154. Bestimmen Sie die Bedeutung der Präpositionen *по* und *под* mit dem Akkusativ in den folgenden Sätzen. Bilden sie fünf Sätze mit den Präpositionen *по* und *под* in verschiedenen Bedeutungen.

1. Ка́ждый ребёнок получи́л *по́ два я́блока*. 2. Оте́ц получи́л о́тпуск *по пя́тое а́вгуста*. 3. Нам ну́жно четы́ре биле́та по *со́рок рубле́й.* 4. Трава́ нам была́ почти́ *по по́яс.* 5. Са́мую большу́ю и све́тлую ко́мнату отвели́ *под чита́льный зал.* 6. Друзья́ опя́ть собра́лись вме́сте *под Но́вый год.*

Übung 155. Bilden Sie Sätze mit den folgenden Wortverbindungen:

взять под контро́ль, взять под наблюде́ние, отда́ть под суд, ста́вить под угро́зу

Der Instrumental ohne Präposition

Der Instrumental wird in folgenden Fällen gebraucht:

1. zur Bezeichnung des Mittels oder des Instruments einer Handlung:

писа́ть (*чем?*) **карандашо́м, ру́чкой** *mit einem Bleistift, mit einem Füller schreiben*; вытира́ть до́ску (*чем?*) **тря́пкой** *die Wandtafel mit einem Lappen abwischen*; ре́зать хлеб (*чем?*) **ножо́м** *das Brot mit einem Messer schneiden*; руби́ть дрова́ (*чем?*) **топоро́м** *das Holz mit einer Axt hauen*; маха́ть (*чем?*) **руко́й, платко́м** *mit der Hand, mit dem Tuch winken.*

2. zur Bezeichnung der Art und Weise einer Handlung (Frage *как? wie?*):

На́ше хозя́йство развива́ется **бы́стрыми те́мпами.** (*Как развива́ется?*)	Unsere Wirtschaft entwickelt sich sehr rasch (in raschem Tempo).
Кто́-то **бы́стрыми шага́ми** вошёл в ко́мнату. (*Как вошёл?*)	Jemand trat mit eiligen Schritten ins Zimmer.
Он заговори́л с на́ми **весёлым го́лосом**? (*Как заговори́л?*)	Er sprach uns mit heiterer Stimme an.

Das Substantiv im Instrumental kann die Art und Weise einer Handlung angeben und dabei einen Gegenstand bezeichnen, mit dem ein anderer verglichen wird:

Тропи́нка вила́сь **змеёй**. (о д е r: как змея́)	Der Pfad wand sich wie eine Schlange.
Вре́мя лети́т **пти́цей**. (о д е r: как пти́ца).	Die Zeit vergeht wie im Fluge.

3. gelegentlich zur Angabe eines Ortes, an dem sich eine Bewegung vollzieht:

Отря́д шёл (*где?*) **бе́регом** реки́. (о д е r: по бе́регу реки́)	Die Abteilung ging am Ufer des Flusses entlang.
За́яц вы́скочил из ле́са и побежа́л **по́лем**. (о д е r: по по́лю)	Der Hase sprang aus dem Wald und lief über das Feld.
Доро́га шла **сосно́вым ле́сом**. (о д е r: че́рез лес)	Der Weg führte durch einen Kiefernwald.

4. zur Angabe der Zeit:

вы́йти (*когда?*) **ра́нним у́тром** *am frühen Morgen hinausgehen,* верну́ться **по́здним ве́чером** *spät am Abend zurückkehren,* е́хать **тёмной но́чью** *bei dunkler Nacht fahren,* рабо́тать **ноча́ми** (о д е r: по ноча́м — *Dat.*) *nachts arbeiten,* занима́ться **це́лыми дня́ми** (о д е r: по це́лым дням *Dat.*) *ganze Tage mit Lernen verbringen,* встреча́ться **вечера́ми** (о д е r: по вечера́м — *Dat.*) *sich abends treffen.*

5. zur Bezeichnung eines Verkehrsmittels:

е́хать **по́ездом, парохо́дом, трамва́ем** *mit dem Zug, mit dem Dampfer, mit der Straßenbahn fahren*; лете́ть **самолётом** *mit dem Flugzeug fliegen* (о д е r: на по́езде, на парохо́де, на трамва́е, на самолёте — *Präp.*).

Anmerkung. Häufiger wird in solchen Fällen **на** + Präpositiv gebraucht; der Instrumental ist nicht immer möglich, so kann man z. B. nur sagen: **éхать на велосипéде** *radfahren*, **на лóшади** (*zu Pferd*) *reiten*, **на телéге** *mit dem Leiterwagen fahren*.

6. zur Bezeichnung eines Unterschieds (mit nachgestelltem Adjektiv im Komparativ):

Он пришёл **чáсом** (о d e r: на час *Akk.*) пóзже, чем я. Er kam eine Stunde später als ich.

Брат **двумя́ года́ми** ста́рше сестры́. (о d e r: на́ два го́да ста́рше) Der Bruder ist zwei Jahre älter als die Schwester.

7. zur Bezeichnung des Urhebers einer Handlung, wenn diese Handlung genannt wird:

a) durch ein Verb im Passiv: Зада́ние *выполня́ется* **студéнтами** ежеднéвно. *Die Aufgabe wird von den Studenten täglich erfüllt.* Диссерта́ция *защищена́* **аспира́нтом** в срок. *Die Dissertation wurde von dem Aspiranten termingerecht verteidigt (siehe S. 486);*

b) durch ein Substantiv: *выполнéние* зада́ния **студéнтами** *die Erfüllung der Aufgabe durch die Studenten,* защи́та диссерта́ции **аспира́нтом** *die Verteidigung der Dissertation durch den Aspiranten.*

8. in Verbindung mit den Kurzformen der Adjektive **довóльный** *zufrieden,* **бéдный** *arm,* **бога́тый** *reich*:

Руководи́тель *довóлен* **рабóтой.** Der Leiter ist mit der Arbeit zufrieden.

Учи́тельница *довóльна* **ученика́ми.** Die Lehrerin ist mit ihren Schülern zufrieden.

Ура́л *бога́т* **полéзными ископа́емыми.** Der Ural ist reich an Bodenschätzen.

Übung 156. Beantworten Sie die folgenden Fragen schriftlich. Verwenden Sie dabei die in Klammern stehenden Wörter.

1. Чем пи́шет учени́к на доскé? (мел) 2. Чем рису́ет ма́льчик? (каранда́ш) 3. Чем мы рéжем хлеб? (нож) 4. Чем плóтник пи́лит дéрево? (пила́) 5. Чем плóтник ру́бит дéрево? (топóр) 6. Чем садóвник копа́ет зéмлю? (лопа́та) 7. Чем мы причёсываемся? (расчёска) 8. Чем мы чи́стим пла́тье? (щётка) 9. Чем на фéрме па́шут зéмлю? (тра́ктор) 10. Чем на фéрме убира́ют хлеб? (комба́йн)

Übung 157. Lesen Sie die folgenden Sätze. Fragen Sie nach den hervorgehobenen Wörtern.

1. *Тёмной осéнней нóчью* пришлóсь мне éхать по незнакóмой дорóге. (*Тург.*)

2. Под голубы́ми небеса́ми
Великолéпными ковра́ми,
Блестя́ на сóлнце, снег лежи́т. (*П.*)

3. Весь день мы шли *соснóвыми леса́ми*. (*Пауст.*)

Übung 158. Ersetzen Sie die hervorgehobenen Fügungen Präposition + Substantiv durch den Instrumental ohne Präposition.

1. В дерéвню мы шли *по бéрегу* реки́, а из дерéвни возвраща́лись *по другóй* дорóге. 2. Футбóльная кома́нда приéхала в наш гóрод *на*

парохо́де. 3. *По це́лым дня́м* де́ти пропада́ли в лесу́. 4. Мой брат *на два го́да* моло́же меня́. 5. Мы шли к це́нтру Москвы́ *по Тверско́й у́лице.* 6. Он пришёл *на час* по́зже, чем я.

Übung 159. Ersetzen Sie die folgenden Sätze durch Wortverbindungen mit dem Instrumental. Verwenden Sie dabei die in Klammern angegebenen Substantive.

Muster: Ученики́ повторя́ют про́йденное.
Повторе́ние про́йденного ученика́ми.

1. Заво́д выполня́ет план. 2. Студе́нты сдаю́т экза́мен. 3. Врач принима́ет больны́х. 4. Учени́к реша́ет зада́чу. 5. Студе́нты изуча́ют филосо́фию. 6. По́езд перево́зит гру́зы. 7. Рабо́чие заво́да испо́льзуют но́вую те́хнику.

(испо́льзование, перево́зка, изуче́ние, приём, выполне́ние, сда́ча, реше́ние)

Verben, die den Instrumental verlangen

1. Den Instrumental verlangen Verben, die in einem zusammengesetzten Prädikat (Satzaussage) als Kopula dienen:

быть sein
Он *был* **инжене́ром.** — Er war Ingenieur.
Он *бу́дет* **инжене́ром.** — Er wird Ingenieur.

стать (*vo*) werden
Он *стал* **инжене́ром.** — Er wurde Ingenieur.
Он *ста́нет* **инжене́ром.** — Er wird Ingenieur werden.

явля́ться sein
Нау́ка в Росси́и *явля́ется* **достоя́нием** всех трудя́щихся. — Die Wissenschaft ist im Rußland Gemeingut aller Werktätigen.

каза́ться scheinen
Парохо́д и́здали *каза́лся* **то́чкой.** — Der Dampfer sah von weitem wie ein Punkt aus.

оказа́ться (*vo.*) sich erweisen
То́чка, кото́рую мы заме́тили на горизо́нте, *оказа́лась* **парохо́дом.** — Der Punkt, den wir am Horizont bemerkt hatten, erwies sich als ein Dampfer.

Anmerkung. Näheres über diese Verben siehe auf S. 456 „Das zusammengesetzte nominale Prädikat".

Übung 160. Stellen Sie Fragen, zu denen die Substantive im Instrumental in den folgenden Sätzen als Antwort dienen können.

1. Литерату́ра была́ для меня́ са́мым великоле́пным явле́нием в ми́ре. (*Пауст.*) 2. Наро́д явля́ется гла́вной си́лой разви́тия о́бщества, творцо́м исто́рии. 3. Михаи́л Васи́льевич Ломоно́сов был гениа́льным мысли́телем и учёным. Он был хи́миком и поэ́том, фи́зиком и фило́логом, астроно́мом и худо́жником, гео́логом и фило́софом.

Übung 161. Sagen Sie das gleiche, indem Sie das Verb *являться* gebrauchen.

Muster: Тéсная связь нау́ки с жи́знью — зало́г процвета́ния нау́ки.
Тéсная связь нау́ки с жи́знью **явля́ется** зало́гом процвета́ния нау́ки.

1. Пра́ктика — вы́сший крите́рий и́стинности всех нау́чных систе́м и тео́рий. 2. Вопро́с об отноше́нии мышле́ния к бытию́ — основно́й вопро́с вся́кой филосо́фии. 3. Берли́н - столи́ца Герма́нии.

2. Den Instrumental verlangen außerdem folgende Verben:
unvollendeter Aspekt

a) **руководи́ть** (семина́ром, стро́ительством, рабо́той)
leiten (ein Seminar, die Bauarbeiten, eine Arbeit)
управля́ть, пра́вить (госуда́рством, маши́ной)
regieren, lenken (einen Staat, ein Auto)
заве́довать (магази́ном, библиоте́кой, ка́федрой)
leiten (ein Geschäft, eine Bibliothek, einen Lehrstuhl)
кома́ндовать (ро́той, батальо́ном, полко́м)
kommandieren, befehligen (eine Kompanie, ein Bataillon, ein Regiment)
распоряжа́ться (сре́дствами, людьми́)
verfügen (über Mittel, Menschen)

b) **располага́ть** (вре́менем, возмо́жностями)
verfügen (über Zeit, Möglichkeiten)
облада́ть (способ́остями, зна́ниями, о́пытом)
besitzen, haben (Fähigkeiten, Kenntnisse, Erfahrungen)
владе́ть (языко́м, ору́жием, те́хникой, землёй)
beherrschen, besitzen (eine Sprache, Waffe, die Technik, den Boden)
овладева́ть (языко́м, те́хникой, зна́ниями)
sich aneignen, beherrschen (eine Sprache, die Technik, Kenntnisse)

c) **интересова́ться** (литерату́рой, му́зыкой, те́хникой)
sich interessieren (für Literatur, Musik, Technik)
увлека́ться (рабо́той, иску́сством)
begeistert sein (von der Arbeit, Kunst)
любова́ться (ви́дом, карти́ной, приро́дой)
bewundern (eine Landschaft, ein Bild, die Natur)
восхища́ться, восторга́ться (красото́й, кни́гой, сме́лостью)
sich begeistern für (Schönheit, ein Buch, Tapferkeit)

d) **наслажда́ться** (поко́ем, му́зыкой)
genießen (die Ruhe, Musik)
горди́ться (успе́хом, результа́тами)
stolz sein (auf einen Erfolg, Ergebnisse)
занима́ться (ру́сским языко́м, исто́рией, спо́ртом)
sich befassen (mit der russischen Sprache, der Geschichte), treiben (Sport)
по́льзоваться (словарём, сове́том, о́пытом)
benutzen (ein Wörterbuch), befolgen (einen Rat), sich zu eigen machen (die Erfahrungen)
дорожи́ть (дове́рием, дру́жбой, челове́ком)
schätzen (jmds. Vertrauen, Freundschaft; einen Menschen)

жёртвовать (жизнью, удобствами)
opfern (sein Leben, seine Bequemlichkeit)
рисковать (жизнью)
riskieren (sein Leben)

e) In Verbindung mit den Verben **работать** *arbeiten*, **выбирать** — **выбрать** *wählen* und **назначать** — **назначить** *ernennen* bezeichnet das Substantiv im Instrumental einen Beruf oder Titel:

Он *работает* на заводе **инженéром**.	Er arbeitet in dem Betrieb als Ingenieur.
Егó *назнáчили* **дирéктором**.	Er wurde zum Direktor ernannt.
Собрáние *выбрало* егó **делегáтом** на конферéнцию.	Er wurde von der Versammlung als Delegierter zur Konferenz gewählt.

Übung 162. Schreiben Sie aus den folgenden Sätzen die Verben heraus, die den Instrumental fordern. Bilden Sie eigene Sätze mit diesen Verben.

1. Писáтель дóлжен обладáть хорóшим знáнием истóрии прóшлого и знáнием социáльных явлéний совремéнности. (*М. Г.*) 2. Нáша молодáя литератýра по справедлúвости мóжет гордúться значúтельным числóм велúких худóжественных создáний. (*Бел.*) 3. Уж мáло нас остáлось, стáрых друзéй. От э́того я так и дорожý твоéю дрýжбой. (*Л. Т.*) 4. Он любúл рабóтать, увлекáлся дéлом. (*М. Г.*) 5. Однáжды я почтú всё лéто занимáлся сбóром трав и цветóв. (*Пауст.*) 6. С осóбенным чýвством любýется охóтник окружáющей егó прирóдой. (*С.-М.*)

Übung 163. Bilden Sie Sätze mit den folgenden Verben:

руководúть, управля́ть, завéдовать, комáндовать, распоряжáться

Übung 164. Bilden Sie Sätze mit den folgenden Verben:

интересовáться, увлекáться, любовáться, восхищáться, наслаждáться, гордúться

Der Instrumental mit Präposition

Mit dem Instrumental werden folgende Präpositionen gebraucht: **с** *mit*, **над** *über*, **под** *unter*, **пéред** *vor*, **за** *hinter*, **мéжду** *zwischen*:

Я был в теáтре **с товáрищем**.	Ich war mit meinem Freund im Theater.
Вчерá я бесéдовал **с руководúтелем**.	Gestern habe ich mit dem Leiter gesprochen.
Самолёт летéл **над лéсом**.	Das Flugzeug flog über den Wald.
Студéнт рабóтал **над доклáдом**.	Der Student arbeitete an seinem Referat.
Мы сидéли **под дéревом**.	Wir saßen unter einem Baum.
Шкóльники готóвили доклáд **под руковóдством учúтеля**.	Die Schüler bereiteten ihre Vorträge unter Anleitung des Lehrers vor.

Пе́ред до́мом расту́т цветы́.	Vor dem Hause wachsen Blumen.
Больно́й при́нял лека́рство пе́ред едо́й.	Der Kranke nahm die Medizin vor dem Essen ein.
За до́мом был большо́й сад.	Hinter dem Haus war ein großer Garten.
Сестра́ пошла́ в сад за я́блоками.	Die Schwester ging in den Garten, um Äpfel zu holen.
Стол стои́т ме́жду окно́м и крова́тью.	Der Tisch steht zwischen dem Fenster und dem Bett.
Река́ течёт ме́жду гора́ми.	Der Fluß fließt zwischen den Bergen.

Anmerkungen.

1. Die Präpositionen над, пе́ред werden stets mit dem Instrumental gebraucht.

2. Die Präpositionen за und под können auch mit dem Akkusativ verbunden werden.

3. Die Präposition c wird neben dem Instrumental auch mit dem Genitiv und dem Akkusativ verbunden.

Die Präpositionen над, под, пе́ред, за, ме́жду
zur Angabe des Ortes

Die Präpositionen над *über*, под *unter*, пе́ред *vor*, за *hinter*, ме́жду *zwischen* geben den Ort an (Frage *где? wo?*):

Ла́мпа виси́т над столо́м.	Die Lampe hängt über dem Tisch.
Тетра́дь лежи́т под кни́гой.	Das Heft liegt unter dem Buch.
Цветы́ расту́т пе́ред до́мом.	Die Blumen wachsen vor dem Haus.
Огоро́д нахо́дится за до́мом.	Der Gemüsegarten ist hinter dem Haus.
Доро́га шла ме́жду реко́й и гора́ми.	Der Weg schlängelte sich zwischen Fluß und Berg hindurch.

Vor Städtenamen hat die Präposition под die Bedeutung von неда-
лекó от *unweit von, in der Nähe von, bei* (Ле́том мы жи́ли под Москво́й. *Im Sommer wohnten wir bei Moskau*).

Geben die Präpositionen под und за eine Richtung an, so werden sie mit dem Akkusativ verbunden (Frage *куда́? wohin?*):

Ле́том они́ пое́хали (*куда́?*) под Москву́.	Im Sommer sind sie in die Nähe von Moskau gefahren.
Маши́на поверну́ла (*куда́?*) за́ угол.	Das Auto bog um die Ecke.

Übung 165. Lesen Sie die folgenden Sätze. Bestimmen Sie die Bedeutung des Instrumentals in den Fügungen Präposition + Substantiv.

1. Дере́вня за реко́й ещё спала́... Дымо́к не поднима́лся над кры́шами. (*Пауст.*) 2. Широ́кая ра́дуга стоя́ла над ле́сом: там, где́-то за о́зером, шёл небольшо́й дождь. (*Пауст.*) 3. Пе́ред берёзовой ро́щей расстила́лся ро́вный широ́кий луг. (*Тург.*) 4. Над кру́глым столо́м гори́т ла́мпа под бе́лым фарфо́ровым абажу́ром. (*А. Т.*) 5.

За две́рью зала́яла соба́ка, послы́шались тяжёлые мужски́е шаги́. (*Пауст*.) 6. Я посели́лся по́здней о́сенью в дере́вне под Ряза́нью. (*Пауст*.) 7. Был тёплый ию́нь. Конце́рты проходи́ли в городско́м па́рке под откры́тым не́бом. (*Пауст*.)

Übung 166. Fragen Sie nach den hervorgehobenen Fügungen. Bestimmen Sie den Fall des jeweiligen Substantivs.

1. Я положи́л письмо́ *под кни́гу*. Я забы́л, что оно́ лежи́т *под кни́гой*. 2. Со́лнце зашло́ *за ту́чу*. Сейча́с темно́, потому́ что со́лнце *за ту́чей*. 3. *За дере́вней* начина́ется по́ле, *за по́лем* — лес. 4. Змея́ уползла́ *под ка́мень*. 5. Когда́ начался́ дождь, мы вста́ли *под де́рево*. *Под де́ревом дождь не мочи́л нас*.

Die Präpositionen над, под, пе́ред, ме́жду
in verschiedenen Bedeutungen
(mit Ausnahme der Ortsbestimmung)

1. Die Präposition **над** *an, über* wird in Verbindung mit dem Verb **рабо́тать** (*рабо́тать* **над докла́дом** *an einem Referat arbeiten*) und mit dem Substantiv **рабо́та** (*рабо́та* **над докла́дом** *die Arbeit an einem Referat*) sowie mit den Verben **смея́ться** (*смея́ться* **над глу́постью** *über eine Dummheit lachen*), **ду́мать** (*ду́мать* **над вопро́сом** *über ein Problem nachdenken*) gebraucht.

2. Die Präposition **под** *unter* wird oft in folgenden Wortverbindungen gebraucht: **под руково́дством** *unter Anleitung, Leitung*; **под наблюде́нием** *unter Aufsicht*; **под зна́менем** *unter dem Banner*:

Ученики́ де́лали о́пыты **под наблюде́нием преподава́теля**.	Die Schüler haben Experimente unter Anleitung des Lehrers angestellt.

3. Die Präposition **пе́ред** *vor* dient zur Bezeichnung der Zeit:

Я зайду́ к тебе́ (*когда́?*) **пе́ред собра́нием**.	Ich komme vor der Versammlung zu dir.

Diese Präposition wird oft in folgenden Wortverbindungen gebraucht:

отве́тственность пе́ред наро́дом	die Verantwortung gegenüber dem Volk.
обя́занность пе́ред о́бществом	die Verpflichtung gegenüber der Gesellschaft
долг пе́ред Ро́диной	die Pflicht der Heimat gegenüber

4. Die Präposition **ме́жду** *zwischen*
a) kann die Zeit einer Handlung angeben:

Он вернётся (*когда́?*) **ме́жду пятью́ и шестью́ часа́ми**.	Er kommt zwischen fünf und sechs Uhr zurück.

b) wird zur Bezeichnung gegenseitiger Beziehungen gebraucht:

отноше́ния ме́жду госуда́рствами	die Beziehungen zwischen den Staaten

мир, дру́жба ме́жду наро́дами	der Frieden und die Freundschaft zwischen den Völkern
догово́р, сою́з ме́жду стра́нами	der Vertrag, das Bündnis zwischen den Ländern

c) wird in folgenden Wortverbindungen verwendet:

ра́зница ме́жду...	der Unterschied zwischen...
схо́дство ме́жду...	die Ähnlichkeit zwischen...

Übung 167. Erfragen Sie in den folgenden Sätzen die hervorgehobene Fügung Präposition + Substantiv.

·1. Автомоби́ль останови́лся *пе́ред до́мом*. 2. *Пе́ред рассве́том* начала́сь гроза́. 3. *Пе́ред на́шей молодёжью* откры́та широ́кая доро́га к зна́ниям. 4. *Пе́ред наро́дами всех стран* стои́т вели́кая зада́ча—отстоя́ть мир. 5. Ле́том 1942 года в степя́х *ме́жду Во́лгой и До́ном* шли бои́.

Die Präposition с (со)

Die Präposition с wird in folgenden Fällen gebraucht:
1. mit einem Substantiv, das eine Person bezeichnet, mit der gemeinsam eine Handlung ausgeführt wird:

Брат пришёл (*с кем?*) **с това́рищем.**	Der Bruder kam mit seinem Freund.
Я разгова́ривал (*с кем?*) **с преподава́телем.**	Ich sprach mit dem Lehrer.

2. mit einem Substantiv, das das Merkmal eines Gegenstandes bezeichnet (Frage *како́й? welcher?*):

Мы жи́ли в ко́мнате **с больши́ми о́кнами.**	Wir haben in einem Zimmer mit großen Fenstern gewohnt.
Автомоби́ль останови́лся о́коло до́ма **с коло́ннами.**	Das Auto hielt vor dem Haus mit den Säulen.
Я запо́мнил э́того высо́кого челове́ка **с бородо́й.**	Ich habe diesen großen Menschen mit einem Bart im Gedächtnis behalten.

3. zur Bezeichnung der Zeit. Die Präposition weist auf eine Erscheinung hin, die gleichzeitig mit der Handlung des Satzes verläuft (Frage *когда́? wann?*):

Пти́цы просыпа́ются **с зарёю.**	Die Vögel erwachen in aller Frühe.
Ле́том я встава́л **с восхо́дом со́лнца.**	Im Sommer stand ich bei Sonnenaufgang auf.

4. zur Angabe der Art und Weise:

Студе́нты слу́шали ле́кцию (*как?*) **с интере́сом.**	Die Studenten haben der Vorlesung mit Interesse zugehört.

Он руководи́т рабо́той (*как?*) **со зна́нием де́ла.**	Er leitet die Arbeit sachkundig.
Он спроси́л об э́том (*как?*) **с любопы́тством.**	Er hat danach aus Interesse gefragt.

Die Präposition **без** + Genitiv hat gewöhnlich entgegengesetzte Bedeutung:

слу́шать **с интере́сом**
mit Interesse zuhören
слу́шать **без интере́са**
ohne Interesse zuhören
руководи́ть **со зна́нием де́ла**
etwas sachverständig leiten
руководи́ть **без зна́ния де́ла**
etwas nicht sachverständig leiten
написа́ть рабо́ту **с оши́бками**
eine Arbeit mit Fehlern schreiben
написа́ть рабо́ту **без оши́бок**
eine Arbeit fehlerfrei schreiben

5. mit dem Verb **поздравля́ть — поздра́вить** *wünschen, gratulieren:*

Поздравля́ем вас **с пра́здником!**	Wir wünschen euch (Ihnen) ein frohes Fest!

6. in Verbindung mit den Verben **боро́ться, дра́ться, сража́ться** *kämpfen, fechten* und mit den Substantiven **борьба́** *der Kampf,* **дра́ка** das *Raufen,* **сраже́ние** *das Gefecht,* **би́тва** *die Schlacht* in der Bedeutung von **про́тив** *gegen:*

боро́ться **с врага́ми**	gegen die Feinde kämpfen
сража́ться **с проти́вником**	mit dem Gegner kämpfen

Übung 168. Erfragen Sie die Fügung Präposition *c* + Substantiv in jedem Satz. Bilden Sie eigene Sätze mit diesen Fügungen.

1. Соба́ки с ла́ем вы́бежали нам навстре́чу. 2. Охо́тник броди́л по́ лесу с ружьём. 3. С прие́здом бра́та в на́шем до́ме ста́ло ве́село. 4. По́сле ле́кции студе́нты разговори́лись с преподава́телем. 5. Он челове́к с твёрдыми убежде́ниями. 6. Де́ти с нетерпе́нием жда́ли пра́здника. 7. Я поздра́вил това́рищей с Но́вым го́дом.

Übung 169. Schreiben Sie die folgenden Sätze ab. Setzen Sie die in Klammern stehenden Wörter mit oder ohne Präposition *c* ein.

1. Мы отнесли́сь к э́тому расска́зу ... . (недове́рие) 2. Он вы́слушал меня́ ..... (внима́ние) 3. Студе́нт написа́л упражне́ние ... . (оши́бки) 4. Зри́тели смотре́ли фильм ... . (большо́й интере́с) 5. Этот учени́к пи́шет ... . (краси́вый по́черк) 6. Ребёнок спит ... . (кре́пкий сон) 7. Де́ти смея́лись ... . (зво́нкий смех) 8. Това́рищ ... согласи́лся мне помо́чь. (ра́дость) 9. Он вошёл в ко́мнату ... . (бы́стрые шаги́) 10. Он говори́т по-ру́сски хорошо́, но ... . (акце́нт) 11. Расскажи́те текст ... . (свои́ слова́) 12. Молодо́й инжене́р рабо́тает хорошо́, ...

(зна́ние де́ла) 13. Я ... пойду́ на конце́рт. (удово́льствие) 14. Статья́ напи́сана ... . (поня́тный, просто́й язы́к)

Übung 170. Bilden Sie vier Sätze mit der Präposition *c* in verschiedenen Bedeutungen.

Die Präposition за

Die Präposition **за** *hinter, an, bei, während* wird in folgenden Fällen gebraucht.

1. zur Bezeichnung des Ortes:

За реко́й ви́ден лес.	Jenseits des Flusses ist ein Wald zu sehen.
За ле́сом — по́ле.	Hinter dem Wald ist ein Feld.
Ле́том мы жи́ли **за́ городом**.	Im Sommer haben wir auf dem Lande gewohnt.
Мы сиде́ли **за столо́м**.	Wir saßen am Tisch.

2. nach Verben der Bewegung zur Bezeichnung des Zwecks der Handlung:

Мать *ушла́* в магази́н **за хле́бом**.	Die Mutter ging ins Geschäft, um Brot zu holen.
Я *пойду́* в библиоте́ку **за кни́гами**.	Ich gehe in die Bibliothek, um Bücher zu holen.

За + Instrumental kann nach Verben der Bewegung nicht nur den Zweck der Handlung bezeichnen, sondern auch den Gegenstand oder die Person benennen, denen die Bewegung folgt.

Der Satz Ма́льчик пошёл **за отцо́м** kann je nach dem Sinnzusammenhang zwei Bedeutungen haben: a) *Er ging, um den Vater zu holen.* b) *Er ging dem Vater nach.*

3. nach folgenden Verben:

сле́довать (за проводнико́м) *folgen (dem Begleiter)*, **следи́ть (за ребёнком)** *beaufsichtigen (ein Kind)*, **наблюда́ть (за собы́тиями)** *verfolgen (die Ereignisse)*, **гна́ться (за за́йцем)** *herjagen (hinter dem Hasen)*.

4. zur Bezeichnung der Zeit in folgenden Wortverbindungen:

за обе́дом *beim Mittagessen*, **за у́жином** *beim Abendessen*, **за за́втраком** *beim Frühstück*, **за ча́ем** *beim Tee*, **за рабо́той** *bei der Arbeit*:

За обе́дом оте́ц чита́л газе́ту, (ebenfalls möglich: во вре́мя обе́да)	Beim Mittagessen las der Vater die Zeitung.

5. in der Geschäftssprache zur Angabe des Grundes in den Wendungen: **за неиме́нием, за отсу́тствием, за недоста́тком** *aus Mangel:*

За отсу́тствием (o d e r: **за неиме́нием**) свобо́дного вре́мени я не смог вы́полнить поруче́ние.	Aus Zeitmangel konnte ich den Auftrag nicht erfüllen.

Übung 171. Bestimmen Sie die Bedeutung der Präposition **за** in den folgenden Sätzen.

1. Сра́зу за дере́вней начина́лся густо́й лес. 2. Брат пое́хал на вокза́л за биле́тами. 3. За обе́дом мы рассказа́ли друг дру́гу все но́вости. 4. Мы пошли́ за экскурсово́дом в сле́дующий зал музе́я. 5. Ле́том студе́нты жи́ли в ла́гере за́ городом. 6. Шёл день за днём, а они́ не возвраща́лись.

Übung 172. Beantworten Sie schriftlich die folgenden Fragen. Verwenden Sie dabei die in Klammern stehenden Wörter.

1. За чем де́ти пошли́ в лес? (грибы́ и я́годы) 2. За кем посла́ли самолёт? (врач) 3. За кем ты идёшь в де́тский сад? (ма́ленький брат) 4. За чем прие́хал грузови́к? (кирпи́ч) 5. За кем прие́хала маши́на? (дире́ктор)

Übung 173. Bilden Sie drei Sätze mit der Präposition *за* in verschiedenen Bedeutungen.

Übung 174. Bilden Sie schriftlich Sätze mit den folgenden Wortverbindungen:

рабо́тать под руково́дством, рабо́тать над докла́дом, развива́ться под влия́нием, отступа́ть пе́ред тру́дностями, выступа́ть пе́ред студе́нтами, следи́ть за собы́тиями

Übung 175. Schreiben Sie die folgenden Sätze ab. Setzen Sie die passenden Präpositionen (*пе́ред, за, над, под, ме́жду* oder *с*) ein. Erfragen Sie die Fügung Präposition + Instrumental.

1. ... вхо́дом в дом был цветни́к. 2. Дере́вня нахо́дится далеко́, ... э́тим ле́сом. 3. ... де́ревом стоя́ла скаме́йка. 4. ... ле́кцией я пошёл в библиоте́ку ... кни́гами. 5. Мы шли по у́зкой тропи́нке ... бе́регом реки́ и ле́сом. 6. Самолёт лете́л ... ле́сом. 7. Студе́нт бесе́довал ... преподава́телем.

Übung 176. Schreiben Sie die folgenden Sätze ab. Setzen Sie die in Klammern stehenden Wörter im Instrumental mit Präpositionen ein.

1. Парохо́д шёл ... . (мост) 2. Окно́ бы́ло высоко́ ... . (земля́) 3. На столе́ стоя́ла ва́за ... . (цветы́) 4. Мы отдохну́ли ... . (ель) 5. Не́бо потемне́ло ... . (гроза́) 6. ... развева́лся флаг. (кры́ша)

Der Präpositiv

Der Präpositiv wird nur mit Präpositionen gebraucht, und zwar mit **о** *über, von*, **при** *bei, an*, **в** *in*, **на** *auf*, **по** *nach*:

рассказа́ть **о встре́че**	über eine Begegnung erzählen
вспомина́ть **о де́тстве**	sich an seine Kindheit erinnern
писа́ть **о рабо́те**	über die Arbeit schreiben
спроси́ть **при встре́че**	bei der Begegnung fragen
сад **при до́ме**	der Garten am Hause
Кни́га лежи́т **в портфе́ле.**	Das Buch liegt in der Mappe.
Кни́га лежи́т **на столе́.**	Das Buch liegt auf dem Tisch.

По возвращéнии (по приéзде) он продолжáл рабóту.   Nach seiner Rückkehr (Ankunft) setzte er die Arbeit fort.

Anmerkungen.
1. Die Präpositionen **в, на** und **о** werden auch mit dem Akkusativ gebraucht.
2. Die Präposítion **по** wird öfter mit dem Dativ und dem Akkusativ verbunden.

Die Präposition о

Die Präposition **о** *über, von* wird zur Angabe des Gegenstandes gebraucht, über den etwas ausgesagt wird:

Дéти *рассказывали* **о посещéнии** музéя.   Die Kinder erzählten über ihren Museumsbesuch.

Мы читáли *рассказы* **о лётчиках.**   Wir haben Erzählungen über Flieger gelesen.

Folgende gebräuchliche Verben (des Sagens und des Denkens) sowie die von demselben Verbstamm abgeleiteten Substantive verlangen die Präposition **о**:

a) *говорúть/сказáть* **о недостáтках**
über die Mängel sprechen
разговóр **о недостáтках**
ein Gespräch über Mängel
рассказывать/рассказáть **о поéздке**
über eine Reise erzählen
рассказ **о поéздке**
eine Erzählung über eine Reise
разговáривать **о погóде**
über das Wetter sprechen
разговóр **о погóде**
ein Gespräch über das Wetter
беседовать/побеседовать **о задáчах**
sich über die Aufgaben unterhalten
беседа **о задáчах**
ein Gespräch über die Aufgaben
сообщáть/сообщúть **о приéзде**
die Ankunft mitteilen, benachrichtigen
сообщéние **о приéзде**
die Benachrichtigung über die Ankunft
просúть/попросúть **о пóмощи**
um Hilfe bitten
прóсьба **о пóмощи**
eine Bitte um Hilfe
спрáшивать/спросúть **о результáтах**
nach Ergebnissen fragen
вопрóс **о результáтах**
eine Frage nach Ergebnissen
предупреждáть/предупредúть **об опáсности**
vor einer Gefahr warnen
предупреждéние **об опáсности**
eine Warnung vor der Gefahr

b) *ду́мать/поду́мать* **о бу́дущем**
an die Zukunft denken
мечта́ть/помечта́ть **о встре́че**
von einer Begegnung träumen
мечта́ **о встре́че**
der Traum (Wunsch) von einer Begegnung (einem Treffen)
вспомина́ть/вспо́мнить **о де́тстве**
sich an die Kindheit erinnern
воспомина́ние **о де́тстве**
die Erinnerung an die Kindheit
по́мнить **о поруче́нии**
an den Auftrag denken (nicht vergessen)
знать **о собра́нии**
von der Versammlung wissen

Die Verben **забо́титься** *sorgen für*, **беспоко́иться** *sich Sorgen machen um* und die von diesen Verbstämmen abgeleiteten Substantive verlangen ebenfalls die Präposition **о**:

Мать *забо́тилась* **о де́тях**.	Die Mutter sorgte für ihre Kinder.
забо́та **о де́тях**	die Sorge um die Kinder
Мы *беспоко́ились* **о това́рище**.	Wir haben uns Sorgen um den Freund gemacht.
беспокойство **о това́рищах**	Sorgen um die Freunde

Übung 177. Lesen Sie die folgenden Sätze. Bestimmen Sie Zahl und Geschlecht der Substantive im Präpositiv. Schreiben Sie aus den Sätzen die Verben heraus, die die Präposition *o* verlangen, und bilden Sie Sätze: Verb + *o* + Präpositiv.

1. Това́рищи пи́шут мне о свое́й жи́зни и рабо́те. 2. Я чита́л в газе́те о соревнова́нии шахтёров. 3. Нельзя́ молча́ть о недоста́тках в рабо́те. 4. Друзья́ спо́рили о но́вом фи́льме. 5. Ты до́лжен был по́мнить о своём обеща́нии. 6. Ра́дио сообщи́ло об откры́тии строи́тельной вы́ставки. 7. Я не специали́ст и не могу́ суди́ть о рабо́те э́той маши́ны. 8. Он во вре́мя рабо́ты забыва́л об о́тдыхе.

Übung 178. Schreiben Sie aus folgenden Sätzen die Fügung *o* + Substantiv heraus. Bilden Sie Sätze mit diesen Fügungen.

1. Де́ти чита́ли «Ска́зку о рыбаке́ и ры́бке» Пу́шкина. 2. В сего́дняшней газе́те есть сообще́ние о результа́тах вы́боров. 3. Хор испо́лнил «Пе́сню о Ро́дине». 4. Вчера́ в клу́бе был интере́сный докла́д о междунаро́дном положе́нии. 5. В журна́ле есть интере́сная статья́ о но́вых достиже́ниях медици́ны. 6. Ра́дио принесло́ ра́достную весть о побе́де. 7. Де́ти ра́зных наро́дов, мы мечто́ю о ми́ре живём. (*Ош.*) 8. Таки́е ре́чи о себе́, о свое́й жи́зни она́ слы́шала впервы́е. (*М. Г.*) 9. Воспомина́ние о весне́ возбужда́ет мысль и уно́сит её далеко́-далеко́. 10. Одно́ вре́мя я всерьёз ду́мал стать моряко́м. Но вско́ре мысль о писа́тельстве вы́теснила всё остально́е. (*Пауст.*)

Übung 179. Bilden Sie Sätze mit der Fügung *o* + Substantiv: разгово́р, ле́кция, вопро́с, мысль, изве́стие, расска́з

Die Präposition при

Die Präposition **при** *zur Zeit, in, unter, bei, an* wird in folgenden Fällen gebraucht:

1. zur Bezeichnung eines Zeitraumes (einer Epoche, einer historischen Periode u. ä.) (Frage *когда? wann?*): **при феодализме** *im Feudalismus*, **при капитализме** *im Kapitalismus*, **при социализме** *im Sozialismus*:

При Петре I Россия стала сильным государством.	Unter Peter I. wurde Rußland zu einem starken Staat.
Я узнал от товарища все новости **при встрече**.	Bei der Zusammenkunft mit meinem Freund habe ich das Neueste erfahren.

2. zur Bezeichnung des Ortes. Das Substantiv bezeichnet einen Gegenstand, in dessen Nähe sich etwas befindet oder zu dem etwas gehört (Frage *где? wo?*):

При заводе есть детский сад.	Der Betrieb hat einen Kindergarten.
При доме имелся небольшой огород.	Am (neben dem) Haus befand sich ein kleiner Gemüsegarten.

3. zur Angabe einer Bedingung in folgenden Wortverbindungen: **при условии** *unter der Bedingung*, **при наличии** *bei Vorhandensein*, **при отсутствии** *bei Nichtvorhandensein*, **при желании** *bei gutem Willen*, **при старании** *bei dem Bemühen*, **при помощи** *mit Hilfe*, **при содействии** *unter Mithilfe*, **при поддержке** *mit Unterstützung* (Frage *при каком условии? unter welcher Bedingung?*):

При желании ты мог бы выполнить поручение.	Bei gutem Willen hättest du den Auftrag erfüllen können.
При всеобщей поддержке это предложение удастся осуществить.	Bei allgemeiner Unterstützung läßt sich dieser Vorschlag verwirklichen.

4. in der Bedeutung **в присутствии** *in Anwesenheit von*:

Мы виделись только **при товарищах** (о д е р: в присутствии товарищей).	Wir haben uns nur in Gegenwart unserer Freunde gesehen.
Это произошло **при свидетелях**.	Das geschah in Gegenwart (Anwesenheit) **von Zeugen**.

5. oft in folgenden Wortverbindungen: **при свете лампы, при лампе** *bei Lampenlicht*; **при луне** *bei Mondlicht*; **при вечернем освещении** *bei abendlicher Beleuchtung*; **при дневном свете** *bei Tageslicht*:

Стемнело, и я продолжил чтение **при лампе (при свете лампы)**.	Es wurde dunkel, und ich las bei Lampenlicht weiter.

Übung 180. Lesen Sie die folgenden Sätze. Erklären Sie die Bedeutung der Präposition *при*.

1. Мы обы́чно обе́даем в столо́вой *при институ́те*. 2. *При жела́нии* ты мо́жешь хорошо́ рабо́тать. 3. Я скажу́ ему́ об э́том *при встре́че*. 4. Доро́га была́ хорошо́ видна́ *при све́те* луны́. 5. *При перево́де* э́того те́кста мы по́льзовались словарём. 6. *При жи́зни* роди́телей она́ ча́сто приезжа́ла в родно́й го́род.

Die Präposition на

Die Präposition **на** *auf, an, in* wird in folgenden Fällen gebraucht:
1. zur Bezeichnung des Ortes einer Handlung (Frage *где? wo?*):

Дом стои́т **на берегу́ реки́**.	Das Haus steht am Ufer des Flusses.
Студе́нты бы́ли **на промы́шленной вы́ставке**.	Die Studenten waren in der Industrieausstellung.
Все должны́ прису́тствовать **на собра́нии**.	Alle sollen an der Versammlung teilnehmen.

2. zur Angabe eines Verkehrsmittels: **éхать на по́езде, на трамва́е, на парохо́де, на велосипе́де, на ло́шади** *mit dem Zug, der Straßenbahn, dem Dampfer, dem Fahrrad fahren; reiten;* **лете́ть на самолёте** *mit dem Flugzeug fliegen.*

3. in Verbindung mit einigen Substantiven zur Bezeichnung der Zeit:

На э́той неде́ле мы пойдём в музе́й. (a b e r: **в э́том году́, в э́том ме́сяце**)	Diese Woche gehen wir ins Museum. (a b e r: in diesem Jahr, in diesem Monat)
Охо́тники вы́шли из до́ма **на рассве́те**.	Die Jäger verließen das Haus bei Sonnenaufgang.
Они́ верну́лись домо́й **на зака́те**.	Sie kehrten bei Sonnenuntergang nach Hause zurück.

4. nach folgenden Verben:

говори́ть, писа́ть на ру́сском языке́	russisch sprechen, schreiben
игра́ть на како́м-нибудь **инструме́нте — на скри́пке, на роя́ле** a b e r:	irgendein Musikinstrument (Geige, Klavier) spielen
игра́ть в ша́хматы, в волейбо́л...	Schach, Volleyball spielen
жени́ться на ко́м-либо	jmdn. heiraten (*von einem Mann!*)
выходи́ть за́муж за кого́-либо (*Akk.*)	jmdn. heiraten (*von einer Frau!*)

Übung 181. Lesen Sie die folgenden Sätze. Erklären Sie die Bedeutung der Präposition *на.*

1. На поля́х ко́нчилась убо́рка урожа́я. 2. На рассве́те начина́ют свою́ рабо́ту комба́йны. 3. Бесе́да вела́сь на ру́сском языке́. 4. На про́шлой неде́ле мы бы́ли в музе́е. 5. Уже́ зима́. На тротуа́рах, на мостовы́х, на кры́шах, на дере́вьях — везде́ лежи́т снег. 6. В сосе́дней ко́мнате кто́-то игра́ет на роя́ле. 7. Ле́том мы пое́дем на парохо́де по Во́лге.

Die Präposition в

Die Präposition в *in* wird gebraucht:

1. zur Angabe des Ortes (wenn sich ein Gegenstand innen oder innerhalb bestimmter Grenzen befindet) (Frage *где? wo?*):

Кни́ги лежа́т **в шкафу́**.	Die Bücher liegen im Schrank.
Плато́к лежи́т **в карма́не**.	Das Taschentuch liegt in der Tasche.
Де́ти игра́ют **в саду́**.	Die Kinder spielen im Garten.
Ле́том они́ жи́ли **в дере́вне**.	Den Sommer haben sie auf dem Lande verbracht.

2. zur Bezeichnung der Zeit:

a) zur Angabe des Monats, des Jahres und des Jahrhunderts:

Я прие́хал в Москву́ (*когда́? в како́м ме́сяце?*) **в а́вгусте**.	Ich kam im August nach Moskau.
Я прие́хал в Москву́ (*когда́? в како́м году́?*) **в 1985 году́**.	Ich kam 1985 nach Moskau.
Ломоно́сов жил (*когда́? в како́м ве́ке?*) **в XVIII ве́ке**.	Lomonosov lebte im 18. Jahrhundert.

b) zur Angabe eines Lebensabschnittes:

в де́тстве, в ю́ности, в мо́лодости, в зре́лом во́зрасте, в ста́рости *in der Kindheit, in den Jugendjahren, im reifen Alter, im hohen Alter;*

c) vor den Wörtern **нача́ло** *Anfang*, **середи́на** *Mitte* und **коне́ц** *Ende*:

Он прие́хал (*когда́?*) **в середи́не** сентября́.	Er kam Mitte September an.

d) zur ungefähren Angabe der Uhrzeit:

Он верну́лся (*когда́? в кото́ром часу́?*) **в оди́ннадцатом часу́**. (д. h. по́сле десяти́ часо́в и до полови́ны оди́ннадцатого)	Er kam nach zehn Uhr nach Hause.

3. mit Substantiven, die einen Gemütszustand bezeichnen:

в печа́ли *in Trauer*, **в го́ре** *in Leid*, **в тоске́** *in Sehnsucht*, **в гне́ве** *im Zorn*, **в возмуще́нии** *mit Empörung, empört*, **в волне́нии** *in Aufregung, aufgeregt*, **в беспоко́йстве** *in Unruhe*, **в восто́рге, в восхище́нии** *in Begeisterung, begeistert*:

Все бы́ли **в восто́рге от карти́ны**.	Alle waren von den Bild begeistert.
Он **в волне́нии** ходи́л по ко́мнате.	Aufgeregt ging er im Zimmer auf und ab.

4. in Verbindung mit Substantiven, die Kleidungsstücke bezeichnen:

Де́вушка была́ (*в чём?*) **в бе́лом пла́тье**.	Das Mädchen hatte ein weißes Kleid an.

Он пришёл сегодня (*в чём?*) в но́вом костю́ме и в шля́пе.	Er hatte heute einen neuen Anzug an und einen Hut auf.

5. nach folgenden Verben und den von diesen Verbstämmen abgeleiteten Substantiven:

нужда́ться в по́мощи	Hilfe brauchen, benötigen
нужда́ в по́мощи	das Bedürfnis nach Hilfe
сомнева́ться в пра́вильности	an der Richtigkeit zweifeln
сомне́ние в пра́вильности	der Zweifel an der Richtigkeit
помога́ть/помо́чь кому́-либо в рабо́те	jmdm. bei der Arbeit helfen
по́мощь в рабо́те	die Hilfe bei der Arbeit
обвиня́ть/обвини́ть кого́-либо в нече́стности	jmdn. der Unehrlichkeit beschuldigen
обвине́ние в нече́стности	die Beschuldigung, unehrlich zu sein
подозрева́ть кого́-либо в преступле́нии	jmdn. eines Verbrechens verdächtigen
упрека́ть/упрекну́ть кого́-либо в равноду́шии	jmdm. Gleichgültigkeit vorwerfen
упрёк в равноду́шии	Vorwurf der Gleichgültigkeit
ошиба́ться/ошиби́ться в оце́нке	sich in der Einschätzung irren
оши́бка в оце́нке	Fehleinschätzung
упражня́ться в произноше́нии	die Aussprache üben
упражне́ния в произноше́нии	Ausspracheübungen
отка́зывать/отказа́ть кому́-либо в по́мощи	jmdm. Hilfe verweigern
отка́з в по́мощи	Verweigerung einer Hilfe
убежда́ть/убеди́ть, уверя́ть/уве́рить кого́-либо в необходи́мости	jmdn. von der Notwendigkeit überzeugen

6. in Verbindung mit dem Adjektiv **уве́ренный** (**уве́рен**) *sicher, gewiß*:

Мы уве́рены **в побе́де**.	Wir sind des Sieges gewiß.
j e d o c h:	
Мы ве́рим **в побе́ду**. (*Akk.*).	Wir glauben an den Sieg.

Übung 182. Schreiben Sie die folgenden Sätze ab. Setzen Sie die in Klammern stehenden Wörter im erforderlichen Fall ein.

1. В ... появля́ются пе́рвые цветы́. (май) 2. В ... я жил в дере́вне. (де́тство) 3. В ... цвету́т я́блони. (сад) 4. В ... бу́дет уча́ствовать изве́стный арти́ст. (конце́рт) 5. Мы уве́рены в ... . (успе́х) 6. Пе́ред экза́меном все студе́нты бы́ли в ... . (большо́е волне́ние) 7. Сего́дня пра́здник. Все пришли́ в ... . (но́вые костю́мы)

Die Präposition **по**

Die Präposition **по** *nach* steht mit dem Präpositiv und bezeichnet die Zeit (meist in Verbindung mit Verbalsubstantiven):

По приéзде в Москвý мы сейчáс же отпрáвились на Крáсную плóщадь.	Unmittelbar nach unserer Ankunft in Moskau begaben wir uns auf den Roten Platz.
По возвращéнии на рóдину он стал преподавáть в институ́те.	Nach seiner Rückkehr in die Heimat begann er, an einem Institut zu unterrichten.

Übung 183. Setzen Sie die in Klammern stehenden Substantive im Präpositiv mit einer passenden Präposition ein.

1. Писáтель написáл пóвесть ... . (шахтёры) 2. Бы́ло темнó, и мы рабóтали ... . (лáмпа) 3. Вчерá отéц с брáтом бы́ли в лесý ... . (охóта) 4. Брат живёт ..., в Архáнгельске. (сéвер) 5. ... Россúя былá отстáлой странóй. (царúзм) 6. Лóдка скры́лась ... . (тумáн) 7. Он ходúл по кóмнате ... . (волнéние) 8. Лéтом студéнты-геóлоги бы́ли в горáх ... . (прáктика) 9. ... я срáзу приступúл к рабóте. (возвращéние из óтпуска) 10. В газéтах мнóго писáли ... . (съезд писáтелей) 11. Путешéственники отдыхáли ... . (тень дéрева) 12. Забóта ... отнимáла у мáтери всё врéмя. (дéти) 13. Лéтом брат отдыхáл ... в дерéвне. (Украúна)

Besondere Fälle des Gebrauchs der Präpositionen **в** *und* **на** *zur Bezeichnung des Ortes*

In einigen Fällen sind die Präpositionen **в** und **на** bei Orts- bzw. Richtungsangabe gleichbedeutend, ihr Gebrauch hängt von dem Substantiv ab, mit dem sie verbunden werden.

рабóтаю ich arbeite	**в колхóзе**	in einem Kolchos
	в учреждéнии	in einer Dienststelle
	в магазúне	in einem Geschäft
	в больнúце	in einem Krankenhaus
	в библиотéке	in einer Bibliothek
	на завóде	in einem Werk (Betrieb)
	на фáбрике	in einer Fabrik
	на пóчте	bei (auf) der Post
	на телегрáфе	im Telegrafenamt
	на стáнции	auf einer Station
	на вокзáле	auf einem Bahnhof
	на предприя́тии	in einem Betrieb
	на строúтельстве	auf dem Bau
	на произвóдстве	in der Produktion
учýсь ich lerne, studiere, nehme teil	**в шкóле**	in der Schule
	в деся́том клáссе	in der zehnten Klasse
	в институ́те	an einem Institut
	в тéхникуме	an einer Fachschule
	в акадéмии	an der Akademie
	на пéрвом кýрсе	im ersten Studienjahr
	на истори́ческом фа-культе́те	an der historischen Fakultät
	на кýрсах шофёров	an einem Lehrgang für Kraftfahrer

был ich war	в теа́тре	im Theater
	в кино́	im Kino
	в консервато́рии	im Konservatorium
	в клу́бе	im Klub
	в ци́рке	im Zirkus
	на спекта́кле	in einer Aufführung
	на репети́ции	auf der Probe
	на вече́рнем (у́треннем, дневно́м) сеа́нсе	in der Abend-, Vormit- tags-, Tagesvorstellung (im Kino)
	на конце́рте	im Konzert
	на у́треннем представле́- нии	in der Vormittagsvorstel- lung (im Theater)
	на уро́ке	in der Unterrichtsstunde
	на ле́кции	in der Vorlesung
	на заня́тиях	im Unterricht
	на семина́ре	im Seminar
	на собра́нии	in der Versammlung
	на заседа́нии	in der Sitzung
	на конфере́нции	auf der Konferenz
	на съе́зде	auf dem Kongreß
живу́ ich wohne	в го́роде	in der Stadt
	в переу́лке	in der Gasse
	в Сиби́ри	in Sibirien
	в Крыму́	auf der Krim
	в Румы́нии	in Rumänien
	на пло́щади Восста́ния	am Vosstanie-Platz
	на у́лице Ге́рцена	in der Herzenstraße
	на Ура́ле	im Ural
	на Кавка́зе	im Kaukasus
	на Украи́не	in der Ukraine
	на ю́ге	im Süden
	на се́вере	im Norden
	на за́паде	im Westen
	на восто́ке	im Osten
был ich war	в саду́	im Garten
	в па́рке	im Park
	в лесу́	im Wald
	в тылу́	im Hinterland
	в э́той ме́стности	in dieser Gegend
	в на́шей стране́	in unserem Lande
	на стадио́не	im Stadion
	на ры́нке	auf dem Markt
	на бульва́ре	auf dem Boulevard
	на фро́нте	an der Front
	на э́той террито́рии	in diesem Gebiet
	на ро́дине	in der Heimat
	на свобо́де	in Freiheit
	на во́ле	in Freiheit

Übung 184. Lesen Sie die folgenden Sätze. Bestimmen Sie Geschlecht und Fall der Substantive mit den Präpositionen *в* und *на*. Achten Sie auf den Gebrauch der Präpositionen *в* und *на* + Substantiv zur Angabe des Ortes.

1. Я иду́ в магази́н и на по́чту. 2. Оте́ц рабо́тает на заво́де, мать — на фа́брике, а сестра́ у́чится в шко́ле. 3. Дире́ктора нет в кабине́те. Он на совеща́нии в министе́рстве. 4. Мы бы́ли в клу́бе на конце́рте. 5. Сестра́ уе́хала в дом о́тдыха на Кавка́з. 6. Мой това́рищ живёт на Заре́чной у́лице в до́ме № 15. 7. Маши́на сверну́ла в переу́лок. 8. Утром на у́лицах мно́го наро́ду. Взро́слые спеша́т на рабо́ту, де́ти — в шко́лу. 9. По́езд останови́лся на ма́ленькой ста́нции. 10. Мы провели́ ле́то в дере́вне, на берегу́ Во́лги. 11. Сего́дня на стадио́не интере́сные состяза́ния. 12. Я бу́ду ждать тебя́ на остано́вке трамва́я. 13. Сего́дня в па́рке на промы́шленной вы́ставке бы́ло мно́го наро́ду. 14. Де́ти бы́ли в ци́рке на у́треннем представле́нии. 15. Я взял биле́ты в кино́ на вече́рний сеа́нс. 16. Аспира́нт сде́лал докла́д на заседа́нии ка́федры. 17. Я иду́ в институ́т на ле́кцию. 18. Он у́чится в университе́те на физи́ческом факульте́те. 19. Сего́дня в Москву́ приезжа́ет мой брат. Я пойду́ на вокза́л встреча́ть его́. 20. Ма́ма ведёт ребёнка гуля́ть на бульва́р. 21. Бригади́р сейча́с в по́ле, на убо́рке урожа́я.

Übung 185. Schreiben Sie die folgenden Sätze ab, und setzen Sie die erforderlichen Präpositionen ein.

1. ... заво́дах и ... фа́бриках состоя́лись предвы́борные собра́ния. 2. Ну́жно пойти́ ... по́чту и купи́ть ма́рок и конве́ртов. 3. Мы случа́йно встре́тились ... остано́вке авто́буса. 4. Мы пообе́дали ... рестора́не ... вокза́ле. 5. ... бульва́ре цвету́т ли́пы. 6. ... у́лицах и ... площадя́х столи́цы горя́т я́ркие огни́. 7. Ле́том я пое́ду ... дом о́тдыха ... Крым. 8. В воскресе́нье мы пое́дем ... вы́ставку. 9. У нас ... ро́дине уже́ весна́, а здесь ещё лежи́т снег. 10. ... на́шей стране́ кли́мат бо́лее тёплый. 11. Бра́та нет до́ма. Он ... институ́те ... ле́кции. 12. Го́род Челя́бинск нахо́дится ... Ура́ле, Красноя́рск ... Сиби́ри, Севасто́поль ... Крыму́, Тбили́си ... Кавка́зе, Ига́рка ... Кра́йнем Се́вере, Ки́ев ... Украи́не, Минск ... Белару́си.

Wiederholungsübungen

Übung 186. Ersetzen Sie in den hervorgehobenen Fügungen die Präposition durch eine gleichbedeutende.

1. *Вблизи́ дере́вни* протека́ла ре́чка. 2. *Накану́не Но́вого го́да* вся семья́ собрала́сь вме́сте. 3. *По́сле возвраще́ния* в родно́й го́род он поступи́л рабо́тать на заво́д. 4. У дире́ктора о́тпуск *по 10 сентября́ включи́тельно.* 5. Де́вочка пригото́вила уро́ки *за́ два часа́.* 6. На *подгото́вку* теорети́ческой конфере́нции ну́жен ме́сяц. 7. Он расска́зал мне *о свое́й встре́че* с на́шими о́бщими друзья́ми. 8. *В числе́* арти́стов, кото́рые выступа́ли на конце́рте, был изве́стный скрипа́ч. 9. Пу́тники прошли́ *с киломе́тр* и останови́лись на берегу́. 10. *Че́рез ще́ли* в сара́й проника́л сла́бый свет.

Übung 187. Erklären Sie den Bedeutungsunterschied.

1. Я живу́ о́коло това́рища. Я живу́ у това́рища. 2. Совеща́ние бы́ло у дире́ктора. Совеща́ние бы́ло при дире́кторе. 3. Сде́лай э́то для меня́. Сде́лай э́то за меня́. 4. Пришёл по́сле ча́са. Пришёл че́рез час. 5. Помеще́ние для библиоте́ки. Помеще́ние библиоте́ки. 6. Мы сиде́ли вокру́г стола́. Мы сиде́ли за столо́м. 7. Уче́бник на ру́сском языке́. Уче́бник по ру́сскому языку́. 8. Я принёс кни́ги для сестры́. Я принёс кни́ги сестре́. 9. Два биле́та за со́рок копе́ек. Два биле́та по со́рок копе́ек. 10. Соста́вил план на ме́сяц. Соста́вил план за ме́сяц. 11. Прочита́л газе́ту за за́втраком. Прочита́л газе́ту по́сле за́втрака. 12. Автомоби́ль е́дет по у́лице. Автомоби́ль е́дет че́рез у́лицу. 13. Мы идём к теа́тру. Мы идём в теа́тр. 14. Вы́полнить рабо́ту за бра́та. Вы́полнить рабо́ту для бра́та. 15. Забы́л статью. Забы́л о статье́. 16. Написа́л статью́ за ле́то. Написа́л статью́ ле́том. 17. Пришёл к обе́ду. Пришёл пе́ред обе́дом. Пришёл до обе́да. 18. При шко́ле большо́й сад. Около шко́лы большо́й сад.

Das Adjektiv

Das Adjektiv bezieht sich auf ein Substantiv und kongruiert mit ihm, d. h. es stimmt mit ihm in Geschlecht, Zahl und Fall überein.

DIE ABWANDLUNG DER ADJEKTIVE NACH DEM GESCHLECHT

männlich	weiblich	sächlich
како́й?	*кака́я?*	*како́е?*
-ый, -ой, -ий	**-ая, -яя**	**-ое, -ее**
но́вый (дом)	**но́вая** (доро́га)	**но́вое** (зда́ние)
молодо́й (дуб)	**молода́я** (сосна́)	**молодо́е** (де́рево)
лёгкий (текст)	**лёгкая** (зада́ча)	**лёгкое** (упражне́ние)
зи́мний (день)	**зи́мняя** (ночь)	**зи́мнее** (у́тро)
хоро́ший (отве́т)	**хоро́шая** (рабо́та)	**хоро́шее** (сочине́ние)
большо́й (успе́х)	**больша́я** (побе́да)	**большо́е** (достиже́ние)

1. Adjektive mit hartem Stammauslaut haben die Endungen **-ый, -ой** (**но́вый** дом *ein neues Haus*, **молодо́й** дуб *eine junge Eiche*), **-ая** (**но́вая** доро́га *ein neuer Weg*, **молода́я** сосна́ *eine junge Kiefer*), **-ое** (**но́вое** зда́ние *ein neues Gebäude*, **молодо́е** де́рево *ein junger Baum*).

Adjektive, die in der männlichen Form die Endung **-ый** haben, sind stets stammbetont: **но́вый, но́вая, но́вое**.

Adjektive, die in der männlichen Form die Endung **-ой** haben, sind stets endungsbetont: **молодо́й** *jung*, **молода́я, молодо́е**; **передово́й** *fortschrittlich*, **передова́я, передово́е**.

2. Nach **г, к, х** im Stammauslaut hat die männliche Form der Adjektive die unbetonte Endung **-ий** (**стро́гий** прика́з *ein strenger Befehl*, **лёгкий** текст *ein leichter Text*, **ти́хий** го́лос *eine leise Stimme*).

3. Adjektive mit weichem Stammauslaut haben die Endungen **-ий** (**зи́мний** день *ein Wintertag*), **-яя** (**зи́мняя** ночь *eine Winternacht*), **-ее** (**зи́мнее** у́тро *ein Wintermorgen*).

Die Adjektive mit weichem Stammauslaut sind stets stammbetont.

4. Nach Zischlauten **ж, ш, ч, щ** hat die männliche Form der Adjektive die unbetonte Endung **-ий** (**свéжий** вóздух *frische Luft*, **хорóший** отвéт *eine gute Antwort*, **горя́чий** чай *heißer Tee*, **óбщий** труд *gemeinsame Arbeit*).

Die sächliche Form hat nach **ж, ш, ч, щ** die betonte Endung **-óe** (**чужóе** лицó *ein fremdes Gesicht*, **большóe** достижéние *eine große Errungenschaft*) oder die unbetonte **-ee** (**свéжее** дыхáние *frischer Hauch*, **хорóшее** сочинéние *ein guter Aufsatz*, **горя́чее** сóлнце *heiße Sonne*, **óбщее** дéло *gemeinsame Sache*).

Die weibliche Form geht nach **ч** und **щ** auf **-ая** aus: (**горя́чая** водá *heißes Wasser*, **óбщая** рабóта *gemeinsame Arbeit*).

Die Zahl der Adjektive mit weichem Stammauslaut ist gering. Ihre Stämme lauten entweder auf **ч, щ** oder auf weiches **н** aus.

Gebräuchliche Adjektive mit dem Auslaut auf weiches н

осéнний	**рáнний**	**дрéвний**
herbstlich	früh	alt, altertümlich
зи́мний	**пóздний**	**прошлогóдний**
winterlich	spät	vorjährig
весéнний	**дáвний**	**новогóдний**
Frühlings-	alt	Neujahrs-
лéтний	**тогдáшний**	**пятилéтний**
sommerlich	damalig	fünfjährig
вчерáшний	**прéжний**	**трёхлéтний**
gestrig	vorig	dreijährig
сегóдняшний	**сосéдний**	**послéдний**
heutig	benachbart	letzte
зáвтрашний	**домáшний**	**си́ний**
morgig	häuslich, Haus-	blau
вéрхний	**внýтренний**	**ли́шний**
obere	innere	überflüssig
ни́жний	**внéшний**	**здéшний**
untere	äußere	hiesig
перéдний	**крáйний**	**посторóнний**
vordere	äußerste	fremd, unbefugt
срéдний	**дáльний**	**односторóнний**
mittlere	fern	einseitig
зáдний	**бли́жний**	**разносторóнний**
hintere	nah	vielseitig, vielgestaltig
ýтренний	**ны́нешний**	**многосторóнний**
Morgen-	jetzig	vielseitig
вечéрний	**тепéрешний**	**и́скренний**
abendlich	gegenwärtig	aufrichtig

Übung 188. Bilden Sie mit den oben angegebenen Adjektiven mit Stammauslaut auf weiches **н** Wortverbindungen mit passenden Substantiven und schreiben Sie diese auf. Achten Sie auf die Übereinstimmung in Geschlecht und Zahl.

M u s t e r : осéнняя погóда, рáнний час

Übung 189. Schreiben Sie die folgenden Sätze ab. Bestimmen Sie das Geschlecht der Adjektive. Schreiben Sie jedes Adjektiv in der männlichen, weiblichen und sächlichen Form auf.

1. Поздняя о́сень. Грачи́ улете́ли. (*Н*.) 2. Моро́з и со́лнце. День чуде́сный. (*П*.) 3. Я и́з лесу вы́шел. Был си́льный моро́з. (*Н*.) 4. В тот год осе́нняя пого́да стоя́ла до́лго на дворе́. (*П*.) 5. Тёплый ве́тер гуля́ет по траве́, гнёт дере́вья и поднима́ет пыль. Сейча́с бры́знет ма́йский дождь и начнётся настоя́щая гроза́. (*Чех.*) 6. Ночно́й тума́н уже́ лёг на сыру́ю тропу́. Холо́дная луна́ подняла́сь над ча́щами. (*Пауст.*)

Übung 190. Schreiben Sie die folgenden Sätze ab. Setzen Sie die in Klammern stehenden Adjektive ein.

1. Я получи́л от това́рища ... письмо́. 2. Сего́дня на пе́рвом ку́рсе бы́ло ... собра́ние. 3. Идёт ... дождь. 4. Пе́ред на́ми ... цель. 5. В на́шем го́роде есть ... заво́д и ... фа́брика. 6. В на́шей стране́ развива́ется ... и ... промы́шленность. 7. По обе́им сторона́м доро́ги тяну́лась ... степь. 8. Позади́ дере́вни ... по́ле. 9. Вдали́ показа́лся ... по́езд. 10. В це́нтре Москвы́ возвыша́ется ... Кремль. 11. На столе́ лежа́ла ... газе́та. 12. Наконе́ц, мы уви́дели в окне́ ваго́на ... мо́ре.

(профсою́зный, си́льный, дли́нный, я́сный, машинострои́тельный, тексти́льный, бескра́йний, лёгкий, тяжёлый, бесконе́чный, това́рный, си́ний, дре́вний, вчера́шний)

Übung 191. Verbinden Sie die hervorgehobenen Substantive mit einem Adjektiv und schreiben Sie die Wortverbindungen auf.

Прошла́ *ночь*. На восто́ке загоре́лась *заря́*. Ду́ет *ветеро́к*. Появи́лось *со́лнце*. Со́лнце освети́ло *лес, луг, по́ле* и *о́зеро*.

Übung 192. Schreiben Sie die Antonyme zu den Adjektiven in den folgenden Wortverbindungen auf, unterstreichen Sie die Endungen und versehen Sie die Wörter mit Betonungszeichen.

M u s t e r : молодо́**й** — ста́р**ый**

молодой специалист, большой дом, дорогой товар, плохой пример, простой вопрос, пустой стакан, тупой нож, сухой тротуар, больной ребёнок, передовой метод, злой человек

Übung 193. Berichten Sie über den Frühling und verwenden Sie dabei die Antonyme zu den angegebenen Adjektiven.

Гру́стная холо́дная о́сень. Ни́зкое тёмное не́бо. Плоха́я дождли́вая пого́да. Холо́дный ве́тер. Па́смурные печа́льные дни.

Die Abwandlung der Adjektive nach der Zahl

Singular			Plural
но́вый дом	ein neues Haus		дома́
но́вая доро́га	ein neuer Weg	**но́вые**	доро́ги
но́вое зда́ние	ein neues Gebäude		зда́ния
зи́мний день	ein Wintertag		дни
зи́мняя доро́га	ein winterlicher Weg	**зи́мние**	доро́ги
зи́мнее у́тро	ein Wintermorgen		зда́ния

молодо́й лес	ein junger Wald		леса́
молода́я берёза	eine junge Birke	**молоды́е**	берёзы
молодо́е лицо́	ein junges Gesicht		ли́ца

In der Pluralform haben die Adjektive für alle drei Geschlechter die Endungen **-ые, -ие**.

Die Endung **-ые** steht nach hartem Konsonanten (**но́вые, молоды́е, си́льные, сме́лые**).

Die Endung **-ие** steht nach weichem Konsonanten (**зи́мние, си́ние**) nach **г, к, х** (**лёгкие, стро́гие, ти́хие**) und nach **ж, ч, ш, щ** (**све́жие, горя́чие, больши́е, о́бщие**).

Übung 194. Setzen Sie die hervorgehobenen Wortverbindungen von Substantiven und Adjektiven in den Plural.

1. Рабо́чие применя́ют *но́вый ме́тод.* 2. У бра́та *хоро́шая но́вая кни́га.* 3. Напро́тив *большо́й высо́кий дом.* 4. На столе́ *све́жая газе́та.* 5. Он взял по оши́бке *чужо́й уче́бник.* 6. Вот *вчера́шняя газе́та.* 7. *Ста́рший брат* до́ма.

Übung 195. Bilden Sie die Singularform der hervorgehobenen Wortverbindungen. Verändern Sie dementsprechend die Form des Verbs.

1. *Я́ркие лучи́* со́лнца освети́ли ре́чку и луг. 2. Пе́ред окно́м росли́ *высо́кие тени́стые дере́вья.* 3. По реке́ стреми́тельно дви́гались *лёгкие бы́стрые ло́дки.* 4. Начали́сь *холо́дные осе́нние дожди́.* 5. В по́ле рабо́тали *но́вые комба́йны.* 6. В ко́мнате вися́т *краси́вые ковры́.* 7. На дива́не лежа́т *мя́гкие поду́шки.*

Die Deklination der männlichen und sächlichen Form im Singular

ADJEKTIVE MIT HARTEM STAMMAUSLAUT

Fall	männlich	Endungen	sächlich	Endungen
N.	**но́вый** заво́д	**-ый**	**но́вое** де́ло	**-ое**
	ein neues Werk		eine neue Sache	
G.	**но́вого** заво́да	**-ого**	**но́вого** де́ла	**-ого**
D.	**но́вому** заво́ду	**-ому**	**но́вому** де́лу	**-ому**
A.	**но́вый** заво́д	wie N.	**но́вое** де́ло	wie N.
	(**но́вого** челове́ка)	oder G.		
I.	**но́вым** заво́дом	**-ым**	**но́вым** де́лом	**-ым**
P.	о **но́вом** заво́де	**-ом**	о **но́вом** де́ле	**-ом**

ADJEKTIVE MIT WEICHEM STAMMAUSLAUT

Fall	männlich	Endungen	sächlich	Endungen
N.	**после́дний** день	**-ий**	**после́днее** ме́сто	**-ее**
	der letzte Tag		die letzte Stelle	
G.	**после́днего** дня	**-его**	**после́днего** ме́ста	**-его**
D.	**после́днему** дню	**-ему**	**после́днему** ме́сту	**-ему**
A.	**после́дний** день	wie N.	**после́днее** ме́сто	wie N.
	(**после́днего** ребёнка)	oder G.		
I.	**после́дним** днём	**-им**	**после́дним** ме́стом	**-им**
P.	о **после́днем** дне	**-ем**	о **после́днем** ме́сте	**-ем**

1. Die Deklinationsendungen der männlichen und der sächlichen Form sind in allen Fällen außer Nominativ und Akkusativ gleich.

2. Die männlichen Adjektive auf **-ой** (**молодо́й** *jung*, **передово́й** *fortschrittlich*, **боево́й** *kämpferisch*) werden ebenso dekliniert wie die Adjektive auf **-ый**, sie sind aber stets endungsbetont.

3. In der Genitivendung **-ого, -его** (**но́вого, хоро́шего**) wird г immer wie **в** ausgesprochen.

ADJEKTIVE MIT STAMMAUSLAUT AUF ZISCHLAUT UND MIT BETONTER ENDUNG

Fall	männlich	Endungen	sächlich	Endungen
N.	большо́й заво́д ein großes Werk	**-ой**	большо́е зда́ние ein großes Gebäude	**-ое**
G.	большо́го заво́да	**-ого**	большо́го зда́ния	**-ого**
D.	большо́му заво́ду	**-ому**	большо́му зда́нию	**-ому**
A.	большо́й заво́д (большо́го ма́льчика)	wie N. oder G.	большо́е зда́ние	wie N.
I.	больши́м заво́дом	**-им**	больши́м зда́нием	**-им**
P.	о большо́м заво́де	**-ом**	о большо́м зда́нии	**-ом**

ADJEKTIVE MIT STAMMAUSLAUT AUF ZISCHLAUT UND MIT UNBETONTER ENDUNG

Fall	männlich	Endungen	sächlich	Endungen
N.	хоро́ший отве́т eine gute Antwort	**-ий**	хоро́шее сочине́ние ein guter Aufsatz	**-ее**
G.	хоро́шего отве́та	**-его**	хоро́шего сочине́ния	**-его**
D.	хоро́шему отве́ту	**-ему**	хоро́шему сочине́нию	**-ему**
A.	хоро́ший отве́т (хоро́шего челове́ка)	wie N. oder G.	хоро́шее сочине́ние	wie N.
I.	хоро́шим отве́том	**-им**	хоро́шим сочине́нием	**-им**
P.	о хоро́шем отве́те	**-ем**	о хоро́шем сочине́нии	**-ем**

Nach Zischlauten (**ж, ш, ч, щ**) haben die Adjektive betonte Endungen: **-ой** (*männl.*), **-ое** (*sächl.*), **-ого, -ому, -им, -ом** oder unbetonte Endungen: **-ий** (*männl.*), **-ее** (*sächl.*), **-его, -ему, -им, -ем**.

ADJEKTIVE MIT STAMMAUSLAUT AUF Г, К, Х

Fall	männlich	Endungen	sächlich	Endungen
N.	ти́хий ве́чер ein stiller Abend	-ий	лёгкое упражне́ние eine leichte Übung	**-ое**
G.	ти́хого ве́чера	-ого	лёгкого упражне́ния	**-ого**
D.	ти́хому ве́черу	-ому	лёгкому упражне́нию	**-ому**
A.	ти́хий ве́чер (ти́хого ребёнка)	wie N. oder G.	лёгкое упражне́ние	wie N.
I.	ти́хим ве́чером	**-им**	лёгким упражне́нием	**-им**
P.	о ти́хом ве́чере	**-ом**	о лёгком упражне́нии	**-ом**

Nach **г, к, х** haben die Adjektive die Endungen **-ого** (*Gen.*), **-ому** (*Dat.*), **-им** (*Instr.*), **-ом** (*Präp.*).

Die gleichen Endungen hat das Fragewort *какóй*.

Übung 196. Beantworten Sie die folgenden Fragen schriftlich. Gebrauchen Sie dabei

a) das Adjektiv *гóрный*:

1. Какóе э́то óзеро? 2. У какóго óзера вы жи́ли лéтом? 3. К какóму óзеру отпрáвилась экспеди́ция? 4. На какóе óзеро вы пошли́? 5. Над каки́м óзером пролетéл самолёт?

b) das Adjektiv *стáрший*:

1. Какóй брат приéхал к тебé? 2. От какóго брáта ты получи́л письмó? 3. Какóму брáту ты писáл? 4. С каки́м брáтом ты провёл лéто? 5. О какóм брáте ты рассказывал?

Übung 197. Schreiben Sie die folgenden Sätze ab. Setzen sie die in Klammern stehenden Adjektive im erforderlichen Fall ein.

A. 1. На поля́х идёт рабóта с ... утрá до ... вéчера. (рáнний, пóздний) 2. С ... пóля донóсится шум трáктора. (сосéдний) 3. Гóры защищáют зали́в от ... вéтра. (сéверный) 4. Промы́шленность даёт всё бóльше маши́н для ... хозя́йства. (сéльский)

B. 1. Я написáл письмó ... брáту. (стáрший) 2. Пóезд приближáется к ... мосту́. (большóй) 3. Все рáдуются ... сóлнцу. (весéнний) 4. Студéнты готóвятся к ... экзáмену. (послéдний)

C. 1. Пóезд переéхал чéрез ... мост. (большóй) 2. Мы идём на ... вéчер. (музыкáльный) 3. Брига́ды соревну́ются за ... кáчество проду́кции. (отли́чный) 4. Преподавáтель объясни́л ... прáвило. (нóвый) 5. Сквозь ... тумáн ничегó нé было ви́дно. (густóй)

D. 1. В э́том году́ мы занимáемся с ... преподавáтелем. (нóвый) 2. Я приéхал в Москву́ с ... брáтом. (млáдший) 3. Пéред ... дóмом фонтáн и мнóго цветóв. (сосéдний) 4. Учени́к реши́л задáчу с ... трудóм. (большóй) 5. Студéнт свобóдно владéет ... языкóм. (ру́сский) 6. Мы отдохну́ли под ... дéревом. (тени́стый)

E. 1. Мы бы́ли на ... собрáнии. (профсою́зный) 2. Доклáдчик говори́л о ... движéнии за мир. (могу́чий) 3. Ну́жно чáще бывáть на ... вóздухе. (свéжий) 4. На ... недéле мы начнём читáть нóвую кни́гу. (слéдующий) 5. Мы бы́ли в ци́рке на ... представлéнии. (у́тренний)

Die Deklination der weiblichen Form im Singular

ADJEKTIVE MIT HARTEM STAMMAUSLAUT ADJEKTIVE MIT WEICHEM STAMMAUSLAUT

Fall	weiblich	Endungen	weiblich	Endungen
N.	нóвая фáбрика die neue Fabrik	**-ая**	послéдняя страни́ца die letzte Seite	**-яя**
G.	нóвой фáбрики	**-ой**	послéдней страни́цы	**-ей**
D.	нóвой фáбрике	**-ой**	послéдней страни́це	**-ей**
A.	нóвую фáбрику	**-ую**	послéднюю страни́цу	**-юю**
I.	нóвой фáбрикой	**-ой**	послéдней страни́цей	**-ей**
P.	о нóвой фáбрике	**-ой**	о послéдней страни́це	**-ей**

ADJEKTIVE MIT STAMMAUSLAUT AUF ZISCHLAUT
(ENDUNGS- UND STAMMBETONTE)

Fall	weiblich	Endungen	weiblich	Endungen
N.	**больша́я** ко́мната das große Zimmer	-ая	**хоро́шая** рабо́та die gute Arbeit	-ая
G.	**большо́й** ко́мнаты	-ой	**хоро́шей** рабо́ты	-ей
D.	**большо́й** ко́мнате	-ой	**хоро́шей** рабо́те	-ей
A.	**большу́ю** ко́мнату	-ую	**хоро́шую** рабо́ту	-ую
I.	**большо́й** ко́мнатой	-ой	**хоро́шей** рабо́той	-ей
P.	**о большо́й** ко́мнате	-ой	**о хоро́шей** рабо́те	-ей

1. Die Adjektive haben in der weiblichen Form im Genitiv, Dativ, Instrumental und Präpositiv die gleichen Endungen (**-ой, -ей**).

2. Die Adjektive mit Stammauslaut auf Zischlaut (**ж, ч, ш, щ**) haben im Nominativ stets die Endung **-ая** (**све́жая** *frisch*, **горя́чая** *heiß*, **хоро́шая** *gut*, **о́бщая** *allgemein*), im Akkusativ **-ую** (**све́жую, горя́чую, хоро́шую, о́бщую**); im Genitiv, Dativ, Instrumental und Präpositiv lautet die unbetonte Endung: **-ей** (**све́жей, горя́чей, хоро́шей, о́бщей**), die betonte Endung nach **ж, ш: -ой** (**большо́й** *groß*, **чужо́й** *fremd*).

Übung 198. Beanworten Sie die folgenden Fragen schriftlich und verwenden Sie dabei

a) das Adjektiv *гла́вная*:

1. Кака́я э́то у́лица? 2. На како́й у́лице нахо́дится телегра́ф? 3. На каку́ю у́лицу поверну́ла маши́на? 4. По како́й у́лице хо́дит авто́бус? 5. Вдоль како́й у́лицы расту́т ли́пы? 6. Како́й у́лицей вы шли к вокза́лу?

b) das Adjektiv *сего́дняшняя*:

1. Кака́я газе́та лежи́т на столе́? 2. Из како́й газе́ты ты узна́л э́ту но́вость? 3. В како́й газе́те ты прочита́л об э́том? 4. Каку́ю газе́ту он чита́ет? 5. Како́й газе́той вы интересу́етесь? 6. За како́й газе́той вы пришли́?

Übung 199. Schreiben Sie die folgenden Sätze ab. Setzen Sie die in Klammern stehenden Adjektive im erforderlichen Fall ein.

A. 1. Мы узна́ли об э́том из ... газе́ты. (сего́дняшний) 2. По́езд опозда́л из-за мете́ли. (си́льный) 3. До ... дере́вни два киломе́тра. (ближа́йший) 4. Мой успе́х был невозмо́жен без ... по́мощи това́рищей. (дру́жеский) 5. По́сле ... ходьбы́ мы отдохну́ли на берегу́ ... ре́чки. (до́лгий, ма́ленький)

B. 1. Я написа́л письмо́ ... сестре́. (ста́рший) 2. Маши́на е́хала по ... доро́ге. (ро́вный) 3. Мы привы́кли к ... жи́зни. (студе́нческий) 4. Студе́нты гото́вятся к ... се́ссии. (экзаменацио́нный) 5. Благодаря́ ... пого́де экску́рсия прошла́ уда́чно. (хоро́ший)

C. 1. В ... и ... пого́ду хо́чется пое́хать за́ город. (тёплый, со́лнечный) 2. Вдруг путеше́ственники уви́дели на горизо́нте ... ... ту́чу. (тёмный, грозово́й) 3. Мы обсужда́ли на́шу ... рабо́ту. (о́бщий) 4. Брига́ды соревну́ются за ... производи́тельность труда́. (высо́-

123

кий) 5. Че́рез ... ре́ку постро́или мост. (широ́кий) 6. Он положи́л свои́ кни́ги на ... по́лку. (ве́рхний)

D. 1. Он руководи́т ... лаборато́рией. (хими́ческий) 2. Эти я́блоки созрева́ют ... о́сенью. (по́здний) 3. Дере́вья покры́лись ... зе́ленью. (све́жий) 4. Мы о́чень дово́льны ... прогу́лкой. (вчера́шний) 5. Я пойду́ в библиоте́ку за ... кни́гой. (но́вый) 6. Пе́ред ... ро́щей расстила́лся ро́вный широ́кий луг. (берёзовый)

Е. 1. Он нужда́ется в ... по́мощи. (дру́жеский) 2. Руководи́тель рассказа́л нам о ... рабо́те. (предстоя́щий) 3. Мой това́рищ живёт в ... ко́мнате. (сосе́дний) 4. Студе́нт не сде́лал ни одно́й оши́бки в ... рабо́те. (пи́сьменный) 5. Ка́пли дождя́ блесте́ли на ... зе́лени. (све́жий)

Die Deklination der Adjektive im Plural

Im Plural haben die Adjektive aller drei Geschlechter die gleichen Endungen.

ADJEKTIVE MIT HARTEM STAMMAUSLAUT

Fall		alle 3 Geschlechter	Endungen
N.	но́вые neue	(заво́ды, фа́брики, зда́ния) (Werke, Fabriken, Gebäude) (учителя́, учи́тельницы) (Lehrer, Lehrerinnen)	-ые
G.	но́вых	(заво́дов, фа́брик, зда́ний) (учителе́й, учи́тельниц)	-ых
D.	но́вым	(заво́дам, фа́брикам, зда́ниям) (учителя́м, учи́тельницам)	-ым
A.	но́вые но́вых	(заво́ды, фа́брики, зда́ния) (учителе́й, учи́тельниц)	wie N. wie G.
I.	но́выми	(заво́дами, фа́бриками, зда́ниями) (учителя́ми, учи́тельницами)	-ыми
P.	о но́вых	(заво́дах, фа́бриках, зда́ниях) (учителя́х, учи́тельницах)	-ых

ADJEKTIVE MIT WEICHEM STAMMAUSLAUT

Fall		alle 3 Geschlechter	Endungen
N.	после́дние letzte	(дни, страни́цы, места́) (Tage, Seiten, Stellen) (посети́тели, посети́тельницы) (Besucher, Besucherinnen)	-ие
G.	после́дних	(дней, страни́ц, мест) (посети́телей, посети́тельниц)	-их
D.	после́дним	(дням, страни́цам, места́м) (посети́телям, посети́тельницам)	-им
A.	после́дние после́дних	(дни, страни́цы, места́) (посети́телей, посети́тельниц)	wie N. wie G.
I.	после́дними	(дня́ми, страни́цами, места́ми) (посети́телями, посети́тельницами)	-ими
P.	о после́дних	(днях, страни́цах, места́х) (посети́телях, посети́тельницах)	-их

Anmerkungen.

1. Beziehen sich Adjektive auf Substantive, die Lebewesen bezeichnen, so ist der Akkusativ gleich dem Genitiv (**но́вых учителе́й, учи́тельниц**).

Beziehen sich Adjektive auf Substantive, die Unbelebtes bezeichnen, so ist der Akkusativ gleich dem Nominativ (**но́вые заво́ды, фа́брики**).

2. Im Genitiv und Präpositiv sind die Endungen gleich (**-ых, -их**).

ADJEKTIVE MIT STAMMAUSLAUT AUF ZISCHLAUT

Fall	alle 3 Geschlechter		Endungen
N.	**больши́е**	(дома́, ко́мнаты, зда́ния)	**-ие**
	große	(Häuser, Zimmer, Gebäude)	
	хоро́шие	(учени́цы, ученики́)	
	gute	(Schülerinnen, Schüler)	
G.	**больши́х**	(домо́в, ко́мнат, зда́ний)	**-их**
D.	**больши́м**	(дома́м, ко́мнатам, зда́ниям)	**-им**
A.	**больши́е**	(дома́, ко́мнаты, зда́ния)	wie N.
	хоро́ших	(учени́ц, ученико́в)	wie G.
I.	**больши́ми**	(дома́ми, ко́мнатами, зда́ниями)	**-ими**
P.	**о больши́х**	(дома́х, ко́мнатах, зда́ниях)	**-их**

ADJEKTIVE MIT STAMMAUSLAUT AUF Г, К, Х

Fall	alle 3 Geschlechter		Endungen
N.	**лёгкие**	(те́ксты, зада́чи, упражне́ния)	**-ие**
	leichte	(Texte, Aufgaben, Übungen)	
	стро́гие	(учителя́, учи́тельницы)	
	strenge	(Lehrer, Lehrerinnen)	
G.	**лёгких**	(те́кстов, зада́ч, упражне́ний)	**-их**
D.	**лёгким**	(те́кстам, зада́чам, упражне́ниям)	**-им**
A.	**лёгкие**	(те́ксты, зада́чи, упражне́ния)	wie N.
	стро́гих	(учителе́й, учи́тельниц)	wie G.
I.	**лёгкими**	(те́кстами, зада́чами, упражне́ниями)	**-ими**
P.	**о лёгких**	(те́кстах, зада́чах, упражне́ниях)	**-их**

Übung 200. Beantworten Sie die folgenden Fragen schriftlich und verwenden Sie dabei das Adjektiv *большо́й*.

1. Каки́е у них успе́хи? 2. О каки́х успе́хах сообщи́ла газе́та? 3. С каки́ми успе́хами их поздра́вили? 4. Каки́м успе́хам они́ ра́дуются? 5. Каки́х успе́хов они́ дости́гли? 6. На каки́е успе́хи они́ наде́ются?

Übung 201. Schreiben Sie die folgenden Sätze ab. Setzen Sie die in Klammern stehenden Adjektive in der erforderlichen Form ein.

А. 1. Студе́нты возвраща́ются с ... кани́кул. (ле́тний) 2. По́сле ... холодо́в наступи́ли тёплые весе́нние дни. (зи́мний) 3. Мне ску́чно без ... книг. (интере́сный) 4. Де́вушка наде́ла вено́к из ... цвето́в. (полево́й) 5. В э́то ле́то бы́ло мно́го ... дней. (жа́ркий)

В. 1. Студе́нты гото́вятся к ... экза́менам. (весе́нний) 2. Сего́дня я написа́ла пи́сьма ... друзья́м. (ста́рый) 3. Самолёт приближа́ется к ... гора́м. (Кавка́зский) 4. Урожа́й был хоро́ший благодаря ... дождя́м. (ча́стый) 5. По ... у́лицам мча́тся автомоби́ли. (широ́кий)

С. 1. Студе́нт вы́писал из те́кста ... слова́. (тру́дный) 2. Мы ве́село провели́ ... кани́кулы. (зи́мний) 3. В родно́м го́роде он встре́тил ... това́рищей. (шко́льный) 4. Студе́нты слу́шают ... ле́кции. (после́дний) Ско́ро экза́мены. 5. Весно́й на ... поля́ вы́ехали тра́кторы. (колхо́зный)

D. 1. В пра́здник все у́лицы бы́ли укра́шены ... фла́гами. (я́ркий) 2. Демонстра́нты шли с ... пе́снями. (весёлый) 3. Весно́й всё ожива́ет под ... луча́ми со́лнца. (горя́чий) 4. Пе́ред ... экза́менами мы о́чень мно́го занима́лись. (весе́нний) 5. Я встре́тился с ... това́рищами. (институ́тский)

Е. 1. На ... соревнова́ниях он за́нял пе́рвое ме́сто. (лы́жный) 2. Мы зна́ем о ... тру́дностях. (предстоя́щий) 3. На ... заня́тиях прису́тствовали все. (вече́рний)

Übung 202. Schreiben Sie die folgenden Sätze ab. Setzen Sie die in Klammern stehenden Adjektive im erforderlichen Fall ein.

А. 1. Мой това́рищ живёт на восьмо́м этаже́ ... . 2. Мы подошли́ к ... . 3. Де́вушка вошла́ в ... . 4. Автомоби́ль останови́лся пе́ред ... . 5. При ... краси́вый сад.
(большо́й сосе́дний дом)

В. 1. Мы мечта́ли о ... . 2. Все ста́ли тёмными от ... . 3. Мы привы́кли к ... . 4. Нельзя́ злоупотребля́ть ... . 5. Нельзя́ смотре́ть без тёмных очко́в на ... .
(горя́чее ю́жное со́лнце)

С. 1. Я собра́л буке́т ... . 2. Мы купи́ли ... . 3. Мы ра́довались ... . 4. Де́ти укра́сили ко́мнату ... . 5. Поэ́т написа́л стихи́ о ... .
(пе́рвые весе́нние цветы́)

Übung 203. Deklinieren Sie die folgenden Wortverbindungen Adjektiv + Substantiv. Bilden Sie Sätze mit einigen Wortverbindungen in allen Fällen.

после́дний тру́дный экза́мен; ва́жное о́бщее де́ло; да́льний сосно́вый лес; я́ркое весе́ннее со́лнце; после́дний тёплые дни

Übung 204. Schreiben Sie die folgenden Sätze ab. Setzen Sie die in Klammern stehenden Wortverbindungen im erforderlichen Fall ein.

1. По́сле ... путеше́ственники, наконе́ц, прибли́зились к ... . (до́лгий тру́дный путь, сосно́вый лес) 2. Де́ти игра́ли вокру́г ... . (нового́дняя ёлка) 3. Э́ти цветы́ боя́тся ... . (ра́нние осе́нние моро́зы) 4. Мой брат увлека́ется ... . (зи́мний спорт) 5. Все ра́дуются ... . (я́ркое весе́ннее со́лнце) 6. Я взял э́ту кни́гу с ... . (пра́вая ве́рхняя по́лка) 7. Мы чита́ли расска́зы о ... . (сме́лые вое́нные лётчики) 8. Студе́нты гото́вились к ... . (после́дний тру́дный экза́мен) 9. Росси́я с ка́ждым го́дом расширя́ет ... . (вне́шняя торго́вля) 10. Рабо́чие овладева́ют ... . (передовы́е ме́тоды труда́) 11. Э́тот ва́жный вопро́с тре́бует ... . (широ́кое и всесторо́ннее обсужде́ние)

126

Qualitäts- und Beziehungsadjektive

Adjektive können die verschiedensten Merkmale eines Gegenstandes bezeichnen: Größe (**большо́й, ма́ленький** дом *ein großes, kleines Haus*), Farbe (**кра́сное** я́блоко *ein roter Apfel*, **зелёные** ли́стья *grüne Blätter*), Stoff (**ка́менный** дом *ein steinernes Haus*), Besitzverhältnis (**Ма́шин** уч́ебник *Maschas Lehrbuch*, **отцо́вская** библиоте́ка *die Bibliothek des Vaters*) und dgl.

Die Adjektive lassen sich im Russischen ihrer Bedeutung nach in zwei Gruppen einteilen: in Qualitäts- und Beziehungsadjektive (relative).

Q u a l i t ä t s a d j e k t i v e bezeichnen Merkmale, die bei einem Gegenstand in mehr oder minder starkem Maße auftreten können.

Это **большо́й** дом, а тот дом ещё **бо́льше**.	Das ist ein großes Haus, doch jenes Haus ist noch größer.
Сейча́с ве́тер **холо́дный**, а ве́чером он бу́дет **ещё холодне́е**.	Jetzt ist der Wind schon kalt, aber am Abend wird er noch kälter werden.

Die Qualitätsadjektive bezeichnen:

a) Größe, Ausmaß: **большо́й** дом *ein großes Haus*, **ма́ленькая** ко́мната *ein kleines Zimmer*, **огро́мный** го́род *eine Riesenstadt*, **широ́кая** доро́га *ein breiter Weg*, **у́зкий** коридо́р *ein schmaler Korridor*, **ни́зкий** дива́н *ein niedriges Sofa*, **высо́кое** де́рево *ein hoher Baum*;

b) Farbe: **зелёная** трава́ *das grüne Gras*, **си́нее** мо́ре *das blaue Meer*, **голубо́е** не́бо *der blaue Himmel*, **кра́сный** плато́к *das rote Tuch*, **жёлтый** лист *das gelbe Blatt*, **се́рая** пыль *der graue Staub*, **кори́чневый** портфе́ль *die braune Mappe*;

c) Geschmack: **сла́дкое** я́блоко *ein süßer Apfel*, **ки́слая** клю́ква *saure Moosbeeren*, **го́рькое** лека́рство *eine bittere Arznei*, **солёная** вода́ *salziges Wasser*;

d) Gewicht: **тяжёлый** чемода́н *ein schwerer Koffer*, **лёгкая** ло́дка *ein leichtes Boot*;

e) Temperatur: **холо́дный** ве́тер *der kalte Wind*, **тёплая** пого́да *das warme Wetter*, **жа́ркое** со́лнце *die heiße Sonne*, **горя́чий** песо́к *der heiße Sand*, **прохла́дный** ве́чер *der kühle Abend*;

f) verschiedene Eigenschaften von Menschen und Dingen: **сме́лый** лётчик *ein tapferer Flieger*, **приле́жный** учени́к *ein fleißiger Schüler*, **краси́вая** де́вушка *ein hübsches Mädchen*, **отли́чная** рабо́та *eine ausgezeichnete Arbeit*, **интере́сная** кни́га *ein interessantes Buch*, **гру́стная** пе́сня *ein trauriges Lied*.

B e z i e h u n g s a d j e k t i v e drücken ein Merkmal eines Gegenstandes durch Beziehung auf einen anderen Gegenstand aus; sie können ein Merkmal des Gegenstandes bezeichnen durch Bezug auf:

a) den Stoff, aus dem der Gegenstand hergestellt ist: **ка́менный** дом (дом из ка́мня) *ein steinernes Haus* (*ein Haus aus Stein*), **деревя́нный** сара́й (сара́й из де́рева) *ein hölzerner Schuppen* (*ein Schuppen aus Holz*);

b) die Person, der der Gegenstand gehört: **Ма́шина** кни́га (кни́га

Máши) *Maschas Buch,* **отцо́вская** библиоте́ка (библиоте́ка отца́) *väterliche Bibliothek (die Bibliothek des Vaters),* **Пе́тины** конькѝ (конькѝ Пе́ти) *Petjas Schlittschuhe;*

c) die Zeit: **ме́сячный** о́тпуск (о́тпуск на ме́сяц) *ein einmonatiger Urlaub,* **осе́нние** ли́стья (ли́стья о́сенью) *herbstliche Blätter (Blätter im Herbst);*

d) den Ort: **городско́й** тра́нспорт (тра́нспорт в го́роде) *der städtische Verkehr (der Stadtverkehr),* **лесно́й** во́здух *die Waldluft;*

e) Personen, für die der betreffende Gegenstand bestimmt ist: **студе́нческое** общежи́тие (общежи́тие для студе́нтов) *ein Studentenwohnheim,* **пассажи́рский** по́езд (по́езд для пассажи́ров) *der Personenzug.*

Die Beziehungsadjektive lassen keinen Vergleich zu.

Beziehungsadjektive können zu Qualitätsadjektiven werden, wenn sie übertragene Bedeutungen annehmen. In der Wortverbindung **желе́зная** кры́ша *das eiserne Dach* ist **желе́зная** zum Beispiel ein Beziehungsadjektiv, während es in der Wortverbindung **желе́зная** во́ля *der eiserne Wille* ein Qualitätsadjektiv ist.

A n m e r k u n g. Einige Beziehungsadjektive auf **-ий, -ья, -ье, -ья** weisen auf die Zugehörigkeit eines Gegenstandes zu einer Tiergattung hin: **ли́сий** хвост (хвост лисы́) *der Fuchsschwanz (der Schwanz eines Fuchses),* **ли́сья** ла́па *die Fuchspfote,* **ли́сье** чутьё *die Witterung eines Fuchses,* **ли́сьи** следы́ *Fuchsspuren.*

Übung 205. Suchen Sie zu jedem der angegebenen Substantive passende Qualitäts- und Beziehungsadjektive.

M u s t e r: большо́й го́род, примо́рский го́род

го́род, дом, ко́мната, стол, кни́га, флаг, река́, лес, доро́га, ве́тер, цветы́, ночь, во́здух, ло́дка, со́лнце

Übung 206. Ersetzen Sie in den folgenden Wortverbindungen die Adjektive durch Fügungen Präposition + Substantiv.

желе́зная кры́ша, пятиле́тний план, Моско́вское метро́, ко́жаный портфе́ль, де́тская кни́га, я́блочный пиро́г, шерстяно́е пла́тье, кни́жная по́лка

Übung 207. Sagen Sie, in welchen Wortverbindungen die Beziehungsadjektive qualitative Bedeutungsnuancen haben.

желе́зная кры́ша, желе́зная дисципли́на; стальна́я во́ля, стально́й нож; золото́е кольцо́, золото́е вре́мя; возду́шное пла́тье, возду́шное простра́нство; де́тская ко́мната, де́тское рассужде́ние

LANG- UND KURZFORMEN DER ADJEKTIVE
UND IHRE FUNKTION IM SATZ

Im Russischen unterscheidet man Lang- und Kurzformen der Adjektive.

Die Qualitätsadjektive können neben den Langformen (**интере́сный** расска́з *eine interessante Erzählung,* **интере́сная** кни́га *ein interessantes Buch,* **интере́сное** сообще́ние *eine interessante Mitteilung,* **интере́сные** но́вости *interessante Neuigkeiten*) Kurzformen haben (расска́з **интере́сен** *die Erzählung ist interessant,* кни́га **интере́сна** *das Buch ist *interessant*, сообщéние **интерéсно** *die Mitteilung ist interessant*, нóвости **интерéсны** *die Neuigkeiten sind interessant*).

Die Beziehungsadjektive verfügen nur über Langformen (**студéнческий** билéт *der Studentenausweis*, **студéнческая** жизнь *das Studentenleben*, **студéнческое** общежи́тие *das Studentenwohnheim*, **студéнческие** рабóты *Studentenarbeiten*).

Die Langformen werden mit *какóй? welcher? какáя? welche? какóе? welches? каки́е? welche?* erfragt, die Kurzformen mit *какóв? каковá? каковó? каковы́? wie ist? wie sind?*

интерéсный рассκáз	eine interessante Erzählung
Рассκáз **интерéсен.**	Die Erzählung ist interessant.

Die Langformen können im Satz attributiv und prädikativ gebraucht werden:

Я прочитáл **интерéсную** кни́гу.	Ich habe ein interessantes Buch gelesen.
Эта кни́га **интерéсная.**	Das Buch ist interessant.

Die Langformen werden nach Geschlecht, Zahl und Fall abgewandelt und kongruieren mit dem Substantiv, auf das sie sich beziehen.

Die Kurzformen werden im Satz prädikativ gebraucht, sie sind nicht deklinierbar; mit dem Substantiv als Subjekt kongruieren sie in Geschlecht und Zahl.

Рассκáз **интерéсен.**	Die Erzählung ist interessant.
Кни́га **интерéсна.**	Das Buch ist interessant.
Сообщéние **интерéсно.**	Die Mitteilung ist interessant.
Рассκáзы, кни́ги, сообщéния **интерéсны.**	Die Erzählungen, Bücher, Mitteilungen sind interessant.

Im Präsens wird **быть** *sein* als Kopula im allgemeinen nicht gebraucht. Im Präteritum werden die Formen **был, былá, бы́ло** *war*, **бы́ли** *waren* gebraucht.

Рассκáз **был интерéсен** (интерéсный).	Die Erzählung war interessant.
Лéкция **былá интерéсна** (интерéсная).	Die Vorlesung war interessant.
Сообщéние **бы́ло интерéсно** (интерéсное).	Die Mitteilung war interessant.
Рассκáзы, лéкции, сообщéния **бы́ли интерéсны** (интерéсные).	Die Erzählungen, Vorlesungen, Mitteilungen waren interessant.

Im Futur steht **бýдет** *wird sein*, **бýдут** *werden sein* als Kopula.

Рассκáз **бýдет интерéсен** (интерéсный).	Die Erzählung wird interessant sein.
Лéкция **бýдет интерéсна** (интерéсная).	Die Vorlesung wird interessant sein.
Сообщéние **бýдет интерéсно** (интерéсное).	Die Mitteilung wird interessant sein.

Расска́зы, ле́кции, сообще́ния	Die Erzählungen, Vorlesungen,
бу́дут **интере́сны** (интере́с-	Mitteilungen werden interes-
ные).	sant sein.

(Über den prädikativen Gebrauch der Lang- und Kurzformen der Adjektive s i e h e S. 457).

A n m e r k u n g. Die Adjektive **рад** *froh* und **до́лжен** in der Bedeutung von ,*müssen, sollen*' weisen nur Kurzformen auf.

Он **рад** встре́че с ва́ми.	Er ist froh, Sie zu sehen.
Она́ **ра́да** ви́деть вас.	Sie ist froh, Sie zu sehen.
Они́ **должны́** ско́ро прийти́.	Sie müssen bald kommen.

DIE ENDUNGEN DER KURZFORMEN

Langformen	Kurzformen
Singular	
высо́кий дом	**дом высо́к**
ein hohes Haus	das Haus ist hoch
краси́вый цвето́к	**цвето́к краси́в**
eine schöne Blume	die Blume ist schön
тру́дная зада́ча	**зада́ча трудна́**
eine schwere Aufgabe	die Aufgabe ist schwer
широ́кая река́	**река́ широка́**
ein breiter Fluß	der Fluß ist breit
свобо́дное ме́сто	**ме́сто свобо́дно**
ein freier Platz	der Platz ist frei
пра́вильное реше́ние	**реше́ние пра́вильно**
eine richtige Lösung	die Lösung ist richtig
Plural	
высо́кие дома́	**дома́ высоки́**
hohe Häuser	die Häuser sind hoch
тру́дные зада́чи	**зада́чи трудны́**
schwere Aufgaben	die Aufgaben sind schwer
свобо́дные места́	**места́ свобо́дны**
freie Plätze	die Plätze sind frei

Folgen im Stammauslaut der Langform zwei Konsonanten aufeinander, so wird mitunter in der männlichen Form ein flüchtiger Vokal **o** bzw. **e(ё)** eingeschoben **бли́зкий — бли́зок** *nah,* **бе́дный — бе́ден** *arm,* **хи́трый — хитёр** *schlau.*

Flüchtiges **o** erscheint, wenn in der Langform im Wurzelauslaut ein harter Konsonant vor dem Suffix -**к**- steht:

бли́зкий — бли́зок nah	**то́нкий — то́нок** dünn
ни́зкий — ни́зок niedrig	**у́зкий — у́зок** schmal
кре́пкий — кре́пок fest	**ло́вкий — ло́вок** geschickt
лёгкий — лёгок leicht	**сла́дкий — сла́док** süß

Außerdem erscheint flüchtiges **o** in folgenden Kurzformen: **до́л-гий — до́лог** *lang,* **по́лный — по́лон** *voll,* **смешно́й — смешо́н** *lächerlich.*

Flüchtiges **e** bzw. **ё** tritt nach Konsonanten vor dem Suffix -**н**- ein:

бе́дный — бе́ден arm
больно́й — бо́лен krank
бле́дный — бле́ден blaß
вре́дный — вре́ден schädlich
поле́зный — поле́зен nützlich
ну́жный — ну́жен nötig

тру́дный — тру́ден schwierig
не́жный — не́жен zart
гря́зный — гря́зен schmutzig
у́мный — умён klug
чёрный — чёрен schwarz

Flüchtiges e tritt auch ein, wenn im Wurzelauslaut ein weicher Konsonant (gekennzeichnet durch -ь-) oder й vor dem Suffix -к- steht:

го́рький — го́рек bitter
бо́йкий — бо́ек findig
сто́йкий — сто́ек standhaft

Außerdem tritt flüchtiges e bzw. ё in folgenden Adjektiven auf:

ки́слый — ки́сел sauer
све́тлый — све́тел hell
тёплый — тёпел warm

хи́трый — хитёр schlau
о́стрый — остёр scharf

Anmerkung. Zwischen с und т findet kein Vokaleinschub statt: чи́стый — чист *rein*, то́лстый — толст *dick*, пусто́й — пуст *leer*, просто́й — прост *einfach*.

Die Adjektive auf -енный in der Langform (уве́ренный *sicher*, открове́нный *offenherzig*) enden in der Kurzform entweder auf -ен oder auf -енен (уве́рен, открове́нен): легкомы́сленный — легкомы́слен *leichtsinnig*, боле́зненный — боле́знен *kränklich*, ограни́ченный — ограни́чен *beschränkt*, уве́ренный — уве́рен *sicher*, aber: обыкнове́нный — обыкнове́нен *gewöhnlich*, и́скренний — и́скренен *aufrichtig*, неизме́нный — неизме́нен *unveränderlich*.

Übung 208. Schreiben Sie die folgenden Sätze ab. Unterstreichen Sie die Kurzform der Adjektive; bestimmen Sie Geschlecht und Zahl.

1. Ру́сский поэ́т роди́лся в стране́, где не́бо се́ро, снега́ глубоки́, моро́зы треску́чи, вью́ги страшны́, ле́то зно́йно, земля́ оби́льна и плодоро́дна. (*Бел.*) 2. Моро́зна ночь; всё не́бо я́сно. (*П.*) 3. Печа́льны бы́ли на́ши встре́чи. (*П.*) 4. Путь на озёра был до́лог. (*Пауст.*) 5. Чуде́сен шум ночно́го дождя́. (*А. Т.*)

Übung 209. Ersetzen Sie die Fügung Adjektiv (Langform) + Substantiv durch die Fügung Adjektiv (Kurzform) + Substantiv. Schreiben Sie die Fügungen auf.

Muster: *стро́гий учи́тель — учи́тель строг*

све́жий во́здух, тру́дный вопро́с, коро́ткий расска́з, просто́й спо́соб, ни́зкий потоло́к, пусто́й стака́н, то́нкий сте́бель, больно́й ребёнок, у́зкий коридо́р, ну́жный уче́бник, лёгкий чемода́н, свобо́дный вход

Übung 210. Lesen Sie die folgenden Sätze. Suchen Sie die Kurzformen der Adjektive heraus und bestimmen Sie ihre Funktion im Satz.

1. Земля́ велика́ и прекра́сна. Есть на ней мно́го чуде́сных мест. (*Чех.*) 2. Зага́дочны и потому́ прекра́сны тёмные ча́щи ле́са, глуби́ны море́й. (*Пауст.*) 3. Жизнь прекра́сна и удиви́тельна. (*Маяк.*) 4. Утро бы́ло све́жее и прекра́сное. (*Л.*) 5. Тиха́ украи́н-

ская ночь. Прозра́чно не́бо. (*П.*) 6. Как лес хоро́ш по́здней о́сенью! (*Тург.*) 7. Почему́ так хоро́ш и худо́жествен язы́к наро́дной ре́чи? Потому́ что в наро́дной ре́чи живу́т и всегда́ де́йствуют зако́ны рожде́ния языка́. (*А. Т.*)

Die Steigerung der Adjektive

Steigerungsformen lassen sich nur von Qualitätsadjektiven bilden. Die Beziehungsadjektive haben keine Steigerungsformen.

Qualitätsadjektive haben zwei Steigerungsformen: den Komparativ und den Superlativ.

Der Komparativ:

Зо́лото **тяжеле́е** желе́за.	Gold ist schwerer als Eisen.
Во́лга **длинне́е** Днепра́.	Die Wolga ist länger als der Dnepr.

Der Superlativ:

Санкт-Петербу́рг — оди́н из **краси́вейших** городо́в Росси́и.	Sankt Petersburg ist eine der schönsten Städte des Rußlands.
Эвере́ст — **высоча́йшая** гора́ в ми́ре.	Der Mount Everest ist der höchste Berg der Erde.
Моско́вский госуда́рственный университе́т — оди́н из **старе́йших** университе́тов страны́.	Die Moskauer Staatliche Universität ist eine der ältesten Universitäten des Landes.

Die Bildung des Komparativs

Man unterscheidet einfache Formen (**интере́снее** *interessanter*, **вы́ше** *höher*) und zusammengesetzte Formen (**бо́лее интере́сный** *interessanter*, **бо́лее высо́кий** *höher*) des Komparativs.

Der einfache Komparativ wird durch Anfügen der Suffixe **-ее (-ей)** oder **-е** an den Adjektivstamm gebildet.

1. Von den meisten Adjektiven wird der Komparativ mit Hilfe des Suffixes **-ее (-ей)** gebildet:

> **си́льный — сильне́е (сильне́й)**
> stark
> **сла́бый — слабе́е (слабе́й)**
> schwach
> **све́тлый — светле́е (светле́й)**
> hell
> **тёмный — темне́е (темне́й)**
> dunkel
> **прямо́й — пряме́е (пряме́й)**
> gerade

In der Komparativform wird in der Regel das erste **-е** des Suffixes **-ее** betont.

Mehrsilbige Adjektive sind in der Komparativform stammbetont:

интере́сный — **интере́снее** (интере́сней)
interessant
краси́вый — **краси́вее** (краси́вей)
schön
счастли́вый — **счастли́вее** (счастли́вей)
glücklich
внима́тельный — **внима́тельнее** (внима́тельней)
aufmerksam

2. Von Adjektiven mit Stammauslaut auf **г, к, х** oder **д, т, ст** sowie von einigen anderen Adjektiven wird der Komparativ mit Hilfe des Suffixes **-e** gebildet; dabei tritt Konsonantenwechsel ein. Diese Form ist stets stammbetont:

дорого́й — **доро́же**
teuer
стро́гий — **стро́же**
streng
кре́пкий — **кре́пче**
fest
гро́мкий — **гро́мче**
laut
ти́хий — **ти́ше**
leise
сухо́й — **су́ше**
trocken
молодо́й — **моло́же**
jung

твёрдый — **твёрже**
hart
бога́тый — **бога́че**
reich
круто́й — **кру́че**
steil
то́лстый — **то́лще**
dick
чи́стый — **чи́ще**
rein
дешёвый — **дешё́вле**
billig

3. Bei einigen Adjektiven, derer Komparativ mit Hilfe von **-e** gebildet wird, entfallen die Suffixe **-к-, -ок-**; im Wurzelauslaut tritt Konsonantenwechsel ein:

ни́зкий — **ни́же**
niedrig
высо́кий — **вы́ше**
hoch
у́зкий — **у́же**
schmal

бли́зкий — **бли́же**
nah
коро́ткий — **коро́че**
kurz
ре́дкий — **ре́же**
selten

4. Von den Adjektiven **далёкий** *weit*, **до́лгий** *lang*, **то́нкий** *dünn* wird der Komparativ mit Hilfe des Suffixes **-ше** gebildet, wobei stammauslautende **к** und **г** entfallen:

далёкий — **да́льше**
weit
то́нкий — **то́ньше**
dünn
до́лгий — **до́льше**
lang

5. Die Komparativformen der Adjektive **плохо́й** *schlecht*, **хоро́-ший** *gut*, **ма́ленький** *klein* werden von anderen Wortwurzeln gebildet:

> **плохо́й — ху́же**
> schlecht
> **хоро́ший — лу́чше**
> gut
> **ма́ленький — ме́ньше**
> klein

6. Besondere Bildungen sind:

> **большо́й — бо́льше**
> groß
> **сла́дкий — сла́ще**
> süß
> **по́здний — поздне́е** (o d e r: **по́зже**)
> spät
> **глубо́кий — глу́бже**
> tief

Im Komparativ können die Adjektive mit dem Präfix **по-** (in der Bedeutung ,etwas') gebraucht werden: **побо́льше** *etwas mehr*, **повы́ше** *etwas höher*, **подоро́же** *etwas teurer*.

Der z u s a m m e n g e s e t z t e Komparativ. Von einigen Qualitätsadjektiven lassen sich keine einfachen Komparativformen bilden. Hierher gehören:

1. Adjektive mit dem Suffix **-ск-** (**дру́жеский** *freundlich, freundschaftlich*, **това́рищеский** *kameradschaftlich*);

2. Adjektive mit den Suffixen **-ов-, -ев-** (**делово́й** *sachlich*, **передово́й** *fortschrittlich*, **ма́ссовый** *Massen-*, **боево́й** *kämpferisch*);

3. Einige andere Adjektive: **ра́нний** *früh*, **го́рький** *bitter*, **ли́шний** *übrig, überflüssig*, **ро́бкий** *schüchtern*, **ли́пкий** *klebrig*, **де́рзкий** *verwegen*, **го́рдый** *stolz*, **отло́гий** *abschüssig*, **ве́тхий** *baufällig*, **пло́ский** *flach*, **уста́лый** *müde*.

Von diesen Adjektiven wird ein zusammengesetzter Komparativ durch Vorsetzen von **бо́лее** oder **ме́нее** vor den Positiv (die Grundstufe des Adjektivs) gebildet.

> **ма́ссовый — бо́лее ма́ссовый — ме́нее ма́ссовый**
> massenhaft
> **ра́нний — бо́лее ра́нний — ме́нее ра́нний**
> früh
> **уста́лый — бо́лее уста́лый — ме́нее уста́лый**
> müde
> **дру́жеский — бо́лее дру́жеский — ме́нее дру́жеский**
> freundschaftlich

Der zusammengesetzte Komparativ läßt sich von allen Qualitätsadjektiven bilden.

Man kann daher sagen:

Эта кни́га **интере́снее**, чем та.	Dieses Buch ist interessanter als jenes.
o d e r:	
Эта кни́га **бо́лее интере́сна**, чем та.	
Кавка́зские го́ры **вы́ше**, чем Ура́льские.	Die Berge des Kaukasus sind höher als die des Urals.
o d e r:	
Кавка́зские го́ры **бо́лее высо́кие**, чем Ура́льские.	

Zum Gebrauch der Komparativformen

Der einfache Komparativ (**сильне́е** *stärker*, **вы́ше** *höher*) wird nicht nach Geschlecht, Zahl und Fall abgewandelt. Er wird vorwiegend prädikativ gebraucht:

Брат **моло́же** сестры́.	Der Bruder ist jünger als die Schwester.
Брат был **вы́ше** сестры́.	Der Bruder war größer als die Schwester.

Der einfache Komparativ kann jedoch auch in attributiver Funktion gebraucht werden:

Он получи́л ко́мнату **бо́льше** мое́й.	Er bekam ein Zimmer, das größer war als meins.

Der attributiv gebrauchte einfache Komparativ steht immer nach seinem Bezugswort.

Bei prädikativem Gebrauch des zusammengesetzten Komparativs (**бо́лее интере́сный** *interessanter*, **бо́лее ра́нний** *früher*) bleibt **бо́лее** unveränderlich, während der zweite Teil (das Adjektiv im Positiv) mit dem zugehörigen Substantiv in Geschlecht und Zahl übereinstimmt. Wird der zusammengesetzte Komparativ attributiv gebraucht, so stimmt der zweite Teil mit seinem Bezugswort auch im Fall überein:
p r ä d i k a t i v :

Сего́дняшняя ле́кция **бо́лее интере́сна**, чем вчера́шняя.	Die heutige Vorlesung ist interessanter als die gestrige.
Сего́дняшний семина́р **бо́лее интере́сен**, чем вчера́шний.	Das heutige Seminar ist interessanter als das gestrige.
Сего́дняшнее зада́ние **бо́лее интере́сно**, чем вчера́шнее.	Die heutige Aufgabe ist interessanter als die gestrige.

a t t r i b u t i v :

Я не по́мню у́тра **бо́лее голубо́го и све́жего**.	Ich kann mich kaum eines so blauen und frischen Morgens entsinnen.

Im Russischen steht das nominale Vergleichswort im Genitiv:

Сестра́ приле́жнее бра́та.	Die Schwester ist fleißiger als der Bruder.

oder im Nominativ nach **чем**:

Сестра́ *приле́жнее,* **чем** брат.	Die Schwester ist fleißiger als der Bruder.

Der durch **чем** ausgedrückte Vergleich wird in der Regel durch Komma abgetrennt.

Nach dem zusammengesetzten Komparativ ist nur **чем** + Nominativ möglich:

Сестра́ *бо́лее приле́жна,* **чем** брат.	Die Schwester ist fleißiger als der Bruder.
Брат *ме́нее приле́жен,* **чем** сестра́.	Der Bruder ist nicht so fleißig wie die Schwester.

Übung 211. Schreiben Sie den Komparativ der folgenden Adjektive nach den angegebenen Mustern auf. Setzen Sie Betonungszeichen.

1. *си́льный — сильне́е*
сла́бый, до́брый, но́вый, о́стрый, бе́дный, све́тлый, тёмный, ва́жный

2. *изве́стный — изве́стнее*
краси́вый, прия́тный, интере́сный, внима́тельный

3. *ти́хий — ти́ше*
сухо́й, глухо́й

4. *кре́пкий — кре́пче*
я́ркий, жа́ркий, ре́зкий, гро́мкий, зво́нкий, лёгкий, мя́гкий, жёсткий

5. *туго́й — ту́же*
дорого́й, стро́гий

6. *круто́й — кру́че*
бога́тый

7. *то́лстый — то́лще*
чи́стый, просто́й, густо́й, ча́стый

Übung 212. Bilden Sie sieben Sätze mit Adjektiven aus Übung 212.

Übung 213. Setzen Sie die hervorgehobenen Adjektive in den Komparativ.

1. Сего́дня пого́да ху́же, чем вчера́. Ве́тер *холо́дный* и *ре́зкий.* Моро́з *си́льный.*

2. Он тепе́рь лу́чше рабо́тает. Его́ движе́ния *уве́ренны.*

3. Мы шли друго́й доро́гой. Эта доро́га была́ *тру́дной,* подъём в го́ру был *круто́й.*

Übung 214. Setzen Sie an Stelle der Punkte die in Klammern stehenden Adjektive im Komparativ ein.

1. Ночь станови́лась всё ... . (тёмный) 2. С ка́ждым ша́гом подъём в го́ру станови́лся ... . (круто́й) 3. Тропи́нка станови́лась всё ... и ско́ро совсе́м пропа́ла. (у́зкий) 4. Приближа́лась весна́. Дни станови́лись ..., но́чи станови́лись ... . (дли́нный, коро́ткий) 5. Зада́ча оказа́лась ..., чем мы ду́мали. (тру́дный) 6. Мы смотре́ли в окно́ ваго́на, и пе́ред на́ми открыва́лись карти́ны одна́ друго́й ... . (интере́сный) 7. С ка́ждой мину́той его́ речь станови́лась ... и ... . (уве́ренный, споко́йный)

Die Bildung des Superlativs

Im Russischen unterscheidet man den einfachen Superlativ (**краси́-вейший** *der schönste,* **интере́снейший** *der interessanteste*) und den zusammengesetzten Superlativ (**са́мый краси́вый, са́мый интере́сный**).

Der e i n f a c h e Superlativ wird durch Anfügen der Suffixe **-айш-** oder **-ейш-** an den Adjektivstamm gebildet (**вели́кий — велича́йший; си́льный — сильне́йший**).

1. Das Suffix **-айш-** wird angefügt, wenn der Adjektivstamm auf **г, к, х** auslautet; dabei tritt Konsonantenwechsel **г — ж, к — ч, х — ш** ein:

> **стро́гий — строжа́йший**
> streng
> **высо́кий — высоча́йший**
> hoch
> **ти́хий — тиша́йший**
> leise

2. Der Superlativ der anderen Adjektive wird mit dem Suffix **-ейш-** gebildet:

краси́вый — краси́вейший
schön
но́вый — нове́йший
neu
ста́рый — старе́йший
alt
си́льный — сильне́йший
stark

просто́й — просте́йший
einfach
бога́тый — богате́йший
reich
злой — зле́йший
böse

3. Von einigen Adjektiven wird der Superlativ mit Hilfe des Suffixes **-ш-** gebildet:

> **высо́кий — вы́сший**
> hoch
> **ни́зкий — ни́зший**
> niedrig

zuweilen erfolgt Ableitung von einem anderen Stamm:

> **хоро́ший — лу́чший**
> gut
> **плохо́й — ху́дший**
> schlecht
> **ма́ленький — ме́ньший**
> klein

4. Die einfachen Superlativformen einiger Adjektive können zum Ausdruck der Verstärkung mit **наи-** präfigiert werden: **наилу́чший** *der allerbeste,* **наиху́дший** *der schlimmste,* **наивы́сший** *der höchste,* **наиме́ньший** *der kleinste,* **наикраси́вейший** *der schönste,* **наисильне́йший** *der stärkste.* Adjektive mit **наи-** werden selten gebraucht.

Von vielen Adjektiven kann kein einfacher Superlativ gebildet werden (z. В. **больно́й** *krank*, **ра́нний** *früh*, **делово́й** *geschäftlich*, **дру́жеский** *freundschaftlich*, **у́зкий** *schmal*, **ги́бкий** *geschmeidig*, **молодо́й** *jung*, **родно́й** *Heimat-*).

Der zusammengesetzte Superlativ kann von allen Qualitätsadjektiven gebildet werden, und zwar durch Vorsetzten von **са́мый** vor den Positiv des Adjektivs (**са́мый сме́лый** *der tapferste*, **са́мый ра́нний** *der früheste*). Dieser zusammengesetzte Superlativ wird häufiger gebraucht als der einfache Superlativ.

Den zusammengesetzten Superlativ kann man auch durch Vorsetzen von **наибо́лее** vor den Positiv des Adjektivs bilden. Fügungen wie **наибо́лее интере́сный** und **са́мый интере́сный** sind gleichbedeutend. Die Superlativform mit **наибо́лее** ist der Schriftsprache eigen.

Ein zusammengesetzter Superlativ kann auch durch Verbindung des einfachen Komparativs mit dem Genitiv des Pronomens **все — всех** gebildet werden:

> **са́мый интере́сный — интере́снее всех**
> der interessanteste
> **са́мый молодо́й — моло́же всех**
> der jüngste

Zum Gebrauch der Superlativformen

Der einfache Superlativ wird nach Geschlecht, Zahl und Fall abgewandelt:

сильне́йший (са́мый си́льный) пhandsoméц	der stärkste Schwimmer
сильне́йшая (са́мая си́льная) кома́нда	die stärkste Mannschaft
сильне́йшие (са́мые си́льные) кома́нды	die stärksten Mannschaften
Он игра́ет **в сильне́йшей (са́мой си́льной)** футбо́льной кома́нде.	Er spielt in der stärksten Fußballmannschaft.

Der einfache Superlativ kann im Satz sowohl als Teil des Prädikats als auch attributiv gebraucht werden:

prädikativ:

Озеро Байка́л — **глубоча́йшее (само́е глубо́кое)** о́зеро в ми́ре.	Der Baikalsee ist der tiefste See der Erde.

attributiv:

По́езд приближа́ется к **глубоча́йшему (са́мому глубо́кому)** о́зеру в ми́ре.	Der Zug nähert sich dem tiefsten See der Erde.

Der einfache für die Schriftsprache typische Superlativ kommt seltener als der zusammengesetzte Superlativ vor. Die zusammengesetzte

Form mit **са́мый** wird sowohl in der Schriftsprache als auch in der Umgangssprache gebraucht.

Sätze mit dem Superlativ können verschiedenartig gebildet werden:

a) mit dem Genitiv des Substantivs ohne Präposition:

Озеро Байка́л—*глубоча́йшее* о́зеро **ми́ра**.
Der Baikalsee ist der tiefste See der Welt.

b) mit der Präposition **в** + Präpositiv:

Озеро Байка́л—*глубоча́йшее* о́зеро **в ми́ре**.
Der Baikalsee ist der tiefste See in der Welt.

c) mit der Präposition **из** + Genitiv Plural:

Озеро Байка́л—*глубоча́йшее* **из озёр** ми́ра.
Der Baikalsee ist der tiefste aller Seen der Welt.

d) mit der Präposition **среди́** + Genitiv Plural:

Озеро Байка́л—*глубоча́йшее* **среди́ озёр** ми́ра.
Der Baikalsee ist der tiefste unter den Seen der Welt.

Anmerkung. In manchen Fällen hat der Superlativ seine ursprüngliche Bedeutung eingebüßt:

Рабо́та бу́дет зако́нчена в *ближа́йшее* вре́мя.
Die Arbeit wird bald beendet sein.

Напиши́ мне о *дальне́йшей* рабо́те.
Schreib mir über deine weitere Arbeit.

Студе́нты изуча́ли курс *нове́йшей* исто́рии.
Die Studenten studierten die Geschichte der Neuzeit.

Übung 215. Schreiben Sie die folgenden Sätze ab. Unterstreichen Sie die Superlativformen der Adjektive.

1. Пу́шкин — велича́йший ру́сский поэ́т. 2. От са́мой се́верной то́чки Росси́и до са́мой ю́жной — почти́ пять ты́сяч киломе́тров. 3. Пряма́я — кратча́йшее расстоя́ние ме́жду двумя́ то́чками. 4. Ру́сский язы́к доста́точно бога́т; он облада́ет все́ми сре́дствами для выраже́ния са́мых то́нких ощуще́ний и отте́нков мы́сли. (*Кор.*)

Übung 216. Ersetzen Sie den zusammengesetzten Superlativ durch den einfachen.

1. Оста́нкинская телеба́шня - са́мая высо́кая телеба́шня в Евро́пе. 2. Моско́вский госуда́рственный университе́т — оди́н из са́мых ста́рых университе́тов страны́. 3. Енисе́й — са́мая многово́дная река́ Росси́и.

Übung 217. Bilden Sie von den angegebenen Adjektiven den einfachen Superlativ.

до́брый, си́льный, то́нкий, лёгкий, стро́гий, просто́й, но́вый, ре́дкий, тру́дный, бли́зкий, бога́тый, широ́кий, плохо́й, хоро́ший

Übung 218. Bilden Sie Sätze mit den folgenden Wortverbindungen.

кратча́йший срок, кратча́йший путь, нове́йшие достиже́ния, мельча́йшие подро́бности, зле́йший враг, верне́йшее сре́дство, глубоча́йшее уваже́ние

Übung 219. Lesen Sie die folgenden Sätze. Suchen Sie Adjektive im Komparativ und im Superlativ.

1. Из всех средств для распространéния образóванности сáмое сúльное — литератýра. 2. На краю дорóги стоúл дуб. Вероúтно, в дéсять раз стáрше берёз, составлúющих лес, он был в дéсять раз тóлще и в два рáза вúше кáждой берёзы. (Л. Т.) 3. Нет сúлы бóлее могýчей, чем знáние. (М. Г.) 4. Моú рóдина, моú роднáя землú, моё отéчество, в жúзни нет горячéе, глýбже, священнéе чýвства, чем любóвь к тебé. (А. Т.)

Der Übergang vom Adjektiv zum Substantiv

Einige Adjektive können in der Bedeutung von Substantiven gebraucht werden, z. B.

Рабóчий вошёл в цех.	Der Arbeiter betrat die Werkhalle.

Vergleichen Sie:

Он зáнял своё **рабóчее** мéсто.	Er ging an seinen Arbeitsplatz.
Рабóчий день начался.	Der Werktag begann.

Im ersten Satz wird das Wort **рабóчий** mit *кто?* erfragt. (*Кто вошёл в цех?*) In diesem Satz ist das Wort **рабóчий** ein Substantiv; es tritt im Satz als Subjekt auf. Im zweiten Satz wird das Wort **рабóчее** mit *какóе?* erfragt. (*Какóе мéсто он зáнял?*) In diesem Satz ist das Wort **рабóчее** ein Adjektiv; es tritt als Attribut zum Substantiv **мéсто** auf und kongruiert mit diesem Substantiv in Geschlecht, Zahl und Fall. Im dritten Satz ist das Wort **рабóчий** ebenfalls ein Adjektiv.

In einigen Fällen sind Adjektive völlig zu Substantiven geworden und nicht mehr als Adjektive gebräuchlich, z. B. **портнóй** *der Schneider*, **дежýрный** *der Wächter*, **прохóжий** *der Passant*, **мостовáя** *das Pflaster, der Fahrdamm*, **запятáя** *das Komma* sowie folgende Bezeichnungen der Wortarten: **прилагáтельное** *das Eigenschaftswort*, **существú-тельное** *das Dingwort*, **числúтельное** *das Zahlwort*.

Die völlig zu Substantiven gewordenen Adjektive sowie die Adjektive, die in der Bedeutung von Substantiven gebraucht werden, werden wie Adjektive dekliniert **мостовáя (мостовóй, мостовýю)**. Solche Wörter können mit anderen Adjektiven als Attributen verbunden sein:

Костюм шил **óпытный** *портнóй*.	Den Anzug hat ein erfahrener Schneider genäht.
Ко мне пришёл мой **стáрый** *знакóмый*.	Zu mir kam mein alter Bekannter.

Übung 220. Schreiben Sie die folgenden Sätze ab. Unterstreichen Sie die hervorgehobenen Substantive mit einer Linie und die Adjektive mit zwei Linien.

1. Я на минýту остановúлся в *передней*, чтóбы снять пальтó. Мы éхали в *передней* машúне. 2. Я навестúл *больнóго* товáрища. *Больнóй* нáчал поправлúться. 3. Егó прúнял *дежýрный* врач. *Дежýрный* дóлжен следúть за порúдком. 4. Я смотрю из окнá вагóна на *знакóмые* местá. На ýлице я встрéтил *знакóмого*. 5. Пóсле лéкции мы пойдём обéдать в *столóвую*. В буфéте стоúт *столóвая* посýда.

Wiederholungsübungen

Übung 221. Schreiben Sie eine kurze Erzählung zu einem der angegebenen Themen; verwenden Sie dabei die Wortverbindungen Adjektiv + Substantiv.

ЛЫ́ЖНАЯ ПРОГУ́ЛКА

Я́сный зи́мний день, голубо́е не́бо, я́ркое со́лнце, бе́лые поля́, прозра́чный лес, го́лые дере́вья, зелёные е́ли, за́ячьи следы́, крута́я гора́, кре́пкий лёд, моро́зный во́здух, румя́ные ли́ца, серебри́стый и́ней, ослепи́тельный блеск.

ЛЕ́ТНЕЕ У́ТРО

Све́жий ра́нний ветеро́к, ро́зовый край не́ба, со́лнечные лучи́, ре́дкие облака́, голубо́е не́бо, зелёная трава́, пасту́ший рожо́к, большо́е ста́до.

Übung 222. Suchen Sie aus dem Text die Qualitätsadjektive heraus und schreiben Sie Lang- und Kurzform, Komparativ und Superlativ dieser Adjektive auf.

Как лес *хоро́ш* по́здней о́сенью... Ве́тра нет, и нет ни со́лнца, ни све́та, ни те́ни, ни движе́ния, ни шу́ма; в *мя́гком* во́здухе разли́т осе́нний за́пах, подо́бный за́паху вина́; *то́нкий* тума́н стои́т вдали́ над жёлтыми поля́ми. Сквозь обнажённые бу́рые су́чья дере́вьев ми́рно беле́ет *неподви́жное* не́бо; кой-где́ на ли́пах вися́т после́дние золоты́е ли́стья. Сыра́я земля́ *упру́га* под нога́ми; *высо́кие* сухи́е были́нки не шевеля́тся; дли́нные ни́ти блестя́т на побледне́вшей траве́... (*Тург.*)

Anlage 3

DIE DEKLINATION DER FAMILIENNAMEN UND ORTSNAMEN MÄNNLICHE AUF -ЫН, -ИН

N.	Ильи́н		Familiennamen auf **-ын, -ин** haben zum Unterschied von männlichen Substantiven im Instrumental die Endung **-ым**.
G.	Ильина́		
D.	Ильину́		
A.	Ильина́		
I.	Ильины́м	**-ым**	
P.	(об) Ильине́		

N.	Пу́шкин	Цари́цын	Städtenamen auf **-ин, -ын** haben im Instumental — wie männliche Substantive mit hartem Stammauslaut — die Endung **-ом**.
G.	Пу́шкина	Цари́цына	
D.	Пу́шкину	Цари́цыну	
A.	Пу́шкин	Цари́цын	
I.	Пу́шкином	Цари́цыном	**-ом**
P.	(о) Пу́шкине	(о) Цари́цыне	

MÄNNLICHE UND SÄCHLICHE ORTSNAMEN AUF -ОВ, -ЕВ, -ОВО, -ЕВО

N.	Сара́тов	Ку́нцево	Ortsnamen auf **-ов, -ев, -ово, -ево** werden wie männliche Substantive mit hartem Stammauslaut dekliniert.
G.	Сара́това	Ку́нцева	
D.	Сара́тову	Ку́нцеву	
A.	Сара́тов	Ку́нцево	
I.	Сара́товом	Ку́нцевом	**-ом**
P.	(о) Сара́тове	(о) Ку́нцеве	

MÄNNLICHE FAMILIENNAMEN AUF -ОВ, -ЕВ

N.	Петро́в	Серге́ев		
G.	Петро́ва	Серге́ева		
D.	Петро́ву	Серге́еву		
A.	Петро́ва	Серге́ева		Familiennamen auf **-ов, -ев** ha-
I.	Петро́вым	Серге́евым	**-ым**	ben im Instrumental die Endung
P.	(о) Петро́ве	(о) Серге́еве		**-ым.**

WEIBLICHE FAMILIENNAMEN AUF -ИНА, -ОВА

N.	Ильина́	Петро́ва		Familiennamen auf **-ина, -ова**
G.	Ильино́й	Петро́вой		werden wie weibliche Adjektive de-
D.	Ильино́й	Петро́вой		kliniert, haben aber im Akkusativ
A.	Ильину́	Петро́ву	**-у**	die Endung **-у** (wie Substantive).
I.	Ильино́й	Петро́вой		
P.	(об) Ильино́й	(о) Петро́вой		

MÄNNLICHE UND WEIBLICHE VOR- UND FAMILIENNAMEN

Иваницкий Иваницкая Бе́льский Бе́льская	Familiennamen mit adjektivischer Endung werden wie Adjektive dekliniert.
Ива́н Ива́нович Мари́я Ива́новна	Name und Vatersname werden wie Substantive mit den entsprechenden Endungen dekliniert.
Пушны́х Чутки́х Долги́х	Haben russische Familiennamen ungewöhnliche Endungen, so werden sie nicht dekliniert.
Шевче́нко Короле́нко Безборо́дко Хвойко́	Ukrainische Familiennamen auf **-енко, -ко** werden in der Regel nicht dekliniert (**у Короле́нко, у Хвойко́**). Werden sie dekliniert, so werden sie gewöhnlich nach der Deklination der weiblichen Substantive auf **-а** abgewandelt (**у Короле́нки, писа́л Короле́нке, ви́дел Короле́нку, говори́л с Короле́нкой**).
Мицке́вич Барано́вич Боро́дич	Beziehen sich Familiennamen auf **-ич, -ович, -евич** auf eine männliche Person, so werden sie wie Substantive mit entsprechender Endung dekliniert; sie werden nicht dekliniert, wenn sie sich auf eine weibliche Person beziehen.
Шмидт Мо́царт Ким	Familiennamen fremder Herkunft, die auf einen Konsonanten ausgehen, werden wie Substantive dekliniert, wenn sie sich auf eine männliche Person beziehen. Sie werden nicht dekliniert, wenn sie sich auf eine weibliche Person beziehen.
Гариба́льди Баку́ Россе́тти Тбили́си Не́ру Со́чи Золя́ Ско́пле	Nichtrussische Familiennamen, die auf einen Vokal auslauten, und nichtrussische Städtenamen auf **-у, -и, -е, -о** sind undeklinierbar.
Хора́ва Сы́рзя	Nichtrussische Familiennamen auf **-а(-я)** können dekliniert werden, wenn die Betonung nicht auf die letzte Silbe fällt.

142

DAS PRONOMEN

Nach ihrer Bedeutung faßt man die Pronomen in 9 Gruppen zusammen.

1. Personalpronomen: **я** *ich,* **ты** *du,* **он** *er,* **она** *sie (Sing.),* **оно** *es,* **мы** *wir,* **вы** *ihr, Sie,* **они** *sie (Plur.).*

2. Das rückbezügliche Pronomen **себя** *sich.*

3. Besitzanzeigende Pronomen: **мой** *mein,* **твой** *dein,* **его** *sein,* **её** *ihr* (Bezug auf einen weiblichen Besitzer), **наш** *unser,* **ваш** *euer, Ihr,* **их** *ihr* (Bezug auf mehrere Besitzer), **свой** *mein, dein, sein, ihr, unser, euer, ihr.*

4. Hinweisende Pronomen: **этот** *dieser,* **тот** *jener,* **такой** *solch (so) ein,* **таков** *so,* **столько** *so viel.*

5. Bestimmende Pronomen: **сам** *selber, selbst,* **самый** *gerade, eben, direkt,* **весь** *ganz, all,* **всякий** *jeder,* **любой** *ein beliebiger,* **каждый** *jeder.*

6. Fragepronomen: **кто?** *wer?,* **что?** *was?,* **какой?** *welcher? was für ein?,* **чей?** *wessen?,* **который?** *welcher? der wievielte?,* **сколько?** *wieviel?*

7. Relativpronomen: **кто** *wer,* **что** *was,* **какой** *welcher, was für ein,* **чей** *dessen, deren,* **который** *der,* **сколько** *wieviel.*

Der Form nach sind diese Pronomen den Fragepronomen gleich, jedoch dienen sie zur Verbindung von Sätzen. So ist z. B. in dem Satz: **Кто** пришёл? *Wer ist gekommen?* das Pronomen **кто** ein Fragepronomen, während in dem Satz: Я не знаю, **кто** пришёл *Ich weiß nicht, wer gekommen ist,* **кто** ein Relativpronomen ist.

8. Verneinende Pronomen: **никто** *niemand,* **ничто** *nichts,* **никакой** *keiner(lei),* **ничей** *niemandem gehörig,* **некого** *niemand,* **нечего** *nichts.*

9. Unbestimmte Pronomen: **кто-то** *jemand,* **что-то** *etwas,* **какой** *irgendein,* **чей-то** *jemandem gehörig,* **кто-нибудь** *irgend jemand,* **что-нибудь** *irgend etwas,* **какой-нибудь** *irgendein,* **чей-нибудь** *irgend jemandem gehörig,* **кто-либо** *irgend jemand,* **что-либо** *irgend etwas,* **какой-либо** *irgendein,* **чей-либо** *irgend jemandem gehörig,* **кое-что** *einiges, dieses und jenes,* **кое-кто** *mancher, dieser und jener,* **кое-какой** *irgendein,* **некто** *jemand, ein gewisser,* **нечто** *etwas,* **несколько** *einige,* **некоторый** *ein gewisser.*

Personalpronomen

DIE DEKLINATION DER PERSONALPRONOMEN 1. UND 2. PERSON

Fall	Singular		Plural	
	1. Pers.	2. Pers.	1. Pers.	2. Pers.
N.	я	ты	мы	вы
G.	меня	тебя	нас	вас
D.	мне	тебе	нам	вам
A.	меня	тебя	нас	вас
I.	мной	тобой	нами	вами
P.	обо мне	о тебе	о нас	о вас

1. Vor den Deklinationsformen des Pronomens **я** wird den Präpositionen **к, с, пéред, над** ein **-о** angefügt:

Ко мне пришёл товáрищ.   Ein Freund kam zu mir.
Он незнакóм **со мнóй**.   Er kennt mich nicht.
Вы сидúте **передо мнóй**.   Ihr sitzt vor mir.

2. Vor **мне** (Instrumental von **я**) nimmt die Präposition **о** die Form **обо** an:

Он говорúл вам **обо мнé**.   Er sprach mit Ihnen über mich.

3. Das Personalpronomen **вы** wird nicht nur als Bezeichnung mehrerer Personen gebraucht, sondern auch als höfliche Anrede einer Person.
In Briefen ist Großschreibung des Pronomens **Вы** üblich:
Я **Вам** ужé писáл, что... Ich schrieb Ihnen bereits, daß...

3. PERSON

Fall	Singular		Plural
N.	**он оно**	**она**	**они**
	er es	sie	sie
G.	**егó (у негó)**	**её (у неё)**	**их (у них)**
D.	**емý (к немý)**	**ей (к ней)**	**им (к ним)**
A.	**егó (на негó)**	**её (на неё)**	**их (на них)**
I.	**им (с ним)**	**ей, ею (с ней, с нéю)**	**úми (с нúми)**
P.	**о нём**	**о ней**	**о них**

Nach Präpositionen wird dem Personalpronomen der 3. Person **он, она́, оно́, они́** ein **н-** vorgesetzt. In dem Satz:

Я пришёл **к немý**, чтóбы по-   Ich kam zu ihm, um ihm zu hel-
мóчь **емý**.   fen.

steht das Pronomen **он** nach der Präposition **к** im Dativ, daher: **к немý**; nach dem Verb **помóчь** *helfen* steht keine Präposition, daher: **помóчь емý**.

Anmerkung. Nach den Präpositionen **вне** *außerhalb*, **благодаря́** *dank*, **всле́дствие** *infolge*, **вопреки́** *trotz*, **согла́сно** *laut*, **навстре́чу** *entgegen* erhält das Pronomen der 3. Person kein **н-**:

Была́ прекра́сная погóда.   Es war schönes Wetter.
Благодаря́ ей экскýрсия прошла́ хоро-   Dadurch verlief die Exkursion gut.
шó.
К дóму подошли́ лю́ди.   Menschen näherten sich dem Haus.
Навстре́чу им из ворóт вы́бежала собá-   Ein Hund lief ihnen aus dem Tor entge-
ка.   gen.

Den besitzanzeigenden Pronomen der 3. Person **егó, её** oder **их** wird nach Präpositionen kein **н-** vorgesetzt.

Мы говорúм **о егó (её, их)** рабó-   Wir sprechen über seine (ihre,
те.   ihre) Arbeit.

In dem Satz:

Я был **у егó** брáта.　　　　Ich war bei seinem Bruder.

ist **егó** ein besitzanzeigendes Pronomen, daher wird ihm kein **н-** vorgesetzt. Es antwortet auf die Frage: *у чьегó брáта?*

In dem Satz:

Я был **у негó**.　　　　　　Ich war bei ihm.

ist **егó** ein Personalpronomen, daher wird ihm nach der Präposition **у** ein **н-** vorgesetzt, Frage *у когó?*

Übung 223. Schreiben Sie die folgenden Sätze ab. Setzen Sie die Personalpronomen im erforderlichen Fall ein.

1. Был óчень сúльный морóз. Из-за ... мы не пошлú на катóк. 2. В пя́тницу бýдет семинáр. Порá готóвиться к ... . 3. Ученúк хорошó занимáется. Учúтель довóлен ... . 4. Товáрищ просúл меня́, чтóбы я купúл для ... кнúгу. 5. Сестрá прислáла письмó. Я отвéтил ... . 6. Пéред дóмом растýт дерéвья. Мéжду ... стоúт скамéйка. 7. Мы подъезжáли к Москвé. До ... остáлось двáдцать киломéтров. 8. Посредú кóмнаты стоúт стол. Вокрýг ... сидя́т лю́ди. 9. Студéнт мнóго занимáлся рýсским языкóм и сейчáс владéет ... хорошó. 10. Он нé был на экскýрсии. Крóме ... бы́ли все студéнты нáшей грýппы. 11. Зáвтра в клýбе бýдет лéкция. Пóсле ... бýдет концéрт. 12. Скóро у брáта день рождéния. Мы ужé купúли ... подáрок. 13. С вершúны горы́ откры́лся прекрáсный вид. Путешéственники дóлго любовáлись ... . 14. Эта дорóга корóче. Мы пойдём по ... . 15. На берегý рекú рослó дéрево. Мы отдохнýли под ... . 16. Вчерá в клýбе был интерéсный доклáд, но я нé был на ... . 17. Я не мог вчерá прийтú к друзья́м. Я позвонúл ... и сказáл, что не придý к ... . 18. Эта кнúга óчень нужнá мне. Спасúбо тебé за ... .

Das rückbezügliche Pronomen себя́

1. Das rückbezügliche Pronomen **себя́** *sich* wird — wie im Deutschen — für alle Geschlechter gebraucht.

Он вúдит **себя́** в зéркале.　　Er sieht sich im Spiegel.
Онá вúдит **себя́** в зéркале.　　Sie sieht sich im Spiegel.

2. Das Pronomen **себя́** wird — wie im Deutschen — für Singular und Plural gebraucht:

Он вúдит **себя́** в зéркале.　　Er sieht sich im Spiegel.
Онú вúдят **себя́** в зéркале.　　Sie sehen sich im Spiegel.

3. Das Pronomen **себя́** hat keinen Nominativ. Es wird wie das Pronomen **ты** — **тебя́** dekliniert: N., G. **себя́**, D. **себé**, A. **себя́**, I. **собóй (собóю)**, P. **о себé**.

4. Das Pronomen **себя́** kann sich — zum Unterschied vom Deutschen — in allen Fällen auf die 1., 2. oder 3. Person beziehen; dabei bezieht es sich stets auf den Handlungsträger des Satzes:

Я ви́жу **себя́** в зе́ркале.
Ich sehe mich im Spiegel.
Ты ви́дишь **себя́** в зе́ркале.
Du siehst dich im Spiegel.
Он ви́дит **себя́** в зе́ркале.
Er sieht sich im Spiegel.
Она́ ви́дит **себя́** в зе́ркале.
Sie sieht sich im Spiegel.

Мы ви́дим **себя́** в зе́ркале.
Wir sehen uns im Spiegel.
Вы ви́дите **себя́** в зе́ркале.
Ihr seht euch im Spiegel.
Они́ ви́дят **себя́** в зе́ркале.
Sie sehen sich im Spiegel.

Я купи́л **себе́** кни́гу.
Ich kaufte mir ein Buch.
Ты купи́л **себе́** кни́гу.
Du kauftest dir ein Buch.
Он купи́л **себе́** кни́гу.
Er kaufte sich ein Buch.
Она́ купи́ла **себе́** кни́гу.
Sie kaufte sich ein Buch.

Мы купи́ли **себе́** кни́гу.
Wir kauften uns ein Buch.
Вы купи́ли **себе́** кни́гу.
Ihr kauftet euch ein Buch.
Они́ купи́ли **себе́** кни́гу.
Sie kauften sich ein Buch.

5. Im Satz tritt das Pronomen **себя́** als Objekt auf.

Übung 224. Lesen Sie die folgenden Sätze. Bestimmen Sie den Fall des Pronomes *себя́* und die Person, auf die es sich bezieht.

1. Мой попу́тчик рассказа́л мне о себе́ мно́го интере́сного. 2. Я посмотре́л вокру́г себя́ и уви́дел, что в ко́мнате, кро́ме меня́, нико́го нет. 3. Настоя́щий руководи́тель тре́бователен не то́лько к други́м, но и к себе́. 4. Сын попроси́л отца́: «Возьми́ меня́ с собо́й». 5. В мину́ту опа́сности он ду́мал не о себе́, а о това́рищах. 6. Я купи́л себе́ коньки́. 7. Я виню́ в неуда́чах то́лько себя́. 8. Ты всегда́ име́ешь при себе́ записну́ю кни́жку? 9. Учени́к положи́л кни́гу пе́ред собо́й и стал гото́вить уро́ки.

Übung 225. Lesen Sie die folgenden Sätze. Schreiben Sie die Verben im Infinitiv mit dem rückbezüglichen Pronomen heraus.

M u s t e r: владе́ть собо́й

1. Как вы себя́ чу́вствуете? 2. Кто не ви́дел мо́ря, не мо́жет предста́вить себе́ его́ очарова́ние. 3. Он всегда́ владе́ет собо́й, никогда́ не выхо́дит из себя́. 4. Уме́й держа́ть себя́ в рука́х. 5. Больно́й пришёл в себя́ и попроси́л пить.

Übung 226. Bilden Sie Sätze mit den folgenden Wortverbindungen.

уве́рен в себе́, дово́лен собо́й, владе́ть собо́й, держа́ть себя́ в рука́х, же́ртвовать собо́й, наде́яться на себя́, чу́вствовать себя́, купи́ть себе́, рассказа́ть о себе́

Übung 227. Bilden Sie Sätze mit dem Pronomen *себя́* und den Präpositionen *вме́сто, о́коло, вокру́г, для, кро́ме, про́тив, у, к, про, над, пе́ред, с, ме́жду, при, о.*

M u s t e r: Я положи́л портфе́ль *о́коло себя́.*
Они́ посмотре́ли *вокру́г себя́.*

Besitzanzeigende Pronomen

Das besitzanzeigende Pronomen **мой** *mein*, **твой** *dein*, **наш** *unser*, **ваш** *euer*, **его́** *sein*, **её** *ihr*, **их** *ihr* zeigt den Besitzer an, dem ein Gegenstand gehört, und wird mit **чей? чья? чьё? чьи?** *wessen?* erfragt.

DIE BESITZANZEIGENDEN PRONOMEN DER 1. UND 2. PERSON

Singular			Plural
männlich	weiblich	sächlich	alle 3 Geschlechter
мой **твой** **наш** **ваш** брат	**моя́** **твоя́** **на́ша** **ва́ша** сестра́	**моё** **твоё** **на́ше** **ва́ше** окно́	**мои́** **твои́** **на́ши** **ва́ши** бра́тья сёстры о́кна

Die Pronomen **мой, твой, наш, ваш** werden wie Adjektive nach Geschlecht, Zahl und Fall verändert. Geschlecht, Zahl und Fall dieser Pronomen hängen von Geschlecht, Zahl und Fall der Substantive ab, auf die sie sich beziehen.

Übung 228. Schreiben Sie die Sätze aus den Gedichten A. S. Puškins ab; uterstreichen Sie die besitzanzeigenden Pronomen und die Substantive, auf die sie sich beziehen.

1. Друзья́ мои́, прекра́сен наш сою́з!
2. Мне гру́стно и легко́; печа́ль моя́ светла́; Печа́ль моя́ полна́ тобо́ю.
3. Око́нчен мой труд многоле́тний.
4. Шли го́ды. Бурь поры́в мяте́жный
   Рассе́ял пре́жние мечты́,
   И я забы́л твой го́лос не́жный,
   Твой небе́сные черты́.

DIE DEKLINATION DER BESITZANZEIGENDEN PRONOMEN DER 1. UND 2. PERSON

Fall	Singular		weiblich	Plural alle 3 Geschlechter	Singular		weiblich	Plural alle 3 Geschlechter
	männlich	sächlich			männlich	sächlich		
N.	**мой**	**моё**	**моя́**	**мои́**	**наш**	**на́ше**	**на́ша**	**на́ши**
G.	**моего́**		**мое́й**	**мои́х**	**на́шего**		**на́шей**	**на́ших**
D.	**моему́**		**мое́й**	**мои́м**	**на́шему**		**на́шей**	**на́шим**
A.	wie N. oder G.	**моё**	**мою́**	wie N. oder G.	wie N. oder G.	**на́ше**	**на́шу**	wie N. oder G.
I.	**мои́м**		**мое́й**	**мои́ми**	**на́шим**		**на́шей**	**на́шими**
P.	**о моём**		**о мое́й**	**о мои́х**	**о на́шем**		**о на́шей**	**о на́ших**

A n m e r k u n g. Das Pronomen **твой** wird wie **мой**, das Pronomen **ваш** wie **наш** dekliniert.

Die besitzanzeigenden Pronomen der 3. Person **его́, её** *und* **их**

147

Der Form nach sind die besitzanzeigenden Pronomen **его** *sein*, **её** *ihr*, **их** *ihr* dem Genitiv der 3. Person der Personalpronomen (**он, она́, оно́, они́**) gleich.

Пришёл брат и **его́** това́рищ (това́рищ бра́та).	Es kamen mein Bruder und sein Freund.
Пришла́ сестра́ и **её** това́рищ (това́рищ сестры́).	Es kamen meine Schwester und ihr Freund.
Пришли́ бра́тья и **их** това́рищ (това́рищ бра́тьев).	Es kamen meine Brüder und ihr Freund.

Die besitzanzeigenden Pronomen **его́, её** und **их** werden nicht nach Fall und Zahl verändert:

Пришёл **его́, (её, их)** това́рищ.	Sein (ihr, ihr) Freund ist gekommen.
Я был у **его́ (её, их)** това́рища.	Ich war bei seinem (ihrem, ihrem) Freund.
Я пойду́ к **его́ (её, их)** това́рищу.	Ich gehe zu seinem (ihrem, ihrem) Freund.
Я ви́дел **его́ (её, их)** това́рища.	Ich habe seinem (ihren, ihren) Freund gesehen.

Den besitzanzeigenden Pronomen **его́, её** und **их** wird nach Präpositionen kein **н-** vorgesetzt. Vergleichen Sie:

Personalpronomen

Я был у **него́**.	Ich war bei ihm.
Я пришёл к **нему́**.	Ich kam zu ihm.
Я получи́л письмо́ **от неё**.	Ich habe einen Brief von ihr bekommen.
Я говори́л **с ней**.	Ich habe mit ihr gesprochen.

besitzanzeigende Pronomen

Я был у **его́** бра́та.	Ich war bei seinem Bruder.
Я пришёл к **его́** бра́ту.	Ich kam zu seinem Bruder.
Я получи́л письмо́ **от её** бра́та.	Ich habe einen Brief von ihrem Bruder bekommen.
Я говори́л **с её** бра́том.	Ich habe mit ihrem Bruder gesprochen.

Übung 229. Lesen Sie die folgenden Sätze. Stellen Sie Fragen, zu denen die hervorgehobenen Pronomen als Antwort dienen können. Geben Sie an, ob es sich bei dem hervorgehobenen Pronomen um ein Personal- oder um ein besitzanzeigendes Pronomen handelt.

А. 1. На ве́чере вы́ступил писа́тель. Мы не ви́дели *его́* ра́ньше, но чита́ли *его́* кни́ги. 2. У моего́ това́рища больша́я библиоте́ка. Я ча́сто посеща́ю *его́* и беру́ *его́* кни́ги. 3. Мне ну́жно позвони́ть *ей*, но я не зна́ю *её* телефо́на. 4. *Их* по́мощь была́ нужна́ мне. Я поблагодари́л *их* за по́мощь. 5. К сестре́ приходи́л *её* това́рищ, но *её* не́ было до́ма.

В. 1. Меня́ всегда́ интересова́ла жизнь замеча́тельных люде́й. Я пыта́лся найти́ о́бщие черты́ *их* хара́ктеров — те черты́, что вы́двинули *их* в ряды́ лу́чших люде́й челове́чества. (*Пауст.*) 2. Впро́-

чем, никто *его* не удерживал и никто не заметил *его* отсутствия. (*Тург.*)

Das Pronomen свой

Das besitzanzeigende Pronomen **свой** weist auf die Zugehörigkeit eines Gegenstandes zur 1., 2. oder 3. Person hin, die Handlungsträger des Satzes ist:

Я кончил **свою** работу.	Ich habe meine Arbeit beendet.
Ты кончил **свою** работу.	Du hast deine Arbeit beendet.
Он кончил **свою** работу.	Er hat seine Arbeit beendet.
Я рассказал **о своей** работе.	Ich habe über meine Arbeit erzählt.
Ты рассказал **о своей** работе.	Du hast über deine Arbeit erzählt.
Он рассказал **о своей** работе.	Er hat über seine Arbeit erzählt.

Das Pronomen **свой** wird wie die Pronomen **мой** und **твой** nach Geschlecht, Zahl und Fall verändert.

Das Pronomen **свой** kann auf die Zugehörigkeit eines Gegenstandes nicht nur zu einem, sondern auch zu mehreren Handlungsträgern hinweisen:

Мы закончили **свою** работу.	Wir haben unsere Arbeit beendet.
Вы закончили **свою** работу.	Ihr habt eure Arbeit beendet.
Они закончили **свою** работу.	Sie haben ihre Arbeit beendet.
Мы рассказали **о своей** работе.	Wir haben über unsere Arbeit erzählt.
Вы рассказали **о своей** работе.	Ihr habt über eure Arbeit erzählt.
Они рассказали **о своей** работе.	Sie haben über ihre Arbeit erzählt.

Ist in einem Satz das Subjekt durch ein Personalpronomen der 1. oder 2. Person ausgedrückt, so kann statt **свой** das entsprechende besitzanzeigende Pronomen der 1. bzw. 2. Person (**мой** *mein*, **твой** *dein*, **наш** *unser*, **ваш** *euer*) stehen. Man sagt z. B. gewöhnlich: **Мы** кончили **свою** работу. *Wir haben unsere Arbeit beendet*, zuweilen aber auch: **Мы** кончили **нашу** работу. Dabei ist der Sinn der beiden Sätze gleich.

Ist jedoch das Subjekt eines Satzes durch ein Substantiv bzw. ein Personalpronomen der 3. Person (**он, она, оно, они**) ausgedrückt, so zieht der Ersatz von **свой** durch das besitzanzeigende Pronomen der 3. Person eine Bedeutungsänderung nach sich:

Брат отправил **своё** письмо.	Der Bruder sandte seinen (eigenen) Brief ab.
Брат отправил **его** письмо.	Der Bruder sandte seinen (jemandes) Brief ab.

Die beiden Sätze haben unterschiedliche Bedeutung: im ersten Satz handelt es sich um den Brief des Bruders, im zweiten um den Brief, der nicht dem Bruder, sondern jemand anderem gehört.

Das Wort, das den Handlungsträger bezeichnet, kann entweder Subjekt des Satzes oder Dativobjekt in einem unpersönlichen Satz sein.

Мы сажа́ем цветы́ о́коло **своего́** до́ма.	Wir pflanzen die Blumen neben unserem Haus.
Ты забы́л **свою́** кни́гу в аудито́рии.	Du hast dein Buch im Hörsaal vergessen.
Сестра́ присла́ла мне **свою́** фотока́рточку.	Meine Schwester hat mir ihr Foto geschickt.
Вам необходи́мо испра́вить **свои́** оши́бки.	Sie müssen Ihre Fehler berichtigen.
Мне ну́жно собра́ть **свои́** ве́щи.	Ich muß meine Sachen packen.

Wenn der Gegenstand dem Handlungsträger nicht gehört oder wenn im Satz überhaupt ein Handlungsträger fehlt, so darf das Pronomen **свой** nicht gebraucht werden:

О́коло **на́шего** до́ма есть сад.	Neben unserem Haus gibt es einen Garten.
У **моего́** това́рища больша́я библиоте́ка.	Mein Freund hat eine große Bibliothek.
Твоя́ кни́га оста́лась в аудито́рии.	Dein Buch ist im Hörsaal geblieben.
Я получи́л от сестры́ **её** фотогра́фию.	Ich habe von meiner Schwester ein (ihr) Foto bekommen.

Im Nominativ wird das besitzanzeigende Pronomen **свой** zum Ausdruck eines Besitzverhältnisses nicht gebraucht. Steht **свой** im Nominativ, so hat es eine andere Bedeutung: Это **свой** челове́к. *Er ist kein Fremder (einer von uns).*

Übung 230. Lesen Sie die folgenden Sätze. Begründen Sie den Gebrauch der hervorgehobenen Pronomen.

A. 1. Писа́тель рабо́тал над *свои́м* рома́ном четы́ре го́да. *Его́* рома́н неда́вно вы́шел из печа́ти. 2. Учени́к забы́л *свою́* тетра́дь до́ма. *Его́* тетра́дь оста́лась до́ма. 3. Я положи́л *свои́* кни́ги на стол. *Мои́* кни́ги лежа́т на столе́. 4. Мы ча́сто посеща́ем *свой* клуб. В *на́шем* клу́бе быва́ют интере́сные ле́кции и конце́рты. 5. *Мой* брат живёт в Яросла́вле. Вчера́ я посла́л письмо́ *своему́* бра́ту. 6. Он получи́л пре́мию за *свою́* рабо́ту. *Его́* рабо́ту оцени́ли высоко́. 7. Про́тив *моего́* до́ма парк. Из окна́ *своего́* до́ма я ви́жу алле́и па́рка. 8. Она́ убира́ет *свою́* ко́мнату. В *её* ко́мнате всегда́ чистота́ и поря́док. 9. У *твоего́* това́рища есть э́тот уче́бник. Ты мо́жешь взять уче́бник у *своего́* това́рища.

B. 1. Она́ (Еле́на) мно́го ду́мала о Берсе́неве, о *своём* разгово́ре с ним; он ей нра́вился; она́ ве́рила теплоте́ *его́* чувств, чистоте́ *его́* наме́рений. (*Тург.*) 2. Серге́й Ива́нович ожида́л, что *его́* кни́га появле́нием свои́м должна́ бу́дет произвести́ серьёзное впечатле́ние на о́бщество. (*Л. Т.*) 3. Он знал, что она́ не пе́ла со вре́мени *свое́й* боле́зни, и потому́ звук *её* го́лоса удиви́л и обра́довал его́. (*Л. Т.*) 4. В наро́де — все нача́ла, в *его́* си́ле все возмо́жности, *его́* трудо́м ко́рмится жизнь, и *ему́* принадлежи́т пра́во распределя́ть труд свой по справедли́вости. (*М. Г.*)

Übung 231. Schreiben Sie die folgenden Sätze ab. Setzen Sie jeweils das Pronomen *свой* oder die Pronomen *его, её, их* im erforderlichen Fall ein.

1. Эту историю рассказал брату один ... приятель. Брат слышал эту историю от одного ... приятеля. 2. Он обрадовал нас ... письмом. Мы обрадовались ... письму. 3. Вечером пришла моя сестра с одной ... подругой. Вечером пришла сестра и одна ... подруга. 4. Солнце вышло из-за тучи, и ... лучи осветили сад. Солнце вышло из-за тучи, и осветило ... лучами сад. 5. Она говорит, что ... домашние дела отнимают у неё много времени. Она сказала, что приедет к нам, как только закончит ... домашние дела. 6. Они заявили, что справятся с этой работой ... силами. Они сказали, что сейчас все ... силы сосредоточены на этой работе.

Übung 232. Lesen Sie das Gedicht A. S. Puškins und suchen Sie die besitzanzeigenden Pronomen heraus. Lernen Sie das Gedicht auswendig.

НЯНЕ

Подруга дней моих суровых,
Голубка дряхлая моя!
Одна в глуши лесов сосновых
Давно, давно ты ждёшь меня.
Ты под окном своей светлицы
Горюешь, будто на часах,
И медлят поминутно спицы
В твоих наморщенных руках.
Глядишь в забытые вороты
На чёрный отдалённый путь;
Тоска, предчувствия, заботы
Теснят твою всечасно грудь...

Übung 233. Schreiben Sie die folgenden Sätze ab. Setzen Sie die erforderlichen Pronomen ein.

A. 1. Мальчик отлично учится благодаря ... (его, своим) способностям. 2. Товарищи помогли мне. Благодаря ... (их, своей) помощи я успешно закончил работу. 3. Нам читают лекции о творчестве Пушкина. Сегодня профессор рассказал нам о ... (его, своей) поэме «Медный всадник». 4. Один из товарищей предложил прекратить прения. Большинство было за ... (его, своё) предложение. 5. Он не согласился с выступавшими и остался при ... (его, своём) мнении. 6. Мы поднялись на гору. С ... (её, своей) вершины хорошо была видна вся местность. 7. Путешественники дошли до реки и пошли вдоль ... (её, своего) берега. 8. Они остановились под деревом и немного отдохнули в ... (его, своей) тени.

B. 1. Меня с первого взгляда поразило в ней удивительное спокойствие всех ... движений и речей. (*Тург.*) 2. Она (Валя) была начитанной девушкой, хорошо играла на пианино, по ... развитию она выделялась среди подруг. (*Фад.*) 3. Городок этот мне понравился ... местоположением у подошвы двух высоких холмов. (*Тург.*) 4. Они только что приехали из Москвы и рады были ... уединéнию. (*Л. Т.*) 5. Он тѝхо отворѝл дверь и увѝдел Натáшу в ... лилóвом плáтье. (*Л. Т.*)

Hinweisende Pronomen

Die hinweisenden Pronomen **э́тот, тот, такóй, стóлько** stimmen mit dem Substantiv, auf das sie sich beziehen, in Geschlecht, Zahl und Fall überein:

Он живёт на **э́той** у́лице, в **э́том** дóме.	Er wohnt in dieser Straße, in diesem Haus.

DIE DEKLINATION DER HINWEISENDEN PRONOMEN Э́ТОТ, ТОТ

Fall	Singular				Plural	
	männlich und sächlich		weiblich		alle 3 Geschlechter	
N.	э́тот э́то тот то		э́та	та	э́ти	те
G.	э́того тогó		э́той	той	э́тих	тех
D.	э́тому томý		э́той	той	э́тим	тем
A.	wie N. э́то то oder G.		э́ту	ту	wie N. oder G.	
I.	э́тим тем		э́той (э́тою)	той (тóю)	э́тими	тéми
P.	об э́том о том		об э́той	о той	об э́тих	о тех

Das Pronomen **э́тот**

Das Pronomen **э́тот, э́та, э́то, э́ти** tritt im Satz in verschiedenen Funktionen auf.

1. Als A t t r i b u t wird das Pronomen **э́тот, э́та, э́то, э́ти** mit *какóй? welcher?, какáя? welche?, какóе? welches?, какѝе? welche?* erfragt.

Какóй дом? — **Этот** дом. Welches Haus? Dieses Haus.	*Какóе* здáние? — **Это** здáние. Welches Gebäude? Dieses Gebäude.
Какáя у́лица? — **Эта** у́лица. Welche Straße? Diese Straße.	*Какѝе* домá? — **Эти** домá. Welche Häuser? Diese Häuser.

Das Pronomen stimmt mit seinem Beziehungswort in Geschlecht, Zahl und Fall überein:

Я живý в большóм нóвом дóме. **Этот дом** нахóдится на глáвной у́лице гóрода. **Эта у́лица** широ́кая и красѝвая. Рядом с моѝм дóмом — большóе здáние с колóннами. **Это здáние** с колóннами — теáтр. Напрóтив — тóже большѝе нóвые домá. **Эти домá** ещё стрóятся. В э́тих домáх бýдут жить рабóчие, рабóтницы текстѝльной фáбрики.	Ich wohne in einem großen neuen Haus. Dieses Haus befindet sich in der Hauptstraße der Stadt. Diese Straße ist breit und schön. Neben meinem Haus steht ein großes mit Säulen geschmücktes Gebäude. Dieses Haus ist ein Theater. Gegenüber meinem Haus sind auch große neue Häuser. Diese Häuser befinden sich noch im Bau. In diesen Häusern werden Arbeiter und Arbeiterinnen einer Textilfabrik wohnen.

2. Als S u b j e k t wird nur die sächliche Form э́то gebraucht. Das Pronomen э́то weist dabei auf eine Person oder auf einen Gegenstand hin und wird nach Geschlecht und Zahl nicht verändert:

В лесу́ стои́т бе́лый дом с коло́ннами. **Э́то дом** о́тдыха.	In Wald steht ein weißes mit Säulen geschmücktes Haus. Das ist ein Erholungsheim.
В ко́мнату вошла́ де́вушка. **Э́то сестра́** моего́ това́рища.	Ein Mädchen kam ins Zimmer. Das ist die Schwester meines Freundes.
Впереди́ видны́ до́мики. **Э́то село́.**	Vorne sind kleine Häuser zu sehen. Das ist ein Dorf.
На столе́ лежа́т кни́ги. **Э́то уче́бники.**	Auf dem Tisch liegen Bücher. Das sind Lehrbücher.

In den angeführten Beispielen weist das Pronomen э́то auf den Gegenstand zurück, von dem im vorhergehenden Satz die Rede war.

Im Präteritum und Futur wird die Kopula **быть** gebraucht, die in Geschlecht und Zahl nicht mit dem Pronomen э́то, sondern mit dem Substantiv übereinstimmt, das Teil des Prädikats ist:

Э́то был дом о́тдыха.	Das war ein Erholungsheim.
Э́то была́ сестра́ моего́ това́рища.	Das war die Schwester meines Freundes.
Э́то бы́ло село́.	Das war ein Dorf.
Э́то бы́ли уче́бники.	Das waren Lehrbücher.

Vergleichen Sie die nebeneinanderstehenden Sätze:

Э́тот дом — дом о́тдыха. Dieses Haus ist ein Erholungsheim.	**Э́то** — дом о́тдыха. Das ist ein Erholungsheim.
Э́та де́вушка — сестра́ моего́ това́рища. Dieses Mädchen ist die Schwester meines Freundes.	**Э́то** — сестра́ моего́ това́рища. Das ist die Schwester meines Freundes.
Э́ти до́мики — село́. Diese Häuschen bilden ein Dorf.	**Э́то** — село́. Das ist ein Dorf.
Э́ти кни́ги — уче́бники. Diese Bücher sind Lehrbücher.	**Э́то** — уче́бники. Das sind Lehrbücher.

In den links angeführten Sätzen tritt das Pronomen als Attribut auf und kongruiert mit dem Substantiv (dem Subjekt).

In den rechts aufgeführten Sätzen ist das Pronomen э́то Subjekt; es kongruiert nicht mit dem Substantiv (Prädikat). Die Sätze der rechten und der linken Spalte haben die gleiche Bedeutung.

Das Pronomen э́то kann als Subjekt nicht nur auf einen Gegenstand, sondern auch auf eine ganze Aussage hinweisen. In diesem Fall kongruiert das durch ein Verb oder Adjektiv ausgedrückte Prädikat mit dem Pronomen э́то, d. h. es steht in der sächlichen Form im Singular:

| Сын до́лго не возвраща́лся. **Это беспоко́ило** мать. | Der Sohn kam lange nicht zurück. Das beunruhigte die Mutter. |
| Он обеща́л помо́чь нам. **Это хорошо́.** | Er versprach uns zu helfen. Das ist gut. |

3. Als **O b j e k t** weist das Pronomen **э́то** auf die ganze vorhergehende Aussage; es wird als Substantiv gebraucht:

Начина́ется весна́. Мы ра́дуемся **э́тому.**	Der Frühling beginnt. Wir freuen uns darüber.
Пого́да была́ плоха́я. **Из-за э́того** мы не пое́хали за́ город.	Das Wetter war schlecht. Deswegen konnten wir nicht ins Freie fahren.
Мне ну́жно посове́товаться с тобо́й. **Для э́того** я пришёл сюда́.	Ich muß mich mit dir beraten. Dazu bin ich hierhergekommen.

Übung 234. Lesen Sie die nebeneinanderstehenden Sätze. Sagen Sie, welche Satzglieder die Pronomen **э́тот, э́то, э́та, э́ти** sind.

Эта кни́га интере́сная.	Это — интере́сная кни́га.
Это де́рево высо́кое.	Это — высо́кое де́рево.
Это вре́мя са́мое удо́бное.	Это — са́мое удо́бное вре́мя.
Этот шкаф кни́жный.	Это — кни́жный шкаф.
Этот магази́н продукто́вый.	Это — продукто́вый магази́н.
Эти места́ свобо́дные.	Это — свобо́дные места́.
Эта де́вушка моя́ сестра́.	Это — моя́ сестра́.
Эти ко́мнаты на́ши.	Это — на́ши ко́мнаты.
Это доро́га са́мая коро́ткая.	Это — са́мая коро́ткая доро́га.

Übung 235. Schreiben Sie die folgenden Sätze ab und gebrauchen Sie dabei die Kopula *быть* im Präteritum.

M u s t e r : Это интере́сная ле́кция.
        Это **была́** интере́сная ле́кция.

1. Это — тру́дная зада́ча. 2. Это — уда́чный отве́т. 3. Это — пра́вильный путь. 4. Это — то́лько пе́рвые тру́дности. 5. Это — больша́я уда́ча.

Übung 236. Schreiben Sie die folgenden Sätze ab. Setzen Sie das Pronomen **э́тот** in der erforderlichen Form ein.

1. Я принёс но́вые кни́ги, положи́ ... кни́ги в шкаф. 2. По реке́ плыла́ ло́дка, ... ло́дка дви́галась ме́дленно. 3. Наконе́ц пассажи́ры уви́дели огро́мное во́дное простра́нство, ... бы́ло Цимля́нское мо́ре. 4. Автомоби́ль въе́хал в лес, ... лес тяну́лся на не́сколько киломе́тров. 5. Вдали́ сверка́ли огни́, ... был большо́й го́род. 6. В аудито́рию вошли́ два студе́нта, ... бы́ли студе́нты хими́ческого факульте́та. 7. Ско́ро бу́дет больша́я ста́нция. На ... ста́нции по́езд бу́дет стоя́ть 30 мину́т.

Übung 237. Bilden Sie Sätze mit folgenden Fügungen:

про́тив э́того, за э́то, по́сле э́того, пе́ред э́тим, об э́том, благодаря́ э́тому, из-за э́того, для э́того, вме́сто э́того

M u s t e r: Весь день шёл дождь. **Из-за э́того** пришло́сь отложи́ть экску́рсию.

Übung 238. Bilden Sie Sätze mit folgenden Fügungen:

тре́бовать э́того, ра́доваться э́тому, меша́ть э́тому, по́мнить об э́том, наде́яться на э́то, боро́ться за э́то

M u s t e r: Я́дерное ору́жие должно́ быть запрещено́. Наро́ды ми́ра **тре́буют э́того.**

Das Pronomen тот

In einem einfachen Satz tritt das Pronomen **тот** *jener* (**та, то, те**) gewöhnlich als Attribut auf und stimmt mit seinem Beziehungswort in Geschlecht, Zahl und Fall überein:

Э́тот дом высо́кий, а **тот** дом ещё вы́ше.	Dieses Haus ist hoch, aber jenes (das) ist noch höher.
Э́та кни́га мне не нужна́, а **та** кни́га нужна́.	Dieses Buch brauche ich nicht, aber jenes (das da).
Дай мне э́ту кни́гу, а **ту** кни́гу оста́вь у себя́.	Gib mir dieses Buch, und jenes (das) Buch behalte.
Дере́вня нахо́дится за **тем** ле́сом.	Das Dorf befindet sich hinter jenem (dem) Wald.

Das Pronomen **тот** wird auch in einem Satzgefüge gebraucht. Es tritt dann als Satzglied des Hauptsatzes auf und zwar:

als S u b j e k t:

Кто не рабо́тает, **тот** не ест.	Wer nicht arbeitet, soll auch nicht essen.

als P r ä d i k a t:

Хозя́ин — **тот**, кто тру́дится. (*М. Г.*)	Herr ist der, der arbeitet.

als O b j e k t:

Я принёс **то**, что ты проси́л.	Ich habe das mitgebracht, worum du gebeten hast.

als A t t r i b u t:

Дай мне **ту** кни́гу, кото́рую я проси́л.	Gib mir das Buch, um welches ich gebeten habe.

Das Pronomen тако́й

Das Pronomen **тако́й** *solcher, so ein* (**така́я, тако́е, таки́е**) weist auf ein Merkmal eines Gegenstandes hin; es tritt im Satz als A t t r i b u t oder als T e i l des P r ä d i k a t s auf und richtet sich in Geschlecht, Zahl und Fall nach dem zugehörigen Substantiv.

Мне нужна́ пи́счая бума́га. Здесь нет **тако́й** бума́ги. (*Attribut*) **Така́я** бума́га есть в сосе́днем магази́не.	Ich brauche Schreibpapier. Wir haben hier solches Papier nicht. Solches Papier ist im Geschäft nebenan.

Это не мой портфе́ль. Этот портфе́ль чёрный и большо́й. Мой портфе́ль **не тако́й**. (*Prädikat*) Он кори́чневый и ма́ленький.	Das ist nicht meine Aktentasche. Diese Aktentasche ist schwarz und groß. Ich habe eine andere Aktentasche. Sie ist braun und klein.

Das Pronomen **тако́й** tritt oft als Attribut oder Prädikat im Hauptsatz eines Satzgefüges auf:

Да́йте мне **таку́ю** бума́гу (*Attribut*), каку́ю я проси́л. Тума́н был **тако́й** (*Teil des Prädikats*), что ничего́ круго́м не́ было ви́дно.	Geben Sie mir solches (das) Papier, um das ich gebeten habe. Der Nebel war so (dicht), daß ringsherum nichts zu sehen war.

Das Pronomen сто́лько

Das Pronomen **сто́лько** *so viel* weist auf die Zahl der Gegenstände hin und vertritt ein Grundzahlwort. Nach dem Nominativ und dem formgleichen Akkusativ des Pronomens **сто́лько** steht das abhängige Substantiv im Genitiv.

Он принёс две па́чки пи́счей бума́ги. Мне не ну́жно **сто́лько** бума́ги. Пришло́ пятьдеся́т челове́к. В э́той ко́мнате не поме́стится **сто́лько** люде́й.	Er hat zwei Packungen Schreibpapier mitgebracht. Ich brauche nicht so viel Papier. Es sind fünfzig Menschen gekommen. In diesem Zimmer können so viele Menschen nicht untergebracht werden.

Das Pronomen **сто́лько** wird wie ein Adjektiv im Plural dekliniert. In den abhängigen Fällen kongruiert **сто́лько** mit dem Substantiv.

N.	**сто́лько** люде́й	**сто́лько** книг
	so viele Menschen	so viele Bücher
G.	**сто́льких** люде́й	**сто́льких** книг
D.	**сто́льким** лю́дям	**сто́льким** кни́гам
A.	**сто́льких** люде́й	**сто́лько** книг
I.	**сто́лькими** людьми́	**сто́лькими** кни́гами
P.	о **сто́льких** лю́дях	о **сто́льких** кни́гах

Übung 239. Schreiben Sie die folgenden Sätze ab. Unterstreichen Sie die hinweisenden Pronomen und bestimmen Sie ihre Funktion im Satz.

1. Челове́к! Это звучи́т го́рдо. (*М. Г.*) 2. В на́ше вре́мя тот — поэ́т, тот — писа́тель, кто поле́зен. (*Маяк.*) 3. Тому́, кто стро́ит, твори́т, создаёт, кто че́стно тру́дится и живёт плода́ми рук свои́х, ну́жен мир. (*И. Э.*) 4. Нача́ло стро́йки па́дало на́ зиму — в э́том заключа́лась осо́бенная тру́дность положе́ния. (*Аж.*) 5. Часа́ в два ме́лкий дождь преврати́лся в ли́вень. Это заста́вило нас останови́ться ра́ньше вре́мени и иска́ть спасе́ния в пала́тке. (*Арс.*) 6. На́дя пошла́ наве́рх и уви́дела ту же посте́ль, те же о́кна с бе́лыми наи́вными занаве́сками, а в о́кнах тот же сад, за́литый со́лнцем, весёлый, шу́мный. (*Чех.*)

Bestimmende Pronomen

Die Pronomen сам und самый

A. 1. Das Pronomen **сам** *selbst* bezieht sich auf eine Person, die selbständig, ohne Hilfe einer anderen Person handelt:

Он сделал это **сам**.	Er hat das selbst getan.
Не объясняй мне. **Я сам** хочу понять.	Erkläre es mir nicht. Ich will (es) selbst verstehen.
Она **сама** это знает.	Sie weiß es selbst.
Пусть **он сам** расскажет обо всём.	Er soll selbst alles erzählen.

2. Das Pronomen **сам** wird auch gebraucht, um hervorzuheben, daß keine andere als diese Person gemeint ist:

Сам директор приказал.	Der Direktor selbst hat das angeordnet.
Пришёл **сам хозяин**.	Der Wirt selbst ist gekommen.
Он сам виноват в этом.	Er ist selbst schuld daran.
Скажи об этом не мне, а **ему самому**.	Sage es nicht mir, sondern ihm selbst (ihm persönlich).

3. Das Pronomen **сам** wird mit dem Reflexivpronomen **себя** gebraucht:

Ты плохо знаешь **самого себя**.	Du kennst dich selbst schlecht.
Он обвинял во всём только **самого себя**.	Er beschuldigte in allem nur sich selbst.
Он сам над собой смеялся.	Er lachte über sich selbst.

4. Das Pronomen **сам** ist Bestandteil folgender Wendungen:

само собой разумеется само собой понятно сам по себе	das versteht sich von selbst

B. Das Pronomen **самый** wird in folgenden Fällen gebraucht:

1. in Verbindung mit den Pronomen **этот** und **тот** (**этот самый, тот самый**) *(eben) derselbe, eben dieser.*

Это **та самая** книга, о которой я тебе говорил.	Das ist eben das Buch, von dem ich dir erzählt habe.
Он сказал мне **то же самое**, что и ты.	Er hat mir dasselbe wie du gesagt.
Мы встретились на **том же самом** месте.	Wir begegneten uns an derselben Stelle.
Это **тот самый** человек.	Das ist eben dieser Mensch.

2. in Verbindung mit einem Substantiv, das einen Ort oder eine Zeit angibt, zur Bezeichnung der äußersten räumlichen oder zeitlichen Grenze:

Дождь шёл **с самого утра**.	Er regnete seit dem frühen Morgen.

Лóдка остановѝлась **у сáмого бéрега**.	Das Boot machte direkt am Ufer halt.
Он повторѝл всё **с сáмого начáла**.	Er hat alles von Anfang an wiederholt.
Дорóга шла **по сáмому крáю** обрѝва.	Der Weg führte am äußersten Rand der Schlucht entlang.

3. in Verbindung mit einem Adjektiv (zusammengesetzter Superlativ):

Егó доклáд — **сáмый интерéсный**.	Sein Vortrag war am interessantesten.
Емý поручѝли **сáмую трýдную** рабóту.	Man beauftragte ihn mit der schwierigsten Arbeit.

DIE DEKLINATION DES PRONOMENS САМ

Fall	Singular		Plural
	männlich und sächlich	weiblich	alle 3 Geschlechter
N.	он **сам** er selbst **сам** руководѝтель der Leiter selbst	онá **самá** **самá** руководѝтельница	онѝ **сáми** **сáми** руководѝтели
G.	егó **самогó** **самогó** руководѝтеля	её **самóй** **самóй** руководѝтельницы	их **самѝх** **самѝх** руководѝтелей
D.	емý **самомý** **самомý** руководѝтелю	ей **самóй** **самóй** руководѝтельнице	им **самѝм** **самѝм** руководѝтелям
A.	егó **самогó** **самогó** руководѝтеля	её **самоё**, её **самý** **самоё (самý)** руководѝтельницу	их **самѝх** **самѝх** руководѝтелей
I.	с ним **самѝм** с **самѝм** руководѝтелем	с ней **самóй** с **самóй** руководѝтельницей	с нѝми **самѝми** с **самѝми** руководѝтелями
P.	о нём **самóм** о **самóм** руководѝтеле	о ней **самóй** о **самóй** руководѝтельнице	о них **самѝх** о **самѝх** руководѝтелях

DIE DEKLINATION DES PRONOMENS СÁМЫЙ

Fall	Singular		Plural
	männlich und sächlich	weiblich	alle 3 Geschlechter
N.	**сáмый** лýчший ученѝк der beste Schüler **сáмое** интерéсное задáние die interessanteste Aufgabe	**сáмая** лýчшая ученѝца die beste Schülerin	**сáмые** лýчшие ученикѝ die besten Schüler **сáмые** интерéсные задáния die interessantesten Aufgaben

Fall	Singular		Plural
	männlich und sächlich	weiblich	alle 3 Geschlechter
G.	са́мого лу́чшего ученика́	са́мой лу́чшей учени́цы	са́мых лу́чших ученико́в са́мых интере́сных зада́ний
D.	са́мому лу́чшему ученику́ са́мому интере́сному зада́нию	са́мой лу́чшей учени́це	са́мым лу́чшим ученика́м са́мым интере́сным зада́ниям
A.	са́мого лу́чшего ученика́ са́мое интере́сное зада́ние	са́мую лу́чшую учени́цу	са́мых лу́чших ученико́в са́мые интере́сные зада́ния
I.	са́мым лу́чшим ученико́м са́мым интере́сным зада́нием	са́мой лу́чшей учени́цей	са́мыми лу́чшими ученика́ми са́мыми интере́сными зада́ниями
P.	о са́мом лу́чшем ученике́ о са́мом интере́сном зада́нии	о са́мой лу́чшей учени́це	о са́мых лу́чших ученика́х о са́мых интере́сных зада́ниях

A n m e r k u n g. Das Pronomen **са́мый** wird wie ein Adjektiv dekliniert; es ist in allen Fällen stammbetont. Das Pronomen **сам** ist mit Ausnahme des Nominativs Plural in allen Fällen endungsbetont.

Übung 240. Schreiben Sie die folgenden Sätze ab. Versehen Sie die hervorgehobenen Pronomen mit Betonungszeichen und übersetzen Sie die Sätze.

A. 1. Ученику́ удало́сь *самому́* реши́ть э́ту тру́дную зада́чу. 2. Ей *само́й* не нра́вится её рабо́та. 3. На сце́ну вы́шел тот *са́мый* арти́ст, кото́рого мы ви́дели в про́шлое воскресе́нье. 4. Я получи́л распоряже́ние от *самого́* дире́ктора.

В. 1. Пока́ ещё я *сам* то́чно не зна́ю, что бу́ду писа́ть. (*Пауст.*) 2. С *са́мого* де́тства дружи́ли они́, вме́сте учи́лись, переходи́ли из кла́сса в класс. (*Фад.*) 3. С рассве́том ушла́ в во́здух пе́рвая эскадри́лья под кома́ндованием *самого́* полко́вника. (*Б. Пол.*) 4. Остано́вка была́ у *са́мых* воро́т заво́да. (*Ант.*) 5. В лесу́ показа́лось мно́го следо́в оле́ней. Вско́ре мы уви́дели и *сами́х* живо́тных. (*Арс.*)

Übung 241. Schreiben Sie die folgenden Sätze ab. Setzen Sie jeweils das Pronomen *сам* oder *са́мый* im erforderlichen Fall ein.

1. Маши́на останови́лась у ... моста́. 2. Он получи́л разреше́ние от ... дире́ктора. 3. Мы пойдём обра́тно той же ... доро́гой. 4. Они́ сиде́ли на ... лу́чших места́х. 5. Мне ну́жно ви́деть её ..., а не её сестру́. 6. Мой друг всегда́ недово́лен ... собо́й. 7. Охо́тники останови́лись в том же ... до́ме, в кото́ром они́ ночева́ли про́шлый раз. 8. Му́зыка всегда́ была́ для него́ ... люби́мым заня́тием. 9. Он обви-

ня́л в случи́вшемся то́лько … себя́. 10. Уже́ у … теа́тра он вспо́мнил, что забы́л биле́ты до́ма. 11. Не ну́жно помога́ть им. Они́ мо́гут сде́лать э́то … .

Übung 242. Bilden Sie je vier Sätze mit den Pronomen *сам* und *са́мый*.

Das Pronomen весь

Das Pronomen весь *ganz, all* wird sowohl in Verbindung mit einem Substantiv als auch selbständig, ohne Substantiv gebraucht.

1. Im ersten Fall tritt das Pronomen весь als Attribut im Satz auf und stimmt mit seinem Beziehungswort in Geschlecht, Zahl und Fall überein.

Э́того учёного зна́ет **вся страна́.**	Diesen Gelehrten kennt das ganze Land.
Всё прогресси́вное **челове́чество** выступа́ет за мир.	Die ganze fortschrittliche Menschheit tritt für den Frieden ein.
Все лю́ди до́брой во́ли выступа́ют за мир.	Alle Menschen guten Willens treten für den Frieden ein.
Мы бо́ремся за мир **во всём ми́ре.**	Wir kämpfen für den Frieden in der ganzen Welt.

2. Im zweiten Fall (ohne Substantiv) wird nur die sächliche Form sowie die Pluralform gebraucht; im Satz tritt das Pronomen весь als Subjekt oder Objekt auf:

На собра́ние пришли́ **все.**	Zur Versammlung sind alle gekommen.
Он уже́ познако́мился **со все́ми.**	Er hat schon alle kennengelernt.
Он сказа́л об э́том **при всех.**	Er sprach darüber in Anwesenheit aller.
Все ви́дели э́ту карти́ну.	Alle haben dieses Bild gesehen.
Я дово́лен **всем.**	Ich bin mit allem zufrieden.
Спаси́бо вам за **всё.**	Ich danke Ihnen für alles.
Посети́тели расспра́шивали обо **всём.**	Die Besucher haben nach allem gefragt.

3. Das Pronomen весь wird in folgenden Wendungen gebraucht: **пре́жде всего́** *vor allem*, **всё равно́** *ganz gleich*, **во весь го́лос** *mit lauter Stimme, entschieden.*

DIE DEKLINATION DES PRONOMENS ВЕСЬ

Fall	Singular		Plural
	männlich und sächlich	weiblich	alle 3 Geschlechter
N.	**весь** наро́д das ganze Volk **всё** челове́чество die ganze Menschheit	**вся** страна́ das ganze Land	**все** наро́ды, стра́ны alle Völker, Länder

Fall	Singular		Plural
	männlich und sächlich	weiblich	alle 3 Geschlechter
G.	всего́ наро́да всего́ челове́чества	всей страны́	всех наро́дов, стран
D.	всему́ наро́ду всему́ челове́честву	всей стране́	всем наро́дам, стра́нам
A.	весь наро́д всё челове́чество	всю страну́	все наро́ды, стра́ны всех люде́й
I.	всем наро́дом всём челове́чеством	всей страно́й	все́ми наро́дами, стра́нами
P.	обо всём наро́де обо всём челове́честве	обо всей стране́	обо всех наро́дах, стра́нах

Übung 243. Lesen Sie die folgenden Sätze. Bestimmen Sie die Funktion des Pronomens *весь* im Satz und geben Sie Geschlecht, Zahl und Fall des Pronomens an.

1. Всё уже́ сти́хло в го́роде. (*Фад.*) 2. Был пе́рвый час но́чи. В до́ме все уже́ легли́. (*Чех.*) 3. Степь без конца́ и без кра́я тяну́лась на все концы́ све́та. (*Фад.*) 4. Всё, всё напомина́ло о приближе́нии тоскли́вой, хму́рой о́сени. (*Чех.*) 5. Дождь стуча́л в о́кна всю ночь. (*Чех.*) 6. Незаме́тно плывёт над Во́лгой со́лнце; ка́ждый час всё вокру́г но́во, всё меня́ется. (*М. Г.*) 7. И́зредка подыма́лся ветеро́к, и лёгкий шо́рох пробега́л по всему́ са́ду. (*П.*)

Übung 244. Bilden Sie Sätze mit den Wortverbindungen *весь го́род, всё не́бо, все друзья́* und mit den Pronomen *всё* und *все* ohne Substantive.

Die Pronomen ка́ждый, любо́й, вся́кий

Die bestimmenden Pronomen **ка́ждый** *jeder*, **любо́й** *ein beliebiger*, **вся́кий** *jeder* bezeichnen ein einzelnes Wesen oder Ding aus einer Anzahl gleichartiger Wesen oder Dinge:

Вся́кий (o d e r: **ка́ждый, любо́й**) челове́к на моём ме́сте поступи́л бы та́к же.	Jeder andere würde an meiner Stelle auch so handeln.
Э́то зна́ет **ка́ждый** (o d e r: **любо́й**) шко́льник.	Das weiß jeder Schüler.
Любо́й (**вся́кий**) ука́жет вам доро́гу на ста́нцию.	Jeder wird Ihnen den Weg zum Bahnhof zeigen.

A. Das Pronomen **ка́ждый** hat außerdem eine dem Pronomen **все** ähnliche Bedeutung. In dieser Bedeutung kann das Pronomen nicht durch **любо́й** bzw. **вся́кий** ersetzt werden.

На совеща́нии вы́сказался **ка́ждый прису́тствующий**.	In der Beratung sprach jeder der Anwesenden.
На совеща́нии вы́сказались **все прису́тствующие**.	In der Beratung sprachen alle Anwesenden.

161

Das Pronomen **ка́ждый** wird in der Regel im Singular gebraucht: **ка́ждый** учени́к *jeder Schüler*, **ка́ждая** учени́ца *jede Schülerin*, **ка́ждое** сло́во *jedes Wort*.

Im Plural wird das Pronomen **ка́ждый** wie folgt verwendet:
a) mit Substantiven, die nur im Plural gebraucht werden:

Он приезжа́л **ка́ждые су́тки**.	Er kam jeden Tag (bei uns) vorbei.

b) mit der Wortgruppe Grundzahl Wort + Substantiv:

Мы встреча́лись **ка́ждые два дня**.	Wir trafen uns jeden zweiten Tag.
Ка́ждые четы́ре челове́ка помести́лись в одно́й пала́тке.	In einem Zelt wurden je vier Mann untergebracht.

A n m e r k u n g. Bei Substantiven, die eine Zeit angeben, steht **ка́ждый** ohne Präposition; **ка́ждый день** *jeden Tag*, **ка́ждое у́тро** *jeden Morgen*, **ка́ждый год** *jedes Jahr*, **ка́ждую зи́му** jeden Winter, a b e r: в **пе́рвый день** *am ersten Tag*, в **э́то у́тро** *an diesem Morgen*, в **э́тот год** dieses Jahr, в **про́шлую зи́му** im vorigen Winter.

Ка́ждое у́тро я встаю́ в 7 часо́в, но в **э́то у́тро** я встал в 9 часо́в.	Ich stehe jeden Morgen um 7 Uhr auf, aber an diesem Morgen stand ich (erst) um 9 Uhr auf.

B. Das Pronomen **любо́й** wird zuweilen zur Hervorhebung eines Gegenstandes aus einer Anzahl gleichartiger Gegenstände gebraucht, der besser paßt, besser gefällt als die anderen:

Ты мо́жешь взять **любу́ю** кни́гу, кото́рая тебе́ нра́вится.	Du kannst ein beliebiges (das) Buch nehmen, das dir gefällt.

In dieser Bedeutung läßt sich das Pronomen **любо́й** nicht durch die Pronomen **ка́ждый, вся́кий** ersetzen. Vergleichen Sie:

Э́та кни́га есть в **любо́м** (o d e r: **ка́ждом, вся́ком**) кни́жном магази́не.	Dieses Buch ist in jeder Buchhandlung zu finden.
Зайди́ в **любо́й** кни́жный магази́н и купи́ э́ту кни́гу.	Geh in eine beliebige Buchhandlung und kaufe dieses Buch.

C. Das Pronomen **вся́кий** kann zusätzlich die Bedeutung *verschieden, allerlei* haben:

В на́шей реке́ во́дится **вся́кая** ры́ба.	In unserem Fluß gibt es alle möglichen Fische.
Он чита́л **вся́кие** кни́ги.	Er hat alle möglichen Bücher gelesen.
Он расска́зывал **вся́кие** интере́сные исто́рии.	Er erzählte allerlei interessante Geschichten.

In dieser Bedeutung kann das Pronomen **вся́кий** nicht durch **ка́ждый** und **любо́й** ersetzt werden.

Die Pronomen **ка́ждый, любо́й, вся́кий** treten im Satz als Attribute auf und stimmen in Geschlecht, Zahl und Fall mit dem zugehörigen Substantiv überein. Sie werden wie Adjektive dekliniert.

Mitunter werden die Pronomen **ка́ждый, любо́й, вся́кий** substantivisch gebraucht; sie treten dann im Satz als Subjekt oder Objekt auf: Что во́лки жа́дны, **вся́кий** зна́ет. (*Кр.*) Jeder weiß, daß Wölfe gierig sind.

Übung 245. Lesen Sie die folgenden Sätze. Sagen Sie, in welchen Sätzen alle drei Pronomen *ка́ждый, любо́й, вся́кий* gebraucht werden können.

A. 1. Вы мо́жете прийти́ ко мне в любо́е вре́мя. 2. По́езд остана́вливается на ка́ждой ста́нции. 3. У него́ ещё оста́лось в го́роде мно́го вся́ких дел. 4. Брат ходи́л на охо́ту в любу́ю пого́ду. 5. Ка́ждый студе́нт до́лжен сде́лать докла́д на семина́ре. 6. Любо́й студе́нт мо́жет подгото́вить докла́д на э́ту те́му. 7. Он преодоле́ет любы́е тру́дности на пути́ к це́ли. 8. Связно́й до́лжен был предупрежда́ть об опа́сности ка́ждого подпо́льщика.

B. 1. Для дете́й ка́ждый взро́слый ка́жется существо́м немно́го таи́нственным. (*Пауст.*) 2. Доро́гою мно́го приходи́ло ему́ вся́ких мы́слей на ум. (*Г.*) 3. Не вся́кий вас, как я, поймёт. (*П.*) 4. Я сде́лал то́лько то, что вся́кий сде́лал бы на моём ме́сте. (*Чех.*) 5. В зи́мней рабо́те связи́стов на ка́ждом шагу́ возника́ли неприя́тные неожи́данности. (*Аж.*)

Übung 246. Bilden Sie je zwei Sätze mit den Pronomen *ка́ждый, вся́кий, любо́й* in verschiedenen Bedeutungen.

Fragepronomen

Zu den Fragepronomen gehören: **кто?** *wer?* **что?** *was?* **како́й?** *was für ein?* **чей?** *wessen?* **кото́рый?** *welcher? der wievielte?* **ско́лько?** *wieviel?*

1. Die Pronomen **кто?** und **что?** werden weder nach Geschlecht noch nach Zahl unterschieden. Die im Satz von den Pronomen **кто?** und **что?** abhängigen Wörter stehen im Singular.

Кто *идёт?*	Wer kommt?
Что *видне́ется* вдали́?	Was ist in der Ferne zu sehen?

Die von dem Pronomen **кто?** abhängingen Wörter stehen in der männlichen Form:

Кто *пришёл?*	Wer ist gekommen?
Кто *гото́в?*	Wer ist fertig?
Кто из студе́нтов *ко́нчил* рабо́ту?	Wer von den Studenten hat die Arbeit beendet?
Кто из студе́нток *ко́нчил* рабо́ту?	Wer von den Studentinnen hat die Arbeit beendet?

Das von **что?** abhängige Prädikat steht in der sächlichen Form:

Что *случи́лось?*	Was ist los?
Что *произошло́* здесь?	Was ist hier geschehen?

DIE DEKLINATION DER PRONOMEN КТО? UND ЧТО?

N.	кто? что?	A.	кого́? что?
G.	кого́? чего́?	I.	кем? чем?
D.	кому́? чему́?	P.	о ком? о чём?

2. Die Pronomen **какóй?** und **котóрый?** stimmen in Geschlecht, Zahl und Fall mit dem zugehörigen Substantiv überein. Sie werden wie Adjektive dekliniert.

3. Das Pronomen **чей?** kongruiert — zum Unterschied vom Deutschen — ebenfalls in Geschlecht, Zahl und Fall mit dem zugehörigen Substantiv.

DIE DEKLINATION DES PRONOMENS ЧЕЙ?

	Singular	
Fall	männlich und sächlich	weiblich
N.	чей (учéбник)? чьё (письмó)? wessen (Lehrbuch)? wessen (Brief)?	чья (кни́га)? wessen (Buch)?
G.	чьегó (учéбника, письмá)?	чьей (кни́ги)?
D.	чьемý (учéбнику, письмý)?	чьей (кни́ге)?
A.	чей (учéбник?) чьё (письмó)? чьегó (брáта)? wessen (Bruder)?	чью (кни́гу)?
I.	чьим (учéбником, письмóм)?	чьей (кни́гой)?
P.	о чьём (учéбнике, письмé)?	о чьей (кни́ге)?
	Plural (alle 3 Geschlechter)	
N.	чьи (учéбники, пи́сьма, кни́ги)? wessen (Lehrbücher, Briefe, Bücher)?	
G.	чьих (учéбников, пи́сем, книг)?	
D.	чьим (учéбникам, пи́сьмам, кни́гам)?	
A.	чьи (учéбники, пи́сьма, кни́ги)? чьих (брáтьев, сестёр)? wessen (Brüder, Schwestern)?	
I.	чьи́ми (учéбниками, пи́сьмами, кни́гами)?	
P.	о чьих (учéбниках, пи́сьмах, кни́гах)?	

4. Das Pronomen **скóлько?** wird wie ein Adjektiv im Plural dekliniert. Nach dem Nominativ von **скóлько?** steht Substantiv im Genitiv.

Скóлько людéй?	Wie viele Menschen?
Скóлько книг?	Wieviel Bücher?
Скóлько врéмени?	Wie spät ist es? Wieviel Uhr ist es?
Скóлько воды́?	Wieviel Wasser?

In den abgeleiteten Fällen kongruiert das Pronomen mit dem Substantiv; das Substantiv steht dabei im Plural.

DIE DEKLINATION DES PRONOMENS СКÓЛЬКО?

N.	**скóлько** людéй? wieviele Menschen?	**скóлько** книг? wieviel Bücher?
G.	**скóльких** людéй?	**скóльких** книг?
D.	**скóльким** людям?	**скóльким** кни́гам?
A.	**скóльких** людéй?	**скóлько** книг?
I.	**скóлькими** людьми́?	**скóлькими** кни́гами?
P.	о **скóльких** людях?	о **скóльких** кни́гах?

Übung 247. Lesen Sie folgende Auszüge. Stellen Sie Fragen zu den hervorgehobenen Wörtern.

1. «Тепе́рь сади́тесь, — взгляну́в на часы́, сказа́л *оте́ц*. — Сейча́с начнётся *са́мое гла́вное*». Он пошёл и включи́л *радиоприёмник*. Все се́ли и замолча́ли.

Снача́ла бы́ло ти́хо. Но вот разда́лся шум, гул, гудки́. Пото́м что́-то сту́кнуло, зашипе́ло, и отку́да-то издалека́ донёсся мелоди́чный *звон*.

Чук с Ге́ком перегляну́лись. Они́ угада́ли, что э́то. Это в далёкой-далёкой Москве́, под кра́сной звездо́й, на Спа́сской ба́шне звони́ли *золоты́е Кремлёвские часы́*.

И э́тот звон — пе́ред Но́вым го́дом — сейча́с слу́шали *лю́ди* и в города́х, и в гора́х, в степя́х, в тайге́, на си́нем мо́ре.

И тогда́ лю́ди вста́ли, поздра́вили друг дру́га с Но́вым го́дом и пожела́ли всем *сча́стья*.

2. Поезда́ то́лько что прошли́ в о́бе сто́роны, и на платфо́рме *никого́* не́ было.

Из тёмных тонне́лей дул прохла́дный ветеро́к. Далеко́ под землёй что́-то гуде́ло и посту́кивало.

Вдруг пусты́нные платфо́рмы о́жили, зашуме́ли. Внеза́пно возни́кли *лю́ди*. *Они́* шли, торопи́лись. *Их* бы́ло мно́го, но станови́лось всё бо́льше, це́лые то́лпы, со́тни... Отража́ясь в блестя́щих мра́морных стена́х, замелька́ли их бы́стрые те́ни, а под высо́кими све́тлыми купола́ми зашуме́ло, загреме́ло разноголо́сое э́хо.

И тут я по́нял, что э́то *наро́д* е́дет весели́ться в парк культу́ры, где сего́дня открыва́ется блестя́щий карнава́л. (*Гайд.*)

Übung 248. Bilden Sie Sätze mit den Fragepronomen *кто? что? како́й? чей? ко́торый? ско́лько?*

Verneinende Pronomen

Die Pronomen **никто́, ничто́, никако́й, ниче́й**

Die Pronomen **никто́** *niemand*, **ничто́** *nichts*, **никако́й** *keiner(lei)*, **ниче́й** *niemandem gehörig* sind aus den Fragepronomen **кто?, что?, како́й?, чей?** durch Vorsetzen der Partikel **ни** gebildet.

Die verneinenden Pronomen werden wie die entsprechenden Fragepronomen dekliniert.

In einem Satz, der ein verneinendes Pronomen (**никто́, ничто́, никако́й** oder **ниче́й**) enthält, muß das Prädikat stets durch **не** verneint werden.

Никто́ не отве́тил на мой вопро́с.	Niemand antwortete auf meine Frage.
Его́ **ничто́ не** интересу́ет.	Ihn interessiert nichts.
Никаки́е препя́тствия **не** остано́вят на́шего движе́ния вперёд.	Keinerlei Hindernisse werden unseren Fortschritt aufhalten können.
Она́ **не** слу́шала **ничьи́х** сове́тов.	Sie hörte auf niemandes Ratschläge.

165

В э́том де́ле **не** возни́кло **ника-** **ки́х** тру́дностей.	In dieser Angelegenheit gab es keine Probleme.

Die Pronomen **никто́** und **ничто́** treten im Satz gewöhnlich als Subjekt oder als Objekt auf:

Никто́ не отве́тил на мой вопро́с.	Niemand antwortete auf meine Frage.
Ничто́ (Subjekt) не меша́ет ему́ занима́ться.	Nichts stört ihn beim Lernen.
Я **никого́** не встре́тил по доро́ге сюда́.	Ich bin niemandem auf dem Wege hierher begegnet.
Он **ничего́** не забы́л.	Er hat nichts vergessen.
Я **никому́** не скажу́ об э́том.	Ich werde mit niemandem darüber sprechen.

Verbindet man die Pronomen **никто́** und **ничто́** mit einer Präposition, so wird diese zwischen die Partikel **ни** und das Pronomen **кто** bzw. **что** gesetzt; die Fügung wird getrennt geschrieben.

Ни у кого́ нет э́той кни́ги.	Niemand hat dieses Buch.
Я за́втра **ни к кому́** не пойду́.	Morgen werde ich zu niemandem gehen. (Morgen werde ich niemanden besuchen.)
Он **ни за что́** не согласи́тся.	Er wird auf keinen Fall zustimmen.
Он **ни с ке́м** не прости́лся.	Er verabschiedete sich von niemandem.
Я его́ **ни о чём** не спра́шивал.	Ich habe ihm keine einzige Frage gestellt.

Die Pronomen **никако́й** und **ниче́й** treten im Satz als Attribute auf und stimmen in Geschlecht, Zahl und Fall mit dem Substantiv überein.

Ему́ не ну́жно **ниче́й по́мощи.**	Er braucht niemandes Hilfe.
Он не бои́тся **никаки́х тру́дно-** **стей.**	Er scheut sich vor keinen Schwierigkeiten.

Wird das Pronomen mit einer Präposition verbunden, so tritt die Präposition zwischen **ни** und das Pronomen; die Fügung wird getrennt geschrieben.

Он не шел **ни на каки́е** усту́пки.	Er ging auf keine Zugeständnisse ein.
	Er wollte auf keinen Fall nachgeben.

Übung 249. Lesen Sie die folgenden Sätze. Bestimmen Sie den Fall der verneinenden Pronomen.

1. В э́ту ночь никто́ на корабле́ не спал. (*Пауст.*) 2. Тепе́рь ничто́ не напомина́ло ей (Ната́ше) причи́ну её гру́сти. (*Л. Т.*) 3. Я чу́вствовал себя́ счастли́вым... Но отчего́ я был сча́стлив? Я ничего́ не жела́л, я ни о чём не ду́мал... Я был сча́стлив. (*Тург.*) 4. Всё ти́хо бы́ло в саду́. Я кли́кнул шёпотом Ве́ру, кли́кнул в друго́й раз,

в трётий... Ничёй гόлос не отозвáлся. (*Тург.*) 5. Он не терялся ни в каки́х слу́чаях. (*А. Т.*) 6. Вернýться домόй нé было никакόй возмόжности. (*Тург.*) 7. Мне ничьегό сочýвствия не нýжно. (*Тург.*) 8. Я не хочý печáлить вас ничéм. (*П.*)

Übung 250. Ersetzen Sie die hinweisenden und besitzanzeigenden Pronomen durch verneinende.

Muster: 1. *Это* егό не интересýет.— *Ничтό* егό не интересýет.
2. *Эти* вопрόсы егό не интересýют.— *Никакúе* вопрόсы егό не интересýют.
3. *Я* не брал *твоúх книг.*— Я не брал *ничьúх* книг.

1. Он не забы́л э́того. 2. Они́ не знáют об э́том. 3. Эти лекáрства нс помогáли. 4. Онá не довόльна вáшей рабόтой. 5. Он с э́той задáчей не мόжет спрáвиться. 6. Эти препятствия нас не останόвят. 7. Он не соглáсен с э́тими дόводами. 8. Он не слýшал нáших совéтов. 9. Ты не обрати́л внимáния на э́то. 10. Онá не отвечáла на мой вопрόсы.

Übung 251. Verwandeln Sie die bejahenden Sätze in verneinte und schreiben Sie sie auf. Ersetzen Sie die Pronomen *всё, все* durch die Pronomen *никтό, ничтό*.

А. Muster: *Все забы́ли об э́том.*
Никтό *не забы́л об э́том.*

1. Всех заинтересовáл э́тот вопрόс. 2. Брат всем рассказáл о своём путешéствии. 3. Посети́тели обо всём спрáшивали. 4. Вошéдший человéк поздорόвался со всéми. 5. Он виновáт во всём. 6. Он у всех спрáшивал дорόгу. 7. Брат купи́л билéты в теáтр для всех.

В. Muster: *Все студéнты нáшей грýппы учáствовали в лы́жных соревновáниях.*
Никтό *из студéнтов нáшей грýппы не учáствовал в лы́жных соревновáниях...*

1. Доклáдчик согласи́лся со всéми выступáвшими. 2. Все члéны комитéта поддержáли э́то предложéние. 3. Все пассажи́ры вы́шли из вагόна. 4. Он совéтовался со всéми товáрищами. 5. Он обращáлся за пόмощью ко всем свои́м друзья́м.

Die Pronomen **нéкого** *und* **нéчего**

Die Pronomen **нéкого** *(es gibt) keinen, niemanden* und **нéчего** *nichts* besitzen keine Nominativform. Sie werden aus den Fragepronomen durch Vorsetzen der negierenden Partikel **не** gebildet und wie die Fragepronomen **кто** bzw. **что** dekliniert. Die Betonung liegt in allen Fällen auf der Partikel.

N.	—	—	A.	нéкого	нéчего
G.	нéкого	нéчего	I.	нéкем	нéчем
D.	нéкому	нéчему	P.	нé о ком	нé о чем

Нéкого послáть за билéтами.

Es ist niemand da, den man nach Eintrittskarten schicken könnte.

Емý **нéчего** читáть.

Er hat nichts zum Lesen.

Bei der Verbindung der Pronomen **некого** und **нечего** mit einer Präposition wird die Präposition zwischen die Partikel **не** und das Pronomen **кого** bzw. **чего** gesetzt, und alle drei Bestandteile werden getrennt geschrieben:

Нам **не о чем** говори́ть.	Wir haben einander nichts zu sagen.
Ему́ **не с кем** посове́товаться.	Es ist keiner da, mit dem er sich · hätte beraten können.

Die Pronomen **некого** und **нечего** werden in unpersönlichen Sätzen gebraucht; sie drücken die Unmöglichkeit einer Handlung aus, indem sie das Fehlen des Objekts dieser Handlung oder des Handlungsträgers anzeigen.

Не́кого посла́ть за биле́тами — bedeutet: *es ist niemand da, den man nach Eintrittskarten schicken könnte* (Fehlen des Objekts der Handlung).

Ему́ **не́чего** чита́ть — bedeutet: *es gibt nichts, was er lesen könnte* (Fehlen des Objekts der Handlung).

Не́кому пойти́ за биле́тами — bedeutet: *es ist niemand da, der Eintrittskarten holen könnte* (Fehlen des Handlungsträgers).

In unpersönlichen Sätzen mit den Pronomen **некого** oder **нечего** wird das Prädikat durch den Infinitiv des Verbs ausgedrückt:

Не́чего **чита́ть.**	Es ist nichts zum Lesen da.
Не́кому **рассказа́ть.**	Es ist niemand da, dem man etwas erzählen könnte. (o d e r : der etwas erzählen könnte)
Не с кем **поговори́ть.**	Es ist niemand da, mit dem man sprechen könnte.

Das den Handlungsträger bezeichnende Substantiv bzw. Pronomen steht im Dativ:

Това́рищу нечего чита́ть.	Mein Freund hat nichts zum Lesen.
Мне не с кем посове́товаться.	Ich habe niemanden, mit dem ich mich beraten könnte.
Не́кому пойти́ за биле́тами.	Es ist niemand da, der Eintrittskarten holen könnte.

Übung 252. Vergleichen Sie die nebeneinanderstehenden Sätze; erklären Sie den Bedeutungsunterschied dieser Sätze.

никто́, ничто́	некого, нечего
1. Он ничего́ не сказа́л.	Ему́ не́чего бы́ло сказа́ть.
2. Я никого́ не спроси́л.	Мне не́кого бы́ло спроси́ть.
3. Он никому́ не рассказа́л об э́том.	Ему́ не́кому бы́ло рассказа́ть об э́том.
4. Он ни о чём не рассказа́л.	Ему́ не о чем бы́ло рассказа́ть.
5. Никто́ не пошёл в магази́н.	Не́кому бы́ло пойти́ в магази́н.
6. Никто́ не забо́тился о ребёнке.	Не́кому бы́ло забо́титься о ребёнке.

Übung 253. Verwandeln Sie die zusammengesetzten Sätze in einfache mit den Pronomen *нékozo* oder *нéчezo*. Schreiben Sie sie auf. Versehen Sie die Pronomen mit Betonungszeichen. (Beachten Sie, daß das Verb in den Nebensätzen im Konjunktiv steht.)

M u s t e r: *У меня́ не́ было ничего́, что я мог бы подари́ть ему́ на па́мять.*
Мне не́чего бы́ло подари́ть ему́ на па́мять.

1. Не́ было ничего́, во что мо́жно бы́ло бы заверну́ть кни́гу. 2. Не́ было никого́, у кого́ мо́жно бы́ло бы узна́ть доро́гу. 3. Нет челове́ка, с кото́рым я мог бы сего́дня пойти́ в кино́. 4. Не́ было ничего́, чем мы могли́ бы заня́ться в тот ве́чер. 5. Нет ничего́, за что мо́жно бы́ло бы похвали́ть э́того ма́льчика. 6. Нет челове́ка, кото́рый руководи́л бы на́шим кружко́м. 7. Не́ было люде́й, кото́рых ну́жно бы́ло бы ждать. 8. Нет челове́ка, кото́рому мо́жно бы́ло бы поручи́ть э́то де́ло. 9. Нет челове́ка, от кото́рого я мог бы получа́ть пи́сьма.

Übung 254. Antworten Sie verneinend auf die folgenden Fragen.

1. С кем вы встре́тились по доро́ге? 2. Чьё сочине́ние вам понра́вилось? 3. Кто из вас зна́ет э́тот расска́з? 4. К кому́ мне обрати́ться с э́тим вопро́сом? 5. Кого́ посла́ть за кни́гами? 6. С кем мне посове́товаться об э́том? 7. О чём он сообщи́л тебе́? 8. В како́й теа́тр вы идёте? 9. Пришли́ ли вы к како́му-нибудь вы́воду по э́тому вопро́су? 10. Чью статью́ вы испо́льзовали в свое́й рабо́те? 11. Что вы слы́шали об э́том? 12. Кому́ вы расска́жете об э́том?

Übung 255. Schreiben Sie die folgenden Sätze ab. Setzen Sie die Pronomen *никто́, ничто́* oder *не́кого, не́чего* im erforderlichen Fall ein. Versehen Sie die Pronomen mit Betonungszeichen.

1. Мы не говори́ли ... . 2. Нам говори́ть бы́ло ... . 3. Он не посове́товался ... . 4. Ему́ ... бы́ло посове́товаться. 5. Мы не бои́мся ... . 6. Нам боя́ться ... . 7. Откры́ть дверь бы́ло ... . 8. Ребёнок не слу́шается ... . 9. Мне ... грусти́ть. 10. Он не забо́тится ... . 11. Нам беспоко́иться ... . 12. Я не встре́тился ... . 13. Меня́ благодари́ть ... . 14. Им спо́рить ... . 15. Ждать нам бы́ло ... . 16. Сам винова́т. Жа́ловаться ... .

Übung 256. Suchen Sie in den folgenden Sätzen die verneinenden Pronomen heraus, bestimmen Sie ihren Fall und ihre Funktion im Satz. Unterscheiden Sie persönliche Sätze von unpersönlichen.

1. В до́ме все уже́ легли́, но никто́ не спал. (*Чех.*). 2. Я ничего́ не слы́шал, кро́ме шу́ма ли́стьев. (*Тург.*) 3. Я добра́лся, наконе́ц, до угла́ ле́са, но там не́ было никако́й доро́ги. (*Тург.*) 4. Есть бы́ло не́чего, да и не хоте́лось. (*Арс.*) 5. Писа́ть бы́ло легко́. Никто́ не мог оторва́ть меня́ от люби́мых мы́слей. Ни о чём, соверше́нно ни о чём не на́до бы́ло ду́мать, кро́ме как о расска́зе, кото́рый я писа́л. (*Пауст.*) 6. Мы ме́длили. Никому́ не хоте́лось дви́гаться. Дере́вня за реко́й ещё спала́. (*Пауст.*) 7. Я свою́ до́лю худо́жника ни на что не променя́ю. (*Пауст.*) 8. Он уже́ рассказа́л мне о себе́ всё, а мне бы́ло не́чего расска́зывать. (*Л.*) 9. Ничто́ так не сближа́ет люде́й, как пережи́тые вме́сте тру́дности. (*Фад.*) 10. У́тром хо́лодно, топи́ть пе́чи не́кому, сто́рож ушёл куда́-то. (*Чех.*) 11. Пре́ния

опять возобновились, но часто наступали перерывы, и чувствовалось, что говорить больше не о чем. (*Л. Т.*) 12. Скучен день до вечера, коли делать нечего. (*Посл.*)

Unbestimmte Pronomen

Die meisten unbestimmten Pronomen werden aus den Fragepronomen **кто? что? какой? чей? сколько?** durch Hinzufügen der Partikeln **-то, -либо, -нибудь, кое-** gebildet:

кто-то *jemand,* **что-то** *etwas,* **чей-то** *jemandem gehörig,* **какой-то** *irgendein*

кто-либо *irgend jemand,* **что-либо** *irgend etwas,* **чей-либо** *irgend jemandem gehörig,* **какой-либо** *irgendein*

кто-нибудь *irgend jemand,* **что-нибудь** *irgend etwas,* **чей-нибудь** *irgend jemandem gehörig,* **какой-нибудь** *irgendein,* **сколько-нибудь** *etwas, nicht viel*

кое-кто *mancher, dieser und jener,* **кое-что** *einiges, dieses und jenes,* **кое-чей** *von manchem,* **кое-какой** *irgendein, manch*

Die unbestimmten Pronomen mit den Partikeln **-то, -либо, -нибудь, кое-** werden wie die entsprechenden Pronomen ohne Partikeln dekliniert (**кого-нибудь, кому-нибудь, с кем-нибудь**). Die Partikeln werden stets mit Bindestrich angefügt.

Wird das mit **кое-** gebildete unbestimmte Pronomen mit einer Präposition verbunden, so tritt die Präposition zwischen **кое** und das Pronomen (ohne Bindestrich):

Рассказал **кое о чём**.	Er hat dieses und jenes erzählt.
Побеседовал **кое с кем**.	Er hat sich mit manchem unterhalten.

Verbindet man die mit **-то, -либо, -нибудь** gebildeten Pronomen mit einer Präposition, so steht die Präposition vor dem Pronomen (**от кого-нибудь, с кем-либо, у кого-то**).

Die Pronomen mit der Partikel **-либо** (**кто-либо, что-либо, чей-либо, какой-либо**) und die Pronomen mit der Partikel **-нибудь** (**кто-нибудь, что-нибудь, чей-нибудь, какой-нибудь**) sind gleichbedeutend. Dabei sind die Pronomen mit der Partikel **-либо** für die Schriftsprache charakteristisch:

Это вряд ли прибавит **что-либо** существенное к тому, что уже сказано.	Es ist kaum etwas Wesentliches zu dem hinzuzufügen, was bereits gesagt wurde.

Die Pronomen mit der Partikel **-нибудь** werden sowohl in der gesprochenen als auch in der Schriftsprache gebraucht:

Я, может, **что-нибудь** не так сказала? (*М. Г.*)	Vielleicht habe ich etwas Unpassendes gesagt?
Художественное произведение лишь тогда значительно и полезно, когда оно в своей идее содержит **какую-нибудь** общественную задачу. (*Черн.*)	Ein Kunstwerk ist nur dann bedeutend und nützlich, wenn der dargestellten Idee irgendeine gesellschaftliche Aufgabe zugrunde liegt.

Unbestimmte Pronomen mit den Partikeln -то und -нибудь

1. Die Pronomen mit der Partikel **-то** werden gebraucht, wenn im Satz von einer Person oder Sache die Rede ist, die dem Sprecher unbekannt ist, anderen jedoch bekannt sein kann.

Кто́-то постуча́л в дверь.	Jemand (unbekannt wer) hat an die Tür geklopft.
Что́-то с шу́мом упа́ло на́ пол.	Etwas (unbekannt was) ist geräuschvoll auf den Boden gefallen.

2. Die Pronomen mit der Partikel **-нибудь** (oder mit der Partikel **-либо**) werden gebraucht, wenn im Satz von einer Person oder Sache die Rede ist, die völlig unbestimmt ist.

Позови́ **кого́-нибудь** (всё равно́ кого́).	Rufe jemanden (ganz gleich wen).
Да́йте мне **что́-нибудь** почита́ть (всё равно́ что).	Geben Sie mir etwas zum Lesen (ganz gleich was).
Е́сли **кто́-нибудь** придёт, позови́те меня́ (всё равно́ кто, любо́й челове́к).	Wenn jemand (gleichgültig wer) kommt, rufen Sie mich.

Übung 257. Lesen Sie die folgenden Sätze. Begründen Sie den Gebrauch der Pronomen.

1. Расскажи́ мне *что́-нибудь*.	Он сказа́л мне *что́-то*, но я не расслы́шал.
Пусть *кто́-нибудь* придёт.	Там *кто́-то* пришёл.
2. Тебе́ ну́жно поговори́ть об э́том с *ке́м-нибудь* из преподава́телей.	Я ви́дел тебя́ вчера́ в институ́те, когда́ ты разгова́ривал с *ке́м-то*.
3. Я не зна́ю, принёс ли он *что́-нибудь*.	Я ви́жу, что он *что-то* принёс.
4. Е́сли *кто́-нибудь* придёт, попроси́те его́ подожда́ть меня́.	Когда́ я пришёл домо́й, я узна́л, что *кто́-то* приходи́л ко мне́ (был у меня́).
5. Когда́ мы хоте́ли пить, мы пи́ли из *како́го-нибудь* ручья́.	Мы напили́сь воды́ из *како́го-то* ручья́.
6. Я возьму́ *что́-нибудь* почита́ть.	Он взял *что́-то* почита́ть.

Übung 258. Lesen Sie die nebeneinanderstehenden Sätze. Vergleichen Sie den Gebrauch der Pronomen in jedem Paar.

1. Он стал звать *кого́-то* на по́мощь.	Он стал звать *кого́-нибудь* на по́мощь.
2. Брат обеща́л дать ему́ *каку́ю-то* кни́гу.	Брат обеща́л дать ему́ *каку́ю-нибудь* кни́гу.
3. Оди́н из чита́телей про́сит *како́й-то* журна́л.	Оди́н из чита́телей про́сит *како́й-нибудь* журна́л.
4. Её заставля́ли спеть *каку́ю-то* пе́сню.	Её заставля́ли спеть *каку́ю-нибудь* пе́сню.

5. Он говори́л, что на́до примени́ть *како́й-то* но́вый ме́тод.

Он говори́л, что на́до примени́ть *како́й-нибудь* но́вый ме́тод.

6. Ему́ бу́дет помога́ть *кто́-то* из това́рищей.

Ему́ бу́дет помога́ть *кто́-нибудь* из това́рищей.

Übung 259. Lesen Sie die folgenden Sätze. Begründen Sie den Gebrauch der Pronomen mit den Partikeln *-то* und *-нибудь*.

1. Вот *кто́-то* вы́шел из до́ма и останови́лся на крыльце́. (*Чех.*) 2. В ко́мнате раздали́сь *чьи́-то* шаги́. (*Аж.*) 3. Скажи́те же мне *каку́ю-нибудь* но́вость! (*Л.*) 4. Ему́ чрезвыча́йно не нра́вилось, когда́ *кто́-то* заводи́л речь о его́ мо́лодости. (*Чех.*) 5. Я встава́л ра́но, с рассве́том, и то́тчас же принима́лся за *каку́ю-нибудь* рабо́ту. (*Чех.*) 6. Вдруг позади́ нас разда́лся шум: *кто́-то* спуска́лся к исто́чнику. (*Тург.*) 7. Но гла́вное очарова́ние мо́ря заключа́лось в *како́й-то* та́йне, кото́рую оно́ всегда́ храни́ло в свои́х простра́нствах. (*Кат.*) 8. Она́ [Ната́ша] не могла́ и не уме́ла де́лать *что́-нибудь* не от всей души́, не изо все́х сил. (*Л. Т.*)

Übung 260. Schreiben Sie die folgenden Sätze ab. Setzen Sie die Partikeln *-нибудь* bzw. *-то* ein.

1. Он сказал мне что́-... ва́жное, но я не могу́ сейча́с вспо́мнить, что он сказа́л.—Расскажи́ мне что́-... интере́сное. 2. Что ты и́щешь?—Я ищу́ каку́ю-... интере́сную кни́гу.—Брат принёс сего́дня каку́ю-... но́вую кни́гу, попроси́ у него́. 3. Пусть кто́-... откро́ет окно́.—Кто́-... откры́л окно́, и в ко́мнату ворва́лся све́жий ве́тер. 4. Я наде́ялся узна́ть у кого́-... доро́гу.—Неожи́данно я столкну́лся с ке́м-... в темноте́. 5. Мы услы́шали, что кто́-... вошёл в сосе́днюю ко́мнату.—Я не зна́ю, придёт ли к нам кто́-... сего́дня. 6. Верну́вшись домо́й, я спроси́л, не звони́л ли мне кто́-... сего́дня.—Мне отве́тили, что кто́-... звони́л. 7. Если вы о чём-... захоти́те спроси́ть меня́, позвони́те мне по телефо́ну.—Тебя́ и́щет Серге́й. Он хо́чет спроси́ть тебя́ о чём-... 8. Сего́дня он о чём-... расска́зывал, и все слу́шали о́чень внима́тельно.—Вообще́, когда́ он о чём-... расска́зывает, все слу́шают с интере́сом. 9. Когда́ по́езд остана́вливался на како́й-... большо́й ста́нции, пассажи́ры выходи́ли из ваго́нов подыша́ть све́жим во́здухом.—По́езд то́лько что останови́лся на како́й-... большо́й ста́нции. 10. Он зако́нчит рабо́ту в срок, е́сли ему́ что́-... не помеша́ет.—Он не успе́л зако́нчить рабо́ту, потому́ что ему́ что́-... помеша́ло. 11. Приведи́ в поря́док ко́мнату, ка́ждую мину́ту мо́жет кто́-... войти́.—Вот кто́-... идёт. 12. Я не зна́ю, принёс ли он что́-... .—Я ви́жу, что он что́-... принёс. 13. В на́шу ко́мнату зашёл сосе́д и спроси́л, не хо́чет ли кто́-... пойти́ на конце́рт.—Кто́-... из мои́х сосе́дей взял у него́ биле́т. 14. Если бы кто́-... помо́г мне, я давно́ бы уже́ ко́нчил рабо́ту. 15. Мы мо́жем переночева́ть в како́м-... до́ме.

Übung 261. Schreiben Sie die folgenden Sätze ab. Setzen Sie die erforderlichen Partikeln ein.

Вдруг впереди́ меня́ послы́шался треск су́чьев, и вслед за тем я услы́шал чьи́-... шаги́. Кто́-... шёл ме́рной тяжёлой похо́дкой. Я испуга́лся и хоте́л бы́ло уйти́ наза́д, но поборо́л в себе́ чу́вство стра́ха и оста́лся на ме́сте. Вслед за тем я уви́дел в куста́х каку́ю-... тёмную ма́ссу. Это был большо́й медве́дь. (*Арс.*)

Die unbestimmten Pronomen mit der Partikel **ко́е-**

Die Pronomen mit der Partikel **ко́е- (кой-)** werden gebraucht, wenn im Satz von Personen oder Sachen die Rede ist, die dem Sprecher bekannt, dem Gesprächspartner jedoch unbekannt sind:

Я хочу́ рассказа́ть тебе́ **ко́е о чём**.	Ich möchte dir einiges erzählen.

Die Pronomen mit der Partikel **ко́е-** können in der Bedeutung von *не́которые einige* gebraucht werden:

Он встре́тил **ко́е-кого́** из свои́х това́рищей (не́которых това́рищей).	Er traf einige seiner Freunde.

Übung 262. Lesen Sie die folgenden Sätze. Begründen Sie den Gebrauch der Pronomen mit der Partikel *кое-*.

1. Ночь была́ хотя́ и тёмная, но благодаря́ вы́павшему сне́гу мо́жно бы́ло *ко́е-что́* рассмотре́ть. (*Арс.*) 2. У Росто́вых, как и всегда́ по воскресе́ньям, обе́дал *ко́е-кто́* из бли́зких знако́мых. (*Л. Т.*)

Unbestimmte Pronomen **не́кто, не́что, не́кий, не́который, не́сколько**

1. Die Pronomen **не́кто** und **не́что** werden nur im Nominativ und im formgleichen Akkusativ verwendet.

Das Pronomen **не́что** ist sächlich. Es wird stets mit einem Attribut verbunden:

Случи́лось **не́что удиви́тельное**.	Es geschah etwas Wundersames.
Я ви́жу **не́что неопределённое**.	Ich sehe etwas Unbestimmtes.

Das Pronomen **не́что** hat ähnliche Bedeutung wie das Pronomen **что́-то** (**что́-то** kann sowohl mit als auch ohne Attribut verwendet werden: **что́-то случи́лось** *etwas ist geschehen*).

Не́кто *ein gewisser* wird nur im Nominativ, und zwar in Verbindung mit männlichen und weiblichen Personennamen gebraucht.

Пришёл **не́кто Ивано́в**.	Ein gewisser Ivanov ist gekommen.
Пришла́ **не́кто Ивано́ва**.	Eine gewisse Ivanova ist gekommen.

2. **Не́кий** wird nach Geschlecht, Zahl und Fall verändert und tritt im Satz als Attribut auf; jedoch werden seine Deklinationsformen selten gebraucht:

Прие́хал **не́кий** худо́жник.	Ein mir nicht bekannter Maler ist angekommen.
Выступа́ла **не́кая** Ивано́ва.	Aufgetreten ist eine gewisse Ivanova.

Die Pronomen **не́кто, не́что** und **не́кий** werden vorzugsweise in der Schriftsprache verwendet.

3. **Не́который** wird wie ein Adjektiv dekliniert und tritt im Satz als Attribut auf:

Не́которые студе́нты (не́которые из студе́нтов) на́шей гру́ппы увлека́ются спо́ртом.	Einige Studenten unserer Gruppe sind begeisterte Sportler.
Я говори́л с **не́которыми студе́нтами (с не́которыми из студе́нтов).**	Ich habe mit einigen Studenten gesprochen.
Не́которое вре́мя все молча́ли.	Eine Zeitlang schwiegen alle.
Не́которую часть пути́ все шли мо́лча.	Einen Teil des Weges sind alle schweigend gegangen.

Не́который steht in seiner Bedeutung den mit **ко́е-** gebildeten Pronomen nahe: **ко́е-како́й, ко́е-что́, ко́е-кто́:**

Я взял с собо́й **ко́е-каки́е** кни́ги. (о д е р: Я взял с собо́й **не́которые** кни́ги.)	Ich habe einige Bücher mitgenommen.
Я взял с собо́й **ко́е-что́** из веще́й. (о д е р: Я взял с собо́й **не́которые** ве́щи.)	Ich habe einige der Sachen mitgenommen.
Ко́е-кто́ из студе́нтов увлека́ется тури́змом (о д е р: **Не́которые** студе́нты увлека́ются тури́змом.)	Einige Studenten sind begeisterte Touristen.

4. **Не́сколько** weist auf eine unbestimmte Zahl von Gegenständen hin. Nach dem Nominativ und dem formgleichen Akkusativ von **не́сколько** steht das abhängige Substantiv im Genitiv Plural:

Вошло́ **не́сколько** челове́к.	Einige Menschen sind eingetreten.
Он принёс **не́сколько** книг.	Er brachte einige Bücher mit.

Не́сколько wird wie ein Adjektiv im Plural dekliniert. In den Deklinationsformen kongruiert es mit dem Substantiv:

Брат пришёл домо́й с **не́сколькими** това́рищами.	Mein Bruder kam mit einigen Freunden nach Hause.
Тури́сты размести́лись в **не́скольких** пала́тках.	Die Touristen fanden Unterkunft in einigen Zelten.

Übung 263. Lesen Sie die folgenden Sätze. Suchen Sie die unbestimmten Pronomen heraus.

1. И здесь он [Серёжка] уви́дел не́что, насто́лько порази́в-

шее его́ воображе́ние, что вы́нужден был останови́ться. (*Фад.*)
2. Мысль о том, что здесь до́лжен быть парк, возни́кла среди́ ста́рых комсомо́льцев. Не́которые из них и сейча́с ещё рабо́тали в Краснодо́не. (*Фад.*). 3. Поту́х свет и в не́которых о́кнах пе́рвого этажа́, и э́ти о́кна то́же распахну́лись. (*Фад.*) 4. Мне присни́лся сон, кото́рого никогда́ не мог я позабы́ть и о кото́ром до сих по́р ви́жу не́что проро́ческое. (*П.*) 5. Вдруг немно́го впереди́ нас, в темноте́, зажгло́сь не́сколько огонько́в. (*Тург.*) 6. Ме́сяца два наза́д у́мер у нас в го́роде не́кий Бе́ликов, учи́тель гре́ческого языка́. (*Чех.*)

Übung 264. Schreiben Sie den folgenden Text ab. Setzen Sie die passenden verneinenden Pronomen oder unbestimmten Partikeln ein.

Я по́нял, что заблуди́лся. Да́льше идти́ бы́ло нельзя́; впереди́ бы́ло како́е-... боло́то.

Я пошёл нале́во и вы́шел на у́зкую заро́сшую доро́жку, по кото́рой давно́ не е́здили. Я не знал, куда́ она́ меня́ приведёт, но де́лать бы́ло ..., и я пошёл по ней, наде́ясь вы́йти к како́й-... дере́вне. Я шёл до́лго, но ... при́знаков жилья́ не́ было ви́дно. Круго́м густо́й лес. Давно́ уже́ ... нога́ не ступа́ла здесь. Я прошёл не́сколько киломе́тров, но ... дере́вни не́ было.

Ста́ло темне́ть. Че́рез не́которое вре́мя показа́лись огни́ како́й-... дере́вни. Тепе́рь мне ... бы́ло беспоко́иться. Я реши́л переночева́ть в како́м-... до́ме. Подойдя́ к кали́тке кра́йнего до́ма, я постуча́л, но ... не открыва́л. Я постуча́л ещё раз и прислу́шался. Не́ было слы́шно ... шаго́в. Тогда́ я толкну́л кали́тку и, споткну́вшись обо что́-..., вошёл во двор. Как то́лько я постуча́л в дверь, послы́шались чьи́-... шаги́, пото́м кто́-... загреме́л замко́м, и дверь откры́лась.

DAS ZAHLWORT

Nach ihrer Bedeutung teilt man die Zahlwörter im Russischen in Grundzahlwörter, Sammelzahlwörter und Ordnungszahlwörter ein.

Die G r u n d z a h l w ö r t e r und S a m m e l z a h l w ö r t e r bezeichnen eine Zahl von Gegenständen und werden mit *ско́лько?* *wieviel?* erfragt.

— *Ско́лько* о́кон и двере́й в аудито́рии?	— Wieviel Fenster und Türen hat der Hörsaal?
— В аудито́рии **две** две́ри и **пять** о́кон.	— Er hat zwei Türen und fünf Fenster.

Оди́н *eins*, **два** *zwei*, **три** *drei*, **четы́ре** *vier*, **пять** *fünf* usw. sind G r u n d z a h l w ö r t e r:

— *Ско́лько* дете́й у бра́та?	— Wieviel Kinder hat der Bruder?
— У бра́та **дво́е** дете́й.	— Der Bruder hat zwei Kinder.
— *Ско́лько* су́ток он е́хал?	— Wieviel Tage war er unterwegs?
— Он е́хал **че́тверо** су́ток.	— Er war vier Tage unterwegs.

Дво́е *zwei*, **тро́е** *drei*, **че́тверо** *vier*, **пя́теро** *fünf*, **ше́стеро** *sechs*, **се́меро** *sieben* sind Sammelzahlwörter.

Die Ordnungszahlwörter bezeichnen die Reihenfolge von Gegenständen beim Zählen und werden mit *кото́рый*? *der wievielte*? erfragt.

— *Кото́рый* ме́сяц вы занима́етесь языко́м?	— Wie lange lernen Sie die Sprache?
— **Шесто́й** ме́сяц.	— Den sechsten Monat.
— *Кото́рый* раз ты чита́ешь э́ту кни́гу?	— Zum wievielten Mal liest du dieses Buch?
— **Второ́й** раз.	— Zum zweiten Mal.

Пе́рвый *der erste*, **второ́й** *der zweite*, **тре́тий** *der dritte*, **четвёртый** *der vierte*, **пя́тый** *der fünfte* usw. sind Ordnungszahlwörter.

Übung 265. Schreiben Sie den folgenden Text ab. Unterstreichen Sie die Grundzahlwörter mit einer Linie und die Ordnungszahlwörter mit zwei Linien. Stellen Sie Fragen nach den Zahlwörtern.

Я учу́сь на второ́м ку́рсе экономи́ческого факульте́та. На на́шем ку́рсе сто два́дцать пять студе́нтов. У нас во́семь уче́бных групп. Я в четвёртой гру́ппе. Сего́дня у нас две ле́кции и оди́н семина́р. Пе́рвая ле́кция — по экономи́ческой геогра́фии, втора́я ле́кция — по матема́тике. Ле́кция по экономи́ческой геогра́фии бу́дет в два́дцать четвёртой аудито́рии, ле́кция по матема́тике — в седьмо́й аудито́рии. Семина́р бу́дет в двена́дцатой аудито́рии.

Nach ihrer Struktur und Bildung werden die Zahlwörter eingeteilt in

einfache Zahlwörter: оди́н, два, три, четы́ре, пять, шесть, семь, во́семь, де́вять, де́сять, со́рок, сто, ты́сяча, миллио́н, миллиа́рд;

zusammengesetzte Zahlwörter:

1. оди́ннадцать, двена́дцать, трина́дцать, четы́рнадцать, пятна́дцать, девятна́дцать;

2. два́дцать, три́дцать, пятьдеся́т... во́семьдесят, девяно́сто;

3. две́сти, три́ста, четы́реста, пятьсо́т, шестьсо́т... девятьсо́т.

Die Bestandteile zusammengesetzter Zahlwörter werden zusammengeschrieben.

mehrgliedrige Zahlwörter: два́дцать оди́н, сто два́дцать, три́ста пятна́дцать, четы́реста во́семьдесят шесть, ты́сяча девятьсо́т со́рок шесть.

Die Bestandteile mehrgliedriger Zahlwörter werden getrennt geschrieben. Die Reihenfolge beim Lesen bzw. Sprechen ist: Tausender — Hunderter — Zehner — Einer: **1985 — ты́сяча девятьсо́т во́семьдесят пять.**

Grundzahlwörter

Zur Schreibung der Grundzahlwörter

1. Bei den Zahlwörtern **15, 16, 17, 18, 19, 20, 30** steht ein weiches Zeichen nur am Ende des Wortes: **пятна́дцать, шестна́дцать, семна́дцать, восемна́дцать, девятна́дцать, два́дцать, три́дцать.**
2. Bei den Zahlwörtern **50, 60, 70, 80** und bei **500, 600, 700, 800, 900** steht das weiche Zeichen in der Mitte des Wortes zwischen den Bestandteilen des zusammengesetzten Zahlwortes: **пятьдеся́т, шестьдеся́т, се́мьдесят, во́семьдсят, пятьсо́т, шестьсо́т, семьсо́т, восемьсо́т, девятьсо́т.**

Von 1 bis 9	Von 11 bis 19	Zehner	Hunderter
1 — оди́н	11 — оди́ннадцать	10 — де́сять	100 — сто
2 — два	12 — двена́дцать	20 — два́дцать	200 — две́сти
3 — три	13 — трина́дцать	30 — три́дцать	300 — три́ста
4 — четы́ре	14 — четы́рнадцать	40 — со́рок	400 — четы́реста
5 — пять	15 — пятна́дцать	50 — пятьдеся́т	500 — пятьсо́т
6 — шесть	16 — шестна́дцать	60 — шестьдеся́т	600 — шестьсо́т
7 — семь	17 — семна́дцать	70 — се́мьдесят	700 — семьсо́т
8 — во́семь	18 — восемна́дцать	80 — во́семьдесят	800 — восемьсо́т
9 — де́вять	19 — девятна́дцать	90 — девяно́сто	900 — девятьсо́т

Übung 266. Lesen Sie die in der obigen Tabelle angegebenen Zahlwörter laut. Achten Sie auf die Aussprache der Zahlwörter von 11 bis 19.

Übung 267. Schreiben Sie die folgenden Sätze ab. Geben Sie die Zahlen in Buchstaben wieder. Unterstreichen Sie die einfachen Zahlen mit einer Linie, die zusammengesetzten mit zwei und die mehrgliedrigen mit einer Wellenlinie.

1. В Москве́ 9 вокза́лов. 2. В Москве́ и Моско́вской о́бласти 103 вы́сших уче́бных заведе́ния. 3. В Моско́вском университе́те 18 факульте́тов. 4. От Москвы́ до Петербу́рга 650 киломе́тров. 5. Длина́ Во́лго-Донско́го кана́ла 101 киломе́тр. На кана́ле 13 шлю́зов и 3 насо́сных ста́нции. 6. Кана́л и́мени Москвы́ име́ет длину́ 128 киломе́тров.

Die Verbindung von Grundzahlwörtern mit Substantiven

Die Grundzahlwörter werden — mit Ausnahme von **оди́н** *eins* und **два** *zwei* — nicht nach dem Geschlecht unterschieden.

Das Zahlwort **оди́н** weist die männliche Form **оди́н**, die weibliche Form **одна́** und die sächliche Form **одно́** auf: **оди́н** дом, **одна́** кни́га, **одно́** письмо́.

Ebenso werden mehrgliedrige Zahlwörter verändert, die als letztes Wort eine 1 enthalten: **два́дцать оди́н** дом *einundzwanzig Häuser*, **два́дцать одна́** кни́га *einundzwanzig Bücher*, **два́дцать одно́** письмо́ *einundzwanzig Briefe*.

Das Zahlwort **два** besitzt nur zwei Formen: eine für das männliche und sächliche Geschlecht **два** und eine für das weibliche **две**: **два** до́ма, **два** письма́, **две** кни́ги.

Ebenso werden mehrgliedrige Zahlwörter verändert, die als letztes Wort eine 2 enthalten: со́рок два до́ма *zweiundvierzig Häuser*, со́рок два письма́ *zweiundvierzig Briefe*, со́рок две кни́ги *zweiundvierzig Bücher*.

Die übrigen Grundzahlwörter werden mit Substantiven aller drei Geschlechter in ein und derselben Form verbunden: три до́ма, три кни́ги, три письма́.

Nach dem Nominativ von **1, 21, 31** usw. (d. h. nach allen Zahlwörtern, die als letztes Glied **оди́н, одна́, одно́** enthalten) steht das gezählte Substantiv im Nominativ Singular: *оди́н* дом, *одна́* кни́га, *одно́* письмо́; *два́дцать оди́н* дом, *три́дцать одна́* кни́га.

Nach dem Nominativ bzw. dem formgleichen Akkusativ der Grundzahlwörter **2, 3, 4; 22, 23, 24; 32, 33, 34** usw. (d. h. nach Zahlwörtern, die als letztes Glied **два, две, три, четы́ре** enthalten) steht das gezählte Substantiv im Genitiv Singular: *два* до́ма, *три* кни́ги, *четы́ре* письма́.

Nach dem Nominativ bzw. dem formgleichen Akkusativ aller übrigen Zahlwörter (**5, 6, 7, 8** usw.) steht das gezählte Substantiv im Genitiv Plural: *пять* домо́в, *шесть* книг, *семь* пи́сем, *два́дцать пять* рубле́й.

In allen anderen Fällen (außer dem Nominativ oder dem formgleichen Akkusativ) stimmen alle Zahlwörter mit dem gezählten Substantiv überein; das Substantiv steht dabei im Plural.

N.	три кни́ги	уче́бника	пять книг	уче́бников
	drei Bücher	drei Lehrbücher	fünf Bücher	Lehrbücher
G.	трёх книг	уче́бников	пяти́ книг	уче́бников
D.	трём кни́гам	уче́бникам	пяти́ кни́гам	уче́бникам
A.	три кни́ги	уче́бника	пять книг	уче́бников
	трёх сестёр	бра́тьев	пять сестёр	бра́тьев
	drei Schwestern	Brüder	fünf Schwestern	Brüder
I.	тремя́ кни́гами	уче́бниками	пятью́ кни́гами	уче́бниками
P.	о трёх кни́гах	уче́бниках	о пяти́ кни́гах	уче́бниках

Übung 268. Beantworten Sie die folgenden Fragen schriftlich.

А. 1. Ско́лько дней в неде́ле? 2. Ско́лько часо́в в су́тках? 3. Ско́лько мину́т составля́ют час? 4. Ско́лько ме́сяцев в году́? 5. Ско́лько дней в ме́сяце? 6. Ско́лько неде́ль в ме́сяце? 7. Ско́лько дней в году́?

В. 1. Ско́лько двере́й в аудито́рии? (1) 2. Ско́лько о́кон в аудито́рии? (4) 3. Ско́лько столо́в в аудито́рии? (12) 4. Ско́лько студе́нтов на пе́рвом ку́рсе? (122) 5. Ско́лько студе́нтов в ва́шей гру́ппе? (6) 6. Ско́лько книг лежи́т на столе́? (3)

Die Verbindung von Grundzahlwörtern mit Substantiven und Adjektiven

Steht das Zahlwort im Nominativ bzw. im gleichlautenden Akkusativ, so gelten folgende Regeln:

1. Nach **оди́н, одна́, одно́** steht das Adjektiv im Nominativ und stimmt im Geschlecht mit dem Substantiv überein: *оди́н* **большо́й дом** *ein großes Haus*, *одна́* **больша́я ко́мната** *ein großes Zimmer*, *одно́* **большо́е письмо́** *ein langer Brief*.

2. Nach **два, три, четы́ре** steht das Adjektiv im Plural.

a) Bezieht sich das Adjektiv auf ein männliches bzw. sächliches Substantiv, so steht es gewöhnlich im Genitiv Plural: *два* **больши́х до́ма** *zwei große Häuser*, *три* **ва́жных изве́стия** *drei wichtige Nachrichten*.

b) Bezieht sich das Adjektiv auf ein weibliches Substantiv, so steht es gewöhnlich im Nominativ Plural: *две* **тру́дные зада́чи** *zwei schwierige Aufgaben*; *четы́ре* **больши́е аудито́рии** *vier große Hörsäle* (möglich ist auch der Genitiv Plural: *две* **тру́дных зада́чи**, *четы́ре* **больши́х аудито́рии**).

3. Nach allen übrigen Zahlwörtern (**пять, шесть, семь** usw.) steht das Adjektiv unabhängig vom Geschlecht des betreffenden Substantivs im Genitiv Plural, kongruiert also mit dem Substantiv: *пять* **больши́х домо́в** *fünf große Häuser*, *шесть* **тру́дных зада́ч** *sechs schwierige Aufgaben*. In allen abgeleiteten Fällen stimmen Zahlwörter und Adjektive mit den Substantiven überein:

Он не реши́л **двух тру́дных зада́ч**.	Er hat zwei schwierige Aufgaben nicht gelöst.
Заня́тия иду́т в **четырёх больши́х аудито́риях**.	Der Unterricht findet in vier großen Hörsälen statt.

Übung 269. Schreiben Sie die folgenden Sätze ab. Setzen Sie die in Klammern stehenden Adjektive in der erforderlichen Form ein.

1. Он зна́ет два ... языка́. 2. Учени́к реши́л три ... зада́чи. 3. Два ... ме́ста в трамва́е бы́ли за́няты. 4. В конце́ коридо́ра есть четы́ре ... аудито́рии. 5. На холме́ росли́ четы́ре ... сосны́. 6. В па́рке стоя́ло двена́дцать ... скаме́ек. 7. В на́шем го́роде две ... фа́брики. 8. Я купи́л два́дцать два ... карандаша́.

(*небольшо́й, иностра́нный, алгебра́ический, пере́дний, высо́кий, деревя́нный, тка́цкий, кра́сный*)

DIE DEKLINATION DER ZAHLWÖRTER ОДИ́Н, ОДНА́, ОДНО́

Fall	Singular			Plural
	männlich	sächlich	weiblich	alle 3 Geschlechter
N.	оди́н	одно́	одна́	одни́
G.	одного́		одно́й	одни́х
D.	одному́		одно́й	одни́м
A.	wie N. oder G	одно́	одну́	wie N. oder G.
I.	одни́м		одно́й	одни́ми
P.	об одно́м		об одно́й	об одни́х

Zum Gebrauch des Pronomens один im Plural

Im Plural wird das Pronomen один in folgenden Fällen gebraucht:
1. in der Bedeutung ‚nur':

В соста́ве делега́ции бы́ли одни́ же́нщины.	Zur Delegation gehörten nur (lauter) Frauen an.
В э́том шкафу́ одни́ уче́бники.	In diesem Schrank sind nur (lauter) Lehrbücher.

2. bei Substantiven, die nur im Plural gebraucht werden: одни́ часы́ *eine Uhr*, одни́ су́тки *Tag und Nacht, 24 Stunden*, одни́ но́жницы *eine Schere*;

3. in der Bedeutung ‚ein Teil von etwas, einige':

Я взял снача́ла одни́ кни́ги, пото́м други́е.	Ich habe zuerst die einen Bücher, dann die anderen genommen.
Одни́ избира́тели приходи́ли, други́е уходи́ли.	Die einen Wähler kamen, die anderen gingen.
Я говори́л с одни́ми това́рищами, пото́м с други́ми.	Ich habe zuerst mit den einen Kollegen, dann mit den anderen gesprochen.

(Im Singular kann das Zahlwort оди́н, одна́, одно́ bedeutungsmäßig dem deutschen unbestimmten Artikel entsprechen: Был у меня́ оди́н знако́мый, кото́рый был стра́стным охо́тником. *Ich hatte einen Bekannten, der ein leidenschaftlicher Jäger war.*)

Übung 270. Schreiben Sie die folgenden Sätze ab. Setzen Sie das Pronomen *оди́н* in der erforderlichen Form ein.

1. Я про́жил в Швейца́рии ... ме́сяц. 2. Студе́нт написа́л докла́д за... неде́лю. 3. Он ни ... ра́за не опозда́л. 4. Я не могу́ ждать ни ... мину́ты. 5. Мы все е́хали в ... ваго́не. 6. Все не смо́гут помести́ться в ... ло́дке. 7. Тури́сты отпра́вились в похо́д с ... пала́ткой. 8. Все усе́лись за ... столо́м.

Übung 271. Bilden Sie mit dem Zahlwort *оди́н, одна́* in allen Fällen des Singulars Sätze.

Übung 272. Bilden Sie mit dem Wort *одни́* in allen Fällen Sätze.

DIE DEKLINATION DER ZAHLWÖRTER ДВА, ДВЕ, ТРИ, ЧЕТЫ́РЕ

N.	два	две	три	четы́ре
G.	двух		трёх	четырёх
D.	двум		трём	четырём
A.	wie N. oder G		wie N. oder G.	wie N. oder G.
I.	двумя́		тремя́	четырьмя́
P.	о двух		о трёх	о четырёх

Die Deklination der Zahlwörter со́рок, девяно́сто, сто.

Die Zahlwörter **со́рок, девяно́сто, сто** haben im Genitiv, Dativ, Instrumental und Präpositiv die Endung **-a** (сорока́, девяно́ста, ста); der Akkusativ gleicht dem Nominativ: **со́рок, девяно́сто, сто.**

Übung 273. Schreiben Sie die folgenden Sätze ab. Setzen Sie das Zahlwort *два* in der erforderlichen Form ein.

Собра́ние начало́сь в ... часа́. Все пришли́ к ... часа́м. Когда́ я пришёл, бы́ло без ... мину́т ... часа́. На собра́нии вы́ступили ... докла́дчика. Они́ останови́лись на ... интере́сных вопро́сах. Ме́жду ... докла́дами был переры́в.

Übung 274. Bilden Sie mit den Zahlwörtern *три* oder *четы́ре* in verschiedenen Fällen Sätze.

Übung 275. Schreiben Sie die Sätze ab und geben Sie die Zahlen in Buchstaben wieder.

1. К 3 приба́вить 7, бу́дет 10. От 4 отня́ть 3, бу́дет 1. 100 раздели́ть на 4, бу́дет 25. 4 умно́жить на 2, бу́дет 8.

2. Врач принима́ет с 3 часо́в. Он зайдёт ме́жду 2 и 4 часа́ми.

3. Мы прошли́ 3 киломе́тра. Ло́дка останови́лась в 4 киломе́трах от бе́рега.

Übung 276. Schreiben Sie in Worten:

$4 + 8 = 12$; $40 - 7 = 33$; $20 : 5 = 4$; $8 \times 9 = 72$

DIE DEKLINATION DER ZAHLWÖRTER
ПЯТЬ, ПЯТЬДЕСЯТ, ПЯТЬСОТ

N.	пять fünf	пятьдеся́т fünfzig	пятьсо́т fünfhundert
G.	пяти́	пяти́десяти	пятисо́т
D.	пяти́	пяти́десяти	пятиста́м
A.	пять	пятьдеся́т	пятьсо́т
I.	пятью́	пятью́десятью	пятьюста́ми
P.	о пяти́	о пяти́десяти	о пятиста́х

1. Das Zahlwort **пять** *fünf* wird nach der III. Deklination gebeugt (wie **дверь, тетра́дь**). Ebenso werden die Zahlwörter von **пять** bis **два́дцать** und Zahlwort **три́дцать** dekliniert. (Das Zahlwort **во́семь** *acht* weist in den abhängigen Fällen kein flüchtiges -e auf: **восьми́** (*Gen., Dat., Präp.*), **восьмью́** (*Instr.*).

2. Das Zahlwort **пятьдеся́т** *fünfzig* wird in beiden Bestandteilen nach der III. Deklination gebeugt; der zweite Bestandteil hat nur im Nominativ und Akkusativ harten Stammauslaut.

Nach diesem Muster werden **шестьдеся́т** *sechzig*, **се́мьдесят** *siebzig* und **во́семьдесят** *achtzig* dekliniert.

3. **пятьсо́т** *fünfhundert* wird in beiden Bestandteilen dekliniert; der erste Bestandteil wird wie **пять** verändert, der zweite (**сот**) hat in allen Fällen außer dem Nominativ und Akkusativ dieselben Endungen wie Substantive im Plural.

Ebenso werden **шестьсо́т** *sechshundert*, **семьсо́т** *siebenhundert*, **во́семьсо́т** *achthundert* und **девятьсо́т** *neunhundert* dekliniert.

Übung 277. Schreiben Sie die folgenden Sätze ab und geben Sie die Zahlen in Buchstaben wieder.

А. К 6 приба́вить 5, бу́дет 11. От 15 отня́ть 7, бу́дет 8. 9 сложи́ть с 6, бу́дет 15. Из 30 вы́честь 12, бу́дет 18. 7 умно́жить на 6, бу́-дет 42. 42 раздели́ть на 7, бу́дет 6.

B. Определи́ть су́мму 16 и 7. Ско́лько раз 3 соде́ржится в 9? Извле́чь квадра́тный ко́рень из 9.

C. Сейча́с без 15 мину́т 3. Мы занима́емся с 9 до 15. Врач принима́ет с 12 до 16. Я приду́ к 10 часа́м. Мы встре́тимся ме́жду 7 и 9 часа́ми.

D. Тури́ст прошёл о́коло 600 киломе́тров. Дере́вня нахо́дится в 12 киломе́трах от го́рода.

E. Ему́ не бо́льше 20 лет. Сестра́ ста́рше его́ на 4 го́да. Брига́да перевы́полнила план на 30 проце́нтов. Рабо́чий в 2 ра́за перевы́полнил но́рму.

F. Предложе́ние бы́ло при́нято 75 голоса́ми про́тив 4 голосо́в.

Übung 278. Schreiben Sie in Worten:

$30 - 24 = 6; \quad 67 + 13 = 80; \quad 9 \times 9 = 81; \quad 125 : 5 = 25$

DIE DEKLINATION DER ZAHLWÖRTER
ДВЕ́СТИ, ТРИ́СТА, ЧЕТЫ́РЕСТА

N.	две́сти	три́ста	четы́реста
	zweihundert	dreihundert	vierhundert
G.	двухсо́т	трёхсо́т	четырёхсо́т
D.	двумста́м	трёмста́м	четырёмста́м
A.	две́сти	три́ста	четы́реста
I.	двумяста́ми	тремяста́ми	четырьмяста́ми
P.	о двухста́х	о трёхста́х	о четырёхста́х

Die Zahlwörter **две́сти, три́ста, четы́реста** werden in ihren beiden Bestandteilen dekliniert.

Die Zahlwörter **ты́сяча** (weiblich) *tausend*, **миллио́н** (männlich) *Million*, **миллиа́рд** (männlich) *Milliarde* werden wie Substantive dekliniert. Nach diesen Zahlwörtern steht das gezählte Substantiv stets im Genitiv:

Библиоте́ка купи́ла **ты́сячу** книг.	Die Bibliothek hat tausend Bücher eingekauft.
Расстоя́ние измеря́ется **ты́сячами** киломе́тров.	Die Entfernung mißt Tausende von Kilometern.

Die Deklination der mehrgliedrigen Grundzahlwörter

Die mehrgliedrigen Zahlwörter werden in ihren einzelnen Bestandteilen abgewandelt.

N. В на́шей библиоте́ке **девятьсо́т пятьдеся́т две** кни́ги.	In unserer Bibliothek gibt es 952 Bücher.
G. От **девятисо́т пяти́десяти двух** отня́ть со́рок, бу́дет девятьсо́т двена́дцать.	$952 - 40 = 912$

D. К **девятиста́м пяти́десяти двум** приба́вить во́семь, бу́дет девятьсо́т шестьдеся́т.

A. Библиоте́ка купи́ла **девятьсо́т пятьдеся́т две** кни́ги.

I. Мы отпра́вились в экспеди́цию с **девятьюста́ми пятью́десятью двумя́** рубля́ми.

P. Нам ну́жно отчита́ться в **девятиста́х пяти́десяти двух** рубля́х.

$952 + 8 = 960$

Die Bibliothek hat 952 Bücher eingekauft.

Wir sind zu einer Forschungsreise mit 952 Rubel aufgebrochen.

Wir müssen über 952 Rubel Rechenschaft ablegen.

Übung 279. Schreiben Sie die folgenden Sätze ab; geben Sie dabei die Zahlen in Buchstaben wieder.

1. Са́мое большо́е о́зеро в ми́ре — Каспи́йское мо́ре. Оно́ занима́ет пло́щадь о́коло 400000 квадра́тных киломе́тров. 2. Москва́ — порт 5 море́й. 3. Москве́ бо́лее 800 лет. 4. В Москве́ насчи́тывается свыше́ 120 кинотеа́тров, свы́ше 30 теа́тров, бо́лее 80 нау́чных институ́тов, о́коло 1500 заво́дов и фа́брик, бо́лее 70 стадио́нов. 5. В Моско́вском университе́те 16 факульте́тов и бо́лее 260 ка́федр. 6. В сре́дней полосе́ Европе́йской ча́сти Росси́и берёза живёт в сре́днем 100—150 лет, дуб — до 300, сосна́ — до 400 лет. Не́которые ли́пы достига́ют тысячеле́тнего во́зраста, е́ли достига́ют 1200 лет.

Sammelzahlwörter

Zu den Sammelzahlwörtern gehören folgende Zahlwörter: **дво́е** *zwei*, **тро́е** *drei*, **че́тверо** *vier*, **пя́теро** *fünf*, **ше́стеро** *sechs*, **се́меро** *sieben*, **во́сьмеро** *acht*.

о́ба, о́бе *beide* zählen ebenfalls zu den Sammelzahlwörtern: **о́ба бра́та** *beide Brüder*, **о́бе сестры́** *beide Schwestern*.

Die Sammelzahlwörter stehen bedeutungsmäßig den Grundzahlwörtern nahe. Sie bezeichnen eine Anzahl von Gegenständen als ganzes und antworten auf die Frage *ско́лько? wieviel?*

Во дворе́ игра́ло **че́тверо** дете́й. (*Ско́лько* детей? — **Че́тверо.**) Нас бы́ло **ше́стеро**. (*Ско́лько* нас бы́ло? — **Ше́стеро.**)

Auf dem Hof spielten vier Kinder. (Wieviel Kinder? — Vier.) Wir waren sechs. (Wieviel waren wir? — Sechs.)

Nach Sammelzahlwörtern steht das Substantiv im Genitiv Plural: *дво́е* **друзе́й** *zwei Freunde*, *тро́е* **дете́й** *drei Kinder*, *че́тверо* **това́рищей** *vier Freunde*, *пя́теро* **охо́тников** *fünf Jäger*. (Vergleichen Sie: *два* **дру́га** *zwei Freunde*, *три* **ребёнка** *drei Kinder*, *четы́ре* **това́рища** *vier Freunde*, *пять* **охо́тников** *fünf Jäger*).

SAMMELZAHLWÖRTER WERDEN WIE ADJEKTIVE IM PLURAL DEKLINIERT:

N.	двóе	трóе	чéтверо	(друзéй)
G.	двойх	тройх	четверы́х	(друзéй)
D.	двойм	тройм	четверы́м	(друзья́м)
A.	двойх	тройх	четверы́х	(друзéй)
	двóе	трóе	чéтверо	(су́ток)
I.	двойми	тройми	четверы́ми	(друзья́ми)
P.	о двойх	о тройх	о четверы́х	(друзья́х)

Die Sammelzahlwörter **пя́теро, шéстеро** u. a. werden wie **чéтверо** dekliniert.

Zum Gebrauch der Sammelzahlwörter

Die Sammelzahlwörter werden seltener als die entsprechenden Grundzahlwörter gebraucht. Sie werden verwendet:

1. mit Substantiven, die männliche Personen bezeichnen: **двóе мáльчиков** *zwei Jungen*, **трóе учеников** *drei Schüler*, **чéтверо студéнтов** *vier Studenten*, **пя́теро рабóчих** *fünf Arbeiter* sowie mit den Mehrzahlwörtern **дéти** *Kinder* und **лю́ди** *Leute, Menschen*: **трóе людéй** *drei Menschen*, **чéтверо детéй** *vier Kinder*.

In diesen Fällen ist neben den Sammelzahlwörtern auch der Gebrauch von Grundzahlwörtern möglich: **два мáльчика, три человéка, четы́ре ребёнка, пять рабóчих**.

Mit Substantiven, die weibliche Personen bezeichnen, werden nur Grundzahlwörter gebraucht: **две дéвочки** *zwei Mädchen*, **три учени́цы** *drei Schülerinnen*, **четы́ре студéнтки** *vier Studentinnen*, **пять рабóтниц** *fünf Arbeiterinnen*.

2. mit Pronomen, und zwar häufiger dann, wenn es sich um männliche Personen handelt:

Их бы́ло **пя́теро.**	Es waren ihrer fünf.
Нé было **вас двойх.**	Es fehlt ihr beide.
Пришли́ **все чéтверо.**	Alle vier sind gekommen.

3. alleinstehend, ohne Pronomen oder Substantive:

Трóе стоя́ли на платфóрме.	Drei Personen standen auf dem Bahnsteig.
Он рабóтает за **двойх.**	Er arbeitet für zwei.
Сéмеро одногó не ждут. (*Sprw.*)	Sieben warten nicht auf einen.

In solchen Fällen können sowohl männliche als auch weibliche Personen bezeichnet werden:

Шли **трóе**: двóе мужчи́н и жéнщина.	Sie gingen zu dritt: zwei Männer und eine Frau.

4. mit Substantiven, die Tierjunge bezeichnen: **двóе котя́т** *zwei Katzenjunge*, **чéтверо щеня́т** *vier junge Hunde*, **сéмеро козля́т** *sieben junge Ziegen*.

Bei allen übrigen Bezeichnungen von Tieren stehen nur die Grundzahlwörter: **две ко́шки** *zwei Katzen*, **два кота́** *zwei Kater*.

5. mit Substantiven, die nur im Plural gebraucht werden: **дво́е но́жниц** *zwei Scheren*, **тро́е су́ток** *drei Tage*, **че́тверо сане́й** *vier Schlitten*.

Die Zahlwörter **дво́е, тро́е, че́тверо** werden mit diesen Substantiven gewöhnlich nur im Nominativ bzw. Akkusativ verwendet:

Он про́жил здесь **че́тверо су́ток**.	Er hat hier vier Tage verlebt.
Он купи́л **тро́е но́жниц**.	Er hat drei Scheren gekauft.

In den übrigen Fällen werden Grundzahlwörter gebraucht:

Он про́жил здесь о́коло **четырёх су́ток**.	Er hat hier an die vier Tage verbracht.
Они́ прие́хали на **трёх маши́нах**.	Sie sind mit drei Wagen angekommen.

6. Mit Bezeichnungen paariger Gegenstände: **дво́е рук** *zwei Paar Hände*, **тро́е лыж** *drei Paar Ski*.

A n m e r k u n g. Mit anderen Substantiven, die unbelebte Gegenstände bezeichnen, werden die Sammelzahlwörter nicht gebraucht.

Nach dem Nominativ bzw. dem gleichlautenden Akkusativ der Sammelzahlwörter **дво́е, тро́е, че́тверо, пя́теро** usw. steht das gezählte Substantiv im Genitiv Plural: **тро́е дете́й** *drei Kinder*, **пя́теро дете́й** *fünf Kinder*.

Die Personalpronomen können in Verbindung mit Sammelzahlwörtern im Nominativ und im Genitiv stehen:

То́лько **мы дво́е** оста́лись здесь.	Nur wir zwei sind hier geblieben.
Мы тро́е бы́ли в кино́.	Wir drei waren im Kino.
Нас оста́лось то́лько **дво́е**.	Von uns sind nur zwei hier geblieben.
Нас бы́ло в кино́ **тро́е**.	Wir waren im Kino zu dritt.

Nach dem Nominativ bzw. dem formgleichen Akkusativ von **о́ба, о́бе** steht das folgende Substantiv im Genitiv Singular.

Mit **о́ба** werden männliche oder sächliche Substantive verbunden, mit **о́бе** — weibliche: **о́ба бра́та** *beide Brüder*, **о́ба окна́** *beide Fenster*, **о́бе руки́** *beide Hände*, **о́бе сёстры** *beide Schwestern*.

DIE DEKLINATION DER ZAHLWÖRTER
О́БА, О́БЕ

Fall	männlich und sächlich		weiblich	
N.		о́ба		о́бе
G.		обо́их		обе́их
D.		обо́им		обе́им
A.	wie	N. oder G.	wie	N. oder G.
I.		обо́ими		обе́ими
P.		об обо́их		об обе́их

Übung 281. Lesen Sie die folgenden Sätze. Suchen Sie die Sammelzahlwörter und die mit ihnen verbundenen Substantive bzw. Pronomen heraus; bestimmen Sie den Fall der Zahlwörter.

1. Мост был гото́в, и а́рмия споко́йно перепра́вилась в тро́е су́ток. (*П.*) 2. На ку́хне стря́пали в тро́е рук, как бу́дто на десятеры́х. (*Гонч.*) 3. Се́меро одного́ не ждут. (*Посл.*) 4. Они́ о́ба рабо́тали на заво́де. 5. Волча́та, все тро́е, кре́пко спа́ли. (*Чех.*) 6. У меня́ бы́ли за́няты о́бе руки́. 7. Полчаса́ спустя́ они́ все тро́е шли по бе́регу Москвы́-реки́. 8. С обе́их сторо́н у́лицы тяну́лись ка́менные огра́ды садо́в. (*Тург.*) 9. Впереди́ по доро́ге показа́лись лю́ди. Они́ шли навстре́чу Лео́нтьеву. Он останови́лся, пригляде́лся. Шли дво́е: мужчи́на и же́нщина. (*Пауст.*)

Übung 282. Deklinieren Sie die Verbindungen Sammelzahlwort + Substantiv und bilden Sie mit jeder von ihnen einen Satz in einem beliebigen Fall.

че́тверо друзе́й, тро́е бра́тьев, дво́е су́ток, все се́меро, тро́е сане́й, дво́е лыж, о́ба това́рища, о́бе подру́ги

Ordnungszahlwörter

пе́рвый	оди́ннадцатый	деся́тый	со́тый
второ́й	двена́дцатый	двадца́тый	двухсо́тый
тре́тий	трина́дцатый	тридца́тый	трёхсо́тый
четвёртый	четы́рнадцатый	сороково́й	четырёхсо́тый
пя́тый	пятна́дцатый	пятидеся́тый	пятисо́тый
шесто́й	шестна́дцатый	шестидеся́тый	шестисо́тый
седьмо́й	семна́дцатый	семидеся́тый	семисо́тый
восьмо́й	восемна́дцатый	восьмидеся́тый	восьмисо́тый
девя́тый	девятна́дцатый	девяно́стый	девятисо́тый

1. Die Ordnungszahlwörter werden vom Stamm der entsprechenden Grundzahlwörter abgeleitet, indem man an Stelle der Genitivendung **-a** bzw. **-и** die Adjektivendungen anfügt:

пят-**и** — пя́т-**ый**, пя́т-**ая**, пя́т-**ое**, пя́т-**ые**
пятидесят-**и** — пятидеся́т-**ый**, **-ая**, **-ое**, **-ые**
девяно́ст-**а** — девяно́ст-**ый**, **-ая**, **-ое**, **-ые**

2. Abweichend werden gebildet:

пе́рв**ый**, **-ая**, **-ое**, **-ые**
второ́**й**, **-а́я**, **-о́е**, **-ы́е**
тре́т**ий**, **-ья**, **-ье**, **-ьи**

четвёрт**ый**, **-ая**, **-ое**, **-ые**
седьмо́**й**, **-а́я**, **-о́е**, **-ы́е**
сороково́**й**, **-а́я**, **-о́е**, **-ы́е**

3. Von den Wörtern **ты́сяча**, **миллио́н**, **миллиа́рд** werden die Ordnungszahlwörter mit Hilfe des Suffixes **-н-** und der Adjektivendungen gebildet: **ты́сячный**, **миллио́нный**, **миллиа́рдный**.

4. Bei mehrgliedrigen Zahlwörtern erhält nur das letzte Wort die Form des Ordnungszahlwortes: два́дцать **пя́тый**, две́сти со́рок **восьмо́й**.

5. Ordnungszahlwörter stehen gewöhnlich bei Substantiven und stimmen mit ihnen in Geschlecht, Zahl und Fall überein.

Sie werden wie Adjektive abgewandelt: **пе́рвый** экза́мен *die erste Prüfung*, **пе́рвая** ле́кция *die erste Vorlesung*, **пе́рвое** заня́тие *die erste Unterrichtsstunde*, **пе́рвые** заня́тия *die ersten Unterrichtsstunden*, **пе́рвого** экза́мена *der ersten Prüfung*, **пе́рвой** ле́кции *der ersten Vorlesung* usw.

6. Das Zahlwort **тре́тий** weist — wie das Pronomen **чей** — in den abgeleiteten Fällen vor der Endung ein -ь- auf: **тре́тьего, тре́тьему, тре́тьим, о тре́тьем.**

7. In mehrgliedrigen Ordnungszahlwörtern wird nur der letzte Bestandteil dekliniert:

Я чита́л две́сти со́рок **восьму́ю** страни́цу.	Ich las die zweihundertachtundvierzigste Seite.
Он живёт в пятьдеся́т **второ́й** кварти́ре.	Er wohnt in der zweiundfünfzigsten Wohnung.

8. Bei der Zeitangabe werden die Ordnungszahlen gebraucht:

a) zur Stunden- und Minutenangabe:

Сейча́с де́сять мину́т **четвёртого** (oder: Сейча́с три часа́ де́сять мину́т.)	Jetzt ist es zehn Minuten nach drei.

b) zur Datumsangabe:

Заня́тия начали́сь **пе́рвого** сентября́.	Der Unterricht begann am ersten September.

c) zur Jahresangabe:

Я прие́хал в Москву́ в ты́сяча девятьсо́т пятьдеся́т **пя́том** году́.	Ich kam 1955 nach Moskau.

Übung 283. Schreiben Sie die folgenden Sätze ab und geben Sie die Ordnungszahlen in Buchstaben wieder.

1. Я учу́сь на I ку́рсе. 2. Мой мла́дший брат у́чится в 3 кла́ссе. 3. На́ши места́ в 10 ряду́. 4. Я живу́ на 6 этаже́ в 34 кварти́ре. 5. Лифт по́днял нас с 3 этажа́ на 8 эта́ж. 6. Мы спусти́лись на ли́фте с 12 этажа́ на 4 эта́ж. 7. Ле́кция бу́дет в 5 аудито́рии. 8. Из 32 аудито́рии вы́шли студе́нты. 9. Мы сиде́ли в теа́тре в 3 ло́же.

Übung 284. Lesen Sie die folgenden Sätze. Suchen Sie die Ordnungszahlen heraus.

А. 1. Москва́ впервы́е упомина́ется в ле́тописи в 1147 году́. 2. Моско́вский университе́т был осно́ван в середи́не XVIII ве́ка, в 1755 году́. 3. Го́род Санкт-Петербу́рг был осно́ван в 1703 году́. 4. Оте́чественная война́ ру́сского наро́да про́тив Наполео́на I была́ в 1812 году́. 5. В 1905 году́ в Росси́и произошла́ пе́рвая буржуа́зно-демократи́ческая револю́ция.

В. 1. Октя́брьская социалисти́ческая револю́ция сверши́лась 7. XI. 1917 го́да. 2. Пе́рвый космона́вт Ю́рий Гага́рин соверши́л свой полёт в ко́смос 12. IV. 1961 го́да. 3. 1/IX—1939 го́да начала́сь втора́я мирова́я война́. Она́ ко́нчилась 2/IX—1945 го́да.

Übung 285. Schreiben Sie die folgenden Sätze ab. Schreiben Sie die Zeitangaben in Worten.

M u s t e r : 1. Я вы́шел из до́ма *в 8 часо́в 15 мину́т.*
      Я вы́шел из до́ма *в пятна́дцать мину́т девя́того.*
      2. Я пришёл в институ́т *в 8 часо́в 45 мину́т.*
      Я пришёл в институ́т *без пятна́дцати мину́т де́вять.*

1. Мы встре́тимся у теа́тра в 7 часо́в 20 мину́т. 2. Сейча́с 11 часо́в 5 мину́т. 3. По́езд отправля́ется в 8 часо́в 6 мину́т. 4. Киносеа́нс начина́ется в 3 часа́ 15 мину́т. 5. Магази́н закрыва́ется в 7 часо́в 45 мину́т. 6. В 9 часо́в 50 мину́т по ра́дио бу́дет передава́ться конце́рт.

Bruchzahlen

Bruchzahlen bezeichnen einen Teil eines Einers. Sie werden durch Verbindung von Grundzahlen mit Ordnungszahlen gebildet. Der Zähler wird durch die Grundzahl im Nominativ, der Nenner durch die Ordnungszahl im Genitiv Plural bezeichnet: 5/8 — **пять восьмы́х**, 7/9 — **семь девя́тых** (доле́й едини́цы) etwa wie: *sieben der neun Teile des Ganzen.*

Ist der Zähler eine Eins, so wird er durch die weibliche Form **одна́** bezeichnet; dabei steht die den Zähler bezeichnende Ordnungszahl im Nominativ der weiblichen Form: 1/2 — **одна́ втора́я**, 1/5 — **одна́ пя́тая**, 1/8 — **одна́ восьма́я** (до́ля едини́цы) *ein achter Teil des Ganzen.*

Ist der Zähler eine 2, so wird ebenfalls die weibliche Form gebraucht: 2/5 — **две пя́тых**, 2/8 — **две восьмы́х** (до́ли едини́цы).

Bei Bruchzahlen werden beide Teile dekliniert:

N.	три пя́тых	A.	три пя́тых
G.	трёх пя́тых	I.	тремя́ пя́тыми
D.	трём пя́тым	P.	о трёх пя́тых

Nach einer Bruchzahl steht das von ihr abhängige Substantiv stets im Genitiv Singular:

три пя́тых **ме́тра**   drei Fünftel Meter
шесть деся́тых **уча́стка**   sechs Zehntel des Grundstücks

Bei der Deklination der Bruchzahl steht das abhängige Substantiv stets im Genitiv:

N. *три пя́тых* **уча́стка**
     drei Fünftel des Grundstücks
G. *трёх пя́тых* **уча́стка**
D. *трём пя́тым* **уча́стка**

In der gesprochenen Sprache wird für **одна́ втора́я** 1/2 das Substantiv **полови́на** (**полови́на уча́стка**) *die Hälfte (des Grundstücks)* gebraucht.

für **одна́ четвёртая** — 1/4 — steht das Substantiv **че́тверть** *Viertel* (**че́тверть ме́тра**) *(ein viertel Meter);*

für **одна́ це́лая и одна́ втора́я** — $1^1/_2$ — steht das Substantiv **полто-ра́** *anderthalb*.

Die Form **полтора́** ist männlich und sächlich (**полтора́ часа́** *anderthalb Stunden*, **полтора́ ведра́** *anderthalb Eimer*), die Form **полторы́** weiblich (**полторы́** мину́ты *anderthalb Minuten*).

DIE DEKLINATION DES ZAHLWORTES ПОЛТОРА́

Fall	männlich und sächlich	weiblich
N.	полтора́ (часа́, ведра́)	полторы́ (мину́ты)
G.	полу́тора (часо́в, вёдер)	полу́тора (мину́т)
D.	полу́тора (часа́м, вёдрам)	полу́тора (мину́там)
A.	полтора́ (часа́, ведра́)	полторы́ (мину́ты)
I.	полу́тора (часа́ми, вёдрами)	полу́тора (мину́тами)
P.	о полу́тора (часа́х, вёдрах)	о полу́тора (мину́тах)

Bei gemischten Zahlen wird mitunter den (durch Grundzahlen bezeichneten) ganzen Zahlen das Adjektiv **це́лый** *ganz* angefügt:

$1\frac{5}{6}$ — одна́ це́лая и пять шесты́х

$2\frac{4}{5}$ — две це́лых и четы́ре пя́тых

$5\frac{3}{4}$ — пять це́лых и три че́тверти (o d e r: три четвёртых)   .

0,6 — ноль це́лых и шесть деся́тых
7,5 — семь це́лых и пять деся́тых

Übung 286. Deklinieren Sie die folgenden Bruchzahlen:

a) $\frac{1}{7}$; $\frac{3}{8}$; $\frac{1}{25}$; 0,7; 2,03; $7\frac{3}{8}$; $2\frac{1}{6}$.

b) $\frac{1}{5}$; $\frac{2}{7}$; $\frac{11}{12}$; $9\frac{2}{5}$; $2\frac{3}{4}$ ведра́; $\frac{5}{8}$ пло́щади.

DAS VERB

Das russische Verb hat folgende Formen: den I n f i n i t i v (**чита́ть**), den I n d i k a t i v (Präsens **чита́ю**, Präteritum **чита́л**, Futur **бу́ду чита́ть**) den I m p e r a t i v (**чита́й**), den K o n j u n k t i v (**чита́л бы**).

Die einen Verben verfügen über z u s a m m e n g e s e t z t e F u t u r - f o r m e n (**бу́ду чита́ть, бу́ду писа́ть**), die anderen über e i n f a c h e F u t u r f o r m e n (**прочита́ю, напишу́**).

Das Verb hat darüber hinaus besondere Formen, P a r t i z i p i e n **чита́ющий** *lesend; jmd., der liest*, **чита́вший** *jmd., der gelesen hat*, **про- чи́танный** *durchgelesen, etwas, das durchgelesen worden ist* und A d - v e r b i a l p a r t i z i p i e n **чита́я** *lesend, beim Lesen*, **прочита́в** *nach- dem... durchgelesen hat* (siehe hierzu S. 341 und weitere).

Viele Verben haben die Partikel -ся (**занима́ться, учи́ться, боро́- ться** usw.). Die Partikel -ся steht in allen Verbformen am Ende des Wortes (**занима́ешься, занима́лся, занима́ющийся, занима́ясь**) (zur Bedeutung der Verben auf -ся siehe S. 241).

Alle russischen Verbformen werden von zwei Stämmen gebildet: vom Infinitivstamm und vom Präsensstamm (oder vom Stamm des einfachen Futurs). Für die Formenbildung ist die Kenntnis der beiden Stämme des Verbs unentbehrlich*.

Zur Bedeutung der Verbalaspekte

Gegenüber vielen anderen Sprachen besteht eine grundlegende Besonderheit des russischen Verbs darin, daβ es über zwei Aspektformen verfügt: den unvollendeten Aspekt (**читáть, писáть, стрóить, изучáть, вставáть, одевáть, толкáть, отрезáть**) und den vollendeten Aspekt (**прочитáть, написáть, пострóить, изучúть, встать, одéть, толкнýть, отрéзать**).

Die vollendeten Verben unterscheiden sich von den unvollendeten Verben durch Suffixe (vgl. **изучáть — изучúть, толкáть — толкнýть;** Suffix -ва- bei unvollendeten Verben, vgl. **вставáть — встать, одевáть — одéть**), durch Präfixe (bei vollendeten Verben, vgl. **писáть — написáть, стрóить — пострóить**) oder durch die Wortbetonung (vgl. **отрезáть — отрéзать**).

(Näheres über die Bildung der Aspektformen siehe S. 272 ff.)

Die Verben des v o l l e n d e t e n Aspekts bezeichnen eine Handlung, die im Hinblick auf ihre Ganzheitlichkeit, ihren Abschluß oder ihre Vollendung (in Vergangenheit oder Zukunft) betrachtet wird.

P r ä t e r i t u m :

Я **написáл** статью́.

Ich habe einen Artikel geschrieben (der Artikel ist fertig).

Я **изучúл** рýсский язы́к.

Ich habe die russische Sprache erlernt (ich beherrsche die russische Sprache).

В дерéвне **пострóили** нóвую шкóлу.

Im Dorf wurde eine neue Schule gebaut (das Gebäude ist fertig).

F u t u r :

Я **напишý** письмó.

Ich werde einen Brief schreiben (der Brief wird dann fertig sein).

Я **изучý** рýсский язы́к.

Ich werde die russische Sprache erlernen (infolge meines Studiums werde ich die russische Sprache beherrschen).

В дерéвне к началу учéбного гóда **пострóят** нóвую шкóлу.

Bis zum Beginn des Schuljahres wird man im Dorf eine neue Schule bauen (zu Schuljahresbeginn wird das Gebäude fertig sein).

(**напишý, изучý, пострóят** sind Verbformen, die das einfache Futur bezeichnen).

---

* In Wörterbüchern wird daher gewöhnlich nicht nur der Infinitiv, sondern auch Präsens- oder die einfache Futurform angegeben.

Die Verben des u n v o l l e n d e t e n Aspekts bezeichnen eine Handlung in ihrer zeitlichen Entwicklung; sie geben nicht an, ob die Handlung zu Ende geführt worden ist, ob ein Resultat vorliegt.

P r ä t e r i t u m:	Ich habe einen Brief geschrieben. (es ist ungewiß, ob der Brief fertig geschrieben worden ist oder nicht)
Я **писа́л** письмо́.	
Я **изуча́л** ру́сский язы́к.	Ich habe Russisch gelernt. (es ist nichts darüber ausgesagt, ob das Studium erfolgreich war)
В дере́вне **стро́или** но́вую шко́лу.	Im Dorf wurde eine neue Schule gebaut. (es ist ungewiß, ob das Gebäude fertiggestellt worden ist)

Einige Verben des vollendeten Aspekts bezeichnen nicht nur die Abgeschlossenheit der Handlung, sondern auch ihren einmaligen, momentanen Ablauf: Он **толкну́л** стол. *Er ist an den Tisch angestoßen* (hat dem Tisch einen kurzen Stoß versetzt); Он **махну́л** руко́й. *Er winkte (einmal) kurz mit der Hand.*

Die entsprechenden unvollendeten Verben (Он **толка́л** стол; Он **маха́л** руко́й) geben an, daß die Handlung entweder andauerte oder sich einige Male wiederholte.

Übung 1. Vergleichen Sie die hervorgehobenen Aspektpaare in jedem Satz und begründen Sie den Gebrauch des vollendeten Aspekts.

1. Я всегда́ *выполня́л* (*uv*) все зада́ния по ру́сскому языку́, но вчера́ я чу́вствовал себя́ о́чень пло́хо и не *вы́полнил* (*vo*) зада́ния. 2. Обы́чно я *конча́л* (*uv*) занима́ться в 12 часо́в, но вчера́ боле́ла голова́ и я *ко́нчил* (*vo*) занима́ться в 10 часо́в и лёг спать. 3. Ле́том я ча́сто *писа́л* (*uv*) пи́сьма роди́телям, сейча́с я о́чень за́нят и ре́дко пишу́ домо́й: за после́дний ме́сяц я *написа́л* (*vo*) то́лько одно́ письмо́. 4. Ка́ждый ме́сяц я *получа́л* (*uv*) от това́рища не́сколько пи́сем, но в э́том ме́сяце я *получи́л* (*vo*) то́лько одно́ письмо́. 5. С ка́ждым семе́стром *поднима́лась* (*uv*) успева́емость в на́шей гру́ппе, но осо́бенно она́ *подняла́сь* (*vo*) в э́том семе́стре. 6. В но́вом те́ксте бы́ло мно́го незнако́мых слов; я до́лго в нём *разбира́лся* (*uv*) с по́мощью словаря́ и, наконе́ц, *разобра́лся* (*vo*). 7. Ру́сский това́рищ всегда́ *помога́л* (*uv*) мне в изуче́нии ру́сского языка́. Сего́дня он *помо́г* (*vo*) мне вы́полнить осо́бенно тру́дное зада́ние. 8. Я никогда́ не *опа́здывал* (*uv*) на заня́тия, но вчера́ *опозда́л* (*vo*) на́ три мину́ты. 9. Мы ка́ждый день *встава́ли* (*uv*) в 7 часо́в утра́, *за́втракали* (*uv*) и *шли uv*) в университе́т. Вчера́ мы, как обы́чно, *вста́ли* (*vo*), *поза́втракали* (*vo*) и *пошли́* (*vo*) на заня́тия.

Aspekte und Zeitformen

Die Verben des u n v o l l e n d e t e n Aspekts (**чита́ть, писа́ть**) verfügen über drei Zeitformen: das P r ä s e n s (**чита́ю, пишу́**), das P r ä t e r i t u m (**чита́л, писа́л**) und das F u t u r (**бу́ду чита́ть, бу́ду писа́ть**); die Verben des v o l l e n d e t e n Aspekts haben dagegen nur zwei Zeitformen: das Präteritum (**прочита́л, написа́л**) und das einfache Futur (**прочита́ю, напишу́**). Von vollendeten Verben kann kein Präsens gebildet werden.

Verben des unvollendeten Aspekts bilden ein zusammengesetztes Futur, das aus den Futurformen von **быть** und dem unvollendeten Infinitiv des betreffenden Verbs besteht (**бу́ду чита́ть, бу́ду писа́ть**); Verben des vollendeten Aspekts bilden ein einfaches Futur (**прочита́ю, напишу́**).

DER INFINITIV

1. Der Infinitiv ist die Form des Verbs, die lediglich die Handlung benennt, ohne daß Person und Zeit bestimmt werden.

2. Kennzeichen des Infinitivs sind die Suffixe **-ть** (**чита́ть**), **-ти** (**нести́**) oder **-чь** (**бере́чь**), die an den Infinitivstamm angefügt werden.

Suffix **-ть** nach vokalisch auslautendem Infinitivstamm sowie nach с, з		Suffix **-ти** nach Konsonanten und nach й		Suffix **-чь** nach Vokalen	
рабо́тать	arbeiten	**идти́**	gehen	**бере́чь**	schonen, sparen
стро́ить	bauen	**нести́**	tragen		
смотре́ть	sehen	**расти́**	wachsen	**жечь**	brennen
сесть	sich setzen	**найти́**	finden	**мочь**	können
занима́ться	sich beschäftigen	**пройти́сь**	hin- und hergehen	**печь**	backen
				увле́чься	sich begeistern

3. Die Betonung beim Infinitiv:

a) Bei den Verben auf **-ть** können verschiedene Silben betont werden.

b) Bei den Verben auf **-ти** liegt die Betonung auf diesem Suffix.

c) Bei den Verben auf **-чь** ist die letzte Silbe betont. Durch Anfügen der Partikel **-ся** wird die Betonung nicht verlagert (**бере́чь** *schonen, sparen*; **бере́чься** *sich hüten, sich in acht nehmen*).

Bei allen Verben des vollendeten Aspekts, die mit dem Präfix **вы-** gebildet sind, wird dieses Präfix betont: **вы́строить** *bauen*, **вы́нести** *hinaustragen*, **вы́печь** *(aus)backen*, **вы́лезть** *herauskriechen*, **вы́расти** *aufwachsen*, **вы́жечь** *ausbrennen*.

Bei den unvollendeten Verben mit dem Präfix **вы-** liegt die Betonung nie auf dem Präfix: **выстра́ивать, вылеза́ть, выноси́ть, выраста́ть, выпека́ть, выжига́ть**.

Der Infinitivstamm *

Den Infinitivstamm erhält man, indem man von der Infinitivform das Suffix **-ть** oder **-ти** abstreicht, z. B. **чита́-(ть), говори́-(ть), смотре́-(ть), тяну́-(ть), нес-(ти́), вез-(ти́), рас-(ти́)**.

Vom Infinitivstamm werden gebildet: das Präteritum (**чита́-л, нёс,**

---

* Über den Präsensstamm siehe S. 213.

вёз, рос — siehe S. 198), das Partizip des Präteritums (**чита́-вший, нёс-ший, вёз-ший, ро́с-ший**) und das vollendete Adverbialpartizip (**прочи-та́-в**).

Die im Infinitiv auf **-чь** (**бере́чь, стере́чь, мочь, печь** u. a.) ausgehenden Verben haben sich aus den altrussischen Formen *берегти́, стерегти́, могти́, пекти́* entwickelt; demnach werden sämtliche Verbformen von dem auf **г** oder **к** auslautenden Stamm gebildet, also vom Stamm **берег-, стерег-, мог-, пек-** (siehe S. 229).

Übung 2. Schreiben Sie die im Infinitiv angegebenen Verben in drei Spalten auf: Verben mit dem Suffix **-ть**, mit dem Sufix **-ти** und mit dem Suffix **-чь**. Unterstreichen Sie den Infinitivstamm.

наблюда́ть, учи́ться, слу́шать, учи́ть, выполня́ть, вы́полнить (*vo*), побере́чь (*vo*), се́ять, ве́ять, принести́ (*vo*), унести́ (*vo*), люби́ть, зреть, исче́знуть (*vo*), вы́йти (*vo*), кре́пнуть, позва́ть (*vo*), течь, смея́ться, охраня́ть, собра́ться (*vo*)

Zum Gebrauch des Infinitivs *

Der Infinitiv wird gebraucht in Verbindung mit Verben:
Я хочу́ учи́ться. — Ich will lernen.

mit prädikativen Adverbien:
Студе́нтам интере́сно слу́шать ле́кцию. — Diese Vorlesung ist für die Studenten von Interesse.

mit einigen Adjektiven:
Я рад вас ви́деть. — Ich bin froh, Sie zu sehen.

mit Substantiven:
У него́ появи́лось жела́ние учи́ться. — Er hat Lust zum Lernen bekommen.

Der Infinitiv in Verbindung mit Verben

1. Der Infinitiv steht in Verbindung mit Verben, die ausdrücken:
a) den Beginn, die Fortdauer oder den Abschluß einer Handlung:
начина́ть — нача́ть *beginnen,* **стать** *beginnen,* **продолжа́ть** *fortsetzen,* **перестава́ть — переста́ть** *aufhören,* **броса́ть — бро́сить** *aufgeben,* **конча́ть — ко́нчить** *beenden.*

Мы начина́ем занима́ться в 9 часо́в. — Wir beginnen mit unserem Unterricht um 9 Uhr.

Преподава́тель на́чал объясня́ть но́вую те́му. — Der Lehrer begann, ein neues Thema zu erklären.

Брат стал хорошо́ учи́ться. — Mein Bruder begann, gut zu lernen.

Мы продолжа́ем изуча́ть ру́сский язы́к. — Wir setzen das Studium der russischen Sprache fort.

---

* Über den Gebrauch der Aspekte im Infinitiv siehe S. 314.

b) die Möglichkeit oder Unmöglichkeit, eine Handlung auszuführen, das Können oder Nichtkönnen:

мочь — **смочь** *können*, **уме́ть** — **суме́ть** *können, verstehen*, **удава́-ться** — **уда́ться** *gelingen*, **успева́ть** — **успе́ть** *zurechtkommen, noch Zeit haben*, **учи́ться** — **научи́ться** *lernen*.

Я **могу́ прийти́** к вам сего́дня.	Ich kann Sie heute besuchen.
Я не **уме́ю рисова́ть**.	Ich kann nicht zeichnen.
Мне **удало́сь купи́ть** биле́т на интере́сный спекта́кль.	Es ist mir gelungen, eine Theaterkarte für eine interessante Aufführung zu kaufen.
Все студе́нты **успе́ли вы́полнить** зада́ние.	Alle Studenten haben ihre Aufgabe rechtzeitig erfüllt.

c) das Wollen oder Nichtwollen der handelnden Person, eine Handlung auszuführen, sowie das Streben, die Absicht:

хоте́ть — **захоте́ть** *wollen*, **хоте́ться** — **захоте́ться** *den Wunsch verspüren*, **стара́ться** — **постара́ться** *sich bemühen*, **стреми́ться** *streben*, **наде́яться** *hoffen*, **пыта́ться** — **попыта́ться** *ersuchen*, **про́бо-вать** — **попро́бовать** *probieren*, **собира́ться** — **собра́ться** *beabsichtigen*, **гото́виться** — **пригото́виться** *sich vorbereiten*, **ду́мать** *denken*, **мечта́ть** *träumen, sich sehnen*, **реша́ть** — **реши́ть** *entscheiden*, **реша́ть-ся** — **реши́ться** *sich entscheiden*, **соглаша́ться** — **согласи́ться** *zusagen*, **отка́зываться** — **отказа́ться** *absagen*.

Я **хочу́ изуча́ть** ру́сский язы́к.	Ich will Russisch lernen.
Мы **постара́емся вы́полнить** э́ту рабо́ту как мо́жно скоре́е.	Wir werden uns bemühen, mit dieser Arbeit möglichst schnell fertig zu werden.
Попро́буйте пересказа́ть текст свои́ми слова́ми.	Versuchen Sie, den Text mit eigenen Worten nachzuerzählen.
Я **ду́маю** ле́том **пое́хать** на мо́ре.	Ich habe vor, im Sommer an die See zu fahren.

d) das Empfinden, das Verhältnis zu der durch den Infinitiv ausgedrückten Handlung:

люби́ть — **полюби́ть** *lieben, liebgewinnen, gern haben;* **нра́вить-ся** — **понра́виться** *gefallen*, **боя́ться** *fürchten*, **стесня́ться** *sich genieren*.

Я **люблю́ ката́ться** на конька́х.	Ich laufe gern Schlittschuh.
Мне **нра́вится ката́ться** на конька́х.	Schlittschuhlaufen gefällt mir.
Она́ оде́лась тепло́, потому́ что **боя́лась простуди́ться**.	Sie hatte sich warm angezogen, weil sie eine Erkältung befürchtete.

e) das Veranlassen zu einer Handlung: **проси́ть** — **попроси́ть** (*кого́?*) *bitten*, **угова́ривать** — **уговори́ть** (*кого́?*) *überreden*, **заставля́ть** — **заста́вить** (*кого́?*) *zwingen*, **учи́ть** — **научи́ть** (*кого́?*) *lehren*, **прика́зывать** — **приказа́ть** (*кому́?*) *befehlen*, **веле́ть** (*кому́?*) *befehlen*, **сове́товать** — **посове́товать** (*кому́?*) *raten, empfehlen*, **поруча́ть** — **поручи́ть** (*кому́?*) *beauftragen*, **предлага́ть** — **предложи́ть** (*кому́?*)

vorschlagen, **запреща́ть — запрети́ть** *(кому́?) verbieten,* **разреша́ть — разреши́ть** *(кому́?) erlauben.*

Мы **попроси́ли** това́рищей помо́чь нам.	Wir haben unsere Freunde gebeten, uns zu helfen.
Профе́ссор **посове́товал** мне **прочита́ть** э́ту статью́.	Der Professor hat mir empfohlen, diesen Artikel zu lesen.
Мне **поручи́ли написа́ть** статью́ для стенгазе́ты.	Man hat mich beauftragt, einen Artikel für die Wandzeitung zu schreiben.

2. In Verbindung mit den Verben der Bewegung (**идти́ — ходи́ть** *gehen,* **е́хать — е́здить** *fahren,* **приходи́ть — прийти́** *kommen,* **приезжа́ть — прие́хать** *ankommen* u. a.) drückt der Infinitiv das Ziel aus.

Я иду́ **обе́дать.**	Ich gehe zu Mittag essen.
Я всегда́ **хожу́ обе́дать** в столо́вую.	Ich esse immer in der Kantine zu Mittag.
Мы **прие́хали** сюда́ **учи́ться.**	Wir sind hierhergekommen, um zu lernen.
Ле́том мы обы́чно **е́здим отдыха́ть** на мо́ре.	Im Sommer fahren wir zur Erholung gewöhnlich an die See.

Zum Ausdruck des Ziels einer Handlung kann der Infinitiv auch nach folgenden Verben stehen: **остана́вливаться — останови́ться** *haltmachen,* **остава́ться — оста́ться** *bleiben,* **звать — позва́ть** *rufen* u. a.

Мы **останови́лись отдохну́ть.**	Wir machten halt, um zu rasten.
Он **оста́лся помога́ть** нам.	Er ist geblieben, um uns zu helfen.
Мать **позвала́** нас **у́жинать.**	Die Mutter hat uns zum Abendessen gerufen.

Der Infinitiv in Verbindung mit prädikativen Adverbien

1. Der Infinitiv tritt in einem unpersönlichen Satz in Verbindung mit prädikativen Adverbien auf (**на́до, необходи́мо** *es ist notwendig, man muß,* **мо́жно** *man kann,* **невозмо́жно** *es ist unmöglich,* **нельзя́** *man darf nicht, es ist unmöglich*).

Сего́дня мне **на́до зако́нчить** рабо́ту.	Ich muß heute die Arbeit beenden.
За́втра **ну́жно** бу́дет **пойти́** в библиоте́ку.	Morgen muß ich die Bibliothek gehen.
Необходи́мо системати́чески занима́ться.	Man muß systematisch lernen.
В э́той реке́ **мо́жно купа́ться?**	Darf man in diesem Fluß baden?
Здесь **нельзя́ купа́ться.**	Hier darf man nicht baden.

2. Der Infinitiv wird mit prädikativen Adverbien verbunden, die von qualitativen Adjektiven gebildet sind (**тру́дно** *es fällt schwer,* **легко́** *es ist leicht,* **интере́сно** *es ist interessant,* **ску́чно** *es ist langweilig,* **ве́село** *es ist lustig,* **гру́стно** *es ist traurig,* **прия́тно** *es ist angenehm,* **поле́зно** *es ist nützlich,* **вре́дно** *es ist schädlich,* **бесполе́зно** *es ist unnütz,* **стра́шно** *Angst haben, es ist gefährlich* u. dgl.)

Мне **тру́дно говори́ть** по-ру́сски.	Es fällt mir schwer, russisch zu sprechen.
Нам бы́ло **легко́ чита́ть** э́тот текст.	Es fiel uns leicht, diesen Text zu lesen.
Студе́нтам бу́дет **интере́сно слу́шать** э́ту ле́кцию.	Diese Vorlesung wird für die Studenten von Interesse sein.

Der Infinitiv in Verbindung mit einigen Adjektiven

Der Infinitiv kann in Verbindung mit den Kurzformen einiger Adjektive gebraucht werden (**до́лжен, обя́зан** *muß, ist verpflichtet,* **вы́нужден** *ist gezwungen,* **гото́в** *ist bereit,* **наме́рен** *hat die Absicht,* **рад** *ist froh,* **сча́стлив** *ist glücklich*).

Мы **должны́ зако́нчить** э́ту рабо́ту к пя́тнице.	Wir müssen diese Arbeit bis Freitag beenden.
Студе́нты **обя́заны приходи́ть** на заня́тия во́время.	Die Studenten sollen pünktlich zum Unterricht erscheinen.
Он заболе́л и был **вы́нужден лечь** в посте́ль.	Er war erkrankt und mußte das Bett hüten.
Все **гото́вы помо́чь** това́рищу.	Alle sind bereit, dem Freund zu helfen.
Я серьёзно **наме́рен занима́ться** англи́йским языко́м.	Ich habe die ernste Absicht, Englisch zu lernen.
Я всегда́ бу́ду **рад ви́деть** вас.	Ich freue mich immer, Sie zu sehen.

Der Infinitiv in Verbindung mit Substantiven

1. Der Infinitiv kann mit einigen Substantiven verbunden werden, die die gleiche lexikalische Bedeutung haben wie Verben, die mit dem Infinitiv stehen: **уме́ть рабо́тать** *zu arbeiten verstehen* — **уме́ние рабо́тать** *das Können, eine Arbeit zu leisten,* **стреми́ться помо́чь** *bestrebt sein zu helfen* — **стремле́ние помо́чь** *das Bestreben zu helfen,* **пыта́ться испра́вить оши́бку** *versuchen, einen Fehler zu korrigieren* — **попы́тка испра́вить оши́бку** *der Versuch, einen Fehler zu korrigieren,* **согласи́ться вы́ступить** *zusagen aufzutreten* — **согла́сие вы́ступить** *die Zusage aufzutreten,* **обеща́ть написа́ть письмо́** *versprechen, einen Brief zu schreiben* — **обеща́ние написа́ть письмо́** *das Versprechen, einen Brief zu schreiben,* **наде́яться встре́титься** *hoffen, sich zu treffen* — **наде́жда встре́титься** *die Hoffnung, sich zu treffen,* **отказа́ться уча́ствовать** *die Teilnahme absagen* — **отка́з уча́ствовать** *der Verzicht auf die Teilnahme,* **разреша́ть уйти́** *erlauben fortzugehen* — **разреше́ние уйти́** *die Erlaubnis fortzugehen,* **попроси́ть оста́ться** *bitten dazubleiben* — **про́сьба оста́ться** *die Bitte dazubleiben,* **приказа́ть собра́ться** *anweisen, sich zu versammeln* — **прика́з, приказа́ние собра́ться** *die Anweisung, sich zu versammeln.*

Они́ сказа́ли мне о своём **реше́нии перее́хать** в друго́й го́род.	Sie haben mir ihre Entscheidung mitgeteilt, in eine andere Stadt überzusiedeln.

Я узна́л о ва́шем **согла́сии помо́чь** нам.	Ich habe von Ihrer Zusage erfahren, uns zu helfen.
Попы́тка испра́вить эту оши́бку не увенча́лась успе́хом.	Der Versuch, diesen Fehler zu korrigieren, blieb erfolglos.
Мне нра́вится в этом челове́ке **уме́ние рабо́тать.**	Mir gefällt an diesem Menschen, daß er zu arbeiten versteht.

Das Substantiv **жела́ние** *der Wunsch*, mit dem ein Infinitiv verbunden werden kann, entspricht dem Verb **хоте́ть, хоте́ться** *wollen, wünschen*:

Я не **хоте́л идти́** в теа́тр. У меня́ не́ было **жела́ния идти́** в теа́тр.	Ich wollte nicht ins Theater gehen.
Ей **хоте́лось занима́ться** му́зыкой. У неё бы́ло **жела́ние занима́ться** му́зыкой.	Sie wollte sich mit Musik beschäftigen.

2. Der Infinitiv kann mit Substantiven verbunden werden, die von prädikativen Adverbien oder von Adjektiven abgeleitet sind, für die ebenfalls die Verbindung mit einem Infinitiv charakteristisch ist: **гото́в помо́чь** *bereit zu helfen* — **гото́вность помо́чь** *Bereitschaft zu helfen*, **обя́зан уча́ствовать** *verpflichtet teilzunehmen* — **обя́занность уча́ствовать** *die Pflicht teilzunehmen*, **спосо́бен наблюда́ть** *fähig zu beobachten*, **спосо́бность наблюда́ть** *die Fähigkeit zu beobachten*, **необходи́мо спеши́ть** *man muß sich beeilen* — **необходи́мость спеши́ть** *die Notwendigkeit, sich zu beeilen*, **мо́жно пойти́ в теа́тр** *man kann ins Theater gehen* — **возмо́жность пойти́ в теа́тр** *die Möglichkeit, ins Theater zu gehen*, **невозмо́жно поня́ть** *es ist unmöglich zu verstehen* — **невозмо́жность поня́ть** *die Unmöglichkeit zu verstehen*.

Все ви́дели его́ **гото́вность помо́чь** това́рищу.	Alle haben seine Bereitschaft gesehen, dem Freund zu helfen.
У него́ была́ **возмо́жность продолжа́ть** рабо́ту.	Er hatte die Möglichkeit, die Arbeit fortzusetzen.
Нет **необходи́мости спеши́ть** с реше́нием этого вопро́са.	Es ist nicht notwendig, auf einer Entscheidung dieser Frage zu drängen.

Übung 3. Lesen Sie die folgenden Sätze. Beachten Sie den Gebrauch der hervorgehobenen Infinitive. Sagen Sie, mit welchen Wörtern sie im Satz verbunden sind.

A. 1. Я люблю́ *ходи́ть* на лы́жах. 2. На собра́ние обя́заны *яви́ться* все. 3. Он дал обеща́ние *вы́полнить* зада́ние досро́чно. 4. Учени́к не мог *реши́ть* зада́чу. 5. Мы бы́ли ра́ды *встре́титься* сно́ва. 6. Я пое́ду на вокза́л *встреча́ть* сестру́. 7. Мы должны́ *сдать* три экза́мена. 8. В конце́ ию́ня студе́нты ко́нчат *сдава́ть* экза́мены. 9. Мать разреши́ла де́тям *пойти́* в кино́. 10. Студе́нты на́шего ку́рса хотя́т *организова́ть* ве́чер о́тдыха. 11. Брат рабо́тает на заво́де и продолжа́ет *учи́ться.* 12. Он всегда́ гото́в *помо́чь* това́рищам. 13. Ну́жно упо́рно и терпели́во *добива́ться* свое́й це́ли.

14. Без уме́ния *преодолева́ть* препя́тствия нельзя́ доби́ться побе́ды.

В. 1. В доро́гу он взял не́сколько книг, кото́рые мог чита́ть и *перечи́тывать* бесконе́чно. (*Пауст.*). 2. Мы не име́ем тайн друг от дру́га, я должна́ сейча́с *рассказа́ть* всё ма́ме и сестре́. (*Чех.*) 3. В темноте́ ничего́ нельзя́ бы́ло *разобра́ть*. (*Л.*) 4. Никола́й объяви́л ма́тери о свое́й любви́ к Со́не и о твёрдом реше́нии *жени́ться* на ней. (*Л. Т.*) 5. Мать уе́хала на вокза́л *покупа́ть* биле́ты на вече́рний за́втрашний по́езд. (*Гайд.*) 6. Я не уме́ю игра́ть на фортепья́но, не уме́ю *рисова́ть*. (*Тург.*) 7. Мне бы́ло ве́село *подъезжа́ть* пе́рвый раз к незнако́мому ме́сту. (*Г.*) 8. На тёмно-си́нем не́бе начина́ли *мига́ть* звёзды. Мы легко́ могли́ *различи́ть* доро́гу. (*Л.*) 9. Я пригласи́л своего́ спу́тника *вы́пить* вме́сте стака́н ча́я. (*Л.*) 10. Моя́ писа́тельская жизнь начала́сь с жела́ния всё *ви́деть*, всё знать и *путеше́ствовать*. (*Пауст.*)

Das Präteritum

	unvollendet		vollendet	
männlich weiblich sächlich Plural	я, ты, он писа́л, я, ты, она́ писа́ла, оно́ писа́ло, мы, вы, они́ писа́ли,	выполня́л выполня́ла выполня́ло выполня́ли	написа́л, написа́ла, написа́ло, написа́ли,	вы́полнил вы́полнила вы́полнило вы́полнили
Infinitiv	писа́ть выполня́ть	schreiben erfüllen	написа́ть вы́полнить	

Die Verben werden im Präteritum nicht nach der Person, sondern nach der Zahl (**я писа́л, мы писа́ли**) und im Singular nach dem Geschlecht (**он писа́л, она́ писа́ла, оно́** (**дитя́** *das Kind*) **писа́ло**) verändert. Im Plural werden die Formen des Präteritums nicht nach dem Geschlecht unterschieden (**студе́нты писа́ли** *die Studenten schrieben*, **студе́нтки писа́ли** *die Studentinnen schrieben*).

Ist das Prädikat durch ein Verb im Präteritum ausgedrückt, so stimmt es mit dem Subjekt in der Zahl überein:

Журна́л лежа́л на столе́.	Die Zeitschrift lag auf dem Tisch.
Журна́лы лежа́ли на столе́.	Die Zeitschriften lagen auf dem Tisch.

Im Singular stimmt das Verb mit dem Subjekt auch im Geschlecht überein:

Журна́л лежа́л на столе́.	Die Zeitschrift lag auf dem Tisch.
Тетра́дь лежа́ла на столе́.	Das Heft lag auf dem Tisch.
Полоте́нце лежа́ло на столе́.	Das Handtuch lag auf dem Tisch.

Übung 4. Schreiben Sie die folgenden Sätze ab. Gebrauchen Sie an Stelle der durch männliche und sächliche Substantive ausgedrückten Subjekte die angegebenen weiblichen Substantive; achten Sie dabei auf die Übereinstimmung der Subjekte mit den Prädikaten und Attributen.

Einzusetzende Substantive: *сестра́, студе́нтка, конфере́нция, роса́, я́блоня, бу́ря, река́, ро́ща.*

1. Мой ста́рший брат поступи́л на заво́д. Сейча́с он на одну́ неде́лю уе́хал в командиро́вку. 2. Мой мла́дший брат вступи́л в профсою́з. 3. Вчера́ на собра́нии о́чень хорошо́ выступа́л ста́роста на́шей гру́ппы. 4. Собра́ние при́няло резолю́цию. 5. К утру́ вы́пал снег. 6. Де́рево почти́ до земли́ наклони́ло ве́тки. 7. Бушева́л урага́н. 8. Шуме́л лес. Опусте́л сад.

Übung 5. Lesen Sie die Erzählung L. N. Tolstojs „Der Haifisch". Suchen Sie die Subjekte zu den hervorgehobenen Prädikaten heraus.

АКУ́ЛА

Наш кора́бль *стоя́л* на я́коре у бе́рега Африки. День был прекра́сный, с мо́ря *дул* све́жий ве́тер, но к ве́черу пого́да *измени́лась*: *ста́ло* ду́шно и, то́чно из то́пленной пе́чи, *несло́* на нас горя́чим во́здухом с пусты́ни Саха́ры.

Пе́ред зака́том со́лнца капита́н *вы́шел* на па́лубу, *кри́кнул*: «Купа́ться!», и в одну́ мину́ту матро́сы *попры́гали* в во́ду, *спусти́ли* в во́ду па́рус, *привяза́ли* его́ и в па́русе *устро́или* купа́льню.

На корабле́ с на́ми бы́ло два ма́льчика. Ма́льчики пе́рвые *попры́гали* в во́ду, но им те́сно бы́ло в па́русе, и они́ *вздумали* пла́вать наперегонки́ в откры́том мо́ре.

О́ба, как я́щерицы, вытя́гивались в воде́ и, что бы́ло си́лы, поплы́ли к тому́ ме́сту, где был бочо́нок над я́корем.

Оди́н ма́льчик снача́ла *перегна́л* това́рища, но пото́м стал отстава́ть. Оте́ц ма́льчика, ста́рый артиллери́ст, *стоя́л* на па́лубе и любова́лся на своего́ сыни́шку. Когда́ сын стал отстава́ть, оте́ц *кри́кнул* ему́: «Не выдава́й! Понату́жься!»

Вдруг с па́лубы кто́-то *кри́кнул*: «Аку́ла!» — и все мы *уви́дели* в воде́ спи́ну морско́го чудо́вища. Аку́ла *плыла́* пря́мо на ма́льчиков.

— Наза́д! Наза́д! Верни́тесь! Аку́ла! — *закрича́л* артиллери́ст. Но ребя́та *не слыха́ли* его́, *плы́ли* да́льше, *смея́лись* и *крича́ли* ещё веселе́е и гро́мче пре́жнего. Артиллери́ст, бле́дный, как полотно́, не шевеля́сь, *смотре́л* на дете́й.

Матро́сы *спусти́ли* ло́дку, *бро́сились* в неё и, сгиба́я вёсла, *понесли́сь* что бы́ло си́лы к ма́льчикам; но они́ бы́ли ещё далеко́ от них, когда́ аку́ла уже́ была́ не да́льше двадцати́ шаго́в.

Ма́льчики снача́ла не слыха́ли того́, что им крича́ли, и не вида́ли аку́лы; но пото́м оди́н из них *огляну́лся*, и мы все услыха́ли пронзи́тельный визг, и ма́льчики *поплы́ли* в ра́зные сто́роны.

Визг э́тот как бу́дто *разбуди́л* артиллери́ста. Он *сорва́лся* с ме́ста и *побежа́л* к пу́шкам. Он поверну́л хо́бот, прилёг к пу́шке, прице́лился и взял фити́ль. Мы все, ско́лько нас ни́ было на корабле́, *за́мерли* от стра́ха и жда́ли, что бу́дет.

Разда́лся вы́стрел, и мы все уви́дели, что артиллери́ст упа́л по́дле пу́шки и закры́л лицо́ рука́ми. Что сде́лалось с аку́лой и ма́льчиками, мы не вида́ли, потому́ что на мину́ту дым застла́л нам глаза́.

Но когда́ дым *разошёлся* над водо́ю, со всех сторо́н послы́-
шался снача́ла ти́хий ро́пот, пото́м ро́пот стал сильне́е, и, нако-
не́ц, со всех сторо́н *разда́лся* гро́мкий, ра́достный крик.

Ста́рый артиллери́ст *откры́л* лицо́, *подня́лся* и *посмотре́л* на
мо́ре. По волна́м *колыха́лось* жёлтое брю́хо мёртвой аку́лы.

В не́сколько мину́т ло́дка *подплыла́* к ма́льчикам и привезла́ их
на кора́бль.

Die Bildung des Präteritums

Das Präteritum wird vom Infinitivstamm gebildet.

DIE BILDUNG DES PRÄTERITUMS VON DEN VERBEN
MIT DEM SUFFIX -ТЬ

Das Präteritum der meisten Verben wird durch Anfügen des Suffi-
xes -л an den Infinitivstamm gebildet (-л tritt an die Stelle des Infinitiv-
suffixes -ть) **чита́-ть** *lesen* — **чита́-л**, **изучи́-ть** *erlernen* — **изучи́-л**, **ви́-
де-ть** *sehen* — **ви́де-л**, **засну́-ть** *einschlafen* — **засну́-л**.

Vor dem Suffix -л bleibt der Vokal erhalten, der in der Infinitiv-
form vor -ть steht: **рабо́тать** *arbeiten* — **рабо́тал**, **се́ять** *säen* — **се́ял**,
ви́деть *sehen* — **ви́дел**, **люби́ть** *lieben* — **люби́л**, **боро́ться** *kämpfen* —
боро́лся.

Übung 6. Schreiben Sie das Präteritum der angegebenen Verben auf. Versehen Sie
die Verben mit Betonungszeichen. Bilden Sie Sätze mit diesen Verben.

выполня́ть, вы́полнить, наде́яться (на что-нибудь), смея́ться,
призна́ть, толкну́ть

DIE BILDUNG DES PRÄTERITUMS VON DEN VERBEN
AUF -СТИ, -ЗТИ

Infinitiv		нести́ tragen	везти́ fahren	плести́ flechten	грести́ rudern	расти́ wachsen
Singular männlich weiblich sächlich	я, ты, он я, ты, она́ оно́	нёс несла́ несло́	вёз везла́ везло́	плёл плела́ плело́	грёб гребла́ гребло́	рос росла́ росло́
Plural	мы, вы, они́	несли́	везли́	плели́	гребли́	росли́

1. Verben, die im Infinitiv auf -сти, -зти (нести́, везти́) ausgehen
und deren Präsensstamm nicht auf д, т auslautet (нес-у́т, вез-у́т), ent-
halten in der männlichen Form des Präteritums nicht das Suffix
-л-(нёс, вёз). In der weiblichen und sächlichen Form und in der Plural-
form bleibt das Suffix -л- erhalten (несла́, несло́, несли́).

Anmerkung. Ebenso wird das Präteritum des Verbs **лезть** *klettern* gebildet: **лез,
ле́зла, ле́зло, ле́зли** (Präsens: **ле́зут**).

2. Lautet bei den Verben auf **-сти** der Präsensstamm auf **д** (вед-у́),
oder **т** (плет-у́, приобрет-у́) aus, so bleibt das Suffix **-л-** im Präteritum
in allen Singularformen und im Plural erhalten; es wird unmittelbar an
den Stammvokal angefügt (**вести́ — веду́ — вёл; плести́ —
плету́ — плёл; приобрести́ (vo) — приобрету́ — приобрёл**).

Anmerkung. Ebenso wird das Präteritum von den Verben **упа́сть** *hinfallen* und
сесть *sich setzen* gebildet: **упа́л, упа́ла, упа́ло, упа́ли; сел, се́ла, се́ло, се́ли**; einfaches Futur **упаду́т, ся́дут**.

3. Vom Verb **грести́** wird das Präteritum mit Stammauslaut auf **-б**
грёб, гребла́, гребли́) gebildet.

4. Die Formen des Präteritums von **расти́** lauten **рос, росла́, росло́,
росли́**.

DAS PRÄTERITUM DES VERBS ИДТИ́

я, ты,	он	**шёл**	мы
я, ты	она́	**шла**	вы **шли**
	оно́	**шло**	они́

Übung 6. Lesen Sie die folgenden Sätze. Schreiben Sie die Verben im Präteritum
heraus und geben Sie den entsprechenden Infinitiv an. Versehen Sie die Wörter mit Betonungszeichen.

1. На море синее вечерний пал туман. (*П.*) 2. Снег выпал только
ко в январе. (*П.*) 3. Я вышел на опушку леса и побрёл по полю.

Übung 7. Beugen Sie im Präteritum die Verben *принести́, отвезти́, цвести́, изобрести́, приобрести́, напа́сть, спасти́*. Bilden Sie mit diesen Verben im Präteritum kurze Sätze, schreiben Sie sie auf und versehen Sie jedes Wort mit Betonungszeichen.

DIE BILDUNG DES PRÄTERITUMS
VON DEN VERBEN AUF -ЧЬ

Infinitiv			**мочь** können	**бере́чь** schonen	**жечь** brennen	**течь** fließen	**привле́чь** locken
Singular männlich weiblich sächlich	я, я,	ты, он ты, она́ оно́	**мог** **могла́** **могло́**	**берёг** **берегла́** **берегло́**	**жёг** **жгла** **жгло**	**тёк** **текла́** **текло́**	**привлёк** **привлекла́** **привлекло́**
Plural	мы,	вы, они́	**могли́**	**берегли́**	**жгли**	**текли́**	**привлекли́**

1. Von den Verben auf **-чь** (**бере́чь** *schonen, sparen,* **печь** *backen*
wird das Präteritum mit dem Stammauslaut auf **-г** (**берёг**) und auf **-к**
(**пёк**) gebildet; in der männlichen Form entfällt das Suffix **-л-**.

2. Bei dem Verb **жечь** fällt das **е** in der weiblichen bzw. sächlichen
Form und in der Pluralform aus (**жгла, жгло, жгли**) (ähnlich wie im
Präsens — **жгу, жжёшь, жжёт, жжём, жжёте, жгут**).

Übung 8. Bilden Sie das Präteritum von den Verben *помо́чь* (*vo*), *увле́чься* (*vo*), *зажа́ечь* (*vo*) und bilden Sie Sätze mit diesen Verben im Präteritum.

DIE BILDUNG DES PRÄTERITUMS VON DEN VERBEN
MIT DEM SUFFIX -НУ(ТЬ)

Infinitiv			кри́кнуть aufschreien	привы́кнуть sich gewöhnen	мёрзнуть frieren
Singular männlich weiblich sächlich	я, я,	ты, ты,	он она́ оно́	кри́кнул кри́кнула кри́кнуло	привы́к привы́кла привы́кло	мёрз мёрзла мёрзло
Plural	мы, вы,	они́		кри́кнули	привы́кли	мёрзли

1. Die meisten vollendeten Verben mit dem Suffix -ну(ть) behalten dieses Suffix im Präteritum bei: кри́кнуть *aufschreien, einmal (kurz) rufen* — кри́кнул, толкну́ть *stoßen* — толкну́л, мигну́ть *zwinkern* — мигну́л, махну́ть *winken* — махну́л.

Von einigen vollendeten Verben wird das Präteritum jedoch ohne dieses Suffix gebildet: привы́кнуть *sich gewöhnen* — привы́к, поги́бнуть *umkommen* — поги́б, исче́знуть *verschwinden* — исче́з, дости́гнуть *erreichen* — дости́г, пога́снуть *auslöschen* — пога́с, све́ргнуть *stürzen* — сверг, ути́хнуть *still werden, sich legen* — ути́х.

2. Bei den unvollendeten Verben mit dem Suffix -ну- fällt dieses Suffix im Präteritum in der Regel aus:

вя́знуть *steckenbleiben* — вя́зли, вя́нуть *verwelken* — вя́ли, мо́кнуть *naß werden* — мо́кли, га́снуть *verlöschen* — га́сли, ги́бнуть *umkommen* — ги́бли, гло́хнуть *taub werden* — гло́хли, зя́бнуть *frieren* — зя́бли, кре́пнуть *erstarken* — кре́пли, мёрзнуть *frieren* — мёрзли, па́хнуть *duften* — па́хли, сле́пнуть *blind werden* — сле́пли, a b e r: тяну́ть *ziehen* — тяну́ли, тону́ть *ertrinken* — тону́ли.

Alle aufgezählten unvollendeten Verben werden durch Vorsetzen von Präfixen zu vollendeten; im Präteritum fällt bei ihnen ebenfalls das Suffix -ну- aus: цветы́ увя́ли *die Blumen sind verwelkt*; огни́ пога́сли *die Lichter erloschen*; това́рищ поги́б *der Kamerad ist umgekommen*; стари́к огло́х, осле́п *der Alte ist taub geworden, blind geworden*: я озя́б *mir ist kalt*; де́ти окре́пли *die Kinder sind kräftig geworden*; вода́ замёрзла *das Wasser ist gefroren*; цветы́ запа́хли *die Blumen begannen zu duften*; огни́ поту́хли *die Lichter erloschen*.

3. Bei den Verben, die im Präteritum das Suffix -ну- verlieren (**привы́к** *ist gewöhnt*, **мёрз** *fror*), fällt das Suffix -л- in der männlichen Form aus. In der weiblichen und sächlichen Form und im Plural behalten diese Verben das Suffix -л- bei: привы́кла, привы́кло, привы́кли; мёрзла, мёрзло, мёрзли.

(Über die Aspektpaare der Verben mit dem Suffix -ну- siehe S. 300.)

Übung 9. Lesen Sie die folgenden Sätze. Nennen Sie die Infinitivform der hervorgehobenen Verben.

1. Я па́мятник себе́ *воздви́г* нерукотво́рный.

   К нему́ не зарастёт наро́дная тропа́... (*П.*)

2. Встаёт заря́ во мгле холо́дной;
На ни́вах шум рабо́т *умо́лк*... (*П.*)
3. Что же ты, моя́ стару́шка,
Приумо́лкла у окна́? (*П.*)
4. В селе́ за реко́ю *поту́х* огонёк... (*П.*)
5. *Пога́сло* дне́вное све́тило.
На мо́ре си́нее вече́рний пал тума́н... (*П.*)

Übung 10. Konjugieren Sie die angegebenen Verben im Präteritum. Bilden Sie Sätze mit diesen Verben.

све́ргнуть, отве́ргнуть, дости́гнуть, привы́кнуть, зати́хнуть, умо́лкнуть

DIE BILDUNG DES PRÄTERITUMS VON DEN VERBEN, DEREN INFINITIV-STAMM AUF -ЕРЕ AUSLAUTET

я,	ты,	он	за́пер	стёр	у́мер
я	ты	она́	заперла́	стёрла	умерла́
мы					
вы			за́перли	стёрли	у́мерли
они́					

1. Bei den Verben, die im Infinitiv -ере- enthalten (**запере́ть, стере́ть, умере́ть**), fällt im Präteritum der vor dem Suffix **-ть** stehende Vokal e aus (**за́пер, запер-ла́; у́мер, умер-ла́; стёр, стёр-ла**).
2. Die männliche Form wird ohne das Suffix **-л-** gebildet (**за́пер, у́мер, стёр**); in der weiblichen und sächlichen Form sowie im Plural bleibt das Suffix **-л-** erhalten (**заперла́, за́перли; умерла́, у́мерли; стёрла, стёрли**).

Übung 11. Konjugieren Sie die Verben *отпере́ть, вы́тереть* im Präteritum.

Übung 12. Schreiben Sie die Verben aus den folgenden Sätzen in der Infinitivform heraus.

1. Со́лнце то́лько что взошло́. Трава́ на лугу́ ещё не вы́сохла, а роса́ сверка́ла на со́лнце. 2. Пе́ред до́мом росли́ ли́пы. Они́ неда́вно расцвели́ и си́льно па́хли. 3. На́ше внима́ние привлёк огонёк, кото́рый то появля́лся, то гас. 4. Соба́ка уви́дела дичь и замерла́. 5. Он за́пер дверь и ушёл. 6. Де́ти увлекли́сь игро́й.

Übung 13. Schreiben Sie die folgenden Sätze ab. Setzen Sie die in Klammern angegebenen Verben ins Präteritum.

В холо́дный зи́мний день че́рез лес ме́дленно (*брести́*) уста́лые охо́тники. (*Идти́*) дождь. Охо́тники (*промо́кнуть*) и (*замёрзнуть*). Наконе́ц они́ (*дости́гнуть*) опу́шки ле́са. Вдоль неё (*течь*) река́, а за реко́й (*тяну́ться*) по́ле. На берегу́ пасту́х (*пасти́*) ста́до. Охо́тники (*останови́ться*) отдохну́ть под больши́м ду́бом, кото́рый (*расти́*) на краю́ ле́са. Они́ (*разже́чь*) костёр и (*сесть*) вокру́г него́. Они́ (*пое́сть*) и (*отдохну́ть*). Когда́ их оде́жда (*вы́сохнуть*), они́ (*реши́ть*) продолжа́ть охо́ту и сно́ва (*исче́знуть*) в лесу́.

Das Präsens

Die Konjugation der Verben im Präsens

	Singular			Plural		
1. Pers.	я	иду́	стою́	мы	идём	стои́м
2. Pers.	ты	идёшь	стои́шь	вы	идёте	стои́те
3. Pers.	он она́ оно́	идёт	стои́т	они́	иду́т	стоя́т

Die Endungen -у(-ю); -ёшь, -ишь; -ёт, -ит; -ём, -им; -ёте, -ите; -ут, -ят nennt man Personalendungen, weil sie die jeweilige Person des Verbs angeben.

Die I. und II. Konjugation des Verbs

Nach ihren Personalendungen werden die Verben in zwei Gruppen eingeteilt: in Verben der I. und Verben der II. Konjugation.

I. Konjugation			Endungen	II. Konjugation		Endungen
я ich	живу́ lebe	рабо́таю arbeite	-у (-ю)	стучу́ klopfe	стро́ю baue	-у (-ю)
ты	живёшь	рабо́таешь	-ёшь, -ешь	стучи́шь	стро́ишь	-ишь
он				стучи́т	стро́ит	-ит
она́	живёт	рабо́тает	-ёт, -ет	стучи́м	стро́им	-им
оно́				стучи́те	стро́ите	-ите
мы	живём	рабо́таем	-ём, -ем	стуча́т	стро́ят	-ат (-ят)
вы	живёте	рабо́таете	-ёте, -ете			
они́	живу́т	рабо́тают	-ут, (-ют)			

Verben der I. Konjugation haben die Personalendungen: -у (-ю); -ёшь, -ешь; -ёт, -ет; -ём, -ем; -ёте, -ете; -ут (-ют), Verben der II. Konjugation -у (-ю); -ишь; -ит; -им; -ите, -ат (-ят).

Die einen Verben haben betonte Personalendungen (живу́, живёшь, живёт usw.; стучу́, стучи́шь, стучи́т uws.), die anderen unbetonte (рабо́таю, рабо́таешь usw.; стро́ю, стро́ишь usw.). Einige Verben sind nur in der 1. Person Singular endungsbetont (учу́ ich lehre, lerne), das heißt die Endungen der übrigen Personen des Singulars und aller Personen des Plurals sind unbetont (у́чишь, у́чит, у́чим, у́чите, у́чат; борю́сь *ich kämpfe*, бо́решься, бо́рется usw.).

In der 2. Person Singular wird nach -ш- stets weiches Zeichen geschrieben: живёшь, рабо́таешь, стучи́шь, стро́ишь.

Gemischt konjugierte Verben

Die Verben **хоте́ть** *wollen*, **бежа́ть** *laufen*, **чтить** *ehren* werden teils nach der I. Konjugation, teils nach der II. Konjugation gebeugt. Diese Verben bezeichnet man als gemischt konjugierte:

я	хочу́	бегу́	чту
ты	хо́чешь	бежи́шь	чтишь

он она́ оно́	хо́чет	бежи́т	чтит

мы	хоти́м	бежи́м	чтим
вы	хоти́те	бежи́те	чти́те
они́	хотя́т	бегу́т	чтят und чтут

Übung 14. Schreiben Sie die folgenden Sätze ab. Setzen Sie die hervorgehobenen Wörter in den Plural.

M u s t e r : Высоко́ в си́нем не́бе *лети́т пти́ца.*
Высоко́ в си́нем не́бе *летя́т пти́цы.*

1. Высоко́ в си́нем не́бе *лети́т самолёт.* 2. О ни́зкий бе́рег *бьёт волна́.* 3. *Красне́ет и спе́ет я́блоко* под горя́чими луча́ми со́лнца. 4. С реки́ *ду́ет ве́тер.* 5. *Ло́дка* бы́стро *плывёт* вниз по реке́. 6. *Ма́льчик сиди́т* на берегу́ и *у́дит* ры́бу. 7. В камыша́х *кричи́т у́тка.* 8. *Шелести́т лист* на то́поле. 9. *Ма́льчик бежи́т* к реке́.

Verben mit betonten Personalendungen

der I. Konjugation

1. Verben mit dem Infinitivsuffix -ти (**идти́** *gehen*, **расти́** *wachsen*, **нести́** *tragen*):

иду́, идёшь, идёт... иду́т
расту́, растёшь, растёт... расту́т
цвету́, цветёшь, цветёт... цвету́т

2. Verben auf -чь im Infinitiv (**бере́чь** *aufbewahren*, **стере́чь** *bewachen*, **влечь** *ziehen*):

берегу́, бережёшь, бережёт... берегу́т
стерегу́, стережёшь, стережёт, стерегу́т
влеку́, влечёшь, влечёт... влеку́т

A u s n a h m e n :
a) Das Verb **мочь** *können* hat in der 1. Person Singular betonte Endung (**могу́**); in allen anderen Personen des Singulars und Plurals sind die Endungen unbetont (**мо́жешь, мо́жет, мо́жем, мо́жете, мо́гут**). Genauso werden die vollendeten Verben **помо́чь** *helfen*, **превозмо́чь** *überwinden*, **смочь** *können* gebeugt.

b) Das vollendete Verb **лечь** *sich hinlegen* hat im einfachen Futur unbetonte Personalendungen: **ля́гу, ля́жешь, ля́жет, ля́жем, ля́жете, ля́гут.**

3. Verben mit dem Infinitivsuffix -ва- nach да-, зна-, ста- (**дава́ть** *geben*, **узнава́ть** *wiedererkennen*, **встава́ть** *aufstehen*):

даю́, даёшь... даю́т
узнаю́, узнаёшь... узнаю́т
встаю́, встаёшь... встаю́т

(Bei den Verben dieser Gruppe fällt das Suffix **-ва-** im Präsens aus.)

4. alle von einsilbigen Verben mit **-и-** im Infinitivstamm gebildeten (abgeleiteten) Verben (**шить** *nähen*, **пить** *trinken*, **бить** *schlagen*, **лить** *gießen*, **вить** *flechten*):

> шью, шьёшь...; сошью́, сошьёшь... сошью́т;
> бью, бьёшь...; побью́, побьёшь... побью́т
> пью, пьёшь...; допью́, допьёшь... допью́т

Nur bei vollendeten Verben mit dem Präfix **вы-** wird die Betonung auf das Präfix zurückgezogen:

> вы́пью, вы́пьешь... вы́пьют
> вы́лью, вы́льешь... вы́льют

5. Verben, die im Infinitivstamm **-ере-** enthalten (**умере́ть** *sterben*, **стере́ть** *abwischen, ausradieren*, **запере́ть** *zuschließen*):

> умру́, умрёшь... умру́т
> сотру́, сотрёшь... сотру́т
> запру́, запрёшь... запру́т

A u s n a h m e n : vollendete Verben mit dem Präfix **вы-** (**вы́тереть** *abwischen* — **вы́тру, вы́трешь, вы́трут**).

6. folgende Verben, die man sich einprägen muß:

брать	nehmen	— беру́, берёшь... беру́т
взять	nehmen	— возьму́, возьмёшь... возьму́т
ждать	warten	— жду, ждёшь... ждут
жить	leben	— живу́, живёшь... живу́т
звать	rufen	— зову́, зовёшь... зову́т
плыть	schwimmen	— плыву́, плывёшь... плыву́т
смея́ться	lachen	— смею́сь, смеёшься... смею́тся

Werden die Verben mit **вы-** präfigiert, so wird die Betonung auf das Präfix zurückgezogen: **вы́звать** *herausrufen* — **вы́зову**, **вы́плыть** *herausschwimmen* — **вы́плыву** (vollendetes Verb).

A n m e r k u n g . Die Verben **мыть** *waschen*, **рыть** *graben*, **крыть** *decken* sind im Präsens stammbetont: **мо́ю, мо́ешь** usw., **ро́ю, ро́ешь** usw., **кро́ю, кро́ешь**... Bei Verbindung mit dem Präfix **вы-** wird die Betonung auf das Präfix zurückgezogen: **вы́мою, вы́рою.**

Verben der II. Konjugation

Die gebräuchlichsten Verben der II. Konjugation mit betonten Personalendungen (in alphabetischer Reihenfolge):

боя́ться	sich fürchten	— бою́сь, бои́шься...
говори́ть	sprechen	— говорю́, говори́шь...
горе́ть	brennen	— горю́, гори́шь...
греме́ть	donnern	— гремлю́, греми́шь...
дрожа́ть	zittern	— дрожу́, дрожи́шь...
жужжа́ть	summen	— жужжу́, жужжи́шь...
звене́ть	klingeln	— звеню́, звени́шь...
звуча́ть	klingen	— звучи́т...

кричáть	schreien	— кричý, кричúшь...
кройть	zuschneiden	— крою́, кро́йшь...
лежáть	liegen	— лежý, лежúшь... лежáт
летéть	fliegen	— лечý, летúшь... летя́т
ложúться	sich hinlegen	— ложýсь, ложúшься... ложáтся
молчáть	schweigen	— молчý, молчúшь... молчáт
решúть	entscheiden	— решý, решúшь... решáт
садúться	sich setzen	— сажýсь, садúшься... садя́тся
свистéть	pfeifen	— свищý, свистúшь... свистя́т
сидéть	sitzen	— сижý, сидúшь... сидя́т
спать	schlafen	— сплю, спишь... спят
спешúть	sich beeilen	— спешý, спешúшь... спешáт
стоя́ть	stehen	— стою́, стоúшь... стоя́т
стучáть	klopfen	— стучý, стучúшь... стучáт

Durch Hinzutreten von Präfixen wird die Betonung nicht verändert (молчáть — замолчáть; кройть — скройть; кричáть — накричáть), ausgenommen das Präfix вы-, das in vollendeten Verben betont wird (говорúть — вы́говорить *aussprechen*, кройть — вы́кроить *zuschneiden* usw.)

Übung 15. a) Beugen Sie folgende Verben im Präsens:

вестú, везтú; мочь, печь; отдавáть, сознавáть, уставáть; бить, пить; звать; плыть, лежáть, говорúть, молчáть

b) Bilden Sie mit diesen Präsensformen kurze Sätze.

c) Beugen Sie folgende vollendete Verben im einfachen Futur:

лечь, заперéть, вы́лить, вы́расти

Verben mit unbetonten Personalendungen

Um die Personalendungen der Verben richtig zu schreiben, muß man wissen, zu welcher Konjugation (zur I. oder II.) das betreffende Verb gehört.

1. Ist die Personalendung betont, so ist leicht zu ermitteln, zu welcher Konjugation das Verb gehört: идёшь... идýт (I. Konj.), говорúшь — говоря́т (II. Konj.).

2. Ist die Personalendung nicht betont, so kann man nach der Infinitivform bestimmen, ob das betreffende Verb zur I. oder zur II. Konjugation gehört.

Verben der I. Konjugation

1. ein Verb auf -ить:

брить rasieren (**брéешь, брéют**)

Verben der II. Konjugation

1. alle Verben auf -ить (außer *брить*):

стрóить bauen (**стрóю, стрóишь, стрóят**)
ходúть gehen (**хожý, хóдишь, хóдят**)
белúть weißen (**белю́, бéлишь, бéлят**)

207

2. fast alle Verben auf **-еть**:
красне́ть erröten (**красне́ю, красне́ешь, красне́ют**)
уме́ть können (**уме́ю, уме́ешь, уме́ют**)
владе́ть beherrschen (**владе́ю, владе́ешь, владе́ют**)

2. sieben Verben auf **-еть**:

смотре́ть sehen, schauen (**смотрю́, смо́тришь, смо́трят**)
ви́деть sehen (**ви́жу, ви́дишь, ви́дят**)
ненави́деть hassen (**ненави́жу, ненави́дишь, ненави́дят**)
терпе́ть dulden (**терплю́, те́рпишь, те́рпят**)
оби́деть kränken, beleidigen (**оби́жу, оби́дишь, оби́дят**)
верте́ть drehen (**верчу́, ве́ртишь, ве́ртят**)
зави́сеть abhängen (**зави́шу, зави́сишь, зави́сят**)
und alle präfigierten Ableitungen dieser Verben:
посмотре́ть hinsehen
уви́деть erblicken
вы́терпеть erdulden usw.

3. fast alle Verben auf **-ать, (-ять)**:

отвеча́ть antworten (**отвеча́ю, отвеча́ешь, отвеча́ют**)
лома́ть brechen (**лома́ю, лома́ешь, лома́ют**)
наде́яться hoffen (**наде́юсь, наде́ешься, наде́ются**)

3. vier Verben auf **-ать**:

дыша́ть atmen (**дышу́, ды́шишь, ды́шат**)
слы́шать hören (**слы́шу, слы́шишь, слы́шат**)
держа́ть halten (**держу́, де́ржишь, де́ржат**)
гнать treiben (**гоню́, го́нишь, го́нят**)
und alle präfigierten Ableitungen dieser Verben:
подыша́ть atmen,
услы́шать hören,
вы́держать aushalten,
согна́ть forttreiben usw.

Alle anderen Verben mit unbetonten Personalendungen gehören zur I. Konjugation.

Übung 16. Bestimmen Sie nach der Infinitivform die Konjugation der angegebenen Verben mit unbetonten Personalendungen:

рабо́тать, получа́ть, отправля́ть, отвеча́ть, боле́ть, ходи́ть, боро́ться, труди́ться, ре́ять, уме́ть, рисова́ть, сове́товать, горева́ть

Übung 17. Schreiben Sie die folgenden Sätze ab. Setzen Sie die in Klammern angegebenen Verben im Präsens ein. Geben Sie die Konjugation jedes Verbs an.

1. Роса́ ... на траве́ и цвета́х. (блесте́ть). 2. В зелёной траве́ ...

я́годы земляни́ки. (краснéть) 3. Ду́ет вéтер, мéльничные кры́лья ...
бы́стро. (вертéться) 4. Я зову́ его́, а он не ... . (слы́шать) 5. Она́ ...
кни́ги в библиотéке. (брать) 6. Врачи́ ... за жизнь больно́го. (боро́-
ться) 7. Напро́тив на́шего до́ма ... зда́ние кинотеа́тра. (стро́иться)
8. Он ... и поэ́тому сейча́с не мо́жет подойти́ к телефо́ну. (бри́ться)

Übung 18. Bilden Sie Sätze mit den Verben *зави́сеть, держа́ть*. Verwenden Sie die-
se Verben in der 3. Person Singular und Plural.

Übung 19. a) Konjugieren Sie die Verben *слу́шать* und *слы́шать* mündlich und
schriftlich im Präsens; setzen Sie die Betonungszeichen. Bilden Sie je zwei Sätze mit die-
sen Verben, und geben Sie den Bedeutungsunterschied dieser Verben an.
b) Beugen Sie Verben *ви́деть* und *смотре́ть* mündlich und schriftlich im Präsens.
Setzen Sie die Betonungszeichen. Bilden Sie je zwei Sätze mit diesen Verben, und geben
Sie den Bedeutungsunterschied dieser Verben an.

Das Präsens der Verben быть, есть (*essen*) und éхать

Das Verb быть

Die 1. und 2. Person Singular und Plural des Präsens von **быть** *sein*
wird in der Literatursprache der Gegenwart nicht gebraucht. In einigen
Fällen kommt die 3. Person Singular (**есть** *ist*) und äußerst selten die 3.
Person Plural (**суть** *sind*) vor.

A. **Есть** wird in der Gegenwartssprache in folgenden Fällen ge-
braucht:

1. als Kopula des zusammengesetzten Prädikats in wissenschaftli-
chen Definitionen: Мышлéние **есть** проду́кт де́ятельности мо́зга.
Das Denken ist das Produkt der Tätigkeit des Gehirns. Gewöhnlich wird
jedoch die Kopula **есть** in einem zusammengesetzten Prädikat nicht ge-
braucht:

Мой това́рищ — инженéр.   Mein Freund ist Ingenieur.

2. zum Ausdruck des Vorhandenseins von etwas (dabei wird **есть**
sowohl für den Singular wie für den Plural verwendet):

У меня́ **есть** брат и сестра́.   Ich habe einen Bruder und eine
                                       Schwester.

У меня́ **есть** бра́тья и сёстры.   Ich habe Brüder und Schwester.
Сего́дня у меня́ **есть** врéмя пой-   Ich habe heute Zeit, ins Kino zu
ти́ в кино́.   gehen.
У моего́ това́рища **есть** инте-   Mein Freund hat ein interessantes
рéсная кни́га.   Buch.

Werden jedoch irgendwelche Merkmale oder Eigenschaften, ein
Gemütszustand oder eine Krankheit festgestellt, so wird die Kopula
есть nicht verwendet, z. B.

a) У ма́льчика свéтлые во́лосы   Der Junge hat helles Haar und
и си́ние глаза́; у дéвочки тём-   blaue Augen; das Mädchen hat
ные во́лосы и сéрые глаза́.   dunkles Haar und graue Au-
                                     gen.

У моего́ това́рища прекра́сная   Mein Freund hat ein ausgezeich-
па́мять.   netes Gedächtnis.
У него́ хоро́ший хара́ктер.   Er hat einen guten Charakter.

У арти́ста вырази́тельное лицо́.	Der Schauspieler hat ein ausdrucksvolles Gesicht.
У певи́цы чуде́сный го́лос.	Die Sängerin hat eine wunderschöne Stimme.
в) Сего́дня у меня́ хоро́шее настрое́ние.	Heute bin ich gut gelaunt.
У това́рища го́ре: у́мер его́ бли́зкий друг.	Der Kollege hat Kummer: sein nächster Freund ist gestorben.
с) Сего́дня не пришёл на заня́тия наш преподава́тель: у него́ грипп.	Heute ist unser Lehrer nicht zum Unterricht gekommen: er hat Grippe.
Мой това́рищ не мо́жет уча́ствовать в лы́жных соревнова́ниях: у него́ поро́к се́рдца.	Mein Freund kann nicht an dem Schiwettkampf teilnehmen: er hat einen Herzfehler.

Anmerkung. Die Fragen: у тебя́ **есть** но́вый костю́м? und У тебя́ но́вый костю́м? haben unterschiedliche Bedeutung. Im ersten Fall wird danach gefragt, ob der Gesprächspartner einen Anzug hat; dabei liegt die logische Betonung auf dem Wort **есть**. Im zweiten Fall wird gefragt, was für einen Anzug der Gesprächspartner anhat: einen alten oder einen neuen? Die russischen Sätze: У тебя́ но́вый све́тлый костю́м, у тебя́ но́вая шля́па, но́вые боти́нки, у тебя́ тако́й пра́здничный вид — bedeuten: *Du hast einen neuen hellen Anzug an, einen neuen Hut auf, neue Schuhe an, du siehst so feierlich aus.*

B. **Суть** ist die 3. Person Plural des Präsens. Diese Form kommt zuweilen in der russischen klassischen Literatur vor, so zum Beispiel bei Puškin in der Erzählung „Der Postmeister":

Сии́ столь оклеве́танные смотри́тели вообще́ **суть** лю́ди ми́рные от приро́ды, услу́жливые, скло́нные к общежи́тию...

Diese so verleumdeten Postmeister sind durchweg friedliche Menschen, von Haus aus dienstfertig, menschenliebend...

In der russischen Gegenwartssprache wird **суть** nur in seltenen Fällen (gewöhnlich in wissenschaftlichen Definitionen) gebraucht.

Übung 20. Bergünden Sie in den folgenden Sätzen jeweils den Gebrauch oder das Fehlen des Verbs *есть*:

1. У кого́ есть конспе́кт? У меня́ есть конспе́кт, у това́рища Ивано́ва то́же есть конспе́кт. 2. У кого́ мой конспе́кт? Конспе́кт у меня́. 3. У мое́й сестры́ краси́вые глаза́. 4. Това́рищ не пришёл на заня́тия: у него́ анги́на.

Übung 21. Übersetzen Sie folgende Sätze ins Deutsche:

1. У вас есть брат? У меня́ есть брат и сестра́. 2. У бра́та хоро́ший го́лос. 3. У меня́ мно́го интере́сных книг. Есть у меня́ кни́ги по ра́зным вопро́сам те́хники.

Übung 22. Bilden Sie je zwei Frage- und Aussagesätze mit dem Verb *быть* im Präsens.

Das Verb **есть** (*essen*)

Das Verb **есть** hat für das Präsens sowie für das Präteritum besondere Konjugationsformen:

Präsens				Präteritum				
я	ем	мы	еди́м	я,	ты,	он	ел	мы
ты	ешь	вы	еди́те	я,	ты,	она́	е́ла	вы
						оно́	е́ло	они́

(Präteritum right column: | е́ли)

он			
она́	ест	они́	едя́т
оно́			

Genauso werden die präfigierten vollendeten Verben konjugiert (im einfachen Futur und Präteritum): **съесть** *aufessen*, **переéсть** *zuviel essen, sich überessen*, **недоéсть** *sich nicht satt essen* usw., und das Verb **надоéсть** *überdrüssig werden* (**надоéм, надоéшь** usw.), das bedeutungsmäßig keinerlei Beziehung zum Verb **есть** (*essen*) hat.

Das Verb **éхать** (*fahren*)

Präsens

я	é́ду	мы	é́дем
ты	é́дешь	вы	é́дете
он	é́дет	они́	é́дут

Übung 23. Bilden Sie je vier Sätze mit den Verben *есть* (*essen*) und *éхать* in Pluralformen des Präsens; schreiben Sie diese Sätze auf und setzen Sie die Betonungszeichen.

Das Futur

Im Russischen gibt es zwei Formen für das Futur: ein z u s a m m e n g e s e t z t e s und ein e i n f a c h e s Futur.

Das zusammengesetzte Futur (я **бу́ду писа́ть** письмо́ *ich werde einen Brief schreiben*; **бу́ду выполня́ть** зада́ние *ich werde die Aufgabe machen*) wird von unvollendeten Verben gebildet und drückt aus, daß die Handlung stattfinden wird, aber unbekannt ist, ob sie zu Ende geführt wird.

	unvollendet				vollendet	
Infinitiv	**писа́ть** **выполня́ть** **добива́ться**	schreiben erfüllen erreichen		Infinitiv	**написа́ть** **вы́полнить** **доби́ться**	
я	бу́ду			я	напишу́, вы́полню, добью́сь	
ты	бу́дешь			ты	напи́шешь, вы́полнишь, добьёшься	
он она́ оно́	бу́дет	писа́ть выполня́ть добива́ться		он она́ оно́	напи́шет, вы́полнит, добьётся	
мы	бу́дем			мы	напи́шем, вы́полним, добьёмся	
вы	бу́дете			вы	напи́шете, вы́полните, добьётесь	
они́	бу́дут			они́	напи́шут, вы́полнят, добью́тся	

Das einfache Futur (я **напишу́** письмо́; я **вы́полню** зада́ние) wird von vollendeten Verben gebildet und drückt aus, daß die Handlung stattfinden und zu Ende geführt werden wird.

Das zusammengesetzte Futur (я **бу́ду писа́ть**; я **бу́ду выполня́ть**) wird durch Verbindung der Futurformen des Hilfsverbs **быть** (**бу́ду, бу́дешь** usw.) mit dem unvollendeten Infinitiv **писа́ть, выполня́ть** des betreffenden Verbs gebildet.

Das einfache Futur der vollendeten Verben und das Präsens der unvollendeten Verben stimmen in ihren Personalendungen überein:

I. Konj.— **напи́шешь ... напи́шут**
II. Konj.— **вы́полнишь ... вы́полнят**

Die aus unvollendeten Verben durch Präfigierung gebildeten vollendeten Verben gehören demselben Konjugationstyp an wie die unvollendeten Verben:

uv. Präsens **пи́шешь**   *vo. Futur* **напи́шешь**
      говори́шь   **заговори́шь**

Weisen die beiden Partner eines Aspektpaares im Infinitiv unterschiedliche Suffixe auf, so können sie verschiedenen Konjugationstypen angehören:

uv **выполня́ть, выполня́ешь** (I. Konj.) — *vo* **вы́полнить, вы́полнишь** (II. Konj.); **получа́ть, получа́ешь** (I. Konj.) — **получи́ть, полу́чишь** (II. Konj.).

Übung 24. Bilden Sie Sätze mit den folgenden Verben im einfachen Futur:

пойти́, сказа́ть, сде́лать, вы́учить, посмотре́ть, вы́полнить

Übung 25. Schreiben Sie die Formen des vollendeten Verbs *дать* im Futur ab, und prägen Sie sich diese ein:

я **дам**	мы **дади́м**
ты **дашь**	вы **дади́те**
он **даст**	они́ **даду́т**

Genauso werden die von diesem Verb durch Präfigierung gebildeten Verben (**переда́м, отда́м** u. a.) konjugiert. Bilden Sie Sätze mit diesen Verben.

Übung 26. Lesen Sie die folgenden Sätze. Bestimmen Sie die Zeitformen der Verben.

1. Мы ка́ждый день получа́ем газе́ту «Пра́вда».

Ско́ро мы полу́чим но́вый журна́л.

2. Мы выпи́сываем две газе́ты.

Мы вы́пишем в э́том году́ три газе́ты.

3. Мы у́чим ка́ждый ме́сяц несколько стихотворе́ний.

Мы вы́учим к сле́дующему уро́ку стихотворе́ние Пу́шкина.

4. Все студе́нты на́шей гру́ппы гото́вят материа́л в стенгазе́ту.

В стенгазе́ту пригото́вят материа́л студе́нты на́шей гру́ппы.

5. Я гото́влюсь к выступле́нию на ве́чере.

Я пригото́влюсь к выступле́нию на ве́чере.

6. Я ча́сто хожу́ по магази́нам, покупа́ю кни́ги.

Сего́дня я пойду́ в кни́жный магази́н и куплю́ но́вый слова́рь.

7. Я всегда́ в срок возвраща́ю в библиоте́ку кни́ги и беру́ но́вые.   За́втра я верну́ в библиоте́ку кни́ги и возьму́ но́вые.

Übung 27. Schreiben Sie die 3. Person Singular und Plural des Futurs nachstehender vollendeter und unvollendeter Verben auf. Bilden Sie sechs Sätze mit einigen dieser Verben im einfachen Futur.

стро́ить — постро́ить, укрепля́ть — укрепи́ть, изуча́ть — изучи́ть, получа́ть — получи́ть, изменя́ться — измени́ться, защища́ть — защити́ть, превраща́ться — преврати́ться, цвести́ — зацвести́, развива́ться — разви́ться, всходи́ть — взойти́, сдвига́ть — сдви́нуть, брать — взять, говори́ть — сказа́ть, выбира́ть — вы́брать

Übung 28. Schreiben Sie die vollendeten Verben aus Übung 27 heraus; notieren Sie die 1. und 2. Person Singular und die 3. Person Plural des einfachen Futurs dieser Verben.

Übung 29. Beantworten Sie folgende Fragen schriftlich.

1. Что вы бу́дете де́лать ле́том? 2. Как вы бу́дете проводи́ть свои́ кани́кулы? 3. В како́й о́бласти вы бу́дете рабо́тать по оконча́нии университе́та?

Der Präsensstamm
und der Stamm des einfachen Futurs

1. Ausgangspunkt für die richtige Bildung der Verbformen ist der Infinitivstamm und der Präsensstamm bzw. der Stamm des einfachen Futurs.

2. Den Präsensstamm erhält man, indem man von der 3. Person Plural die Personalendung abstreicht:

они́ иду́т (ид-у́т)
они́ пи́шут (пи́ш-ут)
они́ и́щут (и́щ-ут)
они́ рабо́тают (рабо́таj-ут)
они́ берегу́т (берег-у́т)
они́ хотя́т (хот'-а́т)
они́ стуча́т (стуч-а́т)

Durch den Konsonantenwechsel im Präsensstamm bedingt, können die Formen der 1. Person Singular, der 2. Person Singular und der 3. Person Plural verschiedene Stämme haben, z. B. я хож-у́, ты хо́дишь; я грущ-у́, ты груст-и́шь; я мог-у́, ты мо́ж-ешь, они́ мо́г-ут; я берег-у́, ты береж-ёшь, они́ берег-у́т.

Daher empfiehlt es sich, außer dem Infinitiv eines neuen Verbs die 1. und 2. Person Singular sowie erforderlichenfalls auch die 3. Person Plural zu notieren: могу́, мо́жешь... мо́гут; лгу, лжёшь... лгут

3. Infinitiv- und Präsensstamm können übereinstimmen: нес-ти́, нес-у́т.

4. Verben mit gleichem Stammauslaut im Infinitiv (z. B. auf -a: писа́-ть, чита́-ть, паха́-ть, ре́за-ть, дава́-ть, организова́-ть) können unterschiedliche Präsensstämme haben:

Infinitivstamm	Präsensstamm	Anmerkungen
a) **читá-ть** lesen	читáj-ут (читáют)	Der Präsensstamm geht auf **j** aus; der Buchstabe **ю** (**читáют**) gibt das **j** des Stammauslautes und den Vokal der Endung wieder, also **ю** = **j** + **у**
изучá-ть studieren	изучáj-ут (изучáют)	
одевá-ть anziehen	одевáj-ут (одевáют)	
b) **писá-ть** schreiben	пи́ш-ут	Der Infinitivstamm und der Präsensstamm enthalten unterschiedliche Konsonanten; im Stammauslaut des Präsens fällt **a** aus.
пахá-ть pflügen	пáш-ут	
рéза-ть schneiden	рéж-ут	
искá-ть suchen	и́щ-ут	
дремá-ть schlummern	дрéмлj-ут (дрéмлют)	
c) **давá-ть** geben	даj-у́т (даю́т)	Enthält der Infinitivstamm nach den Wortwurzeln **да-**, **зна-**, **ста-** das Suffix **-ва-**, so fällt dieses Suffix im Präsensstamm aus; der Präsensstamm lautet auf **j** aus.
вставá-ть aufstehen	встаj-у́т (встаю́т)	
узнавáть erkennen	узнаj-у́т (узнаю́т)	
d) **организовá-ть** organisieren	организу́j-ут (организу́- ют)	Die Verben mit dem Suffix **-ова-** im Infinitivstamm haben im Präsensstamm das Suffix **-у-** (**-ю-** der Stamm lautet auf **j** aus).
совéтова-ть raten	совéтуj-ут (совéтуют)	
воевá-ть Krieg führen	воюj-ут (вою́ют)	

Die Haupttypen der Verben

Alle Verbformen werden im Russischen entweder vom Infinitivstamm oder vom Präsensstamm (bzw. Stamm des einfachen Futurs) abgeleitet.

Die Grundlage für die Unterscheidung von Haupttypen der Verben bilden diese beiden Stämme und ihr Verhältnis zueinander. Es lassen sich produktive Verbalklassen (**читáть — читáю, читáешь...; рисовáть — рису́ю — рису́ешь**) und unproduktive Verbalgruppen (**писáть — пишу́ — пи́шешь...; давáть — даю́ — даёшь...**) unterscheiden.

Produktive Klassen können durch Neubildungen ständig bereichert werden.

Unproduktive Gruppen können in der russischen Sprache der Gegenwart nicht mehr als Muster für Neubildungen dienen, daher ist ihre Zahl verhältnismäßig gering.

Es werden 5 produktive Klassen und mehrere unproduktive Gruppen unterschieden. Zu den unproduktiven Gruppen gehören viele in der Gegenwartssprache gebräuchliche Verben.

A n m e r k u n g. Die Verben auf **-ся** (**умывáться** *sich waschen*, **занимáться** *lernen, sich beschäftigen*) bilden die gleichen Formen wie die Verben ohne **-ся**; **-ся** steht immer nach der Endung eines Wortes (nach Konsonanten folgt **-ся**, nach Vokalen **-сь**).

Erste produktive Verbalklasse mit Infinitivstamm auf -a (-я)

Infinitiv	Präsens bzw. einfaches Futur	
чита́-ть lesen	чита́-ю, чита́-ешь... чита́-ют	Präs.
зна-ть wissen	зна́-ю, зна́-ешь... зна́-ют	„
воспи́тыва-ть erziehen	воспи́тыва-ю, воспи́тыва-ешь... воспи́тывают	„
гуля́-ть spazierengehen	гуля́-ю, гуля́-ешь... гуля́-ют	Fut. Präs.
влия́-ть beeinflussen	влия́-ю, влия́-ешь... влия́-ют	„
повлия́-ть beeinflussen	повлия́-ю, повлия́-ешь... повлия́-ют	Fut.

   Diese produktive Klasse umfaßt die Verben, die im Infinitivstamm auf **-a (-я) чита́-ть, гуля́-ть** auslauten und im Präsensstamm bzw. im Stamm des einfachen Futurs dieses **-a (-я)** beibehalten. Präsens: **чита́-ю, чита́-ешь...**, **гуля́-ю, гуля́-ешь...**; einfaches Futur: **воспита́-ю, воспита́-ешь...**; **повлия́-ю, повлия́-ешь...**

   Gewöhnlich ist **-a (-я)** Suffix, in einigen Fällen gehört dieser Vokal jedoch zur Verbwurzel (**зна-ть** *wissen*).

VERGLEICHENDE ÜBERSICHT ÜBER VOLLENDETE UND UNVOLLENDETE VERBFORMEN

		Unvollendeter Aspekt				**Vollendeter Aspekt**	
			изучать studieren	**строить** bauen		**изучить** studieren	**постро́ить** bauen
Indikativ	Präsens	я	изуча́ю	стро́ю		keine Präsens-formen	
		ты	изуча́ешь	стро́ишь			
		он, она́, оно́	изуча́ет	стро́ит			
		мы	изуча́ем	стро́им			
		вы	изуча́ете	стро́ите			
		они́	изуча́ют	стро́ят			
	Präteritum	я, ты, он	изуча́л	стро́ил		изучи́л	постро́ил
		я, ты, она́	изуча́ла	стро́ила		изучи́ла	постро́ила
		оно́	изуча́ло	стро́ило		изучи́ло	постро́ило
		мы, вы, они́	изуча́ли	стро́или		изучи́ли	постро́или
	Futur	я	бу́ду	бу́ду	я	изучу́	постро́ю
		ты	бу́дешь	бу́дешь	ты	изу́чишь	постро́ишь
		он, она́, оно́	бу́дет	бу́дет	он, она́, оно́	изу́чит	постро́ит
		мы	бу́дем	бу́дем	мы	изу́чим	постро́им
		вы	бу́дете	бу́дете	вы	изу́чите	постро́ите
		они́	бу́дут	бу́дут	они́	изу́чат	постро́ят
			изуча́ть	**стро́ить**			
Konjunktiv		я, ты, он	изуча́л бы	стро́ил бы	я, ты, он	изучи́л бы	постро́ил бы
		я, ты, она́	изуча́ла бы	стро́ила бы	я, ты, она́	изучи́ла бы	постро́ила бы
		оно́	изуча́ло бы	стро́ило бы	оно́	изучи́ло бы	постро́ило бы
		мы, вы, они́	изуча́ли бы	стро́или бы	мы, вы, они́	изучи́ли бы	постро́или бы
Imperativ			изуча́й	строй		изучи́	постро́й
			изуча́йте	стро́йте		изучи́те	постро́йте

Die Verben dieser produktiven Klasse gehören zur I. Konjugation, sie sind stets s t a m m b e t o n t.

A n m e r k u n g e n.

1. Aspektpaarige Verben können zu verschiedenen produktiven Klassen gehören, z. B.

получа́ть (*uv*) *bekommen* — получа́ю, получа́ешь...
  (1. prod. Kl., I. Konj.)
получи́ть (*vo*) *bekommen* — получу́, полу́чишь...
  (5. prod. Kl., I. Konj.)

Das eine Glied aspektpaariger Verben kann auch zu einer produktiven Klasse, das andere zu einer unproduktiven Gruppe gehören, z. B.

понима́ть (*uv*) *verstehen* — понима́ю, понима́ешь...
  (1. prod. Kl., I. Konj.)
поня́ть (*vo*) *verstehen* — пойму́, поймёшь...
  (unprod. Gr., I. Konj.)

2. Wird ein vollendetes Verb aus einem unvollendeten durch Präfigierung gebildet, so gehören die beiden Verben (das vollendete und unvollendete) ein und demselben Verbtyp, z. B.

prod. Kl.: **чита́ть** *lesen* — **прочита́ть** *durchlesen*; чита́ю — прочита́ю, чита́ешь — прочита́ешь;

unprod. Gr.: **писа́ть** *schreiben* — **написа́ть** *schreiben*; пишу́ — напишу́, пи́шешь — напи́шешь.

3. Alle Verben mit den Suffixen **-ыва-, -ива-** gehören zum produktiven Typ, z. B. **переписывать** — *umschreiben* — перепи́сываю, перепи́сываешь..., **спра́шивать** *fragen* — спра́шиваю, спра́шиваешь...

Übung 30. Schreiben Sie die folgenden unvollendeten und vollendeten Verben in der 3. Person Singular und Plural des Präsens (bzw. einfachen Futurs) auf:

рабо́тать, изуча́ть, отдыха́ть, отвеча́ть, перепи́сывать, воспи́тывать, повторя́ть, отправля́ть, выполня́ть, влия́ть, защища́ть, па́дать, явля́ться, проща́ться; зарабо́тать, потеря́ть, повлия́ть, попроща́ться

Bilden Sie mit einigen dieser Verben 5. Sätze. Setzen Sie die Betonungszeichen.

Übung 31. Lesen Sie den folgenden Text. Schreiben Sie die produktiven Verben auf -ать (-ять) heraus; notieren Sie den Infinitiv und eine Präsensform.

Я ЗАНИМА́ЮСЬ РУ́ССКИМ ЯЗЫКО́М

Я занима́юсь ру́сским языко́м три ра́за в неде́лю. В на́шей гру́ппе 6 челове́к. С на́ми рабо́тает ру́сский преподава́тель. На уро́ке мы разгова́риваем то́лько по-ру́сски. Преподава́тель спра́шивает нас, мы отвеча́ем. Пото́м мы спра́шиваем друг дру́га. Мы чита́ем те́ксты, де́лаем граммати́ческие и фонети́ческие упражне́ния. Два ра́за в неде́лю я занима́юсь в фонети́ческой лаборато́рии. Там я рабо́таю с магнитофо́ном: слу́шаю те́ксты и диало́ги, запи́сываю на плёнку вопро́сы. До́ма я ка́ждый день повторя́ю материа́л, кото́рый мы изуча́ем с преподава́телем. Ду́маю, что ско́ро я бу́ду хорошо́ понима́ть и говори́ть по-ру́сски.

Übung 32. Lesen Sie den folgenden Text. Schreiben Sie die hervorgehobenen Verben in der Infinitivform auf; setzen Sie die Betonungszeichen.

Зна́ете ли вы, како́е наслажде́ние вы́ехать весно́й до зари? На тёмно-сером небе кое-где *мига́ют* звёзды, влажный ветеро́к изред-

217

ка *набегает* лёгкой волной... Вам холодно немножко, вы *закры-
ваете* лицо воротником шинели; вам дремлется. Лошади звучно
шлёпают ногами по лужам; кучер *посвистывает...* (*Тург.*)

Unproduktive Verbalgruppen mit Infinitivstamm auf -a

Bei den unproduktiven Verben fällt das im Infinitivstamm enthalte-
ne -a im Auslaut des Präsensstamms bzw. des Stamms des einfachen
Futurs aus.

I

Zu der unproduktiven Gruppe mit Infinitivstamm auf **-a** gehören
Verben, die im Infinitiv- und Präsensstamm (bzw. im Stamm des ein-
fachen Futurs) Konsonantenwechsel aufweisen: im Infinitivstamm die-
ser Verben steht vor **-ать** ein harter Konsonant, im Stammauslaut des
Präsens (bzw. des einfachen Futurs) jedoch ein Zischlaut oder ein wei-
cher Konsonant. Der Konsonantenwechsel tritt in allen Personen des
Präsens bzw. des einfachen Futurs auf.

		Konsonantenwechsel
писа́ть schreiben	— пишу́, пи́шешь...	с — ш
паха́ть pflügen	— пашу́, па́шешь...	х — ш
ре́зать schneiden	— ре́жу, ре́жешь...	з — ж
сказа́ть sagen	— скажу́, ска́жешь...	з — ж
пла́кать weinen	— пла́чу, пла́чешь...	к — ч
хлопота́ть sich bemühen, geschäftig sein	— хлопочу́, хлопо́- чешь...	т — ч
ропта́ть murren	— ропщу́, ро́пщешь...	т — щ
иска́ть suchen	— ищу́, и́щешь...	ск — щ
дрема́ть schlummern	— дремлю́, дре́млешь...	м — мл
посла́ть schicken	— пошлю́, пошлёшь...	сл — шл

Die Verben dieser unproduktiven Gruppe gehören zur I. Konjuga-
tion.

Liegt die B e t o n u n g im Infinitivstamm auf dem auslautenden -a
(писа́ть, иска́ть, дрема́ть...), so ist in der Regel die erste Person Singu-
lar endungsbetont (пишу́, ищу́, дремлю́); die anderen Präsensformen
sind stammbetont (пи́шешь... пи́шут; и́щешь... и́щут; дре́млешь...
дре́млют; a b e r: посла́ть — пошлю́, пошлёшь... пошлю́т).

Liegt die Betonung auf der Wortwurzel, so ist sie in der Regel fest
(ре́зать — ре́жу, ре́жешь...; пря́тать — пря́чу, пря́чешь... пря́чут).

B e a c h t e n S i e: Bei den mit **вы-** präfigierten vollendeten Verben ist stets dieses Präfix betont (**вы́писать** *herausschreiben* — **вы́пишу, вы́пишешь** usw.; **вы́сказать** *seine Meinung sagen* — **вы́скажу, вы́скажешь**...; **вы́резать** *ausschneiden* — **вы́режу, вы́режешь**...; **вы́слать** *fortschicken* — **вы́шлю, вы́шлешь**...).

Übung 33. Lesen Sie die folgenden Sätze und ersetzen Sie das Präteritum durch das Präsens bzw. einfache Futur. (Die vollendeten Verben sind hervorgehoben.)

1. Снача́ла я чита́л текст, а пото́м писа́л упражне́ние. 2. Когда́ я *прочита́л* э́ту кни́гу, я *посла́л* её тебе́ по по́чте. 3. Вы *рассказа́ли* нам, как вы занима́лись ру́сским языко́м. 4. Мы *показа́ли* друзья́м сни́мки, кото́рые *сде́лали* во вре́мя туристи́ческой пое́здки. 5. Де́вочка пла́кала, когда́ она́ расска́зывала об э́том. 6. До́чка помога́ла ма́ме гото́вить обе́д, она́ ре́зала о́вощи для су́па. 7. Ба́бушка ча́сто теря́ла свои́ очки́ и всегда́ до́лго иска́ла их. 8. Я ду́мал, что он *отказа́лся* выступа́ть на ве́чере.

Übung 34. Bilden Sie Sätze mit den unvollendeten Verben *пла́кать, пря́тать, скака́ть, шепта́ть, иска́ть, е́хать* im Präsens und mit den Verben *спря́тать, вы́писать, подрема́ть, сказа́ть, приказа́ть, пое́хать* im einfachen Futur.

Übung 35. Schreiben Sie den Infinitiv folgender Verben auf:

спи́сывают — спи́шут, выпи́сывают — вы́пишут, перепа́хивают — перепа́шут, отка́зываются — отка́жутся, расска́зывают — расска́жут, разы́скивают — разы́щут, посыла́ют — пошлю́т

Bilden Sie mit diesen Verben Sätze im Präsens oder im einfachen Futur.

II

Die gebräuchlichsten Verben anderer unproduktiven Gruppen mit Infinitivstamm auf **-a- (-я-):**

Verben der I. Konjugation

a)	**брать**	nehmen	— **беру́, берёшь... беру́т**
	звать	rufen	— **зову́, зовёшь... зову́т**
	ждать	warten	— **жду, ждёшь... ждут**
	лгать	lügen	— **лгу, лжёшь... лгут**
b)	**смея́ться**	lachen	— **смею́сь, смеёшься... смею́тся**
	та́ять	tauen	— **та́ю, та́ешь... та́ют**
	ве́ять	wehen	— **ве́ю, ве́ешь... ве́ют**
c)	**жать**	mähen	— **жну, жнёшь... жнут**
	нача́ть	beginnen	— **начну́, начнёшь... начну́т**
	мять	zerknittern	— **мну, мнёшь... мнут**
	жать	drücken	— **жму, жмёшь... жмут**
	взять	nehmen	— **возьму́, возьмёшь... возьму́т**
	поня́ть	verstehen	— **пойму́, поймёшь... пойму́т**
	приня́ть	annehmen	— **приму́, при́мешь... при́мут**
	обня́ть	umarmen	— **обниму́, обни́мешь... обни́мут**

Verben der II. Konjugation

спать	schlafen	— **сплю, спишь... спят**
гнать	treiben	— **гоню́, го́нишь... го́нят**

боя́ться	sich fürchten	— бою́сь, бои́шься... боя́тся
стоя́ть	stehen	— стою́, стои́шь... стоя́т
крича́ть	schreien	— кричу́, кричи́шь... крича́т
молча́ть	schweigen	— молчу́, молчи́шь... молча́т
стуча́ть	klopfen	— стучу́, стучи́шь... стуча́т
звуча́ть	klingen	— звучу́, звучи́шь... звуча́т
лежа́ть	liegen	— лежу́, лежи́шь... лежа́т
дрожа́ть	zittern	— дрожу́, дрожи́шь... дрожа́т
слы́шать	hören	— слы́шу, слы́шишь... слы́шат
дыша́ть	atmen	— дышу́, ды́шишь... ды́шат

Übung 36. Bilden Sie Sätze mit den nachstehenden Verben im Präsens oder einfachen Futur.

a) звать — позва́ть, ждать — подожда́ть, смея́ться — засмея́ться, та́ять — раста́ять, крича́ть — закрича́ть, стуча́ть — постуча́ть

b) понима́ть — поня́ть, принима́ть — приня́ть, начина́ть — нача́ть, брать — взять

Übung 37. Bilden Sie je drei Sätze mit den Verben *слу́шать* und *слы́шать* im Präsens.

Übung 38. Ersetzen Sie das Präteritum durch das Präsens oder das einfache Futur. (Die vollendeten Verben sind hervorgehoben).

1. Я с удово́льствием вспомина́л свою́ пое́здку на юг. 2. — Ты *посла́л* отве́т на э́то письмо́? — Нет, не *посла́л*. 3. Я ду́мал, что вы пра́вильно *по́няли* меня́. 4. Мой брат ча́сто писа́л мне. 5. Все това́рищи жда́ли тебя́. 6. Ты знал, что *прие́хала* сестра́? 7. Вы иска́ли э́ту кни́гу? 8. — Тури́сты *взя́ли* с собо́й проду́ктов на два дня? — Да, *взя́ли*. 9. Со́лнце пря́талось за ту́чу. 10. Снег па́дал и та́ял. 11. В сосе́дней ко́мнате пла́кал ребёнок. 12. Я́ркий свет ре́зал глаза́. 13. Мать звала́ дете́й обе́дать. 14. Студе́нт пра́вильно отвеча́л на вопро́сы. 15. Кто́-то стуча́л в дверь.

Übung 39. Lesen Sie die folgenden Sätze. Schreiben Sie den Infinitiv der hervorgehobenen Verben auf. Bilden Sie mit einigen der hervorgehobenen Verben drei Sätze in einer beliebigen Zeitform.

1. *Дрожи́т* блестя́щая роса́ на ли́стьях кру́пными слеза́ми. (*А. К. Т.*) 2. Зима́ *показа́лась* нам тако́й же прекра́сной, как ле́то. (*Пауст.*) 3. Го́лос его́ [Па́вла] *звуча́л* ти́хо, но твёрдо, глаза́ блесте́ли упря́мо. (*М. Г.*) 4. Зима́ ещё *хлопо́чет* и на весну́ ворчи́т, та ей в глаза́ *хохо́чет* и пу́ще лишь шуми́т. (*Тютч.*) 5. *Беру́сь* за перо́ спустя́ де́сять дней по́сле после́днего письма́. (*Тург.*) 6. Наконе́ц я *перебра́лся* че́рез э́то боло́то, *взобра́лся* на ма́ленький приго́рок. (*Купр.*)

III

Zur unproduktiven Gruppe mit Infinitivstamm auf **-а- (-я-)** gehören die unvollendeten Verben mit den Wurzeln **да-, зна-, ста-** und dem Suffix **-ва-** im Infinitiv (**дава́ть** *geben*, **узнава́ть** *erkennen*, **встава́ть** *aufstehen*). Das Suffix **-ва-** entfällt im Präsens.

дава́ть — даю́, даёшь... даю́т
узнава́ть — узнаю́, узнаёшь... узнаю́т
встава́ть — встаю́, встаёшь... встаю́т

Die Verben dieser Gruppe gehören zur I. Konjugation. Die B e t o -
n u n g liegt im Präsens stets auf der Personalendung. Die Gruppe um-
faßt viele gebräuchliche Verben mit verschiedenen Präfixen; **переда-
ва́ть** *übergeben* — **передаёт, отдава́ть** *abgeben* — **отдаёт, подава́ть**
reichen, servieren — **подаёт, выдава́ть** *aushändigen* — **выдаёт, уда-
ва́ться** *gelingen* — **удаётся** usw., **сознава́ть** *einsehen, bewußt
werden* — **сознаёт, признава́ть** *anerkennen* — **признаёт, отстава́ть** *zu-
rückbleiben* — **отстаёт, устава́ть** *müde werden* — **устаёт, расстава́ть-
ся** *sich trennen* — **расстаётся, перестава́ть** *aufhören* — **перестаёт.**

A n m e r k u n g. Die vollendeten Entsprechungen dieser Verben weisen nicht das
Suffix -ва- auf (**дать** *geben*, **встать** *aufstehen*, **узна́ть** *erkennen*); sie sind ebenfalls unpro-
duktiv. Das einfache Futur der Verben lautet: **дать** — **дам, дашь, даст, дади́м, дади́те,
даду́т; узна́ть** — **узна́ю, узна́ешь** (stammbetont); **встать** — **вста́ну, вста́нешь** (der
Stamm des einfachen Futurs lautet auf -н- aus).

Übung 40. Bilden Sie vier Sätze mit präfigierten Verben dieser Gruppe; gebrauchen
Sie dabei die Verben im Präsens oder im einfachen Futur.

Übung 41. Lesen Sie den folgenden Text. Schreiben Sie die hervorgehobenen Ver-
ben im Infinitiv und im Präsens in der 3. Person Singular und Plural auf. Erzählen Sie wie
Sie Ihren Tag verbringen.

МОЙ ДЕНЬ

В 7 часо́в *раздаётся* звоно́к буди́льника, я *встаю́*, бы́стро за́в-
тракаю и иду́ на заня́тия. Обы́чно мы выхо́дим из до́ма вме́сте
с мои́м дру́гом. Мы идём вме́сте до метро́. У метро́ мы *рас-
стаёмся.*

Я учу́сь в институ́те иностра́нных языко́в. Моя́ специа́ль-
ность — англи́йский язы́к. В институ́те я занима́юсь до трёх часо́в,
пото́м я обе́даю в столо́вой. Иногда́ по́сле заня́тий я *остаю́сь* в ин-
ститу́те и занима́юсь фоне́тикой в фонети́ческом кабине́те и́ли ра-
бо́таю в библиоте́ке.

Ве́чером я чита́ю газе́ты, *отдыха́ю* немно́го, *слу́шаю* му́зыку,
кото́рую *передаю́т* по ра́дио, и́ли *включа́ю* прои́грыватель. Ча́сто
ко мне прихо́дит мой друг, и мы *разгова́риваем, игра́ем* в ша́хма-
ты, *слу́шаем* му́зыку. Мы о́ба о́чень лю́бим му́зыку. Если *удаётся*
доста́ть биле́т на симфони́ческий конце́рт, мы идём в консервато́-
рию. Иногда́ ве́чером мы хо́дим в кино́ и́ли теа́тр. В 11 часо́в ло-
жу́сь спать, а иногда́, е́сли о́чень *устаю́*, и в 10 часо́в.

Übung 42. Lesen Sie die folgenden Sätze. Schreiben Sie die hervorgehobenen Ver-
ben im Infinitiv auf.

1. День был прохла́дный, уже́ осе́нний. Со́лнце не *дава́ло* по́л-
ного сия́ния. (*Пауст.*) 2. *Встаёт* заря́ во мгле холо́дной. (*П.*)
3. Она́ *встава́ла* на рассве́те и то́тчас *открыва́ла* на́стежь окно́.
(*Пауст.*) 4. В саду́ уже́ посели́лась о́сень, но ли́стья на́шей берёзы
остава́лись зелёными и живы́ми. (*Пауст.*) 5. Ночно́й тума́н за-
ста́л меня́ в доро́ге. (*Бл.*) 6. Ре́деет мгла нена́стной но́чи, и бле́д-
ный день уж *настаёт.* (*П.*)

221

Zweite produktive Verbalklasse mit Infinitivstamm auf -ова-, -ева-

Infinitiv	Präsens bzw. einfaches Futur	
рисова́ть zeichnen	рису́-ю, рису́-ешь... рису́-ют	Präs.
нарисова́ть aufzeichnen	нарису́-ю, нарису́-ешь... нарису́-ют	Fut.
тре́бова-ть verlangen	тре́бу-ю, тре́бу-ешь... тре́бу-ют	Präs.
ра́дова-ть(ся) (sich) freuen	ра́ду-ю(сь), ра́ду-ешь(ся)... ра́дуют(ся)	,,
горева́ть trauern	горю́-ю, горю́-ешь... горю́-ют	,,
ночева́ть übernachten	ночу́-ю, ночу́-ешь... ночу́-ют	,,

Dieser produktive Typ umfaßt die Verben, die im Infinitiv nach hartem Stammauslaut das Suffix -ова- (**рисова́ть**), nach weichem Stammauslaut und nach Zischlauten das Suffix -ева- (**горева́ть, ночева́ть**) aufweisen und deren Präsens (bzw. einfaches Futur) vor der Personalendung das Suffix -у- (-ю-) enthält (**рису́ю — рису́ешь; нарису́ю — нарису́ешь; горю́ю — горю́ешь**).

Bei den Verben **кова́ть** *schmieden* (**кую́, куёшь**), **жева́ть** *kauen* (**жую́, жуёшь**), **клева́ть** *picken* (**клюю́, клюёшь**) sind -ов-, -ев- keine Suffixe, sondern gehören zur Wurzel.

Die Verben dieses Typs gehören zur I. Konjugation. Liegt die B e t o n u n g im Infinitiv auf dem Wurzelvokal, so bleibt sie in allen Verbformen erhalten (**тре́бовать** *verlangen* — **тре́бовал, тре́бовавший; тре́буют — тре́буй, тре́буемый**).

Liegt eine Betonung im Infinitiv auf dem auslautenden -а- des Stammes (**рисова́ть, ночева́ть, горева́ть**), so wird in der Regel durchgängig das Suffix -у- (-ю-) im Präsens (bzw. einfachen Futur) betont (**рису́ю — рису́ешь; ночу́ю — ночу́ешь; горю́ю — горю́ешь**, b e a c h t e a b e r: **кова́ть** *schmieden* — **кую́, куёшь; жева́ть** *kauen* — **жую́, жуёшь**.

Übung 43. Bilden Sie schriftlich Sätze mit den Verben *сове́товать, организова́ть, отсу́тствовать, прису́тствовать, уча́ствовать, чу́вствовать* im Präsens und mit den vollendeten Verben *нарисова́ть, потре́бовать, посове́товать, переночева́ть* im einfachen Futur.

Übung 44. Lesen Sie die folgenden Sätze. Schreiben Sie den Infinitiv der hervorgehobenen Verben auf.

1. ...И воробьи́ от со́лнца опьяне́ли.
   И я́блони *кача́ются* в цвету́...
   ...И шу́мно со́лнцу *ра́дуются* де́ти.
   И *ду́мают* о жи́зни старики́. (*Исак.*)
2. Цыга́не шу́мною толпо́й
   По Бессара́бии *кочу́ют*.
   Они́ сего́дня над реко́й
   В шатра́х изо́дранных *ночу́ют*. (*П.*)

Übung 45. Ersetzen Sie das Präteritum durch das Präsens. Setzen Sie Betonungszeichen über die Verben (beachten Sie, daß die Verben mit den Wurzeln **да-, зна-, ста-** und dem Suffix **-ва-** zu einer unproduktiven Gruppe gehören, s i e h e S.205).

1. Товарищи советовали мне посмотреть этот фильм. 2. Во время туристического похода мы ночевали в лесу в палатках. 3. Он всегда успевал выполнять все задания. 4. Во время перерыва мы открывали окно и проветривали аудиторию. 5. Все внимательно слушали, потому что он интересно рассказывал. 6. На каждой лекции мы узнавали много нового. 7. Преподаватель диктовал предложения, студенты писали. 8. Все радовались первому снегу. 9. Я много работал и очень уставал. 10. Студенты сдавали экзамены.

Dritte produktive Verbalklasse mit Infinitivstamm auf -e

Infinitiv	Präsens bzw. einfaches Futur	
красне́-ть rot werden	**красне́-ю, красне́-ешь... красне́-ют**	Präs.
покрасне́-ть rot werden	**покрасне́-ю, покрасне́-ешь...** **покрасне́-ют**	Fut.
бледне́-ть erbleichen	**бледне́-ю, бледне́-ешь... бледне́-ют**	Präs.
старе́-ть altern	**старе́-ю, старе́-ешь... старе́-ют**	,,
уме́-ть verstehen, können	**уме́-ю, уме́-ешь... уме́-ют**	,,

Zu diesem produktiven Typ gehören Verben mit auslautendem **-e** im Infinitivstamm (**красне́ть, бледне́ть, старе́ть, уме́ть**), das im Präsensstamm erhalten bleibt. In einigen Fällen gehört das **-e** zur Wurzel (**зреть** reifen — **созре́ть**).

Die Verben dieses produktiven Typs gehören zur I. Konjugation. Die Betonung liegt in der Regel auf dem Suffix **-e-**.

Übung 46. Schreiben Sie die folgenden Sätze ab und ersetzen Sie dabei das Präteritum durch das Präsens oder das einfache Futur. (Die vollendeten Verben sind hervorgehoben.)

1. Всё сильне́е гре́ло со́лнце. Красне́ли я́блоки в саду́. Спе́ли о́вощи. 2. Ли́стья на дере́вьях *пожелте́ли, ста́ло* холодне́е. 3. Ты *заболе́л*, потому́ что о́чень легко́ одева́лся в таку́ю холо́дную пого́ду. 4. Она́ была́ о́чень занята́ и не име́ла возмо́жности ча́сто быва́ть у нас. 5. Никто́ из вас не уме́л так хорошо́ петь, как она́. 6. Я успе́л *уложи́ть* чемода́ны и *купи́ть* биле́т на вече́рний по́езд.

Übung 47. Bilden Sie Sätze mit den Verben *греть, зелене́ть, молоде́ть, боле́ть* * im Präsens und mit den Verben *созре́ть, потемне́ть, заболе́ть* im einfachen Futur. Setzen Sie Betonungszeichen über die Verben.

---

* Das Verb **боле́ть** hat zwei Bedeutungen: a) Ма́льчик ча́сто боле́ет. *Der Junge ist oft krank.* (**боле́ть** *krank sein* — **боле́ю, боле́ешь,** Verb des produktiven Typs der I. Konj.); b) У меня́ боли́т рука́. *Die Hand tut mir weh.* (**боле́ть** *weh tun,* 1. und 2. Pers. nicht gebräuchlich, **боли́т, боля́т** — unprod. Verb der II Konj.).

Übung 48. Schreiben Sie die folgenden Sätze ab. Setzen Sie Betonungszeichen über die hervorgehobenen Wörter.

Край неба *алеет*... *Светлеет* воздух, видне́й доро́га, *яснеет* не́бо, *белеют* ту́чки, *зеленеют* поля́...

Unproduktive Verbalgruppen mit Infinitivstamm auf -e

Diese Gruppe umfaßt folgende gebräuchliche Verben der I. und II. Konjugation.

VERBEN DER II. KONJUGATION

	Konsonanten-wechsel
ви́деть — ви́жу, ви́дишь... ви́дят sehen	д — ж
оби́деть — оби́жу, оби́дишь... оби́дят kränken	,,
сиде́ть — сижу́, сиди́шь... сидя́т sitzen	,,
блесте́ть — блещу́, блести́шь... блестя́т glänzen	ст — щ
верте́ть — верчу́, ве́ртишь... ве́ртят drehen	т — ч
лете́ть — лечу́, лети́шь... летя́т fliegen	,,
зави́сеть — зави́шу, зави́сишь... зави́сят abhängen	с — ш
терпе́ть — терплю́, те́рпишь... те́рпят dulden	п — пл
скрипе́ть — скриплю́, скрипи́шь... скрипя́т knarren	,,
шуме́ть — шумлю́, шуми́шь... шумя́т lärmen	м — мл
смотре́ть — смотрю́, смо́тришь... смо́трят sehen	
горе́ть — горю́, гори́шь... горя́т brennen	
звене́ть — звеню́, звени́шь... звеня́т klingen	

Bei den meisten Verben in der 1. Person Singular tritt vor der Personalendung Konsonantenwechsel ein (ви́деть — ви́жу, ви́дишь...; терпе́ть — терплю́, те́рпишь...).

Ist das Verb im Infinitiv w u r z e l b e t o n t, so bleibt es im Präsens durchweg wurzelbetont (ви́деть — ви́жу, ви́дишь...). Liegt die Betonung im Infinitiv auf dem letzten Stammvokal, so sind entweder alle Präsensformen (лете́ть — лечу́, лети́шь... летя́т), oder nur die 1. Person Singular (терпе́ть — терплю́, a b e r: те́рпишь... те́рпят) e n d u n g s b e t o n t.

VERBEN DER I. KONJUGATION

a) Verben mit Infinitivstamm auf **-epe-**:

тере́ть — тру, трёшь... трут reiben запере́ть — запру́, запрёшь... запру́т verschließen умере́ть — умру́, умрёшь... умру́т sterben	Die Betonung liegt stets auf der Perso- nalendung.

b) einzelne Verben:

петь *singen* — пою́, поёшь... пою́т

наде́ть *etw. anziehen* — наде́ну, наде́нешь... наде́нут (e b e n s o : **раз-де́ть** *ausziehen* — **разде́ну, разде́нешь; оде́ть** *jmdn. anziehen* — **оде́ну, оде́нешь**).

Übung 49. Ersetzen Sie in den folgenden Sätzen das Präteritum jeweils durch das Präsens oder das einfache Futur.

1. Сестра́ уме́ла черти́ть. 2. Де́вушка хорошо́ пе́ла. 3. Я ви́дел, как на юг лете́ли пти́цы. 4. Во всех о́кнах горе́л свет. 5. Мо́ре шуме́ло. 6. У него́ боле́ли глаза́. 7. Де́ти ча́сто боле́ли. 8. Уж зелене́ла трава́. 9. Со́лнце зимо́й не гре́ло. 10. Роса́ блесте́ла на траве́ и ли́стьях. 11. Ты успе́л подгото́виться к семина́ру? 12. На стена́х ко́мнаты висе́ло мно́го карти́н. 13. Я посиде́л немно́го на скаме́йке в саду́.

Übung 50. Bilden Sie sechs Sätze mit den Verben *смотре́ть* und *ви́деть* im Präsens.

Übung 51. Lesen Sie die folgenden Sätze. Schreiben Sie die hervorgehobenen Verben im Infinitiv und im Präsens bzw. im einfachen Futur auf.

1. Ми́рно *шуме́л* по кры́шам в саду́ тёплый дождь. (*Пауст.*) 2. Весь сад тепе́рь шуме́л, *скрипе́ли* стволы́, кача́лись неви́димые верши́ны. (*А. Т.*) 3. Я *заперла́сь* в свое́й ко́мнате и до́лго ходи́ла одна́ взад и вперёд. (*Л. Т.*) 4. Ве́тер *за́мер*, ни оди́н лист, ни одна́ тра́вка не шевели́лись. (*Л. Т.*) 5. Че́рез мину́ту ро́бкий луч со́лнца уже́ *блесте́л* в лу́жах доро́ги. (*Л. Т.*) 6. Мо́лния блиста́ла почти́ беспреры́вно, и от раска́тов гро́ма дрожа́ли и *звене́ли* стёкла в о́кнах мое́й ко́мнаты. (*Купр.*) 7. Ма́ма обняла́ меня́ и запла́кала. Она́ совсе́м *поседе́ла* за то вре́мя, что мы не *ви́делись*. (*Пауст.*) 8. Ночь тёплая *оде́ла* острова́. Взошла́ луна́. (*Бл.*) 9. *Загоре́лась* над сте́пью заря́, на траве́ засверка́ла роса́. (*И. Су́риков*)

Vierte produktive Verbalklasse mit Infinitivstamm auf -ну-

Diese Verbalklasse umfaßt im allgemeinen vollendete und nur einzelne unvollendete Verben, deren Infinitivstamm auf das Suffix **-ну-** auslautet (*vo* — **толкну́ть** *einmal stoßen, anstoßen;* **кри́кнуть** *einmal rufen, aufschreien; uv* — **тяну́ть** *ziehen,* **тону́ть** *ertrinken*) und die dieses Suffix beibehalten (**толкну́л, кри́кнул; тяну́л, тону́л**). Im Präsensstamm und im Stamm des einfachen Futurs bleibt **-н-** erhalten (**толкну́ть** — **толкну́, толкнёшь; кри́кнуть** — **кри́кну, кри́кнешь; тяну́ть** — **тяну́, тя́нешь; тону́ть** — **тону́, то́нешь**).

Die Verben dieses Typs gehören zur 1. Konjugation.

Ist das vollendete Verb im Infinitiv wurzelbetont, so bleibt es in allen Verbformen wurzelbetont: (кри́кну, кри́кнешь usw., кри́кни).

Unproduktive Verbalgruppe mit Infinitivstamm auf -ну-

Die unproduktive Gruppe umfaßt sowohl vollendete als auch unvollendete Verben mit dem Suffix -ну-, das im Präteritum ausfällt: дости́гнуть *erreichen* — дости́г, дости́гла, дости́гли (einfaches Futur: дости́гну, дости́гнешь); исче́знуть *verschwinden* — исче́з, исче́зла, исче́зли (einfaches Futur: исче́зну, исче́знешь); мо́кнуть *naß werden* — мок, мо́кла, мо́кли (Präsens: мо́кну, мо́кнешь); мёрзнуть *frieren* — мёрз, мёрзла, мёрзли (Präsens: мёрзну, мёрзнешь).

Die Verben dieser Gruppe gehören zur I. Konjugation.

Die B e t o n u n g liegt bei den Verben dieser Gruppe nie auf der Personalendung und in der Infinitivform nie auf dem Suffix -ну-.

Übung 52. Schreiben Sie die folgenden Sätze ab und gebrauchen Sie dabei die Verben im Präteritum.

1. Де́ти ско́ро привы́кнут к но́вой шко́ле. 2. Мы отдохнём и бу́дем продолжа́ть рабо́ту. 3. Ребёнок проснётся и запла́чет. 4. Цветы́ поги́бнут от моро́за. 5. Река́ замёрзнет и мо́жно бу́дет переходи́ть че́рез неё по льду. 6. Они́ дости́гнут больши́х успе́хов в изуче́нии ру́сского языка́. 7. Я верну́ тебе́ э́ту кни́гу че́рез неде́лю.

Übung 53. Bilden Sie Sätze mit dem Präteritum der produktiven Verben *отдохну́ть, просну́ться, вздро́гнуть, шепну́ть, взгляну́ть* und der unproduktiven Verben *привы́кнуть, замёрзнуть, исче́знуть, пога́снуть, поги́бнуть.*

Übung 54. Lesen Sie die folgenden Sätze. Schreiben Sie die Verben im Infinitiv auf.

1. Ве́тер внеза́пно налете́л и промча́лся. Во́здух *дро́гнул* круго́м. Сла́бо *сверкну́ла* мо́лния. (*Тург.*) 2. Звёзды *ме́ркнут* и *га́снут.* (*Ник.*) 3. На ни́вах шум рабо́т *умо́лк.* (*П.*) 4. Со́лнце показа́лось на горизо́нте и *исче́зло* в у́зкой и дли́нной ту́че. (*Л. Т.*) 5. По́сле тру́дного подъёма на высо́ты мы *дости́гли* прозра́чного водоёма го́рного о́зера. (*А. Т.*) 6. Огни́ в дереву́шке давно́ *пога́сли* оди́н за други́м. (*Кор.*) 7. В до́ме *поту́хли* огни́, *замо́лкли* все зву́ки. (*Л. Т.*) 8. *Ути́хло* всё. Татья́на спит. (*П.*) 9. Со́лнце всё вы́ше и вы́ше. Бы́стро *со́хнет* трава́. (*Тург.*) 10. Све́жий паху́чий во́здух уже́ *прони́к* в ко́мнату... (*Л. Т.*) 11. Он глубоко́ *вздохну́л* и запе́л. (*Тург.*) 12. Уж я дока́нчивал второ́й стака́н ча́я, как вдруг дверь *скри́пнула,* лёгкий шо́рох пла́тья и шаго́в послы́шался за мной; я *вздро́гнул* и *оберну́лся.* (*Л.*)

Fünfte produktive Verbalklasse mit Infinitivstamm auf -и-

Diese Verbalklasse umfaßt Verben mit dem Infinitivstamm auf -и-, wobei dieses -и- als Suffix auftritt (говори́ть, стро́ить, ходи́ть). Im Präsens und einfachen Futur wird die Personalendung an die Verbwurzel (говори́ть — говорю́, говори́шь...; стро́ить — стро́ю, стро́ишь...; ходи́ть — хожу́, хо́дишь...; реши́ть — решу́, реши́шь...) angefügt.

Der Stamm des Präsens bzw. des einfachen Futurs endet entweder auf einen weichen Konsonanten oder auf einen Zischlaut.

Lautet die Infinitivwurzel auf **т, д, с, з, ст** oder auf die Lippenlaute **б, п, в, ф, м** aus, so tritt Konsonantenwechsel ein:

	Konsonanten-wechsel
шути́ть — шучу́, шу́тишь... шу́тят scherzen	т — ч
плати́ть — плачу́, пла́тишь... пла́тят zahlen	„
забо́титься — забо́чусь, забо́тишься... забо́тятся sorgen	„
ходи́ть — хожу́, хо́дишь... хо́дят gehen	д — ж
проси́ть — прошу́, про́сишь... про́сят bitten	с — ш
носи́ть — ношу́, но́сишь... но́сят tragen	„
вози́ть — вожу́, во́зишь... во́зят fahren	з — ж
грусти́ть — грущу́, грусти́шь... грустя́т sich grämen	ст — щ
пусти́ть — пущу́, пу́стишь... пу́стят lassen	„
люби́ть — люблю́, лю́бишь... лю́бят lieben	б — бл
оскорби́ть — оскорблю́, оскорби́шь... оскорбя́т kränken	„
купи́ть — куплю́, ку́пишь... ку́пят kaufen	п — пл
гото́вить — гото́влю, гото́вишь... гото́вят zubereiten	в — вл
лови́ть — ловлю́, ло́вишь... ло́вят fangen	„
заста́вить — заста́влю, заста́вишь... заста́вят zwingen	„
графи́ть — графлю́, графи́шь... графя́т liniieren	ф — фл
корми́ть — кормлю́, ко́рмишь... ко́рмят nähren	м — мл
познако́миться — познако́млюсь, познако́мишься... познако́мятся kennenlernen	„

Die Verben dieses Typs gehören zur II. Konjugation. Liegt die Be - t o n u n g im Infinitivstamm auf **-и-** (**проси́ть** *bitten*, **ходи́ть** *gehen*), so ist in der Regel die Endung der 1. Person Singular betont (**прошу́, хожу́**); bei den übrigen Personen des Singulars und im Plural liegt die Betonung auf der Wurzel (**про́сишь..., хо́дишь...** a b e r: **грусти́ть — грущу́, грусти́шь**).

Bei vollendeten Verben mit dem Präfix **вы-** ist dieses Präfix immer betont: **вы́прошу, вы́просишь...; вы́плачу, вы́платишь...** .

Übung 55. Schreiben Sie die folgenden Sätze ab. Ersetzen Sie die 1. Person durch die 3. Person Singular und Plural.

Muster: Я *люблю* матема́тику.
Он *лю́бит* матема́тику.
Они́ *лю́бят* матема́тику.

1. Я люблю́ му́зыку. 2. К заня́тиям я гото́влюсь ве́чером в библиоте́ке. 3. Я сижу́ на берегу́ реки́ и ловлю́ ры́бу. 4. Я ви́жу вдали́ па́русную ло́дку. 5. Ка́ждое воскресе́нье я хожу́ в музе́й и́ли на вы́ставку. Ве́чером я провожу́ вре́мя с друзья́ми. 6. Я лечу́ за́втра в Бонн.

Übung 56. Ersetzen Sie in den folgenden Sätzen das Präteritum jeweils durch das Präsens oder das einfache Futur. Setzen Sie über die Verben Betonungszeichen.

1. Я проси́л вас прийти́ ко мне ве́чером. 2. Ты непра́вильно произноси́л э́то сло́во. 3. Он переводи́л э́тот текст. 4. Че́рез полчаса́ я прости́лся с това́рищами и отпра́вился домо́й. 5. Я заплати́л де́ньги в ка́ссу и получи́л свои́ поку́пки. 6. Ты встре́тил сестру́ на вокза́ле? 7. Я сего́дня отпра́вил телегра́мму. 8. Он испра́вил э́ту оши́бку. 9. Я сего́дня познако́мился с твои́м бра́том. 10. Тролле́йбус останови́лся про́тив теа́тра. 11. Мы бо́льше не серди́лись на него́. 12. Я обы́чно сади́лся о́коло окна́. 13. Я хорошо́ гото́вил национа́льные блю́да. 14. Я возврати́лся домо́й по́здно ве́чером. 15. Ра́зве вы не понима́ете, что я шути́л? 16. Ты ходи́л ве́чером в клуб?

Übung 57. Bilden Sie Sätze mit den Verben *носи́ть, гото́виться, забо́титься* im Präsens und mit den Verben *разреши́ть, полюби́ть* und *попроси́ть* im einfachen Futur.

Unproduktive Verben mit Infinitivstamm auf -и-

Diese unproduktive Gruppe umfaßt einsilbige Verben der I. Konjugation sowie ihre mit Präfixen gebildeten Ableitungen, bei denen -и- zur Wurzel gehört:

a) **пить** trinken — **пью, пьёшь**...
(**вы́пить** austrinken — **вы́пью, вы́пьешь**...)
бить schlagen — **бью, бьёшь**...
(**разби́ть** zerschlagen — **разобью́, разобьёшь**...)
лить gießen — **лью, льёшь**...
(**нали́ть** eingießen — **налью́, нальёшь**...)
(**вы́лить** ausgießen — **вы́лью, вы́льешь**...)
шить nähen — **шью, шьёшь**...
(**сшить** nähen — **сошью́, сошьёшь**...)

Die Betonung liegt immer auf der Personalendung (außer bei **брить** *rasieren* — **бре́ю, бре́ешь** und bei den vollendeten Verben, die das stets betonte Präfix **вы-** aufweisen);

b) das Verb **жить** *leben* — **живу́, живёшь**...

Hierher gehören außerdem Verben mit Infinitivstamm auf -ы- wie **плыть** *schwimmen* — **плыву́, плывёшь**; **слыть** *gelten* — **слыву́, слывёшь**.

Die Betonung liegt auf der Personalendung.

Zu den unproduktiven Verben mit Infinitivstamm auf -ы- gehören jedoch einige Verben mit unbetonten Endungen: **мыть** *waschen* — **мо́ю, мо́ешь**; **крыть** *decken* — **кро́ю, кро́ешь**; **рыть** *graben* — **ро́ю, ро́ешь**.

Übung 58. Schreiben Sie die folgenden Sätze im einfachen Futur.

1. Она сшила себе новое платье. 2. Мы прожили в Волгограде месяц. 3. Ребёнок выпил стакан молока. 4. Я налила вам чашку чаю. 5. Ты уронила очки и разбила их.

Übung 59. (Wiederholungsübung zum Gebrauch der Verben unterschiedlicher Typen.) Ersetzen Sie das Präteritum jeweils durch das Präsens oder das einfache Futur. Geben Sie in Klammern die von Ihnen verwendete Zeitform an.

1. Она интересовалась русской литературой. 2. Вы искали эту книгу? 3. Я заплатил деньги в кассу. 4. Когда он встретил тебя в университете, он тебя не узнал. 5. Он дал мне эту статью, и я прочитал её. 6. Все с удовольствием слушали, как она пела. 7. Я купил новую ручку. 8. Он часто забывал дома свои тетради и книги. 9. Я приготовил ужин. 10. Ребёнок плакал, потому что он хотел есть. 11. Вы видели на небе тёмную точку? 12. Ты мало отдыхал и поэтому устал. 13. Студенты нашей группы спели на вечере песню и исполнили танец. 14. Мы сдавали экзамены два раза в год. 15. Она часто получала письма от родителей и часто писала им. 16. Мы ждали ответа, но она молчала.

Die gebräuchlichsten unproduktiven Verben der I. Konjugation mit besonderem Infinitivauslaut

VERBEN MIT DEM INFINITIV AUF -ЧЬ

	Konsonantenwechsel
мочь — могу, можешь... могут können	г — ж
беречь — берегу, бережёшь... берегут schonen	”
стеречь — стерегу, стережёшь... стерегут bewachen	”
лечь — лягу, ляжешь... лягут sich hinlegen	”
стричь — стригу, стрижёшь... стригут scheren	”
жечь — жгу, жжёшь... жгут brennen	”
привлечь — привлеку, привлечёшь... привлекут heranziehen	ч — к
печь — пеку, печёшь... пекут backen	”
течь — теку, течёшь... текут fließen	”
отречься — отрекусь, отречёшься... отрекутся sich lossagen	”

Die einen Verben auf **-чь** haben im Präsens (bzw. einfachen Futur) im Stammauslaut den Konsonantenwechsel **г — ж**: in der 1. Person Singular und in der 3. Person Plural steht **г** (**могу — могут, берегу —**

берегу́т, ля́гу — ля́гут), in den übrigen Personen des Singulars und Plurals **ж**.

Die anderen Verben auf **-чь** (**печь, течь, привле́чь**) haben im Präsens (bzw. einfachen Futur) im Stammauslaut den Konsonantenwechsel **к — ч**: in der 1. Person Singular und in der 3. Person Plural steht **к** (**пеку́ — пеку́т, привлеку́ — привлеку́т**), in allen übrigen Personen des Singulars und Plurals **ч** (**пече́шь — пече́т, привлече́шь — привлече́т**).

Bei den Verben auf **-чь** liegt die B e t o n u n g auf den Personalendungen.

A u s n a h m e n sind:

a) das Verb **мочь**, bei dem die Betonung nur in der 1. Person Singular auf der Endung liegt; in allen übrigen Präsensformen wird die Betonung zurückgezogen (dasselbe gilt für die Formen des einfachen Futurs von **помо́чь — помогу́, помо́жешь**);

b) das vollendete Verb **лечь**, das in allen Formen des einfachen Futurs stammbetont ist: **ля́гу, ля́жешь... ля́жет, ля́гут**;

c) alle mit **вы-** präfigierten vollendeten Verben, deren Betonung ja stets auf diesem Präfix liegt: **вы́жечь — вы́жгу, вы́жжешь...**

Übung 60. Schreiben Sie die folgenden Sätze ab. Verwenden Sie als Subjekt das Pronomen der 1. Person Singular und Plural und setzen Sie das Verb in die entsprechende Form. Unterstreichen Sie in den Verben die miteinander wechselnden Konsonanten.

1. Она́ не мо́жет сего́дня пойти́ на экску́рсию. 2. Мать помо́жет сестре́ ко́нчить рабо́ту. 3. Он ля́жет спать в 11 часо́в. 4. Рабо́чий бережёт свой стано́к. 5. Учи́тель привлечёт к рабо́те в литерату́рном кружке́ и ма́льчиков и де́вочек. 6. Ма́льчик жжёт бума́гу.

Übung 61. Schreiben Sie die folgenden Sätze ab und ersetzen Sie das Präteritum der Verben durch das einfache Futur bzw. durch das Präsens.

1. Он не мог прийти́ к нам в суббо́ту ве́чером. 2. Мы помогли́ вам ко́нчить э́ту рабо́ту. 3. Я лёг спать в 11 часо́в. 4. Она́ берегла́ своё здоро́вье. 5. По лицу́ де́вочки текли́ слёзы. 6. В воскресе́нье сестра́ испекла́ вку́сный пиро́г. 7. Эта карти́на привлекла́ всео́бщее внима́ние.

VERBEN MIT DEM INFINITIV AUF -СТИ (-СТЬ), -ЗТИ (-ЗТЬ)

нести́ — несу́, несёшь... несу́т
tragen
расти́ — расту́, растёшь... расту́т
wachsen
цвести́ — цвету́, цветёшь... цвету́т
blühen
вести́ — веду́, ведёшь... веду́т
führen
везти́ — везу́, везёшь... везу́т
fahren
сесть — ся́ду, ся́дешь... ся́дут
sich setzen

класть — кладу́, кладёшь... кладу́т
legen
прочёсть — прочту́, прочтёшь... прочту́т
durchlesen
упа́сть — упаду́, упадёшь... упаду́т
fallen
лезть — ле́зу, ле́зешь... ле́зут
klettern

Die Verben mit dem Infinitiv auf **-сти, -зти** sind durchgängig e n -
d u n g s b e t o n t, die Verben mit dem Infinitiv auf **-сть, -зть** teils e n -
d u n g s b e t o n t (**кладу́, кладёшь**), teils s t a m m b e t o n t (**ся́ду,
ся́дешь; ле́зу, ле́зешь**).

Übung 62. Schreiben Sie die folgenden Sätze ab; ersetzen Sie dabei jeweils das Präte-
ritum durch das Präsens oder einfache Futur.

1. Я прочёл текст и перевёл его́. 2. Прия́тель принёс мне по-
сле́дний но́мер журна́ла «Но́вый мир». 3. Ты всегда́ клал пи́сьма
в э́тот я́щик? 4. Мы провели́ ле́то на да́че под Москво́й. 5. Учёные
провели́ э́тот о́пыт в лаборато́рии институ́та. 6. По́сле обе́да она́
се́ла за стол и начала́ занима́ться. 7. В цветнике́ пе́ред до́мом цве-
ли́ тюльпа́ны. 8. В саду́ росли́ фрукто́вые дере́вья.

VERBEN MIT INFINITIVSTAMM AUF -ОЛО-, -ОРО-

боро́ться — борю́сь, бо́решься... бо́рются
kämpfen
коло́ть — колю́, ко́лешь... ко́лются
stechen; hacken
поло́ть — полю́, по́лешь... по́лют
jäten

Die B e t o n u n g liegt in der Regel nur in der 1. Person Singular auf
der Endung, alle übrigen Formen sind stammbetont.

Übung 63. Bilden Sie sechs Sätze mit den Verben *боро́ться, принести́, расти́, увез-
ти́, течь, лезть* im Präsens oder einfachen Futur.

Wiederholungsübungen

Übung 64. Lesen Sie die folgenden Sätze. Schreiben Sie alle Verben in der Infinitiv-
form auf.

1. Пого́да была́ чуде́сная. Всё круго́м цвело́, жужжа́ло и пе́ло;
вдали́ сия́ли во́ды прудо́в; пра́здничное, све́тлое чу́вство охва́ты-
вало ду́шу. (*Тург.*) 2. Снег вы́пал то́лько в январе́. (*П.*) 3. Ста́ли
пти́цы пе́сни петь, и расцвёл подсне́жник. (*Марш.*) 4. В тени́ ещё
держа́лся моро́з, но по всей доро́ге текли́ бы́стрые му́тные ручьи́.
(*Л. Т.*) 5. Гроза́ прошла́. Над ле́сом свети́лись вла́жные звёзды.
С кры́ши ещё текли́, посту́кивая, ка́пли дождя́. (*Пауст.*) 6. Татья́на
Петро́вна зажгла́ свечу́ на столе́, се́ла в кре́сло, до́лго смотре́ла на
язычо́к огня́. (*Пауст.*) 7. По о́бе сто́роны у́лицы зажгли́сь фонари́,
и в о́кнах домо́в показа́лись огни́. (*Чех.*) 8. Огни́ зажгли́сь в го́роде
и над реко́ю. (*Тург.*) 9. Оди́н то́лько раз ве́тер прошёл по са́ду,

и весь он зашумéл, бýдто над ним пролúлся и тóтчас стих крýпный сúльный лúвень. (*Пауст.*)

Übung 65. Lesen Sie den folgenden Text. Bestimmen Sie Zeit, Person, Zahl und die Konjugation aller Verben. Schreiben Sie sie in der Infinitivform auf.

Мы ухóдим с бáбушкой всё дáльше в лес. Звеня́т синúцы, смеётся кукýшка, свистúт úволга. Изумрýдные лягушáта пры́гают под ногáми; мéжду корнéй лежúт уж и стережёт их. Щёлкает бéлка, в лáпах сóсен мелькáет её пушúстый хвост. Под ногáми пы́шным коврóм лежúт мох. Костянúка сверкáет в травé кáплями крóви. Грибы́ дрáзнят крéпким зáпахом. (*М. Г.*)

Übung 66. Lesen Sie den folgenden Text. Schreiben Sie die Verben in der Infinitivform und in der 3. Person Plural des Präsens auf.

С кáждым чáсом ночь холодéет. К рассвéту вóздух ужé обжигáет лицó лёгким морóзом.

Порá вставáть. На востóке ужé наливáется тúхим свéтом заря́, ужé видны́ на нéбе огрóмные очертáния ив, ужé мéркнут звёзды. Я спускáюсь к рекé, мóюсь с лóдки. Водá тёплая, онá кáжется дáже слегкá подогрéтой.

Восхóдит сóлнце. Иней тáет. Прибрéжные пескú дéлаются тёмными от росы́. Я кипячý крéпкий чай в жестянóм чáйнике.

Всё ýтро я ловлю́ ры́бу … . (*Пауст.*)

Übung 67. Lesen Sie den folgenden Text. Bestimmen Sie die Konjugation der Verben. Schreiben Sie die Verben in der Infinitivform auf. (Benutzen Sie erforderlichenfalls das Wörterbuch.)

В дóме я ночýю рéдко. Большинствó ночéй я провожý на озёрах, а когдá остаю́сь дóма, то ночýю в стáрой бесéдке в глубинé сáда. Онá зарослá дúким виногрáдом. По утрáм сóлнце бьёт в неё сквозь пурпýрную, лилóвую, зелёную и лимóнную листвý, и мне всегдá кáжется, что я просыпáюсь внутрú зажжённой ёлки. Воробьú с удивлéнием заглáдывают в бесéдку. Их смертéльно занимáют часы́. Онú тúкают на вры́том в зéмлю крýглом столé. Воробьú подбирáются к ним, слýшают тúканье то однúм, то другúм ýхом и потóм сúльно клюю́т часы́ в циферблáт. (*Пауст.*)

Der Imperativ

Der Imperativ hat im Russischen nur die Form der 2. Person Singular und Plural.

Sing.	идú! gehe!	читáй! lies!	занимáйся! lerne!	встань! steh auf!	режь! schneide!
Pl.	идúте! geht! gehen Sie!	читáйте! lest! lesen Sie!	занимáйтесь! lernt! lernen Sie!	встáньте! steht auf! stehen Sie auf!	рéжьте! schneidet! schneiden Sie!

Im Singular hat der Imperativ entweder die Endung -и (иди́, смо-
три́), oder er lautet auf -й, einen weichen Konsonanten oder einen
Zischlaut aus (чита́й, встань, режь).

Die Pluralform des Imperativs wird durch Anfügen der Endung -те
an die Singularform gebildet. Bei Verben auf -ся (занима́ться *sich be-
schäftigen, lernen*, учи́ться *lernen*) steht die Partikel immer am Worten-
de. Nach e i n e m Konsonanten steht -ся (познако́мься *mach dich be-
kannt*, занима́йся *lerne*), nach einem Vokal -сь (бори́сь *kämpfe*, бори́-
тесь *kämpft*, занима́йтесь *lernt*).

Die Pluralform des Imperativs wird nicht nur gebraucht, wenn man
sich an mehrere Personen wendet, sie dient auch als Höflichkeitsform,
wenn man sich an eine Person wendet:

Това́рищ, да́йте мне, пожа́луй-ста, газе́ту.	Kollege, geben Sie mir bitte die Zeitung.

In imperativischer Bedeutung kann пусть (пуска́й) in Verbindung
mit der 3. Person des Präsens (bzw. einfachen Futurs) des betreffenden
Verbs verwendet werden.

Пусть все соберу́тся к 9 часа́м утра́ в институ́те.	Alle sollen sich gegen 9 Uhr im Institut versammeln.
Пуска́й он идёт в спорти́вный зал, его́ там ждут.	Er soll in die Turnhalle gehen, er wird dort erwartet.

Übung 68. Lesen Sie die folgenden Sätze. Suchen Sie die Verben im Imperativ her-
aus.

Бу́дущее светло́ и прекра́сно, люби́те его́, стреми́тесь к нему́,
рабо́тайте для него́. Переноси́те из него́ в настоя́щее, ско́лько мо́-
жете перенести́. (*Черн.*)

Übung 69. Schreiben Sie die folgenden Sätze ab und verwenden Sie dabei die Ver-
ben in der Pluralform des Imperativs.

1. Выполня́й то́чно зада́ние преподава́телей. 2. Помога́й това́-
рищам. 3. Не занима́йся поноча́м. 4. Пожа́луйста, сядь бли́же
к доске́. 5. Пригото́вься к отве́ту.

Übung 70. Schreiben Sie die Verben *бори́тесь, не отка́зывайтесь, пыта́йтесь,
стреми́тесь* in der Singularform des Imperativs auf.

Die Bildung des Imperativs

1. Der Imperativ wird vom Präsensstamm der unvollendeten Ver-
ben bzw. vom Stamm des einfachen Futurs der vollendeten Verben ge-
bildet.

идти́ — иду́т (ид-у́т) — иди́
gehen
прийти́ — приду́т (прид-у́т) — приди́
kommen
изуча́ть — изуча́ют (изуча́j-ут) — изуча́й
studieren, erlernen

изучи́ть — изу́чат (изу́ч-ат) — изучи́
erlernen

сади́ться — садя́тся (сад'-а́тся) — сади́сь
sich setzen

сесть — ся́дут (ся́д-ут) — сядь
sich setzen

ре́зать — ре́жут (ре́ж-ут) — режь
schneiden

разреза́ть — разре́жут (разре́ж-ут) — разре́жь
zerschneiden

2. Um den Imperativ richtig bilden zu können, muß man den Präsensstamm (bzw. Stamm des einfachen Futurs) sowie die Betonung der 1. Person Singular des Präsens (bzw. einfachen Futurs) kennen.

Endung -и

Ist die 1. Person Singular des Präsens bzw. einfachen Futurs endungsbetont (иду́, смотрю́), steht vor der Endung ein Konsonant, so lautet die Endung des Imperativs -и:

иду́	ich gehe	— иди́ geh!
смотрю́	ich sehe	— смотри́ sieh!
учу́	ich lerne	— учи́ lerne!
(не) грущу́	ich bin (nicht) traurig	— (не) грусти́ sei (nicht) traurig!
скажу́	ich werde sagen	— скажи́ sage!

Wird das betonte Präfix вы- vorgesetzt (вы́йду, вы́учу, вы́скажу), so bleibt in der Imperativform die Endung -и erhalten (вы́йди, вы́учи, вы́скажи).

Lautet der Präsensstamm bzw. der Stamm des einfachen Futurs auf zwei Konsonanten aus und ist der letzte davon ein -н, so hat die Imperativform ebenfalls die Endung -и (unabhängig davon, ob die 1. Person Singular des Präsens endungs- oder stammbetont ist).

досто́гну — досто́гни
толкну́ — толкни́
исче́зну — исче́зни

Stammauslaut auf -й

1. Steht in der 1. Person Singular des Präsens bzw. einfachen Futurs nach Vokal ein -ю (чита́ю ich lese, изуча́ю ich studiere, выполня́ю ich erfülle, пою́ ich singe), d. h. ein [j] im Stammauslaut (чита́j-у, изуча́j-у, выполня́j-у, поj-у́), so hat der Imperativ die Form -й (unabhängig davon, ob die 1. Person Singular des Präsens endungs- oder stammbetont ist).

чита́ю	ich lese	— чита́й!
изуча́ю	ich studiere	— изуча́й!
выполня́ю	ich erfülle	— выполня́й!
пою́	ich singe	— пой!
наде́юсь	ich hoffe	— наде́йся!
(не) бою́сь	ich fürchte (nicht)	— (не) бо́йся!

234

2. Einsilbige Verben, die im Infinitivstamm ein **-и-** enthalten (**пить** *trinken*, **лить** *gießen*, **бить** *schlagen*, **шить** *nähen*, **вить** *winden*), bilden den Imperativ auf **-й: пью — пей, лью — лей, шью — шей**.

Anmerkung. Die unvollendeten Verben mit dem Suffix **-ва-** nach den Wurzeln **да-, зна-, ста-** behalten dieses Suffix im Imperativ bei (im Präsens fällt dieses Suffix aus):

признава́ть — признаю́ — признава́й!
anerkennen
отдава́ть — отдаю́ — отдава́й!
abgeben
встава́ть — встаю́ — встава́й!
aufstehen

Weicher Konsonant oder Zischlaut im Stammauslaut

Steht in der 1. Person Singular des Präsens bzw. einfachen Futurs vor der Personalendung ein Konsonant (außer [j]) und sind die Endungen **-у, -ю** unbetont, so lautet der Imperativ auf einen weichen Konsonanten bzw. Zischlaut aus (Schriftbild: **-ь**):

встáну — встань!   ре́жу — режь!
ся́ду — сядь!   бро́шу — брось!
пригото́влю — пригото́вь!   (Lautwechsel **с — ш**)
(Lautwechsel **в — вл**)   расста́нусь — расста́нься!

Übung 71. Lesen Sie die folgenden Sätze. Schreiben Sie die Verben in der Imperativform heraus und bilden Sie von jedem Verb die 1. Person Singular des Präsens.

1.—Оста́ньтесь ещё на мину́ту,—попроси́л я.—Умоля́ю вас. (*Чех.*) 2.—Споко́йной но́чи,—проговори́ла она́...—Приходи́те за́втра. (*Чех.*) 3.— Что же мы стои́м! — сказа́ла она́.—Сади́тесь! Вот сюда́, к столу́. Здесь светле́е.— Кузьми́н сел к столу́, попроси́л разреше́ния закури́ть.— Кури́те, коне́чно,— сказа́ла же́нщина.— Я то́же, пожа́луй, закурю́. (*Пауст.*) 4. Успоко́йте же меня́, приезжа́йте и скажи́те, что всё хорошо́. (*Чех.*)

Übung 72. Schreiben Sie den folgenden Text ab und gebrauchen Sie dabei die Verben im Imperativ Singular.

По́мните: челове́к до́лжен быть всегда́ недово́лен собо́й. Никогда́ не вини́те обстоя́тельства в свои́х неуда́чах, вини́те то́лько себя́. Не остана́вливайтесь, не успока́ивайтесь, не остыва́йте, не старе́йте душо́й. Не соблазня́йтесь легкодосту́пными, ме́лкими ра́достями жи́зни за счёт ме́нее досту́пных больши́х ра́достей. Есть в жи́зни бли́жняя и есть да́льняя перспекти́вы. Никогда́ не дово́льствуйтесь бли́жней и всегда́ ду́майте о да́льней. (*Аж.*)

Übung 73. Bilden Sie den Imperativ Singular und Plural von folgenden Verben:

а) приду́, говорю́, берегу́, стерегу́, учу́, вы́учу, стремлю́сь;

б) кри́кну, махну́ (руко́й), исче́зну;

в) изучу́ — изуча́ю, получу́ — получа́ю, отпра́влю — отправ-ля́ю, организу́ю;

г) вью, бью, лью, добива́юсь — добью́сь, пролива́ю — пролью́, пробива́ю — пробью́, прибива́ю — прибью́;

д) отста́ну, переста́ну, расста́нусь, переся́ду, вы́брошу;
е) отреза́ю — отре́жу, подгота́вливаю — подгото́влю;
ж) передаю́ — переда́м, узнаю́ — узна́ю.

Übung 74. Schreiben Sie die folgenden Sätze ab und setzen Sie dabei die Verben in den Imperativ.

1. Ложу́сь спать в 11 часо́в. 2. Встаю́ ра́но. 3. Де́лаю заря́дку, умыва́юсь холо́дной водо́й.

Übung 75. Begründen Sie die Bildung folgender Imperative:

разреза́ть, отреза́ть — разреза́й, отреза́й;
разре́зать, отре́зать — разре́жь, отре́жь;
засыпа́ть (сне́гом), рассыпа́ть — засыпа́й, рассыпа́й;
засы́пать (сне́гом), рассы́пать — засы́пь, рассы́пь.

Übung 76. Lernen Sie folgende Sprichwörter auswendig. Nennen Sie den Infinitiv aller Verben.

1. Век живи́, век учи́сь. 2. Береги́ пла́тье сно́ву, а честь смо́лоду. 3. За пра́вое де́ло стой сме́ло. 4. Не спеши́ языко́м, торопи́сь де́лом. 5. Семь раз отме́рь — оди́н раз отре́жь. 6. Не горди́сь зва́ньем, а горди́сь зна́ньем.

Übung 77. Lesen Sie den folgenden Text. Suchen Sie die Verben im Imperativ heraus, und geben Sie den Textinhalt mündlich wieder.

Что бы я хоте́л пожела́ть молодёжи мое́й ро́дины, посвяти́вшей себя́ нау́ке?

Пре́жде всего́ — после́довательности. С са́мого нача́ла свое́й рабо́ты приучи́ть себя́ к стро́гой после́довательности в накопле́нии зна́ний.

Изучи́те азы́ нау́ки, пре́жде чем пыта́ться взойти́ на её верши́ны. Никогда́ не бери́тесь за после́дующее, не усво́ив предыду́щего. Никогда́ не пыта́йтесь прикры́ть недоста́тки свои́х зна́ний хотя́ бы и са́мыми сме́лыми дога́дками и гипо́тезами.

Приучи́те себя́ к сде́ржанности и терпе́нию. Научи́тесь де́лать чёрную рабо́ту в нау́ке. Изуча́йте, сопоставля́йте, накопля́йте фа́кты.

Изуча́я, наблюда́я, стара́йтесь не остава́ться у пове́рхности фа́ктов. Пыта́йтесь прони́кнуть в та́йну их возникнове́ния. Насто́йчиво ищи́те зако́ны, и́ми управля́ющие.

Второ́е — э́то скро́мность. Никогда́ не ду́майте, что вы уже́ всё зна́ете... Мы все впряжены́ в одно́ о́бщее де́ло, и ка́ждый дви́гает его́ по ме́ре свои́х сил и возмо́жностей. У нас зачасту́ю и не разберёшь — что моё, а что твоё, но от э́того на́ше о́бщее де́ло то́лько выи́грывает.

Тре́тье — э́то страсть. По́мните, что нау́ка тре́бует от челове́ка всей его́ жи́зни... Бо́льшего напряже́ния и вели́кой стра́сти тре́бует нау́ка от челове́ка. Бу́дьте стра́стны в ва́шей рабо́те и в ва́ших иска́ниях.

На́ша ро́дина открыва́ет больши́е просто́ры пе́ред учёными, и ну́жно отда́ть до́лжное — нау́ку ще́дро вво́дят в жизнь в на́шей странé. И для молодёжи, как и для нас, вопрóс чéсти — оправдáть те большúе уповáния, котóрые возлагáет на наýку нáша рóдина. (*По И. Пáвлову*)

Der Konjunktiv

Der Konjunktiv wird gebildet, indem man dem Präteritum des Verbs die Partikel **бы** hinzufügt; die Partikel **бы** wird getrennt geschrieben. Die Formen des Konjunktivs sind wie die des Präteritums nach der Zahl und im Singular nach dem Geschlecht veränderlich.

	unvollendet	vollendet
я ты	изучáл (изучáла) бы hätte (-st) studiert würde (-st) studieren	изучúл (изучúла) бы
	он изучáл бы онá изучáла бы онó изучáло бы	изучúл бы изучúла бы изучúло бы
мы вы онú	изучáли бы	изучúли бы

Bedeutung und Gebrauch des Konjunktivs

Der Konjunktiv bezeichnet eine Handlung, die unter bestimmten Bedingungen möglich oder erwünscht ist:

Я **пошёл бы** сегóдня в теáтр, éсли бы у меня́ бы́ло врéмя.	Wenn ich Zeit hätte, würde ich heute ins Theater gehen.
Сегóдня я не могý, но зáвтра я с удовóльствием **пошёл бы** в теáтр.	Heute kann ich nicht, aber morgen würde ich gern ins Theater gehen.

In der gesprochenen Sprache wird der Konjunktiv außerdem zum Ausdruck einer Bitte oder einer gemilderten Aufforderung gebraucht (Что ты всё сидúшь дóма? **Пошёл бы** погуля́ть! *Was sitzt du denn die ganze Zeit zu Hause? Du solltest lieber spazierengehen!*).

Die Partikel **бы** kann verschiedene Stellungen im Satz einnehmen. Allgemein steht **бы** hinter dem Präteritum; es kann aber zur Hervorhebung eines anderen Wortes auch diesem nachgestellt werden:

Я с удовóльствием **пошёл бы** зáвтра в теáтр.
Я **бы** с удовóльствием **пошёл** зáвтра в теáтр.
Я с удовóльствием **бы пошёл** зáвтра в теáтр.

Wird der Konjunktiv in einem zusammengesetzten Satz gebraucht, so steht die Partikel **бы** sowohl im Haupt- als auch im Nebensatz:

Я **пошёл бы** сегóдня в теáтр, éсли бы у меня́ бы́ло врéмя.

Anmerkung. Die Partikel **бы** kann auch in unpersönlichen Sätzen zum Ausdruck einer gewünschten oder beabsichtigten Handlung stehen:

Нýжно бы навестúть больнóго товáрища.	Man müßte den kranken Freund besuchen.

Навести́ть бы сего́дня больно́го.	Wenn es doch möglich wäre, den Kranken heute zu besuchen.
Хорошо́ бы поброди́ть ле́том по гора́м!	Es wäre schön, im Sommer in den Bergen zu wandern!
Поброди́ть бы ле́том по гора́м!	Wenn man doch im Sommer in den Bergen wandern könnte!
Пое́хать бы на мо́ре!	Wenn man doch an die See fahren könnte!

In solchen Fällen wird die Partikel **бы** entweder mit einem Infinitiv oder mit einem prädikativen Adverb verbunden.

Übung 78. Lesen Sie die folgenden Sätze. Schreiben Sie sie ab, unterstreichen Sie die Verben im Konjunktiv und geben Sie an, welche Handlung sie bezeichnen.

1. Скоре́й бы пришло́ ле́то! Я уе́хал бы на Кавка́з, пошёл бы в похо́д в го́ры. 2. Е́сли бы у меня́ бы́ло вре́мя, я записа́лся бы в кружо́к тури́стов и ка́ждый год принима́л бы уча́стие в похо́дах. 3. Лёг бы ты отдохну́ть! 4. Пошёл бы ты погуля́ть!

Übung 79. Schreiben Sie die Verben aus Übung 78 in allen Konjunktivformen auf.

Übung 80. Bilden Sie sechs Sätze mit Verben im Konjunktiv.

Übung 81. Lesen Sie den Auszug aus M. Gorkijs Erinnerungen über A. P. Čechov und geben Sie seinen Inhalt wieder. Nennen Sie die Verben im Konjunktiv.

Одна́жды он позва́л меня́ к себе́ в дере́вню Кучу́к-Кой, где у него́ был ма́ленький клочо́к земли́ и бе́лый двухэта́жный до́мик. Там, пока́зывая мне своё «име́ние», он оживлённо заговори́л:

— Е́сли бы у меня́ бы́ло мно́го де́нег, я устро́ил бы здесь санато́рий для больны́х се́льских учителе́й. Зна́ете, я вы́строил бы э́такое све́тлое зда́ние — о́чень све́тлое, с больши́ми о́кнами и с высо́кими потолка́ми. У меня́ была́ бы прекра́сная библиоте́ка, ра́зные музыка́льные инструме́нты, пче́льник, огоро́д, фрукто́вый сад; мо́жно бы́ло бы чита́ть ле́кции по агроно́мии, метеороло́гии, учи́телю ну́жно всё знать, ба́тенька, всё!

Он вдруг замолча́л, ка́шлянул, посмотре́л на меня́ сбо́ку и улыбну́лся свое́й мя́гкой, ми́лой улы́бкой, кото́рая всегда́ так неотрази́мо влекла́ к нему́ и возбужда́ла осо́бенно о́строе внима́ние к его́ слова́м.

— Вам ску́чно слу́шать мои́ фанта́зии? А я люблю́ говори́ть об э́том. Е́сли бы вы зна́ли, как необходи́м ру́сской дере́вне хоро́ший, у́мный, образо́ванный учи́тель!

Übung 82. Lesen Sie den Auszug aus N. Ostrovskijs Notizen „Meine Träume" durch. Suchen Sie die Verben im Konjunktiv heraus.

Случа́ется, что я разгова́риваю с каки́м-нибудь слюнтя́ем, кото́рый но́ет, что ему́ измени́ла жена́ и жить ему́ не́ для чего, у него́ ничего́ не оста́лось и т. д. И тогда́ я ду́маю, что е́сли бы у меня́ бы́ло то, что есть у него́: здоро́вье, ру́ки и но́ги, возмо́жность дви́гаться по необъя́тному ми́ру (э́то стра́шная мечта́, и я не позволя́ю её себе́), то что бы́ло бы? Я, молодо́й, стро́йный, здоро́вый па́рень, мы́сленно одева́юсь, выхожу́ на балко́н и ви́жу пе́ред собо́й всю жизнь... Что бы́ло бы? Я не мог бы про́сто пойти́, я побежа́л бы стреми́тельно и неудержи́мо. Мо́жет быть, побежа́л бы в Москву́ ря́дом с по́ездом, схвати́вшись за ваго́н. В Москве́ пришёл бы на заво́д и пря́мо в кочега́рку, что́бы скоре́е откры́ть то́пку, поню́хать за́пах угля́, швырну́ть туда́ до́брую по́рцию его́. О, я дал бы шесть ты́сяч проце́нтов — семь ты́сяч проце́нтов вы́работки, я невероя́тно выжима́л бы проце́нты. Я жил бы жа́дно, до безу́мия... Ско́лько я мог бы дать, ско́лько на́до бы выка́чивать из меня́, пре́жде чем я бы уста́л. Вы́рвавшись из девятиле́тней неподви́жности, я был бы беспоко́йнейшим челове́ком, я бы не уходи́л с рабо́ты, пока́ не насы́тился е́ю.

Transitive und intransitive Verben

Im Russischen unterscheidet man wie im Deutschen transitive und intransitive Verben.

T r a n s i t i v e Verben verlangen ein Akkusativobjekt ohne Präposition:

чита́ть	*(что?)*	**кни́гу**	ein Buch lesen
объясни́ть	*(что?)*	**сло́во**	ein Wort erklären
постро́ить	*(что?)*	**дом**	ein Haus bauen
слу́шать	*(кого?)*	**докла́дчика**	einen Redner hören
вы́слушать	*(кого?)*	**его́**	ihn hören

Verben, die nicht die Frage *кого? что? wen? was?* zulassen, sind i n t r a n s i t i v (**идти́** *gehen*, **рабо́тать** *arbeiten*, **занима́ться** *sich beschäftigen*).

Alle Verben mit der Partikel **-ся** sind intransitiv (**боро́ться** *kämpfen*, **занима́ться** *lernen*, **встреча́ться** *sich treffen*).

Das Objekt im Akkusativ ohne Präposition nennt man d i r e k t e s Objekt.

In einigen Fällen kann das Objekt nach einem transitiven Verb nicht im Akkusativ, sondern im Genitiv (ohne Präposition) stehen:

1. wenn sich die Handlung nicht auf den ganzen Gegenstand, sondern nur auf einen Teil desselben erstreckt:

Да́йте мне, пожа́луйста, **ма́сла, хле́ба, ветчины́**.	Geben Sie mir bitte Butter, Brot und Schinken.
Купи́те бума́ги, тетра́дей, каранда́шей.	Kaufen Sie Papier, Hefte, Bleistifte.
Возьми́те с собо́й в похо́д **са́хару, шокола́ду, ча́ю, консе́рвов, со́ли, крупы́**.	Nehmt auf die Wanderung Zukker, Schokolade, Tee, Konserven, Salz und Graupen mit.

2. wenn das transitive Verb verneint ist:

Учени́к **не вы́учил уро́ка**.	Der Schüler ist unvorbereitet zur Stunde gekommen.

(ohne Verneinung: Учени́к **вы́учил уро́к**.)

Сего́дня я **не получи́л** моско́вской **газе́ты**.	Ich habe heute die Moskauer Zeitung nicht bekommen.

(ohne Verneinung: Сего́дня я **получи́л** моско́вскую **газе́ту**.)

| Студе́нты **не вы́полнили** всех за-да́ний. | Die Studenten haben nicht alle Aufgaben erfüllt. |

(ohne Verneinung: Студе́нты **вы́полнили** все зада́ния.)

Übung 83. Lesen Sie die folgenden Sätze. Sagen Sie, welche Verben transitiv und welche intransitiv sind.

1. Наконе́ц в ко́мнате моего́ сосе́да пога́с свет. В двена́дцать часо́в мой сосе́д погаси́л свет. 2. Стано́вится темно́, ну́жно заже́чь ла́мпу. В окне́ напро́тив зажёгся свет. 3. Куда́ ты положи́л тетра́-ди? Тетра́ди лежа́т на пи́сьменном столе́. 4. Э́ти кни́ги твой това́-рищ оста́вил для тебя́. Все ушли́, а я оста́лся до́ма. 5. Охо́тники вы́сушили у костра́ свою́ оде́жду. Когда́ оде́жда вы́сохла, они́ про-должа́ли свой путь. 6. Поста́вь ва́зу на стол. Ва́за стои́т на столе́. 7. Мать приучи́ла ребёнка к стро́гому режи́му. Ребёнок привы́к к стро́гому режи́му.

Verben mit der Partikel -ся

Im Russischen gibt es zahlreiche Verben mit der Partikel **-ся** am Wortende (**умыва́ться** *sich waschen*, **встреча́ться** *sich treffen*, **тру-ди́ться** *arbeiten*, **занима́ться** *lernen, studieren* u. a.). Herkunftsmäßig ist die Partikel **-ся** die alte Kurzform des Reflexivpronomens **себя́** *sich* im Akkusativ. Mit der Zeit verschmolz das Pronomen **-ся** (**себя́**) mit dem Verb zu einem Wort; die ursprüngliche reflexive Bedeutung ist nur in einigen Verben mit der Partikel **-ся** erhalten geblieben: **умы-ва́ться** — **умыва́ть себя́** *sich waschen*, **причёсываться** — **причёсывать себя́** *sich kämmen* u. a.

Nach Konsonanten steht **-ся** (**занима́ешься, занима́лся, занима́ться**). Nach Vokalen wird **-ся** zu **-сь** verkürzt (**занима́юсь, занима́-лась, занима́лись**).

DIE KONJUGATION DER VERBEN MIT DER PARTIKEL -СЯ
(ЗАНИМА́ТЬСЯ, УЧИ́ТЬСЯ)

Präsens		Präteritum	
я	занима́юсь, учу́сь	я, ты, он	занима́лся, учи́лся
ты	занима́ешься, у́чишься	я, ты, она́	занима́лась, учи́лась
он она́	занима́ется, у́чится	оно́	занима́лось
мы	занима́емся, у́чимся	мы	
вы	занима́етесь, у́читесь	вы	занима́лись, учи́лись
они́	занима́ются, у́чатся	они́	

Zusammengesetztes Futur					
я	бу́ду		мы	бу́дем	
ты	бу́дешь	занима́ться	вы	бу́дете	занима́ться
он она́	бу́дет	учи́ться	они́	бу́дут	учи́ться

Übung 84. Schreiben Sie das nachstehende Gedicht ab. Unterstreichen Sie alle Verben mit der Partikel -ся (-сь) und begründen Sie den jeweiligen Gebrauch von -ся bzw. -сь.

> Уж не́бо о́сенью дыша́ло,
> Уж ре́же со́лнышко блиста́ло,
> Коро́че станови́лся день,
> Лесо́в таи́нственная сень
> С печа́льным шу́мом обнажа́лась;
> Ложи́лся на поля́ тума́н,
> Гусе́й крикли́вых карава́н
> Тяну́лся к ю́гу; приближа́лась
> Дово́льно ску́чная пора́.
> Стоя́л ноя́брь уж у двора́. (*П.*)

Die wichtigsten Bedeutungsgruppen der Verben mit der Partikel -ся

Durch Anfügen der Partikel **-ся** werden transitive Verben zu intransitiven. Dabei kann eine Bedeutungsänderung eintreten.

1. Durch die Partikel **-ся** werden transitive Verben zu reflexiven: **мы́ться** *sich waschen*, **умыва́ться** *sich waschen*, **купа́ться** *baden*, **вытира́ться** *sich abtrocknen*, **причёсываться** *sich kämmen*, **одева́ться** *sich anziehen*, **раздева́ться** *sich ausziehen*.

Bei diesen Verben weist die Partikel **-ся** darauf hin, daß sich die Handlung nicht auf einen anderen Gegenstand oder eine andere Person erstreckt, sondern sich auf die handelnde Person richtet. Die Partikel **-ся** ist dabei in ihrer Bedeutung dem Reflexivpronomen **себе́** verwandt. Vergleichen Sie:

Мать одева́ет (*кого́?*) ребёнка.	Die Mutter zieht das Kind an.
Мать одева́ется (d. h. одева́ется сама́).	Die Mutter zieht sich an.
Сестра́ **причёсывает** (*кого́?*) подру́гу.	Die Schwester kämmt ihre Freundin.
Сестра́ **причёсывается** (d. h. причёсывает себя́).	Die Schwester kämmt sich.
Я мо́ю (*что?*) ру́ки.	Ich wasche mir die Hände.
Я мо́юсь (d. h. мо́ю себя́).	Ich wasche mich.

Einige Verben lassen sich nicht mit der Partikel **-ся** in reflexiver Bedeutung verbinden, diese Bedeutung wird durch das nachgestellte Reflexivpronomen **себя́** ausgedrückt: **знать себя́** *sich selbst kennen*, **уважа́ть себя́** *sich selbst achten*, **люби́ть себя́** *sich selbst lieben*, **упрека́ть себя́ в чём-нибудь** *sich (selbst) etwas vorwerfen*, **руга́ть себя́ за что́-нибудь** *sich (selbst) tadeln für etwas*, **ви́деть себя́ в зе́ркале** *sich im Spiegel sehen*.

Anmerkung. Die Partikel **-ся** kann in reflexiver Bedeutung an die Verben одева́ть *anziehen*, раздева́ть *ausziehen* (одева́ться, раздева́ться) angefügt werden, nicht jedoch an das Verb надева́ть *anziehen*.

Merken Sie sich den Unterschied im Gebrauch der Verben

одева́ть und надева́ть: одева́ть (*кого?*) ребёнка *das Kind anziehen*, наде-ва́ть (*что?*) пальто́, шля́пу *den Mantel anziehen, den Hut aufsetzen*; раздева́ть *ausziehen* und снима́ть *ausziehen, ablegen, abnehmen*: раздева́ть (*кого?*) ребёнка *das Kind ausziehen*, снима́ть (*что?*) пальто́, шля́пу *den Mantel ablegen, den Hut abnehmen*.

2. Die Partikel -ся kann einem transitiven Verb reziproke Bedeutung verleihen.

Die durch diese Verben bezeichnete Handlung geht zwischen zwei oder mehreren Personen vor sich, wobei sie sich wechselseitig auf die eine wie auf die andere Person erstreckt:

Друзья́ **встре́тились**.	Die Freunde begegneten sich.
Оте́ц и сын **обня́ли́сь**.	Vater und Sohn umarmten sich.
Мы ча́сто **ви́делись**.	Wir haben uns oft gesehen.

Gelegentlich weist auf die Wechselseitigkeit nicht nur die Partikel -ся, sondern auch die Präposition **с** *mit* hin:

Я встре́тился с това́рищем.	Ich traf mich mit meinem Freund.
Оте́ц обня́лся с сы́ном.	Vater und Sohn umarmten sich.
Я ча́сто ви́делся с ним.	Wir (ich und er) sahen uns oft.

Vergleichen Sie den Gebrauch von Verben mit der Partikel -ся und ohne sie:

Я встре́тил това́рища.	Мы с това́рищем **встре́тились**.
Ich traf meinen Freund.	Ich traf mich mit meinem Freund.
Я его́ давно́ **не ви́дел**.	Мы давно́ **не ви́делись**.
Ich habe ihn lange nicht gesehen.	Wir haben uns lange nicht gesehen.
Мой друг **познако́мил** меня́ со свое́й сестро́й.	Я **познако́мился** с сестро́й дру́га.
Mein Freund machte mich mit seiner Schwester bekannt.	Ich lernte die Schwester meines Freundes kennen.
Нас **объедини́ла** о́бщая рабо́та.	Мы **объедини́лись**.
Die gemeinsame Arbeit vereinigte uns.	Wir haben uns zusammengetan.

Nicht alle Verben mit der Bedeutung wechselseitiger Beziehung haben die Partikel -ся. Merken Sie sich: **разгова́ривать** *sprechen*, **бесе́до-вать** *sich unterhalten*, **спо́рить** *streiten*, **дружи́ть** (**с ке́м-нибудь**) *befreundet sein* (mit jmdm.).

Zum Ausdruck wechselseitiger Beziehung wird bei bestimmten Verben die Wortverbindung **друг дру́га** *einander* gebraucht: **люби́ть друг дру́га** *einander lieben*; **уважа́ть** друг дру́га *einander achten*.

Je nachdem, mit welchem Verb diese Wortverbindung gebraucht wird, kann sie in verschiedenen Kasus mit und ohne Präposition stehen: **ви́деть друг дру́га** *einander sehen*; **помога́ть друг дру́гу** *einander helfen*; **интересова́ться друг дру́гом** *sich füreinander interessieren*; **за-бо́титься друг о дру́ге** *füreinander sorgen*; **наде́яться друг на дру́га** *sich aufeinander verlassen*.

Der erste Teil der Wortverbindung wird nicht verändert, während der Kasus des zweiten Teils vom betreffenden Verb abhängt. Eine Präposition steht zwischen den beiden Teilen der Wortverbindung: забо́титься друг о дру́ге *füreinander sorgen*; серди́ться друг на дру́га *aufeinander böse sein*.

Auch Verben, die bereits eine wechselseitige Beziehung ausdrücken, können zur Hervorhebung dieser Bedeutung mit der Wortverbindung друг с дру́гом gebraucht werden:

Мы ча́сто ви́делись друг с дру́гом.	Wir haben uns oft gesehen.
Мы никогда́ не ссо́рились друг с дру́гом.	Wir beide zankten uns nie.

Bedeutungsmäßig kann einem Verb auf **-ся** gelegentlich ein transitives Verb in Verbindung mit **друг дру́га** entsprechen.

Друзья́ обняли́сь.	Die Freunde umarmten sich.
Друзья́ о́бняли друг дру́га.	

Übung 85. Lesen Sie die folgenden Sätze. Sagen Sie, welche Verben mit der Partikel **-ся** reflexive Bedeutung haben und welche eine wechselseitige Beziehung ausdrücken.

1. Вся́кий раз, когда́ мы встреча́лись, ме́жду на́ми возника́ли несконча́емые спо́ры. (*Тург.*) 2. Че́рез полчаса́ он прости́лся со мной на опу́шке ле́са. (*Тург.*) 3. Когда́ он одева́лся в ку́хне, мать сказа́ла ему́: «Тепле́е оде́нься». (*М.Г.*) 4. Мне предстоя́ло ещё в тече́ние того́ же са́мого дня познако́миться с одни́м замеча́тельным челове́ком. (*Тург.*)

Übung 87. Setzen Sie die eingeklammerten Verben sinngemäß mit der Partikel **-ся** bzw. ohne sie ein.

1. Когда́ на у́лице моро́з, на́до тепло́ ... . (одева́ть-ся) 2. Мать ... ребёнка и повела́ в де́тский сад. (оде́ла-сь) 3. Мы ... спорти́вные костю́мы и пошли́ ката́ться на конька́х. (наде́ли-сь) 4. Мне нра́вится как ... э́та де́вушка. (одева́ет-ся) 5. «..., пожа́луйста, и проходи́те в ко́мнату»,—сказа́ла хозя́йка го́стю. (раздева́йте-сь) 6. Гость ... пальто́ и вошёл в ко́мнату. (снял-ся) 7. Я взял щётку и ... свой костю́м. (почи́стил-ся) 8. Мне на́до бы́ло ... . (переоде́ть-ся) 9. Я ... костю́м и пое́хал в теа́тр. (переоде́л-ся) 10. Мы ... ру́ки и се́ли за стол. (вы́мыли-сь) 11. Мари́я ... свою́ дочь. (причёсывает-ся) 12. Мари́я бы́стро и хорошо́ ... . (причёсывала-сь) 13. Почему́ он никогда́ не ... э́тот костю́м? (надева́ет-ся) 14. Ребёнок лю́бит ... . (купа́ть-ся) 15. Я ре́дко... сестру́, потому́ что мы живём в ра́зных города́х. (ви́жу-ся)

3. Die Partikel **-ся** verleiht transitiven unvollendeten Verben passivische Bedeutung.

Diese Verben werden in Passivkonstruktionen gebraucht. Ihnen entsprechen transitive Verben in Aktivkonstruktionen.

Aktivkonstruktion	Passivkonstruktion
Заво́д **выполня́ет план**.	План **выполня́ется заво́дом**.
Der Betrieb erfüllt den Plan.	Der Plan wird von dem Betrieb erfüllt.

Архитéктор **создаёт проéкт**.	Проéкт **создаётся архитéктором**.
Der Architekt schafft ein Projekt.	Das Projekt wird vom Architekten geschaffen.

Die Verben mit passivischer Bedeutung können durch ein Objekt im Instrumental ohne Präposition ergänzt werden:

Проéкт **создаётся** (*кем?*) архитéктором.	Das Projekt wird vom Architekten geschaffen.
Поля́на **освеща́ется** (*чем?*) со́лнцем.	Die Wiese wird von der Sonne beleuchtet.

Dieses Objekt im Instrumental bezeichnet den Urheber der Handlung.

Verben mit passivischer Bedeutung können jedoch auch ohne Instrumentalobjekt gebraucht werden:

Грани́цы **охраня́ются**.	Die Grenzen werden überwacht.
План **выполня́ется**.	Der Plan wird erfüllt.

Steht in der Aktivkonstruktion ein unvollendetes Verb, so muß in der entsprechenden Passivkonstruktion das gleichlautende Verb mit der Partikel **-ся** stehen:

Заво́д **выполня́л план**. (Aktivkonstruktion)	Der Betrieb erfüllte den Plan.
План выполня́ется заво́дом. (Passivkonstruktion)	Der Plan wird vom Betrieb erfüllt.

Wird in der Aktivkonstruktion ein vollendetes Verb gebraucht, so steht in der entsprechenden Passivkonstruktion meist ein Passivpartizip in der Kurzform:

Заво́д **вы́полнил план**. (Aktivkonstruktion)	Der Betrieb hat den Plan erfüllt.
План **вы́полнен заво́дом**. (Passivkonstruktion)	Der Plan ist vom Betrieb erfüllt worden.

(Ausführlich über Aktiv- und Passivkonstruktionen s i e h e S. 486.)

Übung 88. Lesen Sie die folgenden Sätze. Geben Sie an, in welchen Sätzen die handelnde Person nicht genannt wird.

1. Дом стро́ится пло́тниками. 2. В э́той кни́ге опи́сываются интерéсные собы́тия. 3. Этот стари́нный го́род ча́сто посеща́ется тури́стами. 4. Ужé гото́вится к печа́ти но́вый рома́н э́того писа́теля. 5. Ко́мната освеща́лась ма́ленькой ла́мпочкой. 6. Проéкт но́вой маши́ны бу́дет разраба́тываться инженéром. 7. Пи́сьма из до́ма мно́ю получа́лись регуля́рно.

Übung 89. Schreiben Sie die folgenden Sätze ab und setzen Sie Objekte im Instrumental ein.

1. Кни́ги выдаю́тся с десяти́ часо́в. 2. В на́шем клу́бе ча́сто устра́иваются интерéсные вечера́. 3. Эта кни́га чита́ется с больши́м интерéсом.

Übung 90. Ersetzen Sie die Aktivkonstruktionen durch Passivkonstruktionen.

1. В э́тот райо́н пи́сьма доставля́ет самолёт. 2. Я ка́ждую неде́лю посыла́ю домо́й пи́сьма. 3. Руководи́тель проверя́л исполне́ние поруче́ний. 4. Студе́нты бу́дут проводи́ть о́пыт под руково́дством преподава́теля.

Übung 91. Bilden Sie Sätze mit folgenden Verben:

стро́ить, стро́иться; обсужда́ть, обсужда́ться; добыва́ть, добыва́ться; создава́ть, создава́ться

4. Die Partikel **-ся** kann an ein transitives Verb angefügt werden, ohne dem Verb eine zusätzliche (reflexive, wechselseitige oder passivische) Bedeutung zu verleihen.

Transitive Verben	Intransitive Verben
Лече́ние улу́чшило (*что?*) состоя́ние больно́го.	Состоя́ние больно́го улу́чшилось.
Die Behandlung verbesserte den Zustand des Kranken.	Der Zustand des Kranken hat sich gebessert.
Тури́сты измени́ли (*что?*) свой маршру́т.	Направле́ние ве́тра измени́лось.
Die Touristen haben ihre Reiseroute geändert.	Die Windrichtung hat sich geändert. (Der Wind hat sich gedreht.)
Шофёр останови́л (*что?*) маши́ну.	Произошла́ ава́рия, и стано́к останови́лся.
Der Fahrer hielt das Auto an.	Es kam zu einem Unfall, und die Maschine blieb stehen.

Diese Gruppe umfaßt verschiedene Verben:

a) Verben, die eine Zustands-, Lage- oder Bewegungsveränderung des Urhebers der Handlung bezeichnen:

изменя́ться *sich ändern*, **дви́гаться** *sich bewegen*, **поднима́ться** *steigen, hinaufgehen*, **спуска́ться** *hinuntersteigen*, **направля́ться** *sich begeben*, **возвраща́ться** *zurückkehren*, **расширя́ться** *sich ausdehnen*, **распространя́ться** *sich verbreiten*, **развива́ться** *sich entwickeln*, **нагиба́ться** *sich neigen*, **улучша́ться** *sich verbessern*, **ухудша́ться** *sich verschlechtern*, **увели́чиваться** *sich vergrößern*, **уменьша́ться** *sich vermindern*, **укрепля́ться** *sich festigen*, **уси́ливаться** *erstarken*, **ослабля́ться** *sich abschwächen*, **ускоря́ться** *sich beschleunigen*, **замедля́ться** *sich verlangsamen*.

Матро́сы спусти́ли на́ воду ло́дку.	Пассажи́ры спусти́лись с па́лубы в ло́дки.
Die Seeleute ließen das Boot zu Wasser.	Die Passagiere stiegen vom Deck in die Boote.
Мы должны́ развива́ть тяжёлую промы́шленность.	Хозя́йство на́шей страны́ развива́ется бы́стрыми те́мпами.
Wir müssen die Schwerindustrie entwickeln.	Die Wirtschaft unseres Landes entwickelt sich in schnellem Tempo.

Шофёр **увели́чил** ско́рость автомоби́ля.

Der Fahrer erhöhte die Geschwindigkeit des Autos.

Ско́рость автомоби́ля **увели́чилась** (возросла́).

Die Geschwindigkeit des Autos wurde größer.

b) Verben der Gemütsbewegung. Diese Verben beziehen sich ausschließlich auf Subjekte, die durch ein belebtes Substantiv ausgedrückt werden:

ра́доваться *sich freuen,* **весели́ться** *sich vergnügen,* **печа́литься** *betrübt sein,* **волнова́ться** *sich aufregen,* **трево́житься** *sich beunruhigen,* **беспоко́иться** *besorgt sein,* **успока́иваться** *sich beruhigen,* **удивля́ться** *sich wundern,* **восхища́ться** *begeistert sein,* **серди́ться** *sich ärgern,* **зли́ться** *sich ärgern, böse sein,* **интересова́ться** *sich interessieren* u. a.

Die entsprechenden Verben ohne die Partikel **-ся** können sich auf ein belebtes oder unbelebtes Substantiv als Subjekt beziehen. Vergleichen Sie:

Му́зыка **весели́т** нас.

Die Musik erfreut uns.

Мы **весели́мся.**

Wir freuen uns.

Де́ти **ра́дуют** мать.

Die Kinder erfreuen die Mutter.

Мать **ра́дуется.**

Die Mutter freut sich.

Меня́ **волну́ет** э́тот вопро́с.

Mich bewegt diese Frage.

Я **волну́юсь.**

Ich rege mich auf.

Всех **удивля́ют** его́ успе́хи.

Seine Erfolge verwundern alle.

Все **удивля́ются** его́ успе́хам.

Alle wundern sich über seine Erfolge.

c) Verben, die den Anfang, die Fortdauer und das Ende eines Geschehens bzw. einer Handlung bezeichnen. Diese Verben können sich auf Subjekte beziehen, die durch unbelebte Substantive ausgedrückt sind:

начина́ться *beginnen,* **продолжа́ться** *fortgesetzt werden,* **конча́ться** *zu Ende gehen,* **прекраща́ться** *aufhören,* **заверша́ться** *beendet werden.*

Die entsprechenden Verben ohne die Partikel **-ся** beziehen sich gewöhnlich auf ein belebtes Substantiv als Subjekt. Sie werden mit einem Akkusativobjekt oder dem Infinitiv eines unvollendeten Verbs verbunden. Vergleichen Sie:

Профе́ссор **на́чал** ле́кцию.

Der Professor begann die Vorlesung.

Ле́кция **начала́сь.**

Die Vorlesung hat begonnen.

Мы **продолжа́ем** занима́ться.

Wir lernen weiter.

Заня́тия **продолжа́ются.**

Der Unterricht wird fortgesetzt.

Прекрати́те разгово́ры!

Hört mit dem Sprechen auf!

Разгово́ры **прекрати́лись.**

Die Gespräche haben aufgehört.

Студе́нты **ко́нчили** сдава́ть экза́мены.

Die Studenten haben ihre Prüfungen hinter sich.

Ле́то **ко́нчилось.**

Der Sommer ist zu Ende.

Übung 92. Schreiben Sie die folgenden Sätze ab. Setzen Sie die in Klammern stehenden Verben im Präteritum mit oder ohne Partikel **-ся** ein, je nach dem Sinn des Satzes.

1. Мы ... рабо́ту и пошли́ домо́й. Ле́то ..., наступи́ла о́сень. (ко́нчить-ся) 2. Он ... дверь и вошёл в ко́мнату. Дверь ..., и в ко́мнату вошёл незнако́мый челове́к. (откры́ть-ся) 3. Все студе́нты на́шей гру́ппы ... . Мы ... стихотворе́ние Пу́шкина. (учи́ть-ся) 4. У меня́ бы́ло ма́ло вре́мени, я ... . Това́рищ ... меня́, та́к как до нача́ла спекта́кля остава́лось ма́ло вре́мени. (торопи́ть-ся) 5. Шофёр ... автомоби́ль пе́ред вхо́дом в гости́ницу. Авто́бус ..., пассажи́ры вы́шли. (останови́ть-ся) 6. Я уже́ ... э́ту кни́гу в библиоте́ку. Он ... домо́й по́здно. (верну́ть-ся) 7. Путеше́ственники ... на верши́ну горы́. Носи́льщик ... чемода́ны и понёс их. (подня́ть-ся) 8. Студе́нты ... писа́ть курсовы́е рабо́ты. Уже́ ... зи́мний спорти́вный сезо́н. (нача́ть-ся)

Übung 93. Lesen Sie die folgenden Sätze. Schreiben Sie die Verben mit der Partikel **-ся** heraus. Bilden Sie Sätze, indem Sie die Verben jeweils mit bzw. ohne Partikel **-ся** gebrauchen.

M u s t e r: успоко́иться — успоко́ить.

1. Но́чью мо́ре успоко́илось. (*Арс.*) 2. День ко́нчился. На зе́млю спусти́лась ночна́я тень. (*Арс.*) 3. За́ ночь пого́да испо́ртилась. (*Арс.*) 4. В жа́ркий ле́тний день возвраща́лся я одна́жды с охо́ты. (*Тург.*) 5. Мы вы́шли из ро́щи, спусти́лись с холма́. (*Тург.*) 6. Больша́я чёрная ту́ча без мале́йшего ве́тра, но бы́стро подвига́лась к нам. (*Л. Т.*) 7. Трево́жные чу́вства тоски́ и стра́ха увели́чивались во мне вме́сте с усиле́нием грозы́. (*Л. Т.*)

Übung 94. Schreiben Sie die transitiven Verben heraus. Bilden Sie Sätze mit den entsprechenden intransitiven Verben auf *-ся*.

1. Я бе́режно по́днял упа́вший в грязь цвето́к. (*Тург.*) 2. Река́ кати́ла тёмно-си́ние во́лны. (*Тург.*) 3. На сле́дующий день у́тром мы продолжа́ли наш путь. (*Арс.*) 4. Осо́бенно одна́ из но́вых пе́сен трево́жила и волнова́ла же́нщину. (*М. Г.*) 5. Дру́жба моя́ с Дми́трием откры́ла мне но́вый взгляд на жизнь, на её цель и отноше́ния. (*Л. Т.*) 6. Одна́жды по́сле у́жина Па́вел опусти́л занаве́ску на окне́, сел в у́гол и стал чита́ть. (*М. Г.*)

Übung 95. Bilden Sie Sätze mit den folgenden Verben:

изменя́ть, изменя́ться; повыша́ть, повыша́ться; торопи́ть, торопи́ться; начина́ть, начина́ться; беспоко́ить, беспоко́иться; учи́ть, учи́ться.

5. Unpersönliche Verben mit der Partikel -ся. Mit Hilfe der Partikel **-ся** werden unpersönliche Verben sowohl aus transitiven (Мне не **чита́лось.** *Ich konnte nicht lesen.*) als auch aus intransitiven Verben (Ему́ **не спи́тся.** *Er kann nicht schlafen.*) gebildet. Unpersönliche Verben mit der Partikel **-ся** bezeichnen gewöhnlich einen Zustand, der nicht von der betreffenden Person abhängt. (**Мне не спало́сь.** *Ich konnte nicht schlafen.* **Мне** хорошо́ **рабо́талось.** *Ich konnte gut arbeiten.*). Die entsprechenden persönlichen Verben ohne die Partikel **-ся** bezeichnen einen Zustand oder Vorgang, der vom Handlungsträger abhängt (**Я не спал.** *Ich habe nicht geschlafen.* **Я** хорошо́ **рабо́тал.** *Ich habe gut gearbeitet.*) Vergleichen Sie die Bedeutung der nachstehenden Sätze:

Но́чью **я не спал.**
Ich habe in der Nacht nicht ge-
schlafen.
Ребёнок не сиди́т на ме́сте.
Das Kind sitzt nicht ruhig.
Вчера́ **я не рабо́тал.**
Gestern habe ich nicht gearbeitet.

Но́чью **мне не спало́сь.**
Ich konnte in der Nacht nicht
schlafen.
Ребёнку не сиди́тся на ме́сте.
Das Kind kann nicht ruhig sitzen.
Вчера́ **мне не рабо́талось.**
Gestern konnte ich nicht richtig
arbeiten.

Die von **хоте́ть** *wollen* und **ду́мать** *denken* mit Hilfe der Partikel
-ся gebildeten unpersönlichen Verben drücken im Vergleich zu den
gleichlautenden Verben ohne -ся einen nicht so nachdrücklich formu-
lierten Wunsch oder Gedanken aus. Vergleichen Sie:

Я хочу́ пое́хать за́ город.
Ich will aufs Land fahren.
Я ду́маю, что э́то реше́ние не-
пра́вильно.
Ich denke, daß dieser Beschluß
falsch ist.

Мне хо́чется пое́хать за́ город.
Ich möchte aufs Land fahren.
Мне ду́мается, что э́то реше́ние
непра́вильно.
Mir scheint dieser Beschluß falsch
zu sein.

Übung 96. Bilden Sie Sätze mit den Verben auf -ся aus dieser Übung.

1. Он одино́к. Живётся ему́ ску́чно, ничто́ его́ не интересу́ет.
(*Чех.*) 2. Мне не спи́тся, нет огня́. (*П.*)
3. Нигде́ не ды́шится вольне́й
Родны́х луго́в, родны́х поле́й. (*Н.*)
4. И хо́чется в по́ле, в широ́кое по́ле,
Где, ше́ствуя, сы́плет цвета́ми весна́. (*Майк.*)

Übung 97. Bilden Sie Sätze mit den folgenden Verben:

хо́чется, ду́мается, живётся, не спало́сь, не ве́рилось, не сиде́-
лось

Verben auf -ся und ohne -ся mit unterschiedlicher
lexikalischer Bedeutung

Es gibt Verben, die mit der Partikel -ся und ohne sie unterschiedli-
che Bedeutungen haben:

В э́том лесу́ мы всегда́ **нахо́дим**
мно́го грибо́в.
In diesem Wald finden wir immer
viele Pilze.
Кварти́ра **состоя́ла** из двух ко́м-
нат.
Die Wohnung bestand aus zwei
Zimmern.
Он не **договори́л** того́, что хоте́л
сказа́ть.
Er hat nicht alles gesagt, was er
sagen wollte.

Чёрное мо́ре **нахо́дится** на ю́ге
Росси́и.
Das Schwarze Meer liegt im Sü-
den des Rußlands.
Вчера́ **состоя́лись** лы́жные
соревнова́ния.
Gestern fanden Schiwettkämpfe
statt.
Они́ **договори́лись** о встре́че.

Sie haben ein Treffen verabredet.

Она́ прости́ла ему́ его́ вину́.
Sie hat ihm seine Schuld verge-
ben.

Они́ прости́лись.
Sie verabschiedeten sich.

Verben, die ohne die Partikel -ся
nicht gebraucht werden

Zahlreiche Verben werden in der russischen Gegenwartssprache ohne die Partikel -ся nicht gebraucht:
труди́ться *arbeiten,* стара́ться *sich bemühen,* стреми́ться к *streben nach,* наде́яться на *hoffen auf,* боя́ться *sich fürchten,* горди́ться *stolz sein,* смея́ться *lachen,* улыба́ться *lächeln,* любова́ться *bewundern,* лени́ться *faulenzen,* толпи́ться *sich (zusammen)drängen,* распоряжа́ться *anordnen,* нужда́ться в *brauchen, bedürfen,* остава́ться *bleiben,* станови́ться *werden,* ложи́ться *sich hinlegen,* явля́ться *sein,* появля́ться *erscheinen* u. a.

Einige Verben, die ohne die Partikel -ся nicht gebraucht werden, drücken einen wechselseitigen Bezug aus: расстава́ться *sich trennen,* здоро́ваться *einander begrüßen,* боро́ться *miteinander kämpfen,* соревнова́ться *wetteifern.*

Einige Verben, die ohne die Partikel -ся nicht gebraucht werden, sind unpersönlich: (мне) нездоро́вится *(ich) fühle mich unwohl,* смерка́ется *es dämmert,* случа́ется *es kommt vor.*

Übung 98. Lesen Sie den folgenden Abschnitt. Geben Sie an, welche Verben ohne die Partikel -ся nicht gebraucht werden.

Са́мое лу́чшее в ми́ре — смотре́ть, как рожда́ется день!

В не́бе вспы́хнул пе́рвый луч све́та — ночна́я тьма тихо́нько пря́чется в уще́лья гор и тре́щины камне́й, пря́чется в густо́й листве́ дере́вьев, в кружева́х травы́, окроплённой водо́ю, а верши́ны гор улыба́ются ла́сковой улы́бкой — то́чно говоря́т лёгким те́ням но́чи: «Не бо́йтесь — э́то со́лнце!» (*М. Г.*)

Übung 99. Schreiben Sie die folgenden Sätze ab. Setzen Sie die in Klammern stehenden Verben mit bzw. ohne -ся ein.

1. Мы не должны́ ... на дости́гнутом. Ну́жно ... вперёд. (остана́вливать-ся, дви́гать-ся) 2. Шофёр до́лжен ... маши́ну у са́мого вхо́да. (останови́ть-ся) 3. У больно́го к ве́черу ре́зко ... температу́ра. (подня́ть-ся) 4. С ка́ждым днём ... у́ровень воды́ в реке́. (повыша́ет-ся) 5. Рабо́чие ... производи́тельность труда́. (повыша́ют-ся) 6. Уже́ пора́ ... у́жин. (гото́вить-ся) 7. Число́ уча́стников на́шего литерату́рного кружка́ за после́дние два го́да ... вдво́е. (увели́чилось) 8. Ну́жно пойти́ на по́чту и ... телегра́мму. (отпра́вить-ся) 9. Он прости́лся с на́ми и ... домо́й. (отпра́вил-ся) 10. Мне ... в сле́дующее воскресе́нье пое́хать за́ город. (хо́чет-ся) 11. В холо́дную осе́ннюю пого́ду ну́жно тепло́ ... . (одева́ть-ся) 12. Студе́нты ... э́ту ле́кцию с интере́сом. (слу́шали-сь) 13. Пи́сьменные рабо́ты студе́нтов ... преподава́телем. (проверя́ют-ся) 14. Твой това́рищ ... меня́ со свои́м бра́том. (познако́мил-ся)

Unpersönliche Verben

Unpersönliche Verben werden in allen Zeitformen nur in der 3. Person Singular, im Präteritum nur in der sächlichen Form gebraucht, z. B.

Вечере́ет.   Es wird Abend.
К ве́черу **похолода́ло.**   Gegen Abend wurde es kalt.

Diese Sätze enthalten kein Subjekt; die Fragen **кто?** *wer?* oder **что?** *was?* sind nicht möglich.

Ihrer Bedeutung nach werden unpersönliche Verben in drei Gruppen eingeteilt:

1. Unpersönliche Verben, die Naturzustände bezeichnen:

Präsens	Präteritum	
	unvollendet	vollendet
свста́ет es tagt	**света́ло** es tagte	**рассвело́** der Tag brach an
холода́ет es wird kalt	**холода́ло** es wurde kalt	**похолода́ло** es ist kalt geworden
вечере́ет es wird Abend	**вечере́ло** es wurde Abend	
моро́зит es friert	**моро́зило** es fror	**подморо́зило** es hat gefroren
смерка́ется es wird dunkel, es dämmert	**смерка́лось** es wurde dunkel, es dämmerte	

2. Unpersönliche Verben, die den Zustand eines Menschen bezeichnen:

Мне **нездоро́вится.**   Ich fühle mich nicht wohl.
Его́ **знобит.**   Ihn fröstelt.

Das Substantiv bzw. Pronomen, das die Person bezeichnet, steht bei solchen unpersönlichen Verben im Dativ oder Akkusativ:

a) Unpersönliche Verben, die mit dem Akkusativ gebraucht werden:

Его́ **лихора́дит.**   Er hat Fieber. Er fiebert.
Больно́го **знобит, тошни́т, мути́т.**   Den Kranken fröstelt, ihm ist übel.

b) Unpersönliche Verben, die mit dem Dativ gebraucht werden:

Мне **нездоро́вится.**   Ich fühle mich nicht wohl.
Ребёнку **хо́чется** гуля́ть.   Das Kind möchte spazierengehen.

Ей **не спи́тся.**   Sie kann nicht schlafen.
Ма́льчику **не сиди́тся** на ме́сте.   Der Junge kann nicht ruhig sitzen.

Solche Verben werden gewöhnlich von persönlichen Verben durch Anfügen der Partikel **-ся** gebildet.

3. Verben, die ein Sollen oder Müssen ausdrücken:

Вам **сле́дует** яви́ться у́тром.	Sie müssen am Morgen kommen.
Тебе́ **сто́ит** пойти́ на ве́чер.	Es lohnt sich, daß du zur Abendveranstaltung gehst.
Больно́му **не сле́дует** выходи́ть из до́ма.	Der Kranke darf nicht hinausgehen.

Diese Verben werden mit dem Dativ verbunden.

Einige persönliche Verben können unpersönlich gebraucht werden. Sie stehen dann wie die unpersönlichen Verben stets in der 3. Person Singular, im Präteritum in der sächlichen Form.

Здесь **ду́ет**.	Hier zieht es.
Здесь **ду́ло**.	Hier zog es.
На со́лнце **та́ет**.	In der Sonne taut es.
На со́лнце **та́яло**.	In der Sonne taute es.
Шуми́т в уша́х.	Mir braust es in den Ohren.
Шуме́ло в уша́х.	Mir brauste es in den Ohren.

In diesen Sätzen bezeichnen die Verben Handlungen, die sich nicht auf ein Subjekt beziehen. Dieselben Verben können jedoch auch auf ein Subjekt bezogene Handlungen bezeichnen. Ве́тер **ду́ет**. *Der Wind weht (bläst).* Снег **та́ет**. *Der Schnee taut.* (Ausführlicher siehe S. 510, „Unpersönliche Sätze".)

Übung 100. Schreiben Sie die folgenden Sätze ab. Unterschreiben Sie die unpersönlichen Verben.

1. Вечере́ет. В окно́ смо́трит голуба́я весна́. (*Приш.*) 2. Са́ше не спи́тся,— но ве́село ей. (*Н.*) 3. Уже́ давно́ смерка́лось. (*П.*) 4. Моро́зило сильне́е, чем с утра́. (*Г.*) 5. Уже́ совсе́м стемне́ло, непо́лный ме́сяц стоя́л высоко́ на не́бе... (*Тург.*) 6. На дворе́ уже́ чуть света́ло. (*Пан.*) 7. Вре́мя лете́ло незаме́тно, зна́чит, жило́сь хорошо́ и легко́. (*Чех.*)

Übung 101. Schreiben Sie die folgenden Sätze ab und ersetzen Sie das Präsens durch Präteritum.

1. Мне ещё не хо́чется есть. 2. Э́ту кинокарти́ну всем сто́ит посмотре́ть. 3. В лесу́ уже́ темне́ет. 4. На берегу́ мо́ря легко́ ды́шится.

Übung 102. Bilden Sie sechs Sätze mit unpersönlichen Verben.

Übung 103. Lesen Sie den folgenden Text. Bestimmen Sie Aspekt und Zeitform der Verben; achten Sie darauf, ob das Verb transitiv oder intransitiv ist.

Че́рез год и́ли че́рез не́сколько лет вы полу́чите дипло́м, начнёте самостоя́тельную нау́чную жизнь. И до́лжен, по дру́жбе, предупреди́ть вас: на пе́рвых пора́х вам бу́дет тру́дно. До сих по́р вы учи́лись, ва́ши учителя́ вели́ вас за́ руку по широ́кой и гла́дкой асфальти́рованной доро́ге. За 15 лет в шко́ле и в ву́зе вы прошли́ путь, кото́рый челове́чество проходи́ло за не́сколько тысячеле́тий. Но зате́м асфа́льтовая магистра́ль обрыва́ется. Вам придётся о́щупью пробира́ться по нехо́женым тропи́нкам. В тёмных де́брях неве́домого вы должны́ бу́дете находи́ть путь свои́ми си́лами. На пе́рвых пора́х вам захо́чется де́лать откры́тия с той же лёгкостью, с како́й вы узнава́ли о них на ле́кциях. Но тепе́рь вам придётся набра́ться терпе́ния, снизойти́ до ежедне́вной чёрной рабо́ты наблюда́теля фа́ктов.

Бу́дьте терпели́вы, насто́йчивы, доводи́те де́ло до конца́! Не па́дайте ду́хом при неуда́чах. Неуда́чи неизбе́жны у иссле́дователя, и́щущего свою́ доро́гу. Бу́дьте насто́йчивы, упо́рны, но не упря́мы. Не цепля́йтесь за свои́ вы́воды. По́мните, что на све́те есть мно́го у́мных люде́й, кото́рые мо́гут заме́тить у вас оши́бки, и е́сли они́ пра́вы, не стесня́йтесь согласи́ться с ни́ми.

Нау́ка тре́бует принципиа́льности. Ищи́те пра́вду и то́лько пра́вду. (*Акад. Обручев*)

Verben der Fortbewegung

Nichtpräfigierte Verben der Fortbewegung

Es gibt im Russischen einige Verbpaare, die ein und dieselbe Handlung, und zwar eine Fortbewegung bezeichnen, deren beide Glieder unvollendet sind und unterschiedliche Wortwurzeln aufweisen:

I	II	
идти́	ходи́ть	gehen
е́хать	е́здить	fahren
бежа́ть	бе́гать	laufen, rennen
лете́ть	лета́ть	fliegen
плыть	пла́вать	schwimmen
нести́	носи́ть	tragen
везти́	вози́ть	fahren (jmdm.)
вести́	води́ть	führen

Die Verben der I. und II. Gruppe kennzeichnen die Art der Bewegung in unterschiedlicher Weise.

1. Die Verben der I. Gruppe bezeichnen eine Bewegung, die in einer bestimmten Richtung verläuft. Man nennt sie daher z i e l g e r i c h t e t e Verben, z. B.

Утром студе́нты **иду́т** (*куда́?*) **в институ́т**. — Morgens gehen die Studenten ins Institut.

Осенью перелётные пти́цы **летя́т** (*куда́?*) **на юг**. — Im Herbst fliegen die Zugvögel nach dem Süden.

Де́ти **бегу́т** (*куда́?*) **сюда́**. — Die Kinder laufen hierher.

2. Die Verben der II. Gruppe bezeichnen eine Bewegung nicht in einer, sondern in verschiedenen Richtungen (mitunter auch eine unterbrochene Bewegung). Man nennt sie n i c h t z i e l g e r i c h t e t e Verben, z. B.

Де́ти це́лый день **бе́гают во дворе́**. — Die Kinder laufen den ganzen Tag auf dem Hof herum.

Пти́цы **лета́ют**, кру́жатся **над** о́зером.	Die Vögel fliegen und kreisen über dem See.

Die unzielgerichteten Verben können eine Bewegung in beiden Richtungen (hin und zurück) bezeichnen:

Я ка́ждый день **хожу́ в институ́т** (иду́ туда́ и возвраща́юсь обра́тно).	Ich gehe jeden Tag ins Institut (ich gehe hin und kehre zurück).
Перелётные пти́цы ка́ждый год **лета́ют на юг** (летя́т на юг и возвраща́ются обра́тно).	Die Zugvögel fliegen jedes Jahr nach dem Süden (sie fliegen nach dem Süden und kehren von dort zurück).
Ле́том мы ка́ждый день **бе́гаем на ре́чку** купа́ться (бежи́м па ре́чку и обра́тно).	Im Sommer laufen wir jeden Tag zum Fluß, um zu baden (wir laufen zum Fluß und zurück).

Im Präteritum werden die unzeilgerichteten Verben auch dann gebraucht, wenn eine einmalige Handlung hin und zurück bezeichnet wird:

Сего́дня я **ходи́л в библиоте́ку.**	Heute war ich in der Bibliothek.

Die unzielgerichteten Verben werden ferner gebraucht, wenn die Rede von einer allgemeinen Fähigkeit zum Verrichten einer Handlung ist.

Пти́цы **лета́ют.**	Vögel können fliegen.
Зме́и **по́лзают.**	Schlangen kriechen.
Он хорошо́ **пла́вает.**	Er schwimmt gut.
Этот ма́льчик бы́стро **бе́гает.**	Dieser Junge läuft schnell.
Ребёнок уже́ **хо́дит.**	Das Kind kann schon gehen.

A n m e r k u n g. Zur Gruppe der Verben der Fortbewegung gehören noch folgende unvollendete Verben:

I	II	
брести́	**броди́ть**	langsam gehen, schlendern
гнать	**гоня́ть**	treiben, jagen
лезть	**ла́зить**	klettern
ползти́	**по́лзать**	kriechen
тащи́ть	**таска́ть**	tragen, schleppen

Das Verb **броди́ть** *langsam gehen, schlendern* unterscheidet sich von den anderen Verben dieser Gruppe dadurch, daß es die Bewegung hin und zurück nicht bezeichnen kann; es drückt nur eine in unbestimmter Richtung erfolgende Bewegung aus:

Мы до́лго **броди́ли** по́ лесу.	Wir streiften lange durch den Wald.

Übung 104. Lesen Sie die folgenden Sätze. Geben Sie den Bedeutungsunterschied der hervorgehobenen Verben der Fortbewegung in jedem Satzpaar an.

1. Де́ти *бе́гают* и игра́ют во дворе́.— Мать зовёт дете́й, и они́ *бегу́т* к ней. 2. Вот на́ши това́рищи, они́ *иду́т* сюда́.— Когда́ оте́ц обду́мывает како́й-нибудь вопро́с, он всегда́ *хо́дит* по ко́мнате взад и вперёд. 3. Мой брат хорошо́ *пла́вает.*— Ло́дка *плывёт* к тому́ бе́регу. 4. Почтальо́н *хо́дит* по го́роду и разно́сит пи́сьма, газе́ты и журна́лы.— Вот *идёт* почтальо́н, он несёт нам газе́ты. 5. Я всегда́ *е́зжу* в институ́т на трамва́е.— Сейча́с полови́на девя́того,

поэтому в трамва́е мно́го наро́ду: все *е́дут* на рабо́ту. 6. Мать ка́ждый день *во́дит* ребёнка в де́тский сад.— Утром мать *ведёт* ребёнка в де́тский сад. 7. Я всегда́ *ношу́* с собо́й докуме́нты.— Куда́ ты *несёшь* кни́ги?

Übung 105. Erläutern Sie den Bedeutungsunterschied der Sätze in der rechten und in der linken Spalte.

1. Мы шли по па́рку.   Мы ходи́ли по па́рку.
2. Самолёт лете́л над го́родом.   Самолёт лета́л над го́родом.
3. Соба́ка бежа́ла по́ двору́.   Соба́ка бе́гала по́ двору́.
4. Грузови́к везёт кирпи́ч на стро́ительство.   Грузови́к вози́л кирпи́ч на стро́ительство.
5. Ну́жно идти́ в теа́тр.   Ну́жно сходи́ть в теа́тр.

Übung 106. Lesen Sie die folgenden Sätze. Erläutern Sie die Bedeutung der hervorgehobenen Verben der Bewegung.

1. В про́шлое воскресе́нье мы *ходи́ли* в кино́, мы ви́дели но́вый фильм. 2. Ле́том мно́гие студе́нты *е́здили* отдыха́ть на Чёрное мо́ре. Они́ хорошо́ отдохну́ли и о́чень загоре́ли. 3. Вчера́ мать *води́ла* ма́льчика к врачу́. Врач сказа́л, что ребёнок здоро́в. 4. Во вре́мя зи́мних кани́кул я *лета́л* на самолёте в Хаба́ровск. Я про́жил там неде́лю.

Übung 107. Lesen Sie die folgenden Sätze. Suchen Sie die Verben der Bewegung heraus und erläutern Sie ihre Bedeutung.

1. Я возвраща́лся с охо́ты и шёл по алле́е са́да. Соба́ка бежа́ла впереди́ меня́. (*Тург.*) 2. Со́рок лет наза́д парохо́ды пла́вали ме́дленно; мы е́хали до Ни́жнего о́чень до́лго. (*М. Г.*) 3. Посреди́ равни́ны одино́ко идёт, кача́ясь, небольша́я тёмная фигу́ра де́вушки... Тру́дно идти́, ма́ленькие но́ги вя́знут в снегу́. (*М. Г.*) 4. Она́ (мать) зна́ла, что он хо́дит в го́род, быва́ет в теа́тре... (*М. Г.*) 5. Я ходи́л по па́рку, держа́сь пода́льше от до́ма, и оты́скивал бе́лые грибы́. (*Чех.*) 6. Наконе́ц он уви́дел, что е́дет не в ту сто́рону. (*П.*) 7. Ло́шади бежа́ли дру́жно. (*П.*) 8. Ко́шка бе́гала по кро́вле пыла́ющего сара́я. (*П.*)

Übung 108. Schreiben Sie die folgenden Sätze ab. Setzen Sie die passenden Verben aus den Klammern ein.

1. Мы уви́дели самолёт, кото́рый ... по направле́нию к Москве́. (лета́л, летел) 2. Дома́шние пти́цы (ку́ры, гу́си) почти́ не ... . (лета́ют, летя́т) 3. ... сюда́ эти кни́ги, я положу́ их в шкаф. (носи́, неси́) 4. Уже́ по́здно, ну́жно ... домо́й. (ходи́ть, идти́) 5. Де́ти лю́бят ... . (бе́гать, бежа́ть) 6. Де́ти ... нам навстре́чу. (бе́гали, бежа́ли)

Übung 109. Schreiben Sie die folgenden Sätze ab. Setzen Sie eines der in Klàmmern stehenden Verben im Präsens ein.

1. Шко́льники ... во дворе́. Разда́лся звоно́к, и они́ ... в класс. (бежа́ть, бе́гать) 2. Сего́дня мы ... в теа́тр. Мы ча́сто ... в теа́тр. (идти́, ходи́ть) 3. Этот почтальо́н уже́ мно́го лет ... по́чту в наш дом. По ле́стнице поднима́ется почтальо́н и ... нам по́чту. (нести́, носи́ть) 4. На́ша гру́ппа ка́ждое ле́то ... на Кавка́з, но в это ле́то

мы ... в Крым. (ехать, ездить) 5. На́ши пловцы́ отли́чно ... . Пловцы́ ... сейча́с к бе́регу. (плыть, пла́вать) 6. Преподава́тельница ... сего́дня дете́й на прогу́лку. Она́ ча́сто ... их в парк. (вести́, води́ть) 7. Я уви́дел в не́бе журавле́й, они́ ... на юг. (лете́ть, лета́ть)

Präfigierte Verben der Fortbewegung

Wird an ein unvollendetes zielgerichtetes Verb ein Präfix angefügt, das dem Verb die Bedeutung einer Richtung verleiht, Bewegung von irgendwoher, irgendwohin, so wird dieses Verb vollendet:

идти́ — войти́, вы́йти, прийти́, уйти́
лета́ть — влете́ть, вы́лететь, прилете́ть, улете́ть

unzielgerichtete Verben bleiben auch in Verbindung mit Präfixen unvollendet:

ходи́ть — входи́ть, выходи́ть, приходи́ть, уходи́ть
лета́ть — влета́ть, вылета́ть, прилета́ть, улета́ть

Durch Präfigierung werden von den zielgerichteten und den nichtzielgerichteten Verben der Fortbewegung Aspektpaare gebildet:

Unvollendeter Aspekt		Vollendeter Aspekt	Unvollendeter Aspekt
идти́ **ходи́ть**	gehen	**вы́йти** hinausgehen	**выходи́ть**
		уйти́ fortgehen	**уходи́ть**
		прийти́ kommen	**приходи́ть**
		перейти́ hinübergehen	**переходи́ть**
		зайти́ besuchen	**заходи́ть**
бежа́ть **бе́гать**	laufen	**вы́бежать** hinauslaufen	**выбега́ть**
		убежа́ть fortlaufen	**убега́ть**
		прибежа́ть herbeilaufen	**прибега́ть**
		перебежа́ть hinüberlaufen	**перебега́ть**
		забежа́ть bei jmdm. vorbeikommen	**забега́ть**
лете́ть **лета́ть**	fliegen	**вы́лететь** hinausfliegen	**вылета́ть**
		улете́ть fortfliegen	**улета́ть**
		прилете́ть herbeifliegen, angeflogen kommen	**прилета́ть**
		перелете́ть hinüberfliegen	**перелета́ть**
ползти́ **по́лзать**	kriechen	**залете́ть** hineinfliegen	**залета́ть**
		вы́ползти hinauskriechen	**выполза́ть**
		уползти́ fortkriechen	**уполза́ть**
		сползти́ hinuntergleiten herabkriechen	**сполза́ть**
		приползти́ herbeikriechen	**приполза́ть**
		заползти́ hineinkriechen	**заполза́ть**
везти́ **вози́ть**	fahren	**вы́везти** hinausfahren	**вывози́ть**
		увезти́ fortfahren	**увози́ть**
		свезти́ hinbringen hinfahren	**свози́ть**
		привезти́ antransportieren mitbringen	**привози́ть**
		завезти́ bringen (im Vorbeifahren)	**завози́ть**
вести́ **води́ть**	führen	**вы́вести** hinausführen	**выводи́ть**
		увести́ fortführen	**уводи́ть**
		свести́ hinführen	**своди́ть**
		привести́ herbeiführen, bringen	**приводи́ть**
		завести́ hinführen	**заводи́ть**

Unvollendeter Aspekt		Vollendeter Aspekt	Unvollendeter Aspekt
нести́ носи́ть	tragen	вы́нести hinaustragen унести́ ⎱ forttragen снести́ ⎰ hintragen zusammentragen	выноси́ть уноси́ть сноси́ть
		принести́ bringen	приноси́ть
		занести́ hineinbringen	заноси́ть
гнать гоня́ть	treiben	вы́гнать hinaustreiben угна́ть forttreiben согна́ть zusammentreiben пригна́ть herbeitreiben загна́ть hineintreiben	выгоня́ть угоня́ть сгоня́ть пригоня́ть загоня́ть
е́хать е́здить	fahren	вы́ехать hinausfahren уе́хать fortfahren прие́хать ankommen	выезжа́ть уезжа́ть приезжа́ть
		перее́хать ⎱ überfahren ⎰ übersiedeln	переезжа́ть
		зае́хать ⎱ hinfahren ⎰ abholen	заезжа́ть
плыть пла́вать	schwimmen	вы́плыть hinausschwimmen уплы́ть fortschwimmen приплы́ть herbeischwimmen переплы́ть hinüberschwimmen заплы́ть weit fortschwimmen	выплыва́ть уплыва́ть приплыва́ть переплыва́ть заплыва́ть

Anmerkungen.

1. Vom Verb **е́здить** *fahren* werden keine unvollendeten Ableitungen durch Präfigierung gebildet, entsprechende präfigierte Verben leitet man vom Stamm **езжа-** (**приезжа́ть, выезжа́ть** usw.) ab. Das Verb **езжа́ть** wird ohne Präfix in der Gegenwartssprache nicht gebraucht. An das Verb **е́здить** lassen sich nur wenige Präfixe anfügen; dabei wird dieses Verb vollendet (**съе́здить** на Кавка́з *in den Kaukasus fahren*, мно́го **пое́здить** *viel reisen*, **изъе́здить** весь свет *die ganze Welt bereisen*).

2. Vom Verb **пла́вать** *schwimmen* werden ebenfalls keine unvollendeten Ableitungen durch Präfigierung gebildet. Das entsprechende unvollendete Verb zu **вы́плыть, уплы́ть, приплы́ть** wird aus dem vollendeten mit Hilfe des Suffixes -ва- abgeleitet: **выплыва́ть, уплыва́ть, приплыва́ть.**

ÜBERSICHT ÜBER DIE BEDEUTUNGEN DER PRÄFIXE IN DEN VERBEN DER FORTBEWEGUNG

Präfixe	Verben	
в- (во-) *Bewegung nach innen* *hinein-, herein-*	войти́ входи́ть	в дом	ins Haus hineingehen
	вбежа́ть вбега́ть	в ко́мнату	ins Zimmer (hinein)laufen
	въе́хать въезжа́ть	в го́род	in die Stadt hineinfahren
	ввезти́ ввози́ть	това́ры в страну́	Waren in ein Land einführen
	внести́ вноси́ть	чемода́н в ко́м- нату	einen Koffer ins Zimmer (hinein)tragen

256

Präfixe	Verben		
Bewegung nach oben *hinauf-, herauf-*	въезжа́ть въе́хать	на́ гору	den Berg hinauffahren
вз- (вс-, взо-) *Bewegung nach oben* *hinauf-, herauf-*	взойти́ всходи́ть	на второ́й эта́ж	in den zweiten Stock hinaufgehen
	взбежа́ть взбега́ть	на ле́стни-цу	die Treppe herauflaufen
при- *Erreichen des Ziels* *herbei-, an-*	прийти́ приходи́ть	в инсти-ту́т на собра́-ние к врачу́	ins Institut, zur Versammlung, zum Arzt kommen
	прие́хать приезжа́ть	в Москву́ к роди́те-лям	nach Moskau, zu den Eltern kommen; in Moskau bei den Eltern ankommen
вы- *Bewegung von innen nach* *außen* *hinaus-, heraus-*	вы́йти выходи́ть	из до́ма	aus dem Haus hinausgehen
	вы́бежать выбега́ть	из ко́мна-ты	aus dem Zimmer hinauslaufen
	вы́ехать выезжа́ть	из го́рода	aus der Stadt hinausfahren
	вы́вести вывози́ть	това́ры из стра-ны́	Waren aus einem Land ausführen
	вы́нести выноси́ть	чемода́н из ко́м-наты	einen Koffer aus dem Zimmer tragen
с- (со-) *Bewegung von oben nach* *unten*	съе́хать съезжа́ть	с горы́	den Berg herunterfahren
	сойти́ сходи́ть	со второ́го этажа́	vom zweiten Stock herunterkommen, die Treppe hinunterlaufen
	сбежа́ть сбега́ть	с ле́стницы	die Treppe hinunterlaufen
у- *Entfernung* *weg-, fort-*	уйти́	из институ́-та	aus dem Institut
	уходи́ть	с собра́ния	aus der Versammlung weggehen
	уе́хать	от това́ри-ща	vom Freund
	уезжа́ть	из Москвы́ от роди́те-лей	aus Moskau von den Eltern wegfahren
	увести́ уводи́ть	ребёнка из де́тского са́да	das Kind aus dem Kindergarten holen

Präfixe	Verben		
под- (подо-) *Annäherung* *heran-, herbei-*	**подойти́** **подходи́ть**	к доске́ к учи́те- лю	an die Tafel zum Lehrer kommen
	подбежа́ть **подбега́ть**	к окну́	ans Fenster heranlaufen
	подъе́хать **подъезжа́ть**	к до́му	an das Haus heranfahren
	подплы́ть **подплыва́ть**	к бе́регу	ans Ufer (heran)schwimmen
раз- (разо-), рас- *Bewegung von einem Punkt* *aus nach verschiedenen* *Seiten* *auseinander-*	**разойти́сь** **расходи́ться**	по де- ла́м в ра́з- ные сто́- роны	in verschiedene Richtungen auseinandergehen

Anmerkung. Die Verben der Bewegung haben in dieser Bedeutung stets die Partikel -ся.

Präfixe	Verben		
от *Entfernung* *weg-, fort-, ab-*	**отойти́** **отходи́ть**	от доски́ от това́- рища	von der Tafel zurücktreten sich vom Freund abwenden
	отбежа́ть **отбега́ть**	от окна́	vom Fenster weglaufen
	отъе́хать **отъезжа́ть**	от до́ма	vom Haus wegfahren
	отплы́ть **отплыва́ть**	от бе́рега	vom Ufer fortschwimmen
с- *Bewegung von verschiede-* *nen Seiten zu einem* *Punkt hin* *zusammen-*	**сойти́сь** **сходи́ться**	в одно́ ме́сто	zusammen- kommen, sich an ei- nem Ort versam- meln
до- *Bewegung bis zu einem* *bestimmten Ort oder* *Gegenstand* *hin-, ... zu*	**дойти́** **доходи́ть**	до инсти- ту́та	bis zum In- stitut ge- hen
	добежа́ть **добега́ть**	до реки́	bis zum Fluß laufen
	дое́хать **доезжа́ть**	до грани́- цы	bis zur Gren- ze fahren
	довести́ **довози́ть**	до шко́лы	bis zur Schule bringen
пере- 1. *Bewegung von einer* *Seite zur anderen* *hinüber-, herüber-, über-*	**перейти́** **переходи́ть**	че́рез у́лицу	über die Stras- se gehen	Diese Verben können in der hier eingeführ- ten Bedeutung
	перебежа́ть **перебега́ть**	че́рез у́лицу	über die Stras- se laufen	

Präfixe	Verben			Anmerkungen
2. *Fortbewegung von einem Ort an einen anderen hinüber-, herüber-, über-*	**переплы́ть** **переплыва́ть**	че́рез ре́ку	über einen Fluß schwimmen	auch ohne Präposition gebraucht werden: перейти́ у́лицу.
	перее́хать **переезжа́ть**	на но́вую кварти́ру	umziehen, in eine neue Wohnung ziehen	
	перейти́ **переходи́ть**	на второ́й курс	vom ersten ins zweite Studienjahr kommen	
про- **1.** *Forbewegung an irgend etwas vorbei vorbei-, vorüber-*	**пройти́** **проходи́ть**	ми́мо до́ма, ми́мо челове́ка	an einem Haus, an einem Menschen vorbeigehen	Manchmal können die Verben in der hier angeführten Bedeutung ohne Präpositionen gebraucht werden: прое́хать тунне́ль.
2. *Fortbewegung durch etwas hindurch hindurch-, durch-*	**прое́хать** **проезжа́ть**	ми́мо ста́нции	an einer Station vorbeifahren	
	прое́хать **проезжа́ть**	сквозь тунне́ль	durch einen Tunnel fahren	
3. *Fortbewegung über eine gewisse Entfernung (durch)*	**пройти́** **проходи́ть**	киломе́тр	1 Kilometer weit gehen	
	прое́хать **проезжа́ть**	30 киломе́тров	30 Kilometer weit fahren	
о- (об-, обо-) **1.** *Bewegung um einen Gegenstand herum um... herum-*	**обойти́** **обходи́ть**	вокру́г до́ма	um das Haus herumgehen	
2. *Bewegung an einem Hindernis vorbei um-*	**объе́хать** **объезжа́ть**	вокру́г	um den See herumfahren	
3. *Erfassen aller Gegenstände bzw. Orte im Verlauf einer Fortbewegung (durch-)*	**обойти́** **обходи́ть** **объе́хать** **объезжа́ть**	го́ру боло́то	den Berg umgehen den Sumpf umfahren	
	обойти́ **обходи́ть**	все ко́мнаты общежи́тия	einen Rundgang durch alle Zimmer des Studentenheims machen	

Präfixe	Verben		
за- 1. *Besuch im Vorüberge- hen (auf dem Wege zu einem anderen Ziel) (hin-)*	зайти́ заходи́ть	в магази́н по доро́- ге домо́й	auf dem Wege nach Hause ein Geschäft aufsuchen	
	занести́ заноси́ть	кни́гу в би- блиоте́ку по доро́- ге в ин- ститу́т	auf dem Wege ins Institut das Buch in die Bib- liothek bringen	
	забежа́ть забега́ть	за това́ри- щем, что́бы вме́- сте идти́ в инсти- ту́т	den Freund abholen, um zusam- men ins Institut zu gehen	
2. *Fortbewegung hinter einen Gegenstand hinter*	забежа́ть забега́ть	за де́рево	hinter einen Baum lau- fen	
	заползти́ заполза́ть	за ка́мень	hinter einen Stein kriechen	
3. *Bewegung tief hinein in eine Gegend*	зайти́ заходи́ть	далеко́ в лес	weit in den Wald hin- eingehen	
	завести́ заводи́ть	кого́-либо в боло́то	jmdn. in einen Sumpf führen	
	залете́ть залета́ть	на чужу́ю террито́- рию	in fremdes Gebiet einfliegen	

Übung 110. Erklären Sie den Unterschied in der Bedeutung der nebeneinanderste-
henden Sätze.

1. Пти́ца влете́ла в окно́. Пти́ца вы́летела в окно́.
2. Он подошёл к окну́. Он отошёл к окну́.
3. Самолёт прилете́л в Москву́. Самолёт улете́л в Москву́.
4. Брат пришёл к това́рищу. Брат ушёл к това́рищу.
5. Де́ти вбежа́ли во двор. Де́ти вы́бежали во двор.

Übung 111. Lesen Sie die folgenden Sätze. Schreiben Sie die hervorgehobenen Verben
der Fortbewegung heraus und notieren Sie zu jedem ein Verb von entgegengesetzter Be-
deutung.

1. Две́ри откры́лись, и из аудито́рии *вы́шли* студе́нты. 2. Он
бы́стро *вбежа́л* по ле́стнице на второ́й эта́ж и позвони́л. 3. Во
двор *въе́хал* грузови́к. 4. Де́ти с весёлым сме́хом *съезжа́ли* на са́н-
ках с горы́. 5. Ко мне из Смоле́нска *прие́хал* брат. 6. Брат *приез-
жа́ет* ко мне ка́ждый год. 7. Сестра́ *ушла́* и́з дому ра́но у́тром,

и до сих пóр её нет. 8. Он ждал с нетерпéнием. Чáсто *подходи́л* к окну́ и смотрéл, не *приéхала* ли маши́на. 9. Учи́тель написáл предложéние и *отошёл* от доски́. 10. В переры́ве студéнт *подошёл* к профéссору и зáдал ему́ вопрóс. 11. Собрáние кóнчилось, и все *разошли́сь* по домáм. 12. Скóро начáло учéбного гóда. Студéнты нáчали *съезжáться* в нáше общежи́тие. 13. Когдá наступáет óсень, перелётные пти́цы *улетáют* на юг. 14. Когдá парохóд отошёл от бéрега, на бéрег *прибежáл* опоздáвший пассажи́р.

Übung 112. Lesen Sie die folgenden Sätze. Schreiben Sie die Verben der Fortbewegung heraus. Bestimmen Sie ihren Aspekt und bilden Sie Sätze mit diesen Verben.

A. 1. Кáждую суббóту к Пáвлу приходи́ли товáрищи. (*М.Г.*) 2. Выхожу́ оди́н я на дорóгу. (*Л.*) 3. У пéрвой избу́шки он вы́-прыгнул из санéй, подбежáл к окну́ и стал стучáться. (*П.*) 4. Пóсле обéда он тóтчас же ушёл в свою́ кóмнату и в си́льном волнéнии дóлго ходи́л по ней. (*Л.Т.*) 5. Бы́ло ужé зá полночь, когдá они́ стá-ли расходи́ться. (*М.Г.*)

В. 1. Я прошёл ми́мо бéлого дóма с террáсой и мезони́ном. (*Чех.*) 2. Влади́мир с у́жасом уви́дел, что он заéхал в незнакóмый лес. (*П.*) 3. С сáмого дéтства они́ вмéсте учи́лись, переходи́ли из клáсса в класс. (*Фад.*) 4. Они́ подъéхали к разли́вшейся рекé, котó-рую им нáдо бы́ло переезжáть на парóме. (*Л.Т.*)

Präfigierte Verben der Fortbewegung, die den Beginn, den Abschluß oder die zeitliche Begrenzung einer Handlung bezeichnen

Das Präfix **по-** verwandelt die bestimmten unvollendeten Verben der Fortbewegung in vollendete und bezeichnet den Beginn einer Handlung: **идти́** *gehen* — **пойти́** *losgehen*, **éхать** *fahren* — **поéхать** *losfahren*, **летéть** — **полетéть**, **бежáть** — **побежáть**, **плыть** — **поплы́ть**, **ползти́** — **поползти́**, **нести́** — **понести́**, **вести́** — **повести́**, **везти́** — **повезти́**.

Diese Verben werden gebraucht, wenn von einer einmaligen Bewegung die Rede ist, die zu einem bestimmten Zeitpunkt eingesetzt hat und mit vorangehenden Handlungen verbunden ist:

Я встал, одéлся, позáвтракал и **пошёл** на рабóту.	Ich bin aufgestanden, habe mich angezogen, habe gefrühstückt und bin zur Arbeit gegangen.
Вчерá пóсле заня́тий мы **пошли́** в кинó.	Gestern nach dem Unterricht sind wir ins Kino gegangen.

In den angeführten Beispielen darf man das unvollendete Verb **ид-ти́** nicht gebrauchen, weil hier eine einmalige, zu einem bestimmten Zeitpunkt begonnene Handlung bezeichnet wird, nicht der Ablauf der Handlung selbst. Zum Ausdruck sich wiederholender Handlungen werden die entsprechenden unvollendeten Verben gebraucht. Vergleichen Sie:

einmalige Handlung	sich wiederholende Handlung
1. По́сле заня́тий мы сра́зу **пошли́** в столо́вую. Nach dem Unterricht sind wir gleich in den Speiseraum gegangen.	По́сле заня́тий мы сра́зу **шли** в столо́вую. Nach dem Unterricht sind wir gewöhnlich gleich in den Speiseraum gegangen.
2. По́сле заня́тий он попроща́лся с на́ми и сра́зу **пое́хал** домо́й. Nach dem Unterricht hat er sich von uns verabschiedet und ist sofort nach Hause gefahren.	По́сле заня́тий он проща́лся с на́ми и **е́хал** домо́й. Nach dem Unterricht hat er sich gewöhnlich von uns verabschiedet und ist nach Hause gefahren.

Das Präfix **по-** kann auch an unbestimmte Verben der Fortbewegung angefügt werden (**ходи́ть** gehen — **походи́ть** *eine Zeitlang gehen*, **е́здить** *fahren* — **пое́здить** *eine Zeitlang fahren*, **бе́гать** — **побе́гать**, **лета́ть** — **полета́ть**, **пла́вать** — **попла́вать**, **вози́ть** — **повози́ть**, **носи́ть** — **поноси́ть**, **води́ть** — **поводи́ть**).

Durch Anfügen des Präfixes **по-** an diese unvollendeten Verben werden ebenfalls vollendete Verben gebildet, die eine zeitlich begrenzte, nur kurze Zeit dauernde Handlung ausdrücken:

Мы **походи́ли** полчаса́ о́коло до́ма, верну́лись и легли́ спать.	Wie gingen eine halbe Stunde in der Nähe des Hauses spazieren, kehrten zurück und legten uns schlafen.
Я **попла́вал** не́сколько мину́т и сно́ва лёг на горя́чий песо́к.	Ich schwamm einige Minuten und legte mich wieder auf den heißen Sand.

Mit dem Präfix **за-** werden von den unbestimmten Verben **ходи́ть** und **бе́гать** die vollendeten Verben **заходи́ть** *anfangen zu gehen* und **забе́гать** *anfangen zu laufen* gebildet, die den Beginn der Handlung kennzeichnen:

Он встал и **заходи́л** (на́чал ходи́ть) по ко́мнате.	Er stand auf und fing an, im Zimmer auf und ab zu gehen.
Де́ти **забе́гали** (на́чали бе́гать) по́ двору.	Die Kinder fingen an, auf dem Hof umherzulaufen.

Hiervon zu unterscheiden sind die Verben **заходи́ть, забега́ть**: Он ко мне ча́сто **заходи́л** (**забега́л**) ле́том. *Er kam im Sommer oft kurz bei mir vorbei.* Diese unvollendeten Verbformen bedeuten ,kam kurz auf einen Sprung vorbei'; ihre vollendeten Entsprechungen sind die Verben **зашёл, забежа́л**, d. h. bestimmte Verben mit dem Präfix **за-**(Он **зашёл, забежа́л** ко мне вчера́ у́тром по доро́ге на рабо́ту. *Er kam gestern früh auf dem Weg zur Arbeit auf einen Sprung bei mir vorbei.*).

Die Verben **забе́гал** *fing an zu laufen* und **забега́л** *kam auf einen Sprung zu mir* unterscheiden sich voneinander auch durch die Betonung.

An die bestimmten Verben der Fortbewegung kann das Präfix **за-** in der Bedeutung des Beginns einer Handlung nicht angefügt werden.

Das Präfix **с-** verleiht, wenn es mit unbestimmten Verben der Fortbewegung verbunden wird, diesen die Bedeutung der Abgeschlossenheit einer Handlung und verwandelt sie in vollendete; die Verben drücken eine einmalige Bewegung hin und zurück aus: **сходи́ть** *irgendwohin gehen und zurückkehren,* **сбе́гать** *irgendwohin laufen und zurückkehren,* **съе́здить** *irgendwohin fahren und zurückkehren:*

Ма́льчик **сходи́л (сбе́гал)** в магази́н за хле́бом.	Der Junge ging (lief) ins Geschäft Brot holen.

In der Bedeutung ‚von oben nach unten‘ wird das Präfix **с-** sowohl an die unbestimmten als auch an die bestimmten Verben angefügt; dabei entstehen Aspektpaare:

unvollendet	vollendet	
сходи́ть с ле́стницы	**сойти́** с ле́стницы	die Treppe hinuntergehen, herunterkommen
сбега́ть с горы́	**сбежа́ть** с горы́	den Berg hinunter-(herunter-)laufen

Das Präfix **из- (ис-)** kennzeichnet, wenn es an unbestimmte Verben der Fortbewegung angefügt wird, daß die Handlung voll ausgeschöpft wird (Bewegung über eine ganze Fläche, bis zum Ende); die präfigierten Verben sind vollendet:

исходи́ть всё по́ле	das ganze Feld durchstreifen
избе́гать весь сад	kreuz und quer durch den ganzen Garten laufen
изъе́здить всю страну́	das ganze Land bereisen

Zu unterscheiden vom Verb **избе́гать** ist das Verb **избега́ть** *meiden:* Э́тот челове́к **избега́л** люде́й. *Dieser Mann mied menschliche Gesellschaft.* Das Verb **избега́ть** ist unvollendet; seine vollendete Entsprechung lautet **избежа́ть:**

Как я ни стара́лся, я не мог **избежа́ть** встре́чи с э́тим челове́ком.	Wie ich mich auch bemühte, konnte ich das Treffen mit diesem Menschen nicht vermeiden.

Mit Präfixen werden von unbestimmten Verben der Fortbewegung in übertragener Bedeutung gelegentlich vollendete Verben abgeleitet, die das Resultat einer Handlung bezeichnen: **вы́ходить** больно́го *einen Kranken gesund pflegen.*

Сестра́ с удиви́тельной сто́йкостью и терпе́нием ходи́ла за больны́м и **вы́ходила** его́.	Die Schwester hat den Kranken mit erstaunlicher Ausdauer und Geduld gesund gepflegt.

Solche Verben mit übertragener Bedeutung bilden neue Aspektpaare:

vollendet	unvollendet
вы́ходить — выха́живать (боль- но́го)	(einen Kranken) gesund pflegen
заноси́ть — зана́шивать (пла́тье)	(ein Kleid) gänzlich abtragen
износи́ть — изна́шивать (пла́тье)	(ein Kleid) gänzlich abtragen
вы́носить — вына́шивать (иде́ю)	(eine Idee) reifen lassen

Übung 113. Lesen Sie die folgenden Sätze. Begründen Sie den Gebrauch der Verben der Fortbewegung mit dem Präfix **по-** und ohne dieses Präfix.

А. 1. Ка́ждое у́тро я встава́л ра́но, де́лал заря́дку, за́втракал и шёл в университе́т. 2. Вчера́ я встал ра́но у́тром, сде́лал заря́дку, поза́втракал и пошёл в университе́т. 3. По́сле у́жина он сра́зу пошёл в свою́ ко́мнату и лёг спать. 4. По́сле у́жина он сра́зу шёл в свою́ ко́мнату и ложи́лся спать.

В. 1. Они́ шли ме́дленно и разгова́ривали. 2. Путеше́ственники немно́го отдохну́ли и пошли́ да́льше. 3. Я уви́дел её, когда́ она́ шла по́ двору, и поду́мал: «Куда́ она́ пошла́ так ра́но?» 4. Маши́на е́хала по широ́кой у́лице. 5. Маши́на сверну́ла напра́во и пое́хала по у́зкому переу́лку. 6. Носи́льщик по́днял чемода́ны и понёс их к вы́ходу. 7. Носи́льщик без труда́ нёс чемода́ны.

Übung 114. Lesen Sie die folgenden Sätze. Erklären Sie die Bedeutung des Präfixes **по-** mit den Verben der Fortbewegung.

1. Де́ти побе́гали по́ двору и побежа́ли на у́лицу. 2. Самолёт полета́л над го́родом и полете́л на се́вер. 3. Мы попла́вали у бе́рега и поплы́ли на другу́ю сто́рону. 4. Мы пое́здили по го́роду, пото́м вы́шли из маши́ны и пошли́ пешко́м в гости́ницу.

Übung 115. Schreiben Sie die folgenden Sätze ab. Setzen Sie das passende Verb der Fortbewegung (mit oder ohne Präfix **по-**) ein.

1. «Догоня́й меня́»,— кри́кнул он и ... к бе́регу. (плыл, поплы́л) 2. Наконе́ц мы уви́дели у́зкую тропи́нку и ... по ней. (шли, пошли́) 3. Мы до́лго ... по у́зкой лесно́й тропи́нке. (шли, пошли́) 4. Вы сего́дня ... сюда́ на тролле́йбусе или на авто́бусе? (е́хали, пое́хали) 5. У него́ боле́ла нога́, поэ́тому он ... ме́дленно. (шёл, пошёл) 6. Ка́ждый ве́чер по́сле рабо́ты мы вме́сте ... домо́й. (е́хали, пое́хали) 7. Ско́лько вре́мени э́тот самолёт ... от Москвы́ до Волгогра́да? (лете́л, полете́л) 8. У меня́ не́ было э́той кни́ги, и я ... в библиоте́ку. (шёл, пошёл) 9. Самолёт сде́лал круг над го́родом и ... на се́вер. (лете́л, полете́л) 10. По́сле заня́тий мы обы́чно сра́зу ... в столо́вую. (шли, пошли́) 11. Носи́льщик положи́л чемода́ны на теле́жку и ... их к вы́ходу в го́род. (вёз, повёз) 12. Когда́ он уви́дел, что бе́рег уже́ бли́зко, он ... ме́дленнее. (плыл, поплы́л)

Übung 116. Lesen Sie die folgenden Sätze. Bestimmen Sie den Aspekt der hervorgehobenen Verben und erklären Sie ihre Bedeutung.

1. Мы тогда́ жи́ли на одно́й у́лице, и мой друг ча́сто *заходи́л* ко мне. 2. Когда́ ему́ сообщи́ли э́ту но́вость, он в волне́нии *заходи́л* по ко́мнате. 3. В про́шлое воскресе́нье мы *съе́здили* за́ город. 4. Де́ти с весёлым сме́хом *съезжа́ли* на са́нках с горы́. 5. Де́ти

играли во дворе и только изредка *забегали* в дом. 6. Сегодня с раннего утра дети *забегали* по саду; во всех его уголках звучали их звонкие голоса и весёлый смех. 7. Мать *сводила* ребёнка к врачу. 8. Мать *сводила* ребёнка с лестницы. 9. Несколько лет тому назад он *исходил* берега Адуна с изыскательской партией — и теперь, с высоты птичьего полёта, узнавал знакомые места. (*Аж.*)

Übung 117. Schreiben Sie die folgenden Sätze ab. Setzen Sie die erforderlichen Präfixe ein.

Мы ехали отдыхать в Сочи. Рано утром мы ...ехали в город Туапсе. За Туапсе начинается море. Поезд ...шёл по берегу моря. Мы смотрели в окно и любовались морем. Вдруг стало темно и душно. Это мы ...ехали в туннель, прорытый в горе. Через две минуты поезд ...шёл из туннеля, и мы снова увидели яркое солнце и море. По пути в Сочи мы ...ехали несколько туннелей.

Übung 118. Lesen Sie die beiden Erzählungen von L. Tolstoj und begründen Sie den Gebrauch der Verben der Fortbewegung. Geben Sie den Inhalt der Erzählungen wieder.

КАК ВОЛКИ УЧАТ СВОИХ ДЕТЕЙ

Я *шёл* по дороге и сзади себя услыхал крик. Кричал мальчик-пастух. Он *бежал* полем и на кого-то показывал.

Я поглядел и увидел: по полю *бегут* два волка: один старый, другой молодой. Молодой *нёс* на спине зарезанного ягнёнка, а зубами держал его за ногу. Старый волк *бежал* позади. Когда я увидел волков, я вместе с пастухом *побежал* за ними, и мы стали кричать. На наш крик *прибежали* мужики с собаками.

Как только старый волк увидел собак и народ, он *подбежал* к молодому, выхватил у него ягнёнка, перекинул себе на спину, и оба волка *побежали* скорее и скрылись из глаз.

Тогда мальчик стал рассказывать, как было дело: из оврага выскочил большой волк, схватил ягнёнка, зарезал его и *понёс*. Навстречу *выбежал* волчонок и бросился к ягнёнку. Старый отдал *нести* ягнёнка молодому волку, а сам налегке *побежал* возле.

Только когда *пришла* беда, старый оставил ученье и сам взял ягнёнка.

ВОРОБЕЙ И ЛАСТОЧКИ

Раз я стоял во дворе и смотрел на гнездо ласточек под крышей. Обе ласточки при мне улетели, и гнездо осталось пустое.

В то время как они были в отлучке, с крыши слетел воробей, прыгнул на гнездо, оглянулся, взмахнул крылышками и юркнул в гнездо, потом высунул свою голову и зачирикал.

Скоро после того прилетела к гнезду ласточка.

Она сунулась в гнездо, но, как только увидела гостя, запищала, побилась крыльями на месте и улетела. Воробей сидел и чирикал.

Вдруг прилетел табунок ласточек: все ласточки подлетели к гнезду — как будто для того, чтобы посмотреть на воробья, и опять улетели.

Воробей не робел, поворачивал голову и чирикал.

Ласточки опять подлетали к гнезду, что-то делали и опять улетали.

Ласточки недаром подлетали: они приносили каждая в клюве грязь и понемногу замазывали отверстие гнезда.

Опять улетали и опять прилетали ласточки и всё больше и больше замазывали гнездо, и отверстие становилось всё теснее и теснее.

Сначала была видна шея воробья, потом уже одна головка, потом носик, а потом и ничего не стало видно; ласточки совсем замазали его в гнезде, улетели и со свистом стали кружиться вокруг дома.

Der Gebrauch unbestimmter Verben
der Fortbewegung zur Bezeichnung
einer einmaligen Handlung

Die unbestimmten Verben der Fortbewegung können im Präteritum eine Handlung bezeichnen, die einmal in zwei entgegengesetzten Richtungen (hin und zurück) ausgeführt wurde:

Вчера мы **ходили** в кино.	Gestern waren wir im Kino.
Летом я **ездил** в Крым.	Im Sommer war ich auf der Krim.
К тебе **приходил** товарищ.	Ein Freund hat dich besucht. (Der Freund ist nicht mehr da.)
В комнату кто-то **входил**.	Jemand war im Zimmer. (Der Betreffende ist nicht mehr im Raum.)

Wenn wir im 1. und 2. Satz die unbestimmten Verben **ходил** und **ездил** durch die bestimmten Verben **шёл** und **éхал** ersetzen (Вчера мы шли в кино... *Gestern gingen wir ins Kino...* Летом я **éхал** в Крым... *Im Sommer fuhr ich auf die Krim...*), so werden diese Verben eine in einer Richtung ausgeführte und nicht abgeschlossene Handlung bezeichnen; solche Sätze tragen unbestimmten Charakter und müssen ergänzt werden, z. B.

Вчера мы **шли** в кино и встретили знакомого.	Gestern gingen wir ins Kino und trafen einen Bekannten.
Летом я **éхал** в Крым, и в том же вагоне éхал мой товарищ.	Im Sommer fuhr ich auf die Krim, und in demselben Wagen saß mein Freund.

Wenn wir die präfigierten unbestimmten Verben der Fortbewegung **приходил** und **входил** im 3. und 4. Satz durch die bestimmten Verben **пришёл** und **вошёл** ersetzen (К тебе **пришёл** товарищ. *Ein Freund ist zu dir gekommen.* В комнату кто-то **вошёл**. *Jemand hat das Zimmer betreten.*), so werden diese Verben eine nur in einer Richtung ausgeführte und abgeschlossene Handlung bezeichnen:

К тебе **пришёл** товарищ.	Ein Freund ist zu dir gekommen. (Der Freund ist da.)

В комнату кто́-то **вошёл**. Jemand hat das Zimmer betreten.
(Jemand ist im Zimmer.)

Übung 119. Erklären Sie den Unterschied in der Bedeutung der Sätze.

1. К преподава́телю *пришёл* студе́нт сдава́ть экза́мен. К преподава́телю *приходи́л* студе́нт сдава́ть экза́мен.
2. В ко́мнату кто́-то *забежа́л*. В ко́мнату кто́-то *забега́л*.
3. Заче́м ты *вы́шел* из до́ма? Заче́м ты *выходи́л* из до́ма?
4. Ко мне *прие́хала* сестра́. Ко мне *приезжа́ла* сестра́.
5. Он *уе́хал* из Москвы́. Он *уезжа́л* из Москвы́.

Übung 120. Schreiben Sie die folgenden Sätze ab. Setzen Sie eines der in Klammern stehenden Verben in der erforderlichen Form ein.

1. Я о́тпер дверь и ... в ко́мнату. Я уви́дел, что окно́ бы́ло откры́то и на подоко́ннике стоя́л буке́т цвето́в. Зна́чит, без меня́ кто́-то ... в мою́ ко́мнату. (войти́, входи́ть) 2. К тебе́ у́тром ... това́рищ, он оста́вил тебе́ запи́ску. К тебе́ ... това́рищ, он ждёт тебя́ уже́ полчаса́. (прийти́, приходи́ть) 3. Я звони́л тебе́ вчера́. Мне сказа́ли, что ты ... в теа́тр. (уйти́, уходи́ть) 4. — Я давно́ не вида́л твоего́ бра́та. Где он? — Он ... на ме́сяц в командиро́вку, пото́м неде́лю был до́ма, а вчера́ ве́чером ... отдыха́ть на юг. (уе́хать, уезжа́ть)

Übung 121. Schreiben Sie eine Erzählung über eine Fahrt und gebrauchen Sie dabei die Verben der Fortbewegung mit verschiedenen Präfixen: *выходи́ть, приходи́ть, отъезжа́ть, приезжа́ть, переезжа́ть, подходи́ть* u. a.

Verben der Fortbewegung mit Substantiven

Verben der Fortbewegung können in Verbindung mit Substantiven in übertragener Bedeutung gebraucht werden (**нести́ отве́тственность** *Verantwortung tragen*, **нанести́ уда́р** *einen Schlag versetzen*). Beim Gebrauch solcher Wortverbindungen gilt es einige Besonderheiten zu beachten.

a) Nichtpräfigierte Verben der Fortbewegung: einige Substantive lassen sich nur mit bestimmten, andere dagegen nur mit unbestimmten Verben der Fortbewegung verbinden, z. B. **нести́ отве́тственность** *die Verantwortung tragen*, a b e r: **носи́ть фами́лию** *den Namen führen*;

b) Präfigierte Verben der Fortbewegung: für jede Verbindung mit einem Substantiv ist ein Verb mit einem bestimmten Präfix charakteristisch, z. B. **приноси́ть по́льзу** *Nutzen bringen*, **выноси́ть вы́говор** *einem Verweis erteilen*; dabei kann bei ein und demselben Substantiv sowohl das bestimmte als auch das unbestimmte Verb stehen: **приноси́ть, принести́ по́льзу, выноси́ть, вы́нести вы́говор**.

Solche Verbindungen von Verben der Bewegung (in übertragener Bedeutung) mit verschiedenen Substantiven sind einzuprägen.

DIE VERBEN НЕСТИ́ — НОСИ́ТЬ

Нести́ отве́тственность, нести́ (понести́) поте́ри (in diesen Verbindungen wird das Verb **носи́ть** nicht gebraucht):

Он **несёт отве́тственность** за э́ту рабо́ту. Er trägt die Verantwortung für diese Arbeit.

267

Население **понесло** больши́е **по-** **те́ри** из-за наводне́ния.	Die Bevölkerung hat durch die Überschwemmung große Ver- luste erlitten.

Носи́ть костю́м, носи́ть очки́ (die Verbindungen **нести́ костю́м,**
нести́ очки́ sind auch möglich, dabei tritt jedoch das Verb in seiner ei-
gentlichen Bedeutung auf: **нести́ костю́м в чи́стку** *den Anzug zum Rei-*
nigen bringen; **нести́ очки́ в мастерску́ю** *die Brille zur Reparatur brin-*
gen).

Носи́ть фами́лию, носи́ть и́мя *den Namen führen* (in dieser Verbin-
dung wird das Verb **нести́** nicht gebraucht):

Она́ **но́сит фами́лию** му́жа.	Sie führt den Namen ihres Man- nes.
Моско́вский университе́т **но́сит** **и́мя** ру́сского учёного Ломо- но́сова.	Die Moskauer Universität führt den Namen des großen russi- schen Gelehrten Lomonosov.

PRÄFIGIERTE VERBEN

вноси́ть — внести́ предложе́ние	einen Vorschlag machen, unterbreiten
выноси́ть — вы́нести вы́говор	einen Verweis erteilen
произноси́ть — произнести́ речь, слова́	eine Rede halten
наноси́ть — нанести́ уда́ры (*мн. ч.*) уда́р (*ед. ч.*)	Schläge versetzen, einen Schlag versetzen
переноси́ть — перенести́ боле́знь	eine Krankheit durchmachen, überstehen
выноси́ть — вы́нести больши́е тру́дности	große Schwierigkeiten überwinden
приноси́ть — принести́ по́льзу, вред и т. д.	Nutzen bringen, Schaden zufügen

Die Verben вести́ — води́ть

вести́ рабо́ту	eine Arbeit ausführen, leisten
заня́тия	Unterricht erteilen, durchführen
уро́к	eine Unterrichtsstunde erteilen
семина́р	ein Seminar leiten
кружо́к	einen Zirkel leiten
собра́ние	eine Versammlung leiten
наблюде́ния	Beobachtungen anstellen
вести́ перегово́ры	Verhandlungen führen
спор	streiten, einen Wortwechsel führen
войну́	Krieg führen
ого́нь	feuern, schießen
вести́ себя́ (в о́бществе, среди́ това́- рищей)	sich aufführen, sich benehmen, sich verhalten
вести́ к чему́-нибудь, куда́-нибудь	zu etwas führen, irgendwohin führen
Это **ведёт к побе́де.**	Das führt zum Sieg.
Доро́га **ведёт в лес.**	Der Weg führt in den Wald.

In allen diesen Verbindungen wird das Verb **води́ть** nicht ge-
braucht.

Präfigierte Verben

проводи́ть — провести́ рабо́ту	eine Arbeit ausführen, leisten
заня́тия	Unterricht erteilen, durchführen
заря́дку	Morgengymnastik machen, Frühsport treiben
уро́к	eine Unterrichtsstunde geben, erteilen
семина́р	ein Seminar leiten
собра́ние	eine Versammlung abhalten
диску́ссию	eine Diskussion leiten

	наблюде́ния	Beobachtungen anstellen, machen
	вре́мя	die Zeit
	де́тство	die Kindheit
	ю́ность	die Jugend — verbringen, verleben
	зи́му	den Winter
	ле́то	den Sommer
		verwirklichen, in die Tat umsetzen
вводи́ть —	ввести́ в жизнь	einführen, verwirklichen
	в пра́ктику	verbreiten, in der Praxis einführen
	в употребле́ние	einführen
наводи́ть —	навести́ поря́док	Ordnung schaffen
	чистоту́	sauber machen
	на мысль	auf einem Gedanken bringen
	тоску́	in traurige Stimmung bringen

Осе́нние дожди́ наво́дят тоску́. Der herbstliche Regen bringt einen in traurige Stimmung.

заводи́ть — завести́ большо́е хозя́йство — eine große Wirtschaft gründen

доводи́ть — довести́ кого́-нибудь до отча́яния — jmd. zur Verzweiflung bringen

выводи́ть — вы́вести кого́-нибудь из терпе́ния, из себя́ — jmd. aus der Fassung bringen

производи́ть — произвести́ впечатле́ние — einen Eindruck machen

Эта карти́на произвела́ на меня́ большо́е впечатле́ние. Dieses Bild hat auf mich einen großen Eindruck gemacht.

Anmerkung. Das Verb **води́ть** wird in der Redewendung **води́ть за́ нос** *jmdn. an der Nase herumführen* gebraucht. In dieser Redewendung wird **вести́** nicht verwendet. Die Betonung fällt stets auf die Präposition **за**.

Die Verben идти́ — ходи́ть

идёт	рабо́та	die Arbeit läuft, geht voran
	прове́рка	es findet eine Überprüfung statt
	подгото́вка	die Vorbereitung findet statt
	собра́ние	eine Versammlung
	совеща́ние	eine Beratung — findet statt, hat begonnen
	диску́ссия	die Diskussion
иду́т	заня́тия	der Unterricht
	экза́мены	die Prüfungen sind im Gange, haben begonnen
	вы́боры	es finden Wahlen statt
идёт	вре́мя	die Zeit
	жизнь	das Leben — geht dahin
иду́т	дела́	

— Как иду́т ва́ши дела́? — Wie geht es Ihnen?
— Дела́ иду́т хорошо́. — Es geht gut.

идёт	но́вая пье́са	ein neues Theaterstück wird aufgeführt
	но́вая карти́на в кино́	ein neuer Film wird gespielt, läuft
идёт	война́	es ist Krieg
	спор	es wird gestritten
	дождь	es regnet
	снег	es schneit
	(тебе́ идёт э́тот костю́м,	dieser Anzug
	э́та шля́па)	dieser Hut — steht dir gut

Ничего́ не идёт на ум. Nichts will mir einfallen.

In allen diesen Wortverbindungen wird das Verb **ходи́ть** nicht gebraucht.

Präfigierte Verben

прохо́дит (пройдёт)	рабо́та провéрка подготóвка собрáние совещáние дискýссия	die Arbeit die Überprüfung die Vorbereitung die Versammlung die Beratung die Diskussion	verläuft (wird verlaufen)
прохо́дят (пройдýт)	заня́тия	der Unterricht findet statt (wird stattfinden)	
	экзáмены вы́боры	die Prüfungen die Wahlen	finden statt (werden stattfinden)
прохо́дит (пройдёт)	врéмя жизнь	die Zeit das Leben	vergeht (wird vergehen)
прохо́дят (пройдýт)	минýты часы́ дни недéли гóды	Minuten Stunden Tage Wochen Jahre	vergehen (werden vergehen)

Пройдёт дождь, и мы пойдём гуля́ть. — Der Regen wird aufhören, und dann werden wir spazierengehen.

Дождь ужé прохо́дит. — Der Regen hört schon auf.

происхо́дят больши́е собы́тия (произойдýт) — große Ereignisse geschehen (werden geschehen)

происхо́дит	заседáние конферéнция	eine Sitzung eine Konferenz findet statt

произойдёт недоразумéние — ein Mißverständnis wird entstehen

бедá — ein Unglück wird passieren (geschehen)

превосходи́ть все ожидáния (превзойти́) — alle Erwartungen übertreffen

Ва́ши успéхи превзошли́ все мои́ ожидáния. — Ihre Erfolge haben alle meine Erwartungen übertroffen.

исходи́ть	из предпосы́лки из положéния	von einer Voraussetzung von einem Grundsatz ausgehen

Доклáдчик исходи́л из тогó положéния, что... — Der Redner ging von dem Grundsatz (der Behauptung) aus, daß...

выходи́ть из трýдного положéния (вы́йти) — aus einer schwierigen Lage einen Ausweg finden

из себя́ — außer sich geraten

Он так рассерди́лся, что потеря́л вся́кую сдéржанность, вы́шел из себя́ и стал кричáть. — Er hatte sich so geärgert, daß er sich nicht mehr beherrschen konnte, außer sich geriet und zu schreien begann.

приходи́ть в себя́ (прийти́) — zur Besinnung kommen

Чéрез нéсколько минýт пóсле операции больнóй пришёл в себя́. — Einige Minuten nach der Operation kam der Kranke zur Besinnung.

входи́ть во вкус — immer mehr Gefallen an etwas finden

(войти́) в роль — sich in eine Rolle finden sich in jmds. Lage versetzen

в положéние —

Пойми́те меня́, войди́те в моё положéние и помоги́те. — Verstehen Sie mich bitte recht, versetzen Sie sich in meine Lage und helfen Sie mir.

в употреблéние — immer mehr genutzt werden, in Gebrauch kommen

в мóду — in Mode kommen

выходи́ть из употреблéния — nicht mehr verwendet werden

(вы́йти) из мóды — aus der Mode kommen

сходи́ть с умá (сойти́) — verrückt werden

обходи́ть вопрóс (обойти́) — die Antwort auf eine Frage umgehen, einer Frage ausweichen

В своём докла́де он **обошёл** все о́стрые вопро́сы.

Er umging in seiner Rede alle kritischen Fragen.

Merken Sie sich folgende Wortverbindungen:

	идёт		иду́т
	бежи́т		бегу́т
	лети́т		летя́т
	мчи́тся	го́ды	мча́тся
	прохо́дит	(часы́,	прохо́дят
вре́мя	пройдёт	мину́ты,	пройду́т
	ухо́дит	дни)	ухо́дят
	уйдёт		уйду́т
	пролета́ет		пролета́ют
	пролети́т		пролетя́т

Übung 122. Lesen Sie die folgenden Sätze. Schreiben Sie die Verben der Fortbewegung mit den von ihnen abhängigen Objekten oder Adverbialbestimmungen des Ortes heraus; bilden Sie eigene Sätze mit diesen Wortverbindungen.

1. Окно́ выхо́дит на юг. 2. Дверь ведёт в коридо́р. 3. Тропи́нка ведёт в лес. 4. Преподава́тель о́чень интере́сно прово́дит заня́тия. 5. Экспеди́ция ведёт наблюде́ния над направле́нием тече́ний в океа́не. 6. Шко́льники на́шей страны́ веду́т перепи́ску со шко́льниками други́х стран. 7. О чём вы веде́те тако́й горя́чий спор? 8. Он не уме́ет вести́ себя́ в о́бществе. 9. Мы навели́ образцо́вый поря́док в ко́мнате. 10. На собра́нии това́рищи внесли́ мно́го хоро́ших предложе́ний, на́до их провести́ в жизнь. 11. Эта му́зыка наво́дит на меня́ тоску́. 12. Но́вая пье́са произвела́ на меня́ о́чень си́льное впечатле́ние. 13. Брат перенёс серьёзную боле́знь. 14. Това́рищу вы́несли вы́говор за про́пуски заня́тий. 15. Муравьи́ прино́сят большу́ю по́льзу.

Übung 123. Lesen Sie die folgenden Sätze. Bilden Sie eigene Sätze mit den hervorgehobenen Wortverbindungen.

1. *Часы́ лете́ли* за часа́ми, а мы всё сиде́ли у костра́ и разгова́ривали. (*Арс.*) 2. *Прошло́ о́коло ча́са.* Зелёный ого́нь пога́с, и не ста́ло ви́дно тене́й. (*Чех.*) 3. *Летя́т за дня́ми дни.* (*П.*) 4. *Ночь идёт,* и с не́ю льётся в грудь не́что си́льное, освежа́ющее. (*М. Г.*)

5. Уж *де́сять лет ушло́* с тех пор, и мно́го
   Перемени́лось в жи́зни для меня́. (*П.*)
6. Так *идёт жизнь,* по́лная мечта́ний и обы́денного труда́. (*Ф.*) 7. *Вре́мя лети́т* иногда́ пти́цей, иногда́ ползёт червяко́м. (*Тург.*) 8. Весь сле́дующий день *доро́га шла* ле́сом и гора́ми. (*Гайд.*)

9. И тума́н и непого́ды
   Осень по́здняя *несёт.* (*П.*)
10. Мне нужна́ попу́тная маши́на, и я *не свожу́ глаз* с доро́ги. (*А-нт.*) 11. Происше́ствие э́того ве́чера *произвело́* на меня́ дово́льно глубо́кое *впечатле́ние.* (*Л.*)

12. *Ве́тер осе́нний наво́дит* печа́ль.
    По́ не́бу ту́чи угрю́мые *го́нит.* (*Н.*)
13. Пого́да в э́ти дни была́ дурна́я, и бо́льшую *часть вре́мени* мы

проводили в ко́мнатах. (*Л. Т.*) 14. Анна Фёдоровна бо́льшую часть дня остава́лась до́ма одна́ и постепе́нно *входи́ла в роль* молодо́й хозя́йки. (*М. С.*)

Übung 124. Lesen Sie die folgenden Sätze. Geben Sie ihren Inhalt wieder.

1. Фа́кты — э́то во́здух учёного. Без них вы никогда́ *не смо́жете взлете́ть.* (*Пав.*) 2. Нау́ку *ще́дро вво́дят в жизнь* в на́шей стране́. (*Пав.*) 3. Я презира́ю люде́й, кото́рых нары́в на па́льце *выво́дит из равнове́сия,* заслоня́ет всё. (*Н. О.*) 4. Ни одно́ филосо́фское уче́ние *не мо́жет обойти́* вопро́са об отноше́нии мышле́ния к бытию́. 5. Материали́зм *исхо́дит из призна́ния* материа́льности ми́ра.

Die Bildung der Verbalaspekte

Die nichtabgeleiteten Verben — d. h. die Verben, die keine Präfixe oder Suffixe enthalten, — sind zumeist unvollendet (**чита́ть** *lesen,* **писа́ть** *schreiben,* **люби́ть** *lieben,* **ду́мать** *denken*). Es gibt nur eine geringe Anzahl von nichtabgeleiteten vollendeten Verben: einige einsilbige (**дать** *geben,* **лечь** *sich hinlegen,* **сесть** *sich setzen,* **стать** *werden,* **деть** *hintun, hinstecken*) und einige Verben mit dem Suffix -и- (**ко́нчить** *beenden,* **реши́ть** *entscheiden, lösen,* **бро́сить** *werfen* u. a).

Bei der Ableitung eines Aspektpartners vom anderen treten Veränderungen im Verbalstamm ein.

Vollendete Verben werden aus unvollendeten durch Vorsetzen von Präfixen (**де́лать отчёт** — **сде́лать отчёт** *Rechenschaft ablegen,* **писа́ть письмо́** — **написа́ть письмо́** *einen Brief schreiben*) oder durch Ersatz eines Suffixes durch ein anderes (**толка́ть стол** — **толкну́ть стол** *an den Tisch stoßen*) gebildet.

Abgeleitete unvollendete Verben werden aus vollendeten durch Anfügen von Suffixen an den Verbalstamm (**овладе́ть ру́сским языко́м** — **овладева́ть ру́сским языко́м** *Russisch beherrschen, lernen*) oder durch Ersatz eines Suffixes durch ein anderes (**изучи́ть** — **изуча́ть** *studieren,* **перестро́ить** — **перестра́ивать** *umbauen*) gebildet. Bei der Aspektbildung erfolgt mitunter auch ein Wechsel von Wurzelvokalen (**перестро́ить** — **перестра́ивать** *umbauen;* **опозда́ть** — **опа́здывать** *sich verspäten*), von Wurzelkonsonanten (**отве́тить** — **отвеча́ть** *antworten*) sowie Betonungswechsel im Verbalstamm (**разреза́ть** — **разре́зать** *zerschneiden*).

Die Bildung des vollendeten Aspekts durch Präfigierung

Werden an nichtpräfigierte unvollendete Verben Präfixe angefügt, so entstehen gewöhnlich vollendete Verben: **писа́ть** — **написа́ть** *schreiben,* **кре́пнуть** — **окре́пнуть** *erstarken,* **стро́ить** — **постро́ить** *bauen* (eine Ausnahme bilden die unbestimmten Verben der Fortbewegung wie z. B. **ходи́ть** *(uv) gehen* — **приходи́ть** *(uv) kommen* (siehe hierzu S. 292) und einige andere (siehe S. 282). Bei der Bildung des vollendeten

Aspekts durch Präfigierung entstehen zwei Gruppen vollendeter Verben:

a) Verben, deren Präfix nur aspektbildend ist (die lexikalische Grundbedeutung der Wörter ändert sich nicht, man spricht daher auch von bedeutungsleeren Präfixen):

писа́ть	написа́ть	schreiben
стро́ить	постро́ить	bauen
де́лать	сде́лать	machen

b) Verben, deren Präfix zugleich bedeutungsverändernd ist (es entstehen neue Wörter mit neuer lexikalischer Bedeutung):

unvollendet	vollendet
писа́ть schreiben	переписа́ть umschreiben
	списа́ть abschreiben

(siehe S. 282)

Die Bildung vollendeter Verben mit Hilfe bedeutungsleerer Präfixe

Ohne die lexikalische Grundbedeutung des Wortes zu verändern, können bedeutungsleere Präfixe die Abgeschlossenheit, den Beginn, die Einmaligkeit einer Handlung oder ihre zeitliche Begrenzung bezeichnen.

Vollendete Verben mit der Bedeutung der Abgeschlossenheit einer Handlung

Die Abgeschlossenheit einer Handlung können verschiedene Präfixe bezeichnen.

unvollendet	vollendet	Präfix
писа́ть schreiben Вчера́ я **писа́л** письмо́. Gestern habe ich einen Brief geschrieben.	**написа́ть** Вчера́ я **написа́л** письмо́. Gestern habe ich einen Brief geschrieben (ich habe ihn fertiggestellt, abgeschlossen).	на-
чита́ть lesen За́втра я бу́ду **чита́ть** расска́з. Morgen werde ich eine Erzählung Gorkijs lesen.	**прочита́ть** За́втра я обяза́тельно **прочита́ю** расска́з Го́рького. Morgen werde ich unbedingt die Erzählung Gorkijs zu Ende lesen.	про-
де́лать machen Учени́к сиде́л и **де́лал** уро́ки. Der Schüler saß und machte seine Aufgaben.	**сде́лать** Учени́к **сде́лал** уро́ки и пошёл гуля́ть. Der Schüler hat seine Aufgaben gemacht und ist spazierengegangen.	с-

273

unvollendet	vollendet	Präfix
буди́ть wecken Я до́лго **буди́л** това́рища. Ich habe meinen Freund lange ge- weckt. (Er ist lange Zeit nicht wach geworden.)	**разбуди́ть** Наконе́ц я его́ **разбуди́л.** Endlich habe ich ihn geweckt. (Er ist wach geworden.)	**раз-**
стро́ить bauen Всё ле́то **стро́или** но́вое зда́ние шко́- лы. Den ganzen Sommer (über) hat man ein neues Schulgebäude errichtet.	**постро́ить** К о́сени но́вое зда́ние шко́лы **по- стро́или.** Gegen Herbst war das neue Schulge- bäude errichtet.	**по-**

Unvollendete Verben, die einen allmählichen Übergang von einem Zustand in einen anderen bezeichnen (das betrifft insbesondere die Verben, die Farbveränderungen ausdrücken), bilden ihre vollendeten Entsprechungen gewöhnlich mit Hilfe des Präfixes **по-**:

unvollendet	vollendet	Beispiele
желте́ть — gelb werden	**пожелте́ть**	Сентя́брь. Уже́ **пожелте́ли** ли́стья. Es ist September. Die Blätter sind schon gelb geworden.
розове́ть — rosig (rötlich) werden	**порозове́ть**	Утро. **Порозове́ло** не́бо на горизо́нте. Es ist Morgen. Der Himmel am Horizont hat sich (schon) rötlich gefärbt.
черне́ть — schwarz wer- den	**почерне́ть**	Идёт дождь. **Почерне́ли** доро́ги. Es regnet. Die Wege sind schwarz gewor- den.
блёкнуть — verblassen	**поблёкнуть**	Хо́лод. **Поблёкли** я́ркие кра́ски в лесу́. Es ist kalt. Die leuchtenden Farben des Waldes sind verblaßt.
га́снуть — erlöschen	**пога́снуть**	Огни́ **пога́сли.** Die Lichter sind erloschen.
седе́ть — grau werden	**поседе́ть**	Во́лосы **поседе́ли.** Das Haar ist grau geworden.
беле́ть — weiß werden	**побеле́ть**	Лицо́ **побеле́ло** от испу́га. Er wurde vor Schreck weiß im Gesicht.
бледне́ть — blaß werden	**побледне́ть**	Больно́й **побледне́л.** Der Kranke wurde blaß.
красне́ть — rot werden	**покрасне́ть**	Он **покрасне́л** от волне́ния. Er wurde rot vor Aufregung.
темне́ть — dunkel werden	**потемне́ть**	**Потемне́ло** всё вокру́г. Alles ringsumher ist dunkel geworden.
светле́ть — hell werden	**посветле́ть**	**Посветле́ло.** Ско́ро взойдёт со́лнце. Es ist heller geworden. Bald wird die Sonne aufgehen.
худе́ть — abnehmen	**похуде́ть**	Больно́й **похуде́л** по́сле опера́ции. Der Kranke hat nach der Operation abge- nommen.

unvollendet	vollendet	Beispiele
полне́ть — zunehmen	пополне́ть	Ле́том на чи́стом во́здухе он поздорове́л и **пополне́л.** Im Sommer ist er an der frischen Luft wieder gesund und voller geworden.

Unvollendete Verben mit dem Suffix -ну-, die den allmählichen Übergang von einem Zustand in einen anderen bezeichnen, werden größtenteils durch Vorsetzen der Präfixe **за-, у-, о-** zu vollendeten.

unvollendet	vollendet	Beispiele
вя́нуть verwelken	завя́нуть	Цветы́ завя́ли. Die Blumen sind welk geworden.
	увя́нуть	Цветы́ увя́ли. Die Blumen sind verwelkt.
со́хнуть (ver)trocknen	засо́хнуть	Цветы́ засо́хли. Die Blumen sind vertrocknet.
	вы́сохнуть	Бельё вы́сохло. Die Wäsche ist getrocknet.
вя́знуть steckenbleiben	завя́знуть	Но́ги завя́зли в снегу́. Die Füße sind im Schnee steckengeblieben.
	увя́знуть	Но́ги увя́зли в снегу́. Die Füße sind im Schnee steckengeblieben.
мо́кнуть naß werden	вы́мокнуть	Пу́тники вы́мокли под дождём. Die Wanderer sind vom Regen durch und durch naß geworden.
зя́бнуть frieren	озя́бнуть	В ко́мнате хо́лодно. Я озя́б. Im Zimmer ist es kalt. Mich friert.
сты́нуть kalt werden	осты́нуть	Обе́д осты́л. Das Mittagessen ist kalt geworden.
мёрзнуть frieren	помёрзнуть	Стоя́ли си́льные моро́зы. **Помёрзли** я́блони. Es gab strenge Fröste. Die Apfelbäume sind erfroren.
кре́пнуть erstarken, sich festigen, stark werden	окре́пнуть	Де́ти за ле́то **окре́пли.** Die Kinder sind im Sommer kräftiger geworden (haben sich im Sommer gut erholt).
хри́пнуть heiser werden	охри́пнуть	Я простуди́лся и охри́п. Ich habe mich erkältet und bin heiser.
сле́пнуть blind werden	осле́пнуть	Она́ осле́пла. Sie ist erblindet.
гло́хнуть taub werden	огло́хнуть	Он огло́х. Er ist taub geworden.

Übung 125. Lesen Sie die folgenden Sätze. Sagen Sie, welche Bedeutung die Präfixe den hervorgehobenen Verben verleihen. Schreiben Sie diese Verben in der Infinitivform auf und bilden Sie Sätze mit ihnen.

1. Когда́ он [Ста́сов] у́мер, я поду́мал: вот челове́к, кото́рый *де́лал* всё, что мог, и всё, что не мог, *сде́лал.* (М. Г.) 2. Чита́ть созна́тельно я *научи́лся*, когда́ мне бы́ло лет четы́рнадцать. (М. Г.) 3.

275

Мы, просты́е санита́ры, должны́ бы́ли не то́лько *обмы́ть, напои́ть* и *накорми́ть* всех ра́неных, но и проследи́ть за их температу́рой, за состоя́нием перевя́зок и во́время дать лека́рства. (*Пауст.*) 4. Заря́ уже́ давно́ *погасла*, и едва́ беле́л на небоскло́не её после́дний след. (*Тург.*) 5. Уже́ совсе́м *стемне́ло*, и начина́ло холода́ть. В ро́ще зву́чно щёлкал солове́й. (*Тург.*) 6. Что *посе́ешь*, то и *пожнёшь*. (*Посл.*)

7. По́здняя о́сень. Грачи́ улете́ли.
   Лес обнажи́лся, поля́ *опусте́ли*. (*Н.*)

Übung 126. Lesen Sie die folgenden Sätze. Ersetzen Sie die hervorgehobenen Prädikate durch zusammengesetzte Prädikate (mit einem Adjektiv im Instrumental).
M u s t e r : Леса́ уже́ *пожелте́ли* и роня́ли листву́.
         Леса́ уже́ *ста́ли жёлтыми* и роня́ли листву́.

1. Шли дожди́. Доро́ги уже́ *почерне́ли*. 2. Горизо́нт *порозове́л*. 3. От бы́строго бе́га лицо́ ребёнка *покрасне́ло*. 4. Лицо́ ма́тери *побледне́ло*. 5. Больно́й *огло́х*. 6. Моя́ оде́жда *намо́кла* и *отяжеле́ла*.

Übung 127. Bilden Sie aus folgenden unvollendeten Verben vollendete:

стро́ить, туши́ть, чини́ть, мыть, чи́стить, гла́дить; за́втракать, обе́дать, у́жинать; старе́ть, бледне́ть, умне́ть; гло́хнуть, сле́пнуть, хри́пнуть

Bilden Sie einige Sätze mit den vollendeten Verben. Gebrauchen Sie diese Verben im Präteritum und Futur.

Vollendete Verben mit der Bedeutung des Beginns, des Entstehens einer Handlung

Vollendete Verben, die eine Handlung als beginnend kennzeichnen, werden in der Regel mit Hilfe der Präfixe **за-** und **по-** gebildet.

1. Das Präfix **за-** wird in der Bedeutung des Biginns (des Entstehens) einer Handlung gewöhnlich vor Verben gesetzt, die Laute, Bewegungen, Lichterscheinungen ausdrücken. In einigen Fällen weisen die Verben mit dem Präfix **за-** lediglich auf das Entstehen der Handlung hin, in anderen dagegen auf den Beginn und die Fortdauer der Handlung. Diese Bedeutungsnuancen lassen sich nur im Satz- bzw. Textzusammenhang bestimmen.

unvollendet	vollendet	Beispiele
пла́кать weinen	**запла́кать** anfangen zu weinen	Же́нщина **запла́кала.** Die Frau begann zu weinen.
рыда́ть laut weinen	**зарыда́ть** in Tränen ausbrechen	Же́нщина **зарыда́ла.** Die Frau brach in Tränen aus.
говори́ть sprechen	**заговори́ть** anfangen zu sprechen	Он **заговори́л** взволно́ванно и горячо́. Er begann aufgeregt und heftig zu sprechen.
крича́ть schreien	**закрича́ть** anfangen zu schreien	Ребёнок **закрича́л.** Das Kind fing an zu schreien.
смея́ться lachen	**засмея́ться** anfangen zu lachen	Ребёнок **засмея́лся.** Das Kind fing an zu lachen.

unvollendet	vollendet	Beispiele
стона́ть	застона́ть	Больно́й **застона́л.**
stöhnen	anfangen zu stöhnen	Der Kranke begann zu stöhnen.
шуме́ть	зашуме́ть	Лес **зашуме́л.**
rauschen	anfangen zu rauschen	Der Wald fing an zu rauschen.
дрожа́ть	задрожа́ть	Рука́ **задрожа́ла** от волне́ния.
zittern	anfangen zu zittern	Die Hand begann vor Aufregung zu zittern.
шевели́ться	зашевели́ться	Ли́стья **зашевели́лись** от ве́тра.
sich regen	anfangen, sich zu regen	Die Blätter fingen an, sich im Wind zu bewegen.
мелька́ть	замелька́ть	Огоньки́ **замелька́ли** вдали́.
flimmern	anfangen zu flimmern	In der Ferne begannen Lichter zu flimmern.
ходи́ть	заходи́ть	Он в волне́нии **заходи́л** по ко́мнате (на́чал ходи́ть).
gehen	anfangen, auf und ab zu gehen	Vor Aufregung fing er an, im Zimmer auf und ab zu gehen.
дви́гаться	задви́гаться	Все вдруг **задви́гались,** зашуме́ли, заговори́ли.
sich bewegen	anfangen, sich zu bewegen	Alle begannen plötzlich, sich zu bewegen, zu lärmen, zu sprechen.
блесте́ть	заблесте́ть	Взошло́ со́лнце. В траве́ **заблесте́ли** ка́пли росы́.
glänzen	anfangen zu glänzen	Die Sonne ging auf. Im Gras fingen die Tautropfen an zu funkeln.
сверка́ть	засверка́ть	Мо́лния **засверка́ла** над ле́сом.
funkeln	anfangen zu funkeln; aufzucken	Der Blitz zuckte über dem Wald auf.
сия́ть	засия́ть	Над пру́дом **засия́ла** луна́.
scheinen	anfangen zu scheinen; aufleuchten	Über dem Teich leuchtete der Mond auf.

2. Das Präfix **по-** kennzeichnet den Beginn (die Entstehung) einer Handlung, es wird in der Regel an die zielgerichteten Verben der Fortbewegung sowie an einige andere angefügt. (Über zielgerichtete und nichtzielgerichtete Verben siehe S. 266.)

unvollendet	vollendet	Beispiele
идти́	пойти́	Я **пошёл** бы́стрыми шага́ми.
gehen		Ich ging mit schnellen Schritten los.
бежа́ть	побежа́ть	Ребя́та **побежа́ли** к реке́.
laufen		Die Kinder sind zum Fluß gelaufen.
лете́ть	полете́ть	Самолёт **полете́л** на юг.
fliegen		Das Flugzeug ist nach Süden geflogen.
дуть	поду́ть	**Поду́л** си́льный ве́тер и дул три дня.
wehen		Ein starker Wind begann zu wehen, der drei Tage lang nicht aufhörte.
лить	поли́ть	В октябре́ **поли́ли** дожди́ и ли́ли весь ме́сяц.
gießen		Im Oktober fing es an zu regnen, und es goß den ganzen Monat.

Anmerkung.

Die meisten Verben haben keine vollendeten Entsprechungen, die den Beginn der Handlung bezeichnen. In solchen Fällen wird der Beginn der Handlung durch die Verben **нача́ть** *anfangen*, **стать** in der Bedeutung **нача́ть** *anfangen* ausgedrückt, z. B. **на́чал занима́ться** *er fing an zu lernen*, **на́чал чита́ть** ру́сскую литерату́ру *er begann, russische Bücher zu lesen*, **на́чал писа́ть** сочине́ние *er begann, den Aufsatz zu schreiben*, **стал** ча́сто **бе́гать** на лы́жах *er läuft jetzt oft Schi*, **стал забо́титься** о това́рище *er sorgt jetzt für den Freund*, **стал развива́ться** *er begann, sich zu entwickeln* usw. (Manchmal bezeichnen den Anfang einer Handlung auch Verben, die noch eine zusätzliche konkrete Bedeutung haben, z. B. das Verb **сесть** *sich hinsetzen*; **сел занима́ться** *et setzte sich hin und begann zu lernen*; В э́том семе́стре ду́маю серьёзно **сесть занима́ться**. *In diesem Semester habe ich mir ernstlich vorgenommen, mich hinzusetzen und zu lernen.*)

Übung 128. Lesen Sie die folgenden Sätze. Sagen Sie, welche Verben den Beginn bzw. die Entstehung der jeweiligen Handlung bezeichnen und durch welche Mittel diese Bedeutung ausgedrückt ist.

1. В лесу́ ста́ло о́чень ти́хо. Пото́м в куста́х послы́шался едва́ заме́тный шо́рох. Зашевели́лись от уда́ров ка́пель ли́стья, запа́хло приби́той пы́лью. Где́-то далеко́ прогреме́л лени́вый гром. (*Пауст.*) 2. Вдруг за о́кнами зашуме́ли, заволнова́лись игра́вшие близ избы́ ребяти́шки, зала́яли соба́ки, к реке́ прибежа́ли взволно́ванные рыбаки́. (*Павл.*) 3. Лес зазвене́л, застона́л, затреща́л. За́яц послу́шал и вон побежа́л. (*Н.*) 4. Одино́кая ка́пля дождя́ отве́сно упа́ла в во́ду. От неё пошли́ то́нкие круги́. Пото́м сра́зу вокру́г нас зашевели́лась, зашепта́ла трава́, вся вода́ покры́лась ма́ленькими круга́ми, и сла́бый, но вня́тный звон поплы́л над о́мутом. Шёл ти́хий тёплый дождь. (*Пауст.*) 5. Ма́ло-пома́лу дере́вья на́чали реде́ть, и Влади́мир вы́ехал из ле́су. (*П.*) 6. Побледне́вшее не́бо ста́ло опя́ть сине́ть,— но то уже́ была́ синева́ но́чи. Звёздочки замелька́ли, зашевели́лись на нём. (*Тург.*) 7. Облака́ рассе́ялись, на тёмно-си́нем не́бе я́рко засверка́ли звёзды, на ба́рхатной пове́рхности мо́ря то́же замелька́ли огоньки́ рыба́чьих ло́док и отражённых звёзд. (*М. Г.*) 8. Тут стари́к замолча́л, доста́л тру́бку и закури́л. (*Гайд.*) 9. С се́рого, насу́пившегося не́ба посы́пались крупи́нки сне́га. (*Гайд.*)

Übung 129. Lesen Sie die folgenden Sätze. Begründen Sie den Gebrauch der vollendeten Verben.

1. Си́льный ве́тер внеза́пно загуде́л в вышине́, дере́вья забуше́ва́ли, кру́пные ка́пли дождя́ застуча́ли, зашлёпали по ли́стьям, сверкну́ла мо́лния, и гроза́ разрази́лась. Дождь поли́л ручья́ми. (*Тург.*) 2. Всё зашевели́лось, просну́лось, запе́ло, зашуме́ло, заговори́ло. Всю́ду лучи́стыми алма́зами зарде́лись кру́пные ка́пли росы́. (*Тург.*)

Übung 130. Schreiben Sie die folgenden Sätze ab. Setzen Sie die Präfixe ein, die den Beginn bzw. die Entstehung der Handlung kennzeichnen.

1. У Та́ни от ра́дости ...блесте́ли глаза́. 2. ...дул ве́тер, по реке́ ...бежа́ла ме́лкая рябь, ли́стья на дере́вьях ...трепета́ли, а че́рез не́сколько мгнове́ний по ним ...стуча́ли пе́рвые ка́пли дождя́. 3. Гроза́ гря́нула над ле́сом, и ...шепта́ли дере́вья глу́хо, гро́зно. 4. Со́лнце вы́шло из-за о́блака, ...сверка́ла мо́края трава́, над ле́сом вста́ла и ...игра́ла все́ми кра́сками ра́дуга. 5. Стари́к ...крича́л нам что́-то, но зака́шлялся и ...молча́л.

Übung 131. Lesen Sie die folgenden Sätze. Ersetzen Sie, wo es möglich ist, das zusammengesetzte Prädikat durch ein Verb mit dem Präfix за-.

1. Когда́ он *на́чал говори́ть*, ста́ло ти́хо. Все слу́шали с больши́м внима́нием. Но вдруг кто́-то *на́чал ти́хо смея́ться*, и все оберну́лись. 2. Това́рищ дал мне кни́гу Го́рького, и я *на́чал чита́ть* рома́н «Мать». 3. Па́вел до́лго не приходи́л домо́й, и мать уже́ *начала́ беспоко́иться*. 4. По́сле замеча́тельной экску́рсии в Третьяко́вскую галере́ю мы *ста́ли интересова́ться* исто́рией ру́сской жи́вописи. 5. По́сле оконча́ния институ́та мой брат *стал рабо́тать* инжене́ром на металлурги́ческом заво́де. 6. Стано́к по́сле дли́тельного ремо́нта наконе́ц *на́чал рабо́тать*. 7. В за́ле *на́чали* нетерпели́во *шуме́ть*. 8. В университе́те я *на́чал увлека́ться* спо́ртом. 9. От ра́дости ребёнок *на́чал пры́гать* и *хло́пать* в ладо́ши.

Übung 132. Bilden Sie die entsprechenden vollendeten Verben, die den Beginn der Handlung bezeichnen:

ползти́, нести́, гнать, мча́ться, бежа́ть; скака́ть, лете́ть; свисте́ть, крича́ть, стона́ть, пла́кать; щёлкать, шуме́ть, стуча́ть, греме́ть

Bilden Sie sechs Sätze mit einigen dieser Verben. Gebrauchen Sie die Verben im Präteritum und Futur.

Vollendete Verben, die die Begrenzung einer Handlung auf einen kleineren Zeitabschnitt ausdrücken

Präfix по-

Einige mit **по-** präfigierte Verben können die zeitliche Begrenzung einer Handlung bezeichnen: das Verb drückt aus, daß die Handlung eine gewisse Zeit gedauert hat und abgeschlossen worden ist (dauern und abgeschlossen werden wird).

In dieser Bedeutung wird das Präfix **по-** mit unbestimmten Verben der Fortbewegung verbunden (**походи́ть** *eine Zeitlang gehen*, **побе́гать** *eine Zeitlang laufen*, **полета́ть** *eine Zeitlang fliegen*, **поноси́ть** *eine Zeitlang tragen*, **попо́лзать** *eine Zeitlang kriechen*), aber auch mit einigen anderen Verben:

unvollendet	vollendet	
сиде́ть	**посиде́ть**	eine Zeitlang sitzen
чита́ть	**почита́ть**	ein wenig lesen
рабо́тать	**порабо́тать**	eine Zeitlang arbeiten
гуля́ть	**погуля́ть**	etwas spazierengehen

Вчера́ ве́чером у меня́ бы́ло немно́го свобо́дного вре́мени: я **посиде́л** в библиоте́ке, **почита́л** газе́ты и но́вый журна́л.	Gestern abend hatte ich etwas Zeit: ich saß eine Zeitlang in der Bibliothek, las Zeitungen und eine neue Zeitschrift.

Сего́дня у́тром я **порабо́тал** над свое́й статьёй.	Heute morgen habe ich ein bißchen an meinem Artikel gearbeitet.
По́сле обе́да до заня́тий я **погуля́л**.	Nach dem Mittagessen bin ich vor dem Unterricht ein wenig spazierengegangen.

Anmerkung.
Im Satz werden die mit **по-** präfigierten Verben in der oben erwähnten Bedeutung gewöhnlich mit dem Wort **немно́го** verbunden.

У́тром я **немно́го порабо́тал** над статьёй.	An Morgen habe ich ein wenig an dem Artikel gearbeitet.
По́сле обе́да я **немно́го погуля́л**.	Am Nachmittag bin ich ein wenig spazierengegangen.

In der mündlichen Rede können die mit **по-** präfigierten Verben gelegentlich eine Handlung ohne jegliche zeitliche Begrenzung bezeichnen:

Я сего́дня хорошо́ **порабо́тал**.	Ich habe heute gut gearbeitet.
Ну и **погуля́л** же я вчера́.	Gestern habe ich einen schönen Spaziergang gemacht.

Vollendete Verben, die eine nicht lange währende oder eine einmalige Handlung bezeichnen

Die mit **по-** präfigierten Verben können im Vergleich zu ihren unvollendeten Entsprechungen eine nicht lange währende oder einmalige Handlung bezeichnen.

unvollendet	vollendet	
проси́ть	— **попроси́ть**	bitten
благодари́ть	— **поблагодари́ть**	sich bedanken
целова́ть	— **поцелова́ть**	küssen
тре́бовать	— **потре́бовать**	verlangen
жа́ловаться	— **пожа́ловаться**	sich beklagen
звони́ть	— **позвони́ть**	klingeln, anrufen

Übung 133. Lesen Sie die folgenden Sätze. Suchen Sie die vollendeten Verben heraus, die den Beginn einer Handlung, ihre Abgeschlossenheit, ihre zeitliche Begrenzung, ihre kurze Dauer oder Einmaligkeit bezeichnen.

1. К но́чи, наконе́ц, зати́хло. Я немно́го посиде́л у себя́ в отделе́нии, покури́л, погляде́л в окно́. (*Пауст.*) 2. На пери́ла терра́сы се́ла кака́я-то весёлая пти́чка, попры́гала по ним и упорхну́ла. (*М. Г.*) 3. Дождь поли́л ручья́ми. Я пое́хал ша́гом и ско́ро прину́ждён был останови́ться. (*Тург.*) 4. До́лохов поцелова́л его́, засмея́лся, поверну́л ло́шадь и скры́лся в темноте́. (*Л. Т.*) 5. Мы покури́ли, пото́м подня́лись на круто́й бе́рег к сторо́жке ба́кенщика Сафро́на. Я постуча́л в око́шко. Сафро́н то́тчас вы́шел, бу́дто он и не спал, узна́л меня́, поздоро́вался, сказа́л: «Вода́ прибыва́ет. За су́тки два ме́тра». (*Пауст.*)

Übung 134. Bilden Sie vollendete Verben, die eine einmalige oder eine zeitlich begrenzte Handlung bezeichnen:

1. пыта́ться, благодари́ть, шути́ть, здоро́ваться, проща́ться, тро́гать, беспоко́ить 2. пла́кать, пла́вать, ката́ться, крича́ть, скуча́ть, грусти́ть, жить, петь, дыша́ть, спать

Übung 135. Schreiben Sie sechs Sätze mit vollendeten Verben aus Übung 134 auf.

Übung 136. Bilden Sie neun Sätze. Verwenden Sie dazu aus jeder Gruppe ein vollendetes Verb.

1. стуча́ть, застуча́ть, постуча́ть 2. идти́, пойти́, пройти́ 3. греме́ть, загреме́ть, погреме́ть 4. смея́ться, засмея́ться, посмея́ться 5. ка́шлять, зака́шлять, пока́шлять 6. петь, спеть, попе́ть, пропе́ть, запе́ть 7. чита́ть, почита́ть, прочита́ть 8. говори́ть, поговори́ть, заговори́ть 9. поплы́ть, поплáвать

Die Bildung vollendeter Verben mit Hilfe bedeutungsverändernder Präfixe

Präfixe können einem Verb neben der Aspektänderung auch neue Bedeutungsschattierungen verleihen.

unvollendet	vollendet	Präfix
писа́ть schreiben	**списа́ть** текст из кни́ги den Text aus dem Buch herausschreiben	**с-**
	вписа́ть словá в предложе́ние Wörter in den Satz einfügen	**в-**
	вы́писать цита́ты Zitate herausschreiben	**вы-**
	дописа́ть письмо́ до конца́ den Brief zu Ende schreiben	**до-**
	приписа́ть не́сколько слов к письму́ dem Brief einige Worte hinzufügen	**при-**
	переписа́ть сочине́ние den Aufsatz umschreiben	**пере-**
	записа́ть ле́кцию die Vorlesung aufschreiben (notieren)	**за-**
	исписа́ть всю тетра́дь das ganze Heft vollschreiben	**из- (ис-)**
	подписа́ть протоко́л das Protokoll unterschreiben	**под-**
	надписа́ть кни́гу das Buch mit einer Aufschrift versehen	**над-**
	прописа́ть лека́рство eine Medizin verschreiben	**про-**
	описа́ть приро́ду die Natur beschreiben	**о-**
стро́ить bauen	**перестро́ить** зда́ние das Gebäude umbauen	**пере-**
	надстро́ить дом ein Haus aufstocken	**над-**
	застро́ить весь уча́сток das ganze Grundstück bebauen	**за-**
	достро́ить зда́ние das Gebäude fertigbauen	**до-**
	пристро́ить к до́му an das Haus anbauen	**при-**

Von vollendeten Verben, die mit bedeutungsverändernden Präfixen gebildet sind, können mit Hilfe von Suffixen unvollendete Aspektpartner abgeleitet werden:

a) -ыва-, -ива- (писа́ть — списа́ть — спи́сывать; стро́ить — перестро́ить — перестра́ивать);

b) -ва- (мыть *waschen* — смыть *abwaschen* — смыва́ть; греть *wärmen* — перегре́ть *überhitzen* — перегрева́ть);

c) -а- (-я-) (стере́чь *bewachen; lauern* — подстере́чь *auflauern* — подстерега́ть; расти́ *wachsen* — подрасти́ *groß werden* — подраста́ть).

Ableitungen mit den Suffixen **-ыва-**, **-ива-** und **-а-** sind außerordentlich produktiv.

Die Bildung der Verbalaspekte durch Suffigierung

Präfigierte Verben mit den Suffixen -ыва-, -ива-

Fast alle Verben mit den Suffixen **-ыва-**, **-ива-** werden von vollendeten Verben mit bedeutungsverändernden Präfixen abgeleitet, z. B. **писа́ть** *schreiben* — **переписа́ть** *umschreiben* — **перепи́сывать**.

Ist das Präfix nur aspektbildend und bezeichnet lediglich die Abgeschlossenheit oder den Beginn einer Handlung (**писа́ть** *schreiben* — **написа́ть**, **де́лать** *machen* — **сде́лать**, **крича́ть** *schreien* — **закрича́ть**, **кре́пнуть** *erstarken* — **окре́пнуть**), so lassen sich von diesen vollendeten Verben keine unvollendeten Aspektpartner mit den Suffixen **-ыва-**, **-ива-** bilden. (Ausnahmen davon sind selten, z. B. die Verben **чита́ть** *lesen* — **прочита́ть** *durchlesen* — **прочи́тывать**.)

Die Verben mit den Suffixen **-ыва-**, **-ива-** bezeichnen eine Handlung in ihrer Fortdauer oder eine sich wiederholende Handlung.

vollendet	unvollendet	
списа́ть	спи́сывать	abschreiben
переписа́ть	перепи́сывать	umschreiben
вы́писать	выпи́сывать	ausschreiben
дописа́ть	допи́сывать	zu Ende schreiben
приписа́ть	припи́сывать	hinzuschreiben
записа́ть	запи́сывать	aufschreiben
подписа́ть	подпи́сывать	unterschreiben
надписа́ть	надпи́сывать	mit einer Aufschrift versehen
прописа́ть	пропи́сывать	verschreiben
описа́ть	опи́сывать	beschreiben

Bei der Bildung unvollendeter Verben mit den Suffixen **-ыва-**, **-ива-** erfolgt oft ein Wechsel der Wurzelvokale **о**, **а**;

перестро́ить	перестра́ивать	umbauen
надстро́ить	надстра́ивать	aufstocken
застро́ить	застра́ивать	vollbauen, bebauen
достро́ить	достра́ивать	zu Ende bauen, fertig bauen
пристро́ить	пристра́ивать	anbauen

Übung 137. Lesen Sie die folgenden Sätze. Erklären Sie den grammatischen Unterschied zwischen den hervorgehobenen Verben der rechten und der linken Spalte.

1. Он весь день *перепи́сывал* свой докла́д. Студе́нт *переписа́л* сочине́ние и сдал его́.

2. Я уже́ *допи́сывал* письмо́, когда́ меня́ позва́ли у́жинать.

Я *дописа́л* письмо́ и пошёл у́жинать.

3. Учи́тель писа́л предложе́ния на доске́, а ученики́ *спи́сывали* их в тетра́дь.

Ты непра́вильно *списа́л* предложе́ние с доски́.

4. Я чита́ю текст и *выпи́сываю* незнако́мые слова́.

Из э́того те́кста я *вы́писал* мно́го но́вых слов.

5. Все ле́кции, кото́рые я слу́шаю, я кра́тко *запи́сываю*.

Я *запишу́* твой а́дрес, что́бы не забы́ть.

Übung 138. Schreiben Sie die folgenden Sätze ab. Setzen Sie eines der in Klammern stehenden Verben in der erforderlichen Form ein.

1. Он хорошо́ ... свою́ рабо́ту и вы́полнил её в срок. План рабо́ты мы всегда́ ... вме́сте с руководи́телем. (проду́мать, проду́мывать) 2. Ста́рший брат люби́л ... ра́зные и́гры и развлече́ния. Он вчера́ ... свои́м ма́леньким бра́тьям и сёстрам интере́сную игру́. (приду́мать, приду́мывать). 3. Мы вме́сте ... ва́ше предложе́ние и реши́ли приня́ть его́. Когда́ он ... како́й-нибудь вопро́с, он всегда́ хо́дит по кабине́ту взад и вперёд. (обду́мывать, обду́мать) 4. Я чита́л ме́дленно и ... в ка́ждое сло́во. Когда́ я ... в твои́ слова́, я убеди́лся, что ты был прав. (вду́маться, вду́мываться)

Übung 139. Suchen Sie zu den hervorgehobenen Verben die Aspektpartner. Schreiben Sie jedes Aspektpaar auf und unterstreichen Sie die Verbalsuffixe.

1. Я по́мню, когда́ я на́чал писа́ть расска́зы, я по́ два, иногда́ по́ три и четы́ре ра́за *переде́лывал* их. (*А. Т.*) 2. Га́гин присе́л на пень и на́чал *срисо́вывать* ста́рый дупли́стый дуб с раски́дистыми су́чьями. (*Тург.*) 3. Он [Алексе́й] *испы́тывал* необыкнове́нную полноту́ чувств, ему́ хоте́лось петь. (*Аж.*) 4. В те неде́ли газе́ты почему́-то *заде́рживались* на по́чте, и городски́е но́вости мы узнава́ли с больши́м опозда́нием. 5. Никола́й до́лго *расска́зывал* ей [ма́тери] о свои́х това́рищах, жи́вших в ссы́лке. (*М. Г.*) 6. Мы должны́ всю зе́млю на́шу *обрабо́тать*, как сад. (*М. Г.*) 7. Иногда́ он *выпи́сывал* из кни́жек что́-то на отде́льную бума́жку. (*М. Г.*) 8. Он остана́вливался то́лько и́зредка, что́бы *прислу́шиваться* к сту́ку топора́. (*Тург.*) 9. Молодо́й ме́сяц *показа́лся* на я́сном не́бе. (*П.*)

Übung 140. Bilden Sie zu den Verben *чита́ть, писа́ть, стро́ить* Aspektpaare mit verschiedenen Präfixen. Erklären Sie die Bedeutung dieser präfigierten Verben.

M u s t e r: де́лать—сде́лать, переде́лать—переде́лывать, доде́лать—доде́лывать, приде́лать—приде́лывать

Übung 141. Bilden Sie Sätze mit folgenden Verben:

переде́лать—переде́лывать; уговори́ть—угова́ривать; задержа́ть—заде́рживать, разрабо́тать—разраба́тывать; описа́ть—опи́сывать; устро́ить—устра́ивать; спроси́ть—спра́шивать; опозда́ть—опа́здывать

Präfigierte und nichtpräfigierte unvollendete Verben mit dem Suffix -ва-

1. Unvollendete Verben mit dem Suffix -ва- (nichtpräfigierte sowie präfigierte) werden von ihren vollendeten Entsprechungen abgeleitet.

vollendet

дать
geben
Товáрищ **дал** мне интерéсную книгу.
Mein Freund gab mir ein interessantes Buch.

передáть
übertragen
Сегóдня по рáдио **пéредали** вáжное сообщéние.

Heute wurde im Radio eine wichtige Meldung übertragen.

сдать
die Prüfung bestehen
Товáрищ **сдал** экзáмен по математике на «отлúчно».

Mein Freund hat die Mathematikprüfung mit „ausgezeichnet" bestanden.

признáть
gestehen
На судé он **признáл** свою́ вину́.

Er hat seine Schuld vor Gericht gestanden.

узнáть
erfahren; wiedererkennen
Я **узнáл** о болéзни мáтери из письмá сестры́.
Ich habe von der Krankheit meiner Mutter aus dem Brief meiner Schwester erfahren.
Я **не узнáл** своегó дру́га чéрез три гóда.
Ich habe meinen Freund nach drei Jahren nicht wiedererkannt.

unvollendet

давáть
— Товáрищ всегдá **давáл** мне итерéсные кни́ги.
Mein Freund gab mir immer interessante Bücher.

передавáть
— Нéсколько дней по рáдио **передавáли** сообщéние о полёте в кóсмос.
Einige Tage wurden im Radio Meldungen vom Flug in den Kosmos übertragen.

сдавáть
Во врéмя экзаменациóнной сéссии все студéнты **сдавáли** экзáмены на «отлúчно» и «хорошó».
Während der Prüfungszeit haben alle Studenten ihre Prüfungen mit „ausgezeichnet" und „gut" bestanden.

признавáть
Он дóлго не **признавáл** своéй вины́.
Er hat lange Zeit seine Schuld geleugnet.

узнавáть
Из пи́сем сестры́ я **узнавáл** о здорóвье мáтери.
Aus den Briefen meiner Schwester erfuhr ich vom Gesundheitszustand meiner Mutter.
Он плóхо ви́дит и не **узнаёт** на у́лице знакóмых.
Er sieht schlecht und erkennt seine Bekannten auf der Straße nicht.

встать
aufstehen
Сего́дня я **встал** о́чень ра́но.

Heute bin ich sehr früh aufgestanden.

застать
antreffen
Я зашёл к това́рищу и **заста́л** его́ до́ма.

Ich ging bei meinem Freund vorbei und traf ihn zu Hause an.

преодоле́ть
überwinden
Путеше́ственники **преодоле́ли** на своём пути́ все тру́дности.

Die Reisenden haben auf ihrem Weg alle Schwierigkeiten überwunden.

овладе́ть
beherrschen, erlernen
В оди́н год това́рищ **овладе́л** ру́сским языко́м.
In einem Jahr hat mein Freund die russische Sprache erlernt.

доби́ться
erreichen, anstreben
Они́ **доби́лись** отли́чных результа́тов.

Sie haben ausgezeichnete Ergebnisse erreicht.

забы́ть
vergessen
Не **забу́дь** прове́трить ко́мнату.

Vergiß nicht, das Zimmer zu lüften.

откры́ть
aufmachen
Откро́й, пожа́луйста, фо́рточку.
Mach bitte das Klappfenster auf.

встава́ть

Ле́том я ча́сто **встава́л** с восхо́дом со́лнца и уходи́л на́ реку.
Im Sommer stand ich oft bei Sonnenaufgang auf und ging zum Fluß.

застава́ть

Не́сколько раз я заходи́л к това́рищу, но не **застава́л** его́ до́ма.
Einige Tage ging ich bei meinem Freund vorbei, konnte ihn jedoch zu Hause nicht antreffen.

преодолева́ть

Путеше́ственники сме́ло **преодолева́ли** на своём пути́ тру́дности.
Die Reisenden überwanden auf ihrem Weg kühn Schwierigkeiten.

овладева́ть

Това́рищ с больши́м трудо́м **овладева́л** произноше́нием.
Meinem Freund fiel die Aussprache besonders schwer.

добива́ться

Они́ упо́рно **добива́лись** таки́х результа́тов.
Sie strebten beharrlich solche Ergebnisse an.

забыва́ть

Не **забыва́йте** прове́тривать ко́мнаты.
Vergessen Sie nicht (jedesmal), die Zimmer zu lüften.

открыва́ть

Открыва́йте ча́ще фо́рточку.
Machen Sie öfters das Klappfenster auf.

Anmerkung. Ein präfigiertes Verb mit dem Suffix **-ва-** wird nur dann vollendet, wenn das Präfix **-по-** in der Bedeutung der Abgeschlossenheit der Handlung davortritt.
В аудито́рии **поо́ткрыва́ли** все о́кна. *Im Auditorium hatte man alle Fenster geöffnet.*
Jedoch kommen solche doppelt präfigierten Verben in der Literatursprache sehr selten vor.

2. Zur Gruppe der Verben mit dem Suffix -ва- gehören alle Verben mit den Stämmen да- (отдава́ть *abgeben*), ста- (встава́ть *aufstehen*), зна- (признава́ть *anerkennen, zugeben*). Die Besonderheit dieser Verben besteht darin, daß bei der Konjugation im Präsens das Suffix -ва- ausfällt: **отдаю́, отдаёшь, признаю́, признаёшь... встаю́, встаёшь...**

3. Mit Hilfe des Suffixes -ва- bilden präfigierte Ableitungen einsilbiger Verben ihre unvollendeten Aspektpartner: **лить** *gießen* — **вы́лить** *ausgießen* — **вылива́ть, зали́ть** *begießen* — **залива́ть; крыть** *decken* — **закры́ть** *zumachen* — **закрыва́ть, прикры́ть** *nicht ganz zudecken* — **прикрыва́ть.**

4. Es gibt im Russischen nur wenige nichtpräfigierte unvollendete Verben mit dem Suffix -ва- (**дава́ть** *geben*, **быва́ть** *sein; vorkommen; sich befinden*); durch Anfügen von Präfixen wird ihr Aspekt nicht geändert, sie bleiben unvollendet: **передава́ть** *übergeben*, **сдава́ть** *abgeben*, **прибыва́ть** *ankommen*... Wird jedoch das Präfix **по-** an das Verb **быва́ть** angefügt, so entsteht ein vollendetes Verb (**побыва́ть** *sich eine kurze Zeit aufhalten*): Ле́том я **побыва́ю** в Крыму́ и на Кавка́зе. *Im Sommer werde ich mich eine Zeitlang auf der Krim und (dann) im Kaukasus aufhalten.*

In diesem Fall verleiht das Präfix **по-** dem Verb **быва́ть** die Bedeutung einer gewissen zeitlichen Begrenzung.

Übung 142. Schreiben Sie die folgenden Sätze ab. Unterstreichen Sie die unvollendeten Verben. Gebrauchen Sie diese Verben im Präsens.

1. Уча́стники экспеди́ции преодолева́ли больши́е тру́дности. Уча́стники экспеди́ции преодоле́ли все тру́дности на своём пути́ и успе́шно вы́полнили зада́ние. 2. Мы шли дру́жно, никто́ не отстава́л. Ма́льчик отста́л от това́рищей и заблуди́лся в лесу́. 3. Студе́нты насто́йчиво овладева́ли ру́сским языко́м. За три го́да они́ овладе́ли ру́сским языко́м. 4. От бра́та я узнава́л все заводски́е но́вости. Вчера́ я узна́л, что в заводско́м клу́бе гото́вится конце́рт самоде́ятельности. 5. Со́лнце то появля́лось на мину́ту из-за туч, то опя́ть скрыва́лось. Со́лнце скры́лось за ту́чей, и ста́ло хо́лодно.

Übung 143. Schreiben Sie die folgenden Sätze ab. Setzen Sie die in Klammern stehenden Verben im Präteritum in der erforderlichen Aspektform ein.

1. Пе́ред сном я всегда́ ... окно́, что́бы прове́трить ко́мнату. Я ... окно́, и в ко́мнату ворва́лся у́личный шум. (откры́ть, открыва́ть) 2. Мой това́рищ уме́л хорошо́ организова́ть свою́ рабо́ту и поэ́тому ... посеща́ть теа́тры, музе́и, ходи́ть в кино́ и на като́к. Я не ... прочита́ть всю литерату́ру к сего́дняшнему семина́ру. (успе́ть, успева́ть) 3. Ты не ... о своём обеща́нии? Он никогда́ не ... о свои́х обеща́ниях. (забы́ть, забыва́ть) 4. Садо́вник ходи́л по са́ду и ... цветы́. Садо́вник посади́л я́блони и ... их. (поли́ть, полива́ть) 5. Вода́ в реке́ ... с ка́ждым ча́сом, и все опаса́лись наводне́ния. За два часа́ вода́ в реке́ ... на метр. (прибыва́ть, прибы́ть) 6. Ты ... меня́, и я забы́л, что я хоте́л сказа́ть. Он всегда́ слу́шал до конца́, никогда́ не ... собесе́дника. (переби́ть, перебива́ть) 7. Де́ти е́ли ка-

шу и ... её молоко́м. Больно́й проглоти́л лека́рство и ... его́ водо́й. (запи́ть, запива́ть) 8. Сестра́ сиде́ла у ла́мпы и ... пу́говицы к ко́фточке. Она́ ... пу́говицы и наде́ла ко́фточку. (приши́ть, пришива́ть)

Übung 144. Lesen Sie die folgenden Sätze. Bestimmen Sie die Zeitform der hervorgehobenen Verben. Schreiben Sie sie in der Infinitivform heraus und fügen Sie den entsprechenden Aspektpartner hinzu.

1. Пе́сня студе́нтов над ми́ром несётся,
   Ру́ку *даём* мы друзья́м молоды́м,
   Чи́стое не́бо и я́ркое со́лнце
   Ды́мом пожа́ров закры́ть *не дади́м*. (*Ош.*)
2. Проща́й же, мо́ре! *Не забу́ду*
   Твое́й торже́ственной красы́,
   И до́лго, до́лго слы́шать бу́ду
   Твой гул в вече́рние часы́. (*П.*)
3. Реде́ет мгла нена́стной но́чи.
   И бле́дный день уж *настаёт*. (*П.*)
4. Влади́мир кни́гу *закрыва́ет*.
   Берёт перо́ ... (*П.*)
5. *Встаёт* заря́ во мгле холо́дной. (*П.*)

Übung 145. Lesen Sie die folgenden Sätze. Bestimmen Sie den Aspekt der hervorgehobenen Verben und fügen Sie den entsprechenden Aspektpartner hinzu. Erläutern Sie die Bildung der Aspekte.

1. Мы, писа́тели, не име́ем пра́ва *отстава́ть* от жи́зни. (*Н. О.*) 2. Мы *запи́ли* прозра́чный тёплый мёд ключево́й водо́й и засну́ли под однообра́зное жужжа́ние пчёл и болтли́вый ле́пет ли́стьев. (*Тург.*) 3. Ско́ро со́лнце *скро́ется* за высо́кими дере́вьями са́да, начнёт постепе́нно темне́ть (*Овеч.*) 4. Она́ *встава́ла* на рассве́те и то́тчас открыва́ла на́стежь о́кна. (*Пауст.*) 5. Просты́е, всем изве́стные пе́сни пе́ли гро́мко и ве́село, но иногда́ *запева́ли* но́вые, ка́к-то осо́бенно скла́дные, но невесёлые и необы́чные по напе́вам. (*М. Г.*) 6. Издавна, с де́тства люби́л он *узнава́ть* но́вые места́ и но́вых люде́й. (*Аж.*)

Übung 146. Wählen Sie aus den nachstehenden Verben zehn aus und bilden Sie mit ihnen Sätze. Gebrauchen Sie die Verben im Präsens und im einfachen Futur.

1. дать — дава́ть, отда́ть — отдава́ть, прода́ть — продава́ть, вы́дать — выдава́ть, разда́ть — раздава́ть, переда́ть — передава́ть, изда́ть — издава́ть, зада́ть — задава́ть

2. узна́ть — узнава́ть, призна́ть — признава́ть, позна́ть — познава́ть, осозна́ть — осознава́ть, созна́ться — сознава́ться (*в чём?*), призна́ться — признава́ться (*в чём?*)

3. встать — встава́ть, доста́ть — достава́ть, заста́ть — застава́ть, восста́ть — восстава́ть, переста́ть — переставать, отста́ть — отстава́ть, оста́ться — остава́ться, наста́ть — настава́ть, приста́ть — пристава́ть, расста́ться — расстава́ться

Aspektpaare präfigierter und nichtpräfigierter Verben mit den Suffixen -и-, -а- (-я-)

Innerhalb eines Aspektpaars mit der gleichen lexikalischen Grundbedeutung, ob präfigiert oder nichtpräfigiert, sind die Verben mit dem Suffix **-и-** vollendet, diejenigen mit dem Suffix **-а-** (**-я-**) unvollendet.

vollendet	unvollendet
-и-	**-а-**
реши́ть entscheiden	**реша́ть**
разреши́ть erlauben	**разреша́ть**
вы́полнить erfüllen	**выполня́ть**

Der Aspekt eines solchen Verbs läßt sich nur durch Gegenüberstellung der beiden Aspektpartner bestimmen, denn außerhalb eines solchen Aspektpaares kann das Suffix **-и-** auch in einem unvollendeten Verb auftreten, z. B. **хвали́ть** *loben*, **руби́ть** *hauen, kleinschlagen*, **вали́ть** *werfen, fällen*. Ebenso können vollendete Verben das Suffix **-а-** (**-я-**) enthalten, z. B. **написа́ть** *schreiben*, **прочита́ть** *lesen*, **повлия́ть** *beeinflussen*.

A n m e r k u n g. Zu der Gruppe der Aspektpaare mit den Suffixen **-и-**, **-а-** gehören einige Verben, die von Adjektiven abgeleitet sind, z. B. **то́чный** *genau —* **уточни́ть — уточня́ть** *genauer feststellen, präzisieren*; **ско́рый** *schnell —* **уско́рить — ускоря́ть** *beschleunigen*.

реши́ть lösen	**реша́ть**
Учени́к **реши́л** тру́дную зада́чу.	Учени́к сиде́л и **реша́л** тру́дную зада́чу.
Der Schüler hat eine schwierige Aufgabe gelöst.	Der Schüler saß und löste eine schwierige Aufgabe.
бро́сить werfen	**броса́ть**
Ребёнок **бро́сил** игру́шку на́ пол.	Ребёнок постоя́нно **броса́л** игру́шки на́ пол.
Das Kind warf das Spielzeug auf den Boden.	Das Kind warf ständig seine Spielsachen auf den Boden.
вы́ступить auftreten	**выступа́ть**
Он **вы́ступил** с большо́й ре́чью на собра́нии.	Он ча́сто **выступа́л** на собра́ниях.
Er hat auf der Versammlung eine große Rede gehalten.	Er sprach oft auf Versammlungen.
ко́нчить beenden	**конча́ть**
Сего́дня мы **ко́нчили** рабо́ту в 7 часо́в.	Обы́чно мы **конча́ли** рабо́ту в 6 часо́в.
Wir haben heute die Arbeit um 7 Uhr beendet.	Gewöhnlich beendeten wir die Arbeit um 6 Uhr.

изучи́ть
erlernen
Мы обяза́тельно **изу́чим** ру́сский язы́к.
Wir werden unbedingt die russische Sprache erlernen.

прове́рить
überprüfen
Учи́тель **прове́рил** пи́сьменные рабо́ты уча́щихся.

Der Lehrer hat die schriftlichen Arbeiten der Schüler durchgesehen.

пусти́ть (пропусти́ть)
lassen (durchlassen)
Сего́дня о́чень хо́лодно. Мать не **пусти́ла** ребёнка гуля́ть.
Es ist heute sehr kalt. Die Mutter hat ihrem Kind nicht erlaubt spazierenzugehen.

Пожа́луйста, **пропусти́те** меня́. Я забы́л про́пуск.
Bitte lassen Sie mich durch. Ich habe meinen Passierschein vergessen.

преврати́ться
sich unwandeln
Вода́ **преврати́лась** в пар.

Das Wasser hat sich in Dampf umgewandelt.

изобрази́ть
schildern
Худо́жник ве́рно **изобрази́л** в своём произведе́нии жизнь.
Der Künstler hat in seinem Werk das Leben wahrheitsgetreu geschildert.

победи́ть
siegen
На́ши конькобе́жцы в э́том году́ не **победи́ли** в соревнова́ниях.
Unsere Schlittschuhläufer haben in diesem Jahr bei den Wettkämpfen nicht gesiegt.

изуча́ть

Мы обяза́тельно бу́дем **изуча́ть** ру́сский язы́к.
Wir werden unbedingt Russisch lernen.

проверя́ть

Учи́тель до́лго **проверя́л** пи́сьменные рабо́ты уча́щихся.
Der Lehrer hat lange Zeit die schriftlichen Schülerarbeiten durchgesehen.

пуска́ть (пропуска́ть)

В си́льные моро́зы нельзя́ **пуска́ть** дете́й гуля́ть.
Bei strengen Frösten darf man die Kinder nicht spazierengehen lassen.

Дежу́рный не **пропуска́ет** без про́пуска.
Der Wächter läßt niemanden ohne Passierschein durch.

превраща́ться

Вода́ **превраща́ется** в пар при кипе́нии.
Beim Sieden wandelt sich Wasser in Dampf um.

изобража́ть

Худо́жник **изобража́ет** в свои́х произведе́ниях жизнь.
Der Künstler schildert in seinen Werken das Leben.

побежда́ть

На́ши спортсме́ны ча́сто **побежда́ют** в соревнова́ниях.
Unsere Sportler siegen oft bei Wettkämpfen.

закрепи́ть
festigen
Мы должны́ закрепи́ть на́ши зна́ния.

Wir müssen unsere Kenntnisse festigen.

объяви́ть
bekanntgeben, ansagen
Всем объяви́ли о собра́нии.

Alle waren über die Versammlung informiert worden.

купи́ть
kaufen
Я купи́л календа́рь.

Ich habe einen Kalender gekauft.

закрепля́ть

Системати́ческие упражне́ния помога́ют закрепля́ть зна́ния уча́щихся.

Systematische Übungen helfen die Kenntnisse der Lernenden zu festigen.

объявля́ть

Всегда́ то́чно объявля́ли о собра́нии.

Die Versammlung wurde immer rechtzeitig angekündigt.

покупа́ть

Я ка́ждый год покупа́ю календа́рь.

Jedes Jahr kaufe ich einen Kalender.

Anmerkungen.
1. Nichtpräfigierte unvollendete Verben der erwähnten Gruppe mit den Suffixen -и-, -а- bleiben in der Regel unvollendet, wenn sie präfigiert werden.

unvollendet: пуска́ть *lassen* — выпуска́ть *hinauslassen*, отпуска́ть *gehen lassen*; реша́ть *lösen, entscheiden* — разреша́ть *erlauben*;
vollendet: пусти́ть — вы́пустить — отпусти́ть; реши́ть — разреши́ть.

2. Die unvollendete Entsprechung des vollendeten Verbs купи́ть *kaufen* lautet покупа́ть (in diesem Fall werden zur Bildung des unvollendeten Aspekts gleichzeitig ein Suffix und ein Präfix verwendet).

vollendet
Я купи́л кни́ги в магази́не № 14.

Ich habe die Bücher in der Buchhandlung Nr. 14 gekauft.
Я закупи́л кни́ги в магази́не № 14.

Ich habe die Bücher in der Buchhandlung Nr. 14 eingekauft.
Я накупи́л мно́го книг.
Ich habe viele Bücher gekauft.

unvollendet
Я всегда́ покупа́ю кни́ги в магази́не № 14.
Ich kaufe Bücher immer in der Buchhandlung Nr. 14.
Я всегда́ закупа́ю кни́ги в магази́не № 14.
Ich kaufe Bücher immer in der Buchhandlung Nr. 14 ein.
Я обы́чно сра́зу накупа́ю мно́го книг.
Ich kaufe gewöhnlich viele Bücher auf einmal.

3. In Stamm der Verben mit den Suffixen -и-, -а- kann Konsonantenwechsel eintreten: изобрази́ть *darstellen* — изобража́ть (з — ж); отве́тить *antworten* — отвеча́ть (т — ч); защити́ть *verteidigen* — защища́ть (т — щ); проводи́ть *begleiten* — провожа́ть (д — ж); победи́ть *siegen* — побежда́ть (д — жд); прости́ть *verzeihen* — проща́ть (ст — щ); обнови́ть *erneuern* — обновля́ть (в — вл); укрепи́ть *festigen* — укрепля́ть (п — пл); утоми́ться *müde werden* — утомля́ться (м — мл) u. a. Bei dem Verb пусти́ть *lassen* — пуска́ть (ст — ск) tritt unregelmäßiger Konsonantenwechsel ein.
4. Betonung. Bei einigen Verben mit den Suffixen -и-, -а- wird die Aspektzugehörigkeit nicht allein nach diesen Suffixen, sondern auch nach der Betonung unterschieden:
a) Bei den Verben mit dem Suffix -а- (-я-) liegt die Betonung immer auf diesem Suffix (конча́ть *beenden*, проверя́ть *prüfen*);
b) Bei den Verben mit dem Suffix -и- kann die Betonung liegen: auf diesem Suffix (пусти́ть *lassen*, разреши́ть *erlauben*), auf der Wurzel (ко́нчить *beenden*, бро́сить *werfen*,

отве́тить *antworten*) oder auf dem Präfix **вы-** (**вы́бросить** *hinauswerfen*, **вы́пустить** *hinauslassen*) (bei den mit **вы-** präfigierten vollendeten Verben ist dieses Präfix stets betont).

Übung 147. Schreiben Sie die folgenden Sätze ab. Setzen Sie die in Klammern stehenden Verben in der notwendigen Form ein.

1. Учени́к весь ве́чер ... тру́дную зада́чу и наконе́ц ... её. (реша́ть, реши́ть) 2. Он до́лго и тща́тельно ... все вычисле́ния. Он ... вычисле́ния и не нашёл оши́бок. (проверя́ть, прове́рить) 3. В ию́не у меня́ совсе́м не́ было свобо́дного вре́мени, потому́ что я... сро́чную рабо́ту. Когда́ я... э́ту рабо́ту, я уе́хал отдыха́ть на мо́ре. (выполня́ть, вы́полнить). 4. Она́ всегда́ ... на заня́тия мину́та в мину́ту. Сего́дня она́ ... с опозда́нием. (явля́ться, яви́ться). 5. Ка́ждый ме́сяц я ... пи́сьма из до́ма. Вчера́ я ... письмо́ от отца́. (получа́ть, получи́ть) 6. Я уже́ ... писа́ть письмо́. Когда́ я ..., я позову́ тебя́. (конча́ть, ко́нчить) 7. Сюда́ не ... без про́пуска. Если у тебя́ нет про́пуска, тебя́ не .... (пуска́ть, пусти́ть) 8. Я ходи́л на ста́нцию ... сестру́, но не ... её. (встреча́ть, встре́тить)

Übung 148. Schreiben Sie die folgenden Sätze ab. Ersetzen Sie in jedem Satz die Verben durch ihre Aspektpartner.

1. Зада́ние, кото́рое ему́ поручи́ли, он выполня́л с необыкнове́нной добросо́вестностью и тща́тельностью. 2. Он изучи́л но́вую мето́дику проведе́ния о́пыта и примени́л её в свое́й рабо́те. 3. Он де́лал вычисле́ния, проверя́л на пра́ктике результа́ты.

Übung 149. Lesen Sie die folgenden Sätze. Nennen Sie zu jedem hervorgehobenen Verb den Aspektpartner.

1. В на́шем труде́, в огро́мном стремле́нии к побе́де мы *закаля́ем* свой хара́ктер. (*Н. О.*) 2. Около го́да я *не получа́л* пи́сем от ма́тери. (*Гайд.*) 3. Всё ча́ще она́ *ощуща́ла* требова́тельное жела́ние свои́м языко́м говори́ть лю́дям о несправедли́востях жи́зни. (*М. Г.*) 4. Всё мрачне́й и ни́же ту́чи *опуска́ются* над мо́рем. (*М. Г.*) 5. Че́рез полчаса́ он *прости́лся* со мной на опу́шке ле́са. (*Тург.*) 6. Ме́сяц стоя́л высоко́ и я́сно *озаря́л* окре́стность. (*Тург.*) 7. Улы́бкой я́сною приро́да Сквозь сон встреча́ет у́тро го́да. (*П.*) 8. Он стал *спуска́ться* по у́зкой и круто́й тропи́нке. (*Л.*)

Übung 150. Bilden Sie mit Hilfe des Präfixes у- und der Suffixe **-а-, -и-** von den nachstehenden Adjektiven vollendete und unvollendete Verben und verwenden Sie diese Verben in Sätzen.

M u s t e r : кре́пкий — укрепи́ть — укрепля́ть

лу́чший, ху́дший, ме́ньший, ско́рый, просто́й, то́чный, сло́жный, я́сный

Übung 151. Bilden Sie mit Hilfe verschiedener Präfixe von den Verben *ступа́ть — ступи́ть* weitere Aspektpaare.

M u s t e r : выступа́ть — вы́ступить

Übung 152. Schreiben Sie die Aspektpartner folgender Verben auf. Beachten Sie den Konsonantenwechsel und unterstreichen Sie die Konsonanten, die dem Konsonantenwechsel unterliegen.

встре́тить, посети́ть, предупреди́ть, снабди́ть, изобрази́ть, повы́сить, навести́ть, пропусти́ть, употреби́ть, отпра́вить, утоми́ть

Bilden Sie acht Sätze mit folgenden Verben:

прости́ться — проща́ться, изуча́ть — изучи́ть, обсуди́ть — обсужда́ть, освети́ть — освеща́ть, оста́вить — оставля́ть, укра́сить — украша́ть, разреши́ть — разреша́ть, объявля́ть — объяви́ть, обраща́ться — обрати́ться, замеча́ть — заме́тить, ошиба́ться — ошиби́ться, изменя́ть — измени́ть, купи́ть — покупа́ть

Aspektpaare präfigierter vollendeter Verben mit dem Infinitiv auf -сти, -чь (вы́расти, помо́чь) und unvollendeter Verben mit dem Infinitiv auf -ать (выраста́ть, помога́ть) (mit A u s n a h m e der Verben der Fortbewegung)

1. Präfigierte vollendete Verben auf **-сти (-сть), -зти (-зть)** und unvollendete Verben auf **-ать.**

vollendet	unvollendet	
вы́расти	выраста́ть	groß werden
подрасти́	подраста́ть	heranwaschen
приобрести́	приобрета́ть	erwerben
подмести́	подмета́ть	fegen
опа́сть	опада́ть	abfallen
напа́сть	напада́ть	überfallen
попа́сть	попада́ть	treffen
пропа́сть	пропада́ть	verlorengehen
запасти́	запаса́ть	auf Vorrat anschaffen
спасти́	спаса́ть	retten
отцвести́	отцвета́ть	verblühen
расцвести́	расцвета́ть	(auf)blühen
съесть	съеда́ть	aufessen
слезть	слеза́ть	hinuntersteigen, aussteigen
уползти́	уполза́ть	wegkriechen

A n m e r k u n g e n .

1. Bei Aspektänderungen von Verben dieser Gruppe treten Veränderungen in Wurzel und Stamm auf.

vollendet	unvollendet
подмести́	подмета́ть
загрести́	загреба́ть
напа́сть	напада́ть
запасти́	запаса́ть
расцвести́	расцвета́ть
съесть	съеда́ть

2. B e t o n u n g .

a) Bei den unvollendeten Verben dieser Gruppe liegt die Betonung stets auf dem Suffix **-а-**;

b) Bei den vollendeten Verben mit dem Suffix **-ти** im Infinitiv (**приобрести́, запасти́**) liegt die Betonung auf dem Suffix **-ти**. Eine Ausnahme bilden die mit stets betontem Präfix **вы-** gebildeten vollendeten Verben (**вы́мести** *ausfegen*, **вы́грести** *ausschaufeln*).

2. Präfigierte vollendete Verben auf -чь und unvollendete Verben auf -ать.

vollendet	unvollendet	
сбере́чь	сберега́ть	sparen; schonen
подстере́чь	подстерега́ть	(be)lauern
подстри́чь	подстрига́ть	(be)schneiden
помо́чь	помога́ть	helfen
превозмо́чь	превозмога́ть	überwinden
привле́чь	привлека́ть	heranziehen
увле́чь	увлека́ть	begeistern
извле́чь (по́льзу)	извлека́ть	(Nutzen) ziehen

Anmerkungen.

1. Bei den Verben dieser Gruppe treten in den unvollendeten Aspektpartnern Stammveränderungen auf. Im Stamm der unvollendeten Verben erscheint vor dem Suffix -a- der Konsonant г oder к — сберега́ть, привлека́ть.

2. Betonung.

a) Bei den unvollendeten Verben liegt die Betonung stets auf dem Suffix -a-.

b) Bei den vollendeten Verben liegt die Betonung stets auf der Endsilbe (mit Ausnahme der mit вы- präfigierten Verben, bei denen das Präfix stets betont ist — вы́печь).

Übung 154. Lesen Sie die folgenden Sätze. Bestimmen Sie den Aspekt. Schreiben Sie den Infinitiv der hervorgehobenen Verben mit seinem Aspektpartner auf.

1. Зимы́ ждала́, ждала́ приро́да.
   Снег *вы́пал* то́лько в январе́... (*П.*)
2. Я па́мятник себе́ воздви́г нерукотво́рный.
   К нему́ не *зарастёт* наро́дная тропа́. (*П.*)
3. И с ка́ждой о́сенью я *расцвета́ю* вновь;
   Здоро́вью моему́ поле́зен ру́сский хо́лод. (*П.*)
4. Стари́к! Я слы́шал мно́го раз,
   Что ты меня́ от сме́рти *спас.* (*Л.*)

Übung 155. Schreiben Sie ab. Setzen Sie die in Klammern stehenden Verben in der notwendigen Form ein. Geben Sie an, in welchen Sätzen nur ein Verb des in Klammern stehenden Aspektpaars verwendet werden kann, und in welchen beide.

1. Я был весь ве́чер за́нят до́ма и то́лько к ве́черу смог ... в библиоте́ку. (попада́ть, попа́сть) 2. В практи́ческой рабо́те ты ... жи́зненный о́пыт. (приобрета́ть, приобрести́) 3. Я вчера́ ... ре́дкую кни́гу. (приобрета́ть, приобрести́) 4. Мы успе́ли до дождя́ ... се́но и уйти́ домо́й. (сгреба́ть, сгрести́) 5. От волне́ния она́ то ..., то ... косу́. (заплета́ть, заплести́; расплета́ть, расплести́) 6. Бе́лки ле́том ... грибы́ и за́ зиму их .... (запаса́ть, запасти́; съеда́ть, съесть)

Übung 156. Setzen Sie das in Klammern stehende Verb ein. Bestimmen Sie den Aspekt.

1. Этот вопро́с в настоя́щее вре́мя ... внима́ние всего́ ми́ра. (привлека́ть) 2. Шум в сосе́дней ко́мнате ... моё внима́ние. (отвле́чь) 3. Все наде́ялись, что лека́рство ... больно́му. (помо́чь) 4. Докла́д был о́чень интере́сен и ... всех слу́шателей. (увле́чь)

Übung 157. Nennen Sie zu den folgenden Verben die Aspektpartner:

зарасти́, изобрести́, вы́мести, расцвести́, переплести́, запасти́, сгрести́, пропа́сть

Übung 158. Bilden Sie Sätze mit den folgenden Verben:

расцвета́ть, отцвета́ть, напада́ть, попада́ть, пропада́ть, спаса́ть, запаса́ть, подмета́ть, смеша́ть, вымета́ть

Übung 159. Lesen Sie die folgenden Sätze. Bestimmen Sie den Aspekt der hervorgehobenen Verben.

1. Все стара́лись ка́к-нибудь *развле́чь* и ободри́ть её. (*Аж.*) 2. Я наблюда́л за ва́ми и зна́ю: вы подча́с всё хоти́те сде́лать бы́стро, за пять мину́т, гото́вы *пренебре́чь* мно́гим. Пойми́те, э́то недопусти́мо! Вду́майтесь, Алёша, в то, что я сказа́л. Я име́ю пра́во челове́ка, нау́ченного жи́знью, *предостере́чь* вас, и я *предостерега́ю.* (*Аж.*)

Übung 160. Nennen Sie zu den folgenden Verben die Aspektpartner:

помо́чь, превозмо́чь, подстри́чь, вы́течь, увле́чь, пресе́чь

Übung 161. Bilden Sie Sätze mit den folgenden Verben:

увлека́ться, развлека́ться, привлека́ть, отвлека́ть, извлека́ть

Der Vokalwechsel im Verbalstamm bei der Bildung von Aspektpaaren

	vollendet	unvollendet	Wurzelveränderung
o — a	коснҳ́ться (вопро́са) (eine Frage) berühren прикоснҳ́ться (к руке́) (die Hand) anrühren, anfassen	каса́ться прикаса́ться	Wurzeln **кос — кас**
	изложи́ть (статью́) (einen Artikel) darlegen предложи́ть (резолю́цию) (eine Resolution) vorschlagen приложи́ть (уси́лия) (alle Kräfte) aufbieten	излага́ть предлага́ть прилага́ть	Wurzeln **лож — лаг** (Vokal- und Konsonantenwechsel **ж — г** innerhalb der Wurzel)
	опозда́ть (на заня́тия) sich (zum Unterricht) verspäten вскочи́ть (со сту́ла) (vom Stuhl) hochfahren осмотре́ть (вы́ставку) (eine Ausstellung) besichtigen вздро́гнуть (от неожи́данности) (vor Überraschung) zusammenzucken	опа́здывать вска́кивать осма́тривать вздра́гивать	im unvollendeten Aspekt liegt die Betonung auf der Wurzel **а**; Suffixe **-ыва-**, **-ива-**
e — и	собра́ть * (соберу́) (колле́кцию) (eine Kollektion) sammeln вы́брать (вы́беру) (профе́ссию) (einen Beruf) wählen	собира́ть выбира́ть	Wurzeln **бр — бер — бир**

---

* Präfix **со-** vor zwei Konsonanten.

	vollendet	unvollendet	Wurzeländerung
е — и	**разобра́ть (разберу́) (вопро́с)** (eine Frage) klären	**разбира́ть**	
	расстели́ть (разостла́ть) (ко- вёр) (einen Teppich) ausbreiten	**расстила́ть**	**стл — стел — стил**
	постели́ть (постла́ть) (бельё) (das Bett) bereiten	**постила́ть**	
	стере́ть (сотру́) (с доски́) (von der Tafel) abwischen	**стира́ть**	**тр — тер — тир**
	запере́ть (запру́) (ко́мнату) (das Zimmer) zuschließen	**запира́ть**	**пр — пер — пир**
	умере́ть (умру́) sterben	**умира́ть**	**мр — мер — мир**
	заже́чь (зажгу́) (ла́мпу) (Licht) anmachen	**зажига́ть**	**жг — жег — жиг**
	поджечь anzünden, anstecken	**поджига́ть**	
о — ы	**вздохну́ть** seufzen	**вздыха́ть**	**дох — дых**
	созва́ть (созову́) einberufen	**созыва́ть**	**зв — зов — зыв**
	призва́ть (призову́) herbeirufen, auffordern	**призыва́ть**	
	сосла́ть (сошлю́) verbannen	**ссыла́ть**	**сл — сыл**
а — им	**подня́ть** aufheben	**поднима́ть**	**ня — ним**
	поня́ть verstehen	**понима́ть**	
	приня́ть empfangen	**принима́ть**	
	обня́ть umarmen	**обнима́ть**	
	снять abnehmen, fotografieren	**снима́ть**	
	нажа́ть (auf)drücken	**нажима́ть**	**жа — жим**
	сжать (ру́ку) drücken (die Hand)	**сжима́ть**	
а — ин	**нача́ть** anfangen	**начина́ть**	**ча — чин**

Anmerkungen.

1. Der Vokalwechsel **о — а**, **е — и** ist in der Regel nur aus dem Schriftbild zu ersehen, weil unbetonte **о** und **a** in der Aussprache zusammenfallen.

2. Bei den unvollendeten Verben ist das Suffix **-a-** stets b e t o n t.

3. Einem vollendeten Verb mit der Wurzel **-лож-** entspricht nicht immer ein unvollendetes Verb mit der Wurzel **-лаг-**, in manchen Fällen entspricht ihm ein unvollendetes Verb mit der Wurzel **-клад-**, z. B. **доложи́ть** о рабо́те, **докла́дывать** о рабо́те *über die Arbeit berichten.*

4. Einige vollendete Verben mit der Wurzel **-лож-** haben keine unvollendeten Entsprechungen, so z. B. das Verb **обложи́ть** *bedecken* im dem Satz: Ту́ча **обложи́ла** горизо́нт. *Der Horizont (der Himmel) war (mit Wolken) bedeckt.*

Übung 162. Lesen Sie die folgenden Sätze. Bestimmen Sie den Aspekt der hervorgehobenen Verben.

1. Над седо́й равни́ной мо́ря ве́тер ту́чи *собира́ет*. (*М. Г.*) 2. Алексе́й *перебира́л* в уме́ впечатле́ния после́дних дней. (*Аж.*) 3. Для защи́ты от ве́тра ну́жно бы́ло *забира́ться* в са́мую ча́щу ле́са. (*Арс.*) 4. Огни́ *зажгли́сь* в го́роде и над реко́ю. (*Тург.*) 5. Моро́зный ве́тер *обжига́л* ей лицо́. (*Фад.*) 6. Сквозь волни́стые тума́ны *Пробира́ется* луна́. (*П.*) 7. Его́рушка огля́дывался и ника́к не *понима́л*, отку́да э́та стра́нная пе́сня. (*Чех.*)

8. Цветы́ полевы́е завя́ли,
Не слы́шно жужжа́нья стреко́з,
И жёлтые ли́стья *устла́ли*
Подно́жья столе́тних берёз. (*Бл.*)

Übung 163. Lesen Sie die folgenden Sätze. Schreiben Sie die hervorgehobenen Verben in der Infinitivform heraus und bilden Sie Aspektpartner.

1. Мо́жно *вы́брать* дру́га. Мо́жно вы́брать жену́. Мать не *выбира́ют*. Мать одна́. Её лю́бят, потому́ что она́ — мать. (*И. Э.*) 2. Ве́тер *сгиба́л* дере́вья, кусты́, *срыва́л* с них ли́стья. 3. Я́блони в тот год *согну́лись* под тя́жестью урожа́я. 4. Золоты́е ту́чки *расстила́лись* по не́бу. (*Тург.*) 5. То́лько в конце́ ле́та я *получи́л* о́тпуск. (*Гайд.*) 6. Ната́ша в э́ту зи́му в пе́рвый раз *начала́* серьёзно петь. (*Л. Т.*) 7 В дождли́вую пого́ду невозмо́жно до́лго занима́ться охо́той. (*С.-М.*)

Übung 164. Bilden Sie zu den angegebenen Verben die Aspektpartner. Schreiben Sie mit einigen dieser Verben acht Sätze auf.

предложи́ть, изложи́ть, опозда́ть, осмотре́ть, спроси́ть; вы́брать, разобра́ть, собра́ть(ся), избра́ть, косну́ться, прикосну́ться; запере́ть, умере́ть, вы́тереть, стере́ть, приня́ть, заня́ть, снять, отня́ть, подня́ть

Aspektpaare mit verschiedenen Wortwurzeln

Im Russischen gibt es einige Verben, die verschiedene Wurzeln haben und Aspektpaare bilden.

говори́ть — сказа́ть
sprechen — sagen

Он говори́л не́сколько часо́в.
Er sprach einige Stunden.
Он сказа́л всё, что хоте́л.
Er hat alles gesagt, was er sagen wolte.

бра́ть — взять
nehmen

Я беру́ кни́ги в уче́бной библиоте́ке.
Ich entleihe die Bücher in der Schulbibliothek.
За́втра возьму́ рома́н Го́рького «Мать».
Morgen werde ich Gorkijs Roman „Die Mutter" nehmen (ausleihen).

класть — положи́ть
legen

Куда́ ты кладёшь ключ?
Wohin legst du den Schlüssel?

	Куда́ ты **положи́л** ключ?
	Wohin hast du den Schlüssel ge-
	legt?
лови́ть — пойма́ть	Ма́льчик **лови́л** ры́бу.
fangen	Der Junge angelte.
	Он **пойма́л** большу́ю щу́ку.
	Er hat einen großen Hecht gefan-
	gen.
иска́ть — найти́	Я до́лго **иска́л** свою́ записну́ю
suchen — finden	кни́жку и наконе́ц **нашёл** её.
	Ich hatte lange mein Notizbuch
	gesucht; endlich fand ich es.
	Das Präteritum des Verbs **найти́**
	(нашёл) wird ebenso wie das
	Präteritum des Verbs **идти́**
	(шёл) gebildet.

Anmerkungen.

1. Werden die unvollendeten Verben **брать, говори́ть** präfigiert, so entstehen voll-endete Verben mit neuer lexikalischer Bedeutung (**отобра́ть кни́ги** *Bücher aussuchen, weg-legen*; **уговори́ть това́рища** *den Freund überreden*). Die unvollendeten Entsprechungen zu diesen Verben lauten: **отбира́ть, угова́ривать.**

vollendet	unvollendet
отобра́ть кни́ги	**отбира́ть** кни́ги
собра́ть, убра́ть урожа́й	**собира́ть, убира́ть** урожа́й
die Ernte einbringen	
уговори́ть това́рища пойти́ в кино́	**угова́ривать** това́рища пойти́ в кино́
Den Freund überreden, ins Kino zu gehen	
отговори́ть това́рища от пое́здки	**отгова́ривать** това́рища от пое́здки
dem Freund von der Reise abraten	
улови́ть смысл	**ула́вливать** смысл
den Sinn begreifen	

2. Wird das Verb **сказа́ть** präfigiert, so entstehen Verben mit neuer lexikalischer Bedeutung; **пересказа́ть** *nacherzählen,* **вы́сказать** *aussprechen;* ihre unvollendeten Ent-sprechungen lauten: **переска́зывать, выска́зывать.**

3. Vollendeten Verben mit der Wurzel **-лож-** entsprechen in einigen Bedeutungen unvollendete Verben mit der Wurzel **-клад-**, in anderen Bedeutungen mit der Wurzel **-лаг-**, z. B.

vollendet	unvollendet
доложи́ть	**докла́дывать** (о рабо́те)
	berichten (über die Arbeit)
переложи́ть	**перекла́дывать** (кни́ги со стола́ на по́л-ку)
	anderswo hinlegen, umräumen (die Bü-cher vom Tisch auf das Bücherregal)
a b e r : **переложи́ть** текст	**перелага́ть** (текст)
	vertonen (einen Text)
отложи́ть	**откла́дывать**
	beiseite legen, aufschieben
уложи́ть	**укла́дывать**
	einpacken
сложи́ть	**скла́дывать**
	zusammenlegen
a b e r : **сложи́ть**	**слага́ть**
	komponieren, dichten
вы́ложить	**выкла́дывать**
	herauslegen, ausbreiten

приложи́ть	прикла́дывать
	auflegen
a b e r: приложи́ть	прилага́ть
	beilegen, beifügen
обложи́ть	обкла́дывать
	umlegen, bedecken
a b e r: обложи́ть	облага́ть
	besteuern

Übung 165. Lesen Sie die folgenden Sätze. Bestimmen Sie den Aspekt der hervorgehobenen Verben und schreiben Sie ihre Aspektpartner auf. Gebrauchen Sie die Verben in Verbindung mit den im Text angegebenen Substantiven.

M u s t e r: разложи́ть костёр — раскла́дывать костёр

1. Неприя́тель не мог *предполага́ть* де́рзости стрельбы́ четырёх нике́м не защищённых пу́шек. (*Л. Т.*) 2. Охо́тники *разложи́ли* костёр. 3. Око́нчив у́жин, все *расположи́лись* вокру́г костра́. (*М. Г.*) 4. Есть беспреде́льное жела́ние — *вложи́ть* в страни́цы бу́дущей кни́ги всю страсть, всё пла́мя се́рдца. (*Н. О.*) 5. Обстоя́тельства заста́вили меня́ на не́сколько ме́сяцев *отложи́ть* рабо́ту над но́вым рома́ном. (*Н. О.*) 6. Но́вые доро́ги в нау́ке наряду́ с изве́стными учёными *прокла́дывают* нова́торы произво́дства.

Übung 166. Ersetzen Sie die vollendeten Verben durch unvollendete.

1. Мы *сложи́ли* ве́щи в два чемода́на. 2. Наро́д *сло́жил* мно́го пе́сен о Ро́дине. 3. У меня́ боле́ла голова́, и прия́тно бы́ло *приложи́ть* холо́дную ру́ку ко лбу. 4. На́до *приложи́ть* к докуме́нтам три фотока́рточки. 5. Я все ну́жные мне кни́ги *разложи́л* на столе́. 6. Во́ду путём электро́лиза мо́жно *разложи́ть* на водоро́д и кислоро́д. 7. Докла́дчик о́чень я́сно и про́сто *изложи́л* свои́ мы́сли. 8. Собра́ние согласи́лось с тем, что он *предложи́л*. 9. Здесь *проложи́ли* желе́зную доро́гу.

Folgende Verben bilden Aspektpaare:

ложи́ться — лечь	Я обы́чно **ложу́сь** спать в 11 часо́в. Вчера́ я **лёг** в 12 часо́в.
sich (hin)legen, zu Bett gehen, schlafen gehen	Ich gehe gewöhnlich um 11 Uhr schlafen. Gestern bin ich um 12 Uhr schlafen gegangen.
сади́ться — сесть sich setzen; sinken, untergehen	Со́лнце ме́дленно **сади́лось.** Со́лнце **се́ло.** Die Sonne sank langsam. Die Sonne war untergegangen.
станови́ться — стать werden	Он постепе́нно **станови́лся** бо́лее споко́йным ребёнком. Он **стал** споко́йным ма́льчиком. Er wurde allmählich zu einem ruhigeren Kind. Er wurde ein ruhiger Junge.

Die Verben dieser Gruppe unterscheiden sich durch den Lautbestand ihrer Wurzeln; die unvollendeten Verben haben die Partikel **-ся.**

Übung 167. Lesen Sie die folgenden Sätze. Bestimmen Sie den Aspekt der hervorgehobenen Verben und nennen Sie zu jedem Verb den Aspektpartner.

1. Ме́дленно наступа́ла весе́нняя ночь. Тишина́ *станови́лась* по́лной, глубо́кой. *(М. Г.)* 2. В до́ме все уже *легли́,* но никто́ не спал. *(Чех.)* 3. Я оде́лся, *взял* ружьё и пошёл вниз по ре́чке. *(Арс.)* 4. Обо́з весь день простоя́л у реки́ и тро́нулся с ме́ста, когда́ *сади́лось* со́лнце. *(Чех.)*
5. Заря́ проща́ется с землёю.
   Ложи́тся пар на дне доли́н. *(Фет)*
6. Что ему́ кни́га после́дняя *ска́жет,*
   То на душе́ его́ све́рху и *ля́жет. (Н.)*

Übung 168. Bilden Sie Sätze mit den vollendeten und unvollendeten Verben aus der Übung 167.

Aspektpaare, die sich durch die Betonung unterscheiden

Bei einigen Verben unterscheidet sich der unvollendete Aspekt vom vollendeten Aspekt allein durch die Betonung (den Akzent).

unvollendet	vollendet	
рассыпа́ть	рассы́пать	ausstreuen
засыпа́ть	засы́пать	zuschütten
отреза́ть	отре́зать	abschneiden
разреза́ть	разре́зать	zerschneiden

Die vom Infinitivstamm abgeleiteten Formen dieser Verben unterscheiden sich voneinander lediglich durch die Betonung; Präsens und Futur weisen darüber hinaus unterschiedliche Stämme auf.

unvollendet	vollendet	
Präsens		Futur
рассыпа́ю	рассы́плю,	рассы́плешь
засыпа́ю,	засы́плю,	засы́плешь
отреза́ю	отре́жу,	отре́жешь
разреза́ю	разре́жу,	разре́жешь

Übung 169. Lesen Sie die folgenden Sätze. Bestimmen Sie den Aspekt.

1. Снег засыпа́л доро́гу. Снег засы́пал доро́гу. 2. Он отреза́л кусо́к хле́ба. Он отре́зал кусо́к хле́ба. 3. Она́ среза́ла цветы́. Она́ сре́зала цветы́. 4. Садо́вник посыпа́л песко́м доро́жки. Садо́вник посы́пал песко́м доро́жки.

Übung 170. Schreiben Sie die folgenden Sätze ab. Setzen Sie die in Klammern stehenden Verben in der erforderlichen Form ein.

1. Снег ме́дленно ... доро́гу. В не́сколько мину́т снег ... доро́гу. (засыпа́ть, засы́пать) 2. Она́ ка́ждое у́тро ... цветы́ и ста́вила их в ва́зу. Она́ ... цвето́к и подари́ла его́ мне. (среза́ть, сре́зать) 3. Мать ... кусо́к хле́ба и дала́ его́ ребёнку. (отре́зать, отреза́ть) 4. Ну́жно ка́ждый день ... доро́жки песко́м. В не́сколько мину́т садо́вник ... все доро́жки песко́м. (посыпа́ть, посы́пать)

Übung 171. Bilden Sie Sätze mit den Verben aus der Übung 170. Schreiben Sie sie auf und versehen Sie die Verben mit Betonungszeichen.

Verben mit dem Suffix -ну-

Die meisten (nichtpräfigierten wie präfigierten) Verben mit dem Suffix -ну- gehören zum vollendeten Aspekt.

Die einen vollendeten Verben mit dem Suffix -ну- weisen auf die Abgeschlossenheit einer Handlung, auf das Erreichen eines Resultats hin (**дости́гнуть** *erreichen*, **прони́кнуть** *eindringen*, **пове́ргнуть** *niederwerfen*), die anderen auf den momentanen oder einmaligen Ablauf einer Handlung (**толкну́ть** *einen Stoß versetzen*, **кри́кнуть** *aufschreien*, **мигну́ть** *einmal zwinkern*).

unvollendet

достига́ть erreichen, erzielen
С ка́ждым го́дом мы **достига́ем** всё бо́льших и бо́льших успе́хов в рабо́те.
Mit jedem Jahr erzielen wir immer größere Erfolge bei der Arbeit.

исчеза́ть verschwinden, versinken
Со́лнце постепе́нно **исчеза́ло** за горизо́нтом.
Die Sonne versank allmählich hinter dem Horizont.

мелька́ть flimmern
Вдали́ **мелька́ли** огоньки́.
In der Ferne flimmerten Lichter.

крича́ть schreien
Ребёнок **крича́л** не переставая.
Das Kind schrie ohne Unterbrechung.

толка́ть stoßen
Ма́льчик шали́л и **толка́л** стол.
Der Junge trieb Unfug und stieß (dauernd) gegen den Tisch.

vollendet

дости́гнуть
Мы **дости́гли** огро́мных успе́хов в рабо́те.
Wir haben große Erfolge bei der Arbeit erzielt.

исче́знуть
Наконе́ц оно́ совсе́м **исче́зло**.
Endlich war sie ganz versunken.

мелькну́ть aufblitzen
Вдали́ **мелькну́л** огонёк.
In der Ferne blitze ein Licht auf.

кри́кнуть aufschreien
Ребёнок **кри́кнул** и замо́лк.
Das Kind schrie auf und verstummte.

толкну́ть
Ма́льчик **толкну́л** стол.
Der Junge stieß (einmal) gegen den Tisch.

Es gibt auch nichtpräfigierte Verben mit dem Suffix -ну-, die unvollendet sind: **вя́нуть** *verwelken*, **вя́знуть** *steckenbleiben*, **мо́кнуть** *naß werden*, **со́хнуть** *trocknen*, **мёрзнуть** *frieren*, **зя́бнуть** *frieren*, **гло́хнуть** *taub werden*, **сле́пнуть** *blind werden*, **кре́пнуть** *erstarken*, **ги́бнуть** *umkommen, untergehen*.

Diese Verben bezeichnen meist einen sich allmählich verstärkenden Zustand.

Vollendete Aspektpartner dieser Verben werden mit Hilfe von Präfixen gebildet (**увя́нуть, засо́хнуть, осле́пнуть, поги́бнуть** u.a.)

Einigen dieser präfigierten Verben entsprechen wiederum präfigierte Verben des unvollendeten Aspekts (**увяза́ть, засыха́ть** u.a.).

unvollendet	vollendet	unvollendet
вя́нуть	увя́нуть	увяда́ть
	завя́нуть	
мо́кнуть	вы́мокнуть	вымока́ть
со́хнуть	засо́хнуть	засыха́ть
	вы́сохнуть	высыха́ть
мёрзнуть	замёрзнуть	замерза́ть
	вы́мерзнуть	вымерза́ть
ги́бнуть	поги́бнуть	погиба́ть

Anmerkungen.

1. Das Suffix -ну- der unvollendeten Verben ist stets unbetont (ausgenommen тяну́ть *ziehen*).

2. Unvollendete Verben mit dem Suffix -a- (увяда́ть u.a.), die vollendeten Verben mit dem Suffix -ну- entsprechen (увя́нуть u.a.), sind stets auf diesem Suffix betont.

Übung 172. Lesen Sie die folgenden Sätze. Schreiben Sie die Verben in der Infinitivform heraus und ergänzen Sie die Aspektpartner.

1. Топо́р осторо́жно стуча́л по су́чьям, колёса скрипе́ли, ло́шадь фы́ркала. *(Тург.)* 2. Ве́тер швырну́л в ли́ца лы́жников о́блако сне́жной пы́ли. *(Аж.)* 3. В окно́ загля́дывал ю́ный со́лнечный луч. *(М. Г.)* 4. Звёзды так приве́тливо, так дру́жески мига́ют с небе́с. *(Гонч.)*

Übung 173. Lesen Sie die folgenden Sätze. Bestimmen Sie die Zeitform und den Aspekt der Verben. Schreiben Sie die Verben mit dem Suffix -ну- in der Infinitivform heraus und ergänzen Sie die Aspektpartner.

1. Но наконе́ц она́ вздохну́ла
И вста́ла со скамьи́ свое́й. *(П.)*
2. Ути́хло всё. Татья́на спит. *(П.)*
3. Встаёт заря́ во мгле холо́дной;
На ни́вах шум рабо́т умо́лк.
С свое́й волчи́хою голо́дной
Выхо́дит на доро́гу волк. *(П.)*
4. Журча́ ещё бежи́т за ме́льницу руче́й.
Но пруд уже́ засты́л. *(П.)*
5. Без тебя́ я замёрз бы на доро́ге. *(П.)*

Übung 174. Setzen Sie die angegebenen Verben in das Präteritum und fügen Sie die entsprechende Form des Aspektpartners hinzu.

вскри́кнуть, спры́гнуть, вспы́хнуть, дости́гнуть, исче́знуть, возни́кнуть, замёрзнуть, осты́нуть, завя́нуть, расстегну́ть, вы́кинуть, вы́дернуть, вздро́гнуть, взгляну́ть, дотро́нуться, прони́кнуть, привы́кнуть, отвы́кнуть, све́ргнуть, отве́ргнуть, умо́лкнуть, пога́снуть, вы́сохнуть, окре́пнуть, поги́бнуть, огло́хнуть

Übung 175. Bilden Sie 5 Sätze mit den folgenden Verben:

засну́ть — засыпа́ть, вы́нуть — вынима́ть, отдохну́ть — отдыха́ть, проснӱ́ться — просыпа́ться, верну́ть — возвраща́ть, столкну́ть(ся) — ста́лкивать(ся), верну́ть(ся) — возвраща́ть(ся), оберну́ть(ся) — обора́чивать(ся), поверну́ть(ся) — повора́чивать(ся)

Übung 176. Schreiben Sie in eine Spalte die vollendeten, in die andere die unvollendeten Verben und ergänzen Sie die Aspektpartner.

сту́кнуть, мелькну́ть, мо́кнуть, сверкну́ть, со́хнуть, кре́пнуть, кивну́ть, мёрзнуть, чихну́ть, сты́нуть, улыбну́ться, шепну́ть, упрекну́ть

Übung 177. Schreiben Sie den Text ab. Setzen Sie die in Klammern stehenden Verben ein.

Из окна́ бы́ло ви́дно, как налете́л после́дний раз ве́тер, ... дере́вья в саду́, ... в отворённое окно́ и ... . Дождь прекрати́лся. То́лько с кры́ши и мо́крых ли́стьев ... зво́нкие ка́пли. Вспорхну́ла кака́я-то пти́ца. Не́бо на́чало ... .

(кача́ть, качну́ть; дуть, ду́нуть; стиха́ть, сти́хнуть; ка́пать, ка́пнуть; проясня́ться, проясни́ться)

Unpaarige Verben

Im Russischen gibt es eine Reihe von Verben, die keine Aspektpartner haben.

So haben zum Beispiel die vollendeten Verben **гря́нуть** *erschallen*, **состоя́ться** *stattfinden* keine unvollendeten Entsprechungen und die unvollendeten Verben **уча́ствовать** *teilnehmen*, **состоя́ть** *bestehen* keine vollendeten Aspektpartner.

Verben, die nur im vollendeten Aspekt vorkommen

Zu dieser kleinen Gruppe gehören einige Verben mit dem Suffix -ну-:

ри́нуться	(sich) stürzen
хлы́нуть	hervorströmen, sich ergießen
гря́нуть	krachen, erschallen
отпря́нуть	zurückprallen
ру́хнуть	einstürzen
встрепену́ться	plötzlich auffahren
очути́ться	sich unerwartet irgendwo befinden
понадо́биться	nötig werden
состоя́ться	stattfinden
стать	stehenbleiben
заблуди́ться	sich verlaufen

A n m e r k u n g. Das Verb **заблужда́ться** *sich irren* ist kein unvollendeter Aspektpartner zu dem Verb **заблуди́ться** *sich verlaufen*; diese Verben haben unterschiedliche lexikalische Bedeutungen. Vgl.:

Мы заблуди́лись в лесу́.
Вы заблужда́етесь.

Wir haben uns im Wald verlaufen.
Sie irren sich.

Übung 178. Lesen Sie die folgenden Sätze. Suchen Sie die Verben heraus, die nur vollendet vorkommen; bestimmen Sie die Zeitform dieser Verben.

1. Где́-то ря́дом со стра́шным тре́ском ру́хнуло де́рево. (*Аж.*) 2. Пусть сильне́е гря́нет бу́ря! (*М. Г.*) 3. Гроза́ гря́нула над ле́сом, зашепта́ли дере́вья глу́хо, гро́зно. (*М. Г.*)

4. Мо́ре взду́ется бурли́во,
Закипи́т, поды́мет вой,
Хлы́нет на́ берег пусто́й,
Разольётся в шу́мном бе́ге,
И очу́тятся на бре́ге
В чешуе́, как жар горя́,
Три́дцать три богатыря́. (*П.*)
5. Росси́я вспря́нет ото сна,
И на обло́мках самовла́стья
Напи́шут на́ши имена́! (*П.*)

Verben, die nur im unvollendeten Aspekt vorkommen

Einige unvollendete Verben haben keine vollendeten Entsprechungen. Die gebräuchlichsten sind:

сто́ить	kosten, wert sein
зна́чить	bedeuten
име́ть	haben
облада́ть	besitzen
принадлежа́ть	gehören
состоя́ть	bestehen (aus)
содержа́ть	enthalten
заве́довать	leiten, verwalten
наблюда́ть	beobachten
отрица́ть	verneinen, leugnen
отсу́тствовать	fehlen, abwesend sein
приве́тствовать	begrüßen
разгова́ривать	sprechen
прису́тствовать	anwesend sein
управля́ть	lenken
утвержда́ть	i. d. Bedeutung ‚behaupten‘
уча́ствовать	teilnehmen

Anmerkungen.
1. Das Verb **утвержда́ть** hat in der Bedeutung *jmdn. bestätigen* den vollendeten Aspektpartner **утверди́ть**: **утвержда́ть** в до́лжности, **утверди́ть** в до́лжности, während es in der Bedeutung *behaupten* keine vollendete Entsprechung hat: Я э́то сме́ло **утвержда́ю**. *Ich behaupte das kühn (fest).*
2. Das Verb **полага́ть** *denken, annehmen* hat keinen vollendeten Aspektpartner: я **полага́ю**, что... (*ich denke, daß...*). Dem abgeleiteten Verb des unvollendeten Aspekts **предполага́ть** *voraussetzen, annehmen* entspricht jedoch das vollendete Verb **предположи́ть**.
3. Das Verb **уча́ствовать** *teilnehmen* hat keinen vollendeten Aspektpartner, aber die Wortverbindung **принима́ть** (unvollendet) **уча́стие** *teilnehmen* hat die vollendete Entsprechung **приня́ть уча́стие**.

Übung 179. Bestimmen Sie den Aspekt der folgenden Verben. Nennen Sie Verben, die nur im unvollendeten Aspekt vorkommen. Bilden Sie, wo es möglich ist, Aspektpaare.

предчу́вствовать, почу́вствовать, де́йствовать, соде́йствовать, разгова́ривать, угова́ривать, содержа́ть, поддержа́ть, уви́деть, предви́деть, состоя́ть, постоя́ть

Übung 180. Bilden Sie Sätze mit den folgenden Verben, die nur im unvollendeten Aspekt vorkommen.

зави́сеть (от), походи́ть (на), нужда́ться (в), принадлежа́ть (к), уча́ствовать (в), соотве́тствовать чему́-нибудь, предше́ствовать чему́-нибудь

Übung 181. Bilden Sie Sätze mit den Verben:

состоя́ть (из), состоя́ть (в), состоя́ться

Übung 182. Bilden Sie nach folgenden Muster Sätze mit den Verben *соде́ржит* und *соде́ржится*:

1. Э́та кни́га *соде́ржит* мно́го интере́сных фа́ктов из исто́рии космона́втики. 2. В э́той кни́ге *соде́ржится* мно́го интере́сных фа́ктов из исто́рии космона́втики.

Verben, die über nur eine Form für den vollendeten und unvollendeten Aspekt verfügen

Es gibt eine kleine Gruppe von Verben, die in Abhängigkeit vom Kontext in der Funktion des vollendeten oder des unvollendeten Aspekts gebraucht werden können. Zu diesen Verben gehören u. a.:

веле́ть	befehlen
жени́ть(ся)	(eine Frau) heiraten
обеща́ть	versprechen
казни́ть	hinrichten
ра́нить	verwunden, verletzen
образова́ть	bilden
испо́льзовать	ausnutzen
иссле́довать	erforschen
атакова́ть	angreifen, attackieren
арестова́ть	verhaften
телеграфи́ро-	telegrafieren
вать	

Он всегда́ выполня́л всё, что **обеща́л**.	Er erfüllte immer alles, was er versprochen hatte.
Он **обеща́л** помо́чь нам и помо́г.	Er versprach uns zu helfen, und er half uns.

Im ersten Satz steht das Verb **обеща́ть** *versprechen* im unvollendeten Aspekt, und im zweiten Satz im vollendeten. Die Form **обеща́ю** *ich verspreche* kann je nach dem Satzzusammenhang Präsens- bzw. Futurbedeutung haben.

Unter den Verben, die in doppelter Aspektfunktion auftreten können, haben die meisten das Suffix **-ова-** oder **-ирова-**:

минова́ть	vorübergehen
образова́ть	bilden
организова́ть	organisieren
испо́льзовать	ausnutzen
иссле́довать	erforschen

телеграфи́ровать	telegrafieren
ликвиди́ровать	aufheben
национализи́ровать	nationalisieren
электрифици́ровать	elektrifizieren

A n m e r k u n g e n.

1. Einige Verben dieser Gruppe bilden einen unvollendeten Aspektpartner mit Hilfe der Suffixe -ыва-, -ива- (организо́вывать *organisieren*, образо́вывать *bilden*).

2. Zur Hervorhebung des vollendeten Aspekts werden einige Verben dieser Gruppe gelegentlich präfigiert: сорганизова́ть *organisieren*, пообеща́ть *versprechen*, пожени́ть (ся) *heiraten*.

3. Das Verb телеграфи́ровать *telegrafieren* hat die Bedeutung дава́ть (дать) телегра́мму *ein Telegramm senden*. In der gesprochehen Sprache wird gewöhnlich diese Wortverbindung gebraucht, besonders dann, wenn das vollendete Verb erforderlich ist: вчера́ я дал телегра́мму, за́втра я дам телегра́мму.

Übung 183. Lesen Sie die folgenden Sätze. Bestimmen Sie die Zeitform des Verbs.

1. Я испо́льзую э́тот материа́л, когда́ бу́ду рабо́тать над докла́дом. 2. На́ши рабо́чие успе́шно испо́льзуют но́вые ме́тоды рабо́ты и благодаря́ э́тому перевыполня́ют но́рмы. 3. Когда́ ко́нчатся экза́мены, мы организу́ем лы́жные соревнова́ния студе́нтов на́шего институ́та. 4. В лы́жных соревнова́ниях, кото́рые мы организу́ем ка́ждый год, уча́ствуют почти́ все студе́нты.

Übung 184. Schreiben Sie die folgenden Sätze ab. Setzen Sie die in Klammern stehenden Wörter in der erforderlichen Zeitform ein.

1. Сестра́ ... о своём прие́зде, и мы встре́тим её. 2. Сестра́ обы́чно ... о своём прие́зде, и мы встреча́ем её.

(телеграфи́ровать, дать телегра́мму, дава́ть телегра́мму)

Übung 185. Bilden Sie Sätze mit den Verben *обеща́ть, ра́нить, организова́ть, иссле́довать, ликвиди́ровать, национализи́ровать*. Gebrauchen Sie diese Verben zum Ausdruck des vollendeten und des unvollendeten Aspekts.

Zum Gebrauch der Verbalaspekte

Die Grundbedeutungen der Verbalaspekte *

1. Vollendete Verben können auf den Abschluß, auf das Ergebnis einer Handlung von längerer Dauer hinweisen, z. B. написа́ть *schreiben*, прочита́ть *durchlesen*, вы́учить *erlernen*, пригото́вить *zubereiten*, сде́лать *machen*, объясни́ть *erklären*, рассказа́ть *erzählen*, реши́ть *lösen*, вы́лечить *heilen*, отдохну́ть *sich ausruhen*.

Die entsprechenden unvollendeten Verben (писа́ть, чита́ть, учи́ть, гото́вить, де́лать, объясня́ть, расска́зывать, реша́ть, лечи́ть, отды-ха́ть u. a.) bezeichnen die Handlung in ihrem Verlauf, in ihrer Dauer ohne ihre zeitliche Begrenzung anzugeben.

2. Vollendete Verben können auf das Anfangsstadium einer Handlung, auf ihre Entstehung hinweisen: пойти́ *losgehen*, пое́хать *losfahren*, полете́ть *losfliegen*, полюби́ть *liebgewinnen*, почу́вствовать *emp-*

---

* Dieser Abschnitt dient zur Zusammenfassung.

finden, **поли́ться** *sich ergießen*, **зашуме́ть** *anfangen zu rauschen*, **закрича́ть** *anfangen zu schreien*, **засмея́ться** *anfangen zu lachen*, **запла́кать** *anfangen zu weinen*, **заболе́ть** *erkranken*, **заинтересова́ться** *Interesse zeigen*, **рассерди́ться** *böse werden*, **уви́деть** *erblicken*, **услы́шать** *vernehmen*, **обра́доваться** *sich freuen* u. a.

Diesen Verben entsprechen unvollendete nichtpräfigierte Verben, die die Handlung in ihrem Verlauf, in ihrer Dauer bezeichnen, ohne auf ihren Anfang hinzuweisen.

3. Vollendete Verben können momentane, einmalige Handlungen bezeichnen, z. В. **махну́ть** *einmal (kurz) winken*, **толкну́ть** *einen Stoß versetzen*, **пры́гнуть** *einen Sprung machen*, **шагну́ть** *einen Schritt machen*, **бро́сить** *werfen*, **схвати́ть** *greifen*, **вскочи́ть** *aufspringen, hochfahren*.

Die entsprechenden unvollendeten Verben bezeichnen ruckartig verlaufende Handlungen in ihrem Verlauf, in ihrer Dauer: **маха́ть** *winken*, **толка́ть** *stoßen*, **пры́гать** *springen*, **броса́ть** *werfen* u. a.

4. Vollendete Verben können kurze, zeitlich begrenzte Handlungen bezeichnen, z. В. **погуля́ть** *ein wenig spazierengehen*, **полежа́ть** *ein wenig liegen*, **поспа́ть** *ein wenig schlafen*, **посиде́ть** *eine Zeitlang sitzen*, **поигра́ть** *ein wenig spielen*, **почита́ть** *ein wenig lesen*, **постоя́ть** *eine Zeitlang stehen*, **помолча́ть** *eine Zeitlang schweigen*, **походи́ть** *eine Zeitlang gehen*, **побе́гать** *eine Zeitlang laufen*. Alle diese Verben sind mit **по-** präfigiert.

Die entsprechenden unvollendeten nichtpräfigierten Verben bezeichnen zeitlich nicht begrenzte Handlungen in ihrem Verlauf, in ihrer Dauer: **гуля́ть** *spazierengehen*, **лежа́ть** *liegen*, **спать** *schlafen*, **сиде́ть** *sitzen*.

Übung 186. Lesen Sie die folgenden Sätze. Fragen Sie, wie die Handlung ausgegangen ist. Geben Sie eine positive und eine negative Antwort darauf. Schreiben Sie die Frage und die beiden Antworten auf.

Muster: Вчера́ Мари́я гото́вила дома́шнее зада́ние.
— Она́ пригото́вила зада́ние?
— Да, она́ пригото́вила его́.
(— Нет, она́ не пригото́вила его́. К ней пришли́ друзья́ и помеша́ли ей.)

1. Учени́к до́лго учи́л но́вые слова́. 2. Ви́ктор повторя́л но́вые неме́цкие глаго́лы. 3. Та́ня писа́ла граммати́ческие упражне́ния. 4. Мы переводи́ли те́ксты с неме́цкого языка́ на ру́сский. 5. Мои́ друзья́ вчера́ весь ве́чер де́лали эти фотогра́фии. 6. Студе́нт запи́сывал отве́ты на вопро́сы. 7. Студе́нты вчера́ расска́зывали э́тот текст. 8. Преподава́тель проверя́л на́ши сочине́ния. 9. Анна исправля́ла оши́бки в дикта́нте. 10. Вчера́ ве́чером я чита́л журна́л «Нау́ка и жизнь». 11. В воскресе́нье я отдыха́ла. 12. Сего́дня у́тром я убира́л свою́ ко́мнату.

Übung 187. Beantworten Sie die folgenden Fragen nach dem Muster. Schreiben Sie die Fragen ab.

Muster: — Вы реша́ли зада́чу?
— Да, но я не реши́л её. Она́ о́чень тру́дная.

1. Этот студе́нт сдава́л экза́мены по ру́сскому языку́? 2. Вы угова́ривали Мари́ю вы́ступить на ве́чере? 3. Вы отдыха́ли в воскресе́-

нье? 4. Ваш друг учи́л вчера́ но́вые слова́? 5. Вы учи́лись ката́ться на конька́х? 6. Она́ гото́вилась к экза́мену?

Übung 188. Beantworten Sie die folgenden Fragen. Gebrauchen Sie dabei die Verben im passenden Aspekt.

Я чита́л (прочита́л) э́ту кни́гу (газе́ту).

1. Вы уже́ мо́жете верну́ть мне э́ту кни́гу? — Да, ... 2. Вы сего́дня у́тром чита́ли газе́ту? — Нет, ... 3. Вы бы́ли за́няты вчера́ ве́чером? — Да, ... 4. Вам сейча́с нужна́ э́та кни́га? — Нет, ...

Я гото́вился (подгото́вился) к экза́мену.

1. Почему́ у вас тако́й уста́лый вид? — ... . 2. Почему́ вы не пришли́ к нам вчера́? — ... . 3. Вы уже́ мо́жете сдава́ть э́тот экза́мен? — ... . 4. Я зна́ю, что у вас за́втра экза́мен. Почему́ вы сейча́с не занима́етесь? — Потому́ что, ... 5. Вы гуля́ли вчера́? — Нет, ... 6. Вы сейча́с гото́вы к экза́мену? — Да, ...

Я сдава́л (сдал) экза́мены.

1. Вы сейча́с свобо́дны? — Да, ... 2. Вы бы́ли свобо́дны на про́шлой неде́ле? — Нет, ... 3. Почему́ вы так до́лго не писа́ли роди́телям? — Потому́ что, ... 4. Вы мо́жете за́втра пое́хать с на́ми за́ город? — Да, ... 5. Почему́ вы занима́лись с утра́ до ве́чера? — ... . 6. Почему́ вы сейча́с не занима́етесь? — ... . 7. Вы мо́жете сейча́с отдыха́ть? — Да, ... 8. Почему́ у вас тако́е весёлое настрое́ние? — ... . 9. Вы о́чень уста́ли? — Да, ... 10. Вы сейча́с о́чень за́няты? — Нет, ...

Я гото́вил (пригото́вил) докла́д.

1. Вы бу́дете выступа́ть на конфере́нции? — Да, ... 2. Вы бы́ли вчера́ в чита́льном за́ле? — Да, ... 3. Вы уже́ свобо́дны? — Да, ... 4. Вам нужны́ кни́ги для ва́шего докла́да? — Нет, ... 5. Вчера́ ве́чером вы смотре́ли но́вый фильм? — Нет, ...

Verbalaspekte zum Ausdruck
zeitlich begrenzter Handlungen

Zur Bezeichnung einer Handlung, die sich über einen bestimmten Zeitabschnitt erstreckt, können unvollendete wie vollendete Verben gebraucht werden.

unvollendet	vollendet
Я **чита́л** э́ту кни́гу два дня.	Я **прочита́л** э́ту кни́гу за́ два дня.
Ich habe dieses Buch zwei Tage lang gelesen.	Ich habe dieses Buch in zwei Tagen durchgelesen.
Я **писа́л** пи́сьма це́лый ве́чер.	Я **написа́л** все э́ти пи́сьма за оди́н ве́чер.
Ich habe den ganzen Abend hindurch Briefe geschrieben.	Ich habe alle diese Briefe an einem Abend geschrieben.
Этот дом **стро́или** четы́ре ме́сяца.	Этот дом **постро́или** за четы́ре ме́сяца.
Dieses Haus baute man vier Monate lang.	Dieses Haus wurde in vier Monaten erbaut.

307

Bei den unvollendeten Verben stehen die Zeitangaben im Akkusativ ohne Präposition:

Он **писа́л** пи́сьма весь ве́чер.

Er hat den ganzen Abend hindurch Briefe geschrieben.

Я **чита́л** кни́гу неде́лю.

Ich habe das Buch eine Woche lang gelesen.

(Frage *ско́лько вре́мени? как до́лго?* wie lange?)

Bei den vollendeten Verben stehen die Zeitangaben mit der Präposition **за** bzw. **в** im Akkusativ:

Он **прочита́л** кни́гу за неде́лю.

Er hat das Buch in einer Woche durchgelesen.

Он **написа́л** все пи́сьма за оди́н ве́чер (o d e r : в оди́н ве́чер).

Er hat alle Briefe an einem Abend geschrieben.

(Frage *за ско́лько вре́мени?* innerhalb welcher Frist?)

A n m e r k u n g . Die Präposition **в** steht gewöhnlich, wenn die Rede von einer Handlung ist, die innerhalb einer kurzen Frist beendet wurde:

собра́ться **в полчаса́** — sich in einer halben Stunde fertigmachen
подгото́виться **в одну́ неде́лю** — in einer Woche mit der Vorbereitung fertig sein

Eine Ausnahme bilden vollendete Verben mit dem Präfix **по-**, die eine Handlung von kurzer Dauer ausdrücken. Bei diesen Verben stehen Zeitangaben im Akkusativ ohne Präposition:

помолча́л мину́ту

(er) schwieg eine Minute (lang)

погуля́л час

(er) ging eine Stunde (lang) spazieren

Bei vollendeten Verben mit dem Präfix **про-**, die eine Handlung bezeichnen, die sich über eine bestimmte Zeit erstreckt, stehen Zeitangaben ebenfalls im Akkusativ ohne Präposition:

Мы *прогуля́ли* **всё воскресе́нье** в па́рке.

Wir sind den ganzen Sonntag über im Park spazierengegangen.

Брат *прорабо́тал* на заво́де **пять лет**.

Mein Bruder hat im Werk fünf Jahre hindurch gearbeitet.

Она́ **всю жизнь** *прожила́* в дере́вне.

Sie hat ihr ganzes Leben im Dorf verbracht.

Einige unvollendete Verben werden, wenn sie eine sich wiederholende Handlung bezeichnen, zum Ausdruck des Zeitraums mit der Präposition **за** bzw. **в** und abhängigem Akkusativ verbunden.

Я всегда́ *успева́л* собра́ться в доро́гу **за оди́н день**.

Mir reichte immer ein Tag aus, um mich für die Reise fertigzumachen.

Он *съеда́л* свой за́втрак в **пятна́дцать мину́т**.

Er brauchte (gewöhnlich) 15 Minuten für das Frühstück.

Я *доезжа́л* до институ́та **за полчаса́**.

Ich fuhr gewöhnlich eine halbe Stunde bis zum Institut.

Übung 189. Beantworten Sie folgende Fragen schriftlich.

А. 1. Ско́лько вре́мени вы гуля́ли вчера́ по́сле у́жина? (*час*) 2. Ско́лько вре́мени студе́нт собира́л материа́л для докла́да? (*неде́ля*) 3. Ско́лько вре́мени вы е́хали сюда́? (*су́тки*) 4. Как до́лго вы бу́дете гото́виться к э́тому зачёту? (*неде́ля*)

В. 1. За ско́лько вре́мени вы вы́учили но́вые слова́ из э́того те́кста? (*час*) 2. За како́й срок вы вы́полнили ваш план? (*ме́сяц*) 3. За ско́лько вре́мени мо́жно дое́хать отсю́да до це́нтра? (*два́дцать мину́т*) 4. За ско́лько вре́мени вы прошли́ э́то большо́е расстоя́ние? (*полтора́ часа́*) 5. За ско́лько вре́мени вы научи́лись так хорошо́ ката́ться на конька́х? (*одна́ неде́ля*) 6. За ско́лько вре́мени вся земля́ покры́лась сне́гом? (*одна́ ночь*) 7. За ско́лько вре́мени весь снег в по́ле раста́ял? (*не́сколько дней*)

Übung 190. Schreiben Sie drei Repliken nach dem Muster.

M u s t e r: Сего́дня я убира́ла свою́ ко́мнату пятна́дцать мину́т.
    — Вы убра́ли свою́ ко́мнату за пятна́дцать мину́т?
    — Да. (O d e r: — Нет, я не успе́ла убра́ть.)

1. Во вто́рник мы полчаса́ чита́ли статью́ из журна́ла «Нау́ка и жизнь». 2. Вчера́ ве́чером я це́лый час писа́л письмо́ дру́гу. 3. Студе́нт расска́зывал текст о Москве́ де́сять мину́т. 4. Преподава́тель гото́вил материа́л для э́того уро́ка полтора́ часа́. 5. Я реша́л э́ти зада́чи полчаса́. 6. Я учи́л слова́ из э́того те́кста два часа́. 7. Мы конспекти́ровали статью́ по филосо́фии три часа́. 8. Она́ учи́лась игра́ть на гита́ре неде́лю.

Übung 191. Beantworten Sie die folgenden Fragen nach dem Muster. Gebrauchen Sie bei Ihrer Antwort entweder vollendete Verben und die Präposition **за** oder unvollendete Verben und keine Präposition.

M u s t e r: Ско́лько вре́мени вы потра́тили на чте́ние э́того те́кста?
    — Я прочита́л текст за два́дцать мину́т.
    (O d e r: — Я чита́л текст два́дцать мину́т.)

1. Ско́лько вре́мени вам бы́ло ну́жно на выполне́ние пи́сьменных упражне́ний? 2. Ско́лько вре́мени вам пона́добилось на перево́д э́той статьи́? 3. Ско́лько вре́мени вам потре́бовалось для исправле́ния оши́бок в дома́шней пи́сьменной рабо́те? 4. Ско́лько вре́мени бы́ло ну́жно студе́нтам для проведе́ния э́того о́пыта? 5. Ско́лько вре́мени потре́бовалось докла́дчику для выступле́ния по э́тому вопро́су? 6. Ско́лько вре́мени потра́тили уча́стники семина́ра на обсужде́ние э́того вопро́са? 7. Ско́лько вре́мени пона́добилось э́тим учёным для изуче́ния э́той пробле́мы? 8. Ско́лько вре́мени потра́тили тури́сты на осмо́тр э́того музе́я?

Übung 192. Geben Sie an, in welchen Sätzen das hervorgehobene unvollendete Verb durch ein vollendetes mit dem Präfix *no-* oder *npo-* ersetzt werden kann. In welchen Sätzen können Verben mit beiden Präfixen gebraucht werden?

1. В магази́не я вдруг уви́дел своего́ това́рища, он *стоя́л* у прила́вка. 2. Вчера́ мы *занима́лись* фоне́тикой два часа́. 3. Э́ти студе́нты *жи́ли* в Москве́ два го́да. 4. Она́ *танцева́ла* весь ве́чер. 5. Мой сосе́д це́лую неде́лю *лежа́л* в больни́це. 6. Пе́ред сном я полчаса́ *гуля́л* о́коло до́ма. 7. Вчера́ я опозда́л на уро́к. Когда́ я пришёл, все

студе́нты и преподава́тель уже́ *сиде́ли* в аудито́рии. 8. За столо́м *сиде́ли* това́рищи, они́ бесе́довали о после́дних новостя́х. 9. Э́тот ста́рый учи́тель *рабо́тал* в шко́ле со́рок лет. 10. Моя́ тетра́дь куда́-то исче́зла. Я *иска́л* её, но не нашёл. 11. По́сле обе́да мы *спа́ли* два часа́.

Verbalaspekte zum Ausdruck einer sich wiederholenden und einer einmaligen Handlung

1. Eine Handlung kann im Russischen durch Verbalaspekte als wiederholt oder als einmalig ablaufend gekennzeichnet werden.

unvollendet	vollendet
Я **ложи́лся** спать в оди́ннадцать часо́в, а **встава́л** в семь.	Я **лёг** спать в оди́ннадцать часо́в, а **встал** в семь.
Ich ging (immer) um elf Uhr schlafen und stand um sieben Uhr auf.	Ich bin um elf Uhr schlafengegangen und um sieben Uhr aufgestanden.
Мы **начина́ли** рабо́ту в 9 часо́в.	Мы **на́чали** рабо́ту в 9 часо́в.
Wir begannen (immer) um 9 Uhr mit der Arbeit.	Wir haben um 9 Uhr mit der Arbeit begonnen.
Я **встаю́** ра́но.	Я **вста́ну** ра́но.
Ich stehe früh auf.	Ich werde (morgen) früh aufstehen.
Я **бу́ду встава́ть** ра́но.	
Ich werde (immer) früh aufstehen.	

2. Unvollendete Verben wie **встава́ть** *aufstehen*, **ложи́ться** *sich hinlegen*, **сади́ться** *sich setzen*, **начина́ть** *beginnen*, **брать** *nehmen*, **дава́ть** *geben*, **открыва́ть** *öffnen*, **закрыва́ть** *zumachen* u. a. können die Handlung als wiederholt ablaufend kennzeichnen (ohne zusätzliche Wörter, die auf diesen Charakter des Handlungsablaufs hinweisen). Die vollendeten Entsprechungen dieser Verben bezeichnen einmalige Handlungen von kurzer Dauer: **встать** *aufstehen*, **лечь** *sich hinlegen*, **сесть** *sich setzen*, **нача́ть** *beginnen*, **взять** *nehmen*, **дать** *geben*, **откры́ть** *öffnen*, **закры́ть** *zumachen*.

Mit den angegebenen unvollendeten Verben können aber auch Wörter verbunden werden, die auf den wiederholten Handlungsablauf hinweisen.

Обы́чно я **ложи́лся** спать в оди́ннадцать часо́в.	Ich ging gewöhnlich um elf Uhr schlafen.
Мы *всегда́* **начина́ли** рабо́ту в 9 часо́в.	Wir beginnen immer um 9 Uhr mit der Arbeit.

3. Folgende Verben des unvollendeten Aspekts bezeichnen eine Handlung in ihrem Verlauf, in ihrer Dauer: **чита́ть** *lesen*, **писа́ть** *schreiben*, **гуля́ть** *spazierengehen*, **игра́ть** *spielen*, **занима́ться** *sich beschäftigen* u.a.

Um die Handlung als wiederholt ablaufend zu kennzeichnen, gebraucht man entsprechende Adverbialbestimmungen, z. B.

Мы *ка́ждый ве́чер* **гуля́ли** в па́рке.	Wir sind jeden Abend im Park spazierengegangen.
По *утра́м* я **чита́ю** газе́ты.	Jeden Morgen lese ich Zeitungen.

4. Auf sich wiederholende Handlungen können Adverbien und Substantive hinweisen: **всегда́** *immer,* **иногда́** *manchmal,* **ино́й раз** *manches Mal,* **ча́сто** *oft,* **ре́дко** *selten,* **и́зредка** *bisweilen,* **поро́й** *manchmal,* **по времена́м, вре́мя от вре́мени** *von Zeit zu Zeit, mitunter,* **постоя́нно** *ständig,* **всё вре́мя** *die ganze Zeit,* **обы́чно** *gewöhnlich,* **обыкнове́нно** *gewöhnlich, üblich,* **ежедне́вно** *täglich,* **ежемину́тно** *jede Minute,* **помину́тно** *jeden Augenblick,* **еженеде́льно** *wöchentlich, jede Woche,* **ежеме́сячно** *jeden Monat,* **ка́ждую мину́ту** *jede Minute,* **ка́ждый день** *jeden Tag,* **ка́ждую неде́лю** *jede Woche,* **ка́ждый ме́сяц** *jeden Monat,* **по воскресе́ньям** *sonntags, jeden Sonntag,* **по утра́м** *morgens, jeden Morgen,* **ве́чером** *abends, jeden Abend* u. a.

5. Einige unvollendete Verben können nur wiederholt ablaufende Handlungen, nicht jedoch Handlungen von längerer Dauer bezeichnen z. B. **приходи́ть** *kommen,* **случа́ться** *vorkommen, geschehen,* **быва́ть** *sein, besuchen,* **застава́ть** *antreffen.* Diese Verben können in der Präsensform nie eine Handlung bezeichnen, die zum Redezeitpunkt verläuft, weil sie nur eine sich wiederholende Handlung ausdrücken.

Ме́жду ни́ми **случа́ются (быва́ют)** ссо́ры.	Es gibt zuweilen Streitigkeiten zwischen ihnen.
В свобо́дное вре́мя он **прихо́дит** к нам в го́сти.	In seiner freien Zeit besucht er uns.
Ве́чером я **застаю́** его́ до́ма.	Abends treffe ich ihn zu Hause an.

6. Unvollendete Verben, die wiederholt ablaufende Handlungen ausdrücken, können diese im Hinblick auf ihren Abschluß und das daraus hervorgehende Resultat kennzeichnen.

Она́ **сдава́ла** экза́мены то́лько на «отли́чно».	Sie hat ihre Prüfungen stets mit der Note „ausgezeichnet" abgelegt.
Он всегда́ **добива́лся** хоро́ших результа́тов.	Er hat immer gute Resultate erzielt.
Во вре́мя контро́льной рабо́ты он обы́чно ра́ньше всех **реша́л** зада́чи.	Während der Kontrollarbeit hat er die Aufgaben gewöhnlich als erster gelöst.

Es gibt unvollendete Verben, die eine sich wiederholende Handlung stets als abgeschlossen kennzeichnen: **прочи́тывать** *durchlesen,* **выу́чивать** *erlernen, auswendig lernen,* **выле́чивать** *ausheilen, auskurieren* u. a.

Утром он **прочи́тывал** газе́ту и уходи́л на рабо́ту.	Morgens las er (immer) die Zeitung (durch) und ging dann zur Arbeit.

Einige unvollendete Verben können wiederholt ablaufende Handlungen als beginnend kennzeichnen: **заболева́ть** *erkranken, krank werden,* **заку́ривать** *sich eine Zigarette anstecken, anzünden,* **замолка́ть** *verstummen,* **запева́ть** *ein Lied anstimmen.*

Он всегда **заболевает** после ку-
панья, ему нельзя купаться.

Er wird nach dem Baden immer
krank, er darf nicht baden.

Eine Folge sich wiederholender Handlungen wird durch unvollen-
dete Verben, eine Folge einmaliger Handlungen durch vollendete Ver-
ben ausgedrückt.

Я **вставал** рано утром, **умы-
вался**, делал зарядку, **завтра-
кал** и **шёл** в университет.

Я **встал** рано утром, **умылся**,
сделал зарядку, **позавтракал**
и **пошёл** в университет.

Ich stand (gewöhnlich früh am
Morgen auf, wusch mich,
machte Morgengymnastik,
frühstückte und ging in die
Universität.

Ich bin früh morgens aufgestan-
den, habe mich gewaschen,
Morgengymnastik gemacht, ge-
frühstückt und bin in die Uni-
versität gegangen.

Übung 193. Schreiben Sie drei Repliken nach dem Muster. In Ihren Fragen gebrau-
chen Sie die Wörter *часто, редко, всегда.*
M u s t e r: Вчера Анна забыла свою тетрадь по грамматике.
— Анна часто забывает дома свои тетради?
— Нет, она первый раз забыла свою тетрадь.

1. Позавчера я получил письмо от родителей. 2. В среду наши
занятия кончились в 12 часов 30 минут. 3. Сегодня, когда мы ка-
тались на коньках, Таня упала. 4. Студент правильно ответил на
все вопросы преподавателя. 5. Мы встали сегодня в шесть часов.
6. Я лёг вчера в два часа ночи. 7. Виктор потерял свои перчатки.
8. В субботу мы встретили Марию в клубе. 9. Сегодня мы с това-
рищем опоздали на первый урок. 10. Сегодня Андрей пришёл
в университет вовремя. 11. Вчера мне удалось купить билеты
в Большой театр. 12. Сегодня преподаватель принёс на урок ин-
тересные фотографии. 13. Утром я купила продукты в магазине,
который находится недалеко от нашего университета. 14. Она ус-
пела повторить старый материал и приготовила домашнее зада-
ние по русскому языку.

Übung 194. Lesen Sie die Sätze. Nennen Sie die Wörter, die den Gebrauch des vollen-
deten Aspekts bedingen.

1. Каждый день наши занятия в университете начинаются
в девять часов. 2. Утром я выхожу из дома в 8 часов 30 минут.
3. Когда я встаю, я обычно делаю зарядку. 4. Эта студентка всег-
да приходит на занятия вовремя. 5. Этот студент никогда не опаз-
дывает на занятия. 6. Студенты этой группы редко забывают до-
ма свои тетради и учебники. 7. Во время перерыва мы обычно
открываем форточку. 8. Наши занятия кончаются в три часа.
9. Иногда после занятий я иду в столовую. 10. Обычно я обедаю
в столовой и часа в четыре возвращаюсь домой. 11. Иногда вече-
ром ко мне приходят гости. 12. Обычно в шесть часов я начинаю
готовить домашнее задание. 13. В десять часов я кончаю занима-
ться. 14. В двенадцать часов я ложусь спать.

Übung 195. Lesen Sie die folgenden Sätze. Begründen Sie den Gebrauch der unvoll-
endeten Verben.

1. Тепе́рь по це́лым часа́м она́ игра́ла в те́ннис, по два ра́за в день купа́лась, встава́ла ра́нним у́тром, когда́ на ли́стьях ещё горе́ли больши́е ка́пли росы́. (*А. Т.*) 2. Я путеше́ствовал без вся́кой це́ли, без пла́на; остана́вливался везде́, где́ мне нра́вилось, и отправля́лся то́тчас да́лее, как то́лько чу́вствовал жела́ние ви́деть но́вые ли́ца. (*Тург.*) 3. Иногда́, и дово́льно ча́сто, я встава́л ра́но. (Я спал на откры́том во́здухе, на терра́се, и я́ркие косы́е лучи́ у́треннего со́лнца буди́ли меня́.) Я жи́во одева́лся, брал подмы́шку полоте́нце и кни́гу францу́зского рома́на и шёл купа́ться. Я ложи́лся в тени́ на траве́ и чита́л. (*Л. Т.*) 4. Не́бо расчища́лось, со́лнечные лучи́ игра́ли в лу́жах, на освежённой зе́лени висе́ли ка́пли, срыва́лись и сверка́ли на со́лнце. (*Кор.*)

Übung 196. Ersetzen Sie die unvollendeten Verben durch vollendete, die vollendeten durch unvollendete. Geben Sie an, wie sich dabei der Sinn der Sätze ändert.

1. Мы встре́тились ра́но у́тром на вокза́ле. 2. Она́ подняла́сь на второ́й эта́ж и позвони́ла. 3. Сестра́ за́втракала и шла на рабо́ту. 4. Де́вушка положи́ла кни́гу пе́ред собо́й и начала́ чита́ть. 5. Учи́тель входи́л в класс, и сра́зу наступа́ла тишина́. 6. Она́ наде́ла но́вое пла́тье и куда́-то ушла́. 7. Преподава́тель отве́тил на вопро́сы студе́нтов. 8. Студе́нты записа́ли переска́з те́кста на плёнку.

Übung 197. Lesen Sie die folgenden Sätze. a) Bestimmen Sie den Aspekt der Verben und sagen Sie, welche Bedeutung er hat. b) Ersetzen Sie alle Verben durch ihre Aspektpartner und geben Sie an, wie sich die Bedeutung der Sätze dabei ändert.

1. Ра́но у́тром Ма́рья Ива́новна проснула́сь, оде́лась и тихо́нько пошла́ в сад. (*П.*) 2. Ли́за се́ла за пи́сьменный сто́лик, взяла́ перо́, бума́гу и заду́малась. (*П.*) 3. Утром Па́вел мо́лча пил чай и уходи́л на рабо́ту, в по́лдень явля́лся обе́дать, за столо́м [он и мать] переки́дывались незначи́тельными слова́ми, и он исчеза́л до ве́чера. (*М. Г.*) 4. Ве́чером она́ [мать] зажгла́ ла́мпу и се́ла к столу́ вяза́ть чуло́к. Но вско́ре вста́ла, вы́шла в ку́хню, заперла́ дверь и верну́лась в ко́мнату. Опусти́ла занаве́ски на о́кнах, взяла́ кни́гу с по́лки, сно́ва се́ла к столу́, огляну́лась и наклони́лась над кни́гой. (*М. Г.*)

Übung 198. Schreiben Sie die folgenden Sätze ab. Setzen Sie die in Klammern stehenden Verben in der erforderlichen Aspektform ein. Nennen Sie die Adverbien der Zeit, die den Gebrauch des unvollendeten Aspekts bedingen.

1. Вчера́ я ... ра́но у́тром. Я всегда́ ... так ра́но. (встава́л, встал). 2. Когда́ мы жи́ли ле́том в дере́вне, мы ... спать о́чень ра́но. Они́ ... спать и сра́зу засну́ли. (ложи́лись, легли́) 3. Она́ ... писа́ть письмо́, положи́ла ру́чку и вста́ла. Ка́ждый день она́ ... рабо́ту в три часа́ и уходи́ла домо́й. (ко́нчила, конча́ла) 4. Изредка ... к нам мой ста́рый шко́льный това́рищ. Сего́дня он ко́нчил рабо́ту ра́ньше обы́чного и ... к нам. (заходи́л, зашёл) 5. Роди́тели регуля́рно ... мне посы́лки. Apóśледнюю посы́лку они́ ... мне неде́лю тому́ наза́д. (присла́ли, присыла́ли) 6. Она́ не могла́ рабо́тать споко́йно, помину́тно ... и ... ходи́ть по ко́мнате. Она́ уже́ давно́ ... и ... рабо́тать. (встава́ла, вста́ла; начина́ла, начала́) 7. Он всегда́ во́время ... мне кни́ги, кото́рые брал у меня́. Я не по́мню, ... ли он мне э́ту кни́гу.

(возвраща́л, возврати́л) 8. Он давно́ уе́хал к себе́ на ро́дину. Вре́мя от вре́мени я ... от него́ пи́сьма. Я наде́юсь, что ... от него́ письмо́ к Но́вому го́ду. (получа́ю, получу́)

Übung 199. Lesen Sie den Auszug aus dem Roman L. Tolstojs „Auferstehung " und geben Sie den Inhalt wieder, indem Sie von einem einmaligen Geschehen berichten.

Жизнь его́ (Нехлю́дова) в э́тот год в дере́вне, у тётушек шла так: он встава́л о́чень ра́но, иногда́ в три часа́, и до со́лнца шёл купа́ться в реке́ под горо́й, иногда́ ещё в у́треннем тума́не, и возвраща́лся, когда́ ещё роса́ лежа́ла на траве́ и цвета́х. Иногда́ по утра́м, напи́вшись ко́фе, он сади́лся за своё сочине́ние и́ли за чте́ние исто́чников для сочине́ния, но о́чень ча́сто, вме́сто чте́ния и писа́ния, опя́ть уходи́л из до́ма и броди́л по поля́м и леса́м. Пе́ред обе́дом он засыпа́л где́-нибудь в саду́, пото́м за обе́дом весели́л и смеши́л тётушек свое́й весёлостью, зате́м е́здил верхо́м и́ли ката́лся на ло́дке и ве́чером опя́ть чита́л и́ли сиде́л с тётушками. Ча́сто по ноча́м, в осо́бенности лу́нным, он не мог спать то́лько потому́, что испы́тывал сли́шком большу́ю волну́ющую ра́дость жи́зни, и, вме́сто сна, иногда́ до рассве́та ходи́л по са́ду со свои́ми мечта́ми и мы́слями.

Zum Gebrauch der Verbalaspekte im Infinitiv

1. Nur der u n v o l l e n d e t e Infinitiv kann nach Verben stehen, die den Beginn, die Fortdauer und den Abschluß einer Handlung bezeichnen: **начина́ть / нача́ть** *anfangen*, **стать** *anfangen*, **продолжа́ть** *fortsetzen*, **конча́ть / ко́нчить** *beenden*, **перестава́ть / переста́ть** *aufhören*, **прекраща́ть / прекрати́ть** *aufhören*, **броса́ть / бро́сить** *aufhören, unterbrechen*, **принима́ться / приня́ться** *sich an etwas machen, sich anschikken*.

Nach den erwähnten Verben ist der Gebrauch des vollendeten Infinitivs nicht möglich.

Он **на́чал** *гото́вить* дома́шнее зада́ние.	Er begann, die Hausaufgabe zu machen.
В э́то вре́мя мы обы́чно **начина́ем** *гото́вить* дома́шнее зада́ние.	Zu dieser Zeit beginnen wir gewöhnlich, die Hausaufgaben zu machen.
На у́лице мы **продолжа́ли** *обсужда́ть* э́тот вопро́с.	Auf der Straße besprachen wir diese Frage weiter.
К сожале́нию, он **переста́л** *посеща́ть* заня́тия кружка́.	Leider hat er aufgehört, den Zirkel zu besuchen.
Он с гото́вностью **принялся́ (на́чал, стал)** *помога́ть* нам.	Er begann bereitwillig, uns zu helfen.
Он всегда́ с гото́вностью **принима́лся (начина́л)** *помога́ть* нам.	Er half uns immer bereitwillig.

2. Der u n v o l l e n d e t e Infinitiv steht auch immer nach folgenden Verben: **привыка́ть — привы́кнуть** *sich gewöhnen*, **отвыка́ть —**

отвы́кнуть *sich abgewöhnen,* **приуча́ть — приучи́ть** *anerziehen, beibringen,* **отуча́ть — отучи́ть** *abgewöhnen,* **учи́ться — научи́ться** *lernen,* **надоеда́ть — надое́сть** *überdrüssig werden,* **наску́чить** *langweilen,* **устава́ть — уста́ть** *müde werden,* **избега́ть** *vermeiden,* **понра́виться** *gefallen,* **полюби́ть** *liebgewinnen,* **разлюби́ть** *nicht mehr lieben.*

Я постепе́нно **привыка́ю** ра́но ложи́ться и ра́но *встава́ть.*

Ich gewöhne mich allmählich daran, früh schlafen zu gehen und früh aufzustehen.

Я **привы́к** ра́но *ложи́ться* и ра́но *встава́ть.*

Ich habe mir angewöhnt, früh schlafen zu gehen und früh aufzustehen.

Он всё бо́льше **отвыка́ет** *говори́ть* по-англи́йски.

Er verlernt immer mehr, Englisch zu sprechen.

Он совсе́м **отвы́к** *говори́ть* по-англи́йски.

Er hat es ganz verlernt, Englisch zu sprechen.

Мать **приуча́ет** дете́й *мы́ться* холо́дной водо́й.

Die Mutter gewöhnt den Kindern an, sich mit kaltem Wasser zu waschen.

Мать **приучи́ла** дете́й *мы́ться* холо́дной водо́й.

Die Mutter hat den Kindern angewöhnt, sich mit kaltem Wasser zu waschen.

Мне всегда́ бы́стро **надоеда́ло** *е́хать* в по́езде.

Ich hatte es immer schnell satt, mit dem Zug zu fahren.

Мне **надое́ло (наску́чило)** *е́хать* в по́езде.

Ich habe es satt, mit dem Zug zu fahren.

Больно́й обы́чно ско́ро **устава́л** *сиде́ть.*

Der Kranke war gewöhnlich bald müde vom Sitzen.

Больно́й **уста́л** *сиде́ть.*

Der Kranke ist vom Sitzen müde.

Она́ **избега́ет** *отвеча́ть* на таки́е вопро́сы.

Sie vermeidet es, solche Fragen zu beantworten.

Я **полюби́л** *гуля́ть* зимо́й в лесу́.

Ich habe Waldspaziergänge im Winter liebgewonnen.

Мне **понра́вилось** *лови́ть* ры́бу у́дочкой.

Angeln hat mir Spaß gemacht.

Anmerkungen.
1. Nach den vollendeten Verben **полюби́ть** und **понра́виться** wird stets der unvollendete Infinitiv gebraucht. Stehen diese Verben jedoch im vollendeten Aspekt, so ist der Gebrauch sowohl des unvollendeten als auch des vollendeten Infinitivs möglich.

Я **люблю́** *говори́ть* с ним.

Ich spreche gern mit ihm.

Мне **нра́вится** *говори́ть* с ним.

Es macht mir Spaß, mit ihm zu sprechen.

Я **люблю́** *поговори́ть* с ним.

Ich unterhalte mich gern mit ihm.

Мне **нра́вится** *поговори́ть* с ним.

Es macht mir Spaß, mich mit ihm zu unterhalten.

2. Nach dem vollendeten Verb **избежа́ть** *vermeiden* wird der Infinitiv nicht gebraucht; in solchen Fällen steht ein dem Verb entsprechendes Substantiv.

Я **избега́л** *встреча́ться* с ним.

Ich vermied es, mich mit ihm zu treffen.

Я **избежа́л** *встре́чи* с ним.

Ich habe ein Treffen mit ihm vermieden.

3. Der vollendete Infinitiv steht immer nach folgenden vollen-

deten Verben: **забы́ть** *vergessen*, **успе́ть** *zurechtkommen* und **уда́ться** *gelingen*:

Я **забы́л** *спроси́ть* об э́том.	Ich habe vergessen, danach zu fragen.
Мы **успе́ли** *пригото́вить* зада́ние.	Wir haben unsere Aufgaben zur rechten Zeit gemacht.

Nach dem entsprechenden unvollendeten Verben kann sowohl der unvollendete als auch der vollendete Infinitiv stehen:

Я иногда́ **забыва́л** *принести́* уче́бник.— Я иногда́ **забыва́л** *приноси́ть* уче́бник.	Ich habe manchmal vergessen, das Lehrbuch mitzubringen.
Он всегда́ **успева́ет** *выполня́ть* зада́ние.— Он всегда́ **успева́ет** *вы́полнить* зада́ние.	Er macht seine Aufgaben immer rechtzeitig.

Übung 200. Setzen Sie die hervorgehobenen Verben aus dem ersten Satz in die unbestimmte Form im zweiten Satz ein.

А. 1. Вчера́ мы *вы́учили* не все слова́ из э́того те́кста. Сего́дня мы ко́нчим ... э́ти слова́. 2. На про́шлом уро́ке преподава́тель не успе́л *доказа́ть* э́ту теоре́му. Сего́дня он ко́нчил ... э́ту теоре́му. 3. В ию́не э́тот студе́нт не смог *сдать* все экза́мены. То́лько в ию́ле он ко́нчил ... экза́мены. 4. В понеде́льник студе́нты не успе́ли *начерти́ть* э́тот сло́жный чертёж. Они́ ко́нчили ... чертёж то́лько в сре́ду. 5. Я не успе́л *реши́ть* все зада́чи, кото́рые нам дал преподава́тель. Две зада́чи я не ко́нчил ... .6. Я не успе́л *написа́ть* э́то письмо́, потому́ что по́здно на́чал ... его́. 7. Мари́я не *прове́рила* своё сочине́ние, потому́ что по́здно начала́ ... его́. 8. Студе́нты не *списа́ли* с доски́ все предложе́ния, та́к как по́здно на́чали ... .

В. 1. Я сейча́с *убира́ю* ко́мнату, потому́ что у́тром не успе́ла ... её. 2. Он сейча́с *реша́ет* зада́чу, кото́рую вчера́ ему́ не удало́сь ... . 3. Преподава́тель сейча́с *объясня́ет* материа́л, кото́рый вчера́ не успе́л ... . 4. Я *возвраща́ю* вам кни́ги, кото́рые вчера́ забы́л ... . 5. Студе́нт *сдаёт* сего́дня экза́мен, кото́рый на про́шлой неде́ле ему́ не удало́сь ... . 6. Вчера́ мы *анализи́ровали* э́тот текст и сего́дня продолжа́ем ... его́. 7. На про́шлой неде́ле мы *повторя́ли* ви́ды глаго́ла, но и сейча́с ещё не ко́нчили ... их. 8. Сейча́с я *перевожу́* текст, кото́рый вчера́ ве́чером не успе́л ... .

Übung 201. Schreiben Sie die folgenden Sätze ab. Setzen Sie das Verb in der erforderlichen Aspektform ein. Schreiben Sie die Verben heraus, nach denen a) der unvollendete Infinitiv, b) der vollendete Infinitiv steht.

1. Учени́ца ста́ла лу́чше ... ру́сский твёрдый звук л. (произноси́ть, произнести́) 2. Учи́тель на́чал ... но́вый материа́л. (объясни́ть, объясня́ть) 3. Вчера́ ве́чером у нас бы́ло собра́ние, но я всё-таки успе́л ... дома́шнее зада́ние. (выполня́ть, вы́полнить) 4. Когда́ ты ко́нчишь ..., вы́мой посу́ду и убери́ со стола́. (за́втракать, поза́втракать) 5. Он так спеши́л на ле́кцию, что да́же забы́л ... . (за́втракать, поза́втракать) 6. В дере́вне она́ привы́кла ... с восхо́дом

со́лнца. (встать, встава́ть) 7. Я рад, что мне удало́сь ... биле́т на
э́тот интере́сный конце́рт. (покупа́ть, купи́ть) 8. Он о́чень за́нят
сейча́с, поэ́тому он переста́л ... репети́ции хо́ра. (посети́ть, посе-
ща́ть) 9. У кого́ она́ научи́лась так хорошо́ ... пла́тья? (шить, сшить)
10. Дежу́рный приня́лся ... ко́мнату. (убра́ть, убира́ть) 11. Мать
уста́ла ... на бесконе́чные вопро́сы ребёнка. (отвеча́ть, отве́тить)
12. Она́ почему́-то избега́ет ... с на́ми. (встре́титься, встреча́ться)
13. Он око́нчил университе́т, но продолжа́л ... англи́йский язы́к.
(изуча́ть, изучи́ть) 14. Мне надое́ло ... э́тот вопро́с. (обсуди́ть, об-
сужда́ть)

4. Nach Wörtern, die einen Wunsch, eine Absicht oder eine Auf-
forderung ausdrücken (**хоте́ть** *wollen, wünschen,* **стара́ться** *sich bemü-
hen,* **пыта́ться** *versuchen,* **обеща́ть** *versprechen,* **проси́ть** *bitten,* **угова́-
ривать** *überreden,* **сове́товать** *raten, empfehlen*) oder die Notwendig-
keit bezeichnen, eine Handlung auszuführen (**на́до, ну́жно** *man muß,*
необходи́мо *es ist notwendig,* **до́лжно** *man soll*), kann sowohl der vol-
lendete als auch der unvollendete Infinitiv stehen — je nach der Bedeu-
tung des Verbs und nach dem Sinn des Satzes:
Der unvollendete Infinitiv steht, wenn die Handlung als wiederholt
gekennzeichnet wird; der vollendete Infinitiv wird meist zum Ausdruck
einer einmaligen Handlung gebraucht:

unvollendet	vollendet
Я **хочу́** *получа́ть* э́тот журна́л. Ich will diese Zeitschrift (regel- mäßig) beziehen.	Я **хочу́** *получи́ть* э́тот журна́л. Ich möchte diese Zeitschrift ha- ben.
Я **наде́юсь** *встреча́ться* с ва́ми ча́сто. Ich hoffe, Sie oft zu sehen.	Я **наде́юсь** ско́ро сно́ва *встре́- титься* с ва́ми. Ich hoffe, Sie bald wiederzusehen.
Он **обеща́л** *писа́ть* нам из сана- то́рия. Er versprach uns, aus dem Sana- torium (regelmäßig, oft) zu schreiben.	Он **обеща́л** *написа́ть* нам из са- нато́рия. Er versprach uns, aus dem Sana- torium (einmal) zu schreiben.

Ist die durch den Infinitiv ausgedrückte einmalige Handlung von
kurzer Dauer (**хочу́ взять, дать, получи́ть, откры́ть**), so werden nur
vollendete Verben gebraucht.
Der unvollendete Infinitiv steht, wenn die durch ihn ausgedrückte
Handlung zeitlich nicht begrenzt ist und sich über längere Zeit er-
streckt:

Я **хочу́** *изуча́ть* ру́сский язы́к.	Ich will Russisch studieren.
Това́рищи **обеща́ли** *помога́ть* мне.	Meine Freunde haben verspro- chen, mir zu helfen.

Der vollendete Infinitiv steht, wenn ein Wunsch auf das Resultat
der Handlung gerichtet ist:

Я **хочу́** *изучи́ть* ру́сский язы́к.	Ich will Russisch erlernen.
Врач **хо́чет** *вы́лечить* больно́го.	Der Arzt will den Kranken heilen.

317

Übung 202. Begründen Sie den Unterschied in der Bedeutung eines jeden Satzpaares.

1. Вам на́до принима́ть это лека́рство. Вам на́до приня́ть это лека́рство. 2. Ну́жно класть ве́щи на ме́сто. Ну́жно положи́ть ве́щи на ме́сто. 3. Мы должны́ встре́титься в университе́те. Мы должны́ встреча́ться в университе́те. 4. Она́ хо́чет лечь спать ра́но. Она́ хо́чет ложи́ться спать ра́но. 5. Я хочу́ получи́ть эту газе́ту. Я хочу́ получа́ть эту газе́ту. 6. Брат обеща́л написа́ть мне из до́ма о́тдыха. Брат обеща́л писа́ть мне из до́ма о́тдыха.

Übung 203. Lesen Sie die folgenden Sätze. Bestimmen Sie den Aspekt der Infinitive. Begründen Sie den Gebrauch der Aspektformen.

1. Она́ не ве́рила ему́ и хоте́ла тепе́рь поня́ть его́ та́йные мы́сли. (*Чех.*) 2. Я попроси́л перево́зчика пусти́ть ло́дку вниз по тече́нию. (*Тург.*) 3. В Оде́ссе я пробу́ду, вероя́тно, ещё с ме́сяц. К э́тому вре́мени рабо́ту ду́маю зако́нчить. (*Гайд.*) 4. К ве́черу все так устава́ли, что с трудо́м добира́лись до городка́. Тогда́ Ко́ля реши́л брать с собо́й ко́е-каки́е проду́кты, и по два-три дня они́ не возвраща́лись домо́й. (*Пауст.*) 5. Мы реши́ли останови́ться у пе́рвого же до́ма, где уви́дим свет в о́кнах. (*Пауст.*) 6. Темне́ло ра́но. В пять часо́в на́до бы́ло уже́ зажига́ть ла́мпу. (*Пауст.*) 7. Челове́к по нату́ре свое́й — худо́жник. Он всю́ду, так и́ли ина́че, стреми́тся вноси́ть в свою́ жизнь красоту́. (*М. Г.*)

Übung 204. Lesen Sie die folgenden Sätze. Begründen Sie den Gebrauch der Aspekte im Infinitiv. Beachten Sie, auf welches Verb sich die hervorgehobenen Wörter beziehen.

1. Я *иногда́* хоте́л отве́тить на твоё письмо́, но у меня́ не́ было вре́мени. 2. Она́ проси́ла хотя́ бы *иногда́* отвеча́ть на её пи́сьма. 3. *Обы́чно* он мог отве́тить на вопро́сы преподава́теля, но молча́л. 4. Он хоте́л *всегда́* получа́ть отли́чные отме́тки. 5. Я ви́жу, что *иногда́* он хо́чет помо́чь нам, но не реша́ется предложи́ть свою́ по́мощь. 6. Я хочу́ *раз в неде́лю* посеща́ть ле́кции по исто́рии иску́сства. 7. Мне хоте́лось *иногда́* по воскресе́ньям уезжа́ть из го́рода. 8. Мы хоти́м встреча́ться друг с дру́гом *по понеде́льникам*.

Übung 205. Schreiben Sie die folgenden Sätze ab. Setzen Sie die in Klammern stehenden Verben in der erforderlichen Aspektform ein.

1. Я хочу́ ... вам, почему́ я не пришёл сюда́. (объясня́ть, объясни́ть) 2. Я наде́юсь ско́ро ... к зде́шнему холо́дному кли́мату. (привыка́ть, привы́кнуть) 3. Студе́нт стара́ется ... этот план к сро́ку. (вы́полнить, выполня́ть) 4. Она́ про́бовала ... свою́ мысль по-ру́сски, но это ей не вполне́ удало́сь. (вы́разить, выража́ть) 5. Врач, кото́рый ле́чит этого больно́го, сказа́л, что он наде́ется его́ бы́стро ... . (лечи́ть, вы́лечить) 6. Он проси́л меня́ ... его́ с на́шим преподава́телем. (знако́мить, познако́мить) 7. Больно́му ста́ло лу́чше, он наде́ется ско́ро ... . (выздора́вливать, вы́здороветь) 8. Они́ хотя́т до са́мого у́жина ... в ша́хматы. (игра́ть, сыгра́ть) 9. Я хочу́ поскоре́е ... отве́т на своё письмо́. (получа́ть, получи́ть)

Zum Gebrauch des verneinten vollendeten und unvollendeten Infinitivs

1. Der Gebrauch des verneinten unvollendeten Infinitivs nach Verben, die eine Aufforderung oder Absicht ausdrücken, eine Handlung auszuführen.

Steht nach den Verben **проси́ть** *bitten*, **сове́товать** *empfehlen*, *raten*, **реши́ть** *beschließen*, **обеща́ть** *versprechen* und anderen, die eine Aufforderung oder Absicht ausdrücken, ein durch **не** verneinter Infinitiv, so ist dieser in den meisten Fällen unvollendet.

Vergleichen Sie folgende Sätze mit und ohne Verneinung:

Врач **посове́товал** больно́му *приня́ть* снотво́рное.	Врач **посове́товал** больно́му не *принима́ть* снотво́рного.
Der Arzt empfahl dem Kranken, ein Schlafmittel zu nehmen.	Der Arzt empfahl dem Kranken, kein Schlafmittel zu nehmen.
Он **уговори́л** меня́ *оста́ться*.	Он **уговори́л** меня́ *не остава́ться*.
Er überredete mich dazubleiben.	Er überredete mich, nicht dazubleiben.
Мы **реши́ли** *уе́хать* по́сле экза́менов домо́й.	Мы **реши́ли** *не уезжа́ть* по́сле экза́менов домо́й.
Wir beschlossen, nach den Prüfungen nach Hause zu fahren.	Wir beschlossen, nach den Prüfungen nicht nach Hause zu fahren.
Мы **договори́лись** *встре́титься* за́втра.	Мы **договори́лись** *не встреча́ться* за́втра.
Wir verabredeten ein Treffen für Morgen.	Wir verabredeten, uns morgen nicht zu treffen.

A n m e r k u n g. Nur wenn vor einer unbeabsichtigten, zufälligen Handlung gewarnt wird, kann nach den Verben **проси́ть** *bitten*, **сове́товать** *empfehlen*, *raten* bisweilen der verneinte vollendete Infinitiv stehen.

Прошу́ тебя́ не *проговори́ться* (*не сказа́ть*) как-нибу́дь случа́йно об э́том.	Ich bitte dich, kein Wort darüber fallen zu lassen.

V e r g l e i c h e n Sie:

Прошу́ тебя́ никому́ *не говори́ть* об э́том.	Ich bitte dich, niemandem etwas davon zu sagen.

2. Der Gebrauch des verneinten unvollendeten Infinitivs nach Wörtern, durch die eine Handlung als unnötig bezeichnet wird.

Nach den Wörtern **не на́до** *nicht müssen*, **не ну́жно** *nicht brauchen*, **не сле́дует**, **не сто́ит** *es lohnt sich nicht* steht immer der unvollendete Infinitiv.

Vergleichen Sie die Sätze mit und ohne Verneinung:

Мне **ну́жно** (**на́до**) *купи́ть* э́тот уче́бник.	Мне **не ну́жно** (**не на́до**) *покупа́ть* э́тот уче́бник.
Ich muß mir dieses Lehrbuch kaufen.	Ich brauche dieses Buch nicht zu kaufen.
Э́тот фильм интере́сный, его́ **сто́ит** *посмотре́ть*.	Э́тот фильм неинтере́сный, его́ не **сто́ит** *смотре́ть*.

Dieser Film ist interessant, es lohnt sich, ihn (sich) anzusehen.	Dieser Film ist nicht interessant, es lohnt sich nicht, ihn (sich) anzusehen.
Вам **следует** *обратиться* к нему с этим вопросом.	Вам **не следует** *обращаться* к нему с этим вопросом.
Sie müssen sich mit dieser Frage an ihn wenden.	Sie sollten sich mit dieser Frage nicht an ihn wenden.

Der unvollendete Infinitiv steht auch nach den Wörtern **довольно, достаточно, хватит** *es ist genug, es reicht,* **незачем** *es lohnt sich nicht, nicht brauchen,* **бесполезно** *es ist sinnlos,* **вредно** *es ist schädlich,* durch die eine Handlung ebenfalls als unnötig bezeichnet wird:

Достаточно (довольно, хватит) *обсуждать* этот вопрос: всё уже ясно.	Diese Frage ist hinreichend diskutiert: es ist doch alles längst klar.
Тебе **незачем** (**не нужно**) *уезжать*.	Du brauchst nicht fortzufahren.
Ему **вредно** *курить*.	Das Rauchen schadet ihm.
Бесполезно *учить* его музыке: у него очень плохой слух.	Es ist sinnlos, ihn Musik zu lehren, er hat ein sehr schlechtes Gehör.

3. Der Gebrauch des vollendeten und des unvollendeten Infinitivs nach dem Wort нельзя.

Das Wort **нельзя** hat zwei Bedeutungen:

1. Wird **нельзя** im Sinne von *man darf nicht, es ist verboten, nicht erlaubt* gebraucht, so steht nach ihm stets der unvollendete Infinitiv:

Нельзя *входить* в комнату в шапке и в пальто.	Man darf im Zimmer nicht in Hut und Mantel erscheinen.

2. Bedeutet **нельзя** *unmöglich,* so stehen nach ihm die meisten Infinitive im vollendeten Aspekt:

Это письмо **нельзя** *прочитать*: оно написано неразборчиво.	Es ist unmöglich, diesen Brief zu lesen: er ist unleserlich geschrieben.
В комнату **нельзя** *войти*, потому что у нас нет ключа.	Wir können das Zimmer nicht betreten, weil wir keinen Schlüssel haben.

Nach **нельзя** im Sinne von *unmöglich* können auch einige unvollendete Infinitive stehen, die eine lange währende Handlung bezeichnen.

Здесь очень шумно, поэтому здесь **нельзя** (**невозможно**) *заниматься*.	Er ist hier recht laut, darum kann man hier nicht lernen.
В саду **нельзя** (**невозможно**) было *гулять*: там лежал глубокий снег.	Im Garten war es unmöglich spazierenzugehen: dort lag tiefer Schnee.

Übung 206. Lesen Sie die folgenden Sätze. Bestimmen Sie den Aspekt eines jeden Infinitivs. Begründen Sie den Gebrauch der Aspekte.

1. Он реши́л до о́сени никуда́ не уезжа́ть из Ленингра́да. (*Пауст.*) 2. Мы сговори́лись че́стно рабо́тать с утра́ до обе́да и не соблазня́ть в э́то вре́мя друг дру́га ры́бной ло́влей. (*Пауст.*) 3. Продолжа́ть э́тот разгово́р бы́ло бесполе́зно. (*Чех.*) 4. Же́ня шла со мной ря́дом по доро́ге и стара́лась не гляде́ть на не́бо, что́бы не вида́ть па́дающих звёзд, кото́рые почему́-то пуга́ли её. (*Чех.*)

Übung 207. Setzen Sie die Partikel *не* vor den Infinitiv und ändern Sie seine Aspektform:

M u s t e r : Брат попроси́л меня́ *сказа́ть* об э́том ма́тери.
        Брат попроси́л меня́ *не говори́ть* об э́том ма́тери.

1. Това́рищ убеди́л меня́ купи́ть э́ту но́вую кни́гу. 2. Я реши́л отве́тить на э́то письмо́. 3. Она́ реши́ла сшить себе́ но́вое пла́тье. 4. Он обеща́л верну́ться домо́й до восьми́ часо́в ве́чера. 5. Я проси́л его́ познако́мить меня́ с э́тим челове́ком. 6. Мы уговори́ли её уе́хать. 7. Мы усло́вились встре́титься за́втра по́сле заня́тий. 8. Сосе́д обеща́л разбуди́ть меня́ ра́но у́тром. 9. Она́ про́сит заже́чь свет. 10. Мы реши́ли пригласи́ть госте́й.

Übung 208. Verarbeiten Sie die folgenden Sätze nach dem Muster. Gebrauchen Sie im zweiten Satz die Partikel *не*, ändern Sie entsprechend den Aspekt der Verben.

M u s t e r : Сего́дня мне *ну́жно пригото́вить* обе́д.
        Нет, тебе́ *не ну́жно гото́вить* обе́д, сего́дня мы пойдём в рестора́н.

1. За́втра мне ну́жно бу́дет встать в шесть часо́в, потому́ что сего́дня я не успе́ю пригото́вить дома́шнее зада́ние. 2. Сего́дня мне ну́жно пойти́ на по́чту и получи́ть де́нежный перево́д. 3. Нам на́до встре́титься ещё раз, мы не успе́ли обсуди́ть наш план. 4. Сего́дня днём мне ну́жно лечь спать, потому́ что но́чью я почти́ не спал. 5. Тебе́ ну́жно приня́ть снотво́рное, ты пло́хо спал вчера́. 6. Ты сего́дня нездоро́ва, тебе́ на́до оста́ться до́ма. 7. В сочине́нии мно́го оши́бок, тебе́ на́до переписа́ть его́. 8. На́до посла́ть роди́телям телегра́мму о твоём прие́зде.

Übung 209. Verwandeln Sie die folgenden Sätze in verneinte und ändern Sie die Aspektform der Infinitive.

M u s t e r : Больно́му *ну́жно приня́ть* э́то лека́рство.
        Больно́му *не ну́жно принима́ть* э́то лека́рство.

1. Вам ну́жно оста́ться сего́дня по́сле заня́тий. 2. Э́ту кни́гу сто́ит прочита́ть. 3. За́втра мне на́до встать ра́но. 4. Ну́жно вы́звать врача́. 5. На э́том вопро́се сле́дует останови́ться. 6. На́до посла́ть сестре́ телегра́мму о на́шем прие́зде. 7. Нам ну́жно встре́титься сего́дня ве́чером. 8. На э́то сле́дует обрати́ть внима́ние.

Übung 210. Geben Sie an, wie sich die nebeneinanderstehenden Sätze bedeutungsmäßig voneinander unterscheiden.

vollendet	unvollendet
1. Э́ту запи́ску нельзя́ прочита́ть.	Э́ту запи́ску нельзя́ чита́ть.
2. В ко́мнату нельзя́ войти́.	В ко́мнату нельзя́ входи́ть.
3. На э́тот вопро́с нельзя́ отве́тить.	На э́тот вопро́с нельзя́ отвеча́ть.

4. Окно́ нельзя́ откры́ть. Окно́ нельзя́ открыва́ть.

5. Об э́том нельзя́ забы́ть. Об э́том нельзя́ забыва́ть.

6. Э́тот вопро́с нельзя́ реши́ть Э́тот вопро́с нельзя́ реша́ть так

 так ско́ро. ско́ро.

7. Здесь нельзя́ пойма́ть ни од- Здесь нельзя́ лови́ть ры́бу.

 но́й ры́бы.

8. Здесь нельзя́ отдохну́ть. Здесь нельзя́ отдыха́ть.

Übung 211. Lesen Sie die folgenden Sätze. Bestimmen Sie den Aspekt der Infinitive und sagen Sie, welche Bedeutung das Wort *нельзя́* in diesen Sätzen hat.

1. Здесь нельзя́ занима́ться (рабо́тать): о́чень шу́мно. 2. Река́ ещё не замёрзла, нельзя́ ката́ться на конька́х. 3. Они́ бы́ли сли́шком далеко́, их голоса́ уже́ нельзя́ бы́ло слы́шать. 4. В сосе́дней ко́мнате о́чень шу́мно, поэ́тому здесь нельзя́ чита́ть. 5. О таки́х пустяка́х нельзя́ до́лго по́мнить. 6. Нельзя́ бы́ло предви́деть все тру́дности. 7. По э́той доро́ге нельзя́ идти́.

Übung 212. Schreiben Sie die folgenden Sätze ab. Setzen Sie den Infinitiv in der erforderlichen Aspektform ein.

1. На другу́ю сто́рону реки́ нельзя́ ..., потому́ что у нас нет ло́дки. (переправля́ться, перепра́виться) 2. До на́шего до́ма нельзя́ ... на трамва́е: туда́ не идёт трамва́й. (дое́хать, доезжа́ть) 3. Нельзя́ бы́ло сра́зу ... имена́ всех на́ших но́вых знако́мых. (запо́мнить, запомина́ть) 4. Мать сказа́ла де́вочке: «Э́то чужи́е ве́щи, их нельзя́ ...». (брать, взять) 5. Скала́ была́ гла́дкая и почти́ отве́сная, на неё нельзя́ бы́ло ... . (взобра́ться, взбира́ться) 6. Э́то о́чень тру́дный экза́мен, к нему́ нельзя́ ... за одну́ неде́лю. (гото́виться, подгото́виться) 7. Нельзя́ так легкомы́сленно ... к свои́м обя́занностям. (относи́ться, отнести́сь) 8. Э́ту кни́гу сейча́с нельзя́ ... ни в одно́м магази́не, её мо́жно то́лько взять в библиоте́ке. (купи́ть, покупа́ть) 9. Нельзя́ ... на заня́тия, на́до приходи́ть во́время. (опозда́ть, опа́здывать) 10. Был густо́й тума́н, уже́ в трёх шага́х ничего́ нельзя́ бы́ло ... . (рассмотре́ть, рассма́тривать)

Zum Gebrauch der Verbalaspekte im Präteritum

Unvollendeter Aspekt

1. In der Präteritalform können unvollendete Verben stehen, wenn der Sprecher erfahren will, ob die betreffende Handlung stattgefunden hat.

— Вы **чита́ли** э́ту кни́гу? — Haben Sie dieses Buch gele-

        sen?

— Да, я **чита́л** э́ту кни́гу. — Ja, ich habe es gelesen.

In der Antwort wird lediglich festgestellt, daß die Handlung stattgefunden hat.

Interessiert sich der Sprechende für das Resultat der Handlung, so werden vollendete Verben verwendet.

— Вы **прочитали** эту книгу?

— Haben Sie **dieses Buch** durchgelesen?

— Да, я **прочитал** книгу и могу вернуть её вам.

— Ja, ich habe das Buch durchgelesen und kann es Ihnen zurückgeben.

Der Gebrauch des unvollendeten Aspekts zur Feststellung von Tatsachen ist für den umgangssprachlichen Dialog typisch.

— Кто-нибудь **звонил** мне вчера?

— Hat (mich) gestern jemand angerufen?

— Да, кто-то **звонил** вам вчера вечером.

— Ja, jemand hat (Sie) gestern abend angerufen.

— Вы **смотрели** этот фильм?

— Haben Sie sich diesen Film angesehen?

— Да, я **смотрел** этот фильм.

— Ja, ich habe mir diesen Film angesehen.

— Ты **убирала** сегодня комнату?

— Hast du heute das Zimmer aufgeräumt?

— Да, я **убирала** сегодня комнату.

— Ja, ich habe heute das Zimmer aufgeräumt.

2. Das unvollendete Verb steht oft in einem Dialog, wenn der Sprecher weiß, daß die Handlung stattgefunden hat und abgeschlossen ist und er lediglich nach der handelnden Person oder nach dem Objekt fragt:

— Кто сегодня **убирал** комнату?

— Wer hat heute das Zimmer aufgeräumt?

— Комнату **убирала** я.

— Das Zimmer habe ich aufgeräumt.

— Что она **пела**?

— Was hat sie gesungen?

— Она **пела** русскую народную песню.

— Sie hat ein russisches Volkslied gesungen.

— О чём он **рассказывал**?

— Worüber hat er erzählt?

— Он **рассказывал** о своей поездке.

— Er hat über seine Reise erzählt.

In den oben angeführten Beispielen werden die Handlungen nur genannt, sie werden nicht gewertet. Wird dagegen in einem Satz das Ergebnis der Handlung eingeschätzt, so steht das vollendete Verb:

Кто так хорошо **сшил** вам этот костюм?

Wer hat Ihnen diesen Anzug so gut geschneidert?

Кто так плохо **убрал** сегодня комнату?

Wer hat heute das Zimmer so schlecht aufgeräumt?

3. Einige Verben, die konkrete zielgerichtete Handlungen (Bewegungen) benennen (**открывать** *öffnen*, **закрывать** *zumachen*, **брать** *nehmen*, **давать** *geben*, **вставать** *aufstehen*, **ложиться** *sich hinlegen*, **садиться** *sich setzen*, **подниматься** *steigen*, **приходить** *kommen*, **уходить** *fortgehen*, **входить** *hineingehen, betreten*, **выходить** *hinausgehen* u. a.), können in der Präteritalform einmalige Handlungen in zwei Richtun-

gen (hin und zurück) bezeichnen. In solchen Fällen werden unvollendete Verben gebraucht.

Я **открыва́л** окно́.	Ich hatte das Fenster geöffnet (ich habe es geöffnet und dann wieder zugemacht).
Почему́ э́та кни́га **лежи́т** не на ме́сте?	Warum liegt dieses Buch nicht auf seinem Platz?
Кто её **брал**?	Wer hatte es genommen (wer hat es genommen und wieder zurückgebracht)?
К вам кто́-то **приходи́л**.	Bei Ihnen war jemand (jemand ist zu Ihnen gekommen und wieder weggegangen).

Die entsprechenden vollendeten Verben (**откры́ть, закры́ть, взять**) weisen darauf hin, daß das Resultat der Handlung zum Redemoment vorliegt.

unvollendet	vollendet
Я **открыва́л** окно́.	Я **откры́л** окно́.
Ich hatte das Fenster geöffnet. (Das Fenster ist zum Redemoment wieder geschlossen.)	Ich habe das Fenster geöffnet. (Das Fenster ist zum Redemoment geöffnet.)
Това́рищ **брал** у меня́ э́ту кни́гу.	Това́рищ **взял** у меня́ э́ту кни́гу.
Mein Freund hatte dieses Buch entliehen. (Zum Redemoment befindet sich das Buch wieder bei mir.)	Mein Freund hat dieses Buch entliehen. (Zum Redemoment befindet sich das Buch bei meinem Freund.)

Übung 213. Lesen Sie die folgenden Sätze. Bergünden Sie den Gebrauch der hervorgehobenen unvollendeten Verben.

1. Учи́тель *чита́л* вслух расска́з, ученики́ слу́шали. 2. Вы *чита́ли* э́тот расска́з? 3. Из сосе́дней аудито́рии доноси́лся шум. Там студе́нты *обсужда́ли* како́й-то спо́рный вопро́с. 4. Этот вопро́с мы уже́ оди́н раз *обсужда́ли*. 5. Вы мне уже́ *пока́зывали* э́ту фотока́рточку. 6. У нас в клу́бе по суббо́там *пока́зывали* фи́льмы. 7. Де́вушки сиде́ли на берегу́ и *пе́ли*. 8. Каку́ю пе́сню они́ сейча́с *пе́ли*? 9. Кто меня́ *звал*? Вы меня́ *зва́ли*? 10. Его́ до́лго *зва́ли*, а он всё не шёл. 11. Этот костю́м *шил* хоро́ший портно́й. 12. Она́ сиде́ла у стола́ и *ши́ла*.

Übung 214. Lesen Sie die folgenden Sätze. Begründen Sie den Aspektgebrauch der hervorgehobenen Verben.

1. Это была́ не моя́ кни́га, я *брал* её у това́рища. Вот э́та кни́га, я *взял* её у това́рища. 2. Я то́лько что *поднима́лся* на пя́тый эта́ж, мне не хо́чется ещё раз идти́ туда́. Това́рищи *подняли́сь* на пя́тый эта́ж и ждут нас там. 3. Заче́м вы *встава́ли* с посте́ли? Вы больны́, вам на́до лежа́ть. Заче́м вы *вста́ли* с посте́ли? Ложи́тесь сейча́с же в посте́ль. 4. Я заме́тил, что без меня́ в мою́ ко́мнату кто́-то *входи́л*. В ко́мнате кто́-то есть. Я ви́дел, как кто́-то *вошёл* в ко́мнату.

Übung 215. Schreiben Sie die folgenden Sätze ab. Setzen Sie die Verben in der erforderlichen Aspektform ein.

1. Вот то ме́сто, где мы ... во вре́мя на́шей прогу́лки. (отдыха́ли, отдохну́ли) 2. Та кни́га, о кото́рой я тебе́ ..., сейча́с продаётся во всех кни́жных магази́нах. (говори́л, сказа́л) 3. Когда́ я верну́лся домо́й, мне сказа́ли, что кто́-то ... мне по телефо́ну. (звони́л, позвони́л) 4. Я весь день ждал его́ звонка́. Он ... по́здно ве́чером. (звони́л, позвони́л) 5. Вы ... мне об э́том сли́шком по́здно, я ниче́м не могу́ вам помо́чь. (говори́ли, сказа́ли) 6. Разда́лся гро́мкий стук в дверь, ... мой сосе́д. (стуча́л, постуча́л) 8. У меня́ нет сейча́с э́той кни́ги, я ... её в библиоте́ке. (брал, взял) 9. Отку́да у тебя́ э́та кни́га? Где ты её ...? (брал, взял) 10. Я давно́ собира́лся посмотре́ть э́тот фильм и вчера́ наконе́ц ... . (смотре́л, посмотре́л)

Die Perfektbedeutung des vollendeten Aspekts

Die Präteritalform vieler Verben des vollendeten Aspekts kann darauf hinweisen, daß das Resultat der Handlung, die vor dem Zeitpunkt der Rede ausgeführt worden ist, auch zum Redemoment vorliegt. Diese Bedeutung vollendeter Verben bezeichnet man als Perfektbedeutung:

Вы **откры́ли** окно́, поэ́тому в ко́мнате сквозня́к.	Sie haben das Fenster geöffnet (zum Zeitpunkt der Rede ist das Fenster geöffnet), daher zieht es im Zimmer.
Ко мне из **Волгогра́да приехала** сестра́.	Zu mir ist meine Schwester aus **Wolgograd** gekommen (die Schwester ist jetzt bei mir).

Präteritalformen vollendeter Verben mit Perfektbedeutung können im Satz zusammen mit Verben in der Präsensform stehen:

Я **потеря́л** ру́чку и **пишу́** тепе́рь карандашо́м.	Ich habe meinen Füller verloren (d. h. ich habe keinen Füller) und schreibe jetzt mit Bleistift.
Она́ **забы́ла** а́дрес и не **мо́жет** посла́ть письмо́.	Sie hat die Adresse vergessen (sie weiß die Adresse nicht) und kann den Brief nicht absenden.

Vollendete Verben, die den Beginn einer Handlung anzeigen, können in der Präteritalform eine Handlung bezeichnen, die zum Moment der Rede andauert. Neben diesen Verben können im Satz auch Verben in der Präsensform stehen:

Э́тот студе́нт **заболе́л** и не **посеща́ет** ле́кций.	Dieser Student ist erkrankt (d. h. er ist zur Zeit krank) und kommt nicht zu den Vorlesungen.
Он **рассерди́лся** и не **разгова́ривает** со мной.	Er hat sich geärgert (d. h. er ist zur Zeit ärgerlich) und spricht nicht mit mir.

In manchen Fällen läßt sich die Präteritalform vollendeter Verben, die den Beginn einer Handlung bezeichnen, durch die Präsensform ihrer unvollendeten Entsprechungen ersetzen (in diesem Fall wird jedoch nichts über den Beginn der Handlung ausgesagt):

Пошёл дождь, и мы не **мóжем** идти́ гуля́ть.

Es hat zu regnen angefangen, wir können nicht spazierengehen.

Идёт дождь, и мы не **мóжем** идти́ гуля́ть.

Es regnet, wir können nicht spazierengehen.

Он óчень **заинтересовáлся** э́тим вопрóсом и сейчáс **ду́мает** тóлько об э́том.

Diese Frage hat sein Interesse geweckt, und er denkt jetzt nur darüber nach.

Он óчень **интересу́ется** э́тим вопрóсом и сейчáс **ду́мает** тóлько об э́том.

Er interessiert sich sehr für diese Frage und denkt jetzt nur darüber nach.

Auch wenn über Vergangenes berichtet wird, können vollendete Verben mit Perfektbedeutung gebraucht werden, sie stehen dann neben unvollendeten Verben:

Пошёл дождь, и мы не **могли́** идти́ гуля́ть.

Es hatte zu regnen begonnen, und wir konnten nicht spazierengehen.

Он **заинтересовáлся** э́тим вопрóсом и **ду́мает** тóлько об э́том.

Diese Frage hatte sein Interesse geweckt, und er dachte nur darüber nach.

Der Gebrauch vollendeter Verben mit Perfektbedeutung ist typisch für den umgangssprachlichen Dialog, derartige Verben können aber auch in Erzählungen und Beschreibungen vorkommen.

Осень. Лес **опусте́л**. Ве́тер качáет верху́шки дере́вьев. Ли́стья **пожелте́ли** и пáдают.

Es ist Herbst. Der Wald ist verödet. Der Wind bewegt die Wipfel der Bäume. Die Blätter sind gelb geworden und fallen herab.

Übung 216. Bestimmen Sie den Aspekt der hervorgehobenen Verben und erläutern Sie die Bedeutung des betreffenden Aspekts.

1. Я оди́н, сижу́ у окнá; се́рые ту́чи *закры́ли* нéбо, сóлнце сквозь тумáн кáжется жёлтым пятнóм. (*Л.*) 2. «Вы óчень ми́лый человéк,— продолжáл Гáгин,— но почему́ онá вас так *полюби́ла*— э́то я, призна́юсь, не понимáю». (*Тург.*) 3. Тепéрь зимá: морóз *запуши́л* стёкла óкон; в тёмной кóмнате гори́т однá свечá. (*Тург.*) 4. Сóлнце *се́ло*; звездá *зажглáсь* и дрожи́т в огни́стом мóре закáта. (*Тург.*) 5. Пóздняя óсень. Грачи́ *улетéли*. Лес *обнажи́лся*, поля́ *опустéли*. (*Н.*)

Übung 217. Ersetzen Sie die durch Adjektive ausgedrückten Prädikate durch Verben in der Präteritalform. (Die Verben sind in Klammern angegeben.)

M u s t e r: Нéбо *тёмное*, сейчáс пойдёт дождь.
Нéбо *потемнéло*, сейчáс пойдёт дождь.

1. У́лица *пустá*, кругóм ти́хо. 2. Ли́стья на дере́вьях *жёлтые*

и ужé пáдают. 3. Я *гóлоден* и с удовóльствием поýжинаю с вáми. 4. Он *бóлен* и лежит в постéли. 5. Тепéрь мы с ним *знакóмы*, и я могý обратиться к немý с этой прóсьбой.

(*познакóмиться, проголодáться, опустéть, заболéть, пожелтéть*)

Übung 218. Ersetzen Sie die hervorgehobenen Verben durch vollendete Verben mit der Bedeutung des Beginns der Handlung.

M u s t e r : В коридóре *шумят*, и я плóхо вас слышу.
В коридóре *зашумéли*, и я плóхо вас слышу.

1. Мой товáрищ *интересýется* археолóгией и тепéрь чáсто éздит в экспедиции. 2. *Идёт* дождь, и дéти должны сидéть дóма. 3. Мне *нрáвится* эта книга, и я хочý купить её. 4. Онá *бóлеет* и поэтому не мóжет выступáть зáвтра на концéрте. 5. Я увидел её во дворé в 7 часóв и подýмал: «Кудá онá *идёт* так рáно?» 6. Онá *сéрдится* и не хóчет говорить с нáми. 7. Он *грустит*, потомý что давнó нет писем из дóма. 8. Звонóк *звенит*, порá кончáть рабóту. 9. У меня головá *болит*, не могý бóльше рабóтать.

Zum Gebrauch der Verbalaspekte bei verneinten Verben

In verneinten Sätzen stehen häufig Präteritalformen des unvollendeten Aspekts, während in den entsprechenden bejahenden oder Fragesätzen vollendete Verben stehen.

— Ты **взял** мою рýчку? — Hast du meinen Füller genommen?

— Нет, я **не брал** твоéй рýчки. — Nein, ich habe deinen Füller nicht genommen.

— Да это я **взял**. — Ja, ich habe ihn genommen.
— Кто **сказáл** емý об этом? — Wer hat ihm das gesagt?
— Не знáю, я **не говорил**. — Ich weiß nicht, ich habe es nicht gesagt.

— Он ужé **пришёл**? — Ist er schon gekommen (da)?
— Нет, он ещё **не приходил**. — Nein, er ist noch nicht gekommen.

1. Wird eine vorher nicht erwartete Handlung ganz entschieden verneint, so werden u n v o l l e n d e t e Verben gebraucht:

Я не брал вáших вещéй.
Мы никакóй телегрáммы **не получáли**.

Ich habe Ihre Sachen nicht genommen.
Wir haben kein Telegramm erhalten.

2. Wird in einem Satz ausgedrückt, daß eine Handlung lange Zeit nicht stattgefunden hat, so steht das entsprechende Verb (oft verbunden mit den Adverbien **дóлго** und **давнó**) im unvollendeten Aspekt.

Друзья молчáли. Ни тот, ни другóй **не начинáл** говорить. (*Л. Т.*)

Die Freunde schwiegen. Weder der eine noch der andere begann zu sprechen.

Я давно́ **не получа́л** от него́ пи́сем.	Ich habe lange von ihm keine Briefe bekommen.

3. Ist eine erwartete Handlung zum Redemoment noch nicht eingetreten, so kann das verneinte Verb ohne Bedeutungsunterschied sowohl im v o l l e n d e t e n wie im u n v o l l e n d e t e n Aspekt stehen:

— Почтальо́н **принёс** газе́ты?	— Hat der Briefträger die Zeitungen gebracht?
— Нет, ещё **не принёс**.	— Nein, er hat sie noch nicht ge-
— Нет, ещё **не приноси́л**.	bracht.
— Ты уже́ **получи́л** отве́т на письмо́?	— Hast du schon eine Antwort auf den Brief bekommen?
— Нет, ещё **не получи́л**.	— Nein, ich habe noch keine
— Нет, ещё **не получа́л**.	(Antwort) bekommen.

4. Hat eine ursprünglich erwartete Handlung nicht stattgefunden, so steht das verneinte Verb gewöhnlich im v o l l e n d e t e n Aspekt.

Почему́ ты **не пришёл** вчера́ на ле́кцию?	Warum bist du gestern nicht zur Vorlesung gekommen?
Он обеща́л позвони́ть мне вчера́ ве́чером, но почему́-то **не позвони́л**.	Er hatte versprochen, mich gestern anzurufen, hat aber aus irgendeinem Grunde nicht angerufen.
Я до́лго ждал письма́, но так и **не получи́л** его́.	Ich habe lange auf einen Brief gewartet, ihn aber nicht bekommen.

Übung 219. Bestimmen Sie den Aspekt der verneinten Verben.

1. Не дава́я перебива́ть себя́, она́ рассказа́ла то, что она́ ещё никогда́ никому́ не расска́зывала. (*Л. Т.*) 2. Она́ вста́ла, оде́лась, сошла́ вниз. Ещё никто́ не просыпа́лся в до́ме. (*Тург.*) 3. До са́мого отъе́зда в дере́вню я никуда́ не выходи́л из до́ма. (*Л. Т.*) 4. Почто́вый по́езд ещё не приходи́л. На запасно́м пути́ стоя́л дли́нный това́рный по́езд. (*Чех.*) 5. Вероя́тно, оте́ц телегра́мму об их вы́езде не получи́л и поэ́тому лошаде́й на ста́нцию за ни́ми не присла́л. (*Гайд.*) 6. Деревя́нная платфо́рма ско́ро опусте́ла, а оте́ц встреча́ть их так и не вы́шел. (*Гайд.*) 7. Я до́лго не отвеча́л на твоё письмо́; я все э́ти дни ду́мал о нём. (*Тург.*) 8. Пи́сем от тебя́ ещё не получа́л, жду сего́дня. (*Гайд.*) 9. Река́ до́лго не замерза́ла, от её зелёной воды́ подыма́лся пар. (*Пауст.*) 10. Река́ ещё не замёрзла, и её свинцо́вые во́лны гру́стно черне́ли в однообра́зных берега́х. (*П.*)

Übung 220. Schreiben Sie die folgenden Sätze ab. Setzen Sie Verben in der erforderlichen Aspektform ein.

1. Не понима́ю, заче́м он пришёл сюда́? Его́ никто́ не... . (звал, позва́л) 2. Снег ещё не..., лежи́т ко́е-где́ в лесу́. (та́ял, раста́ял) 3. Его́ жда́ли, а он всё не... . (прие́хал, приезжа́л) 4. О како́м письме́ вы говори́те? Я не... никако́го письма́. (получа́л, получи́л) 5. Мы ещё не..., дава́йте посиди́м ещё немно́го. (отдохну́ли, отдыха́ли) 6. Он сам реши́л взя́ться за э́то де́ло, никто́ его́ не ... . (заста́-

вил, заставля́л) 7. Он до́лго не..., но наконе́ц мы его́ уговори́ли. (согласи́лся, соглаша́лся) 8. Я ничего́ о нём не зна́ю, мы давно́ не..., он мне давно́ не... . (встреча́лись, встре́тились, звони́л, позвони́л)

Zum Gebrauch der Verbalaspekte im Futur

Mitunter werden Futurformen vollendeter Verben gebraucht, um die Möglichkeit der Ausführung einer Handlung in Gegenwart oder Zukunft auszudrücken.

То́лько он **поймёт** меня́.	Nur er wird mich verstehen (d. h. nur er wird mich verstehen können).
Он **реши́т** любу́ю зада́чу из э́того зада́чника.	Er wird jede (beliebige) Aufgabe aus dieser Aufgabensammlung lösen (d. h. er kann jede (beliebige) Aufgabe lösen).

In dieser Bedeutung können die Futurformen vollendeter Verben mit den Wörtern **всегда́** *immer*, **в любо́е вре́мя** *zu jeder Zeit* verbunden werden:

Он всегда́ **помо́жет** това́рищу в тру́дную мину́ту.	Er wird einem Freund in einem schwierigen Augenblick immer helfen.
Он в любо́е вре́мя **придёт** на по́мощь.	Er wird zu jeder Zeit Hilfe leisten.

Wird ein vollendetes Verb in der Futurform verneint, so kann es die Unmöglichkeit ausdrücken, ein Resultat in Gegenwart oder Zukunft zu erreichen:

Он **не поймёт** э́того.	Er wird das nicht verstehen (d. h. er kann das nicht verstehen).
Ты **не реши́шь** э́той зада́чи.	Du wirst diese Aufgabe nicht lösen (d. h. du kannst sie nicht lösen).

Oft wird in diesem Zusammenhang die verstärkende Partikel **ника́к** gebraucht:

Я *ника́к* **не откро́ю** дверь.	Ich kann die Tür nicht aufmachen.
Ника́к **не пойму́**, чего́ она́ хо́чет.	Ich kann überhaupt nicht verstehen, was sie will.

Bezieht sich die Unmöglichkeit, eine Handlung auszuführen, auf eine beliebige Person, so steht das Verb in der 2. Person des Singulars:

Не поймёшь, что здесь напи́сано.	Man kann nicht herausbekommen, was hier geschrieben steht.

Diese Form wird oft in Sprichwörtern gebraucht:

Слеза́ми го́рю **не помо́жешь.** Mit Tränen hilft man sich nicht aus der Not.

An me r ku n g. Die Unmöglichkeit, ein Resultat zu erreichen, kann auch durch unpersönliche Sätze mit vollendetem Infinitiv ausgedrückt werden.

Ему́ **не поня́ть** э́того. Er kann das nicht verstehen.
Тебе́ **не реши́ть** э́той зада́чи. Du wirst diese Aufgabe nicht lösen können (siehe S. 517).

Übung 221. Lesen Sie die folgenden Sätze. Geben Sie an, in welcher Bedeutung in den nachstehenden Sätzen das einfache Futur gebraucht wird.

1. Не вся́кий вас, как я, поймёт. (*П.*) 2. Никого́ не́ было. Да и кто пойдёт сюда́ в по́лночь? (*Чех.*) 3. Челове́к, кото́рый привы́к боя́ться, всегда́ найдёт причи́ну для стра́ха. (*М. Г.*) 4. Я ника́к не разберу́, что вы за челове́к. 5. Мно́го други́х ещё приме́ров мне в го́лову прихо́дит, да не переска́жешь. (*Тург.*) 6. «Нам придётся здесь ночева́ть,— сказа́л он с доса́дою,— в таку́ю мете́ль че́рез го́ры не перее́дешь». (*Л.*) 7. Создаёт челове́ка приро́да, но развива́ет и образу́ет его́ о́бщество. Никаки́е обстоя́тельства жи́зни не спасу́т и не защитя́т челове́ка от влия́ния о́бщества, нигде́ не скры́ться, никуда́ не уйти́ ему́ от него́. (*Бел.*)

Übung 222. Wie verstehen Sie diese Sprichwörter?

1. Слеза́ми го́рю не помо́жешь. 2. Лёжа хле́ба не добу́дешь. 3. Без труда́ не вы́нешь и ры́бку из пруда́. 4. Решето́м воды́ не нано́сишь. 5. Сло́во не воробе́й: вы́летит — не пойма́ешь. 6. Из пе́сни сло́ва не вы́кинешь. 7. Одно́й руко́й узла́ не завя́жешь.

Übung 223. Ändern Sie in den folgenden Sätzen das Prädikat. Gebrauchen Sie statt des zusammengesetzten Prädikats (*мочь* oder *смочь* mit Infinitiv) das einfache Futur.

M u s t e r: Ты не *мо́жешь* реши́ть э́ту зада́чу.
Ты *не реши́шь* э́ту зада́чу.

1. Ты не смо́жешь подня́ть э́тот чемода́н. 2. Я не могу́ взобра́ться на э́ту го́ру. 3. Помоги́те мне, пожа́луйста, я ника́к не могу́ отпере́ть дверь. 4. Ты не смо́жешь подгото́виться к экза́мену за два дня. 5. Ребёнок не мо́жет поня́ть э́тот расска́з. 6. Не ка́ждый мо́жет вы́полнить э́ту рабо́ту так хорошо́, как она́. 7. Я ника́к не могу́ найти́ свою́ ру́чку. 8. Он ника́к не мо́жет привы́кнуть встава́ть ра́но. 9. Он давно́ у́чит э́то стихотворе́ние, и всё ника́к не мо́жет вы́учить. 10. То́лько он мо́жет отве́тить на э́тот вопро́с.

Zum Gebrauch der Verbalaspekte im Imperativ

Zum Ausdruck einer Bitte, eine einmalige Handlung auszuführen, werden in der Regel vollendete Verben gebraucht. So gebraucht man in einer Bitte den Imperativ der Verben **дать** *geben*, **взять** *nehmen*, **откры́ть** *öffnen*, **закры́ть** *schließen*, **доста́ть** *holen*, **вы́нуть** *herausnehmen*, **поста́вить** *stellen*, **положи́ть** *legen*, **пове́сить** *aufhängen*, **показа́ть** *zeigen*, **купи́ть** *kaufen*, **почи́стить** *reinigen, sauber machen*, **заже́чь** *anzünden*, **включи́ть** *einschalten*, **вы́ключить** *ausschalten*, **позвони́ть** *anrufen, klingeln*, **сказа́ть** *sagen*, **повтори́ть** *wiederholen*, **испра́вить** *verbessern*, **прове́рить** *überprüfen*, **приня́ть** *empfangen, annehmen* u. a.

Да́йте мне, пожа́луйста, ва́шу ру́чку.	Geben Sie mir bitte Ihren Füller.
Возьми́те ва́ши тетра́ди.	Nehmt eure Hefte.
Откро́йте кни́ги.	Öffnet die Bücher.
Принеси́те мел.	Holen Sie Kreide.
Покажи́те фотогра́фии.	Zeigen Sie die Fotos.

Der Imperativ eines unvollendeten Verbs steht, wenn eine Aufforderung zum Beginn einer Handlung ausgedrückt wird. Dabei weiß die handelnde Person gewöhnlich, daß die Handlung beginnen soll. Zum Beispiel sollen Schüler eine Nacherzählung schreiben, sie haben sich den Text angehört, und nun sagt der Lehrer:

Пиши́те!	Schreibt!

Oder: Studenten haben ihre Bücher geöffnet, und der Lehrer sagt zu einem von ihnen:

Чита́йте!	Lesen Sie!

Die Studenten sollen beispielsweise den Inhalt eines Textes wiedergeben, und der Lehrer wendet sich an einen von ihnen:

Расска́зывайте!	Erzählen Sie!

Wenn jemand gebeten wird, eine unterbrochene Handlung fortzusetzen, wird ebenfalls der Imperativ eines unvollendeten Verbs gebraucht:

Что же вы останови́лись? **Чита́йте да́льше!**	Warum haben Sie aufgehört? Lesen Sie weiter!

Will der Sprecher jemanden auffordern, eine Handlung zu beginnen, die der Angesprochene aus irgendeinem Grund nicht in Angriff nimmt, so gebraucht er unvollendete Verben:

Что же вы молчи́те? **Говори́те!**	Warum schweigen Sie denn? Sprechen Sie!
Что же вы не берёте кни́гу? **Бери́те!**	Warum nehmen Sie denn das Buch nicht? Nehmen Sie es!

Eine Aufforderung wird oft durch die Partikeln **ну** *na* und **же** *doch, denn* verstärkt:

— Ну, **говори́те же!**	— Na, sprechen Sie doch!

Der Imperativ eines unvollendeten Verbs steht auch, wenn die Bitte ausgedrückt wird, den Charakter einer bereits stattfindenden Handlung zu ändern:

Чита́йте ме́дленнее.	Lesen Sie langsamer!
Говори́те гро́мче.	Sprechen Sie lauter!
Пиши́те аккура́тнее.	Schreiben Sie sauberer (deutlicher)!

Wenn man jemanden einlädt, so gebraucht man in der Regel den Imperativ unvollendeter Verben:

Проходи́те, раздева́йтесь, сади́-тесь, пожа́луйста.	Kommen Sie bitte herein, legen Sie ab, nehmen Sie Platz!
Приходи́те к нам сего́дня обе́-дать.	Kommen Sie heute zu uns zum Mittagessen!

Werden die gleichen Verben im vollendeten Aspekt gebraucht, so drücken sie keine Einladung, sondern eine dringende (weniger höfliche) Bitte oder einen Befehl aus:

Разде́ньтесь, пройди́те в ко́мна-ту **и ся́дьте.**	Legen Sie ab, gehen Sie ins Zimmer und nehmen Sie Platz!

Der unvollendete Aspekt ist jedoch manchmal nicht angebracht, wenn man eine höfliche Bitte ausdrücken will. Ersetzt man z. B. in dem Satz **Да́йте** мне ва́шу ру́чку *Geben Sie mir Ihren Füller* den vollendeten Aspekt durch den unvollendeten, so klingt der Satz unhöflich, beinahe g r o b: **Дава́йте** мне ва́шу ру́чку!

Zum Gebrauch der Verbalaspekte im verneinten Imperativ

Zum Ausdruck des verneinten Imperativs wird gewöhnlich der unvollendete Aspekt gebraucht, und zwar selbst dann, wenn es sich um eine kurze, einmalige Handlung handelt.

Sätzen mit vollendeten Verben zum Ausdruck der nichtverneinten Imperativs entsprechen gewöhnlich Sätze mit unvollendeten Verben zum Ausdruck des verneinten Imperativs:

Откро́йте, пожа́луйста, окно́.	**Не открыва́йте,** пожа́луйста, окна́.
Machen Sie bitte das Fenster auf!	Machen Sie bitte nicht das Fenster auf!
Положи́те кни́ги на окно́.	**Не клади́те** кни́ги на окно́.
Legen Sie die Bücher auf das Fensterbrett!	Legen Sie die Bücher nicht auf das Fensterbrett!
Да́йте ребёнку молока́.	**Не дава́йте** ребёнку молока́.
Geben Sie dem Kind Milch.	Geben Sie dem Kind keine Milch.
Купи́ э́ту кни́гу.	**Не покупа́й** э́ту кни́гу.
Kaufe dieses Buch.	Kaufe dieses Buch nicht.

Vollendete Verben werden im verneinten Imperativ nur gebraucht, wenn man vor einer unerwünschten einmaligen Handlung warnen will:

Не упади́те: здесь ско́льзко.	Fallen Sie nicht, hier ist es glatt.
Не забу́дь запере́ть дверь.	Vergiß nicht, die Tür zu schließen.

Eine Warnung wird oft durch das Wort **смотри́** *siehe zu* — **смотри́те** *sehen Sie zu* verstärkt:

Смотри́, не забу́дь.	Siehe zu, daß du das nicht vergißt.
Смотри́, не потеря́й.	Siehe zu, daß du es nicht verlierst.
Смотри́те, не опозда́йте.	Sehen Sie zu, daß Sie sich nicht verspäten.

Смотри́, не простуди́сь.	Siehe zu, daß du dich nicht erkältest.

Zum Ausdruck eines verneinten Imperativs werden also nur vollendete Verben gebraucht, die eine unerwünschte und unabhängig vom Willen der betreffenden Person vor sich gehende Handlung bezeichnen: **опозда́ть** *sich verspäten*, **забы́ть** *vergessen*, **потеря́ть** *verlieren*, **заболе́ть** *erkranken*, **простуди́ться** *sich erkälten*, **зарази́ться** *sich anstecken*, **упа́сть** *fallen*, **урони́ть** *fallen lassen*, **разби́ть** *zerbrechen*, **слома́ть** *brechen*, **утону́ть** *ertrinken*, **заблуди́ться** *sich verlaufen*, **испа́чкаться** *sich schmutzig machen*, **ошиби́ться** *sich irren* u. a.

Zum Ausdruck einer Warnung können mitunter auch unvollendete Verben gebraucht werden; dies geschieht gewöhnlich dann, wenn man vor der Wiederholung einer unerwünschten Handlung warnt. Dabei kann auch das Wort **смотри́** stehen:

Смотри́, не опа́здывай бо́льше!	Siehe zu, daß du dich nicht mehr verspätest!
Смотри́те, не опа́здывайте бо́льше!	Sehen Sie zu, daß Sie sich nicht mehr verspäten!
Смотри́, не боле́й!	Sieh zu, daß du nicht krank wirst.
Смотри́те, не боле́йте!	Sehen Sie zu, daß Sie nicht krank werden.

In einigen Fällen bezeichnet das unvollendete Verb die Bitte, eine Handlung nicht auszuführen, und das vollendete Verb die Warnung vor einer unerwünschten Handlung.

unvollendet	vollendet
Не бери́ мою́ тетра́дь.	**Не возьми́** случа́йно мою́ тетра́дь.
Nimm nicht mein Heft!	Nimm nicht aus Versehen mein Heft!
Не говори́ никому́ об э́том.	**Смотри́**, не скажи́ случа́йно кому́-нибудь об э́том.
Sprich zu niemandem darüber.	Sieh zu, daß du nicht zufällig mit jemandem darüber sprichst.

Übung 224. Lesen Sie die folgenden Sätze. Bestimmen Sie den Aspekt der Verben im Imperativ.

1. Оста́вьте меня́ в поко́е, прошу́ вас. (*Чех.*) 2. Позво́ль мне уе́хать из го́рода, — сказа́ла она́ наконе́ц. (*Чех.*) 3. Не говори́те ей обо мне ни сло́ва. (*Л.*) 4. Что же мы стои́м! — сказа́ла она́. — Сади́тесь! Вот сюда́, к столу́. Здесь светле́е. (*Пауст.*) 5. Смотри́, не упади́ в ре́ку! — кри́кнул ему́ вслед Илью́ша. (*Тург.*) 6. Не спра́шивай меня́ о том, чего́ уже́ нет. (*П.*)

Übung 225. Verwandeln Sie die bejahenden Sätze in verneinte; ändern Sie dabei die Aspektform des Verbs im Imperativ.

Muster: Откро́йте окно́. — **Не открыва́йте окна́.**

1. Зажги́те, пожа́луйста, свет. 2. Отпра́вьте за́втра телегра́мму. 3. Сотри́те с доски́. 4. Спроси́те её, почему́ она́ не пришла́ вче-

ра́. 5. Покажи́ профе́ссору свою́ рабо́ту. 6. Закро́йте дверь в коридо́р. 7. Прими́те э́то лека́рство. 8. Купи́ себе́ таку́ю ру́чку. 9. Скажи́ об э́том всем. 10. Поста́вьте сюда́ чемода́н.

Übung 226. Schreiben Sie die folgenden Sätze ab. Setzen Sie den Imperativ in der erforderlichen Aspektform ein.

A. 1. Почему́ ты так ре́дко пи́шешь мне?..., пожа́луйста, ча́ще. (писа́ть, написа́ть) 2. ..., пожа́луйста, кото́рый час? (говори́ть, сказа́ть) 3. Вас пло́хо слы́шно, ... гро́мче. (говори́ть, сказа́ть) 4. Здесь о́чень ду́шно, бу́дьте добры́, ... окно́. (открыва́ть, откры́ть) 5. Како́й у вас журна́л? ... мне, пожа́луйста. (пока́зывать, показа́ть) 6. Все откры́ли кни́ги? Никола́й Петро́в, ..., пожа́луйста, текст. (чита́ть, прочита́ть) 7. ... э́то лека́рство два ра́за в день. (принима́ть, приня́ть)

B. 1. Не ... свет: ещё светло́. (зажига́ть, заже́чь) 2. Не ... принести́ кни́ги, кото́рые ты мне обеща́л. (забыва́ть, забы́ть) 3. Никогда́ не ... того́, что ты не мо́жешь вы́полнить. (обеща́ть, пообеща́ть) 4. Здесь я́ма, бу́дьте осторо́жны, не ... в неё. (па́дать, упа́сть) 5. Оде́ньтесь потепле́е, смотри́те, не ... . (просту́живаться, простуди́ться) 6. Не ... о́кна, а то бу́дет хо́лодно. (открыва́ть, откры́ть)

Wiederholungsübungen

Übung 227. Lesen Sie den folgenden Text. Begründen Sie den Gebrauch der Aspekte. Geben Sie den Inhalt des Textes wieder.

ВОРОБЕ́Й

Я возвраща́лся с охо́ты и шёл по алле́е са́да. Соба́ка бежа́ла впереди́ меня́. Вдруг она́ уме́ньшила свои́ шаги́ и начала́ кра́сться, как бы зачу́яв пе́ред собо́й дичь. Я гля́нул вдоль алле́и — и увида́л молодо́го воробья́ с желтизно́й о́коло клю́ва и пу́хом на голове́. Он упа́л из гнезда́ (ве́тер си́льно кача́л берёзы алле́и) и сиде́л неподви́жно, беспо́мощно растопы́рив едва́ прораста́вшие кры́лышки.

Моя́ соба́ка ме́дленно приближа́лась к нему́, как вдруг, сорва́вшись с бли́зкого де́рева, ста́рый черногру́дый воробе́й ка́мнем упа́л пе́ред са́мой её мо́рдой — и весь взъеро́шенный, искажённый, с отча́янным и жа́лким пи́ском пры́гнул ра́за два в направле́нии зуба́стой, раскры́той па́сти.

Он ри́нулся спаса́ть, он заслони́л собо́ю своё де́тище... но всё его́ ма́ленькое те́ло трепета́ло от у́жаса, голосо́к одича́л и охри́п, он замира́л, он же́ртвовал собо́ю!

Каки́м грома́дным чудо́вищем должна́ была́ ему́ каза́ться соба́ка! И всё-таки он не мог усиде́ть на свое́й высо́кой безопа́сной ве́тке... Си́ла, сильне́е его́ во́ли, сбро́сила его́ отту́да.

Мой Трезо́р останови́лся, попя́тился... Ви́дно, и он призна́л э́ту си́лу. Я поспеши́л отозва́ть смущённого пса́ — и удали́лся, благогове́я.

Да, не сме́йтесь. Я благогове́л пе́ред той ма́ленькой, герои́ческой пти́цей, пе́ред любо́вным её поры́вом. Любо́вь, ду́мал я, сильне́е сме́рти и стра́ха сме́рти. То́лько е́ю, то́лько любо́вью де́ржится и дви́жется жизнь. (*Тург.*)

Übung 228. Lesen Sie den folgenden Text. Begründen Sie den Gebrauch der Aspekte und bestimmen Sie die Zeitformen der Verben.

Был оди́н из после́дних дней о́сени, мо́жет быть, после́дний день.

Вчера́ и позавчера́ ещё пока́зывалось со́лнце. Зелёная о́зимь ещё тяну́лась к со́лнцу. В го́лых ро́щах щебета́ли пти́цы. Хру́пкий ледо́к у берего́в ре́чек к полу́дню бессле́дно раста́ивал. Ещё носи́лась в во́здухе паути́на, кружи́лись над бурья́нами каки́е-то мо́шки.

А сего́дня с утра́ поду́л ре́зкий се́верный ве́тер. Всё за́мерло на поля́х и в ро́щах: ни пти́чьего го́лоса, ни пасту́шьего о́крика. Тяжёлые ту́чи ни́зко плыву́т над землёю. Вот-вот пова́лит снег, закру́жит его́ мете́лью по поля́м, уда́рят моро́зы... (*Овеч.*)

Übung 229. Lesen Sie den Auszug aus der Erzählung eines Arbeiters über die illegale Arbeit in der vorrevolutionären Zeit. Begründen Sie, warum im Text alle Verben im unvollendeten Aspekt stehen.

Когда́ наступа́ла темнота́ и на у́лицах зажига́лись огни́, в переу́лок, где я жил, пробира́лись мои́ това́рищи. Они́ наро́чно не сра́зу подходи́ли к моему́ жили́щу, а кружи́ли, переходи́ли с одно́й стороны́ переу́лка на другу́ю, и то́лько когда́ убежда́лись, что никто́ не следи́т за ни́ми, стуча́лись ко мне. У меня́ собира́лся та́йный рабо́чий кружо́к. Я уводи́л свои́х госте́й в полутёмную ко́мнату, окно́ кото́рой выходи́ло в тупи́к, и ста́вил на сто́лик ма́ленькую ла́мпочку под зелёным колпачко́м. За сто́ликом уса́живался наш руководи́тель, и мы начина́ли бесе́ду.

Übung 230. Ersetzen Sie im Text der Übung 229, sofern nötig, die unvollendeten Verben durch vollendete, damit ein Bericht über einen Vorfall entsteht.

Übung 231. Lesen Sie die folgenden Sätze. Schreiben Sie alle Verben im Infinitiv heraus und fügen Sie, soweit möglich, ihre Aspektpartner hinzu.

Я сказа́л ма́льчикам, что заблуди́лся, и подсе́л к ним. Они́ спроси́ли меня́, отку́да я, помолча́ли, посторони́лись. Мы немно́го поговори́ли. Я прилёг под обгло́данный ку́стик и стал гляде́ть круго́м. (*Тург.*)

Übung 232. Schreiben Sie den folgenden Text ab. Wählen Sie aus dem in Klammern stehenden Aspektpaar das passende Verb.

СЛУ́ЧАЙ В ЗООПА́РКЕ

Вот что ... (*случа́лось, случи́лось*) в оди́н из осе́нних вечеро́в 1941 го́да в Моско́вском зоопа́рке.

Крыла́тые и четвероно́гие жи́тели зоопа́рка уже́ спа́ли. Вдруг ... (*раздава́лся, разда́лся*) пронзи́тельный вой сире́ны. (*Гуде́ли, загуде́ли*) ... та́кже гудки́ парово́зов, фа́брик, заво́дов. На весь зоопа́рк ... (*звуча́ли, прозвуча́ли*) слова́ из громкоговори́теля:

— Гра́ждане, возду́шная трево́га!

И сра́зу всё (*волнова́лось, заволнова́лось*): ... (*крича́ли, закрича́ли*) пти́цы, ... (*мета́лись, замета́лись*) зве́ри.

По доро́жкам па́рка торопли́во зашага́ли лю́ди. Они́ ... (*всма́тривались, всмотре́лись*) в тёмное не́бо. Вот где́-то загуде́ло, завы́ло, и земля́ ... (*дрожа́ла, дро́гнула*) от взры́ва.

Эта ночь была особенно тревожной.

То в одном, то в другом конце зоопарка ... (падали, упали) зажигательные бомбы. Люди не ... (успевали, успели) погасить одну бомбу, как ... (падала, упала) и ... (загоралась, загорелась) другая.

Одна из зажигательных бомб ... (падала, упала) к слонам. Она лежала на земле и шипела. С рёвом шарахнулись от неё перепуганные слоны, но ... (случилось, случалось) то, чего никто не ожидал. Один слон ... (отбегал, отбежал) в сторону, ... (брал, взял) хоботом песок и ... (бросал, бросил) его в огонь. Потом — ещё и ещё. Огонь стал ... (уменьшаться, уменьшиться). Тогда все слоны, как по команде, ... (начинали, начали) водой и песком ... (гасить, погасить) пламя.

Так слоны ... (помогали, помогли) ... (гасить, погасить) бомбу.

Zum Gebrauch der Zeitformen des Verbs

Im Russischen kann eine grammatische Zeitform manchmal in der Bedeutung einer anderen gebraucht werden. Das Präsens kann z. B. künftiges und vergangenes Geschehen bezeichnen; das einfache Futur kann gegenwärtiges und vergangenes Geschehen bezeichnen, das Präteritum der vollendeten Verben steht mitunter (allerdings selten) für die Zukunft.

Das Präsens

Das Präsens kann statt des Präteritums oder des Futurs verwendet werden.

Das Präsens steht mitunter:

1. wenn der Sprecher vergangene Ereignisse lebhaft, anschaulich darstellen will, so als ob sie gegenwärtig, daß heißt zum Zeitpunkt der Rede abliefen:

Возвращаюсь я вчера вечером с работы, **иду** по нашему переулку, вдруг **слышу** за своей спиной знакомый голос...	(Denk dir nur), da komme ich gestern abend von der Arbeit, gehe unsere Gasse entlang und höre plötzlich hinter meinem Rücken eine bekannte Stimme...

In diesem Beispiel wird das vergangene Geschehen durch die Adverbien der Zeit **вчера вечером** *gestern abend* verdeutlicht.

Der Gebrauch des Präsens an Stelle des Präteritums ist in der gesprochenen Sprache wie in literarischen und in wissenschaftlichen Texten sehr verbreitet.

2. wenn der Sprecher seine Überzeugung von der Verwirklichung eines künftigen Geschehen ausdrücken will:

Я **уезжаю** через неделю.	Ich fahre in einer Woche (fort).
Завтра я весь день **занимаюсь**, а вечером **иду** в гости.	Morgen lerne ich den ganzen Tag, und am Abend gehe ich zu Besuch.

In den angeführten Beispielen weisen die Adverbialbestimmungen der Zeit **че́рез неде́лю, за́втра, ве́чером** auf die Zukunft hin.

Das Präsens ist im Russischen ziemlich selten gegen das Futur austauschbar, und nicht alle Verben lassen diesen Austausch zu. Am häufigsten werden so Verben der Bewegung (**иду́, лечу́, переезжа́ю**) gebraucht, jedoch kann das Präsens der unbestimmten nichtpräfigierten Verben der Bewegung (**хожу́, лета́ю**) das Futur nicht vertreten.

Übung 233. Lesen Sie die folgenden Sätze. Suchen Sie diejenigen Sätze heraus, in denen a) das Präsens das Präteritum, b) das Präsens das Futur vertritt.

1. Пе́рвый день я провёл ску́чно; на друго́й день у́тром въезжа́ет во двор пово́зка... А! Макси́м Макси́мыч!.. Мы встре́тились как ста́рые прия́тели. (*Л.*) 2. Он послеза́втра переезжа́ет в на́шу дереве́ньку и бу́дет жить со мной на одно́й кварти́ре. (*Тург.*) 3. Я реши́ла бесповоро́тно. Жре́бий бро́шен, я поступа́ю на сце́ну. За́втра меня́ уже́ не бу́дет здесь. Я ухожу́ от отца́, покида́ю всё, начина́ю но́вую жизнь... Я уезжа́ю, как и вы, в Москву́. (*Чех.*)

Übung 234. Schreiben Sie eine kurze Erzählung über ein Ereignis in der Vergangenheit, in der Sie Verben in der Präsensform gebrauchen.

DAS FUTUR

Das zusammengesetzte Futur kann nie andere Zeitform vertreten.

Mit Hilfe des einfachen Futurs können bisweilen gegenwärtige oder vergangene Ereignisse bezeichnet werden.

1. Die Verwendung des einfachen Futurs an Stelle des Präsens ist in folgenden Fällen möglich:

a) zur Bezeichnung sich wiederholender und aufeinander folgender Handlungen:

Сего́дня мне всё вре́мя меша́ют: то кто́-нибудь **войдёт**, то **зазвони́т** телефо́н.	Heute werde ich dauernd gestört: bald kommt jemand herein, bald klingelt das Telefon.

b) zur Bezeichnung gewohnheitsmäßig ablaufender Handlungen:

Утро я обы́чно провожу́ так: **вста́ну** ра́но, часо́в в 7, и сра́зу иду́ на ре́чку, **вы́купаюсь** и возвраща́юсь домо́й. Около восьми́ **поза́втракаю**, пото́м **возьму́** кни́гу и ухожу́ в лес.	Meinen Morgen verbringe ich gewöhnlich so: ich stehe früh auf, etwa um 7 Uhr, laufe sofort zum Fluß, bade und kehre nach Hause zurück. Gegen 8 Uhr frühstücke ich, dann nehme ich ein Buch und gehe in den Wald.

2. Der Gebrauch des einfachen Futurs statt des Präteritums ist in folgenden Fällen möglich:

a) zur Bezeichnung vergangener Handlungen, die sich wiederholten oder aufeinander folgten:

Ночь была́ ти́хая, сла́вная, са́мая удо́бная для езды́. Ве́тер то **прошелести́т** в куста́х, за-	Die Nacht war still und angenehm, zum Reiten am besten geeignet. Bald rauschte der

кача́ет ве́тки, то совсе́м за-**мрёт**. (*Тург.*)	Wind in den Sträuchern und wiegte die Zweige, und dann wurde es wieder ganz still.

b) zur Bezeichnung vergangener Handlungen, die gewohnheitsmä-βig abliefen:

Бы́ло у него́ (Бе́ликова) стра́н-ное обыкнове́ние ходи́ть по на́шим кварти́рам. **Придёт** к учи́телю, **ся́дет** и молчи́т... **посиди́т** э́так мо́лча час-друго́й и **уйдёт**. (*Чех.*)	Er (Belikov) hatte eine sonderba-re Gewohnheit, uns aufzusu-chen. So kommt er zu einem Lehrer, setzt sich hin und schweigt... bleibt so ein bis zwei Stunden lang schweigend sitzen und geht dann fort.

c) zur Bezeichnung einer momentanen und unerwarteten Hand-lung (gewöhnlich in Verbindung mit der Partikel **как**):

Гера́сим гляде́л, гляде́л да как **засмеётся** вдруг. (*Тург.*)	Gerasim schaute und schaute, und plötzlich brach er in La-chen aus.
Он как **пры́гнет**, а бры́зги во все сто́роны как **полетя́т**. (*В. Кат.*)	Und da sprang er plötzlich, und die Spritzer flogen nach allen Seiten.

d) wenn darauf hingewiesen wird, daβ in der Vergangenheit keiner-lei Handlung stattgefunden hat:

Всё бы́ло ти́хо, волна́ не **поды́-мется**, листо́к **не шелохнётся**. (*Акс.*)	Es war alles still, keine Welle regte sich, kein Blättchen bewegte sich.

Übung 235. Lesen Sie die folgenden Sätze. Begründen Sie den Gebrauch des einfa-chen Futurs. Geben Sie an, in welchen Sätzen das einfache Futur andere Zeitformen ver-tritt.

1. Сейча́с пройдёт дождь, всё в приро́де оживи́тся и легко́ вздохнёт. (*Чех.*) 2. Круго́м не слы́шалось почти́ никако́го шу́ма... лишь и́зредка в бли́зкой реке́ с внеза́пной зву́чностью плеснёт больша́я ры́ба, и прибре́жный тростни́к сла́бо зашуми́т, едва́ по-коле́бленный набежа́вшей волно́й. (*Тург.*) 3. Путь с ка́ждым ча́-сом станови́лся всё ху́же и ху́же. Изредка са́ни нае́дут на молоду́ю ёлку, тёмный предме́т оцара́пает ру́ки, мелькнёт пе́ред глаза́ми, и по́ле зре́ния опя́ть стано́вится бе́лым, кружа́щимся. (*Чех.*) 4. Со́лнце стои́т неподви́жно над голово́й и жжёт траву́. Во́здух переста́л струи́ться. Ни де́рево, ни вода́ не шелохну́тся, над дере́в-ней и по́лем лежи́т невозмути́мая тишина́. (*Гонч.*)

5. Уж та́ет снег, бегу́т ручьи́.
В окно́ пове́яло весно́ю...
Засви́щут ско́ро соловьи́,
И лес оде́нется листво́ю... (*Плещ.*)

6. Бу́ря мгло́ю не́бо кро́ет,
Ви́хри сне́жные крутя́.
То, как зверь, она́ заво́ет,

То запла́чет, как дитя́,
То по кро́вле обветша́лой
Вдруг соло́мой зашуми́т,
То, как пу́тник запозда́лый,
К нам в око́шко застучи́т. (*П.*)

Übung 236. Lesen Sie die folgenden Sätze. Bestimmen Sie die Zeitformen der Verben. Begründen Sie den Gebrauch des Präsens und des einfachen Futurs.

1. У меня́ всё уже́ гото́во. Я по́сле обе́да отправля́ю свои́ ве́щи. (*Чех.*) 2. Вско́ре позвони́л Дани́ла Ива́нович и сообщи́л, что го́сти выезжа́ют мину́т че́рез пятна́дцать. (*Ант.*) 3. Часово́й сиди́т у стены́ и сторожи́т дверь; то́лько и́зредка подойдёт он к углу́, посмо́трит и опя́ть отойдёт. (*Гайд.*)
4. Роня́ет лес багря́ный свой убо́р,
Сребри́т моро́з увя́нувшее по́ле,
Прогля́нет день, как бу́дто понево́ле.
И скро́ется за край окру́жных гор. (*П.*)
5. Татья́на то вздохнёт, то о́хнет;
Письмо́ дрожи́т в её руке́. (*П.*)

Das Präteritum

Das Präteritum vollendeter Verben kann für das Futur stehen:

Же́ня стоя́ла пе́ред Ольгой, а та ей говори́ла: «Я **пое́хала** с веща́ми, а ты прибери́шь кварти́ру... Пото́м запри́ дверь». (*Гайд.*)	Ženja stand vor Olga, und diese sagte ihr: „Ich fahre mit den Sachen fort, und du machst (inzwischen) die Wohnung sauber... Dann schließe die Tür."

In dieser Bedeutung läßt sich das Präteritum nur von wenigen Verben gebrauchen. In der Umgangssprache treten in dieser Bedeutung oft die Verben **пошёл, пое́хал** auf:

Ну, я **пошёл.**	Nun, ich gehe (jetzt).
Я **пое́хал**, верну́сь че́рез час.	Ich fahre und bin in einer Stunde wieder zurück.

Verschiedene Zeitformen der Verben in Verbindung mit den Wörtern быва́ло und бы́ло

Das Präteritum unvollendeter Verben, das Präsens und das einfache Futur wird in Verbindung mit dem Wort **быва́ло** (*manchmal*) zur Bezeichnung eines la'nge vergangenen und gewöhnlich wiederholten Geschehens gebraucht.

По пра́здникам он, **быва́ло, приходи́л** к нам. **Сиди́т** он, **быва́ло**, у нас и **расска́зывает** что́-нибудь интере́сное.	An Festtagen kam er gewöhnlich zu uns. Er pflegte bei uns zu sitzen und etwas Interessantes zu erzählen.

Придёт он, **быва́ло**, к нам, **ся́дет** и **начнёт** расска́зывать что́-нибудь.	Gewöhnlich kommt er zu uns, setzt sich hin und fängt an, etwas zu erzählen.

Vom Wort **быва́ло** ist das Wort **бы́ло** zu unterscheiden, das in Verbindung mit Präteritalformen eines Verbs eine Handlung bezeichnet, die nicht stattgefunden hat oder unterbrochen worden ist.

Он споткну́лся и **упа́л бы́ло**, но удержа́лся за ве́тку (чуть не упа́л).	Er stolperte und wäre beinahe gefallen, konnte sich jedoch an einem Zweig festhalten.
Мы **пошли́ бы́ло** в кино́, но не доста́ли биле́тов и верну́лись.	Wir wollten ins Kino gehen, bekamen aber keine Karten und kehrten zurück.

Übung 237. Lesen Sie die folgenden Sätze. Sagen Sie, welche Bedeutung die Wörter *быва́ло* und *бы́ло* den Sätzen verleihen.

1. Учи́лся он жа́дно, дово́льно успе́шно и о́чень хорошо́ удивля́лся; быва́ло, во вре́мя уро́ка вдруг вста́нет, возьмёт с по́лки кни́гу, высоко́ подня́в бро́ви, с нату́гой прочита́ет две-три строки́ и, покрасне́в, смо́трит на меня́, изумлённо говоря́: «Чита́ю, ведь...». (*М. Г.*) 2. Ско́лько люде́й поверя́ли ей [Татья́не Бори́совне] свои́ дома́шние, задуше́вные та́йны, пла́кали у неё на рука́х. Быва́ло, ся́дет она́ про́тив го́стя, обопрётся тихо́нько на ло́коть, с таки́м уча́стием смо́трит ему́ в глаза́, так дружелю́бно улыба́ется, что го́стю нево́льно придёт мысль: «Кака́я же ты сла́вная же́нщина, Татья́на Бори́совна! Да́й-ка я тебе́ расскажу́, что у меня́ на се́рдце...». (*Тург.*) 3. Я отверну́лся и прошёл бы́ло ми́мо, но она́ мне кри́кнула вслед, что у неё есть что́-то для меня́. Эти слова́ меня́ останови́ли, и я вошёл в её дом. (*Тург.*) 4. Он взял уже́ бы́ло и шля́пу в ру́ки, но ка́к-то так стра́нно случи́лось, что он оста́лся ещё не́сколько вре́мени. (*Г.*)

Übung 238. Lesen Sie den folgenden Auszug. Begründen Sie den Gebrauch des Präsens und des einfachen Futurs.

Быва́ло, как до́сыта набе́гаешься внизу́ по земле́, на цы́почках прокрадёшься наве́рх, в кла́ссную, смо́тришь — Карл Ива́нович сиди́т себе́ оди́н на своём кре́сле и с споко́йно-велича́вым выраже́нием чита́ет каку́ю-нибудь из свои́х люби́мых книг. Иногда́ я застава́л его́ в таки́е мину́ты, когда́ он не чита́л: очки́ спуска́лись ни́же на большо́м орли́ном носу́, голубы́е, полузакры́тые глаза́ смотре́ли с каки́м-то осо́бенным выраже́нием, а гу́бы гру́стно улыба́лись. В ко́мнате ти́хо, слы́шно то́лько его́ равноме́рное дыха́ние и бой часо́в.

Быва́ло, он меня́ не замеча́ет, а я стою́ у две́ри и ду́маю: «Бе́дный, бе́дный стари́к! Нас мно́го, мы игра́ем, нам ве́село, а он — оди́н-одинёшенек, и никто́-то его́ не прилас́кает. Пра́вду он говори́т, что он сирота́». И так жа́лко ста́нет, что, быва́ло, подойдёшь к нему́, возьмёшь за́ руку и ска́жешь: «Lieber Карл Ива́нович!» Он люби́л, когда́ я ему́ говори́л так; всегда́ прилас́кает, и ви́дно, что растро́ган. (*Л. Т.*)

Übung 239. Lesen Sie den folgenden Auszug. Bestimmen Sie die Zeit- und Aspektformen der Verben. Begründen Sie den Gebrauch der Verben im Präsens und im Futur.

Я всё искáл уединённых мест. Осóбенно полюбил я развáлины оранжерéи. Взберýсь, бывáло, на высóкую стéну, сяду и сижý там таким несчáстным, одинóким и грýстным юношей, что мне самомý станóвится себя жáлко.

Вот, однáжды, сижý я на стенé, гляжý вдаль и слýшаю колокóльный звон... Вдруг чтó-то пробежáло по мне — ветерóк не ветерóк и не дрожь, а слóвно дуновéние, слóвно ощущéние чьéй-то блúзости... Я опустúл глазá. Внизý, по дорóге, в лёгком сéреньком плáтье, с рóзовым зóнтиком на плечé, поспéшно шла Зинаúда. Онá увúдела меня, остановúлась и поднялá на меня свой бáрхатные глазá. (*Тург.*)

Das Partizip

Das Partizip ist eine besondere Form des Verbs.

Я чáсто получáю пúсьма от друзéй, **живýщих** в Москвé.	Ich bekomme oft Briefe von Freunden, die in Moskau wohnen.
Среди пóля стоял комбáйн, **закóнчивший** рабóту.	Mitten im Feld stand ein Mähdrescher, der seine Arbeit beendet hatte.
На стройтельстве канáла применялись нóвые машúны, **выпускáемые** нáшей промышленностью.	Beim Kanalbau wurden neue Maschinen verwendet, die von unserer Industrie hergestellt werden.
Нóвые научные мéтоды, **разрабóтанные** учёными, проверялись на прáктике.	Die von den Gelehrten erarbeiten neuen wissenschaftlichen Methoden wurden in der Praxis überprüft.

Die in den angeführten Beispielen hervorgehobenen Wörter sind Partizipien.

Das Partizip ist eine Form des Verbs, die über Merkmale sowohl des Verbs als auch des Adjektivs verfügt.

Partizipien finden in der Umgangssprache nur selten Verwendung, sie werden überwiegend in der Schriftsprache gebraucht.

Merkmale des Verbs beim Partizip

1. Wie beim Verb unterscheidet man auch beim Partizip Transitivität und Intransitivität. Die Partizipien **читáющий, выполняющий, любящий**, die von den transitiven Verben **читáть** *lesen*, **выполнять** *erfüllen*, **любить** *lieben* gebildet sind, sind ebenfalls transitiv:

читáть (*что?*) кнúгу — мáльчик, **читáющий** (*что?*) кнúгу; выполнять (*что?*) план — завóд, **выполняющий** (*что?*) план; любить (*когó?*) отцá — мáльчик, **любящий** (*когó?*) отцá.

Sowohl die Verben **читáть, выполнять, любить** als auch die von ihnen abgeleiteten Partizipien **читáющий, выполня́ющий, лю́бящий** verlangen den Akkusativ ohne Präposition.

Die Verben **идти́** *gehen*, **сиде́ть** *sitzen*, **отдохну́ть** *sich erholen, ausruhen* sind intransitiv, und die von ihnen abgeleiteten Partizipien **иду́щий, сидя́щий, отдохну́вший** sind ebenfalls intransitiv.

2. Ein Partizip kann wie das entsprechende Verb die Partikel **-ся** enthalten.

купáться	baden	— **купáющийся**	der badende
встречáться	vorkommen	— **встречáющийся**	der vorkommende
занимáться	lernen	— **занимáющийся**	der lernende

Partizipien mit der Partikel **-ся** sind — ebenso wie die Verben auf **-ся** — intransitiv.

3. Ein Partizip fordert denselben F a l l wie das entsprechende Verb. So fordert z. B. das russische Verb **занимáться** den Instrumental (**занимáться рýсским языкóм** *Russisch lernen*), und auch das Partizip **занимáющийся** fordert diesen Fall (**студе́нт, занимáющийся рýсским языкóм** *der Russisch lernende Student*; ebenso: *руководи́ть* кружко́м *den Zirkel leiten* — **руководя́щий** кружко́м *einer, der den Zirkel leitet*, *тре́бовать* выполне́ния *die Erfüllung fordern* — **тре́бующий** выполне́ния *einer, der die Erfüllung fordert*, *достигнуть* це́ли *das Ziel erreichen* — **дости́гший** це́ли *einer, der das Ziel erreicht hat*.

Ein Partizip fordert dieselbe Präposition wie das entsprechende Verb: *надеяться* **на** успе́х *auf einen Erfolg hoffen* — **надеющийся на** успе́х *einer, der auf Erfolg hofft*, *ве́рить* **в** побе́ду *an den Sieg glauben* — **ве́рящий в** побе́ду *einer, der an den Sieg glaubt*.

4. Ein Partizip stimmt mit dem entsprechenden Verb im A s p e k t überein: die Verben **читáть, люби́ть** und die Partizipien **читáющий, лю́бящий** sind unvollendet; die Verben **прочитáть, полюби́ть** und die entsprechenden Partizipien **прочитáвший, полюби́вший** sind vollendet.

5. Man unterscheidet Partizipien des Präsens oder des Präteritums: **читáющий** Partizip des Präsens (**мáльчик, читáющий** кни́гу *der Junge, der ein Buch liest*) — **читáвший** Partizip des Präteritums (**мáльчик, читáвший** кни́гу *der Junge, der ein Buch las*).

Zum Unterschied von den Verben haben Partizipien keine F u t u r f o r m e n.

Adjektivische Eigenschaften des Partizips

1. Ein Partizip antwortet wie ein Adjektiv auf die Fragen *какóй? welcher? какáя? welche? какóе? welches? каки́е? welche?* und bezeichnet das M e r k m a l eines Gegenstandes.

На дворе́ шумя́т **игрáющие** в мяч де́ти.	Die Kinder, die auf dem Hof Ball spielen, machen viel Lärm.
Мой товáрищ, **живýщий** в Москве́, чáсто пи́шет мне.	Mein Freund, der in Moskau wohnt, schreibt mir oft.

Das Partizip bezeichnet ein Merkmal eines Gegenstandes oder einer

Person, das auf eine Handlung oder auf einen Zustand hinweist: **игра́ющие** де́ти *Kinder, die spielen*; това́рищ, **живу́щий** в Москве́ *ein Freund, der in Moskau wohnt.*

Das Paritzip tritt im Satz wie auch das Adjektiv vorwiegend als Attribut auf.

2. Ein Partizip ist wie ein Adjektiv nach Geschlecht, Zahl und Fall veränderlich und stimmt mit dem Substantiv, auf das es sich bezieht, in Geschlecht, Zahl und Fall überein:

Я получи́л письмо́ от *това́ри-ща*, **живу́щего** в Москве́.	Ich habe einen Brief von meinem Freund bekommen, der in Moskau wohnt.

Das Partizip **живу́щего** ist ebenso wie das Substantiv **това́рища**, auf das es sich bezieht, männlichen Geschlechts und steht wie das Substantiv **това́рища** im Genitiv Singular.

Übung 240. Schreiben Sie die folgenden Sätze ab. Unterstreichen Sie die Partizipien und ihre Bezugswörter. Bestimmen Sie Aspekt, Zeit, Geschlecht, Zahl und Fall der Partizipien.

1. За обе́дом верну́вшийся Пе́тя расска́зывал свои́ но́вости. (*Л. Т.*) 2. Переу́лок был весь в сада́х, и у забо́ров росли́ ли́пы, бро́сившие тепе́рь при луне́ широ́кую тень. (*Чех.*) 3. Поднима́лся ветеро́к, и ста́ло се́ро, мра́чно. Наступи́ла па́смурная мину́та, предше́ствующая обыкнове́нно рассве́ту, по́лной побе́де све́та над тьмой. (*Л. Т.*) 4. Испу́ганные вы́стрелом пти́цы с кри́ком подня́ли́сь в во́здух. 5. Здесь я́рко горе́ли высо́кие, кача́емые ве́тром электри́ческие фонари́. (*А. Т.*)

Die Partizipialkonstruktion

Auf ein Partizip können sich von ihm abhängige Objekte oder Adverbialbestimmungen beziehen:

На дворе́ шумя́т **игра́ющие в мяч** де́ти.	Auf dem Hof lärmen Kinder, die Ball spielen.
Живу́щие в Москве́ друзья́ ча́сто пи́шут мне.	Meine Freunde, die in Moskau wohnen, schreiben mir oft.

Das Partizip **игра́ющие** hat das Objekt **в мяч** (*во что?*), das Partizip **живу́щие** die Adverbialbestimmung des Ortes **в Москве́** (*где?*) bei sich.

Ein Partizip mit den von ihm abhängigen Wörtern (Objekten oder Adverbialbestimmungen) bezeichnet man als Partizipialkonstruktion. In den angeführten Beispielen sind die Wortverbindungen **игра́ющие в мяч, живу́щие в Москве́** Partizipialkonstruktionen.

Eine Partizipialkonstruktion kann vor ihrem Bezugswort oder nach ihm stehen.

Steht die Partizipialkonstruktion nach ihrem Bezugswort, so wird sie in Kommas eingeschlossen:

Друзья́, **живу́щие в Москве́**, ча́сто пи́шут мне.	Meine Freunde, die in Moskau wohnen, schreiben mir oft.

На дворе́ шумя́т де́ти, **игра́ющие в мяч.**	Auf dem Hof lärmen Kinder, die Ball spielen.

Hat das Partizip keine von ihm abhängigen Wörter, so steht es in der Regel vor seinem Bezugswort.

Мать положи́ла **усну́вшего ребёнка** в крова́тку.	Die Mutter legte das Kind, das eingeschlafen war, ins Bett.

Übung 241. Schreiben Sie die folgenden Sätze ab. Unterstreichen Sie die Partizipialkonstruktionen und nennen Sie die Substantive, auf die sie sich beziehen.

1. Утро бы́ло прекра́сное, со́лнце освеща́ло верши́ны лип, пожелте́вших уже́ под све́жим дыха́нием о́сени. (*П.*) 2. Вот на пешехо́дной тропи́нке, вью́щейся о́коло доро́ги, видне́ются каки́е-то ме́дленно дви́жущиеся фигу́ры. (*Л. Т.*) 3. Да́льний бе́рег, освежённый и омы́тый грозо́й, рисова́лся в прозра́чном во́здухе. Всю́ду смея́лась жизнь, просну́вшаяся по́сле бу́рной но́чи. (*Кор.*)

Übung 242. Lesen Sie den folgenden Text. Suchen Sie im Text die Partizipialkonstruktionen heraus.

Ру́ки, уме́ющие не́жно ласка́ть ребёнка, ру́ки, кото́рые ру́бят у́голь, во́дят поезда́, стро́ят дома́ и заво́ды, па́шут зе́млю и бе́режно уха́живают за свои́ми станка́ми, голосу́ют за мир!

Не́жные ру́ки люде́й, на ко́нчиках па́льцев кото́рых трепе́щет му́зыка, и ми́лые ру́ки, врачу́ющие челове́ческую боль, голосу́ют за мир!

Умные ру́ки, уме́ющие создава́ть велича́йшие це́нности челове́ческого труда́, голосу́ют про́тив войны́, за до́брое бу́дущее тех, кто че́стно зараба́тывает свой хлеб! (*Шол.*)

Übung 243. Bilden Sie Partizipialkonstruktionen.

A. Muster: Мы ви́дим *летя́щий* самолёт.
Мы ви́дим самолёт, *летя́щий на юг.*

1. Мы ви́дим игра́ющих дете́й. 2. Мать любу́ется спя́щим ребёнком. 3. Худо́жник рису́ет сидя́щую де́вушку. 4. Все смо́трят на бегу́щего спортсме́на. 5. В чита́льном за́ле мно́го занима́ющихся студе́нтов. 6. В па́рке мно́го отдыха́ющих москвиче́й.

B. Muster: Мы говори́ли о *вы́полненной* рабо́те.
Мы говори́ли о рабо́те, *вы́полненной на́ми на про́шлой неде́ле.*

1. Я испра́вил заме́ченные оши́бки. 2. Мы до́лго спо́рили о прочи́танной кни́ге. 3. Студе́нты пересказа́ли прослу́шанный текст. 4. Студе́нт повтори́л забы́тый материа́л. 5. Они́ говори́ли о результа́тах зако́нченных эксперимéнтов. 6. Я дал това́рищу ку́пленные пласти́нки. 7. Она́ нашла́ поте́рянную кни́гу.

Partizipien des Aktivs und des Passivs

Im Russischen unterscheidet man Partizipien des Aktivs und des Passivs. Das Partizip des Aktivs bezieht sich auf ein Wort, das den Urheber der (durch das Partizip ausgedrückten) Handlung bezeichnet, z. B.

Това́рищ, **прочита́вший** но́вую кни́гу, рассказа́л нам её содержа́ние.	Der Kollege, der das neue Buch durchgelesen hatte, erzählte uns den Inhalt.

Das Partizip des Aktivs **прочита́вший** bezieht sich auf das Substantiv **това́рищ**, das die Person bezeichnet, die die Handlung ausführt.

Das Partizip des P a s s i v s bezieht sich auf ein Wort, das eine Person oder Sache bezeichnet, auf die die (durch das Partizip ausgedrückte) Handlung gerichtet ist, z. B.

Кни́га, **прочи́танная** това́рищем, заинтересова́ла слу́шателей.	Das von dem Kollegen durchgelesene Buch rief das Interesse der Zuhörer hervor.

Das Partizip des Passivs **прочи́танная** bezieht sich auf das Substantiv **кни́га**. **Кни́га** ist in diesem Satz der Gegenstand, auf den sich die Handlung einer Person (**това́рищем**) richtet.

Übung 244. Schreiben Sie die folgenden Sätze ab. Unterstreichen Sie die Partizipien des Aktivs mit einer Linie und die des Passivs mit zwei. Begründen Sie den Unterschied in dem Gebrauch der beiden Arten der Partizipien.

1. Вечера́, организу́емые в на́шем институ́те, обы́чно прохо́дят о́чень ве́село. Това́рищи, организу́ющие нового́дний ве́чер, проси́ли меня́ вы́ступить в конце́рте самоде́ятельности. 2. Мы бесе́довали с писа́телем, написа́вшим по́весть о студе́нтах. Всем о́чень понра́вилась по́весть, напи́санная э́тим писа́телем. 3. Снег, покры́вший за́ ночь у́лицы и кры́ши, сверка́л на со́лнце. Прия́тно ви́деть у́лицы и кры́ши, покры́тые сне́гом. 4. Архите́ктор, созда́вший прое́кт э́того зда́ния, получи́л пре́мию. В це́нтре го́рода возвыша́ется прекра́сное зда́ние, со́зданное по прое́кту изве́стного архите́ктора. 5. Экскурса́нты осмотре́ли фа́брику, изготовля́ющую шёлковые тка́ни. Тка́ни, изготовля́емые на э́той фа́брике, по́льзуются больши́м спро́сом у покупа́телей.

Die Bildung der Partizipien

Das Partizip des Präsens Aktiv

Die Partizipien des Präsens Aktiv werden vom Präsensstamm mit Hilfe folgender Suffixe gebildet:

a) **-ущ-, -ющ-** für Verben der I. Konjugation:
чита́ть *lesen* — **чита́-ют** — **чита́-ющ-ий**; **писа́ть** *schreiben* — **пи́ш-ут** — **пи́ш-ущ-ий**; **дава́ть** *geben* — **да-ю́т** — **да-ю́щ-ий**;

b) **-ащ-, -ящ-** für Verben der II. Konjugation:
молча́ть *schweigen* — **молч-а́т** — **молч-а́щ-ий**; **говори́ть** *sprechen* — **говор-я́т** — **говор-я́щ-ий**.

M e r k e n S i e s i c h: Das Partizip des Präsens Aktiv kann man von der 3. Person Plural des Präsens ableiten; das **т** der Endung wird ersetzt durch **-щий** (männlich), **-щая** (weiblich), **-щее** (sächlich), **-щие** (Plural), z. B.

пи́шут — пи́шущий, пи́шущая, пи́шущее, пи́шущие.

Übung 245. Schreiben Sie alle Partizipien in der Nominativform des männlichen Geschlechts heraus, schreiben Sie daneben die Verben, von denen die Partizipien abgeleitet sind, in der 3. Person Plural des Präsens. Geben Sie in Klammern den Infinitiv dieser Verben an.

M u s t e r : *поющий — поют (петь)*

1. И уно́сятся вдаль, к ле́су, зво́нкие молоды́е голоса́, *пою́щие* пе́сню. (*Н. О.*) 2. Всё не́бо усы́пано ве́село *мига́ющими* звёздами. (*Чех.*) 3. Внеза́пно разда́лся то́пот *ска́чущей* ло́шади. (*Тург.*) 4. И вот, наконе́ц, в бле́ске у́тренней зари́ от одного́ кра́я мо́ря до друго́го откры́лась страна́, *сия́ющая* разноцве́тными стена́ми гор. (*Пауст.*) 5. Наро́д — не то́лько си́ла, *создаю́щая* все материа́льные це́нности, он — еди́нственный и неиссяка́емый исто́чник це́нностей духо́вных... (*М. Г.*) 6. По́длинная красота́ языка́, *де́йствующая* как си́ла, создаётся то́чностью, я́сностью, зву́чностью слов, кото́рые оформля́ют карти́ны, хара́ктеры, иде́и книг. (*М. Г.*)

Übung 246. Bilden Sie von folgenden Verben Partizipien des Präsens Aktiv.

А. 1. рабо́тать, слу́шать, ду́мать, знать, возвраща́ться; 2. спра́шивать, расска́зывать, разгова́ривать; 3. бесе́довать, де́йствовать, испо́льзовать, ра́доваться; 4. га́снуть, со́хнуть, тону́ть, гну́ться; 5. говори́ть, по́мнить, е́здить, стро́ить, забо́титься.

В. 1. писа́ть, иска́ть, пла́кать, паха́ть, та́ять, смея́ться, надея́ться; 2. звать, ждать, брать; 3. дава́ть, создава́ть, признава́ть, встава́ть; 4. коло́ть, боро́ться; 5. пить, лить, шить, бить; 6. мыть, рыть, петь; 7. жить, плыть; 8. бере́чь, стере́чь, жечь, печь, влечь; 9. нести́, вести́, расти́, цвести́; 10. дыша́ть, слы́шать, держа́ть; 11. крича́ть, стуча́ть, молча́ть; 12. спать; 13. смотре́ть, ви́деть, зави́сеть, ненави́деть, терпе́ть, верте́ться; 14. идти́, бежа́ть, е́хать.

Übung 247. Bilden Sie von 10 beliebigen Verben aus der Übung 246 Partizipien des Präsens Aktiv und wenden Sie sie in Sätzen an.

Das Partizip des Präteritums Aktiv

Die Partizipien des Präteritums Aktiv werden vom Infinitivstamm mit Hilfe folgender Suffixe gebildet:

a) **-вш-**, wenn der Stamm auf einen Vokal ausgeht: **чита́ть — чита́-вш-ий; писа́ть — писа́-вш-ий;**

b) **-ш-**, wenn der Stamm auf einen Konsonanten ausgeht: **спасти́ — спа́с-ш-ий.**

Unterscheidet sich der Präteritalstamm vom Infinitivstamm, so werden die Partizipien des Präteritums Aktiv in der Regel vom Präteritalstamm gebildet:

поги́бну-ть	umkommen	**— поги́б**	**— поги́б-ш-ий;**
расти́	waschen	**— рос**	**— ро́с-ш-ий;**
бере́чь	schonen	**— берёг**	**— берёг-ш-ий;**
стере́ть	abwischen	**— стёр**	**— стёр-ш-ий;**

A u s n a h m e n : **све́ргнуть** *stürzen* **— сверг — све́ргнувший; исче́знуть** *verschwinden* **— исче́з — исче́знувший.**

Merken Sie sich: Partizipien des Präteritums Aktiv können auf folgende Weise gebildet werden: Das -л- der Präteritalform wird ersetzt durch -вший (männlich — чита́вший); -вшая (weiblich — чита́вшая); -вшее (sächlich — чита́вшее); -вшие (Plural — чита́вшие).

Weist das Verb im Präteritum kein Suffix -л- auf (нёс *trug*, мог *konnte*, лез *kletterte*), so wird -ший (нёсший), -шая (нёсшая), -шее (нёсшее) und -шие (нёсшие) angefügt.

Lautet der Präteritalstamm auf einen Vokal (вёл *führte*, расцвёл *erblühte*) und der Präsensstamm bzw. Stamm des einfachen Futurs auf д, т aus (веду́т, расцвету́т), so wird im Partizip des Präteritums Aktiv das Suffix -ш- an den Präsens- bzw. Futurstamm angefügt: вёл — веду́т — ве́дший; расцвёл — расцвету́т — расцве́тший.

Vom Verb идти́ lautet das Partizip des Präteritums ше́дший.

Übung 248. Schreiben Sie die Partizipien zusammen mit dem Infinitiv der Verben heraus, von denen sie abgeleitet sind.

1. Для ура́льского рабо́чего, сня́вшего офице́рскую фо́рму, ра́достно бы́ло возврати́ться на родно́й рудни́к к свое́й ми́рной профе́ссии. (*Пол.*) 2. Среди́ по́ля стоя́л зако́нчивший рабо́ту комба́йн. 3. По́здно. За о́кнами давно́ прошла́ молодёжь, возвраща́вшаяся из кино́ с после́днего сеа́нса. 4. Иногда́ мать поража́ло настрое́ние бу́рной ра́дости, вдруг и дру́жно овладева́вшее все́ми. (*М. Г.*) 5. С неспоко́йной душо́й е́хал Марты́нов по опусте́вшим, прити́хшим, ожида́вшим с ча́су на час зимы́ поля́м. (*Овеч.*)

Übung 249. Bilden Sie Partizipien des Präteritums Aktiv von den folgenden Verben:

A. выполня́ть, создава́ть, дать, ви́деть, мыть, ждать, встре́титься, боро́ться, интересова́ться, уси́ливаться, сверкну́ть, махну́ть, верну́ться

B. 1. лечь, мочь, бере́чь, пренебре́чь, увле́чься; 2. ползти́, нести́, расти́; 3. есть, сесть, пропа́сть, укра́сть; 4. вести́, цвести́, мести́, произвести́, изобрести́; 5. идти́; 6. стере́ть, умере́ть, запере́ться; 7. пога́снуть, поги́бнуть, дости́гнуть, промо́кнуть, засо́хнуть, исче́знуть, све́ргнуть

Übung 250. Bilden Sie von 10 beliebigen Verben aus der Übung 249 Partizipien des Präteritums Aktiv und verwenden Sie sie in Sätzen.

Das Partizip des Präsens Passiv

Partizipien des Passivs können nur von transitiven Verben gebildet werden.

Die Partizipien des Präsens Passiv werden vom Präsensstamm mit Hilfe folgender Suffixe gebildet.

a) -ем- für Verben der I. Konjugation: чита́ть *lesen* — чита́-ем — чита́-ем-ый, изуча́ть *erlernen* — изуча́-ем — изуча́-ем-ый;

b) -им- für Verben der II. Konjugation: люби́ть *lieben* —

лю́б-им — люб-и́м-ый;   производи́ть   *erzeugen* — произво́д-им — произво́д-и́м-ый.

M e r k e n   S i e   s i c h: Partizipien des Präsens Passiv kann man von der 1. Person Plural des Präsens durch Anfügen der Adjektivendungen ableiten:

чита́ем — чита́емый;   изуча́ем — изуча́емый;   лю́бим — люби́мый; произво́дим — производи́мый.

Von Verben mit dem Suffix **-ва-** nach den Wurzeln **да-, зна-, ста-** wird das Partizip des Präsens Passiv vom Infinitivstamm abgeleitet:

дава́ть *geben* — (даём) — дава́емый; признава́ть *anerkennen* — (признаём) — признава́емый.

Von den Verben **нести́** *tragen*, **вести́** *führen*, **иска́ть** *suchen* und **влечь** *ziehen* werden Partizipien des Präsens Passiv mit Hilfe des Suffixes **-ом-** gebildet (sie finden in der Gegenwartssprache nur selten Verwendung):

нести́ — несо́мый, вести́ — ведо́мый, иска́ть — иско́мый, влечь — влеко́мый.

Von vielen Verben läßt sich kein Partizip des Präsens Passiv bilden; die Verben **пить** *trinken*, **бить** *schlagen*, **мыть** *waschen*, **шить** *nähen*, **лить** *gießen*, **брать** *nehmen*, **ждать** *warten*, **писа́ть** *schreiben* haben beispielsweise dieses Partizip nicht.

Von einigen Verben (hauptsächlich der II. Konjugation) können zwar Partizipien des Präsens Passiv gebildet werden; sie sind jedoch in der russischen Gegenwartssprache nicht gebräuchlich (z. B. von den Verben **стро́ить** *bauen*, **проси́ть** *bitten*, **говори́ть** *sprechen*, **учи́ть** *lehren*, **плати́ть** *zahlen*, **корми́ть** *zu essen geben, füttern*).

Übung 251. Lesen Sie die folgenden Sätze. Schreiben Sie die Partizipien heraus. Bilden Sie die 1. Person Plural des Präsens und den Infinitiv der Verben, von denen die Partizipien abgeleitet sind, und schreiben Sie diese Formen auf.

1. Собы́тия, опи́сываемые в э́той кни́ге, происходи́ли лет три́дцать тому́ наза́д. 2. Ви́дно, что писа́тель хорошо́ зна́ет жизнь, изобража́емую им. 3. В э́том журна́ле есть статья́ по рассма́триваемому вопро́су. 4. Пробле́ма, иссле́дуемая а́втором, о́чень важна́. 5. Две статьи́, публику́емые в журна́ле, посвящены́ вопро́сам эсте́тики. 6. Я получа́ю журна́л «Но́вое вре́мя», издава́емый в Москве́.

Übung 252. Bilden Sie Partizipien des Präsens Passiv von folgenden Verben:

1. реша́ть, обсужда́ть, окружа́ть, наблюда́ть; 2. устра́ивать, испы́тывать, зака́нчивать; 3. создава́ть, признава́ть, издава́ть; 4. волнова́ть, критикова́ть, испо́льзовать, организова́ть; 5. люби́ть цени́ть, му́чить, переводи́ть, произноси́ть; 6. ви́деть, ненави́деть; 7. слы́шать; 8. гнать

Übung 253. Bilden Sie von 10 beliebigen Verben aus der Übung 252 Partizipien des Präsens Passiv und verwenden Sie sie in Sätzen.

Übung 254. Bilden Sie von den Verben in den nachstehenden Sätzen Partizipien des Präsens Aktiv und Passiv; schreiben Sie sie zusammen mit den Substantiven, auf die sie sich beziehen, auf.

M u s t e r: Заво́д *выполня́ет* план.
завод, выполня́ющий план
план, *выполня́емый заво́дом*

1. Рабо́чие посеща́ют клуб. 2. Газе́та публику́ет объявле́ния. 3. Перево́дчик перево́дит статью́. 4. Преподава́тель проверя́ет пи́сьменные рабо́ты. 5. Ученики́ лю́бят учи́теля. 6. Заво́д произво́дит станки́. 7. Студе́нт сдаёт экза́мен. 8. Челове́к познаёт мир. 9. Луна́ освеща́ет мо́ре. 10. Овра́г пересека́ет по́ле. 11. Ве́тер го́нит сухи́е ли́стья.

Das Partizip des Präteritums Passiv

Das Partizip des Präteritums Passiv wird vom Infinitivstamm mit Hilfe folgender Suffixe gebildet:

a) **-нн-** (in manchen Fällen **-т-**, siehe S. 350), wenn der Stamm auf einen Vokal (außer **и**) auslautet:

прочита́ть	durchlesen	— **прочита́л**	— **прочи́танный**
ви́деть	sehen	— **ви́дел**	— **ви́денный**
взять	nehmen	— **взял**	— **взя́тый**

b) **-ённ-**, **-енн-**, wenn der Stamm auf einen Konsonanten oder auf **-и-** auslautet (ausgenommen Verben, bei denen **-и-** zur Wurzel gehört, z. B. bei dem Verb **бить** *schlagen*):

принести́	bringen	— **принёс**	— **принесённый**
спасти́	retten	— **спас**	— **спасённый**
изучи́ть	erlernen	— **изучи́л**	— **изу́ченный**
встре́тить	treffen	— **встре́тил**	— **встре́ченный**

(Im letzten Beispiel tritt der Konsonantenwechsel **т — ч** ein). Von Verben mit dem Infinitivstamm auf einen Konsonanten (**привести́** *führen* — **привёл, изобрести́** *erfinden* — **изобрёл**), deren Präsens- bzw. Futurstamm auf **д** oder **т** ausgeht (**приведу́т, изобрету́т**), werden die Partizipien des Präteritums Passiv vom Präsens- bzw. Futurstamm gebildet: **привести́ — приве-ду́т — приведённый; изобрести́ — изобрету́т — изобретённый**.

In der Gegenwartssprache werden Partizipien des Präteritums Passiv mit dem Suffix **-н-** von unvollendeten Verben nicht gebraucht.

A u s n a h m e n : **ви́денный** *gesehen*, **слы́шанный** *gehört*, **чи́танный** *gelesen*.

Bei der Bildung der Partizipien des Präteritums Passiv von Verben auf **-ить** tritt folgender Konsonantenwechsel ein:

т — ч	**встре́тить**	treffen	— **встре́ченный**
	заме́тить	bemerken	— **заме́ченный**
т — щ	**возврати́ть**	zurückgeben	— **возвращённый**
	освети́ть	beleuchten	— **освещённый**
д — ж	**оби́деть**	kränken	— **оби́женный**
	разбуди́ть	wecken	— **разбу́женный**
д — жд	**освободи́ть**	befreien	— **освобождённый**
	предупреди́ть	warnen	— **предупреждённый**
з — ж	**сни́зить**	senken	— **сни́женный**
	изобрази́ть	darstellen	— **изображённый**

с — ш	повы́сить	erhöhen	— повы́шенный
	бро́сить	werfen	— бро́шенный
ст — щ	опусти́ть	herunterlassen	— опу́щенный
	вы́растить	großziehen	— вы́ращенный
б — бл	осла́бить	schwächen	— осла́бленный
	употреби́ть	gebrauchen	— употреблённый
п — пл	купи́ть	kaufen	— ку́пленный
	укрепи́ть	festigen	— укреплённый
в — вл	поста́вить	stellen	— поста́вленный
	испра́вить	verbessern	— испра́вленный
ф — фл	разграфи́ть	liniieren	— разграфлённый
м — мл	утоми́ть	ermüden	— утомлённый
	накорми́ть	zu essen geben nähren	— нако́рмленный

Partizipien des Präteritums Passiv mit dem Suffix -т-

Mit Hilfe des Suffixes -т- werden Partizipien des Präteritums Passiv von folgenden Verben gebildet:

a) von Verben mit dem Suffix -ну-:

све́ргнуть	stürzen	— све́ргнутый
поки́нуть	verlassen	— поки́нутый
заверну́ть	einwickeln	— завёрнутый

b) von Verben auf -оть:

приколо́ть	mit einer Nadel befestigen	— прико́лотый
распоро́ть	auftrennen	— распо́ротый
прополо́ть	(aus)jäten	— прополо́тый

c) von den Verben auf -ереть (Ableitung vom Präteritalstamm)

запере́ть	schließen	за́пер — за́пертый
вы́тереть	abwischen	вы́тер — вы́тертый

d) von den meisten (präfigierten und nichtpräfigierten) einsilbigen Verben:

бить	schlagen	— би́тый
мыть	waschen	— мы́тый
прожи́ть	durchleben	— про́житый
взять	(weg)nehmen	— взя́тый
снять	abnehmen	— сня́тый
заня́ть	leihen	— за́нятый
поня́ть	verstehen	— по́нятый

Von den Verben гнать *treiben*, знать *wissen*, брать *nehmen* werden keine Partizipien des Präteritums Passiv gebildet; beachte jedoch изгна́ть *verbannen* — и́згнанный, узна́ть *erkennen* — у́знанный, избра́ть *wählen* — и́збранный, дать *geben* — да́нный.

Übung 255. Schreiben Sie die Partizipien in der Nominativform des männlichen Geschlechts heraus. Schreiben Sie daneben den Infinitiv der Verben, von deren die Partizipien abgeleitet sind.

1. Всё бо́льше станови́лось книг на по́лке, краси́во сде́ланной Па́влу това́рищем-столяро́м. (*М. Г.*) 2. Как во́льно ды́шит грудь, как бо́дро дви́жутся чле́ны, как кре́пнет весь челове́к, охва́ченный све́жим дыха́нием весны́. (*Тург.*) 3. Дере́вья сла́бо шумя́т, обли́тые те́нью. (*Тург.*) 4. Внизу́ глубо́ко подо мно́й пото́к, уси́ленный грозо́й, шуме́л. (*Л.*) 5. Ти́хо бы́ло в э́тот ра́нний час в со́нном го́роде, засы́панном сне́гом. (*Горб.*)

Übung 256. Bilden Sie Partizipien des Präteritums Passiv von folgenden Verben:

1. указа́ть, сде́лать, проду́мать, вы́работать, показа́ть, вы́звать, сдать, призна́ть; 2. ви́деть, рассмотре́ть, преодоле́ть; 3. изучи́ть, измени́ть, купи́ть, заме́тить, испра́вить, победи́ть, награди́ть, прекрати́ть, останови́ть; 4. принести́, привезти́, спасти́, потрясти́; 5. изобрести́, произвести́, подмести́, перенести́, найти́; 6. увле́чь, испе́чь, пересе́чь, сбере́чь, подстри́чь, сжечь; 7. мыть, мять, сшить, вы́пить, спеть, закры́ть, поня́ть, забы́ть, нача́ть, оде́ть; 8. све́ргнуть, дости́гнуть, вы́двинуть, поки́нуть, застегну́ть, переверну́ть, упомяну́ть; 9. стере́ть, запере́ть; 10. изгна́ть, дать

Übung 257. Bilden Sie von 10 beliebigen Verben aus der Übung 256 Partizipien des Präteritums Passiv und verwenden Sie sie in Sätzen.

Übung 258. Bilden Sie von den Verben in den nachstehenden Sätzen Partizipien des Präteritums Aktiv und Passiv und schreiben Sie Partizipialkonstruktionen zusammen mit den Substantiven, auf die sie sich beziehen, auf.

M u s t e r : Чита́тель *возврати́л* кни́гу.
    чита́тель, *возврати́вший* кни́гу
    кни́га, *возвращённая чита́телем*

1. Докла́дчик внёс предложе́ние. 2. Собра́ние при́няло реше́ние. 3. Худо́жник нарисова́л портре́т. 4. Учи́тель прове́рил дикта́нт. 5. Учёный откры́л зако́н. 6. Гео́логи нашли́ желе́зную руду́. 7. Портно́й сшил костю́м. 8. Студе́нт сдал экза́мен. 9. Арти́ст спел а́рию. 10. Почтальо́н принёс письмо́.

BILDUNG DER PARTIZIPIEN
Zusammenfassende Übersicht

Verben	Aspekt	Partizipien des Aktivs		Partizipien des Passivs		Anmerkungen
		Präsens	Präteritum	Präsens	Präteritum	
Transitive	unvollendet **читать** lesen **видеть** sehen **слушать** hören	**читающий** **видящий** **слушающий**	**читавший** **видевший** **слушавший**	**читаемый** **видимый** **слушаемый**	**читанный** **виденный** **слушанный**	Von den meisten transitiven Verben des unvollendeten Aspekts wird kein Partizip des Präteritums Passiv gebildet.
	vollendet **прочитать** durchlesen **увидеть** erblicken **прослушать** sich anhören	— — —	**прочитавший** **увидевший** **прослушавший**	— — —	**прочитанный** **увиденный** **прослушанный**	Vollendete Verben bilden keine Präsensformen.
Intransitive	unvollendet **ехать** fahren	**едущий**	**ехавший**	—	—	Intransitive Verben bilden keine Partizipien des Passivs.
	vollendet **приехать** ankommen	—	**приехавший**	—	—	

Einige Verben verfügen also über alle vier Partizipien, einige über drei, einige über zwei, einige nur über eins.
Beachten Sie: Von den Verben **слышать** und **видеть** läßt sich das Partizip des Präteritums Passiv bilden ...) nicht jedoch von den Verben **слушать** und **смотреть.**

Übung 259. Bilden Sie von den folgenden Verben alle Partizipien und tragen Sie sie in die Tabelle ein.

Muster:

Infinitiv	Präsens 3. Pers. Plural	Partizipien des Aktivs		Partizipiens des Passivs	
		Präsens	Präteritum	Präsens	Präteritum
создава́ть	создаю́т	создаю́щий	создава́вший	создава́емый	—
отдыха́ть	отдыха́ют	отдыха́ющий	отдыха́вший	—	—
откры́ть	—	—	откры́вший	—	откры́тый
лечь	—	—	лёгший	—	—

Г л а г о́ л ы: изучи́ть, идти́, организова́ть, смея́ться, выполня́ть, гуля́ть, принести́, вести́, стать, сверга́ть, све́ргнуть, признава́ть, встава́ть, увле́чь, съесть, спать, люби́ть, ви́деть, е́хать, боро́ться.

Die Deklination der Partizipien

Die Partizipien werden wie Adjektive dekliniert.

1. Partizipien des Präsens und des Präteritums Aktiv haben in allen Fällen die gleichen Endungen, wie Adjektive mit Stammauslaut auf Zischlaut, deren Endung unbetont ist (**хоро́ший** *gut*, **о́бщий** *allgemein*, **хоро́шего, о́бщего** usw., **чита́ющий** *der lesende*, **чита́вший** *einer, der gelesen hat*, **чита́ющего, чита́вшего** usw.).

2. Partizipien des Präsens und des Präteritums Passiv haben in allen Fällen die gleichen Endungen wie Adjektive mit hartem Stammauslaut (**кра́сный** *rot* — **кра́сного** usw., **прочи́танный** *der durchgelesene* **прочи́танного** usw.).

Partizipien mit der Partikel **-ся** — **занима́ющийся** *der lernende,* **поднима́ющийся** *der steigende* (einer, *der steigt*) — behalten diese Partikel am Wortende bei.

Fall	Singular	
	männlich und sächlich	weiblich
N.	**приближа́ющий пра́здник** **приближа́ющееся ле́то** das heranrückende Fest der heranrückende Sommer	**приближа́ющаяся зима́** der heranrückende Winter
G.	**приближа́ющегося пра́здника, ле́та**	**приближа́ющейся зимы́**
D.	**приближа́ющемуся пра́зднику, ле́ту**	**приближа́ющейся зиме́**
A.	**приближа́ющийся пра́здник** **приближа́ющегося челове́ка** den herannahenden Menschen **приближа́ющееся ле́то**	**приближа́ющуюся зи́му**
I.	**приближа́ющимся пра́здником, ле́том**	**приближа́ющейся зимо́й**
P.	**о приближа́ющемся пра́зднике, ле́те**	**о приближа́ющейся зиме́**

Plural (für alle drei Geschlechten)	
N.	приближа́ющиеся экза́мены die heranrückenden Prüfungen
G.	приближа́ющихся экза́менов
D.	приближа́ющимся экза́менам
A.	приближа́ющиеся экза́мены, приближа́ющихся люде́й
I.	приближа́ющимися экза́менами
P.	о приближа́ющихся экза́менах

Übung 260. Schreiben Sie die folgenden Sätze ab. Setzen Sie die Partizipien im erforderlichen Fall ein.

летя́щий

1. Мы ви́дим ... самолёт. 2. Мы говори́м о ... самолёте. 3. Мы любу́емся ... самолётом. 4. Тури́сты смо́трят на Москву́ из о́кон ... самолёта. 5. Я смотрю́ на ... птиц. 6. Мы ви́дим ... го́лубя. 7. Мы сиди́м в ... вертолёте.

игра́ющий

1. Я слы́шу голоса́ ... дете́й. 2. Я подхожу́ к ... де́тям. 3. Мы подхо́дим к ... де́вочке. 4. Мать зовёт ... ма́льчика. 5. ... де́ти не замеча́ют нас.

улыба́ющийся

1. Худо́жник рису́ет ... де́вочку. 2. Он разгова́ривает с ... де́вушкой. 3. Он да́рит цветы́ ... де́вушке. 4. На э́той фотогра́фии мы ви́дим ... ма́льчика. 5. Она́ фотографи́рует ... дете́й.

полу́ченный

1. Мы говори́ли о ... телегра́мме. 2. Он пе́редал мне ... телегра́мму. 3. Она́ интересу́ется ... письмо́м. 4. Де́ти ра́ды ... пода́ркам. 5. Он дово́лен ... результа́том. 6. Они́ рассказа́ли о ... пи́сьмах.

прочи́танный

1. Он верну́л в библиоте́ку ... кни́гу. 2. Студе́нт рассказа́л ... текст. 3. Мы говори́ли о ... кни́гах. 4. Друзья́ спо́рили о ... рома́не.

Übung 261. Schreiben Sie die folgenden Sätze zu Ende, setzen Sie die angegebenen Substantive mit der Partizipialkonstruktion ein.

(письмо́, полу́ченное вчера́)

1. Я ещё не посла́л отве́та на ... . 2. Я тебе́ ещё не чита́л ... . 3. Все о́чень обра́довались ... . 4. Он не сказа́л мне о ... . 5. Она́ интересу́ется ... .

(река́, протека́вшая под горо́й)

1. Пу́тники отдыха́ли у ... . 2. Мы купа́лись в ... . 3. Де́ти бежа́ли к ... . 4. Внизу́ я уви́дел ... .

(дом, стоя́щий на берегу́ реки́)

1. Мы живём в ... . 2. Маши́на поверну́ла к ... . 3. Флаг развева́ется над ... . 4. Из о́кон ... открыва́ется прекра́сный вид.

(де́вушки, поднима́вшиеся по ле́стнице)

1. Послы́шались голоса́ ... . 2. Мы поздоро́вались с ... . 3. Я пошёл вниз, навстре́чу ... .

Die Partizipialkonstruktion und der Attributsatz

Eine Partizipialkonstruktion hat dieselbe Bedeutung wie ein Attributsatz, der durch **кото́рый** im Nominativ bzw. Akkusativ (ohne Präposition) eingeleitet wird. Eine Partizipialkonstruktion kann immer durch einen Attributsatz mit **кото́рый** ersetzt werden.

1. Дом, **стоя́щий на горе́**, ви́ден издалека́.

   Das auf dem Berg stehende Haus ist von weitem zu sehen.

   Дом, **кото́рый стои́т на горе́**, ви́ден издалека́.

   Das Haus, das auf dem Berg steht, ist von weitem zu sehen.

2. Де́ти, **игра́вшие во дворе́**, подбежа́ли к нам.

   Die auf dem Hof spielenden Kinder kamen zu uns herangelaufen.

   Де́ти, **кото́рые игра́ли во дворе́**, подбежа́ли к нам.

   Die Kinder, die auf dem Hof spielten, kamen zu uns herangelaufen.

3. Ту́ча, **гони́мая си́льным ве́тром**, бы́стро приближа́ется.

   Die von einem starken Wind gejagte Wolke nähert sich schnell.

   Ту́ча, **кото́рую го́нит си́льный ве́тер**, бы́стро приближа́ется.

   Die Wolke, die von einem starken Wind gejagt wird, nähert sich schnell.

4. Ма́льчик, **увлечённый игро́й**, не заме́тил нас.

   Der vom Spiel hingerissene Junge bemerkte uns nicht.

   а) Ма́льчик, **кото́рого увлекла́ игра́**, не заме́тил нас.

   б) Ма́льчик, **кото́рый был увлечён игро́й**, не заме́тил нас.

   Der Junge, der vom Spiel hingerissen war, bemerkte uns nicht.

Steht in der Partizipialkonstruktion ein Partizip des Aktivs, so muß in dem entsprechenden Attributsatz das Einleitewort **кото́рый** im Nominativ stehen; das verbale Prädikat stimmt dabei mit dem (zu ersetzenden) Partizip in Zeit und Aspekt überein.

Steht in den Partizipialkonstruktion ein Partizip des Passivs, so kann in dem entsprechenden Attributsatz das Einleitewort stehen: 1) im Akkusativ (dann stimmt das verbale Prädikat mit dem Partizip in Zeit und Aspekt überein — Beispiele 3, 4a), 2) im Nominativ (dann wird das Prädikat durch die Kurzform des Partizips des Passivs ausgedrückt — Beispiel 4b).

A n m e r k u n g. In der gesprochenen Sprache werden Partizipialkonstruktionen seltener als Attributsätze gebraucht. In der Schriftsprache verwendet man sowohl Partizipialkonstruktionen als auch Attributsätze.

Der Ersatz eines Attributsatzes durch eine Partizipialkonstruktion

Der Ersatz eines Attributsatzes durch eine Partizipialkonstruktion ist möglich:

1. Wenn das Einleitewort **кото́рый** im Nominativ oder im Akkusativ ohne Präposition steht.

2. Wenn das Prädikat des Nebensatzes durch ein Verb im Präsens, im Präteritum oder durch eine Kurzform des Partizips des Passivs ausgedrückt ist.

лежа́щую

Дай мне кни́гу, *кото́рая лежи́т* на столе́.
Gib mir das Buch, das auf dem Tisch liegt.

прочи́танную тобо́й

Дай мне кни́гу, *кото́рую ты прочита́л.*
Gib mir das Buch, das du durchgelesen hast.

прочи́танную тобо́й

Дай мне кни́гу, *кото́рая тобо́й прочи́тана.*
Gib mir das Buch, das du durchgelesen hast.

Beim Ersatz wird:
a) das Einleitewort weggelassen,
b) das Prädikat des Nebensatzes durch das Partizip in derselben Zeit- und Aspektform ersetzt.

Das Partizip stimmt mit dem Wort, auf das sich der entsprechende Nebensatz bezieht, in Geschlecht, Zahl und Fall überein.

Steht das Einleitewort des Nebensatzes **кото́рый** im Akkusativ, so wird das Partizip des Passivs gebraucht, und das Subjekt des Nebensatzes wird in der Partizipialkonstruktion zum Instrumentalobjekt.

1. Мы должны́ за́светло добра́-
ться до дере́вни, **кото́рая на-
хо́дится за э́тим ле́сом.**

Мы должны́ за́светло добра́-
ться до дере́вни, **находя́щейся
за э́тим ле́сом.**

Wir müssen vor Anbruch der Dunkelheit das Dorf erreichen, das sich hinter diesem Wald befindet.

2. Путеше́ственники с трево́гой
следи́ли за дождём, **кото́рый
уси́ливался с ка́ждой мину́-
той.**

Путеше́ственники с трево́гой
следи́ли за дождём, **усили́вав-
шимся с ка́ждой мину́той.**

Die Reisenden schauten besorgt in den Regen, der mit jeder Minute stärker wurde.

3. а) В лесу́ бы́ло мно́го дере́-
вьев, **кото́рые повали́ла бу́ря.**
б) В лесу́ бы́ло мно́го дере́-
вьев, **кото́рые бы́ли пова́лены
бу́рей.**

В лесу́ бы́ло мно́го дере́вьев, **по-
ва́ленных бу́рей.**

Im Wald gab es viele Bäume, die vom Sturm entwurzelt (worden) waren.

Übung 262. Ersetzen Sie die Attributsätze durch Partizipialkonstruktionen.

А. 1. Ле́том мы жи́ли в до́ме, кото́рый стои́т на са́мом берегу́ Во́лги. 2. В лесу́ раздаю́тся голоса́ де́вушек, кото́рые собира́ют я́годы. 3. Скажи́ това́рищу, кото́рый ждёт меня́, что я сейча́с приду́.

В. 1. Рабо́чие, кото́рые перевы́полнили но́рму, получи́ли пре́мию. 2. Я встре́тился со студе́нткой, кото́рая прие́хала неда́вно из моего́ родно́го го́рода. 3. Наш дом о́тдыха стоя́л в па́рке, кото́рый спуска́лся к реке́. 4. Мы вы́шли на поля́ну и уви́дели охо́тников, кото́рые сиде́ли вокру́г костра́.

Übung 263. Ersetzen Sie die Attributsätze durch Partizipialkonstruktionen.

1. Ту́чи, кото́рые бы́стро надвига́ются с се́вера, ско́ро закро́ют со́лнце. 2. Мы любова́лись мо́рем из окна́ по́езда, кото́рый мча́лся по бе́регу. 3. Все ра́довались прекра́сной пого́де, кото́рая установи́лась в нача́ле ма́я. 4. Я лежу́ под де́ревом и смотрю́ на облака́, кото́рые ме́дленно плыву́т по бле́дно-голубо́му не́бу. 5. Экспеди́ция дви́нулась да́льше, несмотря́ на мете́ль, кото́рая начала́сь у́тром. 6. Зво́нко раздава́лась пе́сня де́вушек, кото́рые возвраща́лись с по́ля.

Übung 264. Ersetzen Sie die Attributsätze durch Partizipialkonstruktionen.

А. 1. Я аккура́тно отвеча́ю на пи́сьма, кото́рые получа́ю от бра́та. 2. Вопро́с, кото́рый мы обсужда́ем на сего́дняшнем семина́ре, о́чень ва́жен. 3. Пе́ред на́ми лежи́т доли́на, кото́рую пересека́ет река́. 4. Впереди́ река́, кото́рую мы пло́хо ви́дим из-за тума́на. 5. Э́ту ме́стность ча́сто посеща́ют тури́сты, кото́рых привлека́ет красота́ зде́шней приро́ды.

В. 1. Ну́жно посла́ть отве́т на телегра́мму, кото́рую мы получи́ли вчера́. 2. Он сего́дня опя́ть забы́л кни́гу, кото́рую обеща́л мне ещё на про́шлой неде́ле. 3. Студе́нт хорошо́ отве́тил на вопро́сы, кото́рые за́дал ему́ преподава́тель. 4. Я никогда́ не забу́ду впечатле́ния, кото́рое произвела́ на меня́ э́та встре́ча. 5. Мы уви́дели на́шу ло́дку, кото́рая была́ приби́та волна́ми к бе́регу. 6. Кни́гу, кото́рую я взял у тебя́, я верну́ в понеде́льник.

Übung 265. Ersetzen Sie die Attributsätze durch Partizipialkonstruktionen. Beachten Sie den Gebrauch von Partizipien des Aktivs und des Passivs.

1. Студе́нт, кото́рый написа́л упражне́ние, на́чал переводи́ть текст. 2. Преподава́тель прове́рил упражне́ние, кото́рое написа́л студе́нт. 3. Студе́нтка, кото́рая рассказа́ла текст, не сде́лала ни одно́й грамма́тической оши́бки. 4. В те́ксте, кото́рый рассказа́ла студе́нтка, не́ было но́вых слов. 5. Учёный, зако́нчивший рабо́ту, опублико́вал в журна́ле интере́сную статью́ о ней. 6. Мы прочита́ли в журна́ле статью́ о рабо́те, кото́рую неда́вно зако́нчил учёный. 7. Студе́нты, кото́рые сда́ли экза́мены, уже́ уе́хали в дом о́тдыха. 8.

Студе́нты разгова́ривали об экза́менах, кото́рые они́ то́лько что сда́ли. 9. Гру́ппа, кото́рая вы́полнила зада́ние, мо́жет отдыха́ть. 10. Преподава́тели интересу́ются зада́нием, кото́рое вы́полнила э́та гру́ппа.

Übung 266. Ersetzen Sie die Attributsätze durch Partizipialkonstruktionen. Beachten Sie den Gebrauch von Partizipien des Aktivs und des Passivs.

1. Пе́рвая мысль, кото́рая пришла́ ей в го́лову, была́ о том, что на́до скоре́е уе́хать домо́й. 2. Вдоль перегоро́дки, кото́рая отделя́ла мою́ ко́мнату от конто́ры, стоя́л огро́мный ко́жаный дива́н. 3. Он сиде́л у себя́ в ко́мнате и перечи́тывал пи́сьма, кото́рые получи́л вчера́. 4. Утро бы́ло прекра́сное, со́лнце освеща́ло верши́ны лип, кото́рые уже́ пожелте́ли под све́жим дыха́нием о́сени. 5. К утру́ дождь пришёл, но не́бо бы́ло в тяжёлых се́рых ту́чах, кото́рые лете́ли с ю́га на се́вер.

Die Kurzform des Partizips

Partizipien des Aktivs verfügen nur über Langformen.

Partizipien des Passivs haben wie Qualitätsadjektive Lang- und Kurzformen:

Langform	Kurzform
Решённый вопро́с. Eine entschiedene Frage.	Вопро́с **решён**. Die Frage ist entschieden.
Прочи́танная кни́га. Ein durchgelesenes Buch.	Кни́га **прочи́тана**. Das Buch ist durchgelesen.
Освещённое окно́. Ein beleuchtetes Fenster.	Окно́ **освещено́**. Das Fenster ist beleuchtet.
Откры́тые о́кна. Geöffnete Fenster.	Окна **откры́ты**. Die Fenster sind geöffnet.

In der Kurzform haben die Partizipien des Passivs folgende Suffixe: -н- (**прочита́ть** *durchlesen* — **прочи́тан**, **написа́ть** *aufschreiben* — **напи́сан**), -ен- (-ён-) (**реши́ть** *entscheiden* — **решён**, **вы́полнить** *erfüllen* — **вы́полнен**) und -т- (**откры́ть** *öffnen* — **откры́т**, **заня́ть** — *besetzen* — **за́нят**).

Die Kurzformen der Partizipien haben die gleichen Endungen wie die Kurzformen der Adjektive; sie stimmen mit ihrem Bezugswort in Geschlecht und Zahl überein.

Die Kurzformen der Partizipien des Passivs werden wie die Kurzformen der Adjektive nicht dekliniert; in einem Satz treten sie als Prädikat auf:

Зада́ние **вы́полнено** студе́нтом.	Die Aufgabe ist von einem Studenten erfüllt worden.
Зада́ние **бы́ло вы́полнено** студе́нтом.	Die Aufgabe wurde von einem Studenten erfüllt.
Зада́ние **бу́дет вы́полнено** студе́нтом.	Die Aufgabe wird von einem Studenten erfüllt werden.
Дверь **откры́та**.	Die Tür ist geöffnet.

| Дверь **была́ откры́та**. | Die Tür war geöffnet. |
| Дверь **бу́дет откры́та**. | Die Tür wird geöffnet sein. |

Zum Unterschied von den Langformen, die in der gesprochenen Sprache fast nicht gebraucht werden, sind die Kurzformen der Partizipien des Passivs sowohl in der Schriftsprache als auch in der gesprochenen Sprache verbreitet. (Zum Gebrauch der Kurzformen der Partizipien des Passivs siehe S. 486, „Aktiv- und Passivkonstruktionen".)

Kurzformen der Partizipien des Präsens Passiv lassen sich im Russischen nur von wenigen Verben bilden (**люби́ть** *lieben*, **уважа́ть** *achten, ehren*, **цени́ть** *schätzen*, **храни́ть** *aufbewahren*, **му́чить** *quälen*, **угнета́ть** *unterdrücken* u. a.), jedoch sind auch sie selten gebrauchte Formen der Schriftsprache.

| Произведе́ния э́того писа́теля **люби́мы** наро́дом. | Die Werke dieses Schriftstellers werden vom Volk geliebt. |

Man kann auch sagen:

| Наро́д **лю́бит** произведе́ния э́того писа́теля. | Das Volk liebt die Werke dieses Schriftstellers. |

(Aktivkonstruktion)

| Он **уважа́ем** все́ми това́рищами. | Er wird von allen Kollegen geachtet. |

Häufiger sagt man jedoch:

| Все това́рищи **уважа́ют** его́. | Alle Kollegen achten ihn. |

Übung 267. Schreiben Sie die folgenden Sätze ab. Unterstreichen Sie die Kurzformen der Partizipien. Bestimmen Sie die Satzglieder in jedem Satz.

1. Этот дом постро́ен в про́шлом году́. Семья́ рабо́чего перее́хала в то́лько что постро́енный дом. 2. Все о́кна раскры́ты на́стежь. В раскры́тые о́кна врыва́ется све́жий весе́нний ве́тер. 3. Эта кни́га уже́ прочи́тана. Прочи́танная кни́га сдана́ в библиоте́ку. 4. На собра́нии бы́ло при́нято ва́жное реше́ние. Реше́ние, при́нятое на собра́нии, бы́ло проведено́ в жизнь. 5. Статья́ для стенгазе́ты бу́дет напи́сана за́втра. Статья́, напи́санная им, бу́дет помещена́ в сле́дующем но́мере стенгазе́ты.

Übung 268. Schreiben Sie zu den folgenden Langformen die entsprechenden Kurzformen der Partizipien des Passivs in der männlichen, weiblichen und sächlichen Form des Singulars und in der Pluralform auf:

организо́ванный, полу́ченный, отпра́вленный, убеждённый, сокращённый, вы́мытый, покры́тый, оде́тый, расстёгнутый

Übung 269. Bilden Sie die Kurzformen der Partizipien von folgenden Langformen und bilden Sie mit den Kurzformen Sätze.

M u s t e r : *Сда́нные* экза́мены.— Все экза́мены *сданы́* на «отли́чно».

вы́полненная рабо́та, за́нятые места́, посе́янная рожь, за́пертая дверь, подпи́санный прика́з, дости́гнутые успе́хи, заме́ченная оши́бка, ска́занное сло́во, про́данные биле́ты, восстано́вленный заво́д, поте́рянное вре́мя *напи́санный*

1. Этот докла́д ... ме́сяц наза́д. 2. Преподава́тель прове́рил упражне́ние, ... студе́нтами. 3. Упражне́ние бы́ло ... без оши́бок. 4. Он принёс в реда́кцию статью́, ... им. 5. Эта статья́ ... о́чень инте́ресно. 6. Мы анализи́ровали предложе́ния, ... на доске́. 7. Я не ви́жу, что там .... 8. Эта кни́га ... два ве́ка наза́д. 9. Кем ... э́та кни́га?

полу́ченный

1. Это письмо́ ... вчера́. 2. Я прочита́л ... письмо́. 3. Мне да́ли ... телегра́мму. 4. Де́ти пока́зывали друг дру́гу ... пода́рки. 4. Я ду́маю, что на́ша посы́лка уже́ ... 6. Мы бы́ли дово́льны ... результа́тами. 7. Он говори́л о журна́лах, ... им вчера́.

изображённый

1. Мне нра́вится де́вушка, ... на э́той карти́не. 2. Расскажи́те, пожа́луйста, что ... на э́той карти́не. 3. Здесь ... же́нщина, стоя́щая на берегу́ мо́ря. 4. Здесь ... челове́к, сидя́щий в ло́дке. 5. Мне ка́жется, я зна́ю челове́ка, ... на э́той карти́не.

Übung 271. Schreiben Sie eine kurze Geschichte zu einem der angegebenen Themen. Verwenden Sie Kurzformen der Partizipien des Passivs von den in Klammern angegebenen Verben.

1. Я гото́в к отъе́зду домо́й.
(сдать, получи́ть, заказа́ть, купи́ть, уложи́ть, отпра́вить)
2. За́втра экза́мен.
(прочита́ть, законспекти́ровать, вы́писать, вы́учить, повтори́ть)

Übung 272. Lesen Sie den folgenden Text. Nennen Sie die Kurzformen der Partizipien und die Infinitive, von denen sie abgeleitet sind. Erzählen Sie über Moskau und gebrauchen Sie folgende Kurzformen der Partizipien.

В це́нтре Москвы́ располо́жен Музе́й исто́рии и реконстру́кции го́рода. Он был осно́ван ещё в 1856 году́ как Музе́й моско́вского городско́го хозя́йства. Росла́ Москва́ — рос и преобразо́вывался музе́й.

За прошéдшие гóды столи́ца на́шей Ро́дины неузнава́емо измени́лась. Расши́рены её центра́льные у́лицы и пло́щади, возведены́ це́лые кварта́лы но́вых жилы́х домо́в, реконструи́рован городско́й тра́нспорт, постро́ены метрополите́н, но́вые мосты́ и на́бережные.

Всё э́то преобрази́ло о́блик вели́кого го́рода.

Музе́й попо́лнился замеча́тельными экспона́тами. Они́ отобража́ют выполне́ние пла́на реконстру́кции Москвы́. Музе́й раскрыва́ет вели́чие Москвы́ — столи́цы **росси́йского** госуда́рства.

Zur Schreibung der Partikel не mit Partizipien

1. Die Partikel **не** schreibt man in einigen Fällen mit Partizipien zusammen, in anderen getrennt.

Zusammen schreibt man	Getrennt schreibt man
die Partikel **не** mit einem Partizip, wenn dieses keine abhängigen Wörter bei sich hat:	die Partikel **не** von einem Partizip, wenn dieses abhängige Wörter bei sich hat:
На столе́ лежа́ли **непрочи́танные кни́ги**.	На столе́ лежа́ли **не прочи́танные ещё мно́ю** кни́ги.
Auf dem Tisch lagen nicht durchgelesene Bücher.	Auf dem Tisch lagen die von mir noch nicht durchgelesenen Bücher.
Экспеди́ция шла по **неиссле́дованной** ме́стности.	Экспеди́ция шла по **не иссле́дованной нике́м** ме́стности.
Die Expedition durchquerte ein unerforschtes Gebiet.	Die Expedition durchquerte das noch von niemanden erforschte Gebiet.

2. Stehen bei einem Partizip abhängige Wörter, die einen Grad bezeichnen (**о́чень** *sehr*, **соверше́нно** *vollkommen*, **кра́йне** *äußerst*, **чрезвыча́йно** *außerordentlich* u. a.), so schreibt man **не** mit dem Partizip zusammen:

Экспеди́ция шла по *соверше́нно* **неиссле́дованной** ме́стности.	Die Expedition durchquerte ein noch vollkommen unerforschtes Gebiet.
Это был *кра́йне* **необду́манный посту́пок**.	Das war eine äußerst unbedachte Tat.

3. Bei Gegenüberstellung schreibt man die Partikel **не** vom Partizip getrennt:

Это **не зако́нченная статья́**, а то́лько чернови́к.	Das ist kein abgeschlossener Artikel, sondern bloß ein Entwurf.

4. Von den Kurzformen der Partizipien wird die Partikel **не** stets getrennt geschrieben:

Кни́ги **не прочи́таны**.	Die Bücher sind nicht durchgelesen.
Ме́стность **не иссле́дована**.	Das Land ist nicht erforscht.

Übung 273. Schreiben Sie die folgenden Sätze ab. Unterstreichen Sie die Partizipien mit der Partikel **не**. Begründen Sie die Schreibung der Partikel.

1. На столе́ лежа́ло не́сколько нераспеча́танных пи́сем. 2. Това́рищи, два ме́сяца не ви́девшие друг дру́га, с нетерпе́нием жда́ли встре́чи. 3. Студе́нты слу́шают ле́кцию с неослабева́ющим интере́сом. 4. Ло́дка приближа́лась к тому́ ме́сту, где не защищённое от ве́тра мо́ре кипе́ло и мета́лось во мра́ке. (*Кор.*) 5. Этот неизу́ченный край привлека́л отва́жных иссле́дователей. 6. Сквозь незакры́тое окно́ в ко́мнату проника́л у́личный шум. 7. Окно́ не закры́то, и в ко́мнату проника́ет у́личный шум. 8. Дверь оказа́лась не за́пертой, а откры́той на́стежь. 9. Мать, не усну́вшая но́чью ни на мину́ту, вскочи́ла с посте́ли. (*М. Г.*) 10. Вопро́с ещё не изу́чен, реше́ние не при́нято. 11. Нерасчи́щенная доро́жка вела́ к пруду́.

Übung 274. Schreiben Sie die folgenden Sätze ab, indem Sie die Partizipien durch Objekte oder Adverbialbestimmungen ergänzen. Beachten Sie die Schreibung der Partikel **не.**

M u s t e r: *Незамéченные*, мы спустились вниз и вышли на ýлицу.
Никéм не замéченные, мы спустились вниз и вышли на ýлицу.

1. Непрекращáвшаяся метéль не давáла возмóжности продолжáть путешéствие. 2. Я познакóмился с неопубликóванными письмáми э́того писáтеля. 3. Тéма сочинéния остáлась нераскры́той. 4. Есть ли ещё здесь незáнятые местá?

Übung 275. Schreiben Sie die folgenden Sätze ab. Schreiben Sie die in den Klammern stehende Partikel **не** mit den Partizipien zusammen oder getrennt.

1. Э́ти (не) решённые вопрóсы мýчили меня́. 2. Товáрищ указáл мне на (не) замéченные мнóю оши́бки. 3. Билéты ещё (не) кýплены, и вéщи (не) улóжены. 4. Э́то (не) закóнченный портрéт, а лишь набрóсок. 5. Брат, (не) забы́вший о моéй прóсьбе, привёз мне э́ти кни́ги. 6. Шумéл (не) трóнутый лес, котóрому нé было концá. 7. В леснóй чáще, почти́ (не) освещáемой сóлнцем, всегдá полумрáк и прохлáда. 8. Вокрýг нас расстилáлась тýндра, я́рко освещённая (не) заходя́щим сóлнцем.

Der Übergang von Partizipien zu Adjektiven und Substantiven

A. Einige Partizipien können zu Adjektiven werden. Dabei geben sie das Merkmal der Zeit auf und bezeichnen nun ein ständiges Merkmal. Das geschieht oft, wenn das Partizip in übertragener Bedeutung auftritt. Vergleichen Sie:

Partizipien

Пéред нáми рекá, **блестя́щая** на сóлнце.
Vor uns liegt der Fluß, der in der Sonne glänzt.

Тýчи, **рассéянные** си́льным вéтром, ужé не закрывáли сóлнца.
Die vom starken Wind auseinandergetriebenen Wolken verdeckten die Sonne nicht mehr.

Adjektive

Зри́телей порази́ла **блестя́щая** тéхника игры́ э́той комáнды.
Die Zuschauer waren von der glänzenden Spieltechnik dieser Mannschaft begeistert.

У слýшателей бы́ли **рассéянные** ли́ца.
Die Gesichter der Zuschauer drückten Zerstreutheit aus.

Die zu Adjektiven gewordenen Partizipien erhalten oft qualitative Bedeutung und können gesteigert werden: **подходя́щий** момéнт *der passende Moment*, **бóлее подходя́щий** момéнт *der passendere Moment*, **сáмый подходя́щий** момéнт *der passendste Moment.*

Die zu Adjektiven gewordenen Partizipien können gewöhnlich durch Adjektive ersetzt werden.

подходя́щий момéнт   der passende Augenblick
удóбный момéнт   der günstige Augenblick
рассéянный взгляд   der abwesende Blick
невнимáтельный взгляд   der unaufmerksame Blick

B. Partizipien können wie Adjektive eine Sache oder eine Person bezeichnen und so zu Substantiven werden. Vergleichen Sie:

Partizipien

Студе́нты, **уча́щиеся** на пя́том ку́рсе, должны́ написа́ть дипло́мную рабо́ту.

Die Studenten, die das 5. Studienjahr absolvieren, müssen eine Diplomarbeit schreiben.

В го́спиталь привезли́ бойцо́в, **ра́ненных** во вчера́шнем бою́.

Die im gestrigen Kampf verwundeten Soldaten wurden ins Lazarett gebracht.

Substantive

Уча́щиеся гото́вятся к экза́менам.

Die Lernenden (Schüler) bereiten sich auf die Prüfungen vor.

В го́спиталь привезли́ **ра́неных**.

Verwundete wurden ins Lazarett gebracht.

*Zur Schreibung der Adjektive,
die von Partizipien des Passivs gebildet sind*

1. Die von Partizipien des Passivs gebildeten Adjektive schreibt man mit doppeltem **-н-**, wenn diese Adjektive präfigiert sind oder die Suffixe **-ова-**, **-ирова-** enthalten, z. B. **взволно́ванный** го́лос *eine aufgeregte Stimme*, **запу́танный** отве́т *eine verworrene Antwort*, **лино́ванная** бума́га *liniiertes Papier*, **квалифици́рованный** рабо́чий *ein qualifizierter Arbeiter.*

2. Mit einem **-н-** schreibt man die von den Partizipien des Passivs gebildeten Adjektive, wenn diese nicht präfigiert sind und nicht die Suffixe **-ова**, **-ирова-** enthalten: **ра́неный** солда́т *ein verwundeter Soldat,* **учёный** сове́т *ein wissenschaftlicher Rat,* **рва́ная** оде́жда *die zerrissene Kleidung,* **пу́таный** отве́т *eine unklare Antwort,* **кипячёная** вода́ *gekochtes Wasser.*

Anmerkungen.

1. Die Adjektive **да́нный** (вопро́с) *die betreffende (Frage)* und **жела́нный** (гость) *ein erwünschter (Gast)* werden mit zwei **-н-** geschrieben, obwohl sie nicht präfigiert sind.

2. Es ist zwischen dem Partizip **ра́ненный** *verwundet* (mit zwei **-н-**) und dem Adjektiv bzw. Substantiv **ра́неный** *verwundet, der Verwundete* (mit einem **-н-**) zu unterscheiden. Das Partizip hat abhängige Wörter bei sich: солда́т, **ра́ненный** пу́лей *der von der Kugel verwundete Soldat;* солда́т, **ра́ненный** в бою́ *der im Kampf verwundete Soldat.* Das Substantiv bzw. Adjektiv hat keine abhängigen Wörter bei sich: **ра́неный** солда́т *der verwundete Soldat;* Привезли́ **ра́неных**. *Man hat die Verwundeten gebracht.*

3. Zu Adjektiven gewordene Partizipien werden in den Kurzformen mit zwei **-н-** geschrieben. Vergleichen Sie:

Kurzform der Partizipien

Войска́ бы́ли **сосредото́чены** в го́роде.

Die Truppenteile waren in der Stadt konzentriert (worden).

Они́ бы́ли **уве́рены** в свои́х си́лах.

Kurzform der Adjektive

Ли́ца слу́шателей бы́ли **сосредото́ченны**.

Die Gesichter der Zuhörer waren gespannt.

Его́ отве́ты бы́ли чётки и **уве́ренны**.

Sie waren ihrer Kräfte sicher.

Seine Antworten waren klar und sicher.

Ту́чи бы́ли **рассе́яны** ве́тром.
Die Wolken waren vom Wind auseinandergetrieben worden.

Ученики́ бы́ли **рассе́янны**.
Die Schüler waren zerstreut.

Übung 276. Schreiben Sie zuerst die Wortverbindungen mit den Adjektiven und dann die mit den Partizipien heraus.

1. Взволно́ванные сообще́нием лю́ди. Взволно́ванные голоса́. 2. Откры́тая дверь. Откры́тый взгляд. 3. Поте́рянный вид. Поте́рянная кни́га. 4. Скуча́ющее выраже́ние лица́. Скуча́ющие лю́ди. 5. Цвету́щий сад. Цвету́щее здоро́вье. 6. Начина́ющий писа́тель. Сотру́дник, начина́ющий рабо́ту в 9 часо́в. 7. Зна́ющие свои́ зада́чи лю́ди. Зна́ющие инжене́ры. 8. Образо́ванный вчера́ комите́т. Образо́ванный челове́к. 9. Натя́нутые стру́ны. Натя́нутые отноше́ния.

Übung 277. Schreiben Sie mit jedem der angegebenen Wörter je zwei Sätze auf; gebrauchen Sie ein und dasselbe Wort in einem Satz als Substantiv und in dem anderen als Partizip.

M u s t e r : Де́ти, *уча́щиеся* в пе́рвом кла́ссе, не сдаю́т экза́менов. (Partizip)
Уча́щиеся мла́дших кла́ссов уже́ уе́хали в **за́городные** лагеря́. (Substantiv)

трудя́щиеся, заве́дующий, кома́ндующий, проше́дшее, новорождённый

Übung 278. Begründen Sie die Schreibung der hervorgehobenen Wörter.

1. *Кра́шеный* пол был то́лько что вы́мыт. 2. Мы уви́дели дом с то́лько что *покра́шенной*, блестя́щей на со́лнце кры́шей. 3. Росси́йские *учёные* ока́зывают всесторо́ннюю по́мощь наро́дному хозя́йству. 4. Во вре́мя рабо́ты я столкну́лся с мно́гими ещё не *изу́ченными* вопро́сами. 5. Мы е́ли варёное мя́со с жа́реной карто́шкой и *солёными* огурца́ми. 6. Я не могу́ есть э́тот *пересо́ленный* суп. 7. Да́йте ребёнку *кипячёное* молоко́. 8. Заво́ду нужны́ *квалифици́рованные* рабо́чие. 9. Я был на ве́чере, *организо́ванном* студе́нтами второ́го ку́рса. 10. За две́рью слы́шались *взволно́ванные* голоса́. 11. Мне нужна́ *лино́ванная* бума́га. 12. Его́ неуве́ренные, *пу́таные* отве́ты не удовлетвори́ли преподава́теля.

Übung 279. Schreiben Sie ab, indem Sie jeweils -нн- oder -н- einsetzen.

1. Мы е́ли компо́т из суше́...ых я́блок. Се́но бы́ло вы́суше...о и у́бран...о. Неси́ в дом вы́суше...ое бельё. 2. На все вопро́сы он дал чёткие, уве́ре...ые отве́ты. Его́ отве́ты бы́ли чётки и уве́ре...ы. Това́рищи бы́ли уве́ре...ы в свои́х си́лах. 3. Команди́р, ра́не...ый в ру́ку, продолжа́л руководи́ть бо́ем. Солда́ты несли́ ра́не...ых на носи́лках. Мно́гие мои́ това́рищи в э́том бою́ бы́ли ра́не...ы. 4. Все бы́ли встрево́же...ы э́тим но́вым изве́стием. В ко́мнату вошла́ встрево́же...ая мать.

Das Adverbialpartizip

Adverbialpartizipien (**читáя, прочитáв, сúдя**) sind Formen des Verbs, die sowohl über Merkmale eines Verbs als auch eines Adverbs verfügen.

Verbale Eigenschaften des Adverbialpartizips

1. Wie bei Verben unterscheidet man transitive und intransitive Adverbialpartizipien.

Die Adverbialpartizipien **читáя, любя́** sind von den transitiven Verben **читáть** *lesen*, **любúть** *lieben* abgeleitet und dementsprechend selbst transitiv:

Читáть (*что?*) *кнúгу.*	
Он сидéл в садý, **читáя** (*что?*) *кнúгу.*	Er saß im Garten und las ein Buch.
Любúть (*когó?*) *отцá.*	
Любя́ (*когó?*) *отцá.*	Den Vater liebend.

Die Verben **сидéть** *sitzen,* **отдыхáть** *sich ausruhen* sind intransitiv, dementsprechend sind auch die von diesen Verben abgeleiteten Adverbialpartizipien **сúдя, отдыхáя** intransitiv.

2. Ein Adverbialpartizip kann wie ein Verb die Partikel **-ся (-сь)** aufweisen: **встречáться** *sich treffen* — **встречáясь, занимáться** *lernen* — **занимáясь.**

Adverbialpartizipien auf **-ся** sind wie Verben auf **-ся** intransitiv.

3. Ein Adverbialpartizip verlangt denselben Fall wie das entsprechende Verb: **интересовáться** мýзыкой *sich für Musik interessieren* — **интересýясь** мýзыкой *sich für Musik interessierend,* **добúться** успéха *Erfolg erzielen* — **добúвшись** успéха *Erfolg erzielt habend.*

4. Ein Adverbialpartizip weist denselben Aspekt auf wie das entsprechende Verb. Die Verben **бесéдовать** *sich unterhalten,* **улыбáться** *lächeln* sind unvollendet, und demnach sind die von ihnen abgeleiteten Adverbialpartizipien **бесéдуя, улыбáясь** ebenfalls unvollendet.

Онú сидéли за столóм, спокóйно **бесéдуя.**	Sie saßen am Tisch und unterhielten sich ruhig.
Он слýшал, **улыбáясь.**	Er hörte lächelnd zu.

Die Verben **побесéдовать** *sich unterhalten,* **улыбнýться** *lächeln* sind vollendet, und daher sind auch die Adverbialpartizipien **побесéдовав** und **улыбнýвшись** vollendet:

Побесéдовав, онú разошлúсь.	Nachdem sie sich unterhalten hatten, gingen sie auseinander.
Улыбнýвшись, он отвéтил на мой вопрóс.	Nach einem kurzen Lächeln antwortete er auf meine Frage.

Adverbiale Eigenschaften des Adverbialpartizips

Ein Adverbialpartizip verändert sich wie ein Adverb nicht nach Geschlecht, Zahl und Fall; es tritt im Satz als Adverbialbestimmung auf, d. h. es gibt an, unter welchen Umständen (*как? wie? когдá? wann? по-*

чему? warum? при каком условии? unter welcher Bedingung?) sich eine Handlung vollzieht:

Он говори́л, **волну́ясь.**	Er sprach aufgeregt.
Сдав экза́мены, мы уе́дем на пра́ктику.	Wenn wir die Prüfungen abgelegt haben, fahren wir ins Praktikum.
Жела́я скоре́е уе́хать, он торопи́лся зако́нчить рабо́ту.	Da er möglichst schnell wegfahren wollte, beeilte er sich, mit der Arbeit fertig zu werden.

Ein Adverbialpartizip bezieht sich stets auf ein verbales Prädikat und bezeichnet eine zusätzliche Handlung.

Zum Gebrauch der unvollendeten und der vollendeten Adverbialpartizipien

Adverbialpartizipien von unvollendeten Verben werden gebraucht, wenn die durch das Adverbialpartizip ausgedrückte Nebenhandlung gleichzeitig mit der durch das Verbalprädikat ausgedrückten Haupthandlung verläuft:

Друзья́ *возвраща́ются* домо́й, ве́село **разгова́ривая.**	Die Freunde gehen nach Hause und unterhalten sich fröhlich (d. h. sie gehen nach Hause und unterhalten sich während dieser Zeit — Bezug auf die Gegenwart).
Друзья́ *возвраща́лись* домо́й, ве́село **разгова́ривая.**	Die Freunde gingen nach Hause und unterhielten sich fröhlich (d. h. sie gingen nach Hause und unterhielten sich während dieser Zeit — Bezug auf die Vergangenheit).
Друзья́ *бу́дут возвраща́ться* домо́й, ве́село **разгова́ривая.**	Die Freunde werden nach Hause gehen und sich fröhlich unterhalten (d. h. sie werden nach Hause gehen und sich während dieser Zeit unterhalten — Bezug auf Zukunft).

Adverbialpartizipien von vollendeten Verben werden gebraucht, wenn das Adverbialpartizip eine Nebenhandlung bezeichnet, die zeitlich vor der durch das verbale Prädikat ausgedrückten Haupthandlung verlaufen ist.

Зако́нчив рабо́ту, он *отдыха́ет.*	Nachdem er seine Arbeit beendet hat, erholt er sich.
Зако́нчив рабо́ту, он *отдыха́л.*	Nachdem er seine Arbeit beendet hatte, erholte er sich.
Зако́нчив рабо́ту, он *бу́дет отдыха́ть.*	Wenn er seine Arbeit beendet hat (haben wird), wird er sich erholen.

366

Das Adverbialpartizip für sich genommen drückt keine Zeit aus. Die durch das Adverbialpartizip ausgedrückte Zeit der Nebenhandlung hängt von der Zeit der Haupthandlung ab, die durch das verbale Prädikat zum Ausdruck gebracht wird.

A n m e r k u n g. In einigen Fällen drückt das vollendete Adverbialpartizip nicht die Vor-, sondern die Nachzeitigkeit aus, z. B.

Он *лёг*, **укры́вшись** одея́лом.	Er legte sich hin und deckte sich mit einer Decke zu.
Она́ *вы́шла*, **хло́пнув** две́рью.	Sie ging hinaus und schlug die Tür hinter sich zu.

Die durch das Adverbialpartizip und das verbale Prädikat ausgedrückten Handlungen beziehen sich auf das gleiche Subjekt. Man kann z. B. sagen: **Войдя́** в ко́мнату, он зажёг свет. *Er trat ins Zimmer und machte das Licht an*, weil die durch das Adverbialpartizip **войдя́** und durch das verbale Prädikat **вошёл** ausgedrückten Handlungen von ein und derselben Person ausgeführt werden. Demgegenüber kann in dem Satz: Когда́ он **вошёл** в ко́мнату, там **зажёгся** свет. *Als er das Zimmer betrat, wurde dort das Licht eingeschaltet* — der Nebensatz nicht durch eine Adverbialpartizipialkonstruktion ersetzt werden, weil im Haupt- und im Nebensatz verschiedene Subjekte stehen (**он** *er* und **свет** *das Licht*).

Übung 280. Lesen Sie die folgenden Sätze. Begründen Sie den Gebrauch der vollendeten und der unvollendeten Adverbialpartizipien.

1. Чита́я статью́, я выпи́сываю незнако́мые слова́. Прочита́в кни́гу, я сдам её в библиоте́ку. 2. Поднима́ясь по ле́стнице, они́ гро́мко разгова́ривали. Подня́вшись на четвёртый эта́ж, они́ позвони́ли. 3. Расстава́ясь, они́ обеща́ли писа́ть друг дру́гу. Расста́вшись два го́да тому́ наза́д, они́ не написа́ли друг дру́гу ни одного́ письма́. 4. Отдыха́я про́шлым ле́том в Крыму́, он зае́хал в Ялту. Отдохну́в, он продолжа́л рабо́ту. 5. Возвраща́ясь из теа́тра домо́й, я встре́тил това́рища. Возврати́вшись домо́й, я уви́дел на своём столе́ письмо́.

Die Adverbialpartizipialkonstruktion

Ein Adverbialpartizip kann durch von ihm abhängige Objekte oder Adverbialbestimmungen erläutert werden:

Ко́нчив рабо́ту, он уе́хал.	Nachdem er die Arbeit beendet hatte, fuhr er fort.
Лю́ди бесе́довали, **си́дя вокру́г стола́**.	Die Menschen unterhielten sich um den Tisch herum sitzend.

Das Adverbialpartizip **ко́нчив** hat das Objekt **рабо́ту** bei sich, das Adverbialpartizip **си́дя** die Adverbialbestimmung des Ortes **вокру́г стола́**.

Ein Adverbialpartizip mit den von ihm abhängigen Wörtern nennt man A d v e r b i a l p a r t i z i p i a l k o n s t r u k t i o n. In den angeführten Beispielen sind die Fügungen **ко́нчив рабо́ту** und **си́дя вокру́г сто-**

ла́ Adverbialpartizipialkonstruktionen. Die Adverbialpartizipialkonstruktion wird vom übrigen Satzganzen durch Kommas abgetrennt:

Мать, **закры́в окно́**, ме́дленно опусти́лась на стул. (*М. Г.*)

Die Mutter machte das Fenster zu und setzte sich langsam auf einen Stuhl.

Auch das Adverbialpartizip, das keine abhängigen Wörter bei sich hat, wird in der Regel durch Kommas abgetrennt:

Брат, **просну́вшись**, бы́стро вскочи́л с посте́ли.

Der Bruder wachte auf und sprang schnell aus dem Bett.

Übung 281. Schreiben Sie den Auszug aus dem Roman M. Gorkijs „Die Mutter" ab. Unterstreichen Sie die Adverbialpartizipialkonstruktionen. Geben Sie den Inhalt mit eigenen Worten wieder.

Листки́, призыва́вшие рабо́чих пра́здновать Пе́рвое ма́я, почти́ ка́ждую ночь накле́ивали на забо́рах, они́ появля́лись да́же на дверя́х полице́йского управле́ния, их ка́ждый день находи́ли на фа́брике. По утра́м поли́ция, руга́ясь, ходи́ла по слободе́, срыва́я и соска́бливая лило́вые бума́жки с забо́ров, а в обе́д они́ сно́ва лета́ли на у́лице, подка́тываясь по́д ноги прохо́жих.

Из го́рода присла́ли сы́щиков: они́, сто́я на у́лицах, щу́пали глаза́ми рабо́чих, ве́село и оживлённо проходи́вших с фа́брики на обе́д и обра́тно. Всем нра́вилось ви́деть бесси́лие сы́щиков, да́же пожилы́е рабо́чие, усмеха́ясь, говори́ли друг дру́гу:

— Что де́лают, а?

Всю́ду собира́лись ку́чки люде́й, горячо́ обсужда́я волну́ющий призы́в. Жизнь вскипа́ла, она́ в э́ту весну́ для всех была́ интере́снее, всем несла́ что́-то но́вое.

Übung 282. Lesen Sie die folgenden Sätze aus Werken M. Gorkijs. Erfragen Sie die Adverbialpartizipialkonstruktionen.

1. Мать, стара́ясь не шуме́ть посу́дой, налива́ла чай и вслу́шивалась в пла́вную речь де́вушки. 2. Па́вел встал и на́чал ходи́ть по ко́мнате, заложи́в ру́ки за́ спину. 3. Узна́в но́вость, он бы́стро вскочи́л, лицо́ его́ побледне́ло. 4. Чай пи́ли до́лго, стара́ясь сократи́ть ожида́ние. 5. Он шёл ме́дленно, кре́пко опира́ясь на па́лку. 6. Па́вел, овладе́в собо́й, стал говори́ть про́ще, споко́йнее. 7. Поро́ю он остана́вливался, не находя́ слов. 8. Око́нчив у́жин, все расположи́лись вокру́г костра́; пе́ред ни́ми, торопли́во поеда́я де́рево, горе́л ого́нь, сза́ди нави́сла тьма, оку́тав лес и не́бо. 9. По́длинную исто́рию трудово́го наро́да нельзя́ знать, не зна́я у́стного наро́дного тво́рчества. 10. Литера́тор, рабо́тая, одновре́менно превраща́ет и де́ло в сло́во, и сло́во — в де́ло.

Übung 283. Verbinden Sie jeweils einen der beiden Sätze mit der in Klammern angegebenen Adverbialpartizipialkonstruktion.

Muster: Парово́з гуде́л. Разда́лся гудо́к парово́за.
(*подъезжа́я к ста́нции*)
Подъезжа́я к ста́нции, парово́з гуде́л.

1. Его́ охвати́ло волне́ние. Он волнова́лся. (*услы́шав но́вость*)
2. Рабо́та продолжа́лась. Студе́нты продолжа́ли рабо́ту. (*пообе́дав*

и отдохнýв полчасá) 3. Онá захлóпнула дверь. Дверь захлóпнулась. (*выходя́ из дóма*) 4. Перчáтки пропáли. Я потеря́л перчáтки. (*возвращáясь домóй*) 5. Мы реши́ли собрáться у негó. Бы́ло при́нято реше́ние собрáться у негó. (*узнáв о егó прие́зде*) 6. Он не мог отве́тить на письмó. У негó не́ было возмóжности отве́тить на письмó. (*не имея́ áдреса*)

Die Bildung der Adverbialpartizipien

Die Bildung der Adverbialpartizipien von unvollendeten Verben

Adverbialpartizipien des unvollendeten Aspekts werden durch Anfügen des Suffixes -а (-я) an den Präsensstamm gebildet (nach Zischlauten -а, in allen übrigen Fällen -я): **читá-ют — читá-я; несýт — нес-я́; занимá-ют-ся — занимá-я-сь; слы́ш-ат — слы́ш-а.**

A u s n a h m e n. Die Adverbialpartizipien der Verben mit dem Suffix -ва- nach den Stämmen да-, зна-, ста- werden vom Infinitivstamm abgeleitet:
давá-ть — давá-я; узнавá-ть — узнавá-я; вставá-ть — вставá-я.

In der Volkssprache hat sich die Form unvollendeter Adverbialpartizipien mit dem Suffix -учи (-ючи) erhalten: **и́дучи, игрáючи, гля́дючи, жалéючи.** In der modernen Literatursprache werden diese Formen gewöhnlich nicht gebraucht. Gebräuchlich ist nur die Form **бýдучи,** das Adverbialpartizip vom Verb **быть** (**бýдучи** студéнтом *als ich (er) Student war, als Student;* **бýдучи** в гóроде *als ich (er, sie) in der Stadt war*).

Von einigen Verben des unvollendeten Aspekts lassen sich keine Adverbialpartizipien bilden; hierzu gehören:

1. Verben, deren Präsensstamm keinen Vokal enthält: **ждать** *warten* — **ждут, рвать** *reißen* — **рвут, терéть** *reiben* — **трут, пить** *trinken* — **пьют.**

2. Verben auf -чь: **печь** *backen,* **жечь** *brennen,* **берéчь** *aufbewahren,* **мочь** *können* u. a.

3. Verben mit dem Suffix -ну-: **сóхнуть** *trocknen,* **мóкнуть** *naß werden,* **гáснуть** *verlöschen.*

4. die Verben **писáть** *schreiben,* **плясáть** *tanzen,* **пахáть** *pflügen,* **рéзать** *schneiden,* **петь** *singen* und einige andere.

Übung 284. Bilden Sie unvollendete Adverbialpartizipien von folgenden Verben:

понимáть, рабóтать, читáть, возвращáться, перепи́сываться; держáть, слы́шать, кричáть, плáкать, краснéть, бледнéть, владéть, умéть; организовáть, критиковáть, существовáть, рáдоваться; люби́ть, стрóить, стоя́ть, спеши́ть, дорожи́ть; нести́, вести́, везти́, идти́; брать, звать; жить, плыть; борóться, смея́ться, боя́ться.

Übung 285. Bilden Sie Adverbialpartizipialkonstruktionen.

M u s t e r: Они́ *гуля́ли в пáрке и разговáривали.*
Гуля́я в пáрке, они́ разговáривали.
Разговáривая, они́ гуля́ли в пáрке.

1. Преподава́тель слу́шает нас и исправля́ет на́ши оши́бки.
2. Я возвраща́лся домо́й и ду́мал об э́том разгово́ре. 3. Мой друг
лежа́л на дива́не и чита́л газе́ту. 4. Де́ти бе́гали по́ двору и игра́ли
в мяч. 5. Мои́ друзья́ сиде́ли за столо́м и занима́лись.

Übung 286. Bilden Sie von 10 beliebigen Verben aus der Übung 285 unvollendete
Adverbialpartizipien und verwenden Sie sie in Sätzen.

Übung 287. Lesen Sie die folgenden Sätze. Schreiben Sie die Adverbialpartizipien
heraus. Schreiben Sie die Verben, von denen sie abgeleitet sind, im Infinitiv und in der 3.
Person Plural des Präsens auf.

1. Под голубы́ми небеса́ми
Великоле́пными ковра́ми,
Блестя́ на со́лнце, снег лежи́т. (*П.*)

2. Держа́ кувши́н над голово́й,
Грузи́нка у́зкою тропо́й
Сходи́ла к бе́регу. (*Л.*)

3. Она́ скользи́ла меж камне́й,
Смея́сь нело́вкости свое́й. (*Л.*)

4. Стари́нная ба́шня стоя́ла,
Черне́я на чёрной скале́. (*Л.*)

5. Колыха́ясь и сверка́я,
Дви́жутся полки́. (*Л.*)

Die Bildung der Adverbialpartizipien von vollendeten Verben

Vollendete Adverbialpartizipien werden vom Infinitiv- oder Präteritalstamm mit Hilfe der Suffixe **-в**, seltener **-вши** (nach Vokal) und **-ши** (nach Konsonanten) gebildet:

прочита́-ть   durchlesen — **прочита́-л** — **прочита́-в** o d e r: **прочита́-вши**
откры́-ть   öffnen — **откры́-л** — **откры́-в** o d e r: **откры́-вши**
взя́-ть-ся   sich an etwas machen — **взя́-л-ся** — **взя́-вши-сь**
принес-ти́   bringen — **принёс** — **принёс-ши**
влез-ть   hinaufklettern — **влез** — **вле́з-ши**

Bei unterschiedlichen Infinitiv- und Präteritalstämmen besteht eine
doppelte Bildungsmöglichkeit — die Ableitung vom Infinitivstamm
und vom Präteritalstamm:

окре́пну-ть   erstarken — **окре́пну-в** und **окре́п** — **окре́п-ши**
вы́сохну-ть   austrocknen — **вы́сохну-в** und **вы́сох** — **вы́сох-ши**
стере́-ть   abreiben — **стере́-в** und **стёр** — **стёр-ши**
запере́-ть   zuschließen — **запере́-в** und **за́пер** — **за́пер-ши**

Mitunter werden vollendete Adverbialpartizipien auch mit Hilfe
der Suffixe **-а, -я** vom Stamm des einfachen Futurs gebildet. Auf diese
Weise werden Adverbialpartizipien von einigen vollendeten konsonantstämmigen Verben, von Verben mit der Partikel **-ся**, deren Stamm
auf **-и** auslautet, und von einigen anderen Verben abgeleitet:

прочесть   durchlesen — **прочт-у́т** — **прочт-я́**
прийти́   kommen — **прид-у́т** — **прид-я́** und **прише́д-ши** (selten)

привести́	führen — привед-у́т — привед-я́ und приве́д-ши (selten)
принести́	bringen — принес-у́т — принес-я́ und принёс-ши (selten)
встре́титься	sich treffen — встре́т-ят-ся — встре́т-я-сь und встре́ти-вши-сь
прости́ться	sich verabschieden — прост-я́тся — прост-я́-сь und прости́в-вши-сь
уви́деть	erblicken — уви́д-ят — уви́д-я und уви́де-в o d e r: уви́де-вши
услы́шать	hören — услы́ш-ат — услы́ш-а und услы́ша-в o d e r: услы́ша-вши

Übung 288. Lesen Sie die folgenden Sätze. Schreiben Sie die vollendeten Adverbialpartizipien mit dem Infinitiv der Verben, von denen sie abgeleitet sind, heraus.

1. Мы расста́лись, пожела́в друг дру́гу счастли́вого пути́ и успе́хов. 2. Поко́нчив с рабо́той, я ещё раз напи́лся ча́ю, заверну́лся в одея́ло и, поверну́вшись спино́й к огню́, сла́дко усну́л. (*Арс.*) 3. Левинсо́н е́хал немно́го впереди́, заду́мавшись, опусти́в го́лову. (*Фад.*) 4. Вы́йдя из маши́ны, Та́ня почу́вствовала кра́йнюю уста́лость. 5. Они́ разошли́сь, не договори́вшись, недово́льные друг дру́гом. (*Шол.*) 6. Разде́вшись, она́ кре́пко потёрла румя́ные щёки ма́ленькими, кра́сными от хо́лода рука́ми. (*М. Г.*) 7. Возвратя́сь в ко́мнату, мать трево́жно загляну́ла в окно́. (*М. Г.*) 8. Мать, закры́в окно́, ме́дленно опусти́лась на стул. (*М. Г.*)

Übung 289. Bilden Sie vollendete Adverbialpartizipien von folgenden Verben:

дать, взять, поня́ть, призна́ть, изучи́ть, сказа́ть, засмея́ться, просну́ться; оби́деться; возврати́ться, прости́ться; проче́сть, произвести́, расцвести́, найти́, приобрести́, произнести́; вы́тереть, запере́ться; увле́чься, пересе́чь; пога́снуть, осты́нуть, окре́пнуть, исче́знуть

Übung 290. Bilden Sie von 10 beliebigen Verben aus der Übung 289 vollendete Adverbialpartizipien und verwenden Sie sie in Sätzen.

Übung 291. Ersetzen Sie die Sätze mit zwei Prädikaten durch Sätze mit einer Adverbialpartizipialkonstruktion bzw. mit einem Adverbialpartizip.

M u s t e r: Оте́ц *поза́втракал* и *ушёл* на рабо́ту.
Поза́втракав, оте́ц ушёл на рабо́ту.

1. Она́ умы́лась и вы́шла в сад. 2. Де́ти бе́гали по́ двору и игра́ли в мяч. 3. Мать накорми́ла дете́й и уложи́ла их спать. 4. Я внима́тельно слу́шал и стара́лся не пропусти́ть ни одного́ сло́ва. 5. Ма́льчик оттолкну́л ло́дку от бе́рега и пры́гнул в неё. 6. Мы до́лго стоя́ли на берегу́ и провожа́ли глаза́ми удаля́вшуюся ло́дку. 7. Путеше́ственники заблуди́лись и бы́ли вы́нуждены переночева́ть в лесу́. 8. Студе́нты сда́ли все экза́мены и разъе́хались на кани́кулы. 9. Он боя́лся опозда́ть и почти́ бежа́л.

Übung 292. Bilden Sie, soweit möglich, von den folgenden Verben Adverbialpartizipien. Schreiben Sie die unvollendeten und vollendeten Adverbialpartizipien gesondert auf.

взя́ться, принима́ть, устава́ть, привы́кнуть, увле́чься, бере́чь, овладе́ть, зави́сеть, писа́ть, звать, ждать, мо́кнуть, промо́кнуть, лечь, жечь, найти́, нарисова́ть, прису́тствовать, заинтересова́ться

Die Adverbialpartizipialkonstruktion und der Nebensatz

Den Adverbialpartizipialkonstruktionen, die im Satz als Adverbialbestimmungen der Zeit, des Grundes, der Bedingung usw. auftreten, können Nebensätze der Zeit, des Grundes, der Bedingung entsprechen.

Die Adverbialpartizipialkonstruktionen und die ihnen entsprechenden Nebensätze können einander ersetzen:

Возвраща́ясь домо́й, мы дру́жески бесе́довали.	Когда́ мы возвраща́лись домо́й, мы дру́жески бесе́довали.

Als wir nach Hause gingen, unterhielten wir uns freundschaftlich.

Не поня́в вопро́са, студе́нт не смог отве́тить на экза́мене.	Студе́нт не смог отве́тить на экза́мене, потому́ что он не по́нял вопро́са.

Der Student konnte in der Prüfung nicht antworten, weil er die Frage nicht verstanden hatte.

Примени́в но́вый ме́тод, брига́да мо́жет перевы́полнить но́рму.	Если брига́да приме́нит но́вый ме́тод, она́ мо́жет перевы́полнить но́рму.

Wenn die Brigade die neue Methode anwendet, kann sie die Norm übererfüllen.

Der Nebensatz gibt im Vergleich zur Adverbialpartizipialkonstruktion Zeit, Grund oder Bedingung exakter an. Ein und dieselbe Adverbialpartizipialkonstruktion kann mitunter (je nach dem Sinnzusammenhang) durch verschiedene Nebensätze ersetzt werden:

Услы́шав шум на у́лице, она́ подошла́ к окну́.	Когда́ она́ услы́шала шум на у́лице, она́ подошла́ к окну́. Als sie den Lärm auf der Straße hörte, trat sie ans Fenster. Она́ подошла́ к окну́, потому́ что услы́шала шум на у́лице. Sie trat ans Fenster, weil sie auf der Straße Lärm hörte.

Ersatz von Nebensätzen
durch Adverbialpartizipialkonstruktionen

Der Ersatz eines Nebensatzes durch eine Adverbialpartizipialkonstruktion ist nur dann möglich, wenn das Subjekt im Haupt- und im Nebensatz gleich ist. Bezeichnen die Subjekte des Haupt- und des Nebensatzes unterschiedliche Sachen oder Personen, so ist ein Ersatz nicht möglich. Das gilt zum Beispiel für den Satz:

Когда́ мы возвраща́лись домо́й, шёл дождь. — Als wir nach Hause gingen, regnete es.

Ein Nebensatz wird durch eine Adverbialpartizipialkonstruktion ersetzt, indem:

    a) die Konjunktion weggelassen wird;

    b) das verbale Prädikat des Nebensatzes durch das Adverbialpartizip des gleichen Aspekts ausgetauscht wird;

    c) das Subjekt des Nebensatzes weggelassen oder in den Hauptsatz übernommen wird (falls das Subjekt in ihm durch ein Personalpronomen ausgedrückt war).

Когда́ пу́тники уви́дели на горизо́нте грозову́ю ту́чу, они́ приба́вили ша́гу. — **Уви́дев** на горизо́нте грозову́ю ту́чу, **пу́тники** приба́вили ша́гу.

Als die Wanderer am Horizont eine Gewitterwolke erblickten, beschleunigten sie ihre Schritte.

Übung 293. Ersetzen Sie die Nebensätze durch Adverbialpartizipialkonstruktionen.

A. M u s t e r: *Когда́ они́ рабо́тали, они́ молча́ли.*
               Рабо́тая, они́ молча́ли.

1. Я не мог прие́хать к вам, потому́ что не знал ва́шего а́дреса. 2. Когда́ мы возвраща́лись с собра́ния, мы продолжа́ли обсужда́ть э́тот вопро́с. 3. Когда́ я отдыха́ю по́сле заня́тий в свое́й ко́мнате, я обы́чно чита́ю и́ли слу́шаю му́зыку. 4. Студе́нт не мог отвеча́ть пра́вильно, так как не понима́л вопро́сов. 5. Когда́ мы говори́м по-ру́сски, мы иногда́ де́лаем оши́бки. 6. Когда́ студе́нты сдава́ли экза́мен, они́ волнова́лись. 7. Мы спо́рили об э́том, когда́ шли в университе́т. 8. Когда́ моя́ сестра́ учи́лась в шко́ле, она́ осо́бенно интересова́лась биоло́гией. 9. Когда́ я жил зимо́й в до́ме о́тдыха, я ка́ждый день ходи́л на лы́жах. 10. Сестра́ до́лго не писа́ла мне, потому́ что серди́лась на меня́.

B. M u s t e r: *Когда́ мы прочита́ли текст, мы на́чали учи́ть но́вые слова́.*
               Прочита́в текст, мы на́чали учи́ть но́вые слова́.

1. Когда́ мой брат око́нчил университе́т, он поступи́л в аспиранту́ру. 2. Когда́ я получи́л э́то письмо́, я сра́зу написа́л отве́т. 3. Она́ ушла́ домо́й, потому́ что почу́вствовала себя́ пло́хо. 4. Студе́нт отве́тил пло́хо, потому́ что не вы́учил материа́л. 5. Когда́ брат вернётся с рабо́ты, он позвони́т тебе́. 6. Когда́ она́ уви́дела нас, она́ сра́зу подошла́ к нам.

Übung 294. Ersetzen Sie die Nebensätze durch Adverbialpartizipialkonstruktionen.

1. Когда́ това́рищи встреча́лись, они́ расска́зывали друг дру́гу все но́вости. 2. Когда́ он отдохну́л, он собра́лся уходи́ть. 3. Он ушёл, потому́ что почу́вствовал себя́ ли́шним. 4. Та́к как мы не име́ли никаки́х изве́стий об экспеди́ции, мы на́чали беспоко́иться о её судьбе́. 5. Е́сли я верну́сь пора́ньше, я смогу́ зайти́ к тебе́. 6. Е́сли бы он знал ваш а́дрес, он обяза́тельно написа́л бы вам. 7. Когда́ он расска́зывал что́-нибудь смешно́е, он сам всегда́ оста-

вался серьёзным. 8. Все смея́лись, когда́ слу́шали его́ расска́з. 9. Мы спеши́ли домо́й, потому́ что боя́лись надвига́ющейся грозы́. 10. Если он пообеща́л прие́хать, он обяза́тельно прие́дет.

ZUSAMMENFASSUNG DER GRUNDBEDEUTUNGEN DER VERBALPRÄFIXE

Präfixe	Bedeutung der Präfixe	Anmerkungen

в- (во-)	1. Richtung einer Handlung nach innen:
	а) войти́
	   входи́ть │ в ко́мнату
	   вложи́ть
	   вкла́ды- │ письмо́ в конве́рт
	   вать
	   воткну́ть
	   втыка́ть │ лопа́ту в зе́млю
	б) вступи́ть
	   вступа́ть │ в профсою́з
	   вовле́чь
	   вовлека́ть │ кого́-либо в рабо́ту
	
	2. Ein Sichversenken in eine Handlung oder einen Zustand:
	   вду́маться │ в смысл
	   вду́мываться │ в слова́
	   вслу́шаться │ в разгово́р
	   вслу́шиваться │ в го́лос
	3. Bewegung nach oben:
	   вкати́ть
	   вка́тывать │ пово́зку на́ гору
	   влезть
	   влеза́ть │ на де́рево
		1. Substantive, die von Verben mit dem Präfix в- abhängen, werden oft mit der Präposition в gebraucht (войти́ в ко́мнату). Verben mit entgegengesetzter Bedeutung haben gewöhnlich das Präfix вы-; die von diesen Verben abhängigen Substantive werden mit der Präposition из gebraucht (вы́йти из ко́мнаты)
		2. Diese Verben werden nur mit der Partikel gebraucht.
		
		Verben mit entgegengesetzter Bedeutung haben das Präfix с- (скати́ть с горы́, слезть с де́рева).

вз-
(взо-,
вс-)
	1. Bewegung nach oben:
	   взойти́
	   всходи́ть │ на крыльцо́
	   взобра́ться
	   взбира́ться │ на де́рево
	   взлете́ть
	   взлета́ть │ взлете́ла ста́я птиц
	2. Erreichen eines Resultats (Abgeschlossenheit, Vollendung der Handlung):
	   вспаха́ть │ по́ле
	   паха́ть │ уча́сток
	   вскипяти́ть │ во́ду
	   (кипяти́ть) │ молоко́
		In dieser Bedeutung dient das Präfix вс- zur Bildung des Aspektpartners.

вы-	1. Richtung einer Handlung von innen nach außen:
	   вы́йти
	   выходи́ть │ из ко́мнаты
	   вы́лить
	   вылива́ть │ во́ду из стака́на
	2. Erreichen eines Resultats:
		In dieser Bedeutung dient das Präfix вы- zur Bildung des Aspektpartners.

374

Präfixe	Bedeutung der Präfixe		Anmerkungen
вы-	**вы́учить** (**учи́ть**) **вы́сохнуть** (**со́хнуть**) **вы́стирать** (**стира́ть**) **вы́сушить** (**суши́ть**) **вы́спаться** **высыпа́ться**	стихотворе́ние слова́ Появи́лось со́лнце, и трава́ вы́сохла. пла́тье бельё бельё Я по́здно лёг спать и не вы́спался.	Das Verb **вы́спаться** *sich ausschlafen* wird nur mit der Partikel **-ся** gebraucht.

до-	1. Erreichen einer Grenze:
	а) **дое́хать**
	   доезжа́ть
	   доплы́ть
	   доплыва́ть
	   дочита́ть
	   дочи́тывать
	б) **дописа́ть**
	   допи́сывать
	   дослу́шать
	   дослу́шивать
	2. Erreichen eines Resultats trotz gewisser Schwierigkeiten:
	дозва́ться
	добуди́ться
	
	достуча́ться
	
	дозвони́ться
		до грани́цы
		до бе́рега
		кни́гу (до 101-й страни́цы, до середи́ны)
		письмо́
		расска́з
		
		Его́ с трудо́м дозвали́сь. Я до́лго тебя́ буди́л, но не мог добуди́ться.
		Он стуча́л, стуча́л и наконе́ц достуча́лся: дверь откры́ли.
		кому́-либо по телефо́ну
			Die Grenze der Handlung wird durch ein Substantiv mit der Präposition **до** bezeichnet.
			
			Verben mit dieser Bedeutung werden von transitiven und intransitiven Verben mit Hilfe des Präfixes **до-** und der Partikel **-ся** gebildet.
			
			Diese Verben sind gewöhnlich vollendet.

за-	1. Richtung einer Handlung hinter einen Gegenstand: **забежа́ть** **забега́ть** **заткну́ть** **затыка́ть** 2. Abstecher auf dem Wege zu einem anderen Ziel: **забежа́ть** **забега́ть** **зайти́** **заходи́ть** 3. Bewegung weit hinein in etwas oder über die Grenzen von etwas hinaus: **зайти́** **заходи́ть**	за де́рево топо́р за по́яс в магази́н на обра́тном пути́ к това́рищу по пути́ в институ́т далеко́ в лес	Nach Verben mit dieser Bedeutung steht ein Substantiv mit der Präposition **за**.

Präfixe	Bedeutung der Präfixe	Anmerkungen
	заплы́ть **заплыва́ть** │ далеко́ **забро́сить** **забра́сывать** │ мяч на кры́шу	
	4. Bedecken eines Gegenstandes mit etwas: **засы́пать** **засыпа́ть** │ семена́ землёй **заве́сить** **заве́шивать** │ окно́ што́рами **зали́ть** **залива́ть** │ бума́гу черни́лами **зарасти́** **зараста́ть** │ траво́й	
	5. Übermaß einer Handlung: **засиде́ться** **заси́живаться** │ в гостя́х **зарабо́таться** **заговори́ться** │ Мы заговори́лись и не заме́тили, что уже́ наступи́ла ночь.	Diese Verben werden mit Hilfe des Präfixes **за-** und der Partikel **-ся** gebildet. Ohne **-ся** werden sie entweder nicht gebraucht oder sie haben dann eine andere Bedeutung.
	6. Beginn einer Handlung: **зашуме́ть** **закрича́ть** **запе́ть** **засмея́ться**	Diese Verben sind gewöhnlich vollendet.
из- **(ис-,** **изо-)**	1. Bewegung von innen, Herausziehen, Entfernen von etwas: **извле́чь** **извлека́ть** │ оско́лок, по́льзу из чего́-либо **исключи́ть** **исключа́ть** │ ученика́ из шко́лы	Häufiger in übertragener Bedeutung.
	2. Ausschöpfen einer Handlung: **исходи́ть** **избе́гать** │ весь лес, весь сад **исписа́ть** **изре́зать** │ всю тетра́дь, всю бума́гу	Der unvollendete Aspekt dieser Verben ist ungebräuchlich.
на-	1. Richtung der Handlung auf die Oberfläche eines Gegenstandes: **нае́хать** **наезжа́ть** │ на де́рево, на ка́мень **наткну́ться** **натыка́ться** │ на стол **набро́сить** **набра́сывать** │ пальто́ на пле́чи **накле́ить** **накле́ивать** │ ма́рку на конве́рт	
	2. Vollständigkeit einer Handlung: a) Ausdehnung der Handlung auf eine unbestimmte Anzahl von Gegenständen:	Das Präfix **на-** in dieser Bedeutung wird an transitive

Präfixe	Bedeutung der Präfixe	Anmerkungen
	накупи́ть ⎫ **накупа́ть** ⎬ книг **наруби́ть** ⎭ дров **напе́чь** пирого́в **нарва́ть** цвето́в **наноси́ть** воды́	Verben angefügt. Nach den angeführten Verben steht das Objekt stets im Genitiv. Vgl.: **купи́ть кни́ги** und **накупи́ть кни́г**.
	b) Vollständige Befriedigung durch die Handlung: **напи́ться** молока́ **нае́сться** пирого́в **насмотре́ться** ⎪ на что́-либо и́ли на ⎪ кого́-либо **набе́гаться** **нагуля́ться** **наигра́ться**	Alle Verben dieser Gruppe werden mit Hilfe des Präfixes **на-** und der Partikel **-ся** gebildet.Ohne **-ся** werden sie nicht gebraucht, oder sie haben dann eine andere Bedeutung. Die Verben der Gruppen a) und b) stehen gewöhnlich nur im vollendeten Aspekt.
	3. Abgeschlossenheit einer Handlung: **написа́ть** ⎫ **(писа́ть)** ⎬ письмо́ **напеча́тать** ⎫ **(печа́тать)** ⎬ статью́ в газе́те **нарисова́ть** ⎫ **(рисова́ть)** ⎬ портре́т **начерти́ть** ⎫ **(черти́ть)** ⎬ чертежи́ **научи́ть** ⎪ това́рища игре́ в ша́хматы **(учи́ть)** ⎪ (игра́ть в ша́хматы) **накорми́ть** ⎫ **(корми́ть)** ⎬ ребёнка	In dieser Bedeutung dient das Präfix **на-** zur Bildung des Aspektpartners.
недо-	Nicht zu Ende geführte Handlung: **недовы́полнить** ⎫ **недовыполня́ть** ⎬ план **недооцени́ть** ⎫ **недооце́нивать** ⎬ си́лы, возмо́жности **недосоли́ть** ⎫ **недоса́ливать** ⎬ суп **недожа́рить** ⎫ **недожа́ривать** ⎬ котле́ты	Verben mit entgegengesetzter Bedeutung haben das Präfix **пере-**: **перевы́полнить план, переоцени́ть си́лы, пересоли́ть суп, пережа́рить котле́ты.**
над- **(надо-)**	1. Hinzufügen eines zusätzlichen Teils: **надстро́ить** ⎫ **надстра́ивать** ⎬ дом, эта́ж **надвя́зывать** ⎫ **надвяза́ть** ⎬ чуло́к 2. Unvollständige, nicht auf den ganzen Gegenstand gerichtete Handlung: **надкуси́ть** ⎫ **надку́сывать** ⎬ я́блоко **надломи́ть** ⎫ **надла́мывать** ⎬ ве́тки	

Präfixe	Bedeutung der Präfixe	Anmerkungen

o-,
(об-,
обо-)
	1. Bewegung um einen Gegenstand herum:
	a) **обойти́**
	   обходи́ть
	   обежа́ть ⎱ вокру́г де́рева
	   обега́ть
	б) **обойти́**
	   обходи́ть
	   объе́хать ⎱ боло́то, го́ру
	   объезжа́ть
	
	2. Ausdehnung einer Handlung auf den ganzen Gegenstand oder auf viele Gegenstände:
	   обе́гать
	   обежа́ть ⎱ весь сад
	   объе́здить
	   объезжа́ть ⎱ все города́
	   обойти́
	   обходи́ть ⎱ все знако́мые места́ в го́роде
	   опроси́ть
	   опра́шивать ⎱ всех студе́нтов
	   обши́ть
	   обшива́ть ⎱ всю семью́
	
	3. Umgeben eines Gegenstandes mit anderen Gegenständen:
	   обсади́ть
	   обса́живать ⎱ дом цвета́ми
	   обши́ть
	   обшива́ть ⎱ плато́к кружева́ми
	   обступи́ть ⎱ Ученики́ обступи́ли
	   обступа́ть ⎱ учи́теля.
		Das direkte Objekt wird nach diesen Verben oft mit dem Pronomen **весь** gebraucht.

o-,
(об-,
обо-)
	4. Fehlerhaftigkeit einer Handlung:
	   ослы́шаться (непра́вильно что́-либо услы́шать)
	   оговори́ться ⎱ сказа́ть неча́янно не
	   огова́риваться ⎱ то, что на́до)
	   оступи́ться ⎱ Он оступи́лся и упа́л.
	   оступа́ться
	
	5. Qualitätsänderung eines Gegenstandes:
	   обогати́ть ⎱ (сде́лать бога́тым)
	   (обогаща́ть)
	   обогати́ться ⎱ (сде́латься, стать бо-
	   обогаща́ться ⎱ га́тым)
	   осчастли́вить (сде́лать счастли́вым)
	   осироте́ть (стать сирото́й)
	   овдове́ть (стать вдово́й)
	   ослепи́ть
	   ослепля́ть ⎱ (сде́лать слепы́м)
	   оглуши́ть
	   оглуша́ть ⎱ (сде́лать глухи́м)
	
	6. Erreichen eines Resultats, Abgeschlossenheit einer Handlung:
	   окре́пнуть ⎱ (стать кре́пче, кре́пким)
	   (кре́пнуть)
		Die Verben dieser Gruppe werden mit Hilfe des Präfixes **o-** und der Partikel **-ся** gebildet.
		
		Diese Verben werden von Adjektiv- und Substantivstämmen abgeleitet.
		
		In dieser Bedeutung dient das Präfix **o-** zur Bildung des Aspektpartners.

Präfixe	Bedeutung der Präfixe	Anmerkungen
	оглóхнуть (глóхнуть) (стать глухи́м) ослéпнуть (слéпнуть) (стать слепы́м) ослабéть (слабéть) (стать сла́бым)	
от- (ото-)	Richtung der Bewegung bzw. der Handlung von einem Gegenstand weg: a) отойти́ / отходи́ть — от огня́ / от до́ма отплы́ть / отплыва́ть — от бе́рега отодви́нуть / отодвига́ть — стака́н от себя́ отложи́ть / откла́дывать — кни́гу в сто́рону b) оторва́ть / отрыва́ть — пу́говицу от пальто́ отвяза́ть / отвя́зывать — ло́шадь от де́рева отклéить / отклéивать — ма́рку от конве́рта в) отучи́ть / отуча́ть — кого́-либо от куре́ния	Substantive, die von Verben mit dem Präfix от- abhängen, werden oft mit der Präposition от gebraucht: отойти́ от окна́, отвяза́ть ло́шадь от де́рева. Verben mit entgegengesetzter Bedeutung haben oft das Präfix при-; die von diesen Verben abhängigen Substantive werden mit der Präposition к gebraucht: привяза́ть ло́шадь к де́реву; придви́нуть кни́гу к себе́, привы́кнуть к ко́му-либо, к чему́-нибудь.
пере-	1. Bewegung durch einen Gegenstand hindurch, von einer Seite eines Gegenstandes zur anderen: перейти́ / переходи́ть — че́рез у́лицу / у́лицу перепры́гнуть / перепры́гивать — че́рез ручéй / ручéй 2. Bewegung eines Gegenstandes von einem Ort an einen anderen: перее́хать / переезжа́ть — на другу́ю кварти́ру пересели́ться / переселя́ться — из го́рода в дере́вню пересéсть / переса́живаться — со сту́ла на дива́н переста́вить / переставля́ть — цветы́ с окна́ на стол 3. Erneute Ausführung einer Handlung: переписа́ть / перепи́сывать — письмó, сочинéние, упражнéние	Die von diesen Verben abhängigen Substantive werden mit der Präposition че́рез oder im Akkusativ ohne Präposition gebraucht. Die beiden Wortverbindungen перейти́ че́рез у́лицу und перейти́ у́лицу sind gleichbedeutend.

Präfixe	Bedeutung der Präfixe	Anmerkungen
	перечита́ть кни́гу перечи́тывать письмо́ перерабо́тать статью́ перераба́тывать докла́д перестро́ить перестра́ивать дом 4. Zerteilen eines Gegenstandes: перере́зать верёвку перерва́ть ни́тку перепили́ть де́рево перепи́ливать бревно́	
	5. Übermaß einer Handlung, Überschreiten einer Norm: пересоли́ть переса́ливать суп перевари́ть перева́ривать карто́фель перевы́полнить перевыполня́ть план переоцени́ть си́лы, возмо́жно- переоце́нивать сти переутоми́ться переутомля́ться	Verben mit entgegengesetzter Bedeutung haben das Präfix **недо-**: **недогре́ть, недосоли́ть, недовари́ть, недовы́полнить** usw.
	6. Ausdehnung einer Handlung der Reihe nach auf alle Gegenstände: **пересмотре́ть** все фи́льмы **перечита́ть** все кни́ги **перемы́ть** все ча́шки **перелома́ть** все игру́шки **переби́ть** всю посу́ду	Unvollendete Entsprechungen sind ungebräuchlich.
	7. Gegenseitigkeit einer Handlung: **перепи́сываться** с друзья́ми **перегова́риваться** в лесу́ **перекли́ка́ться** на прогу́лке	Viele dieser Verben stehen nur im unvollendeteten Aspekt. Sie werden mit Hilfe des Präfixes **пере-** und der Partikel **-ся** gebildet.
под- **(подо-)**	1. Richtung einer Handlung unter einen Gegenstand: подложи́ть поду́шку под го́- подкла́дывать лову подста́вить ведро́ под струю́ подставля́ть воды́	Die von den Verben dieser Gruppe abhängigen Substantive werden gewöhnlich mit der Präposition **под** gebraucht.
	2. Annäherung: подойти́ подходи́ть к до́му подплы́ть подплыва́ть к бе́регу подтащи́ть подта́скивать ве́щи к ваго́ну 3. Richtung einer Handlung von unten nach oben: подбро́сить подбра́сывать мяч	Die von den Verben dieser Gruppe abhängigen Substantive werden gewöhnlich mit der Präposition **к** gebraucht. Verben mit entgegengesetzter Bedeutung haben das Präfix **-от-**: **отойти́ от до́ма**, und die von diesen Verben abhängigen Substantive werden mit der Präposition **от** verbunden.

Präfixe	Bedeutung der Präfixe	Anmerkungen

	подпры́гнуть
	подпры́гивать
	подскочи́ть
	подска́кивать
	
	4. Hinzufügen:
	  подли́ть | воды́
	  подлива́ть
	  подсы́пать | муки́
	  подсыпа́ть
	
	5. Heimliche, unbemerkte Ausführung einer Handlung:
	  подслу́шать | разгово́р
	  подслу́шивать
	  подстере́чь | врага́
	  подстерега́ть
	  подговори́ть | кого́-либо что́-либо
	  подгова́ривать сде́лать
		Nach den Verben dieser Gruppe steht das Objekt gewöhnlich im Genitiv.

пре-	1. Übermaß oder hoher Grad einer Handlung:
	  преувели́чить | успе́хи
	  преувели́чивать | тру́дности
	  преуме́ньшить | успе́хи
	  преуменьша́ть | тру́дности
	  превы́сить | власть
	  превыша́ть
	  превзойти́ | пре́жний у́ровень
	  превосходи́ть
	
	2. Veränderung eines Zustandes:
	  преврати́ть | во́ду в лёд
	  превраща́ть
	  преобразова́ть | хозя́йство
	  преобразо́вывать
	  преобрази́ться | Страна́ преобрази́-
	  преобража́ться лась	

пред-
(предо-)
	Vorhersage von etwas:
	  предсказа́ть | пого́ду
	  предска́зывать
	  предви́деть | опа́сность
	  предчу́вствовать | несча́стье
	  предусмотре́ть | собы́тия
	  предусма́тривать
	  предостере́чь | кого́-либо от опа́с-
	  предостерега́ть ности
		Die Verben **предви́деть, предчу́вствовать** sind unvollendet; sie haben keinen vollendeten Aspektpartner.

при-	1. Annähern, Anschließen:
	a) **прийти́** | домо́й
	  приходи́ть | к това́рищу
	        | в институ́т
	  прие́хать | в дере́вню
	  приезжа́ть | в го́род
	        | к друзья́м
		Verben mit entgegengesetzter Bedeutung haben das Präfix **у-: уйти́, уе́хать, унести́.**

381

Präfixe	Bedeutung der Präfixe	Anmerkungen
	принести́ приноси́ть ∣ кни́гу това́рищу	
	б) привяза́ть привя́зывать ∣ ло́шадь к де́реву приши́ть пришива́ть ∣ пу́говицы к пла́тью привинти́ть приви́нчивать ∣ коньки́ к боти́нкам прикле́ить прикле́ивать ∣ ма́рки к конве́рту **в)** приба́вить прибавля́ть приписа́ть припи́сывать пристро́ить пристра́ивать	Bei diesen Verben stehen Substantive mit der Präposition **к**. Verben mit entgegengesetzter Bedeutung haben gewöhnlich das Präfix **от-**: **отвяза́ть ло́шадь, отвинти́ть коньки́, откле́ить ма́рку.** Substantive werden mit diesen Verben durch die Präposition **от** verbunden.
	2. Unvollständigkeit einer Handlung: привста́ть привстава́ть ∣ (немно́го встать) присе́сть приса́живаться ∣ (сесть ненадо́лго) приле́чь (лечь ненадо́лго) приоткры́ть приоткрыва́ть ∣ (слегка́ откры́ть)	Zu den Verben mit dem Präfix **при-**, die ein Annähern, Anschließen oder Hinzufügen bezeichnen, gehören auch folgende Verben mit abstrakter Bedeutung: привы́кнуть привыка́ть ∣ к кли́мату приучи́ть ∣ дете́й к поря́д- приуча́ть ∣ ку призва́ть ∣ наро́д к борьбе́ призыва́ть
про-	1. Bewegung durch einen Gegenstand hindurch, Durchdringen: проте́чь ∣ Вода́ протека́ла сквозь протека́ть ∣ дыру́ в кры́ше. провали́ться прова́ливаться ∣ под лёд прони́кнуть ∣ Сла́бый свет прони- проника́ть ∣ ка́л че́рез ма́лень- ∣ кое окно́.	Die von den Verben dieser Gruppe abhängigen Substantive werden oft mit der Präposition **сквозь** oder **че́рез** gebraucht.
	2. Vollständigkeit einer Handlung (die Handlung erfaßt den ganzen Gegenstand): проду́мать ∣ отве́т на вопро́с, план проду́мывать ∣ выступле́ния проби́ть пробива́ть ∣ Пу́ля проби́ла стекло́. прочу́вствовать ∣ ска́занное ∣ прочи́танное просуши́ть ∣ оде́жду просу́шивать	Das Verb **прочу́вствовать** ist vollendet; es hat keinen unvollendeten Aspektpartner.
	3. Bewegung über ein Ziel hinaus (an einem Gegenstand vorbei): прое́хать проезжа́ть ∣ ми́мо ста́нции пролете́ть пролета́ть ∣ Пу́ля пролете́ла ми́мо.	

Präfixe	Bedeutung der Präfixe	Anmerkungen
	промча́ться | Автомоби́ль промча́лся ми́мо нас.	
	4. Die Handlung erfaßt einen bestimmten zeitlichen oder räumlichen Abschnitt: **проболе́ть** ме́сяц **пролежа́ть** ме́сяц в посте́ли **прожи́ть** в дере́вне неде́лю **прожда́ть** кого́-либо це́лый час **проспа́ть** весь день **простоя́ть** полчаса́ в о́череди **пройти́** два киломе́тра **прое́хать** 60 киломе́тров	Diese Verben haben in der Regel keine unvollendeten Entsprechungen. Von diesen Verben können unvollendete Aspektpartner gebildet werden.
	5. Fehlerhafte Handlung: **проспа́ть** **просыпа́ть** | Он проспа́л и опозда́л на ле́кцию. **прозева́ть** | Мы увлекли́сь разгово́ром и прозева́ли свою́ остано́вку. **проболта́ться** | Он не до́лжен был говори́ть э́того и всё-таки проболта́лся. **промахну́ться.** | Он вы́стрелил, но промахну́лся.	
	6. Abgeschlossenheit einer Handlung: **прочита́ть** **(чита́ть)** | кни́гу **прозвене́ть** **(звене́ть)** | Прозвене́л звоно́к. **пропе́ть** **(петь)** | Мы пропе́ли оди́н купле́т.	In dieser Bedeutung dient das Präfix **про-** zur Bildung des Aspektpartners.
раз- **(рас-,** **разо-)**	1. Zerlegen in Teile: **раздели́ть** **разделя́ть** | отря́д на гру́ппы **разби́ть** **разбива́ть** | стака́ны, ча́шки **разруби́ть** **разруба́ть** | поле́но попола́м **разре́зать** **разреза́ть** | хлеб **распили́ть** **распи́ливать** | бревно́ на 3 ча́сти	Bei diesen Verben stehen Substantive mit der Präposition **на**: разби́ть на гру́ппы, раздели́ть на отря́ды, разре́зать на ча́сти.
	2. Trennen: **раздви́нуть** **раздвига́ть** | столы́ **разогна́ть** **разгоня́ть** | Ве́тер разогна́л ту́чи. **разъедини́ть** **разъединя́ть** | провода́	Verben mit entgegengesetzter Bedeutung haben das Präfix **с-, со-**: сдви́нуть, согна́ть, соедини́ть, свести́.
	3. Ausdehnung einer Handlung in verschiedene Richtungen: **разброса́ть** **разбра́сывать** | ве́щи по всей ко́мнате	

Präfixe	Bedeutung der Präfixe	Anmerkungen
	разложи́ть | кни́ги на столе́ **раскла́дывать** | **расста́вить** | столы́ и сту́лья по **расставля́ть** | свои́м места́м	
	4. Bewegung von einem Punkt aus nach verschiedenen Seiten: **разойти́сь** | по свои́м ко́мнатам **расходи́ться** | **разъе́хаться** | по дома́м **разъезжа́ться** |	Intransitive Verben mit dem Präfix **раз-** enthalten stets die Partikel **-ся**. Verben mit entgegengesetzter Bedeutung haben das Präfix **с-** und die Partikel **-ся: сойти́сь, съе́хаться**
	5. Handlung die der vorhergehenden entgegengesetzt ist: **развяза́ть** | у́зел **развя́зывать** | **распеча́тать** | письмо́ **распеча́тывать** | **расстегну́ть** | пальто́ **расстёгивать** | **разде́ться** **раздева́ться** **разлюби́ть** | что́-нибудь | кого́-нибудь	Verben mit entgegengesetzter Bedeutung haben oft das Präfix **за-: завяза́ть, запеча́тать, заверну́ть, застегну́ть**, aber auch andere Präfixe (**по-: полюби́ть**).
	6. Allmähliche Verstärkung der Handlung: **расшуме́ться** **раскрича́ться** **разболе́ться** **разгоре́ться** **разгора́ться**	Diese Verben werden ohne **-ся** nicht gebraucht. Sie haben gewöhnlich keine unvollendete Entsprechung.
	7. Vollständigkeit einer Handlung: **рассмотре́ть** | лицо́ **рассма́тривать** | карти́ну **расспроси́ть** | о чём-либо **расспра́шивать** | **разузна́ть** | о чём-либо **разузнава́ть** |	Unvollendete Entsprechungen von **рассы́шать, разруга́ть** und **разбрани́ть** sind ungebräuchlich.
	8. Erreichen eines Resultats, Abgeschlossenheit einer Handlung: **разбуди́ть** (**буди́ть**) **рассерди́ть** (**серди́ть**) **развесели́ть** (**весели́ть**) **раста́ять** (**та́ять**)	In dieser Bedeutung dient das Präfix **раз-** zur Bildung des Aspektpartners.
с- (со-)	1. Entfernen von der Oberfläche: **стере́ть** | пыль с ме́бели **стира́ть** | **смыть** | грязь **смыва́ть** | **сорва́ть** | Ве́тер сорва́л шля́пу с го- **срыва́ть** | ловы́.	Bei diesen Verben stehen oft Substantive mit der Präposition **с**.

Präfixe	Bedeutung der Präfixe	Anmerkungen
	2. Richtung einer Bewegung nach unten: **сойти́** **сходи́ть** ⎸ с ле́стницы **съе́хать** **съезжа́ть** ⎸ с горы́	Verben mit entgegengesetzter Bedeutung haben das Präfix **вз-**: **взойти́ на ле́стницу, взбежа́ть на крыльцо́; в-**: **въе́хать на́ гору, влезть на де́рево.**
	3. Zusammenfügen: **сдви́нуть** **сдвига́ть** ⎸ столы́ **соста́вить** **составля́ть** ⎸ столы́ **связа́ть** **свя́зывать** ⎸ верёвку с верёвкой **сцепи́ть** **сцепля́ть** ⎸ ваго́ны	Verben mit entgegengesetzter Bedeutung haben gewöhnlich das Präfix **раз-**: **раздви́нуть столы́, расцепи́ть ваго́ны.**
	4. Bewegung von verschiedenen Seiten her zu einem Punkt hin: **сойти́сь** **сходи́ться** ⎸ в одно́й то́чке **съе́хаться** **съезжа́ться** ⎸ в одно́ ме́сто **сбежа́ться** **сбега́ться** ⎸ на крик **сли́ться** **слива́ться** ⎸ в оди́н пото́к	Verben mit entgegengesetzter Bedeutung haben das Präfix **раз-**: **разойти́сь, расходи́ться, разбежа́ться, разбега́ться, разъе́хаться, разъезжа́ться.**
	5. Gegenseitigkeit einer Handlung: **сговори́ться** **сгова́риваться** ⎸ с ке́м-либо пойти́ куда́-либо, сде́лать что́-либо **созвони́ться** **созва́ниваться** ⎸ по телефо́ну с ке́м-либо	Diese Verben werden immer mit der Partikel **-ся** gebraucht.
	6. Kopieren, Nachbilden: **срисова́ть** **срисо́вывать** **списа́ть** **спи́сывать**	
	7. Erreichen eines Resultats, Abgeschlossenheit einer Handlung: **сде́лать** (**де́лать**) **спря́тать** (**пря́тать**) **спеть** (**петь**) **слома́ть** (**лома́ть**)	In dieser Bedeutung dient das Präfix **с-** zur Bildung des Aspektpartners.
	8. Einmalige Bewegung hin und zurück: **сходи́ть** ⎸ в магази́н **ходи́ть** ⎸ в кино́ **своди́ть** **води́ть** ⎸ ребёнка к врачу́	

Präfixe	Bedeutung der Präfixe	Anmerkungen
у-	1. Entfernen: **убра́ть** **убира́ть** │ ве́щи в шкаф **уйти́** **уходи́ть** **унести́** **уноси́ть** │ ве́щи в другу́ю ко́мнату	Verben der Bewegung mit entgegengesetzter Bedeutung haben das Präfix **при-: прийти́, принести́ ве́щи, привезти́ дете́й с да́чи.**
	2. Ausdehnung einer Handlung über die ganze Oberfläche eines Gegenstandes: **уста́вить** **уставля́ть** │ весь стол посу́дой **уве́шать** **уве́шивать** │ сте́ны карти́нами **устла́ть** **устила́ть** │ пол ковра́ми	
	3. Ausführung einer Handlung trotz gewisser Hindernisse: **уговори́ть** **угова́ривать** **упроси́ть** │ С трудо́м уговори́л **упра́шивать** │ (упроси́л) его́ пойти́ │ к врачу́. **усиде́ть** │ Пого́да была́ так │ хороша́, что я не │ мог усиде́ть до́ма. **уцеле́ть** │ По́сле бомбёжки в го́- │ роде уцеле́ло лишь │ не́сколько домо́в.	Diese Verben werden gewöhnlich durch **едва, с трудо́м** verdeutlicht. Die Verben **устоя́ть, усиде́ть, уцеле́ть** haben keine unvollendeten Entsprechungen.
	4. Dauerhaftigkeit, Gründlichkeit einer Handlung: **усе́сться** **уса́живаться** │ удо́бно **уле́чься** **укла́дываться**	
	5. Einmaligkeit: **уви́деть** **(ви́деть)** **услы́шать** **(слы́шать)** **ужа́лить** **(жа́лить)**	Das Präfix **у-** dient in dieser Bedeutung zur Bildung des Aspektpartners.
	6. Zur Ableitung transitiver Verben von Adjektiven: **улу́чшить** **улучша́ть** **уско́рить** **ускоря́ть** **уясни́ть** **уясня́ть** **удлини́ть** **удлиня́ть** **уху́дшить** **ухудша́ть**	Alle diese Verben sind transitiv.

ZUR FORMENBILDUNG EINIGER GEBRÄUCHLICHER
UNPRODUKTIVER VERBEN
(zusammenfassende Tabelle)

In der Tabelle sind vorwiegend nichtpräfigierte Verben enthalten, da ein und dasselbe Verb, sei es präfigiert oder nicht präfigiert, seine Formen auf die gleiche Weise bildet. Will man zum Beispiel die Formen der Verben **написа́ть, принести́** und **убежа́ть** aufsuchen, so muß man unter **писа́ть, нести́** und **бежа́ть** nachschlagen.

Wird das nichtpräfigierte Verb selten gebraucht (wie **пасть, деть** oder **влечь**), so werden in der Tabelle die am häufigsten gebrauchten präfigierten Verben angeführt (zum Beispiel: **упа́сть, оде́ть, разде́ть, привле́чь, увле́чь**).

Wird die Partizipialform eines nichtpräfigierten Verbs selten gebraucht, so wird sie in Klammern mit vorangesetztem Bindestrich angeführt; durch den Bindestrich wird kenntlich gemacht, daß die betreffende Form mit einem Präfix gebräuchlich ist. So wird zum Beispiel die Form **бережённый** selten gebraucht, während die Form **сбережённый** häufiger vorkommt; die Form **званный** wird fast nicht gebraucht, während die Formen **при́званный, со́званный, на́званный** häufiger vorkommen.

Die Partizipien des Präteritums Passiv von nichtpräfigierten Verben (zum Beispiel **вя́занный, печённый, рва́нный**) sind in der Gegenwartssprache in den meisten Fällen zu Adjektiven geworden: **вя́заная ко́фта** *die Strickjacke*, **печёное я́блоко** *der Bratapfel*, **рва́ная оде́жда** *die zerrissene Kleidung*. (Zur Schreibung adjektivierter Partizipien siehe S. 363.)

Selten gebrauchte Formen des Imperativs sind in Klammern angegeben. In den Fällen, wo der Imperativ mit der Verneinung gebräuchlicher ist, steht vor dem Verb in Klammern die Partikel **не**.

Infinitiv	Präteritum	Partizip des Präteritums Aktiv	Partizip des Präteritums Passiv	Präsens bzw. einfaches Futur	Imperativ	Partizip des Präsens Aktiv	Partizip des Präsens Passiv	Adverbialpartizip
бежа́ть laufen	бежа́л, -а	бежа́вший	—	бегу́, бежи́шь	беги́	бегу́щий	—	—
бере́чь schonen	берёг, берегла́	(берёгший)*	(бережённый)	берегу́, бережёшь	береги́	берегу́щий	—	—
бить schlagen	бил, -а	би́вший	би́тый	бью, бьёшь	бей	бью́щий	—	—
блесте́ть funkeln	блесте́л, -а	блесте́вший	—	блещу́, блести́шь, блеще́шь	(блести́)	блестя́щий блеще́щий	—	блестя́
блиста́ть glänzen	блиста́л, -а	блиста́вший	—	блиста́ю, блиста́ешь	(блиста́й)	блиста́ющий	—	блиста́я
боле́ть krank sein	боле́л, -а	боле́вший	—	боле́ю, боле́ешь, боли́т, боля́т	(не) боле́й	боле́ющий, боля́щий	—	боле́я
боро́ться kämpfen	боро́лся, боро́лась	боро́вшийся	—	борю́сь, бо́решься	бори́сь	бо́рющийся	—	боря́сь
боя́ться fürchten	боя́лся, боя́лась	боя́вшийся	—	бою́сь, бои́шься	бо́йся	боя́щийся	—	боя́сь
брать nehmen	брал, брала́	бра́вший	—	беру́, берёшь	бери́	беру́щий	—	беря́
быть sein	был, была́	бы́вший	—	бу́ду, бу́дешь**	будь	бу́дущий	—	бу́дучи
брить rasieren	брил, -а	бри́вший	бри́тый	бре́ю, бре́ешь	брей	бре́ющий	(бре́емый)	бре́я
веле́ть befehlen	веле́л, -а	веле́вший	—	велю́, вели́шь	вели́	—	—	веля́
везти́ fahren (etwas, jmdn.)	вёз, везла́	вёзший	—	везу́, везёшь	вези́	везу́щий	(везо́мый)	везя́

* In Klammern sind selten vorkommende Formen angegeben.
** Das Präsens des Verbs **быть** *sein* lauten **есть** (*3. Pers. Sing.*), **суть** (*3. Pers. Pl.*); **суть** wird selten gebraucht.

	вертел, -ла	вертевший	—	верчу, вертишь	верти	вертящий	—	вертя
вертеть drehen	вертел, -ла	вертевший	—	верчу, вертишь	верти	вертящий	—	вертя
вести führen	вёл, вела	ведший	—	веду, ведёшь	веди	ведущий	ведомый	ведя
взойти steigen	взошёл, взошла	взошедший	—	взойду, взойдёшь	взойди	—	—	взойдя
взять nehmen	взял, взяла	взявший	взятый	возьму, мёшь	возьми	—	—	взяв
видеть sehen	видел, -а	видевший	виденный	вижу, видишь	—	видящий	видимый	видя
висеть hängen	висел, -а	висевший	—	вишу, висишь	виси	висящий	—	вися
воздвигнуть errichten	воздвиг, -ла	воздвигший	воздвигнутый	воздвигну, воздвигнешь	воздвигни	—	—	воздвигнув
войти eintreten	вошёл, вошла	вошедший	—	войду, войдёшь	войди	—	—	войдя
восставать s. gegen jmdn. erheben	восставал, -а	восстававший	—	восстаю, стаёшь	восставай	восстающий	—	восставая
восстать s. gegen jmdn. erheben	восстал, -а	восставший	—	восстану, станешь	восстань	—	—	восстав
врать lügen	врал, врала	вравший	—	вру, врёшь	(не) ври	врущий	—	—
вставать aufstehen	вставал, -а	встававший	—	встаю, встаёшь	вставай	—	—	вставая
встать aufstehen	встал, -а	вставший	—	встану, встанешь	встань	встающий	—	встав
выйти ausgehen	вышел, шла	вышедший	—	выйду, выйдешь	выйди	—	—	выйдя
вычесть abziehen	вычел, чла	—	вычтенный	вычту, вычтешь	вычти	—	—	вычтя
вязать stricken	вязал, -а	вязавший	(= вязанный)	вяжу, вяжешь	вяжи	вяжущий	—	—
вязнуть steckenbleiben	вяз, -ла	вязнувший	—	вязну, вязнешь	(вязни)	вязнущий	—	—

Infinitiv	Präteritum	Partizip des Präteritums Aktiv	Partizip des Präteritums Passiv	Präsens bzw. einfaches Futur	Imperativ	Partizip des Präsens Aktiv	Partizip des Präsens Passiv	Adverbialpartizip
вя́нуть verwelken	**вял, -а**	**вя́нувший**	—	**вя́ну, вя́нешь**	(вянь)	**вя́нущий**	—	—
га́снуть verlöschen	гас, -ла	**га́снувший**	—	**га́сну, га́снешь**	(га́сни)	**га́снущий**	—	—
ги́бнуть umkommen	гиб, -ла	**ги́бнувший**	—	**ги́бну, ги́бнешь**	(ги́бни)	**ги́бнущий**	—	—
гло́хнуть taub werden	глох, -ла гло́хнул, -а	**гло́хший гло́хнувший**	—	**гло́хну, гло́хнешь**	(гло́хни)	**гло́хнущий**	—	—
гнать treiben	гнал, гнала́	**гна́вший**	—	**гоню́, го́нишь**	гони	**гоня́щий**	**гони́мый**	гоня́
горе́ть brennen	горе́л, -а	**горе́вший**	—	**горю́, гори́шь**	гори	**горя́щий**	—	горя́
греме́ть donnern	гремёл, -а.	**греме́вший**	—	**гремлю́, греми́шь**	греми	**гремя́щий**	—	гремя́
грести́ rudern	грёб, гребла́	**грёбший**	—	**гребу́, гребёшь**	греби	**гребу́щий**	—	гребя́
грызть nagen	грыз, -ла	**гры́зший**	—	**грызу́, грызёшь**	грызи	**грызу́щий**	—	грызя́
гуде́ть dröhnen	гуде́л, -а	**гуде́вший**	—	(гужу́), гуди́шь	(гуди)	**гуди́щий**	—	гудя́
дава́ть geben	дава́л, -а	**дава́вший**	—	даю́, даёшь	давай	**даю́щий**	**дава́емый**	давая́
дать geben	дал, дала́	**да́вший**	**да́нный**	дам, дашь, даст, дади́м, дади́те, даду́т	дай	—	—	дав
держа́ть halten	держа́л, -а	**держа́вший**	—	держу́, де́ржишь	держи	**держа́щий**	—	держа́
дви́гаться sich bewegen	дви́гался, дви́галась	**дви́гавший-ся**	—	дви́гаюсь, дви́гаешься, дви́жусь, дви́жешься	дви́гайся	**дви́гающий-ся, дви́жущийся**	—	**дви́гаясь**

инфинитив	прош. время	действ. прич. прош.	страд. прич. прош.	наст./буд. время	повел.	действ. прич. наст.	страд. прич. наст.	деепричастие
дойти́ erreichen	дошёл, до-шла́	доше́дший	—	дойду́, дойдёшь	дойди́	—	—	дойдя́
доказа́ть beweisen	доказа́л, -а	доказа́вший	—	докажу́, дока́жешь	докажи́	—	—	доказа́в
доставать hinreichen	доставал, -а	доставав-ший	—	достаю́, достаёшь	доставай	достаю́щий	доставае-мый	доставая
дости́гнуть erreichen	дости́г, -ла	дости́гший	дости́гнутый	дости́гну, сти́гнешь	дости́гни	—	—	дости́гнув
дрема́ть schlummern	дрема́л, -а	дрема́вший	—	дремлю́, дрём-лешь	дремли́	дре́млющий	—	дремля́
дрожа́ть zittern	дрожа́л, -а	дрожа́вший	—	дрожу́, дрожи́шь	(не) дрожи́	дрожа́щий	—	дрожа́
дуть blasen	дул, -а	ду́вший	(= ду́тый)	ду́ю, ду́ешь	дуй	ду́ющий	—	ду́я
дыша́ть atmen	дыша́л, -а	дыша́вший	—	дышу́, ды́шишь	дыши́	ды́шащий	—	дыша́
есть essen	ел, е́ла	е́вший	—	ем, ешь, ест, еди́м, еди́те, едя́т	ешь	едя́щий	—	—
е́хать fahren	е́хал, -а	е́хавший	—	е́ду, е́дешь	—	е́дущий	—	—
жать (дави́ть) drücken	жал, -а	жа́вший	(= жа́тый)	жму, жмёшь	жми	жму́щий	—	—
жать (хлеба́) mähen	жал, -а	жа́вший	(= жа́тый)	жну, жнёшь	жни	жну́щий	—	—
ждать warten	ждал, жда-ла́	жда́вший	—	жду, ждёшь	жди	жду́щий	—	—
жечь brennen	жёг, жгла	жёгший	—	жгу, жжёшь	жги	жгу́щий	—	—
жить leben	жил, жила́	жи́вший	—	живу́, живёшь	живи́	живу́щий	—	живя́
журча́ть rieseln	журча́л, -а	журча́вший	—	журчу́, журчи́шь	(журчи́)	журча́щий	—	журча́
забы́ть vergessen	забы́л, -а	забы́вший	забы́тый	забу́ду, забу́-дешь	забу́дь	—	—	забы́в
зави́сеть abhängen	зави́сел, -а	зави́севший	—	зави́шу, зави́-сишь	(зави́сь)	зави́сящий	зави́симый	завися

Infinitiv	Präteritum	Partizip des Präteritums Aktiv	Partizip des Präteritums Passiv	Präsens bzw. einfaches Futur	Imperativ	Partizip des Präsens Aktiv	Partizip des Präsens Passiv	Adverbialpartizip
зайти abholen	**зашёл, зашла**	**зашедший**	—	**зайду, зайдёшь**	**зайди**	—	—	**зайдя**
заказать bestellen	**заказал, -а**	**заказавший**	**заказанный**	**закажу, закажешь**	**закажи**	—	—	**заказав**
занять leihen	**занял, заняла**	**занявший**	**занятый**	**займу, займёшь**	**займи**	—	—	**заняв**
заставать antreffen	**заставал, -а**	**застававший**	—	**застаю, застаёшь**	**заставай**	**застающий**	—	**заставая**
застать antreffen	**застал, -а**	**заставший**	—	**застану, застанешь**	**застань**	—	—	**застав**
застрять steckenbleiben	**застрял, -а**	**застрявший**	—	**застряну, застрянешь**	**застрянь**	—	—	**застряв**
затихнуть still werden	**затих, -ла**	**затихший, затихнувший**	—	**затихну, затихнешь**	**затихни**	—	—	**затихнув**
звать rufen	**звал, звала**	**звавший**	(= **званный**)	**зову, зовёшь**	**зови**	**зовущий**	—	**зовя**
звенеть klingen	**звенел, -а**	**звеневший**	—	**звеню, звенишь**	**звени**	**звенящий**	—	**звеня**
звучать tönen	**звучал, -а**	**звучавший**	—	**звучу, звучишь**	**(звучи)**	**звучащий**	—	**звуча**
зябнуть frieren	**зяб, -ла**	**зябший, зябнувший**	—	**зябну, зябнешь**	**(зябни)**	**зябнущий**	—	**зябнув**
идти gehen	**шёл, шла**	**шедший**	—	**иду, идёшь**	**иди**	**идущий**	—	**идя**
избегнуть entgehen, entrinnen	**избег, -ла**	**избегший, избегнувший**	—	**избегну, избегнешь**	**(избегни)**	—	—	**избегнув**
искать suchen	**искал, -а**	**искавший**	—	**ищу, ищешь**	**ищи**	**ищущий**	**искомый**	**ища**
исчезнуть verschwinden	**исчез, -ла**	**исчезнувший**	—	**исчезну, исчезнешь**	**исчезни**	—	—	**исчезнув**

казаться scheinen	казался, казалась	казавшийся	—	кажусь, кажешься	(кажись)	кажущийся	—	—
кипеть kochen	кипел, -а	кипевший	—	киплю, кипишь	(кипи)	кипящий	—	кипя
класть legen	клал, -а	клавший	—	кладу, кладёшь	клади	кладущий	—	кладя
клеветать verleumden	клеветал, -а	клеветавший	—	клевещу, клевещешь	(не) клевещи	клевещущий	—	клевеща
колебаться schwanken	колебался, колебалась	колебавшийся	—	колеблюсь, колеблешься	(не) колеблись	колеблющийся	—	колеблясь
колоть stechen	колол, -а	коловший	колотый	колю, колешь	коли	колющий	—	—
красть stehlen	крал, -а	кравший	(= краденный)	краду, крадёшь	крадь	крадущий	—	крадя
крепнуть erstarken	креп, -ла крепнул, -а	крепший крепнувший	—	крепну, крёпнешь	(крепни)	крепнущий	—	крепнув
кричать schreien	кричал, -а	кричавший	—	кричу, кричишь	кричи	кричащий	—	крича
крыть decken	крыл, -а	крывший	крытый	крою, кроешь	крой	кроющий	—	кроя
лаять bellen	лаял, -ла	лаявший	—	лаю, лаешь	лай	лающий	—	лая
лгать lügen	лгал, лгала	лгавший	—	лгу, лжёшь	(не) лги	лгущий	—	лгав
лежать liegen	лежал, -а	лежавший	—	лежу, лежишь	лежи	лежащий	—	лёжа
лезть klettern	лез, -ла	лезший	—	лезу, лезешь	лезь	лезущий	—	—
лететь fliegen	летел, -а	летевший	—	лечу, летишь	лети	летящий	—	летя
лечь sich hinlegen	лёг, легла	лёгший	—	лягу, ляжешь	ляг	—	—	—
лить gießen	лил, лила	ливший	(= литый)	лью, льёшь	лей	льющий	—	—
мазать schmieren	мазал, -а	мазавший	(= мазанный)	мажу, мажешь	мажь	мажущий	—	—

Infinitiv	Präteritum	Partizip des Präteritums Aktiv	Partizip des Präteritums Passiv	Präsens bzw. einfaches Futur	Imperativ	Partizip Präsens Aktiv	Partizip Präsens Passiv	Adverbial-partizip
махать schwingen, schwenken	махáл, -а	махáвший	—	машý, мáшешь	маши́	мáшущий	—	махáя
мёрзнуть frieren	мёрз, -ла	мёрзнувший	—	мёрзну, мёрзнешь	мёрзни	мёрзнувший	—	мёрзнув
мёркнуть verblassen	мерк, -ла	мёркший, мёркнувший	—	мёркну, мёркнешь	(мёркни)	мёркнувший	—	мёркнув
мести́ fegen	мёл, мелá	(=мётший)	(метённый)	метý, метёшь	мети́	метýщий	—	(метя́)
молóть mahlen	молóл, -а	молóвший	мóлотый	мелю́, мéлешь	мели́	мéлющий	—	(меля́)
молчáть schweigen	молчáл, -а	молчáвший	—	молчý, молчи́шь	молчи́	молчáщий	—	мóлча
мочь können	мог, -ла	мóгший	—	могý, мóжешь	—	могýщий	—	—
мыть waschen	мыл, -а	мы́вший	мы́тый	мóю, мóешь	мой	мóющий	—	—
мять kneten, zerknittern	мял, -а	мя́вший	мя́тый	мну, мнёшь	мни	мнýщий	—	—
надéть anziehen	надéл, -а	надéвший	надéтый	надéну, надéнешь	надéнь	—	—	надéв
надéяться hoffen	надéялся, -лась	надéвшийся	—	надéюсь, надéешься	надéйся	надéющийся	—	надéясь
надоéсть überdrüssig werden	надоéл, -а	надоéвший	—	надоéм, надоéшь, надоéст, надоеди́м, надоеди́те, надоедя́т	—	—	—	надоéв
найти́ finden	нашёл, нашлá	нашéдший	нáйденный	найдý, найдёшь	найди́	—	—	найдя́

наказа́ть bestrafen	наказа́л, -а	наказа́вший	наказанный	накажу́, нака́жешь	накажи́	—	—	наказа́в
наставать anbrechen	наставал, -а	настававший	—	настаёт	(наставай)	настаю́щий	—	наставая
настать anbrechen	настал, -а	наставший	—	настанет	(настань)	—	—	настав
начать beginnen	на́чал, начала́	начавший	на́чатый	начну́, начнёшь	начни́	—	—	нача́в
недоставать fehlen	недоставало	недостава́вший	—	недостаёт	—	недостаю́- щий	—	—
ненавидеть hassen	ненавидел, -а	ненавидевший	—	ненавижу, нена- видишь	—	ненавидя- щий	ненавиди- мый	ненавидя
нести tragen	нёс, несла́	нёсший	(= несенный)	несу, несёшь	неси́	несущий	несо́мый	неся́
обидеть kränken	оби́дел, -а	обидевший	обиженный	обижу, оби́дишь	(не) оби́дь	—	—	оби́дев
обня́ть umarmen	обня́л, обня- ла́	обнявший	(обнятый)	обниму́, -мешь	(обними)	—	—	обня́в
обойти́ umgehen	обошёл, обо- шла́	обошедший	обойдённый	обойду́, -дёшь	обойди́	—	—	обойдя́
обу́ть Schuhe anzie- hen	обу́л, -а	обувший	обутый	обую, обуешь	обу́й	—	—	обу́в
объя́ть erfassen	объя́л, -а	объявший	объятый	обойму́, мёшь (объе́-, объём- лю)	(обойми)	—	—	объя́в
обяза́ть verpflichten	обяза́л, -а	обязавший	обязанный	обяжу́, обяжешь	обяжи́	—	—	обяза́в
оде́ть anziehen (jmdn.)	оде́л, -а	одевший	одетый	оде́ну, оде́нешь	оде́нь	—	—	оде́в
окре́пнуть stark werden	окре́п, -ла	окрепший	—	окре́пну, окре́п- нешь	окрепни́	—	—	окре́пнув
опрове́ргнуть widerlegen	опрове́рг, -ла	опрове́рг- ший	опрове́ргну- тый	опрове́ргну, опрове́ргнешь	опрове́ргни	—	—	опрове́ргнув
ора́ть schreien	ора́л, -а	ора́вший	—	ору́, орёшь	(не) ори́	ору́щий	—	—

Infinitiv	Präteritum	Partizip des Präteritums Aktiv	Partizip des Präteritums Passiv	Präsens bzw. einfaches Futur	Imperativ	Partizip Präsens Aktiv	Partizip Präsens Passiv	Adverbialpartizip
оставáться bleiben	**оставáлся, оставáлась**	**оставáвшийся**	—	**остаю́сь, остаёшься**	**оставáйся**	**остаю́щийся**	—	**оставáясь**
остáться bleiben	**остáлся, остáлась**	**остáвшийся**	—	**остáнусь, остáнешься**	**остáнься**	—	—	**остáвшись**
отвéргнуть ablehnen	**отвёрг, -ла**	**отвéргший, отвéргнувший**	**отвёргнутый**	**отвéргну, отвéргнешь**	**отвéргни**	—	—	**отвéргнув**
отня́ть wegnehmen	**отня́л, отня́ла**	**отня́вший**	**óтнятый**	**отниму́, отни́мешь**	**отними́**	—	—	**отня́в**
отойти́ weggehen	**отошёл, отошлá**	**отошéдший**	—	**отойду́, отойдёшь**	**отойди́**	—	—	**отойдя́**
отрéчься sich lossagen	**отрёкся, отреклáсь**	**отрёкшийся**	—	**отреку́сь, отречёшься**	**отреки́сь**	—	—	**отрёкшись**
отставáть zurückbleiben	**отставáл, -а**	**отставáвший**	—	**отстаю́, стаёшь**	**(не) отставáй**	**отстаю́щий**	—	**отставáя**
отстáть zurückbleiben	**отстáл, -а**	**отстáвший**	—	**отстáну, отстáнешь**	**отстáнь**	—	—	**отстáв**
отчáяться verzweifeln	**отчáялся, отчáялась, -лась**	**отчáявшийся**	—	**отчáюсь, отчáешься**	**(отчáйся)**	—	—	**отчáявшись**
ошиби́ться sich irren	**ошибся, -лась**	**ошиби́вшийся**	—	**ошибу́сь, бёшься**	**(не) ошиби́сь**	—	—	**ошиби́вшись**
пасть fallen	**пал, -а**	**пáвший**	—	**паду́, падёшь**	**(не) (пади́)**	—	—	**пав**
пахáть pflügen	**пахáл, -а**	**пахáвший**	—	**пашу́, пáшешь**	**паши́**	**пáшущий**	—	**пахáя**
пáхнуть duften	**пáхнул, -а**	**пáхнувший**	—	**пáхну, пáхнешь**	**(пáхни)**	**пáхнущий**	—	—
переставáть aufhören	**переставáл, -а**	**переставáвший**	—	**перестаю́, перестаёшь**	**переставáй**	**перестаю́щий**	—	**переставáя**
перестáть aufhören	**перестáл, -а**	**перестáвший**	—	**перестáну, перестáнешь**	**перестáнь**	—	—	**перестáв**

петь / singen	пел, -а	пе́вший	(=пе́тый)	пою́, поёшь	пой	пою́щий	—	—
печь / backen	пёк, пекла́	пёкший	(=печёный)	пеку́, печёшь	пеки́	пеку́щий	—	—
писа́ть / schreiben	писа́л, -а	писа́вший	пи́санный	пишу́, пи́шешь	пиши́	пи́шущий	—	—
пить / trinken	пил, пила́	пи́вший	(=пи́тый)	пью, пьёшь	пей	пью́щий	—	—
пла́кать / weinen	пла́кал, -а	пла́кавший	—	пла́чу, пла́чешь	плачь	пла́чущий	—	пла́ча
плести́ / flechten	плёл, плела́	(плётший)	(=плетён-ный)	плету́, плетёшь	плети́	плету́щий	—	плетя́
плыть / schwimmen	плыл, плыла́	плы́вший	—	плыву́, плывёшь	плыви́	плыву́щий	—	плы́вя
подве́ргнуть / unterwerfen	подве́рг, -ла	подве́ргший, подве́ргнув-ший	подве́ргнутый	подве́ргну, подве́ргнешь	подве́ргни	—	—	подве́ргнув
подня́ть / heben	по́днял, -а	подня́вший	по́днятый	подниму́, подни́мешь	подними́	—	—	подня́в
познава́ть / erkennen	познава́л, -а	познава́в-ший	—	познаю́, позна-ёшь	познава́й	познаю́щий	познава́е-мый	познава́я
позна́ть / erkennen	позна́л, -а	позна́вший	по́знанный	позна́ю, позна́ешь	позна́й	—	—	позна́в
пойти́ / gehen	пошёл, по-шла́	поше́дший	—	пойду́, пойдёшь	пойди́	—	—	пойдя́
ползти́ / kriechen	полз, ползла́	по́лзший	—	ползу́, ползёшь	ползи́	ползу́щий	—	ползя́
поня́ть / verstehen	по́нял, поня-ла́	поня́вший	поня́тый	пойму́, поймёшь	пойми́	—	—	поня́в
помо́чь / helfen	помо́г, помо-гла́	помо́гший	—	помогу́, помо-жешь	помоги́	—	—	—
посла́ть / schicken	посла́л, -а	посла́вший	по́сланный	пошлю́, по-шлёшь	пошли́	—	—	посла́в
пренебре́чь / verschmähen	пренебрёг, пренебре-гла́	пренебрёг-ший	—	пренебрегу́, пре-небрежёшь	пренебреги́	—	—	пренебрёгши
привле́чь / heranziehen	привлёк, привлекла́	привлёк-ший	—	привлеку́, при-влечёшь	привлеки́	—	—	привлёкши

Infinitiv	Präteritum	Partizip des Präteritums Aktiv	Partizip des Präteritums Passiv	Präsens bzw. einfaches Futur	Imperativ	Partizip Präsens Aktiv	Partizip Präsens Passiv	Adverbialpartizip
привы́кнуть sich gewöhnen	**привы́к, -ла**	**привы́кший**	—	**привы́кну, привы́кнешь**	**привы́кни**	—	—	
признава́ть anerkennen	**признава́л, -а**	**признава́вший**	—	**признаю́, знаешь**	**признава́й**	**признаю́щий**	**признава́емый**	**признава́я**
призна́ть anerkennen	**призна́л, -а**	**призна́вший**	**при́знанный**	**признаю́, знаешь**	**призна́й**	—	—	**призна́в**
прийти́ kommen	**пришёл, пришла́**	**прише́дший**	—	**приду́, придёшь**	**приди́**	—	—	**придя́**
приказа́ть befehlen	**приказа́л, -а**	**приказа́вший**	—	**прикажу́, прика́жешь**	**прикажи́**	—	—	**приказа́в**
принадлежа́ть gehören	**принадлежа́л, -ла**	**принадлежа́вший**	—	**принадлежу́, принадлежи́шь**	**(принадлежи́)**	**принадлежа́щий**	—	**принадлежа́**
приня́ть empfangen	**при́нял, приняла́**	**приня́вший**	**при́нятый**	**приму́, при́мешь**	**прими́**	—	—	**приня́в**
приобрести́ erwerben	**приобрёл, приобрела́**	**приобрётший**	**приобретённый**	**приобрету́, приобретёшь**	**приобрети́**	—	—	**приобретя́**
продава́ть verkaufen	**продава́л, -а**	**продава́вший**	—	**продаю́, даёшь**	**продава́й**	**продаю́щий**	**продава́емый**	**продава́я**
прода́ть verkaufen	**про́дал, продала́**	**прода́вший**	**про́данный**	**прода́м, прода́шь, прода́ст, продади́м, продади́те, продаду́т**	**прода́й**	—	—	**прода́в**
производи́ть erzeugen	**производи́л, -а**	**производи́вший**	—	**произвожу́, произво́дишь**	**производи́**	**производя́щий**	**производи́мый**	**производя́**
произвести́ erzeugen	**произвёл, произвела́**	**произвёдший**	**произведённый**	**произведу́, произведёшь**	**произведи́**	—	—	**произведя́**
произноси́ть aussprechen	**произноси́л, -а**	**произноси́вший**	—	**произношу́, произно́сишь**	**произноси́**	**произнося́щий**	**произноси́мый**	**произнося́**
произнести́ aussprechen	**произнёс, произнесла́**	**произнёсший**	**произнесённый**	**произнесу́, произнесёшь**	**произнеси́**	—	—	**произнеся́**

Инфинитив	Прош. время	Прич. прош. действ.	Прич. прош. страд.	Наст./буд. время	Повелит. накл.	Прич. наст. действ.		Деепричастие
произойти geschehen	произошёл, произошла	происшедший, прошедший	—	произойдёт	—	—	—	произойдя
пройти vorübergehen	прошёл, прошла	прошедший	пройдённый	пройду, пройдёшь	пройди	—	—	пройдя
прочесть durchlesen	прочёл, прочла	—	прочтённый	прочту, прочтёшь	прочти	—	—	прочтя
прятать verstecken	прятал, -а	прятавший	—	прячу, прячешь	прячь	прячущий	—	пряча
расставаться sich trennen	расставался, расставалась	расстававшийся	—	расстаюсь, расстаёшься	расставайся	расстаю-щийся	—	расставаясь
расстаться sich trennen	расстался, рассталась	расставшийся	—	расстанусь, расстанешься	расстаньься	—	—	расставшись
расти wachsen	рос, росла	росший	—	расту, растёшь	расти	растущий	—	—
рвать reißen	рвал, рвала	рвавший	(= рваный)	рву, рвёшь	рви	рвущий	—	—
резать schneiden	резал, -а	резавший	резанный	режу, режешь	режь	режущий	—	—
роптать murren	роптал, -а	роптавший	—	ропщу, ропщешь	(не) ропщи	ропщущий	—	(ропща)
рыть graben	рыл, -а	рывший	(= рытый)	рою, роешь	рой	роющий	—	роя
свергнуть stürzen	сверг, -ла	свергший, свергнув-ший	свергнутый	свергну, свергнешь	сверг-ни	свергнувший	—	свергнув
свистеть pfeifen	свистел, -а	свистевший	—	свищу, свистишь	свисти	свистящий	—	свистя
сесть sich setzen	сел, -а	севший	—	сяду, сядешь	сядь	—	—	сев
сидеть sitzen	сидел, -а	сидевший	—	сижу, сидишь	сиди	сидящий	—	сидя
сказать sagen	сказал, -а	сказавший	сказанный	скажу, скажешь	скажи	—	—	сказав
скакать springen	скакал, -а	скакавший	—	скачу, скачешь	скачи	скачущий	—	скача
скрипеть knarren, knirschen	скрипел, -а	скрипевший	—	скриплю, скрипишь	(не) скрипи	скрипящий	—	скрипя

Infinitiv	Präteritum	Partizip des Präteritums Aktiv	Partizip des Präteritums Passiv	Präsens bzw. einfaches Futur	Imperativ	Partizip des Präsens Aktiv	Partizip des Präsens Passiv	Adverbialpartizip
слепнуть blind werden	слеп, -ла	слепнувший	—	слепну, -нешь	(слепни)	слепнущий	—	—
слышать hören	слышал, -а	слышавший	слышанный	слышу, слышишь	—	слышащий	слышимый	слыша
смеяться lachen	смеялся, смеялась	смеявшийся	—	смеюсь, смеёшься	смейся	смеющийся	—	смеясь
смолкнуть verstummen	смолк, -ла	смолкший смолкнувший	—	смолкну, смолкнешь	смолкни	—	—	смолкнув
смотреть schauen	смотрел, -а	смотревший	—	смотрю, смотришь	смотри	смотрящий	—	смотря
снять abnehmen	снял, сняла	снявший	снятый	сниму, снимешь	сними	—	—	сняв
создавать schaffen	создавал, -а	создававший	—	создаю, -ёшь	создавай	создающий	создаваемый	создавая
создать schaffen	создал, создала	создавший	созданный	создам, создашь, создадим	создай	—	—	создав
сознавать einsehen	сознавал, -а	сознававший	—	сознаю, -ёшь	сознавай	сознающий	сознаваемый	сознавая
сойти heruntergehen	сошёл, сошла	сошедший	—	сойду, сойдёшь	сойди	—	—	сойдя
сохнуть trocknen	сох, -ла	сохший	—	сохну, сохнешь	(сохни)	сохнущий	—	(сохнув)
спасти retten	спас, спасла	спасший	спасённый	спасу, спасёшь	спаси	—	—	спасши
спать schlafen	спал, спала	спавший	—	сплю, спишь	спи	спящий	—	спав
стать werden	стал, -а	ставший	—	стану, станешь	стань	—	—	став
стеречь hüten	стерёг, стерегла	стерёгший	—	стерегу, стережёшь	стереги	стерегущий	—	—

Infinitive / German	Прош. вр.	Действ. прош.	Страд. прош.	Наст./буд. вр.	Повел.	Действ. наст.	Страд. наст.	Дееприч.
стихнуть still werden	стих, -ла	стихший	—	стихну, стихнешь	(стихни)	—	—	стихнув
стонать stöhnen	стонал, -а	стонавший	—	стону, стонешь	(не) стони	стонущий	—	—
стоять stehen	стоял, -а	стоявший	—	стою, стоишь	стой	стоящий	—	стоя
стричь scheren	стриг, -ла	стригший	стриженный	стригу, стрижёшь	стриги	стригущий	—	—
стучать klopfen	стучал, -а	стучавший	—	стучу, стучишь	стучи	стучащий	—	стуча
сыпать streuen	сыпал, -а	сыпавший	(= сыпанный)	сыплю, сыплешь	сыпь	сыплющий	—	сыпля
таять tauen	таял, -а	таявший	—	таю, таешь	(тай)	тающий	—	тая
тереть reiben	тёр, -ла	тёрший	тёртый	тру, трёшь	три	трущий	—	—
терпеть ertragen	терпел, -а	терпевший	—	терплю, терпишь	терпи	терпящий	терпимый	терпя
течь fließen	тёк, текла	тёкший	—	теку, течёшь	(теки)	текущий	—	—
ткать weben	ткал, ткала	ткавший	(= тканный)	тку, ткёшь	тки	ткущий	—	—
торчать hervorstehen	торчал, -а	торчавший	—	торчу, торчишь	торчи	торчащий	—	торча
трясти schütteln	тряс, трясла	трясший	—	трясу, трясёшь	тряси	трясущий	—	тряся
узнавать wiedererkennen, erfahren	узнавал, -а	узнававший	—	узнаю, узнаёшь	узнавай	узнающий	узнаваемый	узнавая
узнать wiedererkennen, erfahren	узнал, -а	узнавший	узнанный	узнаю, узнаешь	узнай	—	—	узнав
уйти weggehen	ушёл, ушла	ушедший	—	уйду, уйдёшь	уйди	—	—	уйдя
умереть sterben	умер, умерла	умерший	—	умру, умрёшь	умри	—	—	умерев

Fortsetzung

Infinitiv	Präteritum	Partizip des Präteritums Aktiv	Partizip des Präteritums Passiv	Präsens bzw. einfaches Futur	Imperativ	Partizip des Präsens Aktiv	Partizip des Präsens Passiv	Adverbialpartizip
умóлкнуть verstummen	умóлк, -ла	умóлкший, умóлкнувший	—	умóлкну, умóлкнешь	умóлкни	—	—	умóлкнув
упáсть fallen	упáл, -а	упáвший	—	упадý, упадёшь	(не) упади	—	—	упáв
уставáть ermüden	уставáл, -а	уставáвший	—	устаю́, устаёшь	уставáй	устаю́щий	—	уставáя
устáть ermüden	устáл, -а	устáвший	—	устáну, устáнешь	(устáнь)	—	—	устáв
утúхнуть still werden	утúх, -ла	утúхший, утúхнувший	—	утúхну, утúхнешь	утúхни	—	—	утúхнув
учéсть berücksichtigen	учёл, учлá	—	учтённый	учтý, учтёшь	учти	—	—	учтя
хлопотáть geschäftig sein, sich bemühen	хлопотáл, -а	хлопотáвший	—	хлопочý, хлопóчешь	хлопочи	хлопóчущий	—	хлопочá
хотéть wollen	хотéл, -а	хотéвший	—	хочý, хóчешь, хóчет, хотúм, хотúте, хотя́т	(хоти)	хотя́щий	—	—
хохотáть laut lachen	хохотáл, -а	хохотáвший	—	хохочý, хохóчешь	хохочи	хохóчущий	—	хохочá
цвести blühen	цвёл, цвелá	цвéтший	—	цветý, цветёшь	цвети	цветýщий	—	цветя́
чтить ehren	чтил, -а	чтúвший	—	чту, чтишь, чтут	чти	чтýщий	чтúмый	чтя
шептáть flüstern	шептáл, -а	шептáвший	—	шепчý, шéпчешь	шепчи	шéпчущий	—	шепчá
шить nähen	шил, -а	шúвший	(= шúтый)	шью, шьёшь	шей	шью́щий	—	—

шуме́ть lärmen	шуме́л, -а	шуме́вший	—	шумлю́, мишь	шу-	шуми́	шумя́щий	—	шумя́
щебета́ть zwitschern	щебета́л, -а	щебета́в-ший	—	щебечу́, чешь	щебе́-	(щебечи́)	щебе́чущий	—	щебеча́
щекота́ть kitzeln	щекота́л, -а	щекота́в-ший	—	щекочу́, чешь	щеко́-	щекоти́	щеко́чущий	—	щекоча́
щипа́ть kneifen	щипа́л, -а	щипа́вший	(=щи́панный)	щиплю́, плешь	щи́-	(щипли́)	щи́плющий	—	щипля́

Das Adverb

Das Adverb ist eine unveränderliche Wortart. Im Satz dient das Adverb meist zur näheren Erläuterung von Verben: **внима́тельно слу́шать** *aufmerksam zuhören*, **рабо́тать вме́сте** *zusammen arbeiten*, **чита́ть вслух** *laut lesen*, **прийти́ ве́чером** *am Abend kommen*, **встре́тить дру́жески** *freundlich empfangen*, **сиде́ть ря́дом** *nebeneinander sitzen*.

Das Adverb kann außerdem näher bestimmen a) ein Adjektiv: **о́чень интере́сный** *sehr interessant*, **почти́ гото́вый** *fast fertig*; b) ein Adverb: **соверше́нно ве́рно** *ganz richtig*, **о́чень бы́стро** *sehr schnell*; c) ein Substantiv: **чте́ние вслух** *das laute Lesen*, **езда́ верхо́м** *das Reiten*, **дру́жба наве́ки** *Freundschaft für ewig*, **доро́га впра́во** *der Weg nach rechts*, **прыжо́к вперёд** *der Sprung nach vorn*.

Nach der Bedeutung unterscheidet man folgende Gruppen von Adverbien:

1. A d v e r b i e n d e r A r t u n d W e i s e, Frage *как? wie?* oder *каки́м о́бразом? auf welche Weise?*

Учени́к чита́ет **вслух**.	Der Schüler liest laut.
Он чита́ет **гро́мко**, произно́сит слова́ **отчётливо** и **пра́вильно**.	Er liest mit lauter Stimme, spricht die Wörter deutlich und richtig aus.
Он **дру́жески** помо́г мне.	Er half mir als mein Freund.
Они́ **хорошо́** говоря́т по-ру́сски.	Sie sprechen gut russisch.

2. A d v e r b i e n d e r Z e i t, Frage *когда́? wann?*

Ле́том мы отдыха́ли на ю́ге.	Im Sommer haben wir uns im Süden erholt.
Я приду́ **ве́чером**.	Ich komme am Abend.
Сего́дня у нас семина́р.	Heute haben wir ein Seminar.
Ско́ро начну́тся экза́мены.	Bald beginnen die Prüfungen.

3. A d v e r b i e n d e s O r t e s, Frage *где? wo? куда́? wohin?* oder *отку́да? woher?*

Мои́ кни́ги лежа́т **здесь**, а тетра́ди **там**.	Meine Bücher liegen hier, meine Hefte dort.
Я положи́л кни́ги **сюда́**, а тетра́ди **туда́**.	Ich habe die Bücher hierher und die Hefte dorthin gelegt.

4. A d v e r b i e n d e s M a ß e s u n d d e s G r a d e s, Frage *ско́лько? wieviel? наско́лько? um wieviel? ско́лько раз? wie oft? во ско́лько раз? wieviel mal?* oder *в како́й сте́пени? in welchem Maß (Grad)?*

Он (*ско́лько?*) **мно́го** рабо́тает.	Er arbeitet viel.
Брат (*наско́лько?*) **намно́го** ста́рше меня́.	Mein Bruder ist viel älter als ich.
Он (*во ско́лько раз?*) **вдво́е** ста́рше тебя́.	Er ist doppelt so alt wie du.
Я (*ско́лько раз?*) **два́жды** проси́л его́ об э́том.	Ich habe ihn zweimal darum gebeten.

5. A d v e r b i e n d e s Z w e c k s, Frage *зачем? wozu?* oder *для чего́? zu welchem Zweck?*

Зачём он сдéлал э́то?	Wozu hat er das getan?
Он сдéлал э́то **назло́** всем.	Er hat das allen zum Trotz getan.
Он **наро́чно** толкну́л стул.	Er hat den Stuhl absichtlich ange- stoßen.

6. A d v e r b i e n d e s G r u n d e s, Frage *почему́? warum?, отче- го́? weshalb?, по какóй причи́не? aus welchem Grunde?*

Была́ си́льная мете́ль. **Поэ́тому** по́езд опозда́л.	Er war ein starker Schneesturm. Darum hatte der Zug Verspä- tung.
Спросо́нок я не смог ничего́ поня́ть.	Noch vom Schlaf benommen, konnte ich nichts verstehen.
Он сказа́л э́то **сгоряча́** и пото́м сам жале́л об э́том.	Er sagte das unbedacht und be- reute es später selbst.

Adverbien der Art und Weise auf -o

Adverbien der Art und Weise auf -o (*хорошó gut*, **пра́вильно** *rich- tig*, **интере́сно** *interessant*) sind von den entsprechenden Adjektiven zu unterscheiden.

Adjektive beziehen sich stets auf Substantive und stimmen mit ih- nen in Geschlecht, Zahl und Fall überein, Fragen: *какóй? welcher? was für ein?, какáя? welche? was für eine?, какóе? welches? was für ein?, ка- ки́е? welche? was für?* (Langformen) und *каков? какова́? каково́? како- вы́?* (Kurzformen).

(*Какóй* отве́т дал студе́нт?) Студе́нт дал **пра́вильный** отве́т.	Der Student hat eine richtige Ant- wort gegeben.
(*Какáя* у тебя́ кни́га?) У меня́ **интере́сная** кни́га.	Ich habe ein interessantes Buch.
(*Каков* отве́т?) Отве́т **пра́вилен.**	Die Antwort ist richtig.
(*Какова́* кни́га?) Кни́га интере́сна.	Das Buch ist interessant.

Adverbien der Art und Weise auf **-o** beziehen sich nie auf Substanti- ve. Sie beziehen sich in der Regel auf Verben, Frage *как? wie?*

(*Как* отве́тил студе́нт?) Студе́нт отве́тил **пра́вильно.**	Der Student hat richtig geantwor- tet.
(*Как* онá расска́зывает?) Онá расска́зывает **интере́сно.**	Sie erzählt interessant.

V e r g l e i c h e n S i e:

Kurzformen der Adjektive	Adverbien
Вопро́с **я́сен.** Die Frage ist klar.	Он **я́сно** отве́тил на вопро́с. Er hat die Frage klar beantwortet.
Расска́з **интере́сен.** Die Erzählung ist interessant.	Он расска́зывает **интере́сно.** Er kann gut erzählen.

405

Решéние **прáвильно.**
Die Lösung ist richtig.

Ученик отвéтил **прáвильно.**
Der Schüler hat richtig geantwortet.

Óзеро **спокóйно.**
Der See ist ruhig.

Рекá течёт **спокóйно.**
Der Fluß fließt ruhig dahin.

Дорóга **прямá.**
Der Weg ist gerade.

Мы идём **прямо.**
Wir gehen geradeaus.

Ученики **внимáтельны.**
Die Schüler sind aufmerksam.

Ученики слýшают **внимáтельно.**
Die Schüler hören aufmerksam zu.

Übung 295. Sagen Sie, welche der hervorgehobenen Wörter sich auf Verben und welche sich auf Substantive beziehen. Bestimmen Sie, welche Wörter Adjektive und welche Adverbien sind.

1. *Тихá* украинская ночь. *Прозрáчно* нéбо. *(П.)* 2. *Ясно* ýтро. *Тихо* вéет тёплый ветерóк. *(Ник.)* 3. Как лес *хорóш* пóздней óсенью! *(Тург.)* 4. Москвá! Москвá! Люблю тебя, как сын, как рýсский, *сильно, плáменно* и *нéжно. (Л.)* 5. На сéвере диком стоит *одинóко* на гóлой вершине соснá. *(Л.)*

Übung 296. Antworten Sie schriftlich auf die Fragen, indem Sie die in Klammern angegebenen Adjektive oder die von ihnen abgeleiteten Adverbien auf -o verwenden; setzen Sie Betonungszeichen.

1. Каков был его отвéт? Как он отвéтил? *(точный и крáткий)* 2. Как дорóга поднималáсь вверх? Какóв был подъём? *(крутóй)* 3. Какóв наш путь? Как мы идём? *(прямóй)* 4. Как мы шли? Каковá была ночь? *(тихий)* 5. Какáя это рабóта? Как нужно выполнить эту рабóту? *(срóчный)* 6. Каковá его болéзнь? Как он бóлен? *(тяжёлый)*

Die Steigerung der Adverbien

Die von qualitativen Adjektiven abgeleiteten Adverbien können gesteigert werden.

Der Komparativ der Adverbien stimmt in seiner Form mit dem Komparativ der entsprechenden Adjektive überein.

Komparativ des Adjektivs
Здесь течéние **быстрéе, чем** там.

Die Strömung ist hier schneller als dort.

Сегóдня вéтер **сильнéе.**
Der Wind ist heute stärker.

Этот рассказ **интерéснее,** чем тот.

Diese Erzählung ist interessanter als jene.

Komparativ des Adverbs
Здесь рекá течёт **быстрéе, чем** там.

Der Fluß fließt hier schneller als dort.

Сегóдня вéтер дýет **сильнéе.**
Der Wind weht heute stärker.

Он рассказывает **интерéснее,** чем я.

Er kann interessanter erzählen als ich.

Der Komparativ eines Adjektivs bezieht sich auf ein Substantiv und antwortet auf die Fragen *какóй? какáя? какóе? какие?* Der Komparativ eines Adverbs bezieht sich auf ein Verb und antwortet gewöhnlich auf die Frage **как?**

Der Komparativ eines Adverbs kann wie der Komparativ eines Adjektivs das Präfix **по-** haben: **потише** *etwas leiser*, **пораньше** *etwas früher*. Das Präfix **по-** bezeichnet eine Abschwächung des Komparativs:

Говори́ **поти́ше**.	Sprich etwas leiser.

Der Superlativ der Adverbien wird durch den Komparativ in Verbindung mit dem Pronomen **всех** (Genitiv Plural des Pronomens **все**) ausgedrückt:

Он говори́т по-ру́сски **лу́чше всех** в на́шей гру́ппе.	Er spricht Russisch besser als alle anderen in unserer Gruppe.
Э́тот учени́к реши́л зада́чу **ра́ньше всех**.	Dieser Schüler hat die Aufgabe als erster gelöst (wörtlich: früher [eher] als alle anderen).

Übung 297. Schreiben Sie die folgenden Sätze ab. Unterstreichen Sie die Adverbien im Komparativ mit einer Linie, die Adjektive im Komparativ mit zwei Linien.

1. Уж не́бо о́сенью дыша́ло,
Уж ре́же со́лнышко блиста́ло,
Коро́че станови́лся день. (*П.*)
2. Мы ста́ли заме́тно поднима́ться в го́ру. И чем да́льше е́хали, тем подъём станови́лся кру́че, тем ре́зче дул ветёр. (*С.-М.*) 3. ...Со́лнце поднима́лось всё вы́ше, влива́я своё тепло́ в бо́друю све́жесть ве́шнего дня. Облака́ плы́ли ме́дленнее, те́ни их ста́ли то́ньше, прозра́чнее. (*М. Г.*) 4. Де́тство ко́нчилось. Очень жаль, что всю пре́лесть де́тства мы начина́ем понима́ть, то́лько когда́ де́лаемся взро́слыми. В де́тстве всё бы́ло други́м. Све́тлыми и чи́стыми глаза́ми смотре́ли мы на мир, и всё нам каза́лось гора́здо бо́лее я́рким.
Я́рче бы́ло со́лнце, сильне́е па́хли поля́, гро́мче был гром, оби́льнее дожди́ и вы́ше трава́. И ши́ре бы́ло челове́ческое се́рдце, остре́е го́ре и в ты́сячу раз зага́дочнее была́ земля́, родна́я земля́ — са́мое великоле́пное, что нам дано́ для жи́зни. Её мы должны́ возде́лывать, бере́чь и охраня́ть все́ми си́лами своего́ существа́. (*Пауст.*)

Prädikative Adverbien

Im Russischen gibt es eine besondere Gruppe von Adverbien, die in unpersönlichen Sätzen als Prädikat gebraucht werden und die man daher als prädikative Adverbien bezeichnet.

Сего́дня **хо́лодно**.	Er ist heute kalt.
Де́тям **ве́село**.	Die Kinder sind froh gelaunt.
Ну́жно зако́нчить рабо́ту.	Man muß die Arbeit abschließen.

Prädikative Adverbien können bezeichnen:
1. einen Zustand und Gefühle eines Menschen (**тепло́** *warm*, **жа́рко** *heiß*, **хо́лодно** *kalt*, **бо́льно** *schmerzhaft, tut weh*, **ве́село** *froh*, **ра́достно**

fröhlich, **ску́чно** *langweilig*, **гру́стно** *traurig*, **интере́сно** *interessant*, **тру́дно** *schwer*, **легко́** *leicht*, **смешно́** *lächerlich*, **сты́дно** *peinlich*, *beschämend*, **оби́дно** *beleidigend, ärgerlich*, **доса́дно** *verdrießlich*, **прия́тно** *angenehm*, **лень** *keine Lust haben*, **жаль (жа́лко)** *schade, tut leid* u. a.:

Де́тям ве́село.	Die Kinder sind fröhlich.
Нам **жаль** расстава́ться.	Es tut uns leid, daß wir uns trennen müssen.
Ему́ **лень** принима́ться за рабо́ту.	Er hat keine Lust, sich an die Arbeit zu machen (mit der Arbeit zu beginnen).

2. Einen Zustand der Natur und allgemein der Umgebung (**светло́** *hell*, **темно́** *dunkel*, **тепло́** *warm*, **хо́лодно** *kalt*, **жа́рко** *heiß*, **прохла́дно** *kühl*, **со́лнечно** *sonnig*, **моро́зно** *frostig*, **просто́рно** *weit, geräumig*, **свобо́дно** *frei, ungehemmt*, **те́сно** *eng*, **пу́сто** *leer*, **ду́шно** *schwül*, **ти́хо** *still*, **шу́мно** *laut, lärmerfüllt*, **пло́хо** *schlecht*, **хорошо́** *gut* u. a.).

Сего́дня **моро́зно** и **со́лнечно.**	Heute ist es frostklar und sonnig.
В ко́мнате **светло́, тепло́** и **ую́тно.**	Im Zimmer ist es hell, warm und gemütlich.
В ваго́не бы́ло **те́сно, ду́шно** и **шу́мно.**	Im Wagen war es eng, schwül und lärmerfüllt.
На дворе́ уже́ **темно́.**	Draußen ist es schon dunkel.
Ве́чером в лесу́ **сы́ро.**	Am Abend ist es im Walde feucht.

3. Notwendigkeit, Möglichkeit und Unmöglichkeit einer Handlung (**ну́жно, на́до** *man muß*, **необходи́мо** *es ist nötig, notwendig*, **обяза́тельно** *unbedingt*, **мо́жно** *man kann*, **нельзя́** *man darf nicht*, **невозмо́жно** *es ist unmöglich*):

Ну́жно написа́ть письмо́.	Man muß einen Brief schreiben.
Телегра́мму **необходи́мо** отпра́вить сего́дня.	Das Telegramm muß unbedingt heute abgesandt werden.
Мо́жно войти́?	Darf ich (man) eintreten?
Здесь **нельзя́** кури́ть.	Hier darf man nicht rauchen.

4. die Zeit einer Handlung (**ра́но** *früh*, **по́здно** *spät*, **пора́, вре́мя** *es ist (an der) Zeit*):

Уже́ **по́здно** идти́ гуля́ть.	Es ist schon zu spät, um (noch) spazierenzugehen.
Мне **пора́** домо́й.	Es ist Zeit, nach Hause zu gehen. Ich muß nach Hause gehen.
Де́тям **вре́мя** спать.	Es ist an der Zeit, daß die Kinder schlafen gehen.

Substantive oder Pronomen, die eine Person bezeichnen, stehen bei prädikativen Adverbien stets im Dativ:

Мне хо́лодно.	Mir ist kalt.
Ребёнку ве́село.	Das Kind ist fröhlich.

Im Präsens stehen die prädikativen Adverbien ohne Kopula:

Сего́дня хо́лодно.	Heute ist es kalt.
В ко́мнате светло́.	Es ist hell im Zimmer.

Zur Bezeichnung des Präteritums und des Futurs wird das Verb **быть** *sein* als Kopula gebraucht. Im Präteritum steht die sächliche Form **бы́ло**:

Вчера́ бы́ло хо́лодно.	Gestern war es kalt.
В ко́мнате бы́ло светло́.	Im Zimmer war es hell.

Im Futur steht die 3. Person Singular **бу́дет**:

Завтра **бу́дет** хо́лодно.	Morgen wird es kalt sein.

Bisweilen wird als Kopula das Verb **станови́ться** (*uv*), **стать** (*vo*) *werden* verwendet.

Ста́ло хо́лодно.	Es wurde kalt.
Стано́вится тепло́.	Es wird warm.

Wird das prädikative Adverb mit einem Verb verbunden, so steht dieses im Infinitiv:

Мне **ну́жно посла́ть** телегра́мму.	Ich muß ein Telegramm schicken.
До **ста́нции мо́жно** дойти́ пешко́м.	Bis zur Station kann man zu Fuß gehen.
Нам **пора́ е́хать**.	Wir müssen fahren.
Студе́нтам **интере́сно слу́шать** ле́кцию.	Die Vorlesung ist für die Studenten interessant.
Ему́ бу́дет **тру́дно вы́полнить** э́то зада́ние.	Es wird ihm schwerfallen, diese Aufgabe zu erfüllen.

Prädikative Adverbien auf **-o** können wie Adverbien der Art und Weise auf **-o** gesteigert werden.

Komparativ

В лесу́ **тепле́е, чем в по́ле**.	Im Walde ist es wärmer als auf dem Feld.
Сего́дня **холодне́е, чем вчера́**.	Heute ist es kälter als gestern.

Superlativ

Ему́ бы́ло **веселе́е всех**.	Er war am fröhlichsten.
Холодне́е всего́ бы́ло в по́ле.	Auf dem Feld war es am kältesten.

Übung 298. Lesen Sie die folgenden Sätze. Suchen Sie die Adverbien heraus.

1. Легко́ на се́рдце от пе́сни весёлой.
   Она́ скуча́ть не даёт никогда́. (*Леб.-К.*)
2. Ве́село пробира́ться по у́зкой доро́жке ме́жду двумя́ стена́ми высо́кой ржи. (*Тург.*) 3. Бы́ло уже́ дово́льно темно́. (*Л.*) 4. На́до бы́ло верну́ться домо́й. (*П.*) 5. Станови́лось жа́рко, и я поспеши́л домо́й. (*Л.*) 6. Со́лнце уже́ спря́талось в тёмной ту́че... а в уще́лье

ста́ло темно́ и сы́ро. (*Л.*) 7. Со́лнце се́ло, и мне пора́ идти́ домо́й. (*Тург.*) 8. В па́рке бы́ло ти́хо, пусты́нно. (*Фад.*) 9. Круго́м ничего́ не ви́дно. (*Л.*)

Übung 299. Lesen Sie die folgenden Sätze. Bilden Sie eigene Sätze mit den hervorgehobenen Adverbien.

1. Ночь была́ я́сная и холо́дная. Звёзды *я́рко* горе́ли на не́бе; мерца́ние их отража́лось в воде́. Круго́м бы́ло *ти́хо* и *безлю́дно*, не́ было *слы́шно* да́же всплёсков прибо́я. Кра́сный полуме́сяц взошёл *по́здно* и заду́мчиво гляде́л на усну́вшую зе́млю. (*Арс.*) 2. Шоссе́ бы́ло *су́хо*, прекра́сное апре́льское со́лнце *си́льно* гре́ло, но в кана́вах и в лесу́ ещё снег. (*Чех.*) 3. Ещё с ра́ннего утра́ всё не́бо обложи́ли дождевы́е ту́чи; бы́ло *ти́хо*, не *жа́рко* и *ску́чно*... (*Чех.*) 4. На ре́ку бы́ло *стра́шно* смотре́ть. От *бы́стро* бегу́щей воды́ кружи́лась голова́. (*Арс.*) 5. Дождя́ не́ было, но бы́ло о́чень *ве́трено* и *хо́лодно*. Бли́зились су́мерки. (*Фад.*) 6. В па́рке бы́ло *темно́, хо́лодно, мо́кро*. (*Фад.*) 7. Одино́кий ого́нь *споко́йно* мига́л в темноте́, и во́зле уже́ не́ было *ви́дно* люде́й. (*Чех.*) 8. Не *ве́село* и не *ско́ро* прошёл день. (*Тург.*)

Übung 300. Lesen Sie die folgenden Sätze. Suchen Sie den Komparativ der Adverbien und der Adjektive heraus.

1. Всё мрачне́й и ни́же ту́чи опуска́ются над мо́рем. (*М. Г.*) 2. Ве́тер ме́жду тем час о́т часу станови́лся сильне́е. (*П.*) 3. К ве́черу стано́вится всё холодне́е. (*Кор.*) 4. Они́ всё бли́же и бли́же подходи́ли к райо́ну боёв: всё слышне́е станови́лись тяжёлые вздо́хи ору́дий и я́вственнее обознача́лись их вспы́шки... (*Фад.*) 5. Станови́лось веселе́е, голоса́ звуча́ли гро́мче. (*М. Г.*) 6. Чем да́льше к мо́рю, тем всё ши́ре, споко́йнее Во́лга. (*М. Г.*) 7. Им удало́сь вы́браться к реке́. Здесь, на откры́том ме́сте, дви́гаться бы́ло ещё трудне́е. Жгу́чий ве́тер прони́зывал наскво́зь. (*Аж.*)

Pronominaladverbien

Pronominaladverbien bezeichnen nicht Merkmale einer Handlung oder einer Eigenschaft, sie weisen nur auf diese Merkmale hin.

Pronominaladverbien werden in dieselben Bedeutungsgruppen eingeteilt wie alle Adverbien. Wie bei den Pronomen unterscheidet man fragende, bezügliche, hinweisende, verneinende und unbestimmte Pronominaladverbien.

Adverbien	frage- bzw. bezügliche	hinweisende	verneinende	unbestimmte
des Ortes	где wo куда wohin откуда woher	там dort туда dorthin оттуда von dort здесь hier тут hier сюда hierher отсюда von hier	нигде nirgends никуда nirgendwohin ниоткуда nirgendwoher негде nirgends некуда nirgendwohin неоткуда nirgendwoher	где-то irgendwo куда-то irgendwohin откуда-то irgendwoher где-нибудь irgendwo куда-нибудь irgendwohin откуда-нибудь irgendwoher кое-где hier und da
der Zeit	когда wann	тогда dann	никогда niemals некогда (man hat) keine Zeit	когда-то irgendwann некогда einst когда-нибудь irgendwann когда-либо irgendwann
der Art und Weise	как wie	так so	никак auf keine Weise	как-то как-нибудь irgendwie как-либо кое-как mit Mühe, nachlässig
des Maßes und des Grades	сколько wieviel насколько um wieviel inwiefern	столько soviel настолько soviel, sosehr	нисколько nicht im geringsten	несколько etwas
des Grundes	почему warum	потому darum		почему-то почему-нибудь aus irgendeinem Grunde почему-либо
des Zwecks	зачем wozu	затем um... zu	незачем (es ist) zwecklos	зачём-то зачём-нибудь zu irgendeinem Zweck зачём-либо

Anmerkungen.

1. Das verneinende Adverb **нисколько** *nicht im geringsten* und das unbestimmte Adverb **несколько** *etwas, ein wenig* sind von den entsprechenden Zahlwörtern **нисколько** *gar keine* und **несколько** *einige* zu unterscheiden.

Die Adverbien beziehen sich auf ein Verb, Adjektiv oder Adverb und bezeichnen das Maß der Handlung oder des Merkmals:

Я **нисколько** (совсем, совершенно) не устал. — Ich bin gar nicht müde.

Я **несколько** (немного) устал. — Ich bin etwas müde.

Работа **несколько** трудна для меня. — Die Arbeit ist etwas schwierig für mich.

Das Zahlwort **несколько** *einige* bezeichnet eine unbestimmte Anzahl von Gegenständen:

У меня осталось **несколько** минут свободного времени. — Ich habe noch einige Minuten Zeit.

В комнате было **несколько** человек. — Im Zimmer waren einige Menschen.

2. Das Adverb **некогда** hat zwei Bedeutungen: es tritt auf als verneinendes Adverb (Мне **некогда** отдыхать. *Ich habe keine Zeit, um mich auszuruhen.*) und als unbestimmtes Adverb (Я **некогда** жил здесь. *Ich habe hier einst gelebt.*).

Übung 301. Lesen Sie die folgenden Sätze. Suchen Sie die Pronominaladverbien heraus.

1. Алексей оглянулся на большое здание управления и сразу увидел: оттуда в их сторону бежала девушка в белом платье. (*Аж.*) 2. Отсюда, сверху, через просторные окна хорошо были видны мерцающие огни ночного города. (*Ант.*) 3. Кой-где из-под снега выглядывали кустарники. (*Л.*)

4. Мы вольные птицы, пора, брат, пора.
Туда, где за тучей белеет гора.
Туда, где синеют морские края,
Туда, где гуляет лишь ветер да я! (*П.*)

5. И тот, кто с песней по жизни шагает,
Тот никогда и нигде не пропадёт. (*Леб.-К.*)

6. Вы стали выше, Ленинские горы,
Здесь корпуса стоят, как на смотру,
Украшен ими наш великий город,
Сюда придут студенты поутру. (*Долм.*)

Bezügliche und hinweisende Adverbien

Die bezüglichen Adverbien **где, куда, откуда, когда, как, сколько, насколько, почему, зачем** werden wie Relativpronomen zur Verbindung von Sätzen in einem Satzgefüge gebraucht:

Я не знаю, **где** он живёт. — Ich weiß nicht, wo er wohnt.

Мне известно, **куда** он пошёл (**откуда** он приехал, **когда** он приехал usw.). — Ich weiß, wohin er gegangen ist (woher er gekommen ist, wann er angekommen ist).

Hinweisende Adverbien können wie Demonstrativpronomen als hinweisende Wörter in einem Satzgefüge auftreten:

Я был **там**, где он живёт. — Ich war dort, wo er wohnt.

Я пойду **туда**, где он живёт. — Ich gehe dorthin, wo er wohnt.

412

Я уйду́ **тогда́**, когда́ он вернёт-ся.	Ich gehe, wenn er zurückkommt.
Я пришёл сюда́ **не за тем**, что́бы спо́рить с ва́ми.	Ich bin nicht hierher gekommen, um mit Ihnen zu streiten.

(Ausführlicher dazu s i e h e im Abschnitt „Das Satzgefüge", S. 529.)

Verneinende Adverbien

1. Verneinende Adverbien mit der Partikel **ни-** (**нигде́, никуда́, ниот-ку́да, никогда́, ниско́лько**) werden in p e r s ö n l i c h e n v e r n e i n t e n Sätzen gebraucht. In Sätzen mit diesen Adverbien wird dem Verb stets die verneinende Partikel **не** vorangestellt: **нигде́ не** нашёл *er hat (es) nirgends gefunden;* **никуда́ не** ходи́л *er ist nirgendwohin gegangen;* **нико-гда́ не́** был *(er ist) niemals da gewesen;* **ника́к не** мог *er konnte auf keine Weise (etwas tun);* **ниско́лько не** уста́л *er ist überhaupt nicht müde (geworden).* Die Partikel **ни-** wird nie betont.

2. Verneinende Adverbien mit der Partikel **не-** (**не́где, не́куда, не́-откуда, не́когда, не́зачем**) werden in u n p e r s ö n l i c h e n Sätzen ge-braucht. In Sätzen mit diesen Adverbien steht der Infinitiv ohne **не**. Das Substantiv oder Pronomen, das eine Person bezeichnet, steht im Dativ. Die Partikel **не-** ist stets betont.

Ему́ **не́где** расположи́ться.	Er kann keinen Platz finden. Er weiß nicht, wo er sich hinset-zen kann.
Мне **не́куда** положи́ть ве́щи.	Ich weiß nicht, wo ich das Gepäck hinstellen soll. Ich finde keinen Platz für das Ge-päck.
Не́когда пойти́ в теа́тр.	Es ist keine Zeit fürs Theater da.
Тебе́ **не́зачем** е́хать в го́род.	Es lohnt sich nicht (du brauchst nicht), in die Stadt zu fahren.

Adverbien mit der Partikel **не-** weisen auf die Unmöglichkeit einer Handlung hin, da Ort, Zeit oder Ziel für diese Handlung nicht gegeben sind.

Übung 302. Lesen Sie die nebeneinanderstehenden Sätze. Beachten Sie die Betonung in den verneinenden Adverbien; geben Sie an, worin der Unterschied in der Bedeutung dieser Sätze besteht.

1. Я никогда́ не чита́л э́той кни́-ги.	Мне не́когда бы́ло чита́ть э́ту кни́гу.
2. Мы нигде́ не остана́влива-лись.	Нам не́где бы́ло остонови́ться.
3. Он никуда́ не пошёл в во-скресе́нье.	Ему́ не́куда бы́ло пойти́ в во-скресе́нье.
4. Я ниотку́да не жду пи́сем.	Мне не́откуда ждать пи́сем.

413

Übung 303. Beantworten Sie folgende Fragen verneinend.

1. Когда́ вы бы́ли в Петербу́рге? 2. Куда́ вы е́здили в воскресе́нье? 3. Где же нам занима́ться? 4. Куда́ нам пойти́ сего́дня ве́чером? 5. Когда́ вы е́здили на Чёрное мо́ре? 6. Где вы рабо́тали пять лет наза́д?

Übung 304. Ersetzen Sie die folgenden Sätze durch gleichbedeutende mit verneinenden Adverbien.

1. У меня́ нет вре́мени занима́ться э́тим де́лом. 2. Здесь нет ме́ста, что́бы поста́вить чемода́н. 3. Нет необходи́мости спра́шивать об э́том. 4. Не́ было ме́ста, где мо́жно бы́ло спря́таться от дождя́.

Übung 305. Schreiben Sie die folgenden Sätze ab und wählen Sie dabei die erforderliche Partikel (*не* oder *ни*).

1. Когда́ пошёл дождь, мы бы́ли в по́ле и нам ...куда́ бы́ло спря́таться. 2. Он ...когда́ не отка́зывается помо́чь това́рищу. 3. Я сего́дня ве́чером ...куда́ не пойду́. 4. Сего́дня я за́нят, мне ...когда́ гуля́ть. 5. Я не пойду́ с тобо́й, мне ...зачем туда́ идти́. 6. Я тебя́ везде́ иска́л и ...где не мог найти́. 7. Все места́ бы́ли за́няты, сесть бы́ло ...где.

Unbestimmte Adverbien

Der größte Teil der unbestimmten Adverbien wird von Frageadverbien mit Hilfe der Partikeln **-то, -нибудь (-либо)** und **кое-** abgeleitet: **где́-то, где́-нибудь; куда́-то, куда́-нибудь, куда́-либо; когда́-то, когда́-нибудь; кое-где́, кое-ка́к.**

Die Partikeln **-то, -нибудь** und **-либо** werden mit Adverbien in gleicher Weise wie mit Pronomen gebraucht.

Adverbien mit der Partikel **-то** stehen dann, wenn Ort, Zeit, Grund oder Zweck der Handlung dem Sprecher unbekannt, aber grundsätzlich bestimmt sind:

Кни́га лежи́т **где́-то** в шкафу́.	Das Buch liegt irgendwo im Schrank.
Он **почему́-то** запа́здывает.	Er verspätet sich aus irgendeinem Grunde.
Она́ **зачем-то** откры́ла дверь.	Sie hat zu irgendeinem Zweck (wer weiß wozu) die Tür geöffnet.

Adverbien mit der Partikel **-нибудь** und **-либо** stehen dann, wenn Ort, Zeit, Grund oder Zweck einer Handlung völlig unbestimmt oder dem Sprecher gleichgültig sind:

Положи́ ве́щи **куда́-нибудь.**	Lege das Gepäck irgendwohin.
Е́сли он **почему́-нибудь (почему́-либо)** опозда́ет, то мы не бу́дем его́ ждать.	Wenn er sich aus irgendeinem Grunde verspätet, so werden wir nicht auf ihn warten.
Когда́ она́ **зачем-нибудь** открыва́ла дверь, в ко́мнату врыва́лся холо́дный ве́тер.	Wenn sie aus irgendeinem Grunde die Tür öffnete, drang in das Zimmer ein kalter Wind ein.

Unbestimmte Adverbien mit den Partikeln -либо und -нибудь haben die gleiche Bedeutung. Die Adverbien mit der Partikel -либо sind in der gesprochenen Sprache wenig gebräuchlich, sie sind für die Schriftsprache charakteristisch.

Übung 306. Vergleichen Sie die nebeneinanderstehenden Sätze und erläutern Sie die Bedeutung der unbestimmten Adverbien.

1. Дети *куда-то* убежали.   Пойдёмте *куда-нибудь* погулять.

2. *Когда-то* давно он приезжал к нам.   *Когда-нибудь* он приедет к нам.

3. Она *почему-то* не пришла.   Если ты *почему-нибудь* не сможешь прийти, обязательно позвони мне.

Übung 307. Lesen Sie die folgenden Sätze. Begründen Sie den Gebrauch der unbestimmten Adverbien.

1. ...*Кой-где* на липах висят последние золотые листья. (*Тург.*) 2. Со станции доносился шум поезда; кричали *где-то* сонные петухи. (*Чех.*) 3. Я люблю Россию до боли сердечной и даже не могу помыслить себя *где-либо*, кроме России. (*С.-Щ.*) 4. Не поехать ли нам *куда-нибудь*? (*Чех.*) 5. По небу плыли разорванные облака: *кое-где* виднелось синее небо. (*Арс.*) 6. Сугроб вдруг провалился под ним, и он почувствовал, что летит *куда-то* вниз. (*Аж.*) 7. Нет причин волноваться, они скрылись *где-нибудь* в подходящем месте. (*Аж.*) 8. *Где-то* рядом со страшным треском рухнуло дерево. (*Аж.*) 9. Иногда я уходил из дому и до позднего вечера бродил *где-нибудь*. (*Чех.*) 10. Если я уеду *куда-нибудь*, то с каждой большой станции буду посылать вам открытые письма. (*Чех.*) 11. *Когда-нибудь* заедем к ним. (*П.*) 12. *Где-то, когда-то*, давно-давно... я прочёл одно стихотворение. Оно скоро позабылось мною... но первый стих остался у меня в памяти. (*Тург.*)

Übung 308. Schreiben Sie die folgenden Sätze ab, setzen Sie jeweils die Partikel *-то* oder *-нибудь* ein.

1. Я когда-... слышал эту песню. 2. Он куда-... положил свой билет и теперь не может его найти. 3. Не пойти ли нам куда-... погулять? 4. Когда-... в свободное время зайди ко мне. 5. Она почему-... не пришла сегодня. 6. Новые жильцы зачем-... переставили мебель в комнате. 7. Если ты почему-... не сможешь прийти, сообщи об этом. 8. Если вы когда-... ещё будете в нашем городе, обязательно останавливайтесь у нас. 9. Я приду к тебе когда-... после экзаменов. 10. Когда-... давно в нашем городе жил один известный художник. 11. Летом мы поедем отдыхать куда-... на юг. 12. Если тебе зачем-... понадобится моя помощь, напиши мне об этом. 13. Встретимся ли мы когда-...?

Adverbien des Ortes

где?	куда?	откуда?
тут, здесь	сюда́	отсю́да
hier, da	hierher	von hier
там	туда́	отту́да
dort	dorthin	von dort
нигде́	никуда́	ниотку́да
nirgends	nirgendwohin	nirgendwoher
не́где	не́куда	не́откуда
nirgendwo	nirgendwohin	nirgendwoher
где́-то	куда́-то	отку́да-то
irgendwo	irgendwohin	irgendwoher
где́-нибудь	куда́-нибудь	отку́да-нибудь
irgendwo	irgendwohin	irgendwoher
где́-либо	куда́-либо	отку́да-либо
irgendwo	irgendwohin	irgendwoher
везде́, всю́ду, повсю́ду		отовсю́ду
überall		von überall her, von nah und fern
до́ма	домо́й	
zu Hause	nach Hause	
сле́ва, нале́во	нале́во, вле́во	
links	nach links	
спра́ва, напра́во	напра́во, впра́во	
rechts	nach rechts	
впереди́	вперёд	
vorn	vorwärts	
позади́, сза́ди	наза́д	сза́ди
hinten	zurück	von hinten
наверху́	наве́рх, вверх	све́рху
oben	hinauf, nach oben	von oben
внизу́	вниз	сни́зу
unten	nach unten	von unten
внутри́	внутрь	изнутри́
innen	nach innen, hinein	von innen
снару́жи	нару́жу	снару́жи
(dr)außen	nach außen	von außen
далеко́	далеко́	издалека́
weit	weit hinaus	von weitem
вдали́	вдаль	и́здали
in der Ferne	in die Ferne	von weitem

Übung 309. Lesen Sie die folgenden Sätze. Stellen Sie Fragen zu den Adverbien des Ortes.

1. В про́шлое воскресе́нье мы реши́ли оста́ться до́ма. 2. До́мик снару́жи покра́сили голубо́й кра́ской. 3. Мы подняли́сь на́ гору и све́рху осмотре́ли ме́стность. 4. Спра́ва и сле́ва в два челове́ческих ро́ста возвыша́лись сугро́бы. (Аж.) 5. Напра́во и нале́во черне́ли мра́чные, таи́нственные про́пасти. (Л.) 6. На друго́й день у́тром уда́рил кре́пкий моро́з. Вода́ всю́ду замёрзла. (Арс.) 7. Я подошёл к кра́ю площа́дки и посмотре́л вниз, голова́ у меня́ чуть-чу́ть не закружи́лась: там внизу́ каза́лось темно́ и хо́лодно, как в гро́бе. (Л.)

Übung 310. Bilden Sie 10 Sätze mit Adverbien des Ortes.

Übung 311. Beantworten Sie die Fragen schriftlich, verwenden Sie dabei die in Klammern angegebenen Adverbien.

1. Где бу́дет собра́ние? Куда́ приду́т студе́нты? (*здесь, сюда́*) 2. Куда́ нам ну́жно идти́? Где нахо́дится теа́тр? (*спра́ва, напра́во*) 3. Где рабо́тали лю́ди? Отку́да шли лю́ди? (*всю́ду, отовсю́ду*) 4. Где е́хала маши́на? Куда́ пое́хала маши́на? (*впереди́, вперёд*) 5. Где показа́лся кора́бль? Куда́ смотре́ли путеше́ственники? Отку́да путеше́ственники смотре́ли на́ город? (*вдаль, вдали́, и́здали*)

Adverbien der Zeit

Auf die Frage *когда́? wann?* antworten die Aderbien: **зимо́й** *im Winter,* **весно́й** *im Frühling,* **ле́том** *im Sommer,* **о́сенью** *im Herbst,* **у́тром** *am Morgen,* **днём** *am Tage,* **ве́чером** *am Abend,* **но́чью** *nachts,* **вчера́** *gestern,* **сего́дня** *heute,* **за́втра** *morgen,* **позавчера́** *vorgestern,* **послеза́втра** *übermorgen,* **одна́жды** *einst,* **давно́** *längst,* **неда́вно** *vor kurzem,* **ра́ньше** *früher,* **пре́жде** *vorher,* **тепе́рь** *jetzt,* **сейча́с же** *sofort,* **сра́зу** *gleich,* **то́тчас** *sofort, auf der Stelle,* **сперва́** *zuerst,* **снача́ла** *zuerst,* **пото́м** *dann,* **ра́но** *früh,* **по́здно** *spät,* **ско́ро** *bald,* **вско́ре** *bald,* **во́время** *zur rechten Zeit, rechtzeitig,* **всегда́** *immer,* **обы́чно** *gewöhnlich,* **постоя́нно** *ständig,* **иногда́** *manchmal* u. a.

Auf die Frage *ско́лько вре́мени? wie lange?* antworten die Adverbien: **до́лго** *lange,* **недо́лго** *nicht lange.*

Auf die Frage *на како́е вре́мя? für welche Zeit? für wie lange?* antworten die Adverbien: **надо́лго** *für lange,* **ненадо́лго** *für kurze Zeit,* **навсегда́** *für immer,* **наве́ки** *für ewig.*

Auf die Frage *как ча́сто? wie oft?* antworten die Adverbien: **ча́сто** *oft,* **ре́дко** *selten,* **помину́тно** *jede Minute,* **ежеча́сно** *jede Stunde,* **ежедне́вно** *jeden Tag,* **еженеде́льно** *jede Woche, wöchentlich,* **ежеме́сячно** *jeden Monat, monatlich,* **ежего́дно** *jedes Jahr, jährlich.*

Mit einigen Adverbien der Zeit, die auf eine fortdauernde oder sich wiederholende Handlung hinweisen, werden u n v o l l e n d e t e Verben verbunden. Zu diesen Adverbien gehören: **всегда́, никогда́, постоя́нно, обы́чно, обыкнове́нно, иногда́, всё вре́мя, непреры́вно, ча́сто, ре́дко, помину́тно, ежемину́тно, ежедне́вно, еженеде́льно, ежеме́сячно, ежего́дно, до́лго.**

In Verbindung mit diesen Adverbien kann nie das Präteritum vollendeter Verben stehen:

Това́рищи **всегда́** *помога́ли* мне.	Die Freunde haben mir immer geholfen.
Я **никогда́** *не забыва́л* об э́том.	Ich habe das niemals vergessen.
Я **постоя́нно** *напомина́л* това́рищу об э́том.	Ich habe meinen Freund immer daran erinnert.
Снача́ла мы *занима́лись* ру́сским языко́м **ежедне́вно.**	Zuerst hatten wir täglich Russischunterricht.
Дверь **помину́тно** *открыва́лась.*	Die Tür öffnete sich jede Minute.

In Verbindung mit einigen dieser Adverbien können vollendete Verben in der einfachen Futurform stehen.

Товáрищи мне **всегдá** *помóгут*.	Die Freunde werden mir immer helfen.
Я **никогдá** *не забýду* об э́том.	Ich werde das niemals vergessen.

Übung 312. Lesen Sie die folgenden Sätze. Stellen Sie Fragen zu den Adverbien der Zeit.

1. Нáше движéние бы́ло довóльно мéдленно. Мы чáсто останáвливались и отдыхáли. (*Арс.*) 2. Он вставáл óчень рáно, иногдá в три часá. (*Л. Т.*) 3. Тóлько и́зредка набегáл прохлáдный ветерóк с востóка. (*Л.*) 4. Огни́ в деревýшке на холмé давнó погáсли оди́н за други́м. (*Кор.*)

Übung 313. Bilden Sie 10 Sätze mit Adverbien der Zeit.

Adverbien des Maßes und des Grades

Adverbien	in Verbindung mit Verben	mit Adjektiven	mit Adverbien
óчень sehr	**óчень устáл** ist sehr müde **óчень измени́лся** hat sich sehr geändert **óчень удиви́лся** hat sich sehr gewundert **óчень волнýется** regt sich sehr auf	**óчень рад** ist sehr froh **óчень интерéсный** (ein) sehr interessanter **óчень трýдный** (ein) sehr schwerer **óчень краси́вый** (ein) sehr schöner	**óчень рáно** sehr früh **óчень бы́стро** sehr schnell **óчень трýдно** sehr schwer **óчень мнóго** sehr viel
мнóго viel	**мнóго рабóтает** arbeitet viel **мнóго знáет** weiß viel **мнóго читáет** liest viel **мнóго помогáет** hilft viel		
мáло wenig	**мáло рабóтает** arbeitet wenig **мáло занимáется** lernt wenig **мáло помогáет** hilft wenig **мáло измени́лся** hat sich wenig geändert		
немнóго etwas, ein wenig	**немнóго порабóтал** hat ein wenig gearbeitet	**немнóго трýдный** (ein) etwas schwerer	**немнóго бы́стро** etwas schnell

Adverbien	in Verbindung mit Verben	mit Adjektiven	mit Adverbien
	немно́го погово-ри́ли haben ein wenig miteinander gesprochen **немно́го почита́л** hat ein wenig gelesen	**немно́го прохла́дный** (ein) etwas kühler **немно́го вели́к** etwas groß **немно́го широ́к** etwas breit **немно́го сла́дкий** (ein) etwas süßer	**немно́го ра́но** etwas früh **немно́го поздне́е** etwas später **немно́го праве́е** etwas mehr nach rechts
чуть (чуть-чу́ть) ein bißchen ein bißchen	**чуть уста́л** ist ein bißchen müde **чуть-чу́ть отдохну́л** hat sich ein bißchen erholt		**чуть ра́ньше** ein bißchen früher **чуть-чу́ть побо́льше** ein bißchen mehr
слегка́ leicht, etwas	**слегка́ шуми́т** rauscht leicht	**слегка́ уста́лый** (ein) etwas müder	
совсе́м ganz	**совсе́м (соверше́нно) забы́л** hat ganz vergessen **совсе́м не по́мню** kann mich gar nicht entsinnen	**совсе́м но́вый** (ein) ganz neuer **совсе́м гото́в** ganz fertig	**совсе́м тепло́** ganz warm
соверше́нно ganz, vollkommen	**соверше́нно не ждал** hat gar nicht erwartet	**соверше́нно пусто́й** (ein) ganz leerer **соверше́нно прав** hat vollkommen recht	**соверше́нно ве́рно** ganz richtig, recht **соверше́нно пра́вильно** ganz richtig **соверше́нно одина́ково** ganz gleich
сли́шком zu (als Bezeichnung des Übermaßes), zu sehr	**Я сли́шком уста́л, чтобы идти́ гуля́ть.** Ich bin zu müde, um noch spazierenzugehen. **Он сли́шком измени́лся, чтобы его́ мо́жно бы́ло узна́ть.**	**сли́шком дли́нный** (ein) zu langer **сли́шком коро́ткий** (ein) zu kurzer **сли́шком высо́кий** (ein) zu hoher **сли́шком у́зкий** (ein) zu enger	**сли́шком по́здно** zu spät **сли́шком бы́стро** zu schnell **сли́шком мно́го** zu viel **сли́шком далеко́** zu weit

Adverbien	in Verbindung mit Verben	mit Adjektiven	mit Adverbien
	Er hat sich dermaßen verändert, daß man ihn nicht wiedererkennen konnte.		
почти́ fast, nahezu	**почти́ ко́нчил** hat fast beendet **почти́ не уста́л** ist fast gar nicht müde **почти́ забы́л** hat fast vergessen	**почти́ чёрный** (ein) nahezu schwarzer **почти́ бе́лый** (ein) fast weißer **почти́ но́вый** (ein) fast neuer **почти́ гото́в** fast fertig	**почти́ одина́ково** fast gleich **почти́ чи́сто** fast sauber **почти́ жа́рко** fast (nahezu) heiß
доста́точно genug, zur Genüge	**доста́точно отдохну́л** hat sich ausreichend erholt **доста́точно привы́к** hat sich gut genug gewöhnt **доста́точно спал** hat genug geschlafen **доста́точно ел** hat genug gegessen	**доста́точно си́льный** (ein) ziemlich starker **доста́точно кре́пкий** (ein) ziemlich kräftiger **доста́точно широ́кий** (ein) ausreichend breiter **доста́точно большо́й** (ein) genügend großer	**доста́точно хорошо́** gut genug **доста́точно светло́** hell genug
вдво́е zweifach, doppelt	**сложи́ть вдво́е** (ein Blatt) zusammenfalten	**вдво́е бо́льше** doppelt so groß	**вдво́е да́льше** doppelt so weit
втро́е dreifach	**увели́чить втро́е** auf das Dreifache vergrößern	**втро́е ши́ре** dreimal so breit	**втро́е бли́же** dreimal so nah
вче́тверо vierfach		**вче́тверо то́лще** viermal so dick	**вче́тверо скоре́е** viermal so schnell
гора́здо viel	—	**гора́здо лу́чше** viel besser **гора́здо интере́снее** viel interessanter **гора́здо важне́е** viel wichtiger	**гора́здо ра́ньше** viel früher **гора́здо ча́ще** viel öfter **гора́здо бли́же** viel näher

Adverbien	in Verbindung mit Verben	mit Adjektiven	mit Adverbien
два́жды zweimal	**два́жды проси́л** kam zweimal mit der Bitte	—	—
три́жды dreimal	**три́жды приезжа́л** war dreimal zu Besuch	—	—
четы́режды viermal	**четы́режды помога́л** hat viermal geholfen		

Übung 314. Übersetzen Sie die folgenden Wortverbindungen ins Deutsche:

1. о́чень лёгкий, сли́шком лёгкий, доста́точно лёгкий, совсе́м лёгкий; 2. совсе́м забы́л, почти́ забы́л, немно́жко забы́л; 3. о́чень измени́лся, ма́ло измени́лся, чуть измени́лся, соверше́нно измени́лся, сли́шком измени́лся, почти́ не измени́лся

Übung 315. Schreiben Sie die folgenden Sätze ab. Setzen Sie die Adverbien *о́чень* oder *мно́го* ein.

1. Мне ... понра́вился кинофи́льм. 2. Сего́дня я ... рабо́тал и поэ́тому ... уста́л. 3. Мой мла́дший брат ... чита́ет. 4. Он ... помога́л мне в э́той рабо́те. 5. Я ... люблю́ му́зыку. 6. Студе́нт ... волнова́лся во вре́мя экза́мена. 7. Нам ... меша́ет шум в сосе́дней ко́мнате. 8. Лека́рство ... помогло́ больно́му. 9. Я ... хочу́ встре́титься с тобо́й. 10. В э́тот ве́чер мы ... танцева́ли.

Übung 316. Lesen Sie die folgenden Sätze. Suchen Sie die Adverbien des Maßes und des Grades heraus.

1. Я сиде́л и гляде́л круго́м и слу́шал. Ли́стья чуть шуме́ли над мое́й голово́й... Сла́бый ве́тер чуть-чу́ть тяну́л по верху́шкам. (*Тург.*) 2. До ве́чера остава́лось не бо́лее получа́са, а заря́ едва́-едва́ зажига́лась. (*Тург.*) 3. Наш костёр почти́ совсе́м уга́с. (*Арс.*) 4. Река́ чуть светле́ла и кати́лась почти́ бесшу́мно. (*Фад.*) 5. Обе́д продолжа́лся дово́льно до́лго. (*Тург.*) 6. Вдруг немно́го впереди́ нас, в темноте́, зажгло́сь не́сколько огоньков. (*Тург.*) 7. Чуть ды́шит ветеро́к, усну́вший на листа́х.(*П.*)

Übung 317. Lesen Sie den folgenden Text. Suchen Sie die Adverbien heraus. Wie verstehen Sie die Worte: «Но всё-таки... всё-таки впереди́ огни́!»

ОГОНЬКИ́

Ка́к-то давно́, тёмным осе́нним ве́чером, случи́лось мне плыть по угрю́мой сиби́рской реке́. Вдруг на поворо́те реки́, впереди́ под тёмными гора́ми, мелькну́л огонёк.

Мелькну́л я́рко, си́льно, совсе́м бли́зко...

— Ну, сла́ва бо́гу! — сказа́л я с ра́достью.— Бли́зко ночле́г!

Гребе́ц поверну́лся, посмотре́л че́рез плечо́ на ого́нь и опя́ть апати́чно налёг на вёсла.

Я не пове́рил: огонёк так и стоя́л, выступа́я вперёд из неопределённой тьмы.

Но гребе́ц был прав: оказа́лось, действи́тельно далеко́.

Сво́йство э́тих ночны́х огне́й — приближа́ться, побежда́я тьму, и сверка́ть, и обеща́ть, и мани́ть свое́ю бли́зостью. Ка́жется, вот-во́т ещё два-три уда́ра весло́м,— и путь ко́нчен... А между те́м — далеко́.

И до́лго ещё мы плы́ли по тёмной, как черни́ла, реке́. Уще́лья и ска́лы выплыва́ли, надвига́лись и уплыва́ли, остава́ясь назади́ и теря́ясь, каза́лось, в бесконе́чной дали́, а огонёк всё стоя́л впереди́, перелива́ясь и маня́,— всё так же бли́зко и всё так же далеко́.

Мне ча́сто вспомина́ется тепе́рь и э́та тёмная ночь, река́, затенённая скали́стыми гора́ми, и э́тот живо́й огонёк. Мно́го огне́й и ра́ньше и по́сле мани́ли не одного́ меня́ свое́ю бли́зостью. Но жизнь течёт всё в тех же угрю́мых берега́х, а огни́ ещё далеко́. Опя́ть прихо́дится налега́ть на вёсла...

Но всё-таки... всё-таки впереди́ огни́! (*Кор.*)

Die Partikel

P a r t i k e l n sind Hilfswörter, die einzelnen Wörtern oder ganzen Sätzen verschiedene Bedeutungsschattierungen verleihen.

Да́же он не мог отве́тить на э́тот вопро́с.	Selbst er konnte auf diese Frage nicht antworten.

Die Partikel **да́же** hebt das Wort **он** hervor und hat verstärkende Bedeutung.

Все ждут **то́лько** тебя́.	Alle warten nur auf dich.

Die Partikel **то́лько** hat einschränkende Bedeutung und bezieht sich auf das Wort **тебя́**.

Ведь ты свобо́ден сего́дня ве́чером?	Du bist doch heute abend frei?

Die Partikel **ведь** hat verstärkende Bedeutung und bezieht sich auf den ganzen Satz.

Die Partikeln haben keine selbständige Bedeutung, daher können sie nicht als Satzglieder auftreten und auch nicht erfragt werden.

Die gebräuchlichsten Partikeln sind:

1. F r a g e p a r t i k e l n: **ли (ль), ра́зве, неуже́ли.**

Ско́ро **ли** прие́дет твой брат?	Kommt dein Bruder bald?
Ра́зве твой брат не прие́дет?	Wird denn dein Bruder nicht kommen?
Неуже́ли твой брат не прие́дет?	Wird dein Bruder wirklich nicht kommen?

Die Partikeln **ра́зве** und **неуже́ли** dienen nicht nur zum Ausdruck einer Frage, sondern drücken zugleich Zweifel, Unglauben oder Verwunderung des Sprechers aus.

Die Partikel **ли (ль)** bezieht sich auf irgendein Wort eines Fragesatzes und wird diesem Wort stets nachgestellt.

Прие́дет **ли** брат?	Kommt der Bruder?
Ско́ро **ли** прие́дет брат?	Kommt der Bruder bald?

Die Partikeln **ра́зве** und **неуже́ли** beziehen sich auf den ganzen Satz und stehen in der Regel am Anfang des Satzes; sie können aber auch in der Mitte stehen:

Твой брат **ра́зве** не прие́хал?	Ist dein Bruder denn nicht gekommen?

2. A u s r u f e p a r t i k e l n: **что за, как, ну и**. Sie stehen stets am Anfang des Satzes.

Что за кни́гу я прочита́л!	Was für ein Buch ich gelesen habe!
Как ве́село пою́т пти́цы!	Wie lustig die Vögel singen!
Ну и уста́л я сего́дня!	Ich bin heute aber müde!

3. B e k r ä f t i g e n d e P a r t i k e l n: **да́же, и, же (ж), ведь, ни**.

Это **да́же** ребёнок понима́ет.	Das kann selbst ein Kind begreifen!
Это **и** ребёнок понима́ет.	

Die bekräftigenden Partikeln **да́же** und **и** haben die gleiche Bedeutung und werden stets ihrem Bezugswort vorangestellt.

Die Partikeln **же** und **ведь** sind einander bedeutungsähnlich.

Я **же** тебе́ говори́л.	Ich habe dir doch gesagt.
Ведь я тебе́ говори́л.	

Die Partikel **ведь** bezieht sich auf den ganzen Satz und hat keine fixierte Satzstellung:

Ведь он ничего́ не зна́ет об э́том.	Er weiß doch nichts davon.
Он **ведь** ничего́ не зна́ет об э́том.	
Он ничего́ **ведь** не зна́ет об э́том.	
Он ничего́ не зна́ет **ведь** об э́том.	

Die Partikel **же** kann sich ebenfalls auf den ganzen Satz beziehen:

Он **же** ничего́ не зна́ет об э́том.	Er weiß doch nichts davon.
Я **же** ему́ говори́л.	Ich habe es ihm doch gesagt.
Помоги́те **же** ему́.	Helfen Sie ihm doch.
Не мог **же** я отказа́ться.	Ich konnte doch nicht ablehnen.

423

Die Partikel **же** steht nie am Anfang eines Satzes.
Bezieht sich **же** auf ein einzelnes Wort, so wird es diesem stets nachgestellt:

Он вернётся сегóдня **же**.	Er kommt unbedingt noch heute zurück.
У меня́ такóй **же** портфéль.	Ich habe genau so eine Aktentasche.
Тебé **же** поручи́ли э́то, а не мне.	Man hat doch dich damit beauftragt und nicht mich.

Die Partikel **ни** verstärkt die Verneinung:

Не могу́ ждать **ни** мину́ты.	Ich kann keine einzige Minute warten.
Не успéл написáть **ни** стрóчки.	Ich kam nicht dazu, auch nur eine einzige Zeile zu schreiben.

4 Einschränkende Partikeln: **тóлько** *nur, erst,* **лишь** *nur, bloß,* **лишь тóлько** *nur, bloß, kaum.*

Он вернётся **тóлько (лишь)** к вéчеру.	Er kommt erst gegen Abend zurück.
Я **тóлько (лишь)** просмотрéл статью́.	Ich habe den Artikel bloß durchgesehen.

Die Partikeln **тóлько, лишь** und **лишь тóлько** sind gleichbedeutend. Am häufigsten kommt die Partikel **тóлько** vor. Die einschränkenden Partikeln werden stets ihrem Bezugswort vorangestellt:

Я **тóлько** просмотрéл статью́, но не успéл внимáтельно прочитáть её.	Ich habe den Artikel nur überflogen, bin aber nicht dazu gekommen, ihn gründlich durchzulesen.
Я просмотрéл **тóлько** статью́, а доклáд не успéл просмотрéть.	Ich habe nur den Artikel überflogen, für die Durchsicht des Vortrages reichte die Zeit nicht aus.

5. Hinweisende Partikeln: **вот** *da, hier,* **вон** *da,* **э́то** *es.*

Вот наш дом.	Hier ist unser Haus.
Вот идёт твой брат.	Da kommt dein Bruder.
Послы́шались звóнкие голосá, смех. **Это** дéти верну́лись из шкóлы.	Man hörte helle Stimmen und Lachen. Es waren die Kinder, die aus der Schule kamen.

6. Die verneinde Partikel **не**. Sie steht immer vor ihrem Bezugswort.

Он **не** придёт сегóдня.	Er kommt heute nicht.
Он придёт **не** сегóдня.	Er kommt nicht heute.
Не он придёт сегóдня.	Nicht er kommt heute.

Eine besondere Gruppe bilden die Partikeln, die zur Ableitung neuer Wörter oder zur Formenbildung dienen. Die wortbildenden Partikeln -то, -либо, -нибудь, кóе- dienen zur Bildung unbestimmter Pronomen und Adverbien: ктó-то, чтó-либо, кóе-чтó, почемý-то, кóе-гдé u. a.

Die Partikeln не- und ни- dienen zur Bildung verneinender Pronomen und Adverbien никтó, ничтó, нéкого, нéчего, нигдé, нéгде u. a.

Die formbildende Partikel бы (б) dient zur Bildung des Konjunktivs: сдéлал бы *hätte (es) gemacht,* мог бы *könnte.*

Übung 318. Lesen Sie die folgenden Sätze. Suchen Sie die Partikeln heraus und erklären Sie ihre Bedeutung.

1. Вот и фонтáн; онá сюдá придёт. *(П.)*
2. И слы́шно в тишинé степнóй
   Лишь лай собáк да кóней ржáнье. *(П.)*
3. Вон даль голубáя виднá. *(Маяк.)*
4. Но дáже на краю́ небéс
   Всё тот же был зубчáтый лес. *(Л.)*
5. Что же мне так бóльно и так трýдно?
   Жду ль чегó? Жалéю ли о чём? *(Л.)*
6. Не пыли́т дорóга.
   Не дрожáт листы́...
   Подожди́ немнóго,
   Отдохнёшь и ты. *(Л.)*

7. «Рáзве у вас нет друзéй?» — спроси́л Королёв. *(Чех.)* 8. «Сáша, дорогóй мой,— сказáла онá,— а ведь вы больны́!» *(Чех.)* 9. Блеснýл я́ркий свет, потóм покóйный зелёный — э́то лáмпу накрывáли абажýром. *(Чех.)* 10. Натáша с утрá э́того дня не имéла ни минýты свобóды и ни рáзу не успéла подýмать о том, что предстои́т ей. *(Л. Т.)* 11. Что за прéлесть э́та моя́ Натáша! *(Л. Т.)*

Übung 319. Lesen Sie die folgenden Sätze. Sagen Sie, wie sich der Sinn des Satzes je nach der Stellung der Partikel ändert.

A. 1. Э́та задáча труднá дáже для негó. Дáже э́та задáча труднá для негó. 2. Он не прочитáл дáже учéбника. Он дáже не прочитáл учéбника. 3. Дáже он ещё не начинáл рабóту. Он дáже не начинáл ещё рабóту.

B. 1. Я тóлько прочитáл стихотворéние. Я прочитáл тóлько стихотворéние. 2. Мы бýдем здесь тóлько рабóтать. Мы тóлько здесь бýдем рабóтать. Тóлько мы бýдем здесь рабóтать. 3. Он отвéтил тóлько на э́тот вопрóс. Тóлько он отвéтил на э́тот вопрóс. 4. Мы тóлько вчерá гуля́ли в пáрке. Мы вчерá гуля́ли тóлько в пáрке. Мы вчерá тóлько гуля́ли в пáрке. Тóлько мы вчерá гуля́ли в пáрке.

C. 1. Я сегóдня не получи́л письмá. Я не сегóдня получи́л письмó. 2. Мы не игрáли вчерá в волейбóл. Мы игрáли не вчерá в волейбóл. Мы игрáли вчерá не в волейбóл. Не мы игрáли вчерá в волейбóл. 3. У меня́ не журнáл. Журнáл не у меня́.

Zur Schreibung der Partikeln

1. Die Partikeln **-то, -нибудь, -либо, ко́е-, -таки, -ка** schreibt man mit einem Bindestrich: **что́-то** *etwas*, **что́-нибудь** *irgend etwas*, **что́-либо** *irgend etwas*, **ко́е-что** *manches*, **всё-таки** *doch*, **расскажи́-ка** *erzähle mal*.

2. Die Partikeln **бы (б), ли (ль), же (ж)** werden getrennt geschrieben:

Отдохну́л **бы** ты.	Du hättest dich erholen sollen.
Ско́ро **ли** он придёт?	Kommt er bald?
Он придёт сего́дня **же**.	Er kommt noch heute.

3. Die Partikeln **не** und **ни** schreibt man in einigen Fällen zusammen, in anderen getrennt.

*Die Partikel **не** schreibt man zusammen:*

1. wenn das Wort ohne **не** nicht vorkommt: **небре́жность** *Nachlässigkeit*, **недоуме́ние** *Verwunderung*, **несча́стный** *unglücklich*, **необъя́тный** *unermeßlich*, **нельзя́** *man darf nicht*, **неожи́данно** *unerwartet*, **ненави́деть** *hassen*, **недоумева́ть** *sich wundern*.

2. wenn mit Hilfe der Partikel **не** ein neues Wort — ein Substantiv, Adjektiv oder ein Adverb — gebildet wird; diesen Wörtern entsprechen in der Regel Synonyme ohne **не**: **несча́стье** *Unglück* (**го́ре** *Kummer*, **беда́** *Elend*), **непра́вда** *Unwahrheit* (**ложь** *Lüge*), **непого́да** *Unwetter* (**плоха́я пого́да** *schlechtes Wetter*), **неприя́тель** *Feind* (**проти́вник** *Gegner*, **враг** *Feind*), **неве́рный** *unrichtig* (**оши́бочный** *fehlerhaft*), **невесё́лый** *nicht fröhlich* (**гру́стный** *traurig*), **нетру́дный** *nicht schwer* (**лёгкий** *leicht*), **недалеко́** *unweit* (**бли́зко** *nah*), **несме́ло** *nicht tapfer* (**ро́бко** *schüchtern*, *ängstlich*).

3. mit verneinenden Pronomen ohne Präpositionen (**не́чего** сказа́ть *da kann man nichts sagen*, **не́кого** посла́ть *es ist niemand da, den man schicken könnte*) und mit verneinenden Adverbien (**не́где** спря́таться *man kann sich nirgends verstecken*, **не́куда** идти́ *man weiß nicht, wohin man gehen soll*, **не́когда** гуля́ть *man hat keine Zeit zum Spazierengehen*).

4. mit Langformen von Partizipien, die keine abhängigen Wörter bei sich haben: **непрочи́танная** кни́га *das nicht durchgelesene Buch*, **незако́нченная** рабо́та *die unbeendete Arbeit*, **неиссле́дованная** ме́стность *die unerforschte Gegend*.

Übung 320. Lesen Sie die folgenden Sätze. Beachten Sie die Schreibung der Partikel *не* in den hervorgehobenen Wörtern.

1. К ве́черу я почу́вствовал *недомога́ние*. 2. Всю про́шлую неде́лю мне *нездоро́вилось*. 3. Я *недоумева́л*, почему́ тебя́ так до́лго не́ было. 4. Это случи́лось в *нена́стную* осе́ннюю ночь. 5. Брат пи́шет, что на пра́здники прие́дет к нам *непреме́нно*. 6. Мы возьмём в доро́гу то́лько са́мое *необходи́мое*. 7. Весь ве́чер он был рассе́ян, на вопро́сы отвеча́л *невпопа́д*. 8. В де́тстве они́ бы́ли *неразлу́чными* друзья́ми. 9. Не расска́зывай мне *небыли́цы*. 10. «Како́й

ты *непоседа*!»—сказа́ла ба́бушка ма́ленькому вну́ку. 11. Я *не-чаянно* толкну́л стол и разби́л ва́зу.

Übung 321. Schreiben Sie ab. Verbinden Sie jedes Substantiv mit einem der angegebenen Adjektive, die ohne Partikel *не* nicht gebraucht werden.

Substantive: услу́га, о́стров, просто́р, аплодисме́нты, боль, рабо́тник, впечатле́ние, си́лы, дру́жба.

Adjektive: неоцени́мый, необозри́мый, нестерпи́мый, неизгла-ди́мый, несмолка́емый, необита́емый, неруши́мый, неутоми́мый, неисчерпа́емый.

Übung 322. Ersetzen Sie schriftlich die Verbindungen der Substantive mit Langformen des Adjektivs durch solche mit Kurzformen.

Muster: неизлечи́мая боле́знь—боле́знь неизлечи́ма

1. непроходи́мая тайга́ 2. невыноси́мая жара́ 3. неутоми́мые путеше́ственники 4. неисчерпа́емые си́лы наро́да 5. неудержи́мое стремле́ние вперёд 6. необозри́мые простра́нства страны́ 7. не-истощи́мые запа́сы поле́зных ископа́емых

Übung 323. Schreiben Sie ab. Ersetzen Sie die hervorgehobenen Wörter durch die unten angegebenen sinnverwandten Wörter mit der Partikel *не*.

1. Но́вая рабо́та оказа́лась *тру́дной*. 2. Мой сосе́д—челове́к *молчали́вый*. 3. Эта ре́чка у́зкая, переплы́ть её *легко́*. 4. Кто́-то *ро́бко* постуча́л в дверь. 5. Послы́шался *ти́хий* стук в дверь. 6. Почему́ у тебя́ тако́й *гру́стный* вид? 7. К ве́черу больно́й по-чу́вствовал себя́ *пло́хо*. 8. Сон больно́го был *трево́жный*. 9. Все ата́ки *проти́вника* бы́ли отби́ты. 10. Нельзя́ так *гру́бо* разгова́ри-вать с това́рищами. 11. Он не те́рпит *лжи*.

невесёлый, неспоко́йный, нелёгкий, негро́мкий, неширо́кий, неразго-во́рчивый; неве́жливо, несме́ло, нехорошо́, нетру́дно, неприя́тель, непра́вда

Die Partikel не schreibt man getrennt:

1. von Verben, Adverbialpartizipien, Kurzformen der Partizipien, Zahlwörtern, Präpositionen und Konjunktionen.

2. von Substantiven, Adjektiven, Adverbien und Langformen der Partizipien, wenn eine Gegenüberstellung erfolgt:

Он нам **не прия́тель**, а враг.	Er ist für uns kein Freund, sondern ein Feind.
Де́вушки спе́ли **не весёлую** пе́с-ню, а гру́стную.	Die Mädchen sangen kein fröhli-ches Lied, sondern ein trauri-ges.
Эта дере́вня **не далеко́**, а совсе́м бли́зко отсю́да.	Dieses Dorf ist nicht weit, son-dern ganz nah von hier.

3. von Adjektiven und Adverbien in der Komparativform:

Эта зада́ча **не трудне́е**, чем пре-дыду́щая.	Diese Aufgabe ist nicht schwieri-ger als die vorhergehende.
Сего́дня мы рабо́тали **не ху́же**, чем вчера́.	Heute haben wir nicht schlechter gearbeitet als gestern.

4. von allen Pronomen (außer den verneinenden Pronomen **не́кого** und **не́чего** ohne Präpositionen):

Это **не моя́** кни́га.	Das ist nicht mein Buch.
Не все ко́нчили рабо́ту.	Nicht alle sind mit der Arbeit fertig.
Мне **не́ с кем** посове́товаться.	Ich habe niemanden, mit dem ich mich hätte beraten können.
Говори́ть бы́ло **не́ о чем**.	Es gab nichts, worüber wir sprechen konnten. (Wir hatten einander nichts zu sagen.)

5. von Langformen der Partizipien, die bei sich abhängige Wörter haben:

не прочи́танная мно́ю кни́га	das von mir nicht durchgelesene Buch
не отдыха́вшие с утра́ путеше́ственники	die Reisenden, die seit dem Morgen keine Pause eingelegt hatten
не прекраща́ющиеся в тече́ние це́лой неде́ли дожди́	der Regen, der während der ganzen Woche nicht aufhört(e)

Übung 324. Lesen Sie die folgenden Sätze. Begründen Sie die Zusammen- oder Getrenntschreibung der Partikel *не*.

1. Непра́вду я не потерплю́ ни в ком. (*Кр.*) 2. Не зна́я бро́ду, не су́йся в во́ду. (*Посл.*) 3. Да́льше, пересека́я доро́гу, тяну́лись жёлтые немига́ющие огни́ дере́вни. (*Фад.*) 4. Тяну́лась глубо́кая о́сень, уже́ не сыра́я и дождли́вая, а суха́я, ве́треная и моро́зная. (*Акс.*) 5. То́лько что прошёл дождь, трава́ была́ мо́края, та́к что сесть бы́ло не́ на что. 6. Ску́чен день до ве́чера, ко́ли де́лать не́чего. (*Посл.*) 7. Нема́ло я зна́ю расска́зов мудрёных и чу́дных. (*Л.*) 8. Уже́ и су́мерки, а пе́сни всё не утиха́ли. (*Г.*) 9. И вся полна́ негодова́ньем, к ней мать идёт. (*П.*) 10. Почти́ не уменьша́я хо́да, маши́на кру́то разверну́лась. (*Гайд.*)

Übung 325. Schreiben Sie ab; achten Sie dabei auf die Zusammen- oder Getrenntschreibung der Partikel *не*.

1. Она́ была́ (не) весёлая, как вчера́, а печа́льная. Она́ была́ (не) весёлая и бле́дная. 2. (Не) прия́тель продолжа́л наступа́ть. Нет, он во́все (не) прия́тель мне. 3. Не́сколько дней продолжа́лась (не) пого́да, кото́рая задержа́ла меня́. Меня́ задержа́ла (не) пого́да, а боле́знь. 4. Меня́ му́чило (не) терпе́ние. В э́том де́ле ну́жно (не) терпе́ние, а реши́тельность. 5. (Не) о́пытный челове́к ниче́м не смо́жет помо́чь нам в э́том де́ле. Он оказа́лся (не) о́пытным, а начина́ющим инжене́ром.

Übung 326. Schreiben Sie ab; achten Sie dabei auf die Zusammen- oder Getrenntschreibung der Partikel *не*.

1. Я плыл из Га́мбурга в Ло́ндон на (не) большо́м парохо́де. (*Тург.*) 2. Зной был (не) стерпи́м по-пре́жнему. (*Тург.*) 3. Весь сле́дующий день он броди́л, (не) находя́ себе́ ме́ста. (*Фад.*) 4. К беде́ (не) о́пытность ведёт. (*П.*) 5. Трево́га сму́тная, (не) я́сная, всё креп-

че охва́тывала ма́льчиков, и шумли́вый, (не) споко́йный лес показа́лся им чужи́м и вражде́бным. (*Гайд.*) 6. Ли́стья чуть шуме́ли над мое́ю голово́й. То был (не) весёлый, смею́щийся тре́пет весны́, (не) мя́гкое шушу́канье, (не) до́лгий го́вор ле́та, (не) ро́бкое и холо́дное лепета́нье о́сени, а едва́ слы́шная, дремо́тная болтовня́. (*Тург.*) 7. Воло́дя сиде́л сложа́ ру́ки и в по́зе, (не) име́ющей ничего́ схо́жего с по́зой рыболо́ва. (*Л. Т.*)

Die Partikel **ни** *schreibt man zusammen:*

mit den verneinenden Pronomen **никто́, ничто́, никако́й, ниче́й** ohne Präpositionen und mit verneinenden Adverbien (**нигде́, никуда́, ниотку́да, никогда́, ниско́лько, ничу́ть**).

Diese Pronomen und Adverbien stehen in verneinten Sätzen:

Никто́ не опозда́л.	Niemand hat sich verspätet.
Ничего́ не случи́лось.	Nichts ist geschehen.
Он **никогда́ не** опа́здывает.	Er verspätet sich nie.
Его́ **нигде́ не** было.	Er war nirgends zu finden.

Die Partikel **ни** *schreibt man getrennt:*

1. von den verneinenden Pronomen **никто́, ничто́, никако́й, ниче́й**, wenn sie mit einer Präposition stehen:

Он меня́ **ни о чём** не спра́шивал.	Er hat mich über nichts gefragt.
Я **ни у кого́** не проси́л по́мощи.	Ich habe niemanden um Hilfe gebeten.

2. wenn die Partikel **ни** in einem verneinten Satz zur Verstärkung der Verneinung dient:

Нет ни мину́ты свобо́дной.	Man hat keine einzige freie Minute.
Мы **не продви́нулись** вперёд **ни** на шаг.	Wir rückten um keinen Schritt vor.

3. wenn die Partikel **ни** als anreihende Konjunktion in einem verneinten Satz steht:

Его́ **не́ было ни** во дворе́, **ни** в саду́.	Er war weder im Hof noch im Garten.
Я **не нашёл ни** его́, **ни** тебя́.	Ich fand weder ihn noch dich.

Übung 327. Lesen Sie die folgenden Sätze und begründen Sie die Schreibung der Partikeln *не* und *ни.*

1. Ни одна́ звезда́ не озаря́ла тру́дный путь. (*Л.*) 2. Нигде́ жилья́ не ви́дно на просто́ре. (*Фет*) 3. Я ничего́ не сказа́л о случи́вшемся со мной ни бра́ту, ни прия́телю. (*Л. Т.*) 4. Я подошёл к бе́регу и огляде́лся. Ни спра́ва, ни сле́ва, ни на воде́, ни на берегу́ никого́ не́ было. Не́ было ни жилья́, ни люде́й, не́ было ни рыбако́в, ни косаре́й, ни охо́тников. (*Гайд.*) 5. Не ве́село и не ско́ро прошёл день. (*Тург.*) 6. Го́лая степь; ни де́ревца, ни ку́стика по доро́ге.

(*Л. Т.*) 7. Ни о чём, соверше́нно ни о чём не на́до бы́ло ду́мать, кро́ме как о расска́зе, кото́рый я писа́л. (*Пауст.*) 8. Была́ соверше́нная тишина́: никто́ не говори́л ни сло́ва. (*Акс.*) 9. Исче́зло и скры́лось существо́, нике́м не защищённое, никому́ не дорого́е, ни для кого́ не интере́сное. (*Г.*)

10. По́мнишь, мы не жда́ли
Ни дождя́, ни гро́ма.
Вдруг заста́л нас ли́вень
Далеко́ от до́ма. (*Майк.*)

Die Interjektion

Interjektionen sind Wörter, die Gefühle und Willensäußerungen wiedergeben, ohne sie zu benennen:

a) **Ах**, как хорошо́ на Во́лге!   Ach, wie schön ist es an der Wolga!

Die Interjektion **ах** drückt in diesem Satz Freude, Begeisterung aus, aber sie benennt dieses Gefühl nicht.

b) **Ба!** Знако́мые всё ли́ца!   Da sieh mal an! Lauter bekannte Gesichter!

In diesem Satz wird durch die Interjektion **ба** Verwunderung zum Ausdruck gebracht.

c) **На**, возьми́ э́ти кни́ги.   Da, nimm diese Bücher.

Die Interjektion **на** drückt hier die Aufforderung zu einer Handlung.

d) **Тс!** Не шуми́те.   Pst! Macht keinen Lärm.

Die Interjektion **тс** fordert auf, leise zu sein.

Interjektionen können die verschiedensten Gefühlswerte wiedergeben: Freude, Begeisterung, Verwunderung, Bedauern, Verdruß, Angst, Abscheu, Schmerz usw.:

Ах, кака́я сего́дня пого́да!   Ach, wie schön ist das Wetter heute! (Freude, Begeisterung)

Ох, как мне э́то надое́ло!   Ach, ich habe genug davon! (Verdruß)

Ой, бою́сь!   O, ich habe Angst! (Angst)

Эх, ты! Как же ты забы́л?   Ach! Wie konntest du das vergessen? (Vorwurf)

Фу, как здесь гря́зно!   Pfui, wie schmutzig es hier ist! (Abscheu)

Ура́! На́ша кома́нда победи́ла!   Hurra! Unsere Mannschaft hat gesiegt! (Begeisterung)

Zu den gebräuchlichsten Interjektionen, die Gefühle ausdrücken, gehören **ах, ох, ух, эх, ой, ого́, ага́, фу, ба, увы́, ура́**.

Die Bedeutung dieser Interjektionen ist gewöhnlich vom Kontext abhängig.

Ах, как здесь хорошо!	Ach, wie schön ist es hier! (Freude)
Ах, как стра́шно бы́ло на реке́ в бу́рю!	Ach, wie unheimlich war während des Sturmes auf dem Fluß. (Angst)
Ах, как жаль, что тебя́ с на́ми не́ было!	Ach, wie schade, daß du nicht mit uns zusammen warst. (Bedauern)
Ах, зачем ты э́то сде́лал?	Ach, warum hast du das getan? (Vorwurf)

Einige Interjektionen, die Gefühle wiedergeben, sind eindeutig: **ура́!** (Begeisterung, Freude), **увы́** (Bedauern), **ба!** (Verwunderung), **спаси́бо** (Dank).

Interjektionen können verschiedene Willensäußerungen ausdrükken:

a) die Aufforderung zu antworten: **алло́, ау́, эй**

b) Die Aufforderung, etwas zu nehmen: **на, на́те**

c) einen Hilferuf: **карау́л**

d) die Aufforderung, leise zu sein: **тс, чш, шш, цыц**

e) die Aufforderung, loszugehen oder stehenzubleiben: **марш, стоп, вон, но, тпру, брысь**

f) lautmalende Wörter: **бух, бац, хлоп, трах, динь-динь-ди́нь, мя́у, кукареку́, гав-га́в! ха-ха-ха́! апчхи́!**

Interjektionen sind in der Regel keine Satzglieder. Sie bilden selbständige Äußerungen, sogenannte Interjektionssätze, und zwar Ausrufe- (**Ура́!**) und Aufforderungssätze (**На!**).

Einige Interjektionssätze können Objekte oder Adverbialbestimmungen enthalten:

Ну́ тебя́!	Geh doch! Laß mich in Ruhe! Bleib mir vom Leibe!
На́ тебе́ кни́гу.	Nimm das Buch!
На́те вам кни́ги.	Nehmen Sie die Bücher!
Вон отсю́да!	Fort von hier!
Айда́ на Во́лгу!	Laß(t) uns an die Wolga gehen!
Спаси́бо тебе́.	Danke dir.

Anmerkung. Manchmal kann eine Interjektion im Satz als Prädikat oder als Subjekt auftreten, z. B.

	wörtlich:
Еду, е́ду в чи́стом по́ле, колоко́льчик динь-динь-ди́нь... (*П.*)	Ich fahre und fahre durch das weite Feld, das Glöckchen macht kling-ling-ling...
Дале́че гря́нуло ура́. (*П.*)	In der Ferne ertönte ein mächtiges „Hurra!".

Zu Interjektionen können auch andere Wortarten oder Wortverbindungen werden, wenn sie ihre ursprüngliche Bedeutung verloren haben und nun Gefühle oder Willensäußerungen ausdrücken, ohne sie zu benennen:

Гóсподи!	Gott!
Бóже мой!	Mein Gott!
Бáтюшки!	Ach, du meine Güte!
Мáтушки!	Ach, du meine Güte!
Чёрт возьмú!	Donnerweter (noch einmal)!
	Hol's der Teufel!

Nach einer Interjektion steht in der Regel ein Komma:

Ох, как я устáл!	Ach, wie bin ich müde!

Wird eine Interjektion mit besonderem Nachdruck gesprochen, so setzt man nach ihr ein Ausrufezeichen:

Урá! Нáша комáнда победúла!	Hurra! Unsere Mannschaft hat gesiegt!

Übung 328. Lesen Sie die folgenden Sätze. Suchen Sie die Interjektionen heraus; sagen Sie, was sie ausdrücken.

А. 1. Светáет... Ах! как скóро ночь минýла. (*Гриб.*) 2. Ах, бóже мой! упáл! убúлся! (*Гриб.*) 3. Ах! головá горúт, вся кровь моя в волнéньи. (*Гриб.*) 4. Отстáл я от хорóших людéй, ах, как отстáл! (*Чех.*)

В. 1. Увы́! всё гúбнет: кров и пúща! (*П.*) 2. Агá! сам сознаёшься, что ты глуп. (*П.*) 3. Ох, пошлúте за дóктором! (*Тург.*) 4. Тссс... Онá спит... спит... Пойдём, роднáя. (*Чех.*) 5. «Гав! Гав!» — ревéл бáсом Милóрд, огрóмный чёрный пёс, стучá хвостóм по стенáм и мéбели. (*Чех.*) 6. «Тпррр», — сдéрживал кýчер лошадéй. (*Чех.*)

SATZLEHRE

Der einfache Satz

Aussage-, Frage- und Aufforderungssätze

Nach dem Ziel einer Aussage unterscheidet man

1. Aussagesätze:

Лы́жники дви́нулись в путь ещё на рассве́те. (*Аж.*)

Die Schiläufer machten sich noch bei Tagesanbruch auf den Weg.

2. Fragesätze:

Где вы купи́ли э́ту кни́гу?

Wo haben Sie dieses Buch gekauft?

Ты прочита́л э́ту кни́гу?

Hast du dieses Buch durchgelesen?

Чита́л ли ты э́ту кни́гу?

Hast du dieses Buch gelesen?

3. Aufforderungssätze:

Запо́мните э́ти слова́.
Принеси́ мне, пожа́луйста, э́ту кни́гу.

Prägen Sie sich diese Wörter ein!
Bringe mir bitte dieses Buch!

Пусть он расска́жет вам об э́том.

Er soll Ihnen davon erzählen. (Lassen Sie ihn davon erzählen!)

Der Sprechende kann seinen Willen in Form einer Bitte, eines Wunsches, einer Einladung, einer Forderung oder eines Aufrufes ausdrükken.

Fragesätze

1. Zum Ausdruck einer Frage werden Fragewörter verwendet: кто? что? како́й? чей? кото́рый? ско́лько? где? куда́? отку́да? когда́? почему́? заче́м? u. a.

Кто пришёл?
Что ты де́лаешь?
Кака́я сего́дня пого́да?
Чья э́то кни́га?
Кото́рый час?
Ско́лько ему́ лет?
Где вы живёте?
Куда́ он уе́хал?
Отку́да вы прие́хали?
Когда́ вы прие́хали?

Wer ist kommen?
Was machst du?
Wie ist das Wetter heute?
Wessen Buch ist das?
Wie spät ist es?
Wie alt ist er?
Wo wohnen Sie?
Wohin ist er gefahren?
Woher sind Sie gekommen?
Wann sind Sie angekommen?

Когда́ прие́хала ва́ша сестра́?	Wann ist ihre Schwester angekommen?
Почему́ ваш това́рищ не пришёл на заня́тия?	Warum ist Ihr Freund nicht zum Unterricht gekommen?
Заче́м откры́ли дверь?	Wozu wurde die Tür geöffnet?

Fragewörter stehen in der Regel am Anfang des Satzes.

Ist das Subjekt durch ein Pronomen ausgedrückt, so steht es stets unmittelbar nach dem Fragewort.

Im Fragesatz mit einem Fragewort kann das Prädikat auch durch einen Infinitiv ausgedrückt werden:

Что де́лать?	Was tun?
Куда́ тепе́рь **идти́**?	Wohin soll man nun gehen?
Как мне **пройти́** на Тверску́ю у́лицу?	Wie komme ich zur Twerskajastraße?

In diesen unpersönlichen Sätzen kann die handelnde Person durch ein Substantiv oder Pronomen im Dativ wiedergegeben werden:

Что **мне** де́лать?	Was soll ich tun?
Кому́ убира́ть ко́мнату?	Wer soll das Zimmer sauber machen?
Когда́ **ему́** прийти́ к вам?	Wann soll er zu Ihnen kommen?

Derartige Sätze können ersetzt werden durch persönliche Sätze mit den Wörtern **до́лжен** und **мочь** oder durch unpersönliche Sätze mit den Wörtern **на́до, ну́жно**:

| Что мне де́лать? Что я до́лжен де́лать? Что мне ну́жно де́лать? | Was soll ich tun? |

| Когда́ мне вам позвони́ть? Когда́ я могу́ вам позвони́ть? Когда́ я до́лжен вам позвони́ть? Когда́ мне ну́жно вам позвони́ть? | Wann kann (soll) ich Sie anrufen? |

2. Zum Ausdruck einer Frage dienen die Fragepartikeln **ли, ра́зве, неуже́ли**:

ли steht immer nach dem Wort, auf das eine Antwort gegeben werden soll (es steht gewöhnlich am Anfang des Satzes).

Подгото́вился ли ты к семина́ру?	Hast du dich auf das Seminar vorbereitet?
Die Antwort kann lauten:	
Да, подгото́вился.	Ja, ich habe mich (darauf) vorbereitet.
Нет, не подгото́вился.	Nein, ich habe mich nicht (darauf) vorbereitet.

— Ско́ро ли прие́дет брат?	— Kommt dein Bruder bald?
— Да, ско́ро.	— Ja, bald.
o d e r:	
— Нет, не ско́ро.	— Nein, nicht so bald.
— Пра́вильно ли он отве́тил?	— Hat er richtig geantwortet?

— Да, прáвильно.	— Ja, richtig.
o d e r :	
— Нет, непрáвильно.	— Nein, nicht richtig.

Die Fragepartikeln **рáзве** und **неужéли** stehen in den meisten Fällen am Anfang des Satzes:

Рáзве вы забы́ли об э́том?	Haben Sie denn das vergessen?
Рáзве собрáние бýдет вéчером?	Findet denn die Versammlung am Abend statt?
Неужéли вы не узнáли меня́?	Haben Sie mich wirklich nicht erkannt?
Неужéли я опоздáл?	Habe ich mich tatsächlich verspätet?

Die Partikeln **рáзве** und **неужéли** drücken im Fragesatz zusätzlich zur Frage Zweifel, Mißtrauen oder Verwunderung aus.

3. Es gibt auch Fragesätze, die weder ein Fragewort noch eine Fragepartikel enthalten. Ein derartiger Fragesatz unterscheidet sich von einem Aussagesatz lediglich durch die Intonation: das Wort, auf das geantwortet werden soll, wird mit größerer Tonhöhe und -stärke gesprochen:

— Ты **был** вчерá на собрáнии?	— Warst du gestern auf der Versammlung?
— Да, был.	— Ja (, ich war dort).
o d e r :	
— Нет, нé был.	— Nein (, ich war nicht dort).
— Ты был вчерá **на собрáнии**?	— Warst du gestern auf der Versammlung?
— Да, на собрáнии.	— Ja (, auf der Versammlung).
o d e r :	
— Нет, на концéрте.	— Nein, im Konzert.
— Ты был **вчерá** на собрáнии?	— Warst du gestern auf der Versammlung?
— Да, вчерá.	— Ja, gestern.
o d e r :	
— Нет, позавчерá.	— Nein, vorgestern.

Übung 1. Lesen Sie die folgenden Fragesätze laut vor. Achten Sie bei den hervorgehobenen Wörtern auf die Stimmhebung. Beantworten Sie die Fragen.

1. *Вы* взя́ли кни́гу? Вы *взя́ли* кни́гу? Вы взя́ли *кни́гу*? 2. *Я* зáвтра бýду дежýрить? Я *зáвтра* бýду дежýрить? Я зáвтра *бýду* дежýрить? 3. *Они́* сдаю́т экзáмен в понедéльник? Они́ *сдаю́т* экзáмен в понедéльник? Они́ сдаю́т экзáмен *в понедéльник*? Они́ сдаю́т *экзáмен* в понедéльник? 4. *Брат* вчерá уéхал в Москвý? Брат *вчерá* уéхал в Москвý? *Брат* вчерá уéхал в Москвý? Брат вчерá уéхал *в Москвý*?

Übung 2. Lesen Sie die folgenden Fragesätze entsprechend den jeweiligen Antworten mit unterschiedlicher Intonation.

1. — В э́той аудитóрии бýдет лéкция? (а) — *Да, в э́той.* б) —

435

Да, ле́кция.) 2. — Я до́лжен (должна́) позвони́ть вам? (а) —*Да, вы.* б) — *Да, мне.*) 3. — Мы обяза́тельно должны́ зако́нчить рабо́ту сего́дня? (а) — *Да, обяза́тельно.* б) — *Да, сего́дня.*) 4. — Он отве́тил на все ва́ши вопро́сы? (а) — *Отве́тил.* б) — *На все.*) 5. — Ты купи́л биле́ты в теа́тр? (а) — *Нет, не я.* б) *Нет, не купи́л.*) 6. — Он опозда́л? (а) — *Нет, не опозда́л.* б) — *Нет, не он.*)

Übung 3. Schreiben Sie 6 Fragesätze auf und lesen Sie sie mit entsprechender Intonation vor.

Übung 4. Lesen Sie die folgenden Sätze mit entsprechender Intonation. Geben Sie an, durch welche sprachlichen Mittel die Frage ausgedrückt wird.

1. Беле́ет па́рус одино́кий
В тума́не мо́ря голубо́м;
Что и́щет он в стране́ далёкой?
Что ки́нул он в краю́ родно́м? (*Л.*)
2. Кто при звезда́х и при луне́
Так по́здно е́дет на коне́?
Чей э́то конь неутоми́мый
Бежи́т в степи́ необозри́мой? (*П.*)
3. Придёт ли час мое́й свобо́ды? (*П.*) 4. Пти́цы пою́т в саду́. Кото́рый тепе́рь час? (*Чех.*) 5. А вы давно́ здесь слу́жите? (*Л.*) 6. Ты хо́чешь знать, что ви́дел я на во́ле? (*Л.*) 7. Неуже́ли я так измени́лся? (*Чех.*) 8. Печо́рин! Давно́ ли здесь? (*Л.*)

Übung 5. Bilden Sie Fragesätze mit der Partikel *ли* nach dem Muster.

Muster: Вы зна́ете э́того челове́ка?
Зна́ете ли вы э́того челове́ка?

1. За́втра бу́дет уро́к ру́сского языка́? 2. Ты пригото́вил уро́к? 3. Ты хорошо́ вы́учил слова́? 4. Ты написа́л все упражне́ния? 5. Это тру́дные упражне́ния? 6. Ты мо́жешь рассказа́ть но́вый текст? 7. Сего́дня хоро́шая пого́да? 8. Сего́дня идёт снег? 9. Сего́дня на у́лице хо́лодно? 10. Сего́дня си́льный моро́з? 11. Вы мно́го чита́ли о Москве́? 12. Вы хоти́те пое́хать в Москву́? 13. Вам нра́вятся э́ти откры́тки?

Übung 6. Bilden Sie die Sätze um, indem Sie die Wörter *до́лжен, ну́жно, мо́жно, мочь* gebrauchen.

Muster: Когда́ *нам* встре́титься?
Когда́ *мы должны́* встре́титься?
Когда́ *мы мо́жем* встре́титься?
Когда́ *нам ну́жно* встре́титься?

1. Куда́ ему́ поста́вить чемода́н? 2. Заче́м тебе́ туда́ е́хать? 3. Как мне помо́чь ему́? 4. Куда́ нам пое́хать в воскресе́нье? 5. Что мне ей подари́ть? 6. Кому́ сего́дня идти́ в магази́н? 7. К кому́ мне обрати́ться по э́тому вопро́су? 8. Каку́ю кни́гу тебе́ дать?

Übung 7. Ersetzen Sie die persönlichen Sätze durch unpersönliche Infinitivsätze.

1. Где мы мо́жем встре́титься сего́дня? 2. Когда́ я до́лжен верну́ть тебе́ кни́гу? 3. Кто сего́дня до́лжен дежу́рить? 4. Кому́ я дол-

жен переда́ть э́то письмо́? 5. Где он мо́жет останови́ться? 6. О чём я могу́ рассказа́ть вам?

Übung 8. Lesen Sie den Auszug aus der Erzählung Turgen'evs vor. Beachten Sie die Intonation der Fragesätze.

Я стал при́стально гляде́ть в ту сто́рону,— та же фигу́ра сло́вно вы́росла из земли́ по́дле мои́х дро́жек.
— Кто э́то?—спроси́л зву́чный го́лос.
— А ты кто сам?
— Я зде́шний лесни́к.
Я назва́л себя́.
— А, зна́ю! Вы домо́й е́дете?
— Домо́й. Да ви́дишь, кака́я гроза́!
— Да, гроза́,—отве́тил го́лос.

Die direkte und die indirekte Frage

Mit einer direkten Frage wendet man sich unmittelbar an einen Gesprächspartner und erwartet eine Antwort:

Когда́ ты придёшь?	Wann kommst du?
Ско́ро ли брат вернётся?	Kommt der Bruder bald zurück?
Ты ко́нчил рабо́ту?	Bist du mit der Arbeit fertig?

Die direkte Frage ist durch eine besondere Frageintonation charakterisiert. Am Ende des Satzes wird stets ein Fragezeichen gesetzt.

Eine indirekte Frage ist nicht unmittelbar an einen Gesprächspartner gerichtet; sie bedarf meist keiner Antwort:

Я спроси́л его́, **когда́ он придёт**.	Ich habe ihn gefragt, wann er kommt.
Он спроси́л меня́, **ско́ро ли брат вернётся**.	Er fragte mich, ob der Bruder bald zurückkommt.
Он спроси́л меня́, **ко́нчил ли я рабо́ту**.	Er fragte mich, ob ich mit der Arbeit fertig sei (bin).

Die indirekte Frage wird ohne Frageintonation gesprochen. Ein Fragezeichen wird nicht gesetzt.

Steht in der direkten Frage kein Fragewort, so wird in der entsprechenden indirekten Frage die Partikel **ли** gebraucht.

Я спроси́л, **вернётся ли** брат сего́дня.	Ich fragte, ob der Bruder heute zurückkommt.
Я спроси́л, **ско́ро ли** вернётся брат.	Ich fragte, ob der Bruder bald zurückkommt.
Учени́к спроси́л, **пра́вильно ли** он реши́л зада́чу.	Der Schüler fragte, ob er die Aufgabe richtig gelöst habe (hat).
Я не зна́ю, **все ли** собрали́сь.	Ich weiß nicht, ob alle anwesend sind.

Beim Ersatz einer direkten Frage durch eine indirekte ist auf den Gebrauch der Personalpronomen und der Personalformen der Verben zu achten.

Прохо́жий спроси́л ребя́т: «Как **мне** пройти́ к метро́?»	Прохо́жий спроси́л ребя́т, как **ему́** пройти́ к метро́.
Der Passant fragte die Kinder: „Wie komme ich zur U-Bahn-Station?"	Der Passant fragte die Kinder, wie er zur U-Bahn-Station komme.
Мать спроси́ла меня́: «Когда́ **ты вернёшься?**»	Мать спроси́ла меня́, когда́ **я верну́сь.**
Die Mutter fragte mich: „Wann kommst du zurück?"	Die Mutter fragte mich, wann ich zurückkäme.
Дире́ктор спроси́л нас: «**Вы ко́нчили** рабо́ту?**»**	Дире́ктор спроси́л нас, **ко́нчили ли мы** рабо́ту.
Der Direktor fragte uns: „Sind Sie mit der Arbeit fertig?"	Der Direktor fragte uns, ob wir mit der Arbeit fertig seien (sind).
Я спроси́л их: «**Вы** меня́ **подождёте?**»	Я спроси́л их, **подожду́т ли они́** меня́.
Ich fragte sie: „Werdet ihr auf mich warten?"	Ich fragte sie, ob sie auf mich warten würden.

Übung 9. Ersetzen Sie die direkten Fragen durch indirekte.

1. Нача́льник экспеди́ции спроси́л: «Все гото́вы?» 2. Сын ча́сто спра́шивал: «Ско́ро вернётся оте́ц?» 3. Он спроси́л: «Мне ещё не по́здно учи́ться му́зыке?» 4. Сестра́ спроси́ла меня́: «Ты мо́жешь помо́чь мне?» 5. Я спроси́л их: «До́лго вы вчера́ рабо́тали?» 6. Учи́тель спроси́л ученико́в: «Все прису́тствуют в кла́ссе?»

Aufforderungssätze

Je nach der Art der Aufforderung (je nachdem, ob es sich um eine Bitte, eine Einladung, einen Wunsch, eine Forderung, einen Befehl oder einen Aufruf handelt) sind die Aufforderungssätze durch unterschiedliche Intonation gekennzeichnet.

Bitte:	Да́йте мне, пожа́луйста, э́ту кни́гу.
	Geben Sie mir bitte dieses Buch.
Einladung:	Сади́тесь, пожа́луйста. Приходи́те к нам в го́сти.
	Nehmen Sie bitte Platz. Kommen Sie zu uns zu Besuch.
Wunsch:	Вам хорошо́ бы отдохну́ть.
	Sie müßten sich erholen.
Forderung:	Предъяви́те про́пуск.
	Weisen Sie Ihren Personalausweis vor!
Befehl:	Позва́ть его́!
	Rufen Sie ihn! (Ruft ihn!)
Aufruf:	Вперёд, това́рищи!
	Vorwärts, Genossen!

1. Das Prädikat wird in Aufforderungssätzen meist durch ein Verb im Imperativ des Singulars bzw. Plurals ausgedrückt:

438

Дай (да́йте) мне кни́гу.	Gib (geben Sie) mir das Buch!
Покажи́ (покажи́те) ему́ фото-ка́рточку.	Zeige (zeigen Sie) ihm das Foto!
Поста́вь (поста́вьте) ла́мпу на стол.	Stelle (stellen Sie) die Lampe auf den Tisch!
Напиши́ (напиши́те) предложе́ния.	Schreibe (schreiben Sie) die Sätze auf!

2. Bei Aufforderungen an eine dritte Person wird die Partikel **пусть** (**пуска́й**) gebraucht.

Пусть он придёт ве́чером.	Mag (soll) er heute abend kommen.
Пусть де́ти игра́ют.	
Пуска́й това́рищ позвони́т мне по телефо́ну.	Laß(t) die Kinder spielen! Soll der Genosse mich anrufen.

3. In Losungen steht gewöhnlich die Partikel **да**:

Да здра́вствует мир во всём ми-ре!	Es lebe der Frieden in der ganzen Welt!

4. Wird eine Aufforderung zum gemeinsamen Handeln ausgedrückt, in die sich der Sprechende einschließt, so steht das Verb in der 1. Person Plural:

Пойдём скоре́й.	Gehen wir doch schneller!
Ся́дем здесь.	Setzen wir uns hier hin!
Пое́дем на юг.	Fahren wir in den Süden!
Споём.	Laß(t) uns ein Lied singen!

In der 3. Person Plural stehen in derartigen Aufforderungssätzen sehr oft die bestimmten Verben der Fortbewegung:

Идём в кино́!	Gehen wir ins Kino!
Бежи́м!	Laufen wir!
Е́дем за́втра!	Fahren wir morgen!
Бежи́м туда́!	Laufen wir dorthin!

Ist die Aufforderung des Sprechenden, der an der Handlung teilnehmen wird, an mehrere Personen gerichtet, so endet das Verb gewöhnlich auf **-те**. Die Form auf **-те** dient außerdem als Höflichkeitsform:

Пойдёмте скоре́й!	Gehen wir doch schneller!
Ся́демте здесь.	Setzen wir uns hier hin!
Е́демте за́втра.	Fahren wir morgen!

In der Umgangssprache wird die Aufforderung bisweilen durch Vorsetzen von **дава́й (дава́йте)** verstärkt:

Дава́й(те) отдохнём.	Laß(t) uns ausruhen!
Дава́й(те) ся́дем.	Setzen wir uns!
Дава́й(те) споём.	Laß(t) uns ein Lied singen!

Ist das Prädikat durch ein vollendetes Verb ausgedrückt, so steht es in der einfachen Futurform.

Дава́й(те) отдохнём.	Laß(t) uns ausruhen!
Дава́й(те) споём.	Laß(t) uns ein Lied singen!

Ist das Prädikat durch ein unvollendetes Verb ausgedrückt, so steht es im Infinitiv:

Дава́й(те) отдыха́ть.	Laß(t) uns ausruhen!
Дава́й(те) петь.	Laß(t) uns singen!

Übung 10. Lesen Sie die folgenden Sätze. Bestimmen Sie die Form des Prädikats.

1. Дай, ня́ня, мне перо́, бума́гу!
   Да стол подви́нь; я ско́ро ля́гу. (*П.*)
2. Вы́пьем, до́брая подру́жка
   Бе́дной ю́ности мое́й... (*П.*)
3. Пока́ свобо́дою гори́м,
   Пока́ сердца́ для че́сти жи́вы,
   Мой друг, отчи́зне посвяти́м
   Души́ прекра́сные поры́вы! (*П.*)
4. Да здра́вствует со́лнце, да скро́ется тьма! (*П.*)

Ausrufesätze

Aussage-, Frage- und Aufforderungssätze können zu A u s r u f e - s ä t z e n werden, wenn sie ein starkes Gefühl ausdrücken (Freude, Begeisterung, Verwunderung, Zorn, Kummer usw.):

Сего́дня прекра́сная пого́да!	Ist das Wetter heute schön!
Собира́йтесь поскоре́е!	Packt schnell eure Sachen!
Как, вы не пое́дете с на́ми?!	Was, ihr fahrt nicht mit?!

Ein Ausrufesatz wird mit besonderer Intonation, mit erhöhtem Ton gesprochen. Die Intonation eines Ausrufesatzes kann mannigfaltig sein; sie hängt von dem Gefühl ab, das in dem Satz ausgedrückt wird. Am Ende des Ausrufesatzes wird ein Ausrufezeichen gesetzt. Am Ende eines Ausrufesatzes, der eine Frage enthält, setzt man Frage- und Ausrufezeichen.

In Ausrufesätzen werden häufig Interjektionen gebraucht:

Тишина́. **Ах**, кака́я сто́ит тишина́! (*Алиг.*)	Es ist still. O, wie ist es still!
Увы́, он сча́стия не и́щет И не от сча́стия бежи́т! (*Л.*)	w ö r t l i c h: O weh, er sucht nicht sein Glück. Und er flieht es nicht!

Zum Ausdruck eines Ausrufes dienen oft die Pronomen **како́й, тако́й, что за, ско́лько, сто́лько** und die Adverbien **как, так**:

Как хорошо́ ты, о мо́ре ночно́е! (*Тютч.*)	w ö r t l i c h: Wie schön bist du, o, du nächtliches Meer!
Ско́лько тут бы́ло кудря́вых берёз! (*Н.*)	w ö r t l i c h: Wie viele üppige Birken standen da!

Losungen, Aufrufe, Begrüßungen und Glückwünsche werden gewöhnlich durch Ausrufesätze ausgedrückt:

Здра́вствуй, пле́мя мла́до́е, незнако́мое! (*П.*)	wörtlich: Sei gegrüßt, du junge, unbekannte Generation!
Пусть сильне́е гря́нет бу́ря! (*М. Г.*)	wörtlich: Möge der Sturm mächtiger wüten!
Пролета́рии всех стран, соединя́йтесь!	Proletarier aller Länder, vereinigt euch!
Да здра́вствует мир ме́жду наро́дами!	Es lebe der Völkerfrieden!
До́брый день!	Guten Tag!
С Но́вым го́дом!	Ein gutes neues Jahr!

Übung 11. Lesen Sie die folgenden Sätze laut. Beachten Sie die Intonation der Ausrufesätze.

A. 1. Сла́вная о́сень! Моро́зные но́чи. Я́сные ти́хие дни... (*Н.*) 2. Как лес хоро́ш по́здней о́сенью! (*Тург.*) 3. И све́жий во́здух так души́ст, И так прозра́чно золоти́ст Игра́ющий на со́лнце лист! (*Л.*) 4. Како́й изуми́тельный сад! Бе́лые ма́ссы цвето́в, голубо́е не́бо. (*Чех.*) 5. До́брый день, де́ти, и пусть в жи́зни ва́шей бу́дет мно́жество до́брых дней! (*М. Г.*) 6. Друзья́ мои́, прекра́сен наш сою́з! (*П.*) 7. Да здра́вствуют му́зы, да здра́вствует ра́зум! (*П.*)

B. 1. Москва́... как мно́го в э́том зву́ке
Для се́рдца ру́сского слило́сь!
Как мно́го в нём отозвало́сь! (*П.*)

2. И я,
как весну́ челове́чества,
рождённую
в труда́х и в бою́,
пою́
моё оте́чество,
респу́блику мою́! (*Маяк.*)

Verneinte Sätze

Sätze mit der Verneinungspartikel **не** vor dem Prädikat sowie mit den Wörtern **нет** und **нельзя** als Prädikat nennt man v e r n e i n t e Sätze.

Ребёнок **не** спит.	Das Kind schläft nicht.
Ле́кция ещё **не** начала́сь.	Die Vorlesung hat noch nicht begonnen.
У меня́ **нет** словаря́.	Ich habe kein Wörterbuch.
Сестры́ **нет** до́ма.	Die Schwester ist nicht zu Hause.
Здесь **нельзя́** кури́ть.	Hier wird nicht geraucht.

Verneinte Sätze
mit der Partikel **не** *vor dem Prädikat*

Um einen bejahenden Satz in einem verneinten zu verwandeln, setzt man **не** vor das Prädikat.

Де́ти **спят**.
Die Kinder schlafen.

Де́ти **не спят**.
Die Kinder schlafen nicht.

Ле́кция уже́ **начала́сь**.
Die Vorlesung hat schon begonnen.

Ле́кция ещё **не начала́сь**.
Die Vorlesung hat noch nicht begonnen.

Учени́к **отве́тил** на вопро́с.
Der Schüler hat die Frage beantwortet.

Учени́к **не отве́тил** на вопро́с.
Der Schüler hat die Frage nicht beantwortet.

Мой брат — **студе́нт**.
Mein Bruder ist Student.

Мой брат **не студе́нт**.
Mein Bruder ist nicht Student.

Ве́тер **си́льный**.
Der Wind ist stark.

Ве́тер **не си́льный**.
Der Wind ist nicht stark.

Hängt vom Prädikat eines bejahenden Satzes ein Akkusativobjekt (ohne Präposition) ab, so entspricht diesem im verneinten Satz häufig ein Genitivobjekt.

Учени́к реши́л **зада́чу**.
Der Schüler hat die Aufgabe gelöst.

Учени́к **не** реши́л **зада́чи**.
Der Schüler hat die Aufgabe nicht gelöst.

Студе́нт по́нял **вопро́с**.
Der Student hat die Frage verstanden.

Студе́нт **не** по́нял **вопро́са**.
Der Student hat die Frage nicht verstanden.

Я получи́л **письмо́**.
Ich habe den Brief bekommen.

Я **не** получи́л **письма́**.
Ich habe den Brief nicht bekommen.

Он чита́л **газе́ту**.
Er las die Zeitung.

Он **не** чита́л **газе́ты**.
Er las die Zeitung nicht.

(Zum Gebrauch des Genitivs bei der Verneinung s i e h e S. 51.)

Übung 12. Beantworten Sie die folgenden Fragen verneinend.

А. 1. Заня́тия ко́нчились? 2. Брат уже́ прие́хал? 3. Он бу́дет за́втра рабо́тать? 4. Вы пойдёте в библиоте́ку? 5. Ваш брат — студе́нт? 6. Эта кни́га — уче́бник? 7. Эта кни́га интере́сная?

В. 1. Он по́нял вопро́с? 2. Вы купи́ли биле́т? 3. Това́рищ призна́л оши́бку? 4. Он дал отве́т на вопро́с? 5. Вы при́няли уча́стие в рабо́те? 6. Вы обрати́ли внима́ние на э́ту карти́ну? 7. Эта карти́на произвела́ на вас впечатле́ние?

Verneinte Sätze
mit dem Wort **нет** *als Prädikat*

Das Wort **нет** bezeichnet als Prädikat in unpersönlichen Sätzen das Nichtvorhandensein einer Sache oder Person. Das den nicht vorhandenen Gegenstand bezeichnende Wort wird in den Genitiv gesetzt:

— У вас есть слова́рь?
— Haben Sie ein Wörterbuch?

— У меня́ **нет словаря́**.
— Ich habe kein Wörterbuch.

— Сестра́ до́ма?
— Ist die Schwester zu Hause?

— **Сестры́ нет** до́ма.
— Die Schwester ist nicht zu Hause.

— В ка́ссе есть биле́ты?	— Gibt es Karten an der Kasse?
— В ка́ссе **нет биле́тов.**	— An der Kasse gibt es keine Karten.

In den entsprechenden bejahenden Sätzen, die auf die Frage nach dem Vorhandensein eines Gegenstandes antworten, steht gewöhnlich das Verb **есть:**

— У вас **есть** слова́рь?	— Haben Sie ein Wörterbuch?
— У меня́ **есть** слова́рь.	— Ich habe ein Wörterbuch.
— В ка́ссе **есть** биле́ты?	— Gibt es Karten an der Kasse?
— В ка́ссе **есть** биле́ты.	— An der Kasse gibt es Karten.
— У вас **есть** брат?	— Haben Sie einen Bruder?
— У меня́ **есть** брат.	— Ich habe einen Bruder.

In diesen Sätzen hat das Wort **есть** die Bedeutung von **име́ется** *es gibt, ist vorhanden.* (Zum Gebrauch des Wortes **есть** s i e h e S. 209.)

A n m e r k u n g. In den Antworten auf die obigen Fragen werden meist die Wörter **да, нет** gebraucht: — У вас есть слова́рь? *Haben Sie ein Wörterbuch?* — **Да,** у меня́ есть слова́рь. *Ja, ich habe ein Wörterbuch.*— **Нет,** у меня́ нет словаря́. *Nein, ich habe kein Wörterbuch.*

Vergleichen Sie die folgenden bejahenden und verneinten Sätze:

У меня́ **есть** слова́рь.	У меня́ **нет словаря́.**
Ich habe ein Wörterbuch.	Ich habe kein Wörterbuch.
В за́ле **есть** свобо́дные места́.	В за́ле **нет** свобо́дных мест.
In dem Saal gibt es freie Plätze.	In dem Saal gibt es keine freien Plätze.
В ка́ссе **есть** биле́ты.	В ка́ссе **нет биле́тов.**
An der Kasse gibt es Karten.	An der Kasse gibt es keine Karten.
У него́ **есть брат.**	У него́ **нет бра́та.**
Er hat einen Bruder.	Er hat keinen Bruder.
У учи́теля **есть часы́.**	У учи́теля **нет часо́в.**
Der Lehrer hat eine Uhr.	Der Lehrer hat keine Uhr.
Сего́дня **дождь.**	Сего́дня **нет дождя́.**
Heute regnet es.	Heute regnet es nicht.
Сестра́ до́ма.	**Сестры́ нет** до́ма.
Die Schwester ist zu Hause.	Die Schwester ist nicht zu Hause.
Твоя́ **кни́га** здесь.	Твое́й **кни́ги нет** здесь.
Dein Buch ist da.	Dein Buch ist nicht da.

Im Präteritum steht zur Bezeichnung des Nichtvorhandenseins einer Sache oder Person das Verb **быть** in der sächlichen Form mit der Partikel **не (не́ было):**

У меня́ **был слова́рь.**	У меня́ **не́ было словаря́.**
Ich hatte ein Wörterbuch.	Ich hatte kein Wörterbuch.
Сестра́ была́ до́ма.	**Сестры́ не́ было** до́ма.
Die Schwester war zu Hause.	Die Schwester war nicht zu Hause.

Вчера́ **был дождь**.
Gestern regnete es.
В ка́ссе **бы́ли биле́ты**.
An der Kasse gab es Karten.

Вчера́ **не́ было дождя́**.
Gestern regnete es nicht.
В ка́ссе **не́ было биле́тов**.
An der Kasse gab es keine Karten.

Im Futur steht das Verb **быть** im Singular mit der Partikel **не** (**не бу́дет**):

У меня́ **бу́дет слова́рь**.
Ich werde ein Wörterbuch haben.

У меня́ **не бу́дет словаря́**.
Ich werde kein Wörterbuch haben.

Сестра́ бу́дет до́ма.
Die Schwester wird zu Hause sein.

Сестры́ не бу́дет до́ма.
Die Schwester wird nicht zu Hause sein.

За́втра **бу́дет дождь**.
Morgen wird es regnen.
В ка́ссе **бу́дут биле́ты**.
An der Kasse wird es Karten geben.

За́втра **не бу́дет дождя́**.
Morgen wird es nicht regnen.
В ка́ссе **не бу́дет биле́тов**.
An der Kasse wird es keine Karten geben.

Verneinte Sätze
mit dem Wort нельзя́ als Prädikat

Das Wort **нельзя́** (*man*) *darf nicht*, (*man*) *kann nicht*, *es ist nicht möglich* steht in Verbindung mit dem Infinitiv eines Verbs und tritt als Prädikat in unpersönlichen Sätzen auf:

Здесь **нельзя́ кури́ть**.
На́ гору **нельзя́ подня́ться**.

Hier darf man nicht rauchen.
Es ist nicht möglich, den Berg zu besteigen.

Die Bezeichnung der Person steht in solchen unpersönlichen Sätzen im Dativ:

Больно́му нельзя́ кури́ть.
Нам нельзя́ отступи́ть.
Тебе́ нельзя́ купа́ться.

Der Kranke darf nicht rauchen.
Wir dürfen nicht zurückgehen.
Du darfst nicht baden.

Das Wort **нельзя́** hat folgende Bedeutungen:
1. (man) darf nicht, es ist verboten, es ist nicht erlaubt:

Здесь **нельзя́** шуме́ть.
Больно́му **нельзя́** кури́ть.
Тебе́ **нельзя́** купа́ться.

2. (man) kann nicht, es ist nicht möglich:

На́ гору **нельзя́** (невозмо́жно) подня́ться: она́ о́чень крута́.
Реку́ переплы́ть **нельзя́** (невозмо́жно), потому́ что тече́ние о́чень си́льное.

Den Berg kann man nicht besteigen: er ist zu steil.
Den Fluß kann man nicht durchschwimmen, weil die Strömung zu stark ist.

444

Für die Vergangenheit wird die Kopula **бы́ло** gebraucht:

На́ гору **нельзя́ бы́ло** подня́ться.   Den Berg konnte man nicht besteigen.

Für die Zukunft steht die Kopula **бу́дет:**

На́ гору **нельзя́ бу́дет** подня́ться.   Den Berg wird man nicht besteigen können.

Übung 13. Beantworten Sie folgende Fragen verneinend.

A. 1. У вас в го́роде есть теа́тр? 2. У тебя́ есть биле́ты на конце́рт? 3. У вас есть сестра́? 4. У него́ есть спосо́бность к му́зыке? 4. Кни́га на столе́? 6. Брат до́ма? 7. Вчера́ был дождь? 8. За́втра бу́дет семина́р? 9. Дире́ктор в кабине́те? 10. У вас бу́дет за́втра свобо́дное вре́мя?

B. 1. Ему́ уже́ мо́жно выходи́ть на у́лицу? 2. Мо́жно де́тям идти́ гуля́ть? 3. Эту кни́гу мо́жно купи́ть в магази́не? 4. Мо́жно перейти́ э́ту ре́ку вброд? 5. В э́той реке́ мо́жно купа́ться?

Verneinte Sätze
mit den verneinenden Pronomen **никто́, ничто́,**
никако́й, ниче́й *und den verneinenden Adverbien*
нигде́, никуда́, никогда́

Die obengenannten verneinenden Adverbien und Pronomen stehen in verneinten Sätzen mit der Partikel **не** oder mit **нет** bzw. **нельзя́** als Prädikat:

Никто́ не опозда́л.   Niemand hat sich verspätet.
Его́ **ничто́ не** интересу́ет.   Nichts interessiert ihn.
Никаки́е тру́дности нам **не**   Wir scheuen keine Schwierigkei-
стра́шны.   ten.
Там **никого́ нет.**   Dort ist niemand.
Нигде́ нет э́той кни́ги.   Dieses Buch ist nirgends zu finden.

Тебе́ **никуда́ нельзя́** уходи́ть.   Du darfst nirgendwohin gehen.
Он **никогда́ не́** был в Москве́.   Er war nie in Moskau.

Übung 14. Beantworten Sie verneinend folgende Fragen mit Hilfe der in Klammern angegebenen Pronomen und Adverbien *(schriftlich).*

1. Куда́ вы пое́дете ле́том? *(никуда́).* 2. Когда́ вы рабо́тали на заво́де? *(никогда́)* 3. Где вы рабо́тали ле́том? *(нигде́)* 4. Кто вам помога́л? *(никто́)* 5. Где продаётся э́та кни́га? *(нигде́)* 6. Где мо́жно купи́ть э́ту кни́гу? *(нигде́)* 7. Когда́ её мо́жно заста́ть до́ма? *(никогда́)* 8. Кому́ мо́жно оста́ться здесь? *(никому́)* 9. Кто там? *(никого́)* 10. Что вам меша́ет? *(ничто́)* 11. Како́й отве́т вы получи́ли? *(никако́го)*

Übung 15. Beantworten Sie folgende Fragen verneinend. Verwenden Sie zur Verstärkung der Verneinung die in Klammern angegebenen verneinenden Pronomen und Adverbien.

1. Вы ви́дели мо́ре? 2. Вы ухо́дите? 3. Вы рабо́тали на заво́де? 4. Вам меша́ют? 5. Вы слы́шали э́ту пе́сню?

(никогда́, никуда́, никто́, никака́я)

Übung 16. Ersetzen Sie die nachstehenden Sätze durch gleichbedeutende. Verwenden Sie dazu die in Klammern angegebenen antonymen Verben und verneinende Pronomen bzw. Adverbien.

Muster: *Я всегда́ бу́ду по́мнить* об э́том.
Я никогда́ не забу́ду об э́том.

1. На уро́ке прису́тствовали все. 2. Все пришли́ во́время. 3. Все по́мнят пра́вило.

(забы́ть, опозда́ть, отсу́тствовать)

Verneinte Sätze
mit der verstärkenden Partikel **ни**

Die Partikel **ни** tritt in verneinten Sätzen zur Verstärkung der Verneinung auf:

Он **не** сказа́л **ни** сло́ва. (man könnte sagen: Он **не** сказа́л ничего́).	Er sagte nicht ein einziges Wort.
Он **не** успе́л написа́ть **ни** стро́чки.	Er konnte nicht eine einzige Zeile schreiben.
Здесь **нет ни** ка́пли воды́.	Hier gibt es keinen einzigen Tropfen Wasser.
Нам **нельзя́** ждать **ни** мину́ты.	Wir dürfen keinen Augenblick warten.

Das Prädikat **нет** wird in Sätzen mit der Partikel **ни** oft weggelassen:

На не́бе **ни** о́блачка.	Am Himmel ist keine einzige Wolke.
Здесь **ни** ка́пли воды́.	Hier ist kein einziger Tropfen Wasser.
У меня́ в карма́не **ни** копе́йки.	Ich habe in der Tasche nicht eine einzige Kopeke.

Die Partikel **ни** wird oft zur Verstärkung der Verneinung mit dem Wort **оди́н** verbunden:

Ни оди́н челове́к **не** опозда́л.	Niemand hat sich verspätet.
Ни оди́н лист на де́реве **не** шевели́лся.	Es regte sich kein einziges Blatt am Baum.
Он **не** сде́лал **ни одно́й** оши́бки.	Er hat keinen einzigen Fehler gemacht.

Übung 17. Setzen Sie die passenden Wörter mit der Partikel **ни** ein.

1. Воды́ не́ было ... . 2. Я не слы́шал э́той пе́сни ... . 3. Мы не мо́жем ждать ... . 4. Он сего́дня не написа́л ... . 5. На у́лице не́ было ... . 6. Не слы́шно ... . 7. На не́бе нет ... . 8. Бойцы́ не сде́лали ...

446

наза́д. 9. В карма́не нет ... де́нег. 10. Он не сказа́л в отве́т ... и ушёл.

(ни ра́зу, ни стро́чки, ни сло́ва, ни облачка́, ни зву́ка, ни ка́пли, ни души́, ни копе́йки, ни мину́ты, ни ша́гу)

Die Satzglieder

Wörter im Satz, die auf eine Frage antworten, nennt man S a t z g l i e d e r :

Студе́нты внима́тельно слу́шают ле́кцию по филосо́фии.	Die Studenten hören die Vorlesung in Philosophie mit Interesse.

Zu den Wörtern dieses Satzes lassen sich folgende Fragen stellen:

— *Кто* слу́шает ле́кцию? — Студе́нты.
— *Что* де́лают студе́нты? — Слу́шают.
— *Как* слу́шают студе́нты? — Внима́тельно.
— *Что* слу́шают студе́нты? — Ле́кцию.
— *Каку́ю* ле́кцию слу́шают студе́нты? — По филосо́фии.

In diesem Satz können fünf Wörter erfragt werden. Diese Wörter sind Satzglieder. Hilfswörter (Präpositionen, Konjunktionen, Partikeln) bilden keine Satzglieder, nach ihnen kann man nicht fragen. Präpositionen sind Bestandteile von Satzgliedern. So bildet beispielsweise die Präposition **по** kein Satzglied, wohl aber die Fügung **по филосо́фии.**

Die hauptrangigen Satzglieder

Hauptrangige Satzglieder sind das Subjekt und das Prädikat.

Das S u b j e k t hängt nicht von anderen Satzgliedern ab und antwortet auf die Fragen *кто? wer?* oder *что? was?*

Охо́тники сиде́ли у костра́.	(*Кто* сиде́л у костра́?) **Охо́тники.**
Die Jäger saßen am Feuer.	(Wer saß am Feuer?) Die Jäger.
Ве́тер уси́ливается.	(*Что* уси́ливается?) **Ве́тер.**
Der Wind wird stärker.	(Was wird stärker?) Der Wind.
Пого́да хороша́.	(*Что* хороша́?) **Пого́да.**
Das Wetter ist schön.	(Was ist schön?) Das Wetter.
Смирно́в — наш лу́чший учени́к.	(*Кто* наш лу́чший учени́к?) **Смирно́в.**
Smirnov ist unser bester Schüler.	(Wer ist unser bester Schüler?) Smirnov.

Die Wörter *охо́тники, ве́тер, пого́да, Смирно́в* sind in den obigen Sätzen Subjekte.

Das P r ä d i k a t hängt grammatisch vom Subjekt ab, es antwortet auf die Fragen *что де́лает? was macht?, что де́лается? was geschieht?, каков предме́т? wie ist der Gegenstand?, (какова́? каково́? како-*

вы?), какóй предмéт? (какáя, какóе, какúе?) was für ein Gegenstand ist es?, кто он? wer ist er?:

(*Что дéлали охóтники?*)	Охóтники **сидéли**.
(Was machten die Jäger?)	Die Jäger saßen.
(*Что дéлается с вéтром?*)	Вéтер **усúливается**.
(Was geschieht mit dem Wind?)	Der Wind wird stärker.
(*Каковá погóда?*)	Погóда **хорошá**.
(Wie ist das Wetter?)	Das Wetter ist schön.
(*Кто* такóй Смирнóв?)	Смирнóв — наш лýчший **ученúк**.
(Wer ist Smirnov?)	Smirnov ist unser bester Schüler.

Das Prädikat kann eine Handlung, einen Zustand, eine Eigenschaft oder die Qualität des durch das Subjekt ausgedrückten Gegenstandes bezeichnen. Das Prädikat stimmt mit dem Subjekt in der Zahl überein (**Птúца поёт.** *Der Vogel singt.* **Птúцы поют.** *Die Vögel singen.*). Im Präteritum stimmt es mit dem Subjekt auch im Geschlecht überein. (**Наступúл вéчер.** *Es wurde Abend.* **Наступúла ночь.** *Es wurde Nacht.* **Наступúло ýтро.** *Es wurde Morgen.*); im Präsens und im Futur stimmt das Prädikat mit dem Subjekt auch in der Person überein (**Я читáю. Ты читáешь. Он читáет. Дéвушка читáет. Я отдохнý. Ты отдохнёшь. Онú отдохнýт.**).

Der nichterweiterte und der erweiterte Satz

Es gibt Sätze, die nur aus den hauptrangigen Satzgliedern — Subjekt und Prädikat — bestehen:

Студéнт читáет.	Der Student liest.
Вéтер шумúт.	Der Wind rauscht.
Дорóга прямá.	Der Weg ist gerade.
Доклáд интерéсен.	Der Vortrag ist interessant.

Derartige Sätze bezeichnet man als n i c h t e r w e i t e r t e Sätze. Außer den hauptrangigen Satzgliedern können in einem Satz auch abhängige Satzglieder auftreten:

Студéнт читáет **газéту**.	Der Student liest eine Zeitung.
Сúльный вéтер шумúт.	Ein starker Wind rauscht.
Дорóга **чéрез гóры** опáсна.	Der Weg durch das Gebirge ist gefährlich.
Доклáд **о междунарóдном положéнии** интерéсен.	Der Vortrag über die internationale Lage ist interessant.

Sätze mit abhängigen Satzgliedern bezeichnet man als e r w e i t e r t e Sätze.

Die abhängigen Satzglieder

Die a b h ä n g i g e n S a t z g l i e d e r können je nach der Art der Fragen, auf die sie antworten, in drei Gruppen eingeteilt werden: in Objekte, Attribute und Adverbialbestimmungen.

Das O b j e k t ist ein abhängiges Satzglied, das einen Gegenstand bezeichnet und auf Fragen aller Fälle außer dem Nominativ antwortet (man nennt diese Fälle — zum Unterschied vom Nominativ — auch abhängige Fälle).

(*Что* читает студент?)
(Was liest der Student?)
Студент читает **газету**.
Der Student liest eine Zeitung.

(*Кому* отвечает ученик?)
(Wem antwortet der Schüler?)
Ученик отвечает **учителю**.
Der Schüler antwortet dem Lehrer.

(*К чему* готовятся студенты?)
Студенты готовятся **к экзамену**.

(Worauf bereiten sich die Studenten vor?)
Die Studenten bereiten sich auf die Prüfung vor.

(*За что* борется народ?)
(Wofür kämpft das Volk?)
Народ борется **за мир**.
Das Volk kämpft für den Frieden.

Das A t t r i b u t ist ein abhängiges Satzglied, das ein Merkmal eines Gegenstandes bezeichnet und auf die Fragen *какой?* (*какая? какое? какие?*) *welcher? was für ein?*, *чей?* (*чья? чьё? чьи?*) *wessen?* und *который?* (*которая? которое? которые?*) *welcher?* antwortet.

(*Какая* у него книга?)
(Was für ein Buch hat er?)
У него **интересная** книга.
Er hat ein interessantes Buch.

(*Чей* это учебник?)
(Wessen Lehrbuch ist das?)
Это учебник **сестры**.
Das ist das Lehrbuch der Schwester.

(*В котором* ряду они сидят?)
(In welcher Reihe sitzen sie?)
Они сидят **в пятом** ряду.
Sie sitzen in der fünften Reihe.

(*На каком* языке они говорят?)
(Welche Sprache sprechen sie?)
Они говорят **на русском** языке.
Sie sprechen russisch.

A d v e r b i a l b e s t i m m u n g e n sind abhängige Satzglieder, die Ort, Zeit, Grund, Zweck, Art und Weise einer Handlung angeben:

(*Где* работает трактор?)
(Wo arbeitet der Traktor?)
Трактор работает **в поле**.
Der Traktor arbeitet auf dem Feld. (Ort der Handlung)

(*Когда* будет концерт?)
(Wann findet das Konzert statt?)
Концерт будет **вечером**.
Das Konzert findet am Abend statt.
(Zeit der Handlung)

(*Почему* шумят деревья?)
(Warum rauschen die Bäume?)
Деревья шумят **от ветра**.
Die Bäume rauschen durch den Wind.
(Grund, Ursache der Handlung)

(*Зачем* туристы остановились?)
(Warum haben die Touristen haltgemacht?)
Туристы остановились **отдохнуть**.
Die Touristen haben haltgemacht, um zu rasten.
(Zweck der Handlung)

(*Как* учени́к чита́ет?)
(Wie liest der Schüler?)

Учени́к чита́ет **вслух.**
Der Schüler liest laut.
(Art und Weise der Handlung)

Ihrer Bedeutung nach werden die Adverbialbestimmungen in folgende Gruppen eingeteilt:

1. Adverbialbestimmungen des O r t e s, Frage *где? wo?, куда́? wohin?, отку́да? woher?*

2. Adverbialbestimmungen der Z e i t, Frage *когда́? wann? как до́лго? wie lange?, с каки́х пор? seit wann?, до каки́х пор? bis wann?* u. a.

3. Adverbialbestimmungen des G r u n d e s, Frage *почему́? warum?, по како́й причи́не? aus welchem Grunde?*

4. Adverbialbestimmungen des Z w e c k s, Frage *зачём? для чего́? wozu?, с како́й це́лью? zu welchem Zweck?*

5. Adverbialbestimmungen der A r t und W e i s e, Frage *как? wie?, каки́м о́бразом? auf welche Weise?*

Übung 18. Lesen Sie die folgenden Sätze. Welche sind erweitert, welche nicht erweitert?

1. Ко́нчился март. Мороси́л дождь. Го́лые тополя́ стоя́ли в тума́не. (*Пауст.*) 2. По́здняя о́сень. Грачи́ улете́ли. Лес обнажи́лся, поля́ опусте́ли. (*Н.*) 3. Октя́брь уж наступи́л. Уж ро́ща отряха́ет после́дние листы́ с наги́х свои́х ветве́й. (*П.*) 4. Осень наступи́ла, Вы́сохли цветы́, И глядя́т уны́ло Го́лые кусты́. (*Плещ.*)

Übung 19. Verwandeln Sie die nichterweiterten Sätze in erweiterte.

1. Пришла́ весна́. Бегу́т ручьи́. Све́тит со́лнце. Ду́ет ветеро́к. Плыву́т облака́. 2. Наступи́ло у́тро. Показа́лось со́лнце. Просну́лись пти́цы. Заблесте́ла роса́. 3. По́езд стои́т. Пассажи́ры спеша́т. Провожа́ющие выхо́дят. По́езд тро́гается.

Übung 20. Nennen Sie die hauptrangigen und die abhängigen Satzglieder. Erfragen Sie die abhängigen Satzglieder.

1. Я возвраща́лся домо́й по́сле до́лгой прогу́лки. (*Тург.*) 2. Весе́нние облака́ плыву́т над землёй. 3. Одна́жды я лови́л ры́бу на небольшо́м о́зере. (*Пауст.*) 4. Доро́га кру́то поднима́лась в го́ру. 5. Апре́льское со́лнце си́льно гре́ло. (*Чех.*) 6. Ночь была́ я́сная. По чи́стому, безо́блачному не́бу плыла́ по́лная луна́. (*Арс.*) 7. Библиоте́ка была́ све́тлая и просто́рная. Вдоль стен тяну́лись по́лки. На по́лках аккура́тно, по алфави́ту, стоя́ли са́мые ра́зные кни́ги. Под ла́мпой находи́лся большо́й стол для газе́т и журна́лов. (*Ант.*)

Die Formen der hauptrangigen Satzglieder

Das Subjekt

Ein Subjekt kann sein:
1. ein Substantiv im Nominativ:

Профе́ссор вошёл в аудито́рию. Ле́кция начала́сь.	Der Professor betrat den Hörsaal. Die Vorlesung begann.

2. ein Pronomen im Nominativ:

Мы занима́емся ру́сским языко́м. Я бу́ду выступа́ть на семина́ре.	Wir lernen Russisch. Ich werde im Seminar sprechen. Niemand verspätete sich zur Versammlung.
Никто́ не опозда́л на собра́ние. Все пришли́ во́время.	Alle kamen zur rechten Zeit.

3. ein substantiviertes Adjektiv, Partizip oder Zahlwort im Nominativ:

(кто?) Взро́слые наблюда́ли за игро́й дете́й.	Die Erwachsenen beobachteten das Spiel der Kinder. (Das Subjekt ist ein substantiviertes Adjektiv.)
(кто?) Провожа́ющие толпи́лись на перро́не.	Viele Begleitpersonen standen auf dem Bahnsteig. (Das Subjekt ist ein substantiviertes Partizip.)
(что?) Пять не де́лится на́ два без оста́тка.	Fünf kann durch zwei ohne Rest nicht geteilt werden. (Das Subjekt ist ein Zahlwort.)

4. ein Infinitiv:

(что?) Кури́ть воспреща́ется. Учи́ться всегда́ пригоди́тся.	Rauchen verboten. Lernen ist immer von Nutzen. (Vgl.: Lerne was, so kannst du was.)

5. eine unveränderliche Wortart, die als Substantiv auftritt:

	wörtlich:
Све́тлое (что?) за́втра в на́ших рука́х, друзья́. (Ош.)	Das lichte Morgen gehört uns, Freunde. (Das Subjekt ist ein substantiviertes Adverb.)
Раздало́сь гро́мкое (что?) «ура́».	Es erschallte ein lautes „Hurra". (Das Subjekt ist eine substantivierte Interjektion.)

Übung 21. Suchen Sie aus den folgenden Sätzen das Subjekt und das Prädikat heraus. Geben Sie an, wodurch das Subjekt ausgedrückt ist.

1. Всё суще́ственное уже́ бы́ло сде́лано (*Л. Т.*) 2. Се́меро одного́ не ждут. (*Посл.*) 3. Проводи́ть ка́ждый ве́чер о́коло че́тверти ча́са у окна́ свое́й ко́мнаты вошло́ у неё в привы́чку. (*Тург.*) 4. Всё весны́ дыха́нием согре́то, Всё круго́м и лю́бит и поёт. (*А. К. Т.*)

Das Subjekt kann durch Wortverbindungen ausgedrückt werden.
I. Als Subjekt kann die Verbindung eines Substantivs im Genitiv mit einem Wort, das eine Menge bezeichnet, dienen:
1) Grundzahlwort im Nominativ + Substantiv im Genitiv:

В аудито́рию вошли́ **четы́ре студе́нта**.	Den Hörsaal betraten vier Studenten.
Прошло́ **де́сять мину́т**.	Es sind zehn Minuten vergangen.

Das Prädikat kann bei einem derartigen Subjekt sowohl im Singular als auch im Plural stehen:

На заня́тии **прису́тствуют** пять студе́нтов.	Am Unterricht nehmen fünf Studenten teil.
На заня́тии **прису́тствует** пять студе́нтов.	

Steht das Prädikat im Singular des Präteritums, so nimmt es die sächliche Form an:

На заня́тии **прису́тствовало** пять студе́нтов.	Am Unterricht nahmen fünf Studenten teil.

Bei den Zahlwörtern **два** *zwei*, **три** *drei*, **четы́ре** *vier* steht das Prädikat gewöhnlich im Plural:

Ко мне пришли́ **два** това́рища.	Zwei Freunde kamen zu mir.

Bei mehrgliedrigen Zahlwörtern, die als letztes Glied das Wort **оди́н** *ein* enthalten, steht das Prädikat im Singular und stimmt mit dem Substantiv im Geschlecht überein:

Прие́хал два́дцать оди́н **студе́нт**.	Es sind 21 Studenten (an)gekommen.
Прие́хала два́дцать одна́ **студе́нтка**.	Es sind 21 Studentinnen (an)gekommen.

2) Sammelzahlwort im Nominativ + Substantiv im Genitiv:

Ко мне пришли́ **дво́е друзе́й**.	Zwei Freunde sind zu mir gekommen.
У сестры́ бы́ло **тро́е дете́й**.	Die Schwester hatte drei Kinder.
О́ба бра́та учи́лись в одно́й шко́ле.	Beide Brüder lernten in einer Schule.

(Zum Gebrauch der Sammelzahlwörter siehe S. 183.)
Das Prädikat kann bei einem derartigen Subjekt sowohl im Singular als auch im Plural stehen:

Подъе́хали че́тверо сане́й.	Es kamen vier Schlitten angefahren.
Подъе́хало че́тверо сане́й.	

Bei dem Zahlwort **о́ба (о́бе)** *beide* steht das Prädikat stets im Plural:

Пришли́ óба бра́та. — Es sind beide Brüder gekommen.

3) Mengenangaben durch **мно́го** *viel*, **ма́ло** *wenig*, **немно́го** *nicht viel*, **не́сколько** *einige*, **ско́лько** *wieviel* u. a. + Substantiv im Genitiv:

На у́лицах бы́ло **мно́го наро́ду**. — Auf den Straßen waren viele Menschen.

В аудито́рии собрало́сь **мно́го студе́нтов**. — Im Hörsaal versammelten sich viele Studenten.

У меня́ бы́ло **ма́ло вре́мени**. — Ich hatte wenig Zeit.

В ка́ссе оста́лось **ма́ло биле́тов**. — An der Kasse gab es nur noch wenig Karten.

Прошло́ **не́сколько мину́т**. — Es sind einige Minuten vergangen.

Не́сколько пассажи́ров вы́шли из ваго́на. — Einige Fahrgäste sind aus dem Wagen ausgestiegen.

Ско́лько студе́нтов прису́тствовало на ле́кции? — Wieviel Studenten wohnten der Vorlesung bei?

Bei einem Subjekt mit **не́сколько** kann das Prädikat sowohl im Singular als auch im Plural stehen:

Не́сколько пассажи́ров вы́шло. — Einige Fahrgäste sind ausgestiegen.
Не́сколько пассажи́ров вы́шли.

In Verbindung mit **мно́го, немно́го, ма́ло, нема́ло, ско́лько, сто́лько** steht das Prädikat gewöhnlich im Singular:

В экску́рсии **уча́ствовало** мно́го студе́нтов. — An der Exkursion haben viele Studenten teilgenommen.

В ка́ссе **оста́лось** ма́ло биле́тов. — An der Kasse gab es nur noch wenig Karten.

Ско́лько челове́к **прису́тствовало** на собра́нии? — Wieviel Personen waren auf der Versammlung anwesend?

4) Substantive, die eine Menge bezeichnen, im Nominativ + Substantiv im Genitiv. Zu diesen Substantiven gehören folgende Wörter: **ты́сяча** *Tausend*, **миллио́н** *Million*, **миллиа́рд** *Milliarde*, **со́тня** *Hundert*, **деся́ток** *zehn* (Stück), **па́ра** *ein Paar*, **полови́на** *Hälfte*, **часть** *Teil*, **ма́сса** *Masse*, **ста́до** *Herde*, **ста́я** *Schwarm*, **гру́ппа** *Gruppe*, **толпа́** *Menge*, **большинство́** *Mehrheit*, **меньшинство́** *Minderheit*, **мно́жество** *Vielzahl*:

В а́ктовом за́ле свобо́дно *размести́лась* **ты́сяча студе́нтов**. — In der Aula konnten tausend Studenten leicht Platz finden.

У крыльца́ *стоя́ла* **па́ра лошаде́й**. — An der Außentreppe stand ein Pferdegespann.

Полови́на не́ба *была́ покры́та* ту́чами. — Der Himmel war zur Hälfte mit Wolken bedeckt.

На собра́нии *был решён* **ряд вопро́сов**. — In der Versammlung wurde eine Reihe von Fragen geklärt.

Большинство́ това́рищей *голосова́ло* за предложе́ние. — Die meisten Genossen stimmten für den Vorschlag.

Часть това́рищей *голосова́ла* про́тив.

Ein Teil der Genossen stimmte dagegen.

In solchen Sätzen stimmt das Prädikat gewöhnlich mit dem Subjekt in Geschlecht und Zahl überein.

II. Das Subjekt kann durch die Verbindung eines Substantivs im Nominativ mit einem Substantiv im Instrumental nach Präposition **c** ausgedrückt werden:

На вокза́ле меня́ *встре́тили* **мать с отцо́м.**
(Man kann auch sagen: мать и оте́ц)

Mutter und Vater haben mich vom Bahnhof abgeholt.

Брат с сестро́й *у́чатся* в одно́й шко́ле.
(Man kann auch sagen: брат и се-стра́)

Bruder und Schwester lernen gemeinsam in einer Schule.

Bei einem derartigen Subjekt steht das Prädikat im Plural: **встре́тили, у́чатся.**

A n m e r k u n g. Steht das Prädikat im Singular (**Брат пришёл домо́й с това́рищем.** *Der Bruder kam mit seinem Freund nach Hause.*), so tritt nur das Substantiv im Nominativ als Subjekt auf, während das Substantiv im Instrumental mit der Präposition **c** Objekt ist.

In diesen Wortverbindungen können ein Substantiv oder auch beide durch Pronomen vertreten werden:

Мы с това́рищем пойдём на като́к.

Wir, mein Freund und ich, gehen auf die Eisbahn.

Мы с ним ка́ждое воскресе́нье хо́дим на като́к.

Er und ich gehen jeden Sonntag auf die Eisbahn.

Мы с тобо́й друзья́.

Du und ich, wir sind Freunde.

Мы с ва́ми уже́ говори́ли об э́том.

Ich habe mit Ihnen schon darüber gesprochen.

III. Das Subjekt kann durch die Verbindung eines Zahlworts mit einem Substantiv bzw. Pronomen im Genitiv Plural nach der Präposition **из** ausgedrückt werden:

Дво́е из нас должны́ оста́ться.

Zwei von uns müssen bleiben.

Оди́н из студе́нтов сде́лал до-кла́д.

Einer der Studenten hat einen Vortrag gehalten.

In solchen Wortverbindungen kann statt des Zahlwortes ein Adjektiv im Superlativ oder ein Pronomen stehen:

Са́мые интере́сные из э́тих книг уже́ прочи́таны.

Die interessantesten dieser Bücher sind bereits durchgelesen.

Кто из вас был на конце́рте?

Wer von euch war im Konzert?

Übung 22. Lesen Sie die folgenden Sätze. Suchen Sie die durch Wortverbindungen ausgedrückten Subjekte heraus; begründen Sie die Übereinstimmung des Subjekts mit dem Prädikat.

А. 1. Шли два прия́теля вече́рнею поро́й И де́льный разгово́р вели́ ме́жду собо́й. (*Кр.*) 2. В песча́ных степя́х арави́йской земли́ Три го́рдые па́льмы высо́ко росли́. (*Л.*) 3. Уж де́сять лет ушло́ с тех пор. (*П.*) 4. Оба молоды́х челове́ка уе́хали то́тчас по́сле у́жина. (*Тург.*) 5. Полови́на о́кон выходи́ла в ста́рый тени́стый сад. (*Чех.*) 6. Мно́го пе́сен над Во́лгой звене́ло. (*Леб.-К.*) 7. Не́сколько лип в ста́ром саду́ бы́ли сру́блены. (*Л. Т.*) 8. В ау́ле мно́жество соба́к встре́тило нас гро́мким ла́ем. (*Л.*) 9. Во дворе́, во́зле крыльца́, стоя́ла па́ра лошаде́й. (*Ш.*)

В. 1. Мы с прия́телем вдвоём Замеча́тельно живём. (*Михалк.*) 2. Стари́к с ма́льчиком и с соба́кой обошли́ весь да́чный посёлок. (*Купр.*) 3. Почти́ ка́ждый ве́чер по́сле рабо́ты у Па́вла сиде́л кто-нибудь из това́рищей. (*М. Г.*) 4. Мы с Ка́тей и Со́ней по́сле обе́да пошли́ в сад на на́шу люби́мую скаме́йку. (*Л. Т.*)

Übung 23. Bilden Sie Sätze mit folgenden Wortverbindungen als Subjekt:

1. де́сять рабо́чих 2. че́тверо друзе́й 3. мно́го наро́ду 4. мно́гие из студе́нтов 5. со́рок оди́н челове́к 6. о́ба дру́га 7. большинство́ прису́тствующих 8. ста́я птиц 9. бо́льшая часть пути́ 10. мы с това́рищем 11. оди́н из руководи́телей 12. тро́е из нас

Das Prädikat

Man unterscheidet einfache und zusammengesetzte Prädikate.

1. Das einfache Prädikat kann durch ein Verb im Indikativ, im Konjunktiv oder im Imperativ ausgedrückt werden:

Indikativ

Я **учу́сь** в университе́те.	Ich studiere an der Universität.
Мы **бу́дем отдыха́ть** на ю́ге.	Wir werden uns im Süden erholen.
По́езд **останови́лся**.	Der Zug hielt an.

Konjunktiv

Без твое́й по́мощи я **не подгото́вился бы** к экза́менам.	Ohne deine Hilfe hätte ich mich nicht ausreichend auf die Prüfung vorbereitet.

Imperativ

Расскажи́ мне все но́вости.	Erzähle mir alle Neuigkeiten.

2. Das zusammengesetzte Prädikat besteht aus zwei Teilen:

Он **бу́дет учи́телем**.	Er wird Lehrer werden.
Окно́ **бы́ло откры́то**.	Das Fenster war geöffnet.
Мы **хоте́ли отдохну́ть**.	Wir wollten uns erholen.

Das zusammengesetzte Prädikat kann ein nominales und ein verbales sein.

Das zusammengesetzte nominale Prädikat

Ein zusammengesetztes nominales Prädikat besteht aus zwei Teilen — der Kopula und dem Prädikatsnomen:

Ве́тер **был си́льный**.
(**был** ist die Kopula, **си́льный** das Prädikatsnomen)

Der Wind war stark.

Оте́ц **был рабо́чим**.
(**был** ist die Kopula, **рабо́чим** das Prädikatsnomen)

Der Vater war Arbeiter.

Брат **бу́дет лётчиком**.
(**бу́дет** ist die Kopula, **лётчиком** das Prädikatsnomen)

Der Bruder wird Flieger werden.

Die Kopula hat keine selbständige Bedeutung, sie gibt Aussageweise und Zeit des Prädikats an:

Будь гото́в к отъе́зду.
(Imperativ)

Sei zur Abfahrt bereit.

Без твое́й по́мощи я не́ **был бы гото́в**.
(Konjunktiv)

Ohne deine Hilfe wäre ich (noch) nicht fertig.

Я **был гото́в**.
Я **бу́ду гото́в**.
(Indikativ)

Ich war bereit.
Ich werde bereit sein.

Im Präsens wird die Kopula in der Regel weggelassen: **Я гото́в**. *Ich bin fertig.*
Das Prädikatsnomen ist der sinntragende Teil des Prädikats.

Die Formen des Prädikatsnomens

Das Prädikatsnomen kann sein:

1. ein Substantiv

Мой оте́ц — **инжене́р**.
Ра́ньше он **был рабо́чим**.
Брат — **студе́нт**.
Он **бу́дет врачо́м**.

Mein Vater ist Ingenieur.
Früher war er Arbeiter.
Mein Bruder ist Student.
Er wird Arzt werden.

Die Kopula **быть** wird im Präsens in der Regel nicht gebraucht. Das Substantiv steht im Nominativ:

Брат — **студе́нт**.
Москва́ — **столи́ца России**.

Mein Bruder ist Student.
Moskau ist die Hauptstadt des Rußlands.

In einigen Fällen, besonders in wissenschaftlichen Definitionen, steht die Kopula auch im Präsens:

Пряма́я **есть** кратча́йшее расстоя́ние ме́жду двумя́ то́чками.

Eine Gerade ist die kürzeste Verbindung zwischen zwei Punkten.

Im Präteritum und Futur steht ein Substantiv als Prädikatsnomen gewöhnlich im Instrumental:

Брат бу́дет **врачо́м**.	Der Bruder wird Arzt werden.
Оте́ц был **рабо́чим**.	Der Vater war Arbeiter.

Im Präteritum kann ein Substantiv als Prädikatsnomen mitunter auch im Nominativ stehen: Оте́ц был **рабо́чий**.

2. ein Adjektiv

in der Langform:

Пого́да была́ **хоро́шая**.	Das Wetter war schön.

in der Kurzform:

Пого́да была́ **хороша́**.	Das Wetter war schön.

in der Komparativform:

Во́лга **длинне́е** Днепра́.	Die Wolga ist länger als der Dnepr.

in der Superlativform:

Во́лга — **велича́йшая** из рек Евро́пы.	Die Wolga ist der größte unter den Strömen Europas.

Bei einem Adjektiv als Prädikatsnomen wird im Präsens eine Kopula nie gebraucht.

Im Präteritum und Futur können die Langformen eines Adjektivs als Prädikatsnomen sowohl im Nominativ als auch im Instrumental stehen:

Ле́кция была́ **интере́сная**. und Ле́кция была́ **интере́сной**.	Die Vorlesung war interessant.
День бу́дет **со́лнечный**. und День бу́дет **со́лнечным**.	Der Tag wird sonnig werden.

In der gesprochenen Sprache wird häufiger der Nominativ, in der Schriftsprache gewöhnlich der Instrumental gebraucht.

Die Langform eines Adjektivs steht als Prädikatsnomen gewöhnlich nach dem Subjekt. Steht das Adjektiv in der Langform vor dem Subjekt, so ist es Attribut:

Была́ **хоро́шая** пого́да.	Es war schönes Wetter.
За́втра бу́дет **со́лнечный** день.	Morgen wird ein sonniger Tag sein.

Die Kurzform eines Adjektivs kann nur als Prädikatsnomen gebraucht werden; sie ist nicht deklinierbar.

Die Kurzform gilt gegenüber der Langform als vorwiegend schriftsprachlich:

Ле́кция была́ **интере́сна**.	Die Vorlesung war interessant.
Реше́ние бы́ло **пра́вильно**.	Die Lösung war richtig.
Докла́д бу́дет **содержа́телен**.	Der Vortrag wird inhaltsreich sein.

Die Kurzform kann gegenüber der Langform auch eine zeitlich begrenzte Eigenschaft wiedergeben:

Река́ **споко́йная**.	Der Fluß ist (immer) ruhig.
Река́ **споко́йна**.	Der Fluß ist (jetzt) ruhig.

457

Die Kurzform gibt im Unterschied zur Langform eine Eigenschaft nicht allgemein wieder, sondern in bezug auf einen bestimmten Gegenstand, auf bestimmte Verhältnisse.

Vergleichen Sie:

Ботинки **маленькие**	Die Schuhe sind klein.
Ботинки **малы́**.	Die Schuhe sind zu klein (für eine bestimmte Person).
Пальто́ **широ́кое**.	Der Mantel ist weit.
Пальто́ тебе́ не годи́тся: оно́ **широко́**.	Der Mantel paßt der nicht: er ist zu weit.

Tritt das Pronomen **э́то** als Subjekt auf, so wird als Prädikatsnomen stets die Kurzform gebraucht:

Э́то **интере́сно**.	Das ist interessant.
Э́то **поня́тно**.	Das ist verständlich.

Ist von einem Adjektiv als Prädikatsnomen ein Objekt abhängig, so wird das Adjektiv stets in der Kurzform gebraucht:

Э́та кни́га бу́дет **интере́сна** для тебя́.	Dieses Buch wird für dich interessant sein.

3. ein P a r t i z i p des Passivs in der Kurzform

Кни́га **прочи́тана**.	Das Buch ist durchgelesen (worden).
Дверь была́ **закры́та**.	Die Tür war geschlossen.
За́втра рабо́та **бу́дет зако́нчена**.	Morgen wird die Arbeit beendet sein.

4. ein Z a h l w o r t, oder ein P r o n o m e n

Пять и два — **семь**.	Fünf und zwei sind sieben.
Она́ **за́мужем**.	Sie ist verheiratet.
Этот дом **наш**.	Dieses Haus gehört uns. Das ist unser Haus.
Кто **вы**?	Wer (Was) sind Sie?

5. eine W o r t v e r b i n d u n g

a) Adjektiv + Substantiv im Genitiv:

Брат **высо́кого ро́ста**.	Der Bruder ist groß (von hohem Wuchs).
Мо́ре **бы́ло се́рого цве́та**.	Das Meer war von grauer Farbe.
Бума́га **была́ пе́рвого со́рта**.	Das Papier war von bester Qualität.

b) das Wort **оди́н** + Substantiv oder Adjektiv mit der Präposition **из**:

Алексе́й Никола́евич Толсто́й **был одни́м из крупне́йших росси́йских писа́телей**.	Aleksej Nikolaevič Tolstoj war einer der bedeutendsten russischen Schriftsteller.

Этот день **был один из самых** Dieser Tag war einer der
жарких. heißesten.

Übung 24. Suchen Sie aus jedem Satz das Subjekt und das zusammengesetzte nominale Prädikat heraus. Sagen Sie, wodurch das Prädikat ausgedrückt ist.

1. Весéнние полевы́е рабóты бы́ли закóнчены. (*А. Т.*) 2. Веснá былá веснóю дáже и в гóроде. (*Л. Т.*) 3. Морóзна ночь; всё нéбо я́сно. (*П.*) 4. Герáсим был нрáва сурóвого и серьёзного, люби́л во всём порядок. (*Тург.*) 5. Всегдá его [Леóнтьева] тяну́ло в лесны́е края́. Лесá бы́ли его стрáстью, его увлечéнием. (*Пауст.*)

Übung 25. Bilden Sie aus den folgenden Wortverbindungen Sätze mit einem zusammengesetzten nominalen Prädikat; verwenden Sie als Prädikatsnomen die Kurzform eines Adjektivs.

a) Prädikat im Präsens:

M u s t e r: *Чи́стый, свéжий* вóздух.
Вóздух *чист и свеж.*

1. Глубóкое, спокóйное óзеро. 2. Ти́хая, тёмная ночь. 3. Бéлые от снéга поля́. 4. Широ́кая прямáя у́лица. 5. Неисчерпáемые си́лы нарóда. 6. Могу́чий и непобеди́мый лáгерь ми́ра. 7. Свéтлое и прекрáсное бу́дущее.

b) Prädikat im Präteritum:

M u s t e r: *Корóткая лéтняя* ночь.
Лéтняя ночь былá *короткá.*

1. Дóлгий зи́мний день. 2. Ослепи́тельный блеск мóлнии. 3. Оглуши́тельные удáры грóма. 4. Поспéшное оши́бочное решéние. 5. Трéбовательный к ученикáм учи́тель. 6. Тóчный, я́сный отвéт. 7. Си́льный сéверный вéтер. 8. Ну́жная нам пóмощь.

c) Prädikat im Futur:

M u s t e r: *Интерéсный* доклáд.
Доклáд бу́дет *интерéсен.*

1. Хорóший урожáй. 2. Довóльные экску́рсией студéнты. 3. Успéшная рабóта. 4. Прóчный краси́вый мост. 5. Готóвые к похóду лю́ди. 6. Многолю́дное собрáние.

Übung 26. Ersetzen Sie die Kurzform des Adjektivs durch die Langform im Nominativ oder im Instrumental.

M u s t e r: Отвéт был *тóчен.*
Отвéт был *тóчный.*
Отвéт был *тóчным.*

1. Расскáз был óчень интерéсен. 2. Мелóдия пéсни былá краси́ва. 3. Нóвая варти́ра бу́дет удóбна. 4. Вéчер бу́дет прохлáден. 5. Выражéние её лицá бы́ло гру́стно. 6. Вопрóсы, котóрые мы обсуждáли, бы́ли сложны́. 7. Нéбо бу́дет я́сно. 8. Объяснéние бы́ло оши́бочно. 9. Урожáй бу́дет хорóш.

Verben, die in einem zusammengesetzten Prädikat als Kopula gebraucht werden können

Außer dem Verb **быть** können als Kopula auch andere Verben auftreten:

бывáть
sein

Осенью лес **бывáет** осóбенно красúвым.
Im Herbst ist der Wald besonders schön.

являться
sein

Нарóд **является** глáвной сúлой развúтия óбщества, творцóм истóрии.
Das Volk ist die Hauptkraft der gesellschaftlichen Entwicklung, der Schöpfer der Geschichte.

(Das Verb **являться** hat dieselbe Bedeutung wie das Verb **быть**, kommt aber gewöhnlich in der Schriftsprache vor.)

становúться
werden

Вéтер **станóвится** холоднéе.
Der Wind wird kälter.

стать
werden

Погóда **стáла** холóдной.
Das Wetter wurde kalt.

Нарóд **стал** хозяином своéй страны́.
Das Volk wurde zum Herrn seines Landes.

считáться
gelten

Он **считáется** хорóшим организáтором.
Er gilt als ein guter Organisator.

называться
heißen, sein

Бóром **называется** лес, в котóром растýт хвóйные дерéвья.
„Бор" heißt ein Wald, in dem Nadelbäume wachsen.

казáться

scheinen

Нóвая рабóта пéрвое врéмя **казáлась** мне трýдной.
Die neue Arbeit schien mir in der ersten Zeit schwierig zu sein.

показáться (*vo*)
scheinen, vorkommen

Он **показáлся** нам устáлым.
Er kam uns müde vor.

окáзываться
оказáться (*vo*)
sich erweisen

Задáча **оказáлась** трýдной.

Die Aufgabe erwies sich als schwierig.

оставáться

bleiben

Он всегдá **остаётся** спокóйным в минýту опáсности.
Er bleibt bei einer Gefahr immer ruhig.

остáться (*vo*)

bleiben, sein

Руководúтель **остáлся** довóлен результáтами рабóты.
Der Leiter war mit den Ergebnissen der Arbeit zufrieden.

Nach allen angeführten Verben stehen Substantive und Adjektive im Instrumental.

Nach den Verben **бывáть, стать, оказáться, остáться** kann die Kurzform eines Adjektivs verwendet werden:

Осенью лес **бывáет** осóбенно **красúв**.

Im Herbst ist der Wald besonders schön.

Руководи́тель **оста́лся дово́лен**.	Der Leiter war zufrieden.
Зада́ча **оказа́лась трудна́**.	Die Aufgabe erwies sich als schwierig.

Das Verb **быть** und einige andere Verben, die in einem zusammengesetzten Prädikat als Kopula stehen, können auch als selbständige Verben in der Funktion eines einfachen Prädikats auftreten; dann haben sie jedoch eine andere lexikalische Bedeutung.

Vergleichen Sie:

zusammengesetztes nominal Prädikat	einfaches Prädikat
Он **был инжене́ром**.	Он **был (находи́лся)** на заво́де.
Er war Ingenieur.	Er war (befand sich) im Werk.
Он **явля́ется дире́ктором**.	Он всегда́ **явля́ется (прихо́дит)** ра́ньше всех.
Er ist Direktor.	Er erscheint (kommt) immer früher als alle anderen.
Он **стал студе́нтом**	Он **стал** у доски́.
Er wurde Student.	Er stellte sich an die Tafel.
Он **оста́лся мои́м дру́гом**.	Он **оста́лся** до́ма.
Er blieb mein Freund.	Er blieb zu Hause.

Übung 27. Nennen Sie in den folgenden Sätzen das Subjekt und das zusammengesetzte nominale Prädikat. Geben Sie an, wodurch das Prädikat ausgedrückt ist.

А. 1. Основны́м материа́лом литерату́ры явля́ется сло́во. (*М. Г.*) 2. Ме́дленно наступа́ла весе́нняя ночь. Тишина́ станови́лась по́лной, глубо́кой. (*М. Г.*) 3. Со́лнце сквозь тума́н ка́жется жёлтым пятно́м. (*Л.*) 4. Ста́рый, давно́ запу́щенный сад в э́то у́тро каза́лся таки́м молоды́м, наря́дным. (*Чех.*) 5. Ночь станови́лась всё темне́е и молчали́вей. (*М. Г.*) 6. Она́ в семье́ свое́й родно́й Каза́лась де́вочкой чужо́й. (*П.*)

В. 1. Пе́рвая цель иску́сства — воспроизведе́ние действи́тельности. (*Черн.*) 2. Жизнь прекра́сна и удиви́тельна. (*Маяк.*) 3. Незанима́тельный рома́н, незанима́тельная пье́са — э́то есть кла́дбище иде́й, мы́слей и о́бразов. (*А. Т.*) 4. Тво́рческая рабо́та — э́то прекра́сный, необыча́йно тяжёлый и изуми́тельно ра́достный труд. (*Н. О.*)

Übung 28. Lesen Sie die folgenden Sätze. Suchen Sie das Subjekt und das Prädikat heraus. Beachten Sie ihre Stellung im Satz.

1. Появле́ние челове́ка бы́ло одни́м из велича́йших переворо́тов в разви́тии приро́ды. 2. Осно́вой жи́зни о́бщества явля́ется материа́льное произво́дство. 3. Реша́ющим усло́вием, созда́вшим челове́ка, был труд. 4. Труд явля́ется осно́вой обще́ственной жи́зни челове́ка. 5. Огро́мным завоева́нием первобы́тного челове́ка в борьбе́ с приро́дой бы́ло откры́тие огня́. 6. Вопро́с об отноше́нии мышле́ния к бытию́ явля́ется основны́м вопро́сом вся́кой филосо́фии.

Übung 29. Formen Sie die folgenden Sätze um, indem Sie auf die Kopula verzichten.

Muster: Сознáние есть свóйство высокоорганизóванной матéрии.

Сознáние — свóйство высокоорганизóванной матéрии.

1. Прáктика явля́ется вы́сшим критéрием и́стинности всех наýчных систéм и теóрий. 2. Теснéйшая связь наýки с жи́знью явля́ется залóгом процветáния наýки. 3. Мышлéние есть продýкт дéятельности мóзга, а мозг есть óрган мышлéния. 4. Литератýра есть вели́кое общéственное дéло. (*Кор.*) 5. Простотá есть необходи́мое услóвие прекрáсного. (*Л. Т.*) 6. Идéя есть душá худóжественного произведéния. (*Кор.*)

Das zusammengesetzte nominale Prädikat
mit Verben, die einen Zustand oder eine Bewegung bezeichnen

Ein Prädikat kann auch durch die Verbindung von Verben, die einen Zustand (**сидéть** *sitzen*, **лежáть** *liegen*, **стоя́ть** stehen) oder eine Bewegung bezeichnen (**прийти́** *ankommen*, **вернýться** *zurückkehren*, **уéхать** *fortfahren*), mit Adjektiven oder mit Partizipien ausgedrückt werden.

Он две недéли **пролежáл больнóй**.	Er lag zwei Wochen krank.
Дéти **пришли́** с прогýлки **весёлые**.	Die Kinder kamen vom Spaziergang in fröhlicher Laune zurück.

Adjektive oder Partizipien stehen in solchen Verbindungen nach dem Verb im Nominativ oder im Instrumental.

Сестрá **приéхала больнáя**.	Die Schwester kam krank an.
Он **вернýлся** из санатóрия **окрéпшим**.	Er kam aus dem Sanatorium gut erholt zurück.

Vergleichen Sie:

Сестрá **приéхала больнáя**.	**Больнáя сестрá** приéхала.
Die Schwester kam krank an.	Die kranke Schwester kam an.

Im ersten Satz bezieht sich das Adjektiv **больнáя** auf das Verb **приéхала** und ist Teil des Prädikats. Im zweiten Satz bezieht sich das Adjektiv **больнáя** auf das Substantiv **сестрá** und ist Attribut.

Übung 30. Lesen Sie die folgenden Sätze und nennen Sie die Prädikate.

1. Векáми пусты́ня лежáла нетрóнутая. (*Пауст.*) 2. Сóфья скóро уéхала кудá-то, дней чéрез пять яви́лась весёлая, живáя. (*М. Г.*) 3. Из свои́х путешéствий онá всегдá возвращáлась к Николáю бóдрая и довóльная испóлненной рабóтой. (*М. Г.*) 4. Дождь уси́лился и пошёл рóвным и чáстым. (*Арс.*) 5. Дерéвья стоя́ли отяжелённые снéгом. (*Аж.*) 6. Приходи́ к нам на пóмощь не тóлько смéлым, но и умéлым. (*Гайд.*)

Das zusammengesetzte verbale Prädikat

Ein zusammengesetztes verbales Prädikat besteht aus einem Infinitiv und der konjugierten Form eines Hilfsverbs:

Снег **продолжа́ет па́дать**.	Es schneit immer noch.
Ве́тер **переста́л дуть**.	Der Wind hörte auf zu wehen.
Мы **хоте́ли отдохну́ть** и **реши́ли остановиться** в пе́рвой же дере́вне.	Wir wollten uns ausruhen und beschlossen, im nächsten Dorf einzukehren.

Продолжа́ет, переста́л, хоте́ли, реши́ли sind Hilfsverben; sie kennzeichnen Aussageweise und Zeit des Prädikats.

Я **хоте́л бы** отдохну́ть. (Konjunktiv)	Ich möchte ausruhen.
Начина́йте рабо́тать. (Imperativ)	Beginnen Sie zu arbeiten.
Снег **продолжа́ет** па́дать. (Indikativ Präsens)	Es schneit immer noch.
Снег **продолжа́л** па́дать. (Indikativ Präteritum)	Es schneite immer noch.

Ihrer Bedeutung nach werden die Hilfsverben in zwei Gruppen eingeteilt:

1. Verben, die den Beginn, die Fortdauer und das Ende einer Handlung bezeichnen:

начина́ть — нача́ть	beginnen, anfangen
стать (*vo*)	werden
принима́ться — приня́ться	sich an etwas machen
продолжа́ть	fortsetzen
переставать — переста́ть	aufhören
конча́ть — ко́нчить	beenden

In Verbindung mit diesen Verben steht immer der Infinitiv des unvollendeten Aspekts:

Снег на́чал (стал) та́ять.	Der Schnee begann zu schmelzen.
Снег начина́ет та́ять.	Der Schnee beginnt zu schmelzen.
Снег продолжа́л та́ять.	Es taute weiter.
Студе́нт ко́нчил занима́ться.	Der Student hörte auf zu lernen.
Мы конча́ем занима́ться в 6 часо́в.	Wir beenden den Unterricht um sechs Uhr.

Anmerkung. Das vollendete Verb **продо́лжить** wird in einem zusammengesetzten Prädikat nicht gebraucht; dieses Verb kann nur mit einem Objekt stehen: Мы **продо́лжили рабо́ту**. *Wir setzten die Arbeit fort.* Die unvollendete Entsprechung dieses Verbs kann sowohl mit einem Infinitiv als auch mit einem Objekt verbunden werden: Мы **продолжа́ли рабо́тать**. *Wir arbeiteten weiter.* Мы **продолжа́ли рабо́ту**. *Wir setzen die Arbeit fort.*

2. Verben, die ein Können oder Wollen (Wünschen) bezeichnen:

unvollendet	vollendet	
мочь	**смочь**	können
уме́ть	**суме́ть**	verstehen, können

хоте́ть	захоте́ть	wollen, wünschen
реша́ть(ся)	реши́ть(ся)	beschließen (sich ent-schließen)
собира́ться	собра́ться	beabsichtigen
пыта́ться	попыта́ться	versuchen
про́бовать	попро́бовать	versuchen, probieren
намерева́ться	—	beabsichtigen
стара́ться	постара́ться	sich bemühen
жела́ть	пожела́ть	wünschen
стреми́ться	—	streben

Mit diesen Verben kann der Infinitiv sowohl des vollendeten als auch des unvollendeten Aspekts stehen:

Он **не мог говори́ть** от волне́ния.	Er konnte vor Aufregung nicht sprechen.
Ма́льчик **уме́ет ката́ться** на конька́х.	Der Junge kann Schlittschuh laufen.
Мы **хоте́ли отдохну́ть** и **реши́ли останови́ться**.	Wir wollten uns ausruhen und beschlossen haltzumachen.

Als Bestandteil eines zusammengesetzten verbalen Prädikats können ferner auftreten:

1. Kurzformen der Adjektive **до́лжен** *muß*, *soll*, **рад** *froh*, **гото́в** *bereit*, **согла́сен** *einverstanden*, **наме́рен** *habe die Absicht*, **обя́зан** *verpflichtet*, **спосо́бен** *fähig*. Im Präteritum und im Futur steht die Kopula **быть**:

Он **до́лжен** прийти́.	Er soll (muß) kommen.
Он **до́лжен был** прийти́.	Er sollte (mußte) kommen.
Он **до́лжен бу́дет** прийти́.	Er wird kommen müssen.
Мы **согла́сны** помо́чь.	Wir sind bereit zu helfen.
Они́ **бы́ли обя́заны** в э́том уча́ствовать.	Sie waren verpflichtet, daran teilzunehmen.
Я **бу́ду гото́в** приступи́ть к рабо́те.	Ich werde die Arbeit gern übernehmen.

2. Die Verbindungen von Substantiv und Verb **быть в состоя́нии** *imstande sein*, *können* und **име́ть возмо́жность** *die Möglichkeit haben*:

Он **в состоя́нии** (мо́жет) сде́лать э́то.	Er ist imstande, dies zu tun.
Мы **име́ем возмо́жность** (мо́жем) учи́ться.	Wir haben die Möglichkeit zu lernen.

Übung 31. Schreiben Sie die folgenden Sätze ab. Unterstreichen Sie die zusammengesetzten verbalen Prädikate. Bestimmen Sie den Aspekt des Infinitivs.

1. Мы продолжа́ли мо́лча идти́ друг по́дле дру́га. (*Л.*) 2. На тёмном не́бе начина́ли мига́ть звёзды. Мы легко́ могли́ различи́ть доро́гу. (*Л.*) 3. Он стал спуска́ться по у́зкой и круто́й тропи́нке. 4. Со́лнце начина́ло пря́таться за снегово́й хребе́т. (*Л.*) 5. Я был гото́в люби́ть весь мир. (*Л.*) 6. Я мог различи́ть при све́те луны́ дале-

кó от бéрега два корабля́. (*Л.*) 7. Влади́мир очути́лся в пóле и напрáсно хотéл снóва попáсть на дорóгу. (*П.*) 8. Влади́мир старáлся тóлько не потеря́ть настоя́щего направлéния. (*П.*) 9. Мáло-помáлу дерéвья нáчали редéть, и Влади́мир вы́ехал и́з лесу. (*П.*) 10. Он согласи́лся ждать лошадéй и заказáл себé у́жин. (*П.*)

Übung 32. Bilden Sie acht Sätze mit einem zusammengesetzten verbalen Prädikat; verwenden Sie als Hilfsverben:

начáть, начинáть, кончáть, кóнчить, имéть возмóжность, прóбовать, попрóбовать, реши́ть, перестáть, умéть, соглáсен, обя́зан, рад

Übung 33. Setzen Sie passende Hilfsverben oder Kurzformen der Adjektive ein.

1. Былá прекрáсная погóда, и мы ... отпрáвиться зá город. 2. Горá былá óчень крутá, и мы не ... взобрáться на неё. 3. Снег ... тáять, и водá в рекé ... прибывáть. 4. Студéнт ... готóвиться к семинáру и ушёл из читáльни. 5. На собрáние ... яви́ться все. 6. Он всегдá ... помóчь товáрищам.

Übung 34. Schreiben Sie die folgenden Sätze ab. Setzen Sie passende Verben aus den Klammern ein.

1. В середи́не мáя дéти перестáли ... в шкóлу. 2. Студéнты продолжáют ... зачёты. 3. Пéред отъéздом он хотéл ещё раз ... гóрод и реши́л ... на вокзáл пешкóм. 4. Он подня́лся на крыльцó и стал ... в дверь. 5. Мнóгие товáрищи хотя́т ... в хоровóм кружкé. 6. Вчерá я не успéл ... письмó. Я дóлжен ... егó сегóдня. 7. Он бу́дет рад ... со стáрыми друзья́ми. 8. Нéбо стáло ..., и появи́лись звёзды.

(сдавáть, ходи́ть, стучáть, уви́деть, идти́, занимáться, написáть, темнéть, встрéтиться)

Die Formen der abhängigen Satzglieder
Das Objekt

Das Objekt kann sein:
1. ein Substantiv oder ein Pronomen in einem abhängigen Fall (mit und ohne Präposition):

Я купи́л **тебé кни́гу.**   Ich habe dir (für dich) ein Buch
(купи́л — *что?*)   gekauft.
(купи́л — *комý?*)

Студéнты готóвятся **к зачёту.**   Die Studenten bereiten sich auf
(готóвятся — *к чемý?*)   eine Zwischenprüfung vor.
Они́ бу́дут сдавáть **егó** зáвтра.   Sie werden sie morgen ablegen.
(сдавáть — *что?*)

2. ein Adjektiv, ein Partizip bzw. ein Zahlwort, wenn diese im Satz ein Substantiv vertreten, oder ein Infinitiv:

Мы вспоминáли **о прóшлом.**   Wir haben uns an das Vergangene
(вспоминáли — *о чём?*)   erinnert.
Все посмотрéли **на вошéдшего.**   Alle sahen den Eintretenden an.
(посмотрéли — *на когó?*)

Ну́жно раздели́ть **четы́рнадцать** попола́м. (раздели́ть — *что?*)	Man muß vierzehn durch zwei teilen.
Я учу́ това́рища **пла́вать**. (учу́ — *чему́?*)	Ich lehre meinen Freund schwimmen.

3. eine Wortverbindung:

a) Substantiv im Genitiv und Zahlausdruck im abhängigen Fall:

Ого́нь охвати́л **два до́ма**. (охвати́л — *что?*)	Das Feuer hat zwei Häuser erfaßt.
У **большинства́ студе́нтов** есть уче́бники.	Die meisten Studenten haben Lehrbücher.

b) Substantiv (oder Pronomen) im Instrumental mit der Präposition **c** und anderes Substantiv (oder Pronomen) im abhängigen Fall:

Я пое́ду **к отцу́ с ма́терью**. (пое́ду — *к кому́?*)	Ich werde zu Vater und Mutter fahren.
Нам с тобо́й присла́ли пи́сьма. (присла́ли — *кому́?*)	Uns (dir und mir) hat man Briefe geschrieben.

c) Substantiv (oder Pronomen) im Genitiv mit der Präposition **из** und Zahlwort, Adjektiv im Superlativ oder Pronomen in einem beliebigen abhängigen Fall:

Одному́ из студе́нтов поручи́ли сде́лать докла́д. (поручи́ли — *кому́?*)	Einer der Studenten wurde beauftragt, einen Vortrag zu halten.
Ни у кого́ из нас нет словаря́. (нет — *у кого́?*)	Keiner von uns hat ein Wörterbuch.
Со мно́гими из това́рищей я уже́ знако́м. (знако́м — *с кем?*)	Mit vielen der Kameraden bin ich schon bekannt.

Übung 35. Lesen Sie die folgenden Sätze. Suchen Sie die Objekte heraus und sagen Sie, wodurch sie ausgedrückt sind.

1. Тепе́рь уже́ дере́вья не заслоня́ли просто́ра, и мо́жно бы́ло ви́деть не́бо и даль. (*Чех.*) 2. Все молча́ли и ду́мали о то́лько что слы́шанном. (*Чех.*) 3. Я на́чал жить хорошо́, ка́ждый день приноси́л мне но́вое и ва́жное. (*М. Г.*) 4. А. М. Го́рький всегда́ рекомендова́л начина́ющим писа́телям чита́ть ру́сские ска́зки, знать посло́вицы своего́ наро́да. (*Фад.*)

Das direkte und das indirekte Objekt

Ein Objekt bezieht sich in der Regel auf ein Verb. Man unterscheidet direkte und indirekte Objekte.

Ein direktes Objekt bezieht sich auf ein transitives Verb und steht im Akkusativ oder im Genitiv ohne Präposition:

Студе́нт пи́шет (*что?*) **докла́д**.	Der Student schreibt einen Vortrag.

Я встре́тил (*кого́?*) **това́рища**.	Ich habe meinen Freund getroffen.

Steht bei einem transitiven Verb die Verneinung **не**, so wird das direkte Objekt gewöhnlich in den Genitiv gesetzt:

Учени́к **не** реши́л **зада́чи**.	Der Schüler hat die Aufgabe nicht gelöst.
Это предложе́ние **не** вы́звало **возраже́ний**.	Gegen diesen Vorschlag wurden keine Einwände erhoben.
Я **не** получа́ю от него́ **пи́сем**.	Ich bekomme von ihm keine Briefe.

(Zum Gebrauch des Akkusativs bzw. des Genitivs bei der Verneinung nach transitiven Verben s i e h e S. 51, 83.)

Bezeichnet ein transitives Verb eine Handlung, die sich nicht auf den ganzen Gegenstand, sondern nur auf einen Teil desselben erstreckt, so steht das direkte Objekt ebenfalls im Genitiv:

Я купи́л **хле́ба**.	Ich habe Brot gekauft.

Alle anderen Objekte bezeichnet man als indirekte.

Übung 36. Setzen Sie die in Klammern stehenden Objekte im notwendigen Fall ein; nennen Sie die direkten und die indirekten Objekte.

1. Мы поздра́вили ... с днём рожде́ния. (шко́льный това́рищ) 2. Вчера́ я встре́тил на у́лице .... (брат) 3. Мы ещё не сдава́ли ... по фи́зике. (экза́мен) 4. Мне на́до пойти́ в магази́н и купи́ть .... (бума́га и каранда́ш) 5. Когда́ студе́нты чита́ли э́тот текст, они́ по́льзовались .... (слова́рь) 6. Эта студе́нтка интересу́ется .... (ру́сская жи́вопись) 7. Ле́ктор не говори́л об э́том подро́бно, он то́лько косну́лся .... (эта пробле́ма) 8. Я зави́дую ..., кото́рый получи́л мно́го пи́сем. (това́рищ) 9. Сего́дня мы не ви́дели ... в университе́те. (эта преподава́тельница) 10. Никто́ не сомнева́ется в .... (его́ и́скренность) 11. Этот преподава́тель у́чит нас .... (ру́сский язы́к) 12. Все ра́дуются .... (со́лнечная пого́да)

Übung 37. Schreiben Sie die folgenden Sätze ab. Ersetzen Sie die hervorgehobenen Verben und Wortverbindungen durch die unten angegebenen sinnverwandten Verben. Verändern Sie dementsprechend den Fall der Objekte.

1. Докла́дчик *затро́нул* ва́жный вопро́с. 2. По́сле наводне́ния ты́сячи люде́й *оста́лись* без кро́ва. 3. Мне поручи́ли *вести́* кружо́к. 4. Де́ти, кото́рые *име́ют* спосо́бности к рисова́нию, занима́ются в кружке́. 5. Студе́нты *проявля́ют интере́с* к вопро́сам междунаро́дной поли́тики.

(лиши́ться, облада́ть, руководи́ть, косну́ться, интересова́ться)

Übung 38. Ersetzen Sie die transitiven Verben durch intransitive mit der Partikel **-ся**. Verändern Sie dementsprechend die Struktur des Satzes.

M u s t e r : *Прие́зд* отца́ *обра́довал* дете́й.
Де́ти обра́довались прие́зду отца́.

1. Меня́ интересу́ет ру́сская литерату́ра. 2. Его́ спосо́бности удивля́ют това́рищей. 3. Наступа́ющая весна́ ра́дует всех. 4. Спосо́бности ребёнка восхища́ли роди́телей.

Das Objekt beim Substantiv
und beim Adjektiv

1. Ein Objekt kann sich auf ein Substantiv beziehen:

Постро́йка до́ма бу́дет ско́ро зако́нчена. (постро́йка — чего́?)	Der Bau des Hauses wird bald beendet sein.
Аспира́нту поручи́ли **руково́дство семина́ром**. (руково́дство — чем?)	Der Aspirant wurde mit der Leitung des Seminars beauftragt.
У него́ пробуди́лся **интере́с к му́зыке**. (интере́с — к чему́?)	Er zeigte Interesse für Musik.

Die von transitiven Verben abgeleiteten Substantive fordern den Genitiv:

Я на́чал **изуча́ть** ру́сский язы́к.	Ich begann, Russisch zu lernen.
Я на́чал **изуче́ние** ру́сского языка́.	Ich begann mit dem Erlernen des Russischen.

Bezeichnet das transitive Verb ein Gefühl, eine Empfindung, so fordert das von ihm abgeleitete Substantiv den Dativ mit der Präposition к: **люби́ть ро́дину** *die Heimat lieben* — **любо́вь к ро́дине** *die Liebe zur Heimat*, **уважа́ть това́рища** *den Freund achten* — **уваже́ние к това́рищу** *die Achtung vor dem Freund*.

Das von einem intransitiven Verb abgeleitete Substantiv fordert in der Regel denselben Fall und dieselbe Präposition wie das Verb:

Он **увлека́ется** му́зыкой.	Er begeistert sich für Musik.
Он говори́л о своём **увлече́нии** му́зыкой.	Er sprach über seine Begeisterung für Musik.
Наро́ды **бо́рются** за мир.	Die Völker kämpfen für den Frieden.
Ши́рится **борьба́** за мир.	Der Kampf für den Frieden verstärkt sich.
Его́ **поблагодари́ли** за рабо́ту.	Man dankte ihm für seine Arbeit.
Он получи́л **благода́рность за** рабо́ту.	Ihm wurde Dank für seine Arbeit ausgesprochen.

Prägen Sie sich folgende Ausnahmen ein:

страши́ться опа́сности	sich vor einer Gefahr fürchten
страх пе́ред опа́сностью	die Furcht vor einer Gefahr
победи́ть врага́	den Feind besiegen
побе́да над враго́м	der Sieg über den Feind
интересова́ться му́зыкой	sich für Musik interessieren
интере́с к му́зыке	das Interesse für Musik.
доверя́ть това́рищу	dem Freund vertrauen
дове́рие к това́рищу	das Vertrauen zum Freund
зави́довать това́рищу	den Freund beneiden
за́висть к това́рищу	der Neid dem Freund gegenüber

2. Ein Objekt kann sich auf ein Adjektiv beziehen:

Учи́тель **дово́лен ученико́м.** (дово́лен — *кем?*)	Der Lehrer ist mit dem Schüler zufrieden.
Кувши́н **по́лон молока́.** (по́лон — *чего́?*)	Der Krug ist voller Milch.
Страна́ **бога́та ле́сом.** (бога́та — *чем?*)	Das Land ist reich an Wald.
Сын **похо́ж на отца́.** (похо́ж — *на кого́?*)	Der Sohn ist dem Vater ähnlich.
Вопро́с **поня́тен студе́нту.** (поня́тен — *кому́?*)	Die Frage ist dem Studenten klar (verständlich).

Übung 39. Ersetzen Sie die Verbindung Verb + Objekt durch die Verbindung Substantiv + Objekt.

M u s t e r : измени́ть план — измене́ние пла́на

1. помога́ть дру́гу 2. защища́ть грани́цы 3. владе́ть языко́м 4. доверя́ть това́рищу 5. победи́ть врага́ 6. ве́рить в побе́ду 7. мечта́ть о сча́стье 8. стреми́ться к свобо́де. 9. отказа́ться от по́мощи 10. рабо́тать над докла́дом

Übung 40. Lesen Sie die folgenden Sätze. Nennen Sie die Objekte und die Wörter, von denen sie abhängen. Bestimmen Sie den Fall der Objekte.

1. Большо́го напряже́ния и вели́кой стра́сти тре́бует нау́ка от челове́ка. (*Пав.*) 2. Пе́рвого ма́я мы ра́дуемся не то́лько весне́ челове́чества. (*И. Э.*) 3. Положе́ние челове́ка име́ет реши́тельное влия́ние на хара́ктер его́ убежде́ний. (*Черн.*) 4. Извращённое иску́сство мо́жет быть непоня́тно лю́дям, но хоро́шее иску́сство всегда́ поня́тно всем. (*Л. Т.*) 5. Я не люблю́ весны́. (*П.*) 6. С де́тства привы́к он к полевы́м рабо́там, к дереве́нскому бы́ту. (*Тург.*)

Das Attribut

Das Attribut antwortet auf die Fragen *како́й? was für ein?, чей? wessen?, кото́рый? welcher?, ско́лько? wieviel?* Es bezieht sich immer auf ein Substantiv.

Ein Attribut, das mit dem Substantiv der Form nach übereinstimmt, heißt kongruierendes Attribut.

Стоя́ла **све́жая безлу́нная ночь ра́нней ю́жной о́сени.** (*Фад.*)	Es war eine frische mondlose Nacht in der Zeit des frühen südlichen Herbstes.

Das kongruierende Attribut stimmt mit dem Substantiv, das es näher bestimmt, in Fall, Geschlecht und Zahl überein. Ein Attribut, das mit seinem Substantiv nicht übereinstimmt, heißt nichtkongruierendes Attribut.

Изба́ лесника́ состоя́ла из одно́й ко́мнаты	Die Hütte des Forstwarts bestand aus einem Zimmer.

Das Bezugswort **изба́** steht im Nominativ, das Attribut **лесника́** im Genitiv. **Лесника́** ist ein nichtkongruierendes Attribut.

Ein kongruierendes Attribut kann ein Adjektiv, ein Partizip, ein Zahlwort oder ein Pronomen sein.

Тёмные ту́чи закры́ли не́бо. (*Ка-ки́е* ту́чи?)	Dunkle Wolken verdeckten den Himmel.
Над потемне́вшими поля́ми гре-ме́ли раска́ты гро́ма. (*Над каки́ми* поля́ми?)	Über die dunklen Felder rollte der Donner.
Я с тремя́ това́рищами поспе-ши́л домо́й. (*Со ско́лькими това́рищами?*)	Meine drei Freunde und ich eilten nach Hause.
Не успе́ли мы добежа́ть **до на́-шего до́ма**, как поли́л пролив-но́й дождь. (*До чьего́* до́ма?)	Kaum hatten wir unser Haus er-reicht, da prasselte ein Platzre-gen hernieder.

Das nichtkongruierende Attribut kann sein:

1. ein Substantiv im Genitiv ohne Präposition oder in abhängigen Fällen mit Präposition:

Дверь в коридо́р была́ откры́та. (*Кака́я* дверь?)	Die Tür zum Korridor war geöff-net.
Все собрали́сь **в ко́мнате бра́та**. (*В чьей* ко́мнате?)	Alle versammelten sich im Zim-mer des Bruders.
Я был **на конце́рте пе́сни**. (*На како́м* конце́рте?)	Ich war auf einem Liederabend.
Нам понра́вилось **выступле́-ние певи́цы**. (*Чьё* выступле́-ние?)	Das Auftreten der Sängerin hat uns gefallen.
Путеше́ственники ночева́ли в лесу́ **в шалаше́ из ве́ток**. (*В како́м* шалаше́?)	Die Touristen übernachteten im Walde in einer Laubhütte.
Мы ката́лись **на ло́дке с па́ру-сом**. (*На како́й* ло́дке?)	Wir fuhren Segelboot.

2. ein Possessivpronomen der 3. Person (**его́** *sein*, **её** *ihr* und **их** *ihr* (*Pl.*):

Все собрали́сь **в его́ ко́мнате**. (*В чьей* ко́мнате?)	Alle versammelten sich in seinem Zimmer.
Нам понра́вилось **её выступле́-ние**. (*Чьё* выступле́ние?)	Ihr Auftreten gefiel uns.

3. ein Adjektiv im Komparativ:

Среди́ нас не́ было **челове́ка весе́лее** его́. (*Како́го* челове́-ка?)	Unter uns gab es keinen, der fröh-licher (lustiger) gewesen wäre als er.
Принеси́ мне **кни́гу поинтере́с-нее**. (*Каку́ю* кни́гу?)	Bringe mir ein möglichst interes-santes Buch mit.

4. ein Adverb:

Апте́ка нахо́дится **в до́ме напро́-тив**. (*В како́м* до́ме?)	Die Apotheke befindet sich im Haus gegenüber.
Меня́ утоми́ла **езда́ верхо́м**. (*Кака́я* езда́?)	Ich wurde müde vom Reiten.

5. ein Infinitiv:

На́ша **попы́тка подня́ться на** круту́ю го́ру увенча́лась успе́-хом. (*Кака́я* попы́тка?)	Unser Versuch, den steilen Berg zu besteigen, war von Erfolg gekrönt.
Он не вы́полнил своего́ **обеща́-ния прие́хать** к нам ле́том. (*Како́го* обеща́ния?)	Er löste sein Versprechen, uns im Sommer zu besuchen, nicht ein.

6. die Verbindung eines Adjektivs oder eines Zahlwortes mit einem Substantiv:

Вошёл **челове́к высо́кого ро́ста**. (*Како́й* челове́к?)	Es trat ein Mann von hohem Wuchs ein.
Здесь занима́ются **студе́нты второ́го ку́рса**. (*Каки́е* студе́нты?)	Hier arbeiten Studenten des 2. Studienjahres.
У него́ есть **брат двена́дцати лет**. (*Како́й* брат?)	Er hat einen Bruder, der 12 Jahre alt ist.

Übung 41. Lesen Sie die Sätze aus dem Roman M. Gorkijs „Die Mutter". Nennen Sie die kongruierenden und die nichtkongruierenden Attribute.

1. В ку́хню вошла́ де́вушка небольшо́го ро́ста, с просты́м ли-цо́м крестья́нки и то́лстой косо́й све́тлых воло́с. 2. Ната́ша глубо-ко́ вздохну́ла, забро́сила ко́су за плечо́ и начала́ чита́ть кни́гу в жёлтой обло́жке, с карти́нками. 3. Мать... налива́ла чай и вслу́-шивалась в пла́вную речь де́вушки. 4. Ей нра́вилось лицо́ Ната́ши, внима́тельно наблюда́вшей за все́ми. 5. Собы́тия после́дних дней си́льно утоми́ли её. 6. Мать посмотре́ла на сы́на — он стоя́л у две́-ри в ко́мнату и улыба́лся. 7. Ей нра́вилось говори́ть с людьми́, нра́вилось слу́шать их расска́зы о жи́зни.

Übung 42. Ersetzen Sie die nichtkongruierenden Attribute durch kongruierende.

1. Одна́жды в наш го́род прие́хали арти́сты *из Москвы́*. 2. Шум *с у́лицы* меша́л нам рабо́тать. 3. Здесь продаю́тся биле́ты *в теа́тр*. 4. Учени́к де́лал упражне́ния *по грамма́тике*. 5. На столе́ стоя́ла ва́за *из стекла́*. 6. В углу́ стоя́л шкаф *для книг*. 7. На де́вушке бы́ло голубо́е пла́тье *из шёлка*. 8. Семья́ перее́хала в но́вую кварти́ру *из двух ко́мнат*.

Übung 43. Ersetzen Sie die kongruierenden Attribute durch nichtkongruierende.

1. Учи́тель проверя́л *учени́ческие* тетра́ди. 2. Всё ле́то я провёл в *отцо́вском* до́ме. 3. В де́тстве я люби́л слу́шать *ба́бушкины* ска́з-ки. 4. В глубине́ ле́са мы нашли́ *медве́жью* берло́гу. 5. *Студе́нче-ское* собра́ние ко́нчилось. 6. Во дворе́ слы́шались *де́тские* кри́ки и смех. 7. Тума́н скрыл *го́рные* верши́ны. 8. Ту́ча приближа́лась,

уже слы́шались *громовы́е* раска́ты. 9. По кры́ше застуча́ли *дожде-вы́е* ка́пли. 10. *Се́верная* приро́да суро́ва и прекра́сна.

Übung 44. Schreiben Sie aus den Sätzen die Substantive heraus, deren Attribut durch einen Infinitiv ausgedrückt wird.

1. Жела́ние *пла́вать* по реке́ быстре́е её тече́ния привело́ к изобре́тению весла́ и па́руса. (*М. Г.*) 2. Уже́ в глубо́кой дре́вности лю́ди мечта́ли о возмо́жности *лета́ть* по во́здуху. (*М. Г.*) 3. Привы́чка *стра́нствовать* по ка́ртам и ви́деть в своём воображе́нии ра́зные места́ помога́ет уви́деть их в действи́тельности. (*Пауст.*) 4. Пе́рвое вре́мя своего́ прие́зда Никола́й был серьёзен и да́же ску́чен. Его́ му́чила предстоя́щая необходи́мость *вмеша́ться* в дела́ хозя́йства, для кото́рых мать вы́звала его́. (*Л. Т.*)

Die Apposition

Unter einer Apposition versteht man ein substantivisches Attribut, das in der Regel im gleichen Kasus steht wie das Wort, zu dem es gehört. Die Apposition bestimmt einen Gegenstand näher, indem sie ihm eine zusätzliche Benennung gibt.

Мы чита́ем расска́зы о **геро́ях-лётчиках.**	Wir lesen Erzählungen über die heldenhaften Flieger.
Недалеко́ есть **телефо́н-автома́т.**	In der Nähe ist ein Münzfernsprecher.
Инжене́р Петро́в ещё не пришёл.	Ingenieur Petrov ist noch nicht da.
На на́шем пути́ была́ река́ **Дон.**	Auf unserem Weg war der Fluß Don.

Gibt die Apposition den Namen einer Zeitung, einer Zeitschrift, eines literarischen Werkes, einer Fabrik, eines Schiffes usw. an, so wird dieser in Anführungszeichen eingeschlossen und steht immer im Nominativ.

Он чита́ет газе́ту **«Пра́вда».**	Er liest die Zeitung „Pravda".
В пе́рвом но́мере журна́ла **«Но́вый мир»** есть хоро́шие стихи́.	In der ersten Nummer der Zeitschrift „Novyj mir" gibt es schöne Gedichte.
Мы чита́ем отры́вки из рома́на **«Война́ и мир».**	Wir lesen Auszüge aus dem Roman „Krieg und Frieden".

Sind Apposition und Bezugswort Gattungsnamen, so werden sie durch einen Bindestrich verbunden: **геро́и-лётчики** *heldenhafte Flieger*, **телефо́н-автома́т** *Münzfernsprecher*.

Wenn sich ein substantivisches Attribut durch entsprechendes Adjektiv ersetzen läßt, wird in diesem Fall kein Bindestrich gebraucht, z. B.: **стари́к охо́тник** (**ста́рый охо́тник**), **краса́вец мужчи́на** (**краси́вый мужчи́на**).

Steht ein Gattungsname nach dem Eigennamen, so wird ebenfalls ein Bindestrich gesetzt: **Москва́-река́** *der Fluß Moskva*, **Ива́н-царе́вич** *Iwan, der Zarensohn*.

Wenn jedoch der Eigenname nach dem Gattungsnamen steht, so wird kein Bindestrich gesetzt: **река́ Москва́** *der Fluß Moskva*, **река́ Во́лга** *der Fluß Wolga*, **го́род Хаба́ровск** *die Stadt Chabarowsk*.

Übung 45. Bilden Sie Sätze mit den folgenden Wortverbindungen, indem Sie diese in abhängigen Fällen verwenden.

1. телепрогра́мма «Цивилиза́ция» 2. стари́к-сто́рож 3. поэ́т-революционе́р 4. го́род-геро́й 5. рома́н Го́рького «Мать» 6. го́род Волгогра́д 7. журна́л «Ру́сский язы́к за рубежо́м» 8. река́ Во́лга 9. о́пера «Евге́ний Оне́гин» 10. компози́тор Чайко́вский 11. рабо́чий-нова́тор 12. же́нщина-вра́ч

Die Adverbialbestimmungen

Die Adverbialbestimmungen bestimmen andere Satzglieder, die vor allem durch Verben ausgedrückt sind.

Die Adverbialbestimmungen lassen sich sinngemäß in einige Gruppen teilen.

Die Adverbialbestimmung des Ortes

Die Adverbialbestimmung des Ortes antwortet auf die Fragen *где? wo?, куда́? wohin?, отку́да? woher?*

Die Adverbialbestimmung des Ortes wird durch Adverbien des Ortes und durch Substantive in abhängigen Fällen (in der Regel mit Präpositionen) ausgedrückt.

Мы шли **вперёд.**	Wir gingen vorwärts.
Повсю́ду зелене́ла молода́я листва́.	Überall grünte das junge Laub.
Голоса́ птиц доноси́лись **отовсю́ду.**	Von überallher erklangen Vogelstimmen.
Впереди́ видне́лась река́.	Vorne war der Fluß zu sehen.
По́ле бы́ло **за реко́й.**	Das Feld befand sich hinter dem Fluß.
Преподава́тель вошёл **в аудито́рию.**	Der Lehrer ist in das Auditorium getreten.

DER GEBRAUCH VON PRÄPOSITIONEN ZUM AUSDRUCK DER ADVERBIALBESTIMMUNG DES ORTES

Frage	Präposition	Fall	Beispiel
где? wo?	**близ, вблизи́, во́зле, о́коло, у** neben, bei, in der Nähe **вокру́г** um... herum	Genitiv	Дом находи́лся о́коло (**близ, вблизи́, у**) ста́нции. Das Haus befand sich in der Nähe der Station. Де́ти бе́гали **вокру́г** ёлки. Die Kinder liefen um den Tannenbaum herum.

Frage	Präposition	Fall	Beispiel
где? *wo?*	**вдоль** entlang	Instrumental	**Вдоль у́лицы** бы́ли поса́жены дере́вья. Die Straße entlang wurden Bäume gepflanzt.
	среди́ mitten, inmitten, unter		До́мик лесника́ стоя́л **среди́ ле́са.** Die Hütte des Försters stand mitten im Wald.
	про́тив gegenüber, gegen		**Про́тив окна́** росло́ высо́кое де́рево. Gegenüber dem Fenster wuchs ein hoher Baum.
	за hinter		**За реко́й** расстила́ется по́ле. Hinter dem Fluß breitet sich das Feld aus.
	под unter		Мы отдыха́ли **под де́ревом.** Wir ruhten uns unter einem Baum aus.
	пе́ред vor		**Пе́ред окно́м** росло́ высо́кое де́рево. Vor dem Fenster wuchs ein hoher Baum.
	над über **ме́жду** zwischen		Самолёт лети́т **над ле́сом.** Das Flugzeug fliegt über dem Wald. **Ме́жду дере́вьями** стои́т скаме́йка. Zwischen den Bäumen steht eine Bank.
	в in **на** auf	Präpositiv	Мы гуля́ли **в саду́.** Wir gingen im Garten spazieren. Мы сиди́м **на берегу́.** Wir sitzen am Ufer.
	при bei **по** auf, über, durch, in	Dativ	**При шко́ле** есть сад. Zur Schule gehört ein Garten. Мы ходи́ли **по коридо́ру** и разгова́ривали. Wir gingen im Korridor auf und ab und unterhielten uns.
куда́? *wohin?*	**к** an, zu	Dativ	Ло́дка плывёт **к бе́регу.** Das Boot fährt zum Ufer.
	за hinter	Akkusativ	**До́ску** поста́вили **за шкаф.** Man stellte das Brett hinter den Schrank.
	под unter		Чемода́н поста́вили **под стол.** Der Koffer wurde unter den Tisch gestellt.
	в in	Akkusativ	Мы вы́шли **в сад.** Wir sind in den Garten hinausgegangen.
	на auf, in, nach, zu, an		Мы пришли́ **на бе́рег.** Wir sind ans Ufer gekommen.
отку́да? *woher?*	**из** aus, von	Genitiv	Автомоби́ль вы́ехал **из гаража́.** Das Auto ist aus der Garage gefahren.

Frage	Präposition	Fall	Beispiel
с von			Брат пришёл **с собра́ния.** Der Bruder ist von der Versammlung gekommen.
от von **из-за** hinter... hervor **из-под** unter... hervor			Ло́дка отплыла́ **от бе́рега.** Das Boot hat vom Ufer abgelegt. Со́лнце показа́лось **из-за туч.** Die Sonne kam hinter den Wolken hervor. Змея́ вы́ползла **из-под ка́мня.** Die Schlange kroch unter dem Stein hervor.

Übung 46. Achten Sie auf die einander entsprechenden Präpositionen. Bilden Sie Sätze nach folgendem Muster.

M u s t e r : Парохо́д три́дцать мину́т стоя́л у при́стани. Парохо́д прича́лил к при́стани в два часа́. Парохо́д отча́лил от при́стани в два часа́ три́дцать мину́т.

где?	*куда́?*	*отку́да?*
в го́роде	в го́род	из го́рода
на у́лице	на у́лицу	с у́лицы
у бе́рега	к бе́регу	от бе́рега
за шка́фом	за шкаф	из-за шка́фа
под столо́м	под стол	из-под стола́

Übung 47. Lesen Sie den folgenden Auszug. Suchen Sie die Adverbialbestimmungen des Ortes heraus, geben Sie an, wodurch sie ausgedrückt sind, und erfragen Sie sie.

Всё бы́ло ти́хо круго́м; со стороны́ до́ма не приноси́лось никако́го зву́ка. Он [Лавре́цкий] осторо́жно прошёл вперёд. Вот, на поворо́те алле́и, весь дом вдруг гля́нул на него́ свои́м тёмным фа́сом; в двух то́лько о́кнах наверху́ мерца́л свет; внизу́ дверь на балко́н широко́ зева́ла, раскры́тая на́стежь. Лавре́цкий сел на деревя́нную скаме́йку, подпёрся руко́ю и стал гляде́ть на э́ту дверь да на окно́ Ли́зы. В го́роде проби́ло по́лночь; в до́ме ма́ленькие ча́сики то́нко прозвене́ли двена́дцать. Лавре́цкий ничего́ не ду́мал, ничего́ не ждал; ему́ прия́тно бы́ло чу́вствовать себя́ вблизи́ Ли́зы, сиде́ть в её саду́ на скаме́йке, где и она́ сиде́ла не одна́жды... (*Тург.*)

Übung 48. Bilden Sie 8 bis 10 Sätze mit Adverbialbestimmungen des Ortes (benutzen Sie die Tabelle auf Seiten 473—475).

Die Adverbialbestimmung der Zeit

Die Adverbialbestimmung der Zeit antwortet auf die Fragen: *когда́? wann?* (Собра́ние бу́дет **за́втра.** *Die Versammlung findet morgen statt.*); *как до́лго? wie lange?* oder *ско́лько вре́мени? wie lange?* (Я был на мо́ре **всё ле́то.** *Ich war den ganzen Sommer hindurch an der See.*); *как ча́сто? wie oft?* (Он занима́ется гимна́стикой **раз в неде́лю.** *Er treibt einmal in der Woche Gymnastik.*); *с каки́х пор? seit wann?* (Я работаю в институ́те **с сентября́**. *Ich arbeite im Institut seit September.*); *до каки́х пор? bis wann?* (Полевы́е рабо́ты бу́дут продолжа́ться **до ноября́**. *Die Feldarbeiten werden bis zum November dauern.*); *за како́й срок? oder за како́е вре́мя? in welcher Zeitspanne?* (Я прочита́ю э́ту кни́гу **за́ два дня**. *Ich werde dieses Buch in zwei Tagen durchlesen.*); *на како́й срок? für welche Zeitspanne? oder на како́е вре́мя? für wie lange?* (Мне да́ли кни́гу **на неде́лю**. *Man hat mir das Buch für eine Woche gegeben.*)

Adverbialbestimmungen der Zeit werden wiedergegeben durch:

1. Adverbien der Zeit:

Брат прие́хал **вчера́**.	Der Bruder ist gestern angekommen.
Он приезжа́ет **ре́дко**.	Er kommt selten.
Он прие́хал **надо́лго**.	Er ist für längere Zeit gekommen.
Мы бесе́довали **до́лго**.	Wir haben uns lange unterhalten.

2. Substantive ohne Präpositionen, oft in Verbindung mit den Pronomen **весь** *ganz*, **це́лый** *ganz*, **ка́ждый** *jeder* oder in Verbindung mit Zahlwörtern:

Студе́нты гото́вились к экза́мену **неде́лю**.	Die Studenten bereiteten sich eine Woche lang auf die Prüfung vor.
Мы занима́лись **весь день**.	Wir haben den ganzen Tag gelernt.
Заня́тия начина́ются **пе́рвого сентября́**.	Der Unterricht beginnt am 1. September.
Семина́р быва́ет **ка́ждую неде́лю**.	Das Seminar findet jede Woche statt.

3. Substantive mit Präpositionen:

Я уезжа́ю **в ию́ле**.	Ich fahre im Juli fort.
Я дам тебе́ кни́гу **на́ два дня**.	Ich gebe dir das Buch für zwei Tage.
Я прочита́л э́ту кни́гу **за оди́н ве́чер**.	Ich habe dieses Buch an einem Abend durchgelesen.

4. Adverbialpartizipien und Adverbialpartizipialkonstruktionen:

Он всегда́ навеща́ет нас, **приезжа́я в Москву́**.	Er besucht uns immer, wenn er nach Moskau kommt.
Он получи́л пи́сьма, **придя́ домо́й**.	Er bekam die Briefe, als er nach Hause kam.

Übung 49. Lesen Sie die folgenden Sätze. Suchen Sie die Adverbialbestimmungen der Zeit heraus, erfragen Sie sie und geben Sie an, wodurch sie ausgedrückt sind.

1. Лы́жники дви́нулись в путь ещё на рассве́те. (*Аж.*) 2. Дойдя́ до мо́стика, он останови́лся и заду́мался. (*Чех.*) 3. Не хо́чется уезжа́ть в таку́ю хоро́шую пого́ду! (*Чех.*) 4. Мину́ты две они́ молча́ли. (*П.*) 5. С восхо́дом со́лнца мы тро́нулись в путь. (*Арс.*) 6. Вы́йдя из маши́ны, Та́ня почу́вствовала кра́йнюю уста́лость.

(*Аж.*) 7. Тут и в ле́тний зной стоя́ла прохла́да. (*Тург.*) 8. На седь-мо́й день пути́ Та́ня Васи́льченко подошла́ на лы́жах к Нови́нску. (*Аж.*) 9. За́ год рабо́ты в райо́не Марты́нов знал уже́ всех брига-ди́ров тра́кторных отря́дов и мно́гих тракори́стов. (*Овеч.*) 10. Те-пе́рь мы ви́делись уже́ ча́сто, ра́за по́ два в день. (*Чех.*) 11. Весь май шли дожди́, бы́ло хо́лодно. (*Чех.*)

DER GEBRAUCH VON PRÄPOSITIONEN ZUM AUSDRUCK DER ADVERBIALBESTIMMUNG DER ZEIT

Frage	Präposition	Fall	Beispiele
когда́? *wann?*	**до** vor	Genitiv	**до обе́да, до заня́тий** vor dem Mittagessen, vor dem Unterricht
	по́сле nach		**по́сле обе́да, по́сле заня́тий** nach dem Mittagessen, nach dem Unterricht
	накану́не vor **среди́** mitten		**накану́не пра́здника** vor dem Fest **просну́ться среди́ но́чи** mitten in der Nacht erwachen
с каки́х пор? *с како́го вре́мени?* *seit wann?*	**с** seit, ab	Genitiv	**с девяти́ часо́в, с утра́, с поне-де́льника, с сентября́, с 1948 го́да, с де́тства** seit 9 Uhr, seit dem Morgen, seit Montag, seit September, seit 1948, von Kindheit an
до каки́х пор? *до како́го вре́мени?* *bis wann?*	**до** bis		**до десяти́ часо́в, до ве́чера, до суббо́ты, до января́, до 1950 го́да** bis 10 Uhr, bis zum Abend, bis Sonnabend, bis Januar, bis 1950
когда? *wann?*	**к** gegen, zu	Dativ	**Он пришёл к ве́черу, к у́жину. Он просну́лся к утру́.** Er kam gegen Abend, zum Abendessen. Ich erwachte gegen Morgen.
когда́? *wann?*	**по** an	Dativ	**Я рабо́таю по утра́м, по вече-ра́м. Я занима́юсь по це́лым дням.** Ich arbeite morgens, abends. Ich arbeite regelmäßig den gan-zen Tag.
к како́му сро́ку? *к како́му вре́мени?* *bis zu welchem Zeit-punkt?* *когда́?* *wann?*	**к** bis, zu, ge-gen	Dativ	**Я зако́нчу рабо́ту к пя́тнице. Я приду́ к десяти́ часа́м.** Ich werde mit der Arbeit bis zum Freitag fertig. Ich komme gegen 10 uhr.

Frage	Präposition	Fall	Beispiele
когдá? *wann?*	**в** in, um, an, bei, während	Akkusativ	**в два часá, в понедéльник, в опáсный момéнт, в трýдную минýту, в перехóдный перѝод, в весéннюю пóру, в э́ту зѝму, в э́ту ночь, в войнé, в плохýю погóду, в дождь** um 2 Uhr, am Montag, in einem gefährlichen Augenblick, in einer schweren Stunde, in der Übergangsperiode, in der Frühlingszeit, in diesem Winter, in dieser Nacht, im Kriege (während des Krieges), bei schlechtem Wetter, bei Regen;
	на an, in		**на другóй день, на слéдующий день, на трéтий день, на бýдущий год** am nächsten Tag, am folgenden Tag, am dritten Tag, im nächsten Jahr
	чéрез in		вернýться **чéрез 5 минýт, чéрез два дня, чéрез недéлю, чéрез мéсяц, чéрез год, прийтѝ чéрез дéсять минýт пóсле звонкá** in 5 Minuten zurückkommen, in zwei Tagen, in einer Woche, in einem Monat, in einem Jahr, 10 Minuten nach dem Klingelzeichen kommen
когдá? *wann?*	**за (до)** vor	Akkusativ	прийтѝ **за пять минýт до звонкá**, приéхать **за недéлю до начáла заня́тий** 5 Minuten vor dem Klingelzeichen kommen, eine Woche vor dem Beginn des Unterrichts ankommen
	под gegen, vor		вернýться **под вéчер**, проснýться **под ýтро**, встрéтиться **под воскресéнье, под прáздник, под Нóвый год** gegen Abend zurückkommen, gegen Morgen erwachen, vor dem Sonntag, vor dem Festtag (am Vorabend des Feiertages), vor Neujahr zusammenkommen
в какóй срок? *in welcher Zeitspanne?*	**в** in	Akkusativ	приготóвить **в однý минýту, в одѝн момéнт**, собрáться **в полчасá**, прочитáть **кнѝгу в одѝн вéчер** in einer Minute, im Nu etwas vorbereiten; in einer halben Stunde fertig werden; ein Buch an einem Abend durchlesen

Frage	Präposition	Fall	Beispiele
за какой срок? *in welcher* *Zeitspanne?*	**за** in, während, im Laufe	Akkusativ	собра́ться **за** полчаса́, прочита́ть кни́гу **за** оди́н ве́чер, постро́ить дом **за** год, вы́полнить зада́ние **за** ме́сяц in einer halben Stunde fertig werden; ein Buch an einem Abend durchlesen; ein Haus in einem Jahr fertigbauen; eine Aufgabe in einem Monat erfüllen
на какой срок? *für wie lange?*	**на** für	Akkusativ	уе́хать **на** неде́лю, вы́йти **на** мину́ту, дать кни́гу **на** оди́н ве́чер für eine Woche fortfahren, für eine Minute hinausgehen, ein Buch für einen Abend geben
по какой срок? *bis wann?*	**по** bis... zu	Akkusativ	получи́ть о́тпуск **по** 5 сентября́ включи́тельно Urlaub bis zum 5. September einschließlich bekommen
когда́? *wann?*	**пе́ред** vor	Instrumental	**пе́ред** вы́борами, **пе́ред** пра́здниками, **пе́ред** обе́дом, **пе́ред** ле́кцией vor den Wahlen, vor dem Fest, vor dem Mittagessen, vor der Vorlesung
	ме́жду zwischen		**ме́жду** ле́кциями, **ме́жду** ле́кцией и семина́ром, **ме́жду** двумя́ и пятью́ часа́ми zwischen den Vorlesungen, zwischen der Vorlesung und dem Seminar, zwischen zwei und fünf Uhr
	за bei, während		чита́ть газе́ту **за** за́втраком, бесе́довать **за** ча́ем, **за** обе́дом, **за** у́жином die Zeitung beim Frühstück lesen, sich beim Tee, beim Mittagessen, beim Abendessen unterhalten
	с bei		просыпа́ться **с** зарёй, **с** восхо́дом со́лнца bei Tagesanbruch, bei Sonnenaufgang erwachen
когда́? *wann?*	**в** in	Präpositiv	**в** январе́, **в** 1929 году́, **в** девятна́дцатом ве́ке, **в** де́тстве, **в** ю́ности, **в** мо́лодости, **в** ста́рости, **в** нача́ле января́, **в** середи́не ию́ня, **в** конце́ ма́я im Januar, im Jahre 1929, im 19. Jahrhundert, in der Kindheit, in der frühen Jugend, in der Jugend, im (hohen) Alter, Anfang Januar, Mitte Juni, Ende Mai

Frage	Präposition	Fall	Beispiele
	на bei		на э́той неде́ле, на про́шлой неде́ле, на заре́, на рассве́те, на зака́те diese Woche, vorige Woche, bei Tagesanbruch, bei Sonnenaufgang, bei Sonnenuntergang
	по nach		по прие́зде, по возвраще́нии, по оконча́нии nach der Ankunft, nach der Rückkehr, nach Abschluß
	при bei		при феодали́зме, при капитали́зме, при Петре́ I, при наступле́нии, при перехо́де че́рез у́лицу im Feudalismus, im Kapitalismus, zur Zeit Peters I., bei der Offensive, beim Überqueren der Straße

Übung 50. Suchen Sie die Adverbialbestimmungen der Zeit heraus und erfragen Sie sie. Bestimmen Sie den Fall der Substantive, durch die die Adverbialbestimmungen der Zeit wiedergegeben sind.

О ГО́РЬКОМ

Вели́кий пролета́рский писа́тель Го́рький на́чал свою́ литерату́рную де́ятельность в конце́ XIX ве́ка. В э́то вре́мя начался́ тре́тий пери́од освободи́тельного движе́ния в Росси́и — пролета́рский пери́од.

Уже́ в 1884 году́ в Каза́ни Го́рький знако́мится с революцио́нной интеллиге́нцией и начина́ет чита́ть маркси́стскую литерату́ру. За 7 лет — с 1898 по 1905 год — Го́рький не́сколько раз подверга́лся аре́стам. В 1901 году́ он опубликова́л «Пе́сню о Буреве́стнике», кото́рая говори́ла о гряду́щей революцио́нной бу́ре.

9 января́ 1905 го́да ца́рское прави́тельство расстреля́ло ми́рную демонстра́цию наро́да. На сле́дующий день по́сле расстре́ла демонстра́ции Го́рький написа́л проклама́цию с призы́вом к сверже́нию самодержа́вия. За э́то ца́рское прави́тельство заключи́ло его́ 12 января́ в Петропа́вловскую кре́пость.

Это вы́звало бу́рю проте́ста в Росси́и и за грани́цей, и че́рез ме́сяц, 14 февраля́, Го́рький был освобождён. В дни восста́ния, в декабре́ 1905 го́да, Го́рький находи́лся в Москве́. На его́ кварти́ре происходи́ли совеща́ния руководи́телей боевы́х дружи́н. Го́рький собира́л де́ньги для поку́пки ору́жия. Во вре́мя дека́брьского восста́ния Го́рький впервы́е встре́тился с Ле́ниным.

Übung 51. Beantworten Sie folgende Fragen schriftlich. Verwenden Sie dabei die in Klammern stehenden Wörter im Akkusativ oder im Präpositiv mit der Präposition **в** oder **на.**

1. Когда́ вы бы́ли на конце́рте? (пя́тница) 2. Когда́ вы пошли́

в теа́тр? (сле́дующий день) 3. Когда́ придёт брат? (коне́ц неде́ли) 4. Когда́ экспеди́ция отпра́вилась в Сре́днюю Азию? (ию́ль) 5. Когда́ экспеди́ция верну́лась? (середи́на сентября́) 6. Когда́ был постро́ен го́род Магнитого́рск? (пери́од пе́рвой пятиле́тки) 7. Когда́ роди́лся и у́мер Ломоно́сов? (1711—1765 гг.) 8. Когда́ вы́шел из печа́ти пе́рвый но́мер «Пра́вды»? (май 1912 г.) 9. Когда́ он помога́л тебе́? (тру́дная мину́та) 10. Когда́ в на́шем клу́бе был конце́рт? (про́шлая неде́ля) 11. Когда́ он мно́го путеше́ствовал? (мо́лодость)

Die Adverbialbestimmung der Art und Weise

Die Adverbialbestimmung der Art und Weise antwortet auf die Fragen *как? wie?* und *каки́м о́бразом? auf welche Weise?*

Die Adverbialbestimmung der Art und Weise wird meist wiedergegeben durch:

1. Adverbien der Art und Weise:

Я вы́учил стихотворе́ние **наизу́сть**.	Ich habe das Gedicht auswendig gelernt.
Со́лнце све́тит **я́рко**.	Die Sonne scheint kräftig.
Он был оде́т по-доро́жному.	Er hatte einen Reiseanzug, an.

2. Substantive im Instrumental ohne Präposition oder mit der Präposition **c** (zum Gebrauch der Präposition **c** in dieser Bedeutung siehe S. 104.)

Расскажи́те текст **свои́ми слова́ми**.	Erzählen Sie den Text mit eigenen Worten nach.
Ло́дка мча́лась **стрело́й**. (man kann auch sagen: как стрела́)	Das Boot schoß pfeilschnell dahin.
Тропи́нка вила́сь **у́зкой ле́нтой**. (man kann auch sagen: как у́зкая ле́нта)	Der Pfad wand sich wie ein schmales Band.
Учени́к реши́л зада́чу **с трудо́м**.	Der Schüler löste die Aufgabe nur mit Mühe.
Он написа́л упражне́ние **с оши́бками**.	Er hat in der Übung Fehler gemacht.

Die gegenteilige Aussage wird durch ein Substantiv mit der Präposition **без** *ohne* wiedergegeben: Учени́к реши́л зада́чу **без труда́**.

Он написа́л упражне́ние **без оши́бок**.

3. Adverbialpartizipien:

Дождь шёл **не перестава́я** (o d e r: беспреста́нно, непреры́вно).	Es regnete ununterbrochen.
Он говори́л **волну́ясь** (o d e r: с волне́нием).	Er sprach aufgeregt.

Übung 52. Schreiben Sie die folgenden Sätze ab. Unterstreichen Sie die Adverbialbestimmungen der Art und Weise. Sagen Sie, wodurch sie ausgedrückt sind.

1. Во́лны с шу́мом би́лись о бе́рег и с пе́ной разбега́лись по песку́. (*Арс.*) 2. Уж за реко́й, дымя́сь, пыла́л ого́нь рыба́чий. (*П.*) 3. Гро́зно во́лны о бе́рег би́лись. (*М. Г.*) 4. Ве́тер со сви́стом понёсся по степи́. (*Чех.*) 5. Вре́мя... лети́т иногда́ пти́цей, иногда́ ползёт червяко́м. (*Тург.*) 6. Га́лки, воробьи́ и го́луби по-весе́ннему ра́достно гото́вили уже́ гнёзда. (*Л. Т.*) 7. Ослепи́тельной зме́йкой блесну́ла мо́лния, над са́мой голово́й оглуши́тельными раска́тами прокати́лся гром. (*М. Г.*) 8. В окно́, ве́село игра́я, загля́дывал ю́ный со́лнечный луч. (*М. Г.*) 9. Мы тихо́нько ста́ли продвига́ться на́искось про́тив тече́ния. (*Л.*) 10. Дальне́йшее путеше́ствие на́ше прошло́ без вся́ких приключе́ний. (*Арс.*) 11. Моро́з серебро́м лежа́л на бле́дной зе́лени травы́. (*Л. Т.*) 12. Она́ бы́стрыми, лёгкими шага́ми пошла́ на ле́стницу. (*Л. Т.*)

Die Adverbialbestimmung des Zwecks.

Die Adverbialbestimmung des Zwecks antwortet auf die Fragen *зачём? wozu? с како́й це́лью? для чего? zu welchem Zweck?*
Die Adverbialbestimmung des Zwecks wird wiedergegeben durch:

1. Substantive mit den Präpositionen **для** *um... zu, für* oder **на** *wegen*:

Мы останови́лись **для о́тдыха**.	Wir haben haltgemacht, um zu rasten.
Магази́н закры́ли **на ремо́нт**.	Das Geschäft ist wegen Reparatur geschlossen.

2. den Infinitiv:

Мы останови́лись **отдохну́ть**.	Wir haben haltgemacht, um uns auszuruhen.
Я пришёл **помо́чь** тебе́.	Ich bin gekommen, um dir zu helfen.

Der Infinitiv steht als Adverbialbestimmung des Zwecks gewöhnlich mit Verben der Fortbewegung: **пришёл прости́ться** *kam, um sich zu verabschieden*, **прие́хали учи́ться** *kamen an, um zu lernen*, **зашёл узна́ть** *kam vorbei, um zu erfahren*, **уе́хал отдыха́ть** *fuhr fort, um sich zu erholen*.

3. Adverbien des Zwecks:

Он **зачём-то** откры́л дверь.	Er hat aus irgendeinem Grund die Tür aufgemacht.
Он сде́лал э́то **назло́** мне.	Das hat er mir zum Trotz getan.

Übung 53. Lesen Sie die folgenden Sätze. Suchen Sie die Adverbialbestimmungen des Zwecks heraus und geben Sie an, wodurch sie ausgedrückt sind.

1. По́сле обе́да ба́бушка ушла́ к себе́ в ко́мнату отдыха́ть. (*Чех.*) 2. Она́ зажгла́ ла́мпу и се́ла к столу́ вяза́ть чуло́к. (*М. Г.*) 3. Для защи́ты от ве́тра ну́жно бы́ло забира́ться в са́мую ча́щу ле́са. (*Арс.*) 4. Мать уе́хала на вокза́л покупа́ть биле́ты на вече́рний

за́втрашний по́езд. (*Гайд.*) 5. Во двор привезли́ кирпи́ч на постро́йку гаража́.

Die Adverbialbestimmung des Grundes

Die Adverbialbestimmung des Grundes antwortet auf die Fragen *почему́? warum?, отчего́? weshalb?, из-за чего́? weswegen?, по како́й причи́не? aus welchem Grunde?*

Adverbialbestimmungen des Grundes werden wiedergegeben durch:

1. Substantive mit Präpositionen:

Де́ти не гуля́ли **из-за дождя́**.

Die Kinder sind wegen des Regens nicht spazierengegangen.

Студе́нт отсу́тствовал **по боле́зни**.

Der Student hat wegen Krankheit gefehlt.

2. Adverbien des Grundes:

Весь день шёл дождь, **поэ́тому** де́ти не гуля́ли.

Es hat den ganzen Tag geregnet, deswegen sind die Kinder nicht spazierengegangen.

Он **почему́-то** не пришёл.

Er ist aus irgendeinem Grunde nicht gekommen.

3. Adverbialpartizipien:

Не заста́в тебя́ до́ма, он оста́вил запи́ску.

Er traf dich nicht zu Hause an und hinterließ den Zettel.

Переутоми́вшись, он вы́нужден был прерва́ть рабо́ту.

Er mußte die Arbeit unterbrechen, weil er übermüdet war.

DER GEBRAUCH VON PRÄPOSITIONEN ZUM AUSDRUCK DER ADVERBIALBESTIMMUNG DES GRUNDES

Präposition	Fall	Beispiele
из-за wegen, infolge	Genitiv	Де́ти вчера́ не гуля́ли **из-за плохо́й пого́ды, из-за дождя́.** Die Kinder sind gestern wegen des schlechten Wetters, wegen des Regens nicht spazierengegangen. **Из-за тебя́** я опозда́л. Deinetwegen habe ich mich verspätet. Они́ поссо́рились **из-за пустяко́в.** Sie verzankten sich wegen einer Lappalie. **Из-за твоего́ опозда́ния** мы не успе́ем зако́нчить рабо́ту в срок. Wegen deiner Verspätung werden wir die Arbeit nicht rechtzeitig beenden können.
благодаря́ dank	Dativ	**Благодаря́ теплу́ и дождя́м** всхо́ды в э́том году́ бы́ли ра́ньше. Dank der Wärme und dem Regen ging die Saat in diesem Jahr früher auf.

Präposition	Fall	Beispiele
		Благодаря́ твое́й по́мощи я уже́ зако́нчил рабо́ту. Dank deiner Hilfe habe ich die Arbeit schon beendet.
от vor, von durch	Genitiv	Ребёнок запры́гал **от ра́дости.** Das Kind begann vor Freude zu springen. Все вздро́гнули **от неожи́данности.** Alle fuhren vor Überraschung auf. Путеше́ственники дрожа́ли **от хо́лода.** Die Reisenden zitterten vor Kälte. Он ни сло́ва не мог сказа́ть **от удивле́ния, от волне́ния.** Er konnte vor Verwunderung, vor Aufregung kein Wort sagen. Голова́ боли́т **от духоты́.** Der Kopf schmerzt von der Schwüle. Урожа́й поги́б **от за́сухи.** Die Ernte wurde durch die Dürre vernichtet. Ра́неный побледне́л **от бо́ли.** Der Verwundete wurde blaß vor Schmerz. Трава́ была́ мо́края **от дождя́.** Das Gras war feucht vom Regen. Ли́ца путеше́ственников ста́ли се́рыми **от пы́ли.** Die Gesichter der Reisenden wurden vom Staub grau.
с (со) vor, aus	Genitiv	**С похва́л** вскружи́лась голова́. Das Lob ist ihm zu Kopf gestiegen. Пропа́л го́лос **со стра́ха.** Die Stimme versagte (ihm) vor Angst.
по aus, wegen	Dativ	Он не заме́тил нас **по рассе́янности.** Aus Zerstreutheit bemerkte er uns nicht. Учени́к допусти́л оши́бку **по небре́жности.** Der Schüler machte den Fehler aus Flüchtigkeit. Она́ сде́лала мно́го оши́бок **по нео́пытности.** Sie machte viele Fehler, weil sie zu wenig Erfahrung hatte. Студе́нт отсу́тствовал **по боле́зни, по уважи́тельной причи́не.** Der Student fehlte wegen Krankheit, er fehlte entschul- digt. Я де́лал э́то **по обя́занности.** Ich habe das pflichtgemäß getan. Мы опозда́ли **по твое́й вине́.** Es war deine Schuld, daß wir uns verspätet haben.
из aus	Genitiv	**Из го́рдости** он отказа́лся от по́мощи. Aus Stolz verzichtete er auf die Hilfe. **Из скро́мности** он никогда́ не говори́т о свои́х заслу́- гах. Aus Bescheidenheit spricht er niemals über seine Ver- dienste. **Из ве́жливости** я вы́слушал её до конца́. Ich habe ihr aus Höflichkeit bis zu Ende zugehört. Я спроси́л об э́том то́лько **из любопы́тства.** Ich habe danach nur aus Neugier gefragt. Он не согласи́лся **из при́нципа.** Aus Überzeugung willigte er nicht ein.

Anmerkungen

1. Zu unterscheiden sind die Präpositionen **из-за** und **благодаря**. Der durch das Substantiv mit der Präposition **из-за** ausgedrückte Grund hat ein unerwünschtes Resultat zur Folge, während der durch das Substantiv mit der Präposition **благодаря** *dank* bezeichnete Grund zu positiven Resultaten führt:

Уборка урожая не начиналась из-за дождей.	Die Getreideernte konnte wegen des Regens nicht begonnen werden.
Благодаря дождям будет хороший урожай.	Dank dem Regen wird es eine gute Ernte geben.

2. Die Präposition **от** steht, wenn der Grund für den Zustand eines Menschen (дрожать **от холода, от страха** *vor Kälte, vor Angst zittern*, покраснеть **от волнения, от стыда** *vor Aufregung, vor Scham erröten*, смеяться **от радости** *vor Freude lachen*, плакать **от горя** *vor Kummer weinen*) oder wenn die Ursache für einen Unglücksfall (погибнуть **от бомбы, от пожара** *durch eine Bombe, durch einen Brand umkommen*) angegeben wird.

3. Die Präposition **с** steht in ihrer Bedeutung der Präposition **от** nahe (заплакать **от горя** und заплакать **с горя** *vor Kummer weinen*), kann aber nur mit einigen Substantiven verbunden werden: умирать **с голоду** *vor Hunger sterben*, устать **с непривычки** *müde werden, weil man an etwas nicht gewöhnt ist*, заняться чём-нибудь **со скуки** *sich aus Langeweile mit etwas beschäftigen*.

4. Die Präposition **по** steht gewöhnlich zur Angabe des Grundes, der durch die Eigenschaft einer Person bedingt ist: **по глупости** *aus Dummheit*, **по рассеянности** *aus Zerstreutheit*, **по неопытности** *weil man unerfahren ist*, **по доброте** *aus Güte*, **по небрежности** *aus Nachlässigkeit*.

5. Die Präposition **из** steht gewöhnlich zur Angabe eines Grundes, der durch das Gefühl oder die Neigung einer Person bedingt ist, und der sie zu einer Handlung veranlaßt: помогать **из сочувствия** *aus Mitleid helfen*, отказаться **из гордости** *auf etwas aus Stolz verzichten*, скрыть что-либо **из страха** *etwas aus Angst verheimlichen*, совершить подвиг **из любви** к Родине *eine Heldentat aus Liebe zur Heimat vollbringen*.

Übung 54. Lesen Sie die folgenden Sätze. Suchen Sie die Adverbialbestimmungen des Grundes heraus.

1. Из-за какой-то беды поезд два часа простоял на полустанке и пришёл в Москву только в три с половиной. (*Гайд.*) 2. Лицо его стало грустным от переживаемых воспоминаний. (*Арс.*) 3. По ошибке я сел не на тот поезд. (*Пауст.*) 4. Из-за такого холода приходится день и ночь топить печи. (*Аж.*) 5. В спальне было душно от запаха цветов. (*М. Г.*) 6. Я сильно тосковал и от тоски не мог даже читать. (*Чех.*) 7. Меня в армию не взяли из-за сильной близорукости. (*Пауст.*) 8. В темноте ничего нельзя было разобрать; однако я из осторожности обошёл, будто гуляя, вокруг дома. (*Л.*) 9. Я многому учился по вашим книгам. Не думайте, что я сказал это из любезности. (*М. Г.*)

Übung 55. Setzen Sie die Adverbialbestimmungen des Grundes (s i e h e Klammer) im richtigen Fall und mit der notwendigen Präposition ein.

1. Дети не пошли в школу .... (сильный мороз) 2. Крыши, тротуары и мостовые были мокры ... и блестели. (*дождь*) 3. Мальчик спрашивал обо всём .... (любопытство) 4. Уборка урожая задерживалась .... (плохая погода) 5. Он долго не мог сказать .... (волнение) 6. Работа пошла хорошо .... (умелое руководство) 7. Я не могу заниматься здесь .... (шум) 8. ... у меня болит голова. (шум) 9. Мы опоздали на вокзал .... (твоя вина) 10. Почти весь урожай погиб .... (засуха) 11. Ученик сделал ошибку .... (небрежность)

12. Она́ не хоте́ла призна́ть свои́ оши́бки .... (упря́мство) 13. ... мы заняли́сь в дере́вне ры́бной ло́влей. (ску́ка) 14. По́езд опозда́л .... (мете́ль)

Aktiv- und Passivkonstruktionen

1. Als Aktivkonstruktion charakterisiert man einen Satz, in dem das Subjekt den Urheber der Handlung bezeichnet, während das Objekt den Gegenstand nennt, auf den sich die Handlung erstreckt, z. B.

Учени́к выполня́ет зада́ние.	Der Schüler macht die Hausaufgabe.
Собра́ние реши́ло ва́жный вопро́с.	Die Versammlung entschied eine wichtige Frage.

Das Prädikat wird in der Aktivkonstruktion durch ein transitives Verb wiedergegeben.

Als Passivkonstruktion charakterisiert man einen Satz, in dem das Subjekt den Gegenstand bezeichnet, auf den sich die Handlung erstreckt, während das Instrumentalobjekt den Urheber der Handlung nennt, z. B.

Зада́ние выполня́ется учени́ко́м.	Die Hausaufgabe wird vom Schüler gemacht.
Ва́жный вопро́с решён собра́нием.	Von der Versammlung wurde eine wichtige Frage entschieden.

Das Prädikat einer Passivkonstruktion wird durch ein Verb mit der Partikel **-ся** oder durch die Kurzform eines Partizips des Passivs wiedergegeben.

2. Die Aktivkonstruktion läßt sich in der Regel durch eine Passivkonstruktion ersetzen und umgekehrt.

Aktivkonstruktion	Passivkonstruktion
Э́тот заво́д произво́дит станки́.	Станки́ произво́дятся э́тим заво́дом.
Dieses Werk stellt Werkzeugmaschinen her.	Die Werkzeugmaschinen werden von diesem Werk hergestellt.
Преподава́тель проверя́ет пи́сьменные рабо́ты.	Пи́сьменные рабо́ты проверя́ются преподава́телем.
Der Lehrer überprüft die schriftlichen Arbeiten.	Die schriftlichen Arbeiten werden vom Lehrer überprüft.
Архите́ктор со́здал прое́кт зда́ния.	Прое́кт зда́ния со́здан архите́ктором.
Ein Architekt schuf den Entwurf des Gebäudes.	Der Entwurf des Gebäudes wurde von einem Architekten geschaffen.
Заво́д вы́полнил план.	План вы́полнен заво́дом.
Der Betrieb hat den Plan erfüllt.	Der Plan wird von dem Betrieb erfüllt.

Beim Ersatz einer Aktiv- durch eine Passivkonstruktion wird das direkte Objekt zum Subjekt und das Subjekt zum Instrumentalobjekt.

Ist das Prädikat der Aktivkonstruktion durch ein unvollendetes Verb ausgedrückt, so steht in der Passivkonstruktion das entsprechende Verb mit der Partikel -ся.

Ist das Prädikat in der Aktivkonstruktion durch ein vollendetes Verb ausgedrückt, so steht in der Passivkonstruktion die Kurzform eines Partizips des Passivs:

Проéкт здáния **сóздан** архитéктором.

План **вы́полнен** завóдом.

Der Gebrauch vollendeter Verben mit der Partikel -ся ist in einer Passivkonstruktion — von wenigen Ausnahmen abgesehen — nicht möglich, Beispiele für A u s n a h m e n :

Кóмната **освети́лась** я́рким свéтом.	Das Zimmer erstrahlte in hellem Licht.
Поля́ **покры́лись** снéгом.	Schnee bedeckte die Felder.
Рабовладéльческий строй **смени́лся** феодáльным.	Die Sklavenhaltergesellschaft wurde durch den Feudalismus abgelöst.

In solchen Sätzen ist gewöhnlich von Handlungen oder Erscheinungen die Rede, die nicht vom Willen des Menschen abhängen, oder es handelt sich um den Übergang von einem Zustand in einen anderen.

Vergleichen Sie:

Поля́ **покры́лись** снéгом.   Поля́ **покры́ты** снéгом.

3. In einer Passivkonstruktion kann das den Urheber der Handlung bezeichnende Instrumentalobjekt fehlen:

В э́том магази́не продаётся óбувь.	In diesem Geschäft werden Schuhe verkauft.
Кни́ги в библиотéке выдаю́тся с 10 часóв.	Bücher werden in der Bibliothek ab 10 Uhr ausgeliehen.
Дверь откры́та.	Die Tür ist geöffnet.
Кóмната у́брана.	Das Zimmer ist aufgeräumt.

Beim Ersatz solcher Passiv- durch Aktivkonstruktionen entsteht ein unbestimmt-persönlicher Satz:

Кни́ги в библиотéке выдаю́т с 10 часóв.	Bücher leiht man in der Bibliothek ab 10 Uhr aus.
Кóмнату убрáли.	Man räumte das Zimmer auf.

(Zum Gebrauch unbestimmt-persönlicher Sätze s i e h e S. 508.)

Passivkonstruktionen mit einem Instrumentalobjekt zur Bezeichnung des Urhebers der Handlung werden in der gesprochenen Sprache selten gebraucht. Sie sind für den sachbetonten Stil typisch:

Рабóта бýдет закóнчена мнóю к пéрвому декабря́.	Die Arbeit wird von mir zum 1. Dezember beendet.

| Этот текст легко понимается студентами первого курса. | Dieser Text wird von Studenten des 1. Studienjahrs leicht verstanden. |

Passivkonstruktionen ohne Instrumentalobjekt sind in jedem Sprachstil gebräuchlich:

В этом киоске продаются сигареты.	An diesem Kiosk werden Zigaretten verkauft.
Все билеты проданы.	Alle Karten sind ausverkauft.
Это место занято.	Dieser Platz ist besetzt.

Übung 56. Ersetzen Sie die Aktivkonstruktionen durch Passivkonstruktionen. Beachten Sie die Zeit- und Aspektform des Verbs in der Aktivkonstruktion.

1. Собрание обсуждало важные вопросы. 2. Студенты сдали последний экзамен. 3. Он закончит работу в срок. 4. Рабочие и инженеры изучают и используют передовой опыт. 5. На семинаре мы будем слушать и обсуждать доклады всех студентов. 6. Киностудия выпустила новый фильм. 7. Завтра трактор вспашет это поле. 8. Профессор читает лекции два раза в неделю. 9. Он принёс эту книгу для тебя. 10. Рабочие изо дня в день перевыполняли нормы. 11. Ученики поняли объяснение учителя. 12. Театр будет ставить эту новую пьесу. 13. По радио передавали последние известия. 14. Это известие очень меня обрадовало. 15. Он оставил книгу для себя. 16. Этот большой дом построили недавно.

Übung 57. Ersetzen Sie die Passiv- durch Aktivkonstruktionen.

1. Небо покрыто тучами. 2. Луга залиты водой. 3. В киоске продаются газеты и журналы. 4. Этот рабочий избран делегатом на конференцию. 5. Выставка скоро будет открыта. 6. На этом заводе производятся машины. 7. Этому важному вопросу уделялось мало внимания.

GLEICHARTIGE SATZGLIEDER

Satzglieder, die sich in gleicher Weise auf ein anderes Satzglied beziehen (die also auf ein und dieselbe Frage antworten), bezeichnet man als gleichartig.

1. In einem Satz können bei einem Prädikat zwei oder mehrere Subjekte stehen:

| На собрание пришли **студенты** и **аспиранты**. | Zur Versammlung kamen Studenten und Aspiranten. |
| Через несколько дней **я, бабушка** и **мать** ехали на пароходе. (М. Г.) | Einige Tage später fuhren meine Großmutter, meine Mutter und ich auf einem Dampfer. |

2. Bei einem Subjekt können zwei oder mehrere Prädikate stehen:

| Студенты **слушают** и **записывают** лекцию. | Die Studenten hören die Vorlesung und schreiben sie mit. |

В па́рке мы **гуля́ли, танцева́ли, игра́ли** в волейбо́л, **ката́лись** на ло́дке.	Wir gingen im Park spazieren, tanzten, spielten Volleyball, fuhren Boot.

3. In einem Satz können zwei oder mehrere abhängige Satzglieder stehen, die sich in gleicher Weise auf dasselbe Wort beziehen und auf ein und dieselbe Frage antworten:

Я просма́тривал в чита́льне **газе́ты и журна́лы.**	Ich sah im Lesesaal Zeitungen und Zeitschriften durch.
В библиоте́ке име́ется **техни́ческая, худо́жественная и полити́ческая** литерату́ра.	In der Bibliothek gibt es technische, schöngeistige und politische Literatur.
Мы занима́емся ру́сским языко́м **в понеде́льник, в сре́ду и в пя́тницу.**	Wir haben am Montag, am Mittwoch und am Freitag Russischunterricht.

Gleichartige Satzglieder können miteinander ohne Konjunktionen verbunden werden:

Мелька́ет, вьётся пе́рвый снег. (*П.*)	Es flimmert, es wirbelt der erste Schnee.

Sie können auch durch Konjunktionen verbunden werden:

Ти́хо бы́ло всё **на не́бе и на земле́.** (*А.*)	Überall in der Natur (w ö r t l i c h: am Himmel und auf der Erde) herrschte Stille.
Го́лос его́ звуча́л **ти́хо, но твёрдо.** (*М. Г.*)	Seine Stimme klang leise, aber fest.

Übung 58. Lesen Sie die folgenden Sätze. Suchen Sie die gleichartigen Satzglieder heraus; bestimmen Sie ihre Funktion im Satz.

1. Мы́сли мои́, моё и́мя, мои́ труды́ бу́дут принадлежа́ть Росси́и. (*Г.*) 2. Была́ тёмная, осе́нняя, дождли́вая, ве́треная ночь. (*Л. Т.*) 3. Напра́во и нале́во черне́ли мра́чные, таи́нственные про́пасти. (*Л.*) 4. За́пах от цвету́щих я́блонь и ночны́х цвето́в лился́ по всей земле́. (*Г.*) 5. Неподви́жный пруд поду́л све́жестью на уста́лого пешехо́да и заста́вил его́ отдохну́ть на берегу́. (*Г.*)

6. Он ро́щи полюби́л густы́е,
   Уедине́нье, тишину́,
   И ночь, и звёзды, и луну́. (*П.*)

Übung 59. Fügen Sie den hervorgehobenen Wörtern gleichartige Satzglieder hinzu.

M u s t e r : В саду́ цвели́ *я́блони.*
          В саду́ цвели́ *я́блони, ви́шни, гру́ши.*

1. Стро́ятся но́вые *жилы́е дома́.* 2. В э́тот пра́здничный день на *у́лицах* бы́ло мно́го наро́ду. 3. Я получа́ю *пи́сьма* от бра́та. 4. Он отвеча́л на вопро́сы *уве́ренно.* 5. Под крыло́м самолёта проплыва́ли *леса́.* 6. В па́рке мы *ката́лись* на ло́дке. 7. В на́шем клу́бе быва́ют интере́сные *ле́кции.* 8. Во вре́мя кани́кул мы побыва́ли *в музе́е.*

Gleichartige Prädikate

Ist in einem Satz von zwei oder mehreren einmaligen Handlungen die Rede, die unmittelbar aufeinander folgen, so werden die gleichartigen Prädikate durch vollendete Verben ausgedrückt:

Она́ се́ла за стол, взяла́ кни́гу, откры́ла её и начала́ чита́ть.	Sie setzte sich an den Tisch, nahm das Buch, öffnete es und begann zu lesen.

Sich wiederholende Handlungen, die unmittelbar aufeinander folgen, werden durch Verben des unvollendeten Aspekts ausgedrückt:

Она́ сади́лась за стол, брала́ кни́гу, открыва́ла её и начина́ла чита́ть.	Sie setzte sich (wiederholt) an den Tisch, nahm ein Buch, öffnete es und begann zu lesen.

Handelt es sich in einem Satz um zwei oder mehrere andauernde Handlungen, die zu gleicher Zeit stattfinden, wo werden die gleichartigen Prädikate durch unvollendete Verben ausgedrückt:

Она́ сиде́ла за столо́м и писа́ла.	Sie saß am Tisch und schrieb.
Мы гуля́ли и разгова́ривали.	Wir gingen spazieren und unterhielten uns.

In einigen Fällen wird das erste gleichartige Prädikat durch ein vollendetes Verb und das folgende durch ein unvollendetes Verb ausgedrückt. Dies ist dann der Fall, wenn die erste Handlung vollendet ist, ein Resultat erreicht hat, während die zweite durch eine gewisse Dauer gekennzeichnet ist:

Он уже́ верну́лся домо́й и отдыха́л.	Er war schon nach Hause zurückgekommen und erholte sich.

Das erste Prädikat kann mitunter durch ein unvollendetes und das zweite durch ein vollendetes Verb wiedergegeben werden. Dies ist dann möglich, wenn das erste Verb eine andauernde Handlung, das zweite jedoch eine Handlung von kurzer Dauer oder das Resultat der ersten Handlung bezeichnet:

Он до́лго сиде́л и наконе́ц встал.	Er saß lange da und stand schließlich auf.
Студе́нт до́лго учи́л слова́ и наконе́ц вы́учил.	Der Student lernte lange die Vokabeln; schließlich hatte er sie sich eingeprägt.

In solchen Fällen stehen in der Regel vor dem ersten Prädikat Adverbialbestimmungen, die die Fortdauer der Handlung verdeutlichen, vor dem zweiten Prädikat hingegen Adverbien wie вдруг *plötzlich*, наконе́ц, в конце́ концо́в *schließlich*, неожи́данно *unerwartet* u. a.

Übung 60. Begründen Sie den Gebrauch der vollendeten und der unvollendeten Verben. Geben Sie an, in welchen Sätzen die Verben gleichzeitige und in welchen Sätzen sie aufeinanderfolgende Handlungen bezeichnen.

1. Грузови́к сверну́л в да́чный посёлок и останови́лся пе́ред небольшо́й, укры́той плющо́м да́чей. (*Гайд.*) 2. Луна́ уже́ стоя́ла вы-

соко́ над до́мом и освеща́ла спя́щий сад, доро́жки. (*Чех.*) 3. Шли мы до́лго, ча́сто остана́вливались, отдыха́ли и рва́ли цветы́. (*Гайд.*) 4. Я уда́рил вожжо́й по ло́шади, спусти́лся в овра́г, перебра́лся че́рез сухо́й ручей, подня́лся в го́ру и въе́хал в лес. (*Тург.*) 5. Я да́же ша́пку снял с головы́ и дыша́л ра́достно — всей гру́дью. (*Тург.*) 6. Вода́ в мо́ре подняла́сь и затопи́ла значи́тельную часть бе́рега. 7. Он останови́лся и с тре́петом ожида́л её отве́та. (*П.*) 8. На́дя прости́лась и пошла́ к себе́ наве́рх, легла́ и то́тчас же усну́ла. (*Чех.*)

Konjunktionen, die gleichartige Satzglieder verbinden

Konjunktionen, die gleichartige Satzglieder verbinden, werden ihrer Bedeutung nach in drei Gruppen eingeteilt, und zwar in anreihende, entgegensetzende und ausschließende.

Anreihende Konjunktionen

Die Konjunktion и

Пу́тники расположи́лись у ручья́ отдыха́ть и корми́ть лошаде́й. (*Чех.*)	Die Reisenden hielten am Bach, um sich auszuruhen und die Pferde zu füttern.

In diesem Satz verbindet die Konjunktion и zwei gleichartige Satzglieder.

Я оде́лся, взял ружьё, сви́стнул соба́ку и пошёл вниз по ре́чке. (*Арс.*)	Ich zog mich an, nahm das Gewehr, pfiff nach dem Hund und ging flußabwärts.

In diesem Satz steht die Konjunktion и vor dem letzten gleichartigen Satzglied und weist darauf hin, daß die Aufzählung beendet ist.

Ве́селы бы́ли и расте́ния, и пти́цы, и насеко́мые, и де́ти. (*Л. Т.*)	Alles freute sich: Pflanzen, Vögel, Insekten und Kinder.

In diesem Satz steht die Konjunktion и vor jedem gleichartigen Satzglied. Die Aufzählung wird dadurch hervorgehoben.

Die Konjunktion да

Откро́й окно́ да сядь ко мне. (*П.*)	wörtlich: Mach das Fenster auf und setz dich zu mir.
Со́сны да ели верши́нами шуме́ли. (*П.*)	Nur die Kiefern und Tannen rauschten mit ihren Wipfeln.

Die anreihende Konjunktion да hat dieselbe Bedeutung wie и, wird aber selten gebraucht.

Die Konjunktion ни... ни

У него́ не́ было ни бра́тьев, ни сестёр.	Er hatte weder Schwestern noch Brüder.

Die Konjunktion **ни... ни** steht in verneinten Sätzen und entspricht der Konjunktion **и... и** in bejahenden Sätzen:

Мы нашли́ в лесу́ **и** я́годы, **и** грибы́.
Wir fanden im Walde Beeren und Pilze.

Мы не нашли́ в лесу́ **ни** я́год, **ни** грибо́в.
Wir fanden im Walde weder Beeren noch Pilze.

Die Konjunktionen **не то́лько..., но и; как..., так и**

Он зна́ет **не то́лько** англи́йский, **но и** францу́зский язы́к.
Er kann nicht nur Englisch, sondern auch Französisch.

Он **не то́лько** чита́ет, **но и** говори́т по-англи́йски.
Er kann nicht nur englisch lesen, sondern auch sprechen.

На собра́нии должны́ прису́тствовать **как** студе́нты, **так и** аспира́нты.
An der Versammlung sollen sowohl die Studenten als auch die Aspiranten teilnehmen.

Entgegensetzende Konjunktionen

Die Konjunktion **a**

Мы прие́хали сюда́ рабо́тать, **а** не отдыха́ть.
Wir sind hierher gekommen, um zu arbeiten, und nicht, um uns zu erholen.

Die Konjunktion **a** verbindet zwei gleichartige Satzglieder mit gegensätzlicher oder unterschiedlicher Bedeutung.

Vor einem der durch **a** verbundenen gleichartigen Satzglieder steht immer die Verneinung **не**:

Он вернётся у́тром, **а не** ве́чером.
Er kommt am Morgen und nicht am Abend zurück.

Мы встре́тились **не** в клу́бе, **а** в институ́те.
Wir trafen uns nicht im Klub, sondern im Institut.

Я получи́л письмо́ **не** от бра́та, **а** от отца́.
Ich erhielt den Brief nicht vom Bruder, sondern vom Vater.

Die Konjunktion **но**

Ни́зкое со́лнце не гре́ет, **но** блести́т я́рче ле́тнего. (*Тург.*)
Die tiefstehende Sonne wärmt nicht, aber sie scheint heller als im Sommer.

Шли нам навстре́чу уста́лые, **но** весёлые лю́ди. (*Гайд.*)
Uns entgegen kamen müde, aber dennoch frohgestimmte Menschen.

Он говори́т по-ру́сски ме́дленно, **но** пра́вильно.
Er spricht russisch langsam, aber richtig.

In diesen Sätzen verbindet die Konjunktion **но** zwei gleichartige Prädikate, zwei gleichartige Attribute bzw. zwei Adverbialbestimmungen der Art und Weise. Vor das erste gleichartige Satzglied kann man die Wörter **хотя́** oder **хотя́ и** setzen.

Все уста́ли, **но** продолжа́ли рабо́ту.

Alle waren müde, arbeiteten aber trotzdem weiter.

Хотя́ все **и** уста́ли, **но** продолжа́ли рабо́ту.

Obwohl alle müde waren, arbeiteten sie weiter.

Die Konjunktion да

Хоте́л я написа́ть письмо́, **да** забы́л а́дрес.

Ich wollte den Brief schreiben, habe aber die Adresse vergessen.

Die entgegensetzende Konjunktion **да** hat die gleiche Bedeutung wie **но**. In dieser Bedeutung kommt die Konjunktion **да** selten vor; dabei ist ihre Verwendung gewöhnlich auf die Umgangssprache eingegrenzt.

Ausschließende Konjunktionen

Die Konjunktionen и́ли (иль), ли́бо

Да́йте мне каку́ю-нибу́дь газе́ту **и́ли** журна́л.

Geben Sie mir irgendeine Zeitung oder Zeitschrift!

Мы встре́тимся **ли́бо** сего́дня ве́чером, **ли́бо** за́втра у́тром.

Wir treffen uns entweder heute abend oder morgen früh.

Die Konjunktionen **и́ли** und **ли́бо** haben gleiche Bedeutung. Sie können zwei oder mehrere gleichartige Satzglieder verbinden, die einander ausschließende Tatsachen bezeichnen. Diese Konjunktionen können einzeln oder paarweise stehen. (Vergleichen Sie die beiden Beispielsätze.)

Die Konjunktion то... то

Всю ночь ого́нь костра́ **то** разгора́ется, **то** га́снет. (*Пауст.*)

Die ganze Nacht hindurch flakkert das Feuer bald auf, bald verlischt es.

Снаря́ды рвали́сь **то** о́коло це́ркви, **то** о́коло ме́льницы, **то** о́коло до́миков. (*Гайд.*)

Die Geschosse schlugen bald neben der Kirche, bald neben der Mühle, bald neben den Hütten ein.

Diese Konjunktion steht, wenn die gleichartigen Satzglieder aufeinanderfolgende Erscheinungen bezeichnen.

Die Konjunktion не то... не то

Ти́хий стук доне́сся со стороны́ доро́ги. Кто́-то **не то** шёл, **не то** е́хал. (*Гайд.*)

Ein leises Geräusch ertönte vom Weg her. Irgend jemand schien dort zu gehen oder zu reiten.

Го́ры бы́ли оку́таны **не то** тума́ном, **не то** дождево́й пы́лью. (*Арс.*)

Die Berge waren in Nebel oder in eine Regenwolke eingehüllt.

Die Konjunktionen **не то... не то** steht, wenn der Sprecher über Tatsachen im unklaren ist.

Übung 61. Lesen Sie die folgenden Sätze. Beachten Sie die gleichartigen Satzglieder und den Gebrauch der Konjunktionen.

1. Ра́достно, мо́лодо бы́ло и на не́бе, и на земле́, и в се́рдце челове́ка. (*Л. Т.*) 2. Второ́го сентября́ день был тёплый и ти́хий, но па́смурный. (*Чех.*) 3. За снéжным тума́ном не ви́дно ни по́ля, ни телегра́фных столбо́в, ни ле́са. (*Чех.*) 4. Челове́ку ну́жно не три арши́на земли́, не уса́дьба, а весь земно́й шар, вся приро́да. (*Чех.*) 5. Но́чью вéтер зли́тся да стучи́т в окно́. (*Фет*) 6. Одна́жды вéчером я сидéл на свое́й люби́мой скамье́ и глядéл то на реку́, то на нéбо, то на виногра́дники. (*Тург.*) 7. Иногда́ по утра́м, напи́вшись кóфе, он сади́лся за своё сочинéние и́ли за чтéние исто́чников для сочинéния. (*Л. Т.*) 8. Дождь то начина́л хлеста́ть тёплыми кру́пными ка́плями, то переставáл. (*Л. Т.*) 9. Одинóкий, тóчно заблуди́вшийся в тёмной да́ли мóря, огóнь то я́рко вспы́хивал, то угаса́л. (*М. Г.*) 10. Рóвной синевóй за́лито всё нéбо; однó лишь óблачко на нём — не то плывёт, не то та́ет. (*Тург.*)

Übung 62. Vergleichen Sie die Bedeutung der Konjunktionen **и**, **а**, **но** in den folgenden Beispielen.

Я вчера́ рабо́тал **и** отдыха́л.	Я вчера́ рабо́тал, **а** не отдыха́л.	Я вчера́ ма́ло рабо́тал, **но** уста́л.
Вéтер си́льный **и** холо́дный.	Вéтер си́льный, **а** не слáбый.	Вéтер си́льный, **но** тёплый.
Он не преподава́тель **и** не аспира́нт.	Он не преподава́тель, **а** аспира́нт.	Он не преподава́тель, **но** уже́ прово́дит заня́тия со студéнтами.

Übung 63. Bilden Sie aus jedem Satzpaar einen Satz, indem Sie die passende Konjunktion verwenden (**и**, **а**, **но**).

Muster: Дождь шёл днём. Дождь шёл нóчью.
   Дождь шёл днём и нóчью.

1. Дождь не прекрати́лся. Дождь уси́лился. 2. Все уста́ли. Все продолжа́ли рабо́тать. 3. Я заходи́л к тебé не оди́н раз. Я заходи́л к тебé два ра́за. 4. Перехóд чéрез гóры был тяжёлый. Перехóд чéрез гóры был интерéсный. 5. Я хотéл спать. Я не мог засну́ть. Я стал чита́ть. 6. Товáрищ был там. Он забы́л дорóгу туда́. 7. Эта кни́га не ску́чная. Эта кни́га интерéсная. 8. Ли́стья па́дали с дерéвьев. Ли́стья покрыва́ли зéмлю. 9. Мы ка́ждый день ходи́ли в лес. Мы ка́ждый день ходи́ли в пóле. 10. Я пришёл не к тебé. Я пришёл к твоему́ бра́ту. 11. Он обеща́л прийти́. Он не пришёл. 12. Брат рабо́тает тепéрь не на завóде. Брат рабо́тает тепéрь в лаборатóрии.

Übung 64. Bilden Sie einige Sätze mit den Konjunktionen **и**, **а**, **но**.

Zur Zeichensetzung bei gleichartigen Satzgliedern

Ein Komma setzt man:

1. wenn gleichartige Satzglieder ohne Konjunktionen verbunden werden:

Лес зазвене́л, застона́л, затреща́л. (*Н.*)	Der Wald begann zu rauschen, zu ächzen, zu krachen.
Лю́ди рабо́тали споко́йно, спо́ро, молчали́во. (*Фад.*)	Die Leute arbeiteten gleichmäßig, geschickt, schweigsam.

2. vor entgegensetzende Konjunktionen:

День был дождли́вый, **но** тёплый.	Der Tag war regnerisch, aber warm.
Сего́дня ве́тер ду́ет не с се́вера, **а** с за́пада.	Heute weht der Wind nicht aus Norden, sondern aus Westen.

3. vor anreihende und ausschließende Konjunktionen, die sich wiederholen:

И тума́н, **и** непого́ды Осень по́здняя несёт. (*П.*)	Der späte Herbst bringt Nebel und Unwetter.
Звёзды **то** мига́ли сла́бым све́том, **то** исчеза́ли. (*Тург.*)	Bald funkelten die Sterne schwach auf, bald verschwanden sie.

4. vor den zweiten Teil zusammengesetzter Konjunktionen:

Ну́жно не то́лько говори́ть о недоста́тках, но и боро́ться с ни́ми.	Man darf nicht nur über Mängel sprechen, sondern man muß sie beseitigen.

Vor alleinstehende Konjunktionen **и**, **да** (in der Bedeutung von **и**), **йли**, **ли́бо** wird kein Komma gesetzt:

Со́лнечные лучи́ освеща́ли тепе́рь то́лько верши́ны гор **и** облака́ на не́бе. (*Арс.*)	Die Sonnenstrahlen fielen jetzt nur auf die Gipfel der Berge und die Wolken.
По вечера́м мы чита́ли **йли** игра́ли в ша́хматы.	Abends lasen wir oder spielten Schach.

Übung 65. Schreiben Sie die folgenden Sätze ab und setzen Sie die fehlenden Kommas.

1. Избу́шка была́ ма́ленькая но кре́пкая. Люде́й в ней не́ было. (*Гайд.*) 2. До́ктора Ни́ну Порфи́рьевну знал не то́лько весь го́род но и весь райо́н. (*Пауст.*) 3. Че́рез не́сколько мину́т в ко́мнату не вошёл а вбежа́л како́й-то челове́к небольшо́го ро́ста. (*Кор.*) 4. В ти́хую лу́нную ию́льскую ночь Ольга Ива́новна стоя́ла на па́лубе во́лжского парохо́да и смотре́ла то на во́ду то на краси́вые берега́. (*Чех.*) 5. В до́ме во дворе́ и в саду́ была́ тишина́. (*Чех.*) 6. Ни одного́ ни са́нного ни челове́ческого ни звери́ного следа́ не́ было ви́дно. (*Л. Т.*) 7. На дворе́ бы́ло темно́. Видны́ бы́ли то́лько силуэ́ты дере́вьев да тёмные кры́ши сара́ев. (*Чех.*) 8. Су́тками идёт не то дождь не то снег. Под нога́ми ледяна́я ка́ша. (*Пауст.*) 9. Бе́лая ночь простира́лась вокру́г. Я впервы́е ви́дел э́ту ночь не над Нево́й и дворца́ми Ленингра́да а среди́ се́верных леси́стых простра́нств и озёр. (*Пауст.*)

Verallgemeinernde Wörter in Sätzen mit gleichartigen Satzgliedern

In Sätzen mit gleichartigen Satzgliedern können verallgemeinernde Wörter stehen:

Наконе́ц **всё** бы́ло гото́во: альбо́мы с табли́цами, ка́рты, диагра́ммы и гра́фики. (*Аж.*)

Endlich war alles fertig: die Bände mit den Tabellen, die Karten, die Diagramme und graphische Darstellungen.

In diesem Satz ist das Pronomen **всё** das verallgemeinernde Wort. Es faßt die gleichartigen Subjekte zu einer Gruppe zusammen und tritt selbst als Subjekt auf.

Тепе́рь уже́ ни гор, ни не́ба, ни земли́ — **ничего́** не́ было ви́дно. (*Арс.*)

Jetzt war nichts mehr zu sehen, weder die Berge noch der Himmel noch die Erde.

In diesem Satz ist das verallgemeinernde Wort das Pronomen **ничего́**. Es faßt gleichartige Objekte zusammen und tritt selbst als Objekt auf.

Verallgemeinernde Wörter treten im Satz in derselben Funktion auf wie die von ihnen zusammengefaßten gleichartigen Satzglieder.

Als verallgemeinernde Wörter stehen oft die Pronomen **все** *alle*, **всё** *alles*, **никто́** *niemand*, **ничто́** *nichts* und die Adverbien **всю́ду, повсю́ду, везде́** *überall*, **нигде́** *nirgends*, **всегда́** *immer, stets*, **никогда́** *niemals, nie*.

Переда́й приве́т **всем**: отцу́, ма́тери, бра́тьям и сёстрам.

Richte allen Grüße aus: dem Vater, der Mutter, den Geschwistern.

Широ́кие равни́ны, бога́тые рудо́й го́ры, си́льные ре́ки, плодоро́дные по́чвы — **всё** в на́ших рука́х. (*Мих.*)

Die weiten Ebenen, die an Erz reichen Berge, die mächtigen Ströme, der fruchtbare Boden — alles das gehört uns...

В леса́х, на гора́х, у море́й и у рек — **повсю́ду** мы бра́тьев найдём. (*Леб.-К.*)

In den Wäldern, auf den Bergen, an den Meeren und Flüssen — überall finden wir Brüder.

Steht das verallgemeinernde Wort vor den gleichratigen Satzgliedern, so wird vor die gleichartigen Satzglieder ein Doppelpunkt gesetzt.

Вдруг **всё** о́жило: и леса́, и пруды́, и сте́пи. (*Г.*)

Plötzlich lebte alles auf: die Wälder, die Teiche und Steppen.

Steht das verallgemeinernde Wort nach den gleichartigen Satzgliedern, so wird vor dieses Wort ein Gedankenstrich gesetzt:

Дожди́, боло́та, уста́лость — **всё** э́то бы́ло забы́то. (*Арс.*)

Regen, Sümpfe, Müdigkeit — das alles war vergessen.

Wenn die nach dem verallgemeinernden Wort stehenden gleichartigen Satzglieder den Satz nicht abschließen, so wird nach ihnen ein Gedankenstrich gesetzt:

Студе́нты ра́зных национа́льностей: поля́ки, че́хи, не́мцы, ве́нгры — собрали́сь на наш ве́чер.

Studenten verschiedener Nationalitäten: Polen, Tschechen, Deutsche, Ungarn versammelten sich zu unserem Abend.

Übung 66. Lesen Sie die folgenden Sätze. Suchen Sie die verallgemeinernden Wörter heraus und begründen Sie die Zeichensetzung.

1. В челове́ке должно́ быть всё прекра́сно: и лицо́, и оде́жда, и душа́, и мы́сли. (*Чех.*) 2. Лицо́, похо́дка, взгляд, го́лос — всё вдруг измени́лось в Ната́ше. (*Л. Т.*) 3. Над ва́ми, круго́м вас — всю́ду тума́н. (*Тург.*) 4. Ко́ля сел к ста́ренькому столу́, на́чал выдвига́ть я́щики и перебира́ть уже́ позабы́тые ве́щи: шко́льные тетра́ди, колле́кцию ура́льских камне́й, альбо́м с почто́выми ма́рками... (*Пауст.*) 5. На при́стани стоя́ли две ба́ржи. На одну́ грузи́ли продово́льствие: мешки́ с муко́й и кру́пами, бо́чки с расти́тельным ма́слом и ры́бой, на другу́ю — лошаде́й, инструме́нт, техни́ческие материа́лы. (*Аж.*)

Hervorgehobene Satzglieder

Abhängige Satzglieder können in einem Satz durch Pausen und Intonation hervorgehoben werden:

Сейча́с ты узна́ешь но́вости, **о́чень для тебя́ интере́сные**.

Gleich wirst du Neuigkeiten erfahren, die für dich sehr interessant sind.

Зву́ки стани́цы, **слы́шные пре́жде**, уже́ не доходи́ли до охо́тников. (*Л. Т.*)

Der Lärm des Dorfes, (der) zunächst noch hörbar (war), erneichte die Jäger nicht mehr.

Im ersten Satz wird das Attribut **о́чень для тебя́ интере́сные**, das nach seinem Bezugswort **но́вости** steht, hervorgehoben.

Vor dem Attribut hebt man die Stimme und macht eine Pause. Im zweiten Satz wird das Attribut **слы́шные пре́жде** ebenfalls durch Pausen und Intonation hervorgehoben. Das Hervorheben abhängiger Satzglieder durch Pausen und Intonation bezeichnet man auch als „Isolierung" (**обособле́ние**), die hervorgehobenen abhängigen Satzglieder auch als „isolierte Satzglieder". Durch die Isolierung wird die Bedeutsamkeit der betreffenden abhängigen Satzglieder betont, sie erhalten eine gewisse Selbständigkeit.

Vergleichen Sie die Sätze:

Ты узна́ешь сейча́с о́чень для тебя́ интере́сные но́вости.

Ты узна́ешь сейча́с но́вости, о́чень для тебя́ интере́сные.

Im linken Satz ist das Attribut **о́чень для тебя́ интере́сные** seinem Bezugswort vorangestellt und nicht hervorgehoben. Im rechten Satz ist dasselbe Attribut seinem Bezugswort nachgestellt und dadurch hervorgehoben; seine Bedeutsamkeit wird betont.

Hervorgehoben werden in der Regel Satzglieder, die durch abhängige Wörter erweitert sind.

Hervorgehobene abhängige Satzglieder stehen bedeutungsmäßig oft Nebensätzen nahe und können durch diese ersetzt werden:

Мой спу́тник указа́л мне на высо́кую го́ру, **поднима́вшуюся пря́мо про́тив нас**. (*Д.*)	Мой спу́тник указа́л мне на высо́кую го́ру, **кото́рая поднима́лась пря́мо про́тив нас**.

Mein Reisegefährte wies auf den hohen Berg, der sich uns direkt gegenüber erhob.

In den obengenannten Sätzen gleichen Inhalts entspricht das durch die Partizipialkonstruktion ausgedrückte hervorgehobene Attribut dem Attributsatz.

Вса́дники, **спусти́вшись под го́ру**, скры́лись и́з виду.	Вса́дники, **когда́ спусти́лись под го́ру**, скры́лись и́з виду.

Als die Reiter den Fuß des Berges erreichten, waren sie unseren Blicken entschwunden.

In diesen Sätzen entspricht die durch eine Adverbialpartizipialkonstruktion ausgedrückte hervorgehobene Adverbialbestimmung dem Temporalsatz.

Übung 67. Lesen Sie die folgenden Sätze mit hervorgehobenen abhängigen Satzgliedern mit entsprechender Intonation. Unterstreichen Sie die hervorgehobenen Satzglieder.

1. Уже́ вечере́ет. Со́лнце пе́ред са́мым зака́том вы́шло из-за се́рых туч, покрыва́ющих не́бо, и вдруг багря́ным све́том освети́ло лило́вые ту́чи, зеленова́тое мо́ре, покры́тое корабля́ми и ло́дками, и бе́лые строе́ния го́рода, и наро́д, дви́жущийся по у́лицам. (*Л. Т.*) 2. Лёгкий ветеро́к, пробега́я по листве́ дере́вьев, по мои́м волоса́м и вспоте́вшему лицу́, чрезвыча́йно освежа́л меня́. (*Л. Т.*) 3. Ро́дина! Осо́бенно звучи́т для меня́ э́то сло́во, по́лное глубо́кого смы́сла. (*С.-М.*)

Hervorgehobene Attribute

1. Hervorgehoben werden erweiterte Attribute (Partizipialkonstruktionen und Adjektive mit von ihnen abhängigen Wörtern), die nach ihrem Bezugswort stehen.

Нет ничего́ прекра́снее беспреде́льно широ́кого мо́ря, **за́литого лу́нным све́том, и глубо́кого не́ба, по́лного ти́хих сия́ющих звёзд**. (*Арс.*)	Es gibt nichts Schöneres als das unendlich weite Meer, vom Mondschein beleuchtet, und den hohen Himmel voller stiller leuchtender Sterne.

2. Hervorgehoben werden zwei oder mehrere durch Adjektive bzw. Partizipien ausgedrückte nichterweiterte Attribute, wenn sie ihrem Bezugswort, das bereits ein vorangestelltes Attribut bei sich hat, nachgestellt sind:

С мо́ря поду́л *си́льный ве́тер*, **холо́дный и ре́зкий**.	Vom Meer blies ein starker Wind, kalt und schneidend.

Steht vor dem Bezugswort kein Attribut, so ist eine Hervorhebung der nachgestellten Attribute möglich, jedoch nicht obligatorisch:

По ли́нии желе́зной доро́ги там и ся́м зажгли́сь огни́, **зелёные**, **кра́сные**... (*Чех.*)

Entlang der Eisenbahnlinie leuchteten hier und da Lichter auf, grüne, rote...

wörtlich:

По доро́ге **зи́мней**, **ску́чной** тро́йка бо́рзая бежи́т. (*П.*)

Auf dem trostlosem Winterweg fährt eine Troika feurig dahin.

3. Hervorgehoben werden ihrem Bezugswort vorangestellte Attribute, wenn sie adverbiale (ursächliche oder einräumende) Bedeutung haben:

Располо́женные на большо́й высоте́, Кремлёвские звёзды ка́жутся небольши́ми.

Da die Kremlsterne in großer Höhe angebracht sind, scheinen sie nicht groß zu sein.

In diesem Satz drückt die attributiv gebrauchte Partizipialkonstruktion zugleich einen Grund aus.

Всегда́ споко́йная, сестра́ сего́дня волнова́лась.

Sonst immer ruhig, war die Schwester heute aufgeregt.

In diesem Satz hat das Attribut zusätzlich einräumende Bedeutung (Хотя́ сестра́ всегда́ была́ споко́йна... *Obwohl die Schwester sonst ruhig war...*).

4. Hervorgehoben werden Attribute, die von ihrem Bezugswort durch andere Satzglieder getrennt sind:

Не́сколько раз, **таи́нственный и одино́кий**, появля́лся мяте́жный броненосец на горизо́нте. (*Кат.*)

Einige Male erschien, geheimnisvoll und einsam, das rebellische Panzerschiff am Horizont.

5. Stets hervorgehoben werden Attribute, die sich auf Personalpronomen beziehen:

Уста́лые, они́ шли ме́дленно.

Ganz ermüdet, gingen sie langsam.

Погружённые в свои́ мы́сли, они́ за весь путь не обмо́лвились ни одни́м сло́вом. (*Аж.*)

In Gedanken versunken, sprachen sie während des ganzen Weges kein einziges Wort.

Übung 68. Lesen Sie die folgenden Sätze mit der entsprechenden Intonation. Suchen Sie die hervorgehobenen Attribute heraus.

1. Его́ голубы́е глаза́, всегда́ серьёзные и стро́гие, тепе́рь гляде́ли мя́гко и ла́сково. (*М. Г.*) 2. На э́той са́мой высо́кой то́чке флаг вели́чественно развева́лся, ви́дный всему́ го́роду. (*Фад.*) 3. Изму́ченные, гря́зные, мо́крые, мы дости́гли, наконе́ц, бе́рега. (*Тург.*) 4. Не́сколько успоко́енный, я отпра́вился к себе́ на кварти́ру. (*П.*) 5. Зима́ зла́я, тёмная, дли́нная, была́ ещё так неда́вно. (*Чех.*) 6. Со все́ю си́лою ю́ности и жа́ром ученика́, го́рдого зна́ниями, он говори́л о том, что бы́ло я́сно для него́. (*М. Г.*)

Übung 69. Suchen Sie in den folgenden Sätzen die Partizipialkonstruktionen heraus; begründen Sie die Zeichensetzung.

1. Я добра́лся до сенова́ла и лёг на то́лько что ско́шенную, но уже́ вы́сохшую траву́. (*Тург.*) 2. Отва́жен был пловец, реши́вшийся в таку́ю ночь пусти́ться че́рез проли́в на расстоя́ние 20 вёрст, и ва́жная должна́ быть причи́на, его́ к тому́ побуди́вшая. (*Л.*) 3. День станови́лся всё бо́лее я́сным, облака́ уходи́ли, гони́мые ве́тром. (*М. Г.*) 4. Не осты́вшие по́сле ду́шной но́чи ка́мни у́лиц, домо́в и желе́зо крыш отдава́ли своё тепло́ в жа́ркий, неподви́жный во́здух. (*Л. Т.*) 5. Поднима́лось со́лнце. Ещё не ви́димое гла́зом, оно́ раски́нуло по́ небу прозра́чный ве́ер ро́зовых луче́й. (*М. Г.*)

Übung 70. Schreiben Sie die folgenden Sätze ab. Setzen Sie die fehlenden Kommas.

1. Ли́стья клёнов похо́жие на ла́пы ре́зко выделя́лись на жёлтом песке́ алле́й. (*Чех.*) 2. Волну́емый воспомина́ниями я забы́лся. (*Л.*) 3. Вну́тренность ро́щи вла́жной от дождя́ беспреста́нно изменя́лась. (*Тург.*) 4. По́ле с цвету́щей ро́жью кото́рое не шевели́лось в ти́хом во́здухе и лес озарённый со́лнцем бы́ли прекра́сны. (*Чех.*)

Hervorgehobene Appositionen

1. Erweiterte Appositionen, die sich auf Gattungsnamen oder auf Pronomen beziehen, werden stets hervorgehoben:

Де́вочка, **люби́мица отца́**, вбежа́ла сме́ло. (*Л. Т.*)

Ein Mädchen, das Lieblingskind des Vaters, kam tapfer hereingelaufen.

Мы, **не́сколько случа́йных попу́тчиков**, пошли́ пешко́м.

Wir, einige zufällige Reisegefährten, machten uns zu Fuß auf den Weg.

2. Erweiterte Appositionen, die sich auf Eigennamen beziehen, werden dann hervorgehoben, wenn sie dem Eigennamen nachgestellt sind:

Имя Го́рького, **вели́кого пролета́рского писа́теля**, широко́ изве́стно во всём ми́ре.

Der Name Gorkijs, des großen proletarischen Schriftstellers, ist in der ganzen Welt bekannt.

Vergleichen Sie:

Имя **вели́кого пролета́рского писа́теля** Го́рького широко́ изве́стно во всём ми́ре.

Der Name des großen proletarischen Schriftstellers Gorkij ist in der ganzen Welt bekannt.

3. Nichterweiterte Appositionen werden hervorgehoben:
   a) wenn sie Eigennamen, die Personen bezeichnen, nachgestellt sind:

Я разгова́ривал с Та́ней Петро́вой, **секретарём**.

Ich sprach mit Tanja Petrova, der Sekretärin.

В окне́ Никола́я Ива́новича, сосе́да, горе́л свет.	Im Fenster Nikolai Ivanovičs, des Nachbarn, brannte Licht.

b) wenn das Bezugswort abhängige Wörter bei sich hat:

Его́ брат, **гео́лог**, находи́лся в э́то вре́мя в экспеди́ции.	Sein Bruder, der Geologe, war zu dieser Zeit auf einer Expedition.

c) wenn sich die Apposition auf ein Pronomen bezieht:

Победи́м мы, **рабо́чие**! (*М. Г.*)	Wir, die Arbeiter, werden siegen!

Hervorgehobene Appositionen werden im Schriftbild durch Kommas oder Gedankenstriche abgetrennt, z. B.

wörtlich:

Оне́гин, **до́брый мой прия́тель**, роди́лся на брега́х Невы́... (*П.*)	Onegin, mein guter Freund, wurde am Ufer der Newa geboren...
Люби́те кни́гу — исто́чник **зна́ний**. (*М. Г.*)	Liebt das Buch, die Quelle des Wissens.

Appositionen stimmen stets mit dem Substantiv, auf das sie sich beziehen, im Fall überein:

Дверь откры́ла *дочь* сосе́да, **де́вочка лет двена́дцати**.	Die Tür öffnete die Nachbarstochter, ein Mädchen von etwa 12 Jahren.
Во дворе́ я встре́тил *дочь* сосе́да, **де́вочку лет двена́дцати**.	Auf dem Hof traf ich die Nachbarstochter, ein Mädchen von etwa 12 Jahren.
Я обрати́лся с э́тим вопро́сом к *до́чери* сосе́да, **де́вочке лет двена́дцати**.	Ich wandte mich mit dieser Frage an die Nachbarstochter, ein Mädchen von etwa 12 Jahren.
Моя́ мла́дшая сестра́ игра́ла с *до́черью* сосе́да, **де́вочкой лет двена́дцати**.	Meine jüngere Schwester spielte mit der Nachbarstochter, einem Mädchen von etwa 12 Jahren.

Übung 71. Lesen Sie die folgenden Sätze. Nennen Sie den Fall der erweiterten Appositionen.

1. Лу́чшим вре́менем — поро́й безу́держных мечта́ний, увлече́ний и бессо́нных ноче́й — была́ ки́евская весна́, ослепи́тельная и не́жная весна́ Украи́ны. (*Пауст.*) 2. Для нас, охо́тников, осо́бую пре́лесть име́ет вече́рний час со́лнечного зака́та. (*С.-М.*) 3. Мы идём с Ла́дой — мое́й охо́тничьей соба́кой — вдоль небольшо́го озерка́. (*Приш.*) 4. Ве́чером мы все пошли́ на Мелову́ю го́рку — круто́й обры́в над реко́й, заро́сший молоды́ми со́снами. (*Пауст.*) 5. И вот оказа́лось, что у нас, люде́й соверше́нно ра́зных, мно́го о́бщих мы́слей и интере́сных друг для дру́га расска́зов. (*Пауст.*) 6. Вме́сте с по́варом жила́ его́ дочь Мари́я, де́вушка лет восемна́дцати. (*Пауст.*)

Übung 72. Bilden Sie aus zwei Sätzen jeweils einen. Verwandeln Sie das Prädikatsnomen des zweiten Satzes in eine Apposition.

Muster: Всему́ ми́ру изве́стно и́мя Циолко́вского.
Циолко́вский — основополо́жник космона́втики.
Всему́ ми́ру изве́стно и́мя Циолко́вского, *основополо́жника космона́втики.*

1. Про́шлым ле́том я пое́хал на Во́лгу вме́сте со свои́м прия́телем. Прия́тель — стра́стный рыболо́в. 2. Моему́ това́рищу изве́стны в э́том лесу́ все тропи́нки. Мой това́рищ — ста́рый жи́тель э́тих мест. 3. Мне хоте́лось побыва́ть в Сара́тове. Сара́тов — го́род моего́ де́тства. 4. Вам до́лжен понра́виться э́тот конце́рт. Вы — то́нкий цени́тель и знато́к му́зыки. 5. Карти́ны Ре́пина полны́ сочу́вствия к наро́ду и ве́ры в него́. Ре́пин — вели́кий ру́сский худо́жник.

Übung 73. Ersetzen Sie die Attributsätze durch hervorgehobene Attribute oder Appositionen. Beachten Sie dabei die Übereinstimmung der hervorgehobenen Attribute und Appositionen mit dem jeweiligen Bezugswort.

1. Поля́, кото́рые бы́ли белы́ от сне́га, тяну́лись до са́мого горизо́нта. 2. Я иду́ по тропи́нке, кото́рая давно́ уже́ знако́ма мне. 3. В ко́мнату вошли́ мои́ това́рищи, кото́рые давно́ уже́ бы́ли гото́вы к отъе́зду. 4. По лесно́й доро́ге, кото́рая была́ осо́бенно неро́вной в э́том ме́сте, пришло́сь е́хать ме́дленнее. 5. Всю доро́гу я разгова́ривал с мои́м спу́тником, кото́рый был о́чень интере́сным собесе́дником. 6. Её лицо́, кото́рое мину́ту наза́д бы́ло таки́м весёлым, вдруг опеча́лилось. 7. Ска́лы, кото́рые бы́ли так краси́вы при со́лнечном освеще́нии, тепе́рь каза́лись угрю́мыми. 8. Тепе́рь в о́кна бы́ло ви́дно не́бо и дере́вья, кото́рые бы́ли мо́кры от дождя́.

Hervorgehobene Adverbialbestimmungen

1. Stets hervorgehoben werden die Adverbialbestimmungen, die durch Adverbialpartizipialkonstruktionen ausgedrückt sind.

Возвратя́сь домо́й, я сел верхо́м и поскака́л в степь. (*Л.*)	Nach Hause zurückgekehrt, schwang ich mich in den Sattel und ritt in die Steppe hinaus.
Ната́ша, **ни́зко наклоня́сь над кни́гой**, поправля́ла сполза́вшие ей на виски́ во́лосы. (*М. Г.*)	Tief über ein Buch gebeugt, machte Nataša ihr auf die Schläfen herabfallendes Haar zurecht.

2. Auch die durch alleinstehende Adverbialpartizipien ausgedrückten Adverbialbestimmungen werden in der Regel hervorgehoben.

Роса́, **блестя́**, заигра́ла на зе́лени.	Der Tau glitzerte im Gras; (wörtlich: Der Tau spielte glitzernd im Gras.)
Прозра́чные побеле́вшие ту́чки, **спеша́**, разбега́лись по сине́вшему сво́ду. (*Л. Т.*)	Durchsichtige helle Wölkchen trieben eilends am blauen Himmel dahin.

Alleinstehende Adverbialpartizipien am Ende eines Satzes werden nicht hervorgehoben.

Хозя́йка встре́тила нас **улы-ба́ясь**.	Die Hausfrau empfing uns lächelnd.
Дождь шёл **не переставая**.	Es regnete ununterbrochen.

Auch die zu Adverbien gewordenen Adverbialpartizipien und Adverbialpartizipialkonstruktionen werden nicht hervorgehoben (**си́дя** *sitzend*, **лёжа** *liegend*, **сто́я** *stehend*, **мо́лча** *schweigend*, **не́хотя** *ungern*, **шумя́** *lärmend*, **сложа́ ру́ки** *di Hände in den Schoß gelegt*, **спустя́ рукава́** *nachlässig*, **сломя́ го́лову** *Hals über Kopf*):

Бойцы́ **мо́лча** слу́шали пе́сню.	Die Soldaten hörten schweigend dem Lied zu.
По́сле о́тдыха она́ **не́хотя** (не-охо́тно) приняла́сь за рабо́ту.	Nach dem Urlaub machte sie sich ungern an die Arbeit.
Не сиди́ **сложа́ ру́ки** (без де́ла).	Sitze nicht ohne Beschäftigung herum.
Почему́ ты рабо́таешь **спустя́ рукава́** (небре́жно)?	Warum arbeitest du so nachlässig?
Ма́льчик бро́сился бежа́ть **сломя́ го́лову** (о́чень бы́стро).	Der Junge lief Hals über Kopf davon.

3. Die durch Substantive mit der Präposition **несмотря́ на** *trotz* ausgedrückten Adverbialbestimmungen werden stets hervorgehoben:

Несмотря́ на по́здний час, на у́лицах бы́ло мно́го наро́ду.	Trotz der späten Stunde waren viele Menschen auf den Straßen.

Den Adverbialbestimmungen mit der Präposition **несмотря́ на** entsprechen einräumende Nebensätze mit der Konjunktion **хотя́** *obwohl* bzw. **несмотря́ на то что** *obgleich, wenn auch*:

Хотя́ был по́здний час, на у́лицах бы́ло мно́го наро́ду.	Obwohl es spät war, waren auf den Straßen viele Menschen.

4. Die Hervorhebung von Adverbialbestimmungen, die durch Substantive mit den Präpositionen **благодаря́** *dank*, **всле́дствие** *infolge*, **ввиду́** *wegen*, **согла́сно** *gemäß*, **при** *bei*, **в слу́чае** *im Falle*, **вопреки́** *trotz (ungeachtet)* ausgedrückt sind, ist möglich, aber nicht obligatorisch:

Благодаря́ своевре́менной меди-ци́нской по́мощи больно́го удало́сь спасти́.	Dank rechtzeitiger ärztlicher Hilfe konnte man den Kranken retten.
Вопреки́ предсказа́нию моего́ спу́тника, пого́да проясни́лась. (Л.)	Entgegen der Voraussage meines Reisegefährten klärte sich das Wetter auf.

5. Adverbialbestimmungen des Ortes und der Zeit, die andere voranstehende Adverbialbestimmungen näher erläutern, werden in der Regel hervorgehoben:

В Ге́нуе, **на ма́ленькой пло́щади пе́ред вокза́лом**, собрала́сь густа́я толпа́ наро́да. (*М. Г.*)

In Genua, auf einem kleinen Platz vor dem Bahnhof, versammelte sich eine dichte Menschenmenge.

Ве́чером, **по́сле у́жина**, мы все сиде́ли у костра́ и разгова́ривали. (*Арс.*)

Am Abend, nach dem Abendbrot, saßen wir alle am Lagerfeuer und unterhielten uns.

Übung 74. Ersetzen Sie die Nebensätze durch Adverbialpartizipialkonstruktionen.

1. С тех по́р как мы расста́лись, мы не име́ем никаки́х изве́стий друг о дру́ге. 2. Как то́лько соба́ки заме́тили на́ше приближе́ние, они́ зала́яли. 3. Хотя́ он понима́л все предстоя́щие тру́дности, он всё же взя́лся за э́то де́ло. 4. Раз ты дал обеща́ние, ты не до́лжен отка́зываться от уча́стия в на́шей рабо́те. 5. Он ничего́ не знал, та́к как не получи́л моего́ письма́. 6. Хотя́ мы пло́хо владе́ли языко́м, мы с пе́рвого же дня знако́мства хорошо́ понима́ли друг дру́га. 7. Хотя́ он призна́л свою́ оши́бку, он ничего́ не сде́лал для её исправле́ния. 8. Де́вушка ме́дленно, как бу́дто она́ разы́скивала что́-то на тропи́нке, шла вдоль бе́рега. 9. Маши́ны дви́гались ме́дленно, потому́ что они́ утопа́ли в снегу́. 10. Он замолча́л, то́чно он прислу́шивался к чему́-то.

Übung 75. Lesen Sie die folgenden Sätze. Bestimmen Sie die Funktionen der Adverbialpartizipialkonstruktionen im Satz, ersetzen Sie diese Konstruktionen durch Nebensätze.

1. Солове́й защёлкал в кусте́ сире́ни и зати́х, услыха́в на́ши голоса́. (*Л. Т.*) 2. Де́вушка неподви́жно и напряжённо смотре́ла вдаль как бу́дто провожа́я кого́-то глаза́ми. (*Гонч.*) 3. На́до призна́ть, что, уме́я де́лать всё на све́те, он не уме́л одного́ — стро́ить свою́ жизнь. (*Пав.*) 4. Лет пять наза́д он, бу́дучи пропаганди́стом, встре́тил в одно́м из свои́х кружко́в де́вушку, кото́рая сра́зу обрати́ла на себя́ его́ внима́ние. (*М. Г.*) 5. Великоле́пные ска́зки Пу́шкина бы́ли всего́ бли́же и поня́тнее мне; прочита́в их не́сколько раз, я уже́ знал их на па́мять. (*М. Г.*) 6. Никогда́ не бери́тесь за после́дующее, не усво́ив предыду́щего. (*Пав.*) 7. Изуча́я, эксперименти́руя, наблюда́я, стара́йтесь не остава́ться у пове́рхности фа́ктов... Насто́йчиво ищи́те зако́ны, и́ми управля́ющие. (*Пав.*)

Anrede

Die A n r e d e ist ein Wort, das eine Person (oder eine Sache) bezeichnet, an die sich der Sprecher wendet.

wörtlich:

Друзья́, люблю́ я Ле́нинские го́ры. (*Долм.*)

Freunde, ich liebe die Leninberge.

Die Anrede wird durch ein Substantiv im Nominativ wiedergegeben.

Die Anrede wird mit keinem Satzglied verbunden und ist auch selbst kein Satzglied. Sie kann am Anfang, in der Mitte und am Ende eines Satzes stehen:

	wörtlich:
Друзья́ мои́, прекра́сен наш сою́з! (*П.*)	O Freunde, schön ist unser Bund!
Прости́ мне, ми́лый друг, двухле́тнее молча́нье. (*П.*)	Verzeih mir, lieber Freund, mein zweijähriges Schweigen.
Дни по́здней о́сени браня́т обыкнове́нно, Но мне она́ мила́, чита́тель дорого́й.(*П.*)	Man schilt gewöhnlich die Tage des späten Herbsts, doch mir ist diese Jahreszeit lieb, mein teurer Leser.

Die Anrede wird in der mündlichen Rede durch entsprechende Intonation hervorgehoben und in der Schrift durch Kommas abgetrennt (siehe Beispiele). Nach der Anrede kann, wenn sie am Anfang oder am Ende des Satzes steht, auch ein Ausrufezeichen gesetzt werden. Nach dem Ausrufezeichen schreibt man das folgende Wort gewöhnlich groß:

Печо́рин! Давно́ ли здесь? (*Л.*)	Pečorin! Bist du schon lange hier?
Проща́й же, мо́ре! (*П.*)	Ade, du Meer!

Steht nach der Anrede ein Ausrufezeichen, so wird sie durch entsprechende Intonation besonders hervorgehoben. In poetischer Sprache kann eine Anrede auch durch Wörter ausgedrückt werden, die keine Personen bezeichnen:

	wörtlich:
О Во́лга! По́сле мно́гих лет я вновь принёс тебе́ приве́т. (*Н.*)	O Wolga! Nach vielen Jahren widme ich dir wieder meinen Gruß.

Übung 76. Lesen Sie die folgenden Auszüge aus Gedichten A. S. Puškins; achten Sie dabei auf die Anreden.

1. Что же ты, моя́ стару́шка,
   Приумо́лкла у окна́?
2. Расскажи́ мне, ня́ня,
   Про ва́ши ста́рые года́.
3. Игра́йте, по́йте, о друзья́!
4. Здра́вствуй, пле́мя
   Младо́е, незнако́мое! Не я
   Уви́жу твой могу́чий по́здний во́зраст.
5. Мой друг, отчи́зне посвяти́м
   Души́ прекра́сные поры́вы!
6. Как ча́сто в го́рестной разлу́ке,
   В мое́й блужда́ющей судьбе́,
   Москва́, я ду́мал о тебе́!

Schaltwörter

Schaltwörter werden gebraucht, um die Einstellung des Sprechers zu dem von ihm ausgesprochenen Gedanken zum Ausdruck zu bringen:

Он, коне́чно, согласи́тся нам помо́чь.	Er wird sicher bereit sein, uns zu helfen.

| Он, **вероя́тно**, согласи́тся нам помо́чь. | Er wird wahrscheinlich bereit sein, uns zu helfen. |
| Он, **по слова́м его́ това́рищей**, согласи́тся нам помо́чь. | Er wird, wie seine Freunde behaupten, bereit sein, uns zu helfen. |

Die in diesen Sätzen hervorgehobenen Wörter sind Schaltwörter. Das Wort **коне́чно** bezeichnet die Gewißheit, das Wort **вероя́тно** die Vermutung des Sprechers; die Wortverbindung **по слова́м его́ това́рищей** weist darauf hin, von wem der betreffende Gedanke geäußert wurde.

Schaltwörter sind keine Satzglieder, sie sind mit Satzgliedern grammatisch nicht verbunden und können nicht erfragt werden. Sie werden durch Kommas abgetrennt. Schaltwörter können:

1. die Quelle einer Aussage angeben: **по-мо́ему** *meiner Meinung nach, meines Erachtens*, **по-тво́ему** *deiner Meinung nach, deines Erachtens*; **по слова́м кого́-либо** *nach jmds. Worten*, **по мне́нию кого́-либо** *nach jmds. Meinung, Ansicht*; **по мы́сли кого́-либо** *nach jmds. Meinung, Ansicht*; **по слу́хам** *nach Gerüchten*, **по сообще́нию** *laut Mitteilung*, **говоря́т** *man sagt*, **как изве́стно** *wie bekannt* u. a.

2. die Gewißheit des Sprechers ausdrücken: **коне́чно** *sicher*, **поня́тно** *selbstverständlich*, **разуме́ется** *es versteht sich von selbst*, **безусло́вно** *zweifellos*, **без сомне́ния** *zweifellos*, **бесспо́рно** *ganz bestimmt, klar*, **действи́тельно** *wirklich* u. a.

3. Vermutung, Ungewißheit, Zweifel ausdrücken: **вероя́тно** *wahrscheinlich*, **возмо́жно** *möglich*, **мо́жет быть** *kann sein*, **по-ви́димому**, **ви́димо**, **ви́дно** *anscheinend*, **очеви́дно** *offenbar*, **наве́рно (наве́рное)** *sicherlich*, **должно́ быть, пожа́луй** *wahrscheinlich, wohl* u. a.

4. Gefühle des Sprechers ausdrücken, die sich auf seine Aussage beziehen: **к сча́стью** *zum Glück, glücklicherweise*, **к несча́стью** *unglücklicherweise*, **к сожале́нию** *leider*, **к моему́ удивле́нию** *zu meinem Erstaunen*, **к моему́ у́жасу** *zu meinem Schrecken* u. a.

5. auf Beziehungen zwischen Gedanken hinweisen: **во-пе́рвых** *erstens*, **во-вторы́х** *zweitens*, **пре́жде всего́** *vor allem*, **наконе́ц** *endlich, schließlich*, **в конце́ концо́в** *zu allerletzt, letzten Endes*, **ита́к** *also*, **таки́м о́бразом** *auf diese Weise*, **сле́довательно** *folglich*, **зна́чит** *also*, **ме́жду про́чим** *unter anderem*, **с одно́й стороны́** *einerseits*, **с друго́й стороны́** *andererseits* u. a.

6. auf die Art der Gedankenführung hinweisen: **так сказа́ть** *sozusagen*, **вообще́ говоря́** *im allgemeinen*, **одни́м сло́вом** *mit einem Wort*, **ко́ротко говоря́** *kurz und gut*, **ины́ми слова́ми** *mit anderen Worten* u. a.

Schaltwörter müssen von ihnen ähnlichen Satzgliedern unterschieden werden:

| Вы, **должно́ быть**, уста́ли. | Sie sind wohl müde. |
| Здесь **должно́ быть** свобо́дное ме́сто. | Hier muß ein Platz frei sein. |

Im ersten Satz ist **должно́ быть** Schaltwort, im zweiten Prädikat.

Übung 77. Lesen Sie die folgenden Sätze. Nennen Sie die Schaltwörter.

1. К счастью, в стороне блеснул тусклый свет. (*Л.*) 2. Вероятно, при солнечном освещении местность эта очень живописна. 3. По моим соображениям, до реки осталось не более двух с половиной километров. (*Арс.*) 4. Проспал я, должно быть, очень недолго. Разбудил меня сильный стук в дверь. (*Пауст.*) 5. Около летнего кино сидело на земле человек сорок мальчишек. Они, видимо, чего-то дожидались. (*Пауст.*) 6. Читателю, может быть, уже наскучили мои записки. (*Тург.*)

Übung 78. Lesen Sie die folgenden Satzpaare mit entsprechender Intonation. Erklären Sie den Unterschied in der Bedeutung dieser Sätze.

1. Этот план может быть осуществлён. Этот план, может быть, осуществлён. 2. Он верно ответил на вопрос. Он, верно, ответил на вопрос. 3. Вы были безусловно правы. Вы, безусловно, были правы. 4. Это решение должно быть выполнено. Это решение, должно быть, выполнено.

Übung 79. Lesen Sie die folgenden Sätze. Schreiben Sie Sätze mit Schaltwörtern heraus und setzen Sie die Kommas.

1. Он видно не придёт. В окно видно было море. 2. Что значит ваше молчание? Значит мы едем сегодня? 3. К вечеру вероятно будет дождь. Это предположение вполне вероятно. 4. Книга по-моему очень хорошая. Он всё сделал по-моему. 5. Для молодёжи в нашей стране открыты все дороги к счастью. Дождь к счастью скоро перестал. 6. Аргументы докладчика таким образом нельзя признать убедительными. Нельзя доказывать свою правоту таким образом. 7. Он может быть руководителем. Он может быть будет руководителем.

Übung 80. Bilden Sie je zwei Sätze mit jedem der angegebenen Wörter, so daß dieses Wort in einem Satz als Satzglied, in dem anderen als Schaltwort auftritt.

говорят, возможно, с одной стороны, с другой стороны, может быть, должно быть, кажется, бесспорно, очевидно

Zur Struktur der Satzarten

Nach ihrer Struktur teilt man die Sätze in zweigliedrige und eingliedrige ein.

Ein eingliedriger Satz enthält nur ein hauptrangiges Satzglied, das Subjekt oder das Prädikat.

Школа. Около школы **шумно.**	(Da ist) die Schule. Um die Schule herum ist es laut.

Ein zweigliedriger Satz enthält beide hauptrangigen Glieder, das Subjekt und das Prädikat:

Один за другим *выбегают* из дверей **ребята.**	Eins nach dem anderen kommen die Kinder durch die Türen herausgelaufen.

Die einfachen Sätze werden—je nachdem, welche hauptrangigen Satzglieder sie enthalten—in folgende Gruppen eingeteilt:

1. persönliche zweigliedrige Sätze (Студе́нты иду́т на заня́тия. *Die Studenten gehen zum Unterricht.*);
2. persönliche eingliedrige Sätze (Приходи́ ко мне ве́чером. *Komm zu mir am Abend.*);
3. unbestimmt-persönliche Sätze (В кио́ске продаю́т газе́ты и журна́лы. *Am Kiosk werden Zeitungen und Zeitschriften verkauft.*);
4. allgemein-persönliche Sätze (Что посе́ешь, то и пожнёшь. *Wie die Saat, so die Ernte. (Sprw.)*;
5. unpersönliche Sätze (Мне тру́дно говори́ть по-ру́сски. *Es fällt mit schwer, russisch zu sprechen.*);
6. Nominativsätze (Янва́рь. Си́льный моро́з. *Januar. Es herrscht starker Frost.*)

Persönliche Sätze

Alle zweigliedrigen Sätze sind persönliche Sätze. Persönliche Sätze sind auch diejenige eingliedrige Sätze, deren verbales Prädikat durch seine Form auf ein Subjekt hinweist:

Иду́ на заня́тия.	Ich gehe zum Unterricht.
(Die Form der 1. Person **иду́** weist auf das Subjekt **я** hin.)	
Приходи́те ко мне в го́сти.	Kommen Sie zu uns zu Besuch.
(Die Form der 2. Person **приходи́те** weist auf das Subjekt **вы** hin).	

Unbestimmt-persönliche Sätze

Als unbestimmt-persönlich bezeichnet man Sätze, die kein Subjekt enthalten und deren Prädikat eine Handlung bezeichnet, die von einem unbestimmten Personenkreis ausgeführt wird:

В шко́ле **преподаю́т** фи́зику.	In der Schule unterrichtet man Physik.
В кио́ске **продаю́т** газе́ты.	Am Kiosk werden Zeitungen verkauft.

Ist das Prädikat eines unbestimmt-persönlichen Satzes ein Verb im Präsens bzw. Futur, so steht dieses immer in der 3. Person Plural; ist das Prädikat ein Verb im Präteritum, so steht es in der Pluralform:

Его́ **посыла́ют** в командиро́вку.	Man schickt ihn auf eine Dienstreise.
В магази́н ско́ро **привезу́т** но́вые кни́ги.	Bald werden neue Bücher an die Buchhandlung geliefert.
В на́шем го́роде **бу́дут стро́ить** тексти́льный комбина́т.	In unserer Stadt wird man ein Textilkombinat bauen.

| Его **послали** в командировку. | Man hat ihn auf eine Dienstreise geschickt. |
| В магазин **привезли** новые книги. | An die Buchhandlung sind neue Bücher geliefert worden. |

Unbestimmt-persönliche Sätze werden gebraucht, wenn sich die Aufmerksamkeit des Sprechers auf eine Tatsache, ein Ereignis konzentriert; die handelnden Personen sind entweder unbekannt oder werden bewußt nicht genannt.

Die Handlung, von der in einem unbestimmt-persönlichen Satz die Rede ist, kann sich auf eine unbestimmte Anzahl von Personen beziehen (В поле убирают хлеб. *Auf dem Feld bringt man die Ernte ein.* Строят новую школу. *Man baut eine neue Schule.* Дом ремонтируют. *Das Haus wird renoviert.*), aber auch auf eine einzelne unbestimmte Person (Окно закрыли. *Man hat das Fenster zugemacht.* Принесли письмо. *Man hat einen Brief gebracht.*).

Der Satz Вас ждут. *Man wartet auf Sie.* kann dementsprechend bedeuten, daß eine Person oder mehrere Personen warten.

Übung 81. Geben Sie an, welche Sätze unbestimmt-persönlich und welche persönlich sind.

1. На лекции по русской литературе нам рассказывали о романе Л. Н. Толстого «Война и мир». 2. Товарищи рассказали мне о своей поездке в Штутгарт. 3. Мои друзья хорошо знают русскую литературу. 4. Этого врача в городе все знают. 5. О конкурсе пианистов много говорили и писали в газетах. 6. Мы говорили о музыке.

Übung 82. Ersetzen Sie angegebene Sätze durch unbestimmt-persönliche.

1. В этом магазине продаются книги. 2. По радио передавался симфонический концерт. 3. В нашем городе строится новый завод. 4. Школа отремонтирована к новому учебному году. 5. В клубе демонстрируется новый кинофильм.

Übung 83. Vergleichen Sie die unbestimmt-persönlichen Sätze mit den persönlichen, deren Subjekt durch das unbestimmte Pronomen **кто-то** ausgedrückt ist. Bestimmen Sie die Satzglieder.

1. Вас зовут. Вас кто-то зовёт. 2. Тебе звонили. Тебе кто-то звонил. 3. Дверь открыли. Кто-то открыл дверь. 4. Тебя ждут. Тебя кто-то ждёт.

Übung 84. Bilden Sie fünf bis sechs unbestimmt-persönliche Sätze.

Allgemein-persönliche Sätze

In allgemein-persönlichen Sätzen bezeichnet das Prädikat eine Handlung, die von einer beliebigen Person ausgeführt werden kann:

| Что **посеешь**, то и **пожнёшь**. (*Sprw.*) | Wie die Saat, so die Ernte. |
| Век **живи**, век **учись**. (*Sprw.*) | Der Mensch lernt nie aus. |

Besonders häufig weisen Sprichwörter die Struktur allgemein-persönlicher Sätze auf.

1. Das Prädikat wird in allgemein-persönlichen Sätzen meist durch ein Verb der 2. Person Singular wiedergegeben:

Из пе́сни сло́ва не вы́кинешь. (*Sprw.*)	wörtlich: Aus einem Lied darf man kein einziges Wort herauslassen.
Без труда́ не вы́нешь и ры́бку из пруда́. (*Sprw.*)	Ohne Fleiß kein Preis.

2. Das Prädikat kann auch durch ein Verb im Imperativ ausgedrückt werden:

Век **живи́**, век **учи́сь**.	Der Mensch lernt nie aus.
Семь раз **отме́рь**, оди́н раз **отре́жь**. (*Sprw.*)	Besser zweimal messen als einmal vergessen.

3. Das Prädikat kann durch ein Verb in der 3. Person Plural ausgedrückt werden:

В лес дров не во́зят. (*Sprw.*)	wörtlich: In den Wald bringt man kein Holz.

4. Mitunter wird das Prädikat in allgemein-persönlichen Sätzen durch ein Verb in der 1. Person Plural ausgedrückt.

Что **име́ем** — **не храни́м**, потеря́вши — **пла́чем**. (*Sprw.*)	wörtlich: Was wir besitzen, bewahren wir nicht; haben wir es verloren, beweinen wir es.

Allgemein-persönliche Sätze enthalten in der Regel kein Subjekt. Gelegentlich steht in derartigen Sätzen jedoch als Subjekt ein Personalpronomen der 1. oder 2. Person Plural.

Охо́тно **мы** дари́м, что нам не на́добно сами́м. (*Кр.*)	Gern verschenken wir das, was wir selber nicht brauchen.

Übung 85. Geben Sie an, durch welche Verbformen die Prädikate in den allgemein-persönlichen Sätzen ausgedrückt sind. Erklären Sie die Bedeutung der Sprichwörter:

1. За двумя́ за́йцами пого́нишься — ни одного́ не пойма́ешь. 2. Слеза́ми го́рю не помо́жешь. 3. Не спеши́ языко́м, торопи́сь де́лом. 4. Ши́ла в мешке́ не утаи́шь. 5. Цыпля́т по о́сени счита́ют. 6. Вчера́шнего дня не воро́тишь. 7. Не плюй в коло́дец: пригоди́тся воды́ напи́ться. 8. Лю́бишь ката́ться — люби́ и са́ночки вози́ть. 9. Не за то́ во́лка бьют, что сер, а за то́, что овцу́ съел. 10. Что напи́сано перо́м, не вы́рубишь топоро́м.

Unpersönliche Sätze

Als unpersönlich bezeichnet man Sätze, die kein Subjekt enthalten und deren Prädikat einen Prozeß oder einen Zustand unabhängig von einem Urheber der Handlung ausdrückt.

Светáет.	Es tagt.
На ýлице ещё тихо.	Auf der Straße ist es noch still.
Дождя́ ужé нет.	Es regnet schon nicht mehr.

In einem unpersönlichen Satz steht als Prädikat in der Regel ein Verb oder ein prädikatives Adverb.

Вчерá **морóзило**.	Gestern hat es gefroren.
Вéтра **нé было**.	Es war kein Wind.
Вчерá **бы́ло хóлодно**.	Gestern war es kalt.
Дéтям **вéсело**.	Die Kinder freuen sich.

Substantive oder Pronomen, die die handelnden oder betroffenen Personen bezeichnen, stehen gewöhnlich im Dativ:

Дéтям вéсело.	Die Kinder freuen sich.
Мне вéсело.	Mir ist froh zumute.
Емý не спи́тся.	Er kann nicht einschlafen.

DIE FORMEN DES PRÄDIKATS IN EINEM UNPERSÖNLICHEN SATZ

Unpersönliche Verben als Prädikat

Als Prädikat stehen in unpersönlichen Sätzen unpersönliche Verben:

Вечерéет.	Es wird Abend.
К вéчеру **похолодáло**.	Gegen Abend wurde es kalt.
Больнóго весь вéчер **знобило**.	Der Kranke hatte den ganzen Abend Schüttelfrost.
Всю ночь емý **не спалóсь**.	Die ganze Nacht konnte er nicht schlafen.
Легкó **ды́шится** в лесý.	Es atmet sich leicht im Wald.

Unpersönliche Verben stehen immer in der 3. Person Singular, im Präteritum in der sächlichen Form.

Das durch ein unpersönliches Verb ausgedrückte Prädikat kann zusammengesetzt sein:

a) **Стáло смеркáться**.	Es begann zu dämmern.
Нáчало светáть.	Es begann zu dämmern.
Егó **продолжáло лихорáдить**.	Er hatte immer noch Fieber.

In diesen Sätzen besteht das zusammengesetzte Prädikat aus einem Hilfsverb mit der Bedeutung des Beginns oder der Fortdauer der Handlung und einem unpersönlichen Verb im Infinitiv.

b) Мне **хóчется пить**.	Ich möchte etwas trinken.
Нам **пришлóсь остановиться**.	Wir mußten stehenbleiben.
Не **стóит спóрить**.	Es lohnt sich nicht zu streiten.

In diesen Sätzen besteht das zusammengesetzte Prädikat aus einem unpersönlichen Verb in konjugierter Form und dem Infinitiv eines persönlichen Verbs.

Persönliche Verben in unpersönlicher Bedeutung als Prädikat

In unpersönlichen Sätzen können als Prädikat persönliche Verben in unpersönlicher Bedeutung stehen.

Vergleichen Sie:

Persönliche Sätze	Unpersönliche Sätze
Ве́тер **ду́ет**.	Здесь **ду́ет**.
Der Wind bläst.	Hier zieht es.
Во́здух **потепле́л**.	Сего́дня **потепле́ло**.
Die Luft hat sich erwärmt.	Heute wurde es wärmer.
Не́бо **темне́ет**.	В лесу́ **темне́ет**.
Der Himmel wird dunkel.	Im Wald wird es dunkel.
Снег **стал** та́ять.	На со́лнце **ста́ло** та́ять.
Der Schnee begann zu schmelzen.	In der Sonne begann es zu tauen.
Вода́ **ка́пает**.	С кры́ши **ка́пает**.
Das Wasser tropft.	Es tropft vom Dach.

Einige persönliche Sätze lassen sich durch unpersönliche ersetzen, ohne daß sich der Sinn der Sätze ändert.

Persönliche Sätze	Unpersönliche Sätze
Волна́ переверну́ла ло́дку.	Ло́дку **переверну́ло волно́й**.
Eine Woge ließ das Boot kentern.	Das Boot kenterte durch eine Woge.
Град поби́л пшени́цу.	Гра́дом **поби́ло пшени́цу**.
Der Hagel vernichtete den Weizen.	Der Weizen wurde durch Hagelschlag vernichtet.
Мо́лния зажгла́ дом.	Мо́лнией **зажгло́** дом.
Der Blitz setzte das Haus in Brand.	Das Haus wurde durch einen Blitz in Brand gesetzt.

In einem persönlichen Satz, der sich durch einen unpersönlichen ersetzen läßt, tritt als Subjekt meist ein Substantiv auf, das elementare Naturkräfte bezeichnet (**вода́** *Wasser*, **волна́** *Welle*, **град** *Hagel*, **дождь** *Regen*, **ве́тер** *Wind*, **бу́ря** *Sturm*, **гром** *Donner*, **мо́лния** *Blitz* u. dgl.); als Prädikat steht ein transitives Verb, das die Wirkung dieser Kräfte wiedergibt; beim Prädikat steht in der Regel ein direktes Objekt.

Bei der Umformung eines persönlichen Satzes in einen unpersönlichen wird das Subjekt des persönlichen Satzes zum Instrumentalobjekt, und das Prädikat wird in die sächliche Singularform des Präteritums gesetzt.

Diese unpersönlichen Sätze sind von persönlichen Passivkonstruktionen zu unterscheiden.

Vergleichen Sie:

Passivkonstruktionen Persönliche Sätze	Unpersönliche Sätze
Пшени́ца поби́та гра́дом.	**Пшени́цу поби́ло** гра́дом.
Der Weizen ist durch Hagelschlag vernichtet (worden).	Der Weizen wurde durch Hagelschlag vernichtet.

Луга́ зато́плены водо́й.   **Луга́ затопи́ло водо́й.**
Die Wiesen sind vom Wasser   Die Wiesen wurden vom Wasser
überschwemmt (worden).   überschwemmt.

. In der Passivkonstruktion bezeichnet das Subjekt (ein Substantiv im Nominativ) einen Gegenstand, auf den eine Handlung einwirkt; in dem entsprechenden unpersönlichen Satz steht dieses Substantiv im Akkusativ und ist Objekt.

Übung 86. Lesen Sie die folgenden Sätze; nennen Sie die unpersönlichen Verben.

1. Между те́м не́бо продолжа́ло расчища́ться: в лесу́ чуть-чу́ть светле́ло. (*Тург.*) 2. День ко́нчился, и в во́здухе ста́ло холода́ть. (*Арс.*) 3. Не спи́тся, ня́ня: здесь так ду́шно! (*П.*) 4. В саду́ но́чью ве́тром посбива́ло все я́блоки и слома́ло одну́ ста́рую сли́ву. (*Чех.*) 5. С мо́ря ве́ет све́жестью. (*М. Г.*) 6. Между те́м на́чало смерка́ться. (*П.*) 7. Моро́зило сильне́е, чем с утра́. (*Г.*) 8. Уже́ вечере́ло: со́лнце скры́лось за небольшу́ю оси́новую ро́щу. (*Тург.*) 9. С бу́хты несёт хо́лодом и тума́ном. (*Л. Т.*) 10. Они́ сиде́ли в гости́ной у окна́. Бы́ли су́мерки. Из окна́ па́хло цвета́ми. (*Л. Т.*) 11. Он одино́к. Живётся ему́ ску́чно, ничто́ его́ не интересу́ет. (*Чех.*)

Übung 87. Ersetzen Sie die persönlichen Sätze durch unpersönliche.

1. Гром оглуши́л нас. 2. Мо́лния разби́ла ста́рый дуб. 3. Ве́тер свали́л де́рево. 4. Урага́н сорва́л кры́шу с до́ма. 5. Тече́ние унесло́ ло́дку. 6. Со́лнце си́льно нагре́ло ка́мни. 7. Дождь смочи́л зе́млю. 8. Вода́ залила́ острово́к.

Prädikative Adverbien als Prädikat

In unpersönlichen Sätzen werden prädikative Adverbien als Prädikat gebraucht:

Мне ску́чно.   Mir ist es langweilig.
В до́ме пу́сто и ти́хо.   Im Hause ist es leer und still.
Вчера́ бы́ло тепле́е.   Gestern war es wärmer.
Сего́дня хо́лодно.   Heute ist es kalt.
За́втра то́же бу́дет хо́лодно.   Morgen wird es auch kalt sein.

Ein Prädikat, das durch ein prädikatives Adverb mit oder (im Präsens) ohne Kopula ausgedrückt ist, ist ein zusammengesetztes Prädikat.

An Stelle des Verbs **быть** werden gelegentlich folgende Verben als Kopula gebraucht:

unvollendet	vollendet
быва́ть sein	
станови́ться werden	**стать**
де́латься werden	**сде́латься**
каза́ться scheinen	**показа́ться**

513

оказываться sich herausstellen	оказаться
Все ушли, и мне **ста́ло ску́чно**.	Alle waren fortgegangen, und mir wurde es langweilig.
Когда́ все уходи́ли, мне **станови́лось ску́чно**.	Als alle fortgingen, wurde es mir langweilig.
Мно́го пассажи́ров вы́шло, и в ваго́не **ста́ло просто́рно**.	Viele Fahrgäste waren ausgestiegen, und im Wagen wurde es leer.
Без дете́й в до́ме **каза́лось пу́сто**.	Ohne Kinder schien es im Hause leer zu sein.
В лесу́ **оказа́лось тепло́**.	Es stellte sich heraus, daß es im Wald warm war.
По вечера́м в на́шем до́ме **быва́ет шу́мно и ве́село**.	Abends geht es in unserem Hause lebhaft und lustig zu.

Das Prädikat, das durch ein prädikatives Adverb ausgedrückt ist, enthält oft auch einen Infinitiv:

Ему́ **бы́ло смешно́ вспомина́ть** об э́том.	Er mußte lachen, wenn er daran dachte.
Мне **необходи́мо ви́деть** вас.	Ich muß Sie unbedingt sehen.
Наве́рх **мо́жно бу́дет подня́ться** на ли́фте.	Man kann mit dem Fahrstuhl nach oben fahren.
Сейча́с **не вре́мя спо́рить**.	Es ist jetzt nicht die Zeit, sich zu streiten.
Мне **ста́ло легко́ рабо́тать**.	Mir fiel das Arbeiten leicht.

Unpersönliche Sätze mit den prädikativen Adverbien **ви́дно** *ist zu sehen, man sieht,* **слы́шно** *ist zu hören, man hört,* **ну́жно** *man muß* können mitunter durch persönliche ersetzt werden:

Unpersönliche Sätze	Persönliche Sätze
Слы́шно му́зыку.	**Слышна́** му́зыка. Es ist Musik zu hören.
Не слы́шно му́зыки.	Му́зыка **не слышна́**. Es ist keine Musik zu hören.
Ви́дно доро́гу.	Доро́га **видна́**. Der Weg ist zu sehen.
Не ви́дно доро́ги.	Доро́га **не видна́**. Es ist kein Weg zu sehen.

Bei der Umformung eines unpersönlichen Satzes in einen persönlichen wird das Akkusativobjekt (bei Verneinung das Genitivobjekt) zum Subjekt des persönlichen Satzes; das prädikative Adverb wird durch die Kurzform des Adjektivs ersetzt.

Kurzformen der Partizipien des Passivs als Prädikat

Die Kurzform von Partizipien des Passivs tritt als Prädikat in unpersönlichen Sätzen auf:

Ужé **объя́влено** о собрáнии.	Die Versammlung ist bereits angekündigt (worden).
Об э́том нигдé **не напи́сано**.	Darüber steht nirgends etwas geschrieben.
Ещё ничегó **не сдéлано**.	Es ist noch nichts getan worden.
Решенó начáть рабóту зáвтра.	Es ist beschlossen worden, mit der Arbeit morgen zu beginnen.

Bei einer unpersönlich gebrauchten Kurzform des Partizips des Passivs kann kein direktes Objekt stehen.

Unpersönliche Sätze mit der Kurzform eines Partizips des Passivs als Prädikat lassen sich durch unbestimmt-persönliche oder persönliche Sätze ersetzen:

Unpersönliche Sätze	Unbestimmt-persönliche Sätze
Ужé **объя́влено** о собрáнии. Die Versammlung ist bereits angekündigt (worden).	Ужé **объяви́ли** о собрáнии. Man hat die Versammlung schon angekündigt.
Мне **порýчено** встрéтить вас. Ich wurde beauftragt, Sie abzuholen.	Мне **поручи́ли** встрéтить вас. Man hat mich beauftragt, Sie abzuholen.

Нет, нé было, не бýдет *als Prädikat*

Zum Ausdruck des Prädikats in unpersönlichen Sätzen wird **нет** (für das Präsens) und **быть** *sein* mit der Verneinungspartikel **не** (für das Präteritum **нé было**, für das Futur **не бýдет**) gebraucht. In solchen Sätzen wird das Nichtvorhandensein (Fehlen) einer Person oder einer Sache ausgedrückt (s i e h e S. 441, „Verneinte Sätze“):

В цáрской Росси́и **нé было** разви́той тяжёлой промы́шленности.	Im zaristischen Rußland gab es keine entwickelte Schwerindustrie.

Handelt es sich in einem unpersönlichen Satz mit dem Prädikat **нé было, не бýдет** um eine Person, so läßt sich der unpersönliche Satz durch einen persönlichen ersetzen:

Unpersönliche Sätze	Persönliche Sätze
Вчерá вéчером **отцá нé было** дóма.	Вчерá вéчером **отéц нé был** дóма.

Gestern Abend war der Vater nicht zu Hause.

Меня́ зáвтра **не бýдет** в институ́те.	**Я** зáвтра **не бýду** в институ́те.

Morgen werde ich nicht im Institut sein.

Bei der Umformung eines unpersönlichen Satzes in einen persönlichen wird das Genitivobjekt des unpersönlichen Satzes zum Subjekt des persönlichen Satzes; das Verb **быть** stimmt in Geschlecht und Zahl mit dem Subjekt überein.

Handelt es sich in einem unpersönlichen Satz mit dem Prädikat **нé было, не бýдет** nicht um eine Person, sondern um eine Sache, so läßt sich ein derartiger Satz nicht durch einen persönlichen ersetzen. So kann z. B. der unpersönliche Satz: В зáле **нé было** свобóдных мест. *Im Saal gab es keine freien Plätze.*—nicht durch einen persönlichen Satz ersetzt werden.

In verneinten unpersönlichen Sätzen können für **нет** im Präsens und **не быть** im Präteritum und Futur andere Verben mit der Verneinungspartikel **не** treten (**не существýет** *existiert nicht*, **не стáло** *ist nicht mehr*, **не оказáлось** *es gab nicht*, **не остáлось** *blieb nicht übrig*, **не имéется** *es gibt nicht*, **не нашлóсь** *fand sich nicht*):

Этих трýдностей **не существýет**.	Diese Schwierigkeiten existieren nicht.
Несчáстья **не произошлó**.	Ein Unglück ist nicht passiert.
Этой кнńги в магазńне **не оказáлось**.	Dieses Buch gab es nicht im Geschäft.
У негó **не стáло** сил.	Er hatte keine Kräfte mehr.

Übung 88. Suchen Sie die unpersönlichen Sätze heraus. Geben Sie an, wodurch das Prädikat ausgedrückt ist.

1. День кóнчился, и в вóздухе стáло холодáть. (*Арс.*) 2. Лунá светńла. Всю дерéвню было вńдно из концá в конéц. (*Ант.*) 3. Мне не спńтся, нет огня. (*П.*) 4. Между тéм нáчало смеркáться. (*П.*) 5. Емý сдéлалось дýрно, головá разболéлась, невозмóжно было éхать. (*П.*) 6. В яркие сóлнечные пóлдни кáпало с крыш и пáхло весной. (*Чех.*) 7. Мне необходńмо поговорńть с вáми. (*Чех.*) 8. Пóсле недáвних дождéй в лесý было довóльно сńро. (*Арс.*) 9. На юго-зáпадных желéзных дорóгах заносńло снéгом путń. (*Н. О.*)

10. Уж тáет снег, бегýт ручьń,
    В окнó повéяло веснóю. (*Плещ.*)

Übung 89. Ersetzen Sie die unpersönlichen durch persönliche oder unbestimmtpersönliche Sätze.

1. Порывом вéтра сорвáло крышу. 2. Сегóдня вéчером меня не бýдет дóма. 3. Емý было порýчено вестń собрáние. 4. Светńла лунá, и дорóгу было хорошó вńдно. 5. Лóдку сńльно качáло волнáми. 6. Мне не нýжно его совéтов. 7. На другóй день решенó было отпрáвиться на экскýрсию по гóроду. 8. В тот день моегó дрýга нé было на занятиях.

Übung 90. Lesen Sie den folgenden Text. Suchen Sie die unpersönlichen Sätze heraus.

С февраля пошлń óттепели. Кńев нáчало заносńть тумáном. Егó чáсто разгонял тяжёлый вéтер. У нас на Лукьяновке пáхло тáлым снéгом и корóй — вéтер приносńл этот зáпах из-за Днепрá, из потемнéвших к веснé чернńговских лесóв.

Кáпало с крыши; тóлько по ночáм, да и то рéдко, вéтер срывáл тýчи, лýжи подмерзáли и на нéбе поблёскивали звёзды. Их мóжно было увńдеть тóлько у нас на окрáине. В гóроде было так мнóго

516

света из о́кон и от у́личных фонаре́й, что никто́, очеви́дно, да́же не подозрева́л о прису́тствии звёзд.

В сыры́е февра́льские вечера́ в ба́бушкином фли́геле бы́ло тепло́ и ую́тно. Горе́ли электри́ческие ла́мпы. Пусты́е сады́ начина́ли иногда́ шуме́ть от ве́тра за ста́внями. (*Пауст.*)

Übung 91. Bilden Sie fünf unpersönliche Sätze mit einem zusammengesetzten Prädikat.

M u s t e r: Уже́ начина́ло смерка́ться. Мне хоте́лось спать.

Übung 92. Beschreiben Sie kurz den Frühling. Gebrauchen Sie dabei folgende Wörter und Wortverbindungen:

ве́ет, та́ет, ка́пает с крыш, па́хнет, потепле́ло, затопи́ло, ве́село, легко́ ды́шится, со́лнечно, шу́мно

Der Infinitiv als Prädikat

In unpersönlichen Sätzen mit Frage-, verneinenden und Relativpronomen bzw. -adverbien kann das Prädikat durch einen Infinitiv ausgedrückt werden:

— **Что дать** ребёнку?	— Was könnte man dem Kind geben?
— Ребёнку **не́чего дать**.	— Es ist nichts da, was man dem Kind geben könnte.
— **Когда́** мне **прийти́** к вам?	— Wann soll ich zu Ihnen kommen?
— Мне **не́когда прийти́** к вам.	— Ich habe keine Zeit, zu Ihnen zu kommen.

Solche unpersönlichen Fragesätze lassen sich in der Regel durch persönliche Sätze ersetzen.

Unpersönliche Sätze	Persönliche Sätze
Кому́ руководи́ть рабо́той?	**Кто до́лжен** руководи́ть рабо́той?
	Кто мо́жет руководи́ть рабо́той?

Wer soll (kann) die Arbeit leiten?

Что мне рассказа́ть вам? **О чём я до́лжен рассказа́ть** вам?

Worüber soll ich Ihnen erzählen?

С кем **ему́ посове́товаться**? С кем **он до́лжен посове́товаться**?

С кем **он мо́жет посове́товаться**?

Mit wem soll (kann) er sich beraten?

Когда́ мне позвони́ть вам? **Когда́ я до́лжен позвони́ть** вам?

Wann soll (könnte, dürfte) ich Sie anrufen?

Куда́ нам идти́? **Куда́ мы должны́ идти́**?

Wohin sollen wir gehen?

In der Umgangssprache sind die unpersönlichen Fragesätze gebräuchlicher.

Einfache unpersönliche Sätze mit verneinenden Pronomen bzw. Adverbien lassen sich durch zusammengesetzte Sätze mit einem unpersönlichen Hauptsatz ersetzen:

Нéкому руководи́ть рабóтой.
Es ist niemand da, der die Arbeit leiten könnte.

Нет человéка, котóрый мог бы руководи́ть рабóтой.

Нéкого посла́ть за кни́гами.
Es ist niemand da, den man nach den Bücher schicken könnte.

Нет человéка, котóрого мóжно бы́ло бы посла́ть за кни́гами.

Ему́ **нé с кем** посовéтоваться.
Es ist niemand da, mit dem er sich beraten könnte.

Нет человéка, с котóрым он мог бы посовéтоваться.

Мне **нéчего** сейча́с чита́ть.
Ich habe jetzt nichts zum Lesen.

Нет ничегó, что я мог бы сейча́с чита́ть.

Die in der rechten Spalte angeführten zusammengesetzten Sätze sind wenig gebräuchlich.

In unpersönlichen Sätzen kann der Infinitiv ein Müssen, ein Sollen, die Zwangsläufigkeit oder die Unmöglichkeit einer Handlung ausdrükken:

Тебé **начина́ть**.
Du beginnst. (Müssen)

Быть грозé.
Es wird ein Gewitter geben. (Zwangsläufigkeit)

Ему́ **не поня́ть** э́того.
Er kann das nicht begreifen. (Unmöglichkeit)

Тебé **не реши́ть** э́той зада́чи.
Du wirst diese Aufgabe nicht lösen können. (Unmöglichkeit)

In dieser Bedeutung können neben unpersönlichen auch persönliche Sätze gebraucht werden:

Unpersönliche Sätze

Persönliche Sätze

Нам скóро **éхать**.
Wir müssen bald fahren.

Скóро **мы должны́ éхать**.

Мне выступа́ть пéрвому.
Ich muß als erster auftreten.

Я дóлжен **выступа́ть** пéрвый.

Ему́ **не поня́ть** э́того.
Er kann das nicht begreifen.

Он не мóжет **поня́ть** э́то.

Быть дождю́.
Es wird bestimmt regnen.

Дождь обяза́тельно бу́дет.

Der Infinitiv kann einen kategorischen Befehl ausdrücken, wenn bei ihm kein Dativobjekt steht, das eine Person bezeichnet:

Встать! Прекрати́ть разговóры!
Aufstehen! Ruhe!

Steht ein Dativobjekt, so ist der Befehl nicht mehr so nachdrücklich:

Зáвтра рóвно в вóсемь часóв, **всем быть** здесь.
Morgen, genau um 8 Uhr, müssen alle da sein.

Der Infinitiv mit der Partikel **бы** drückt einen Wunsch oder die Möglichkeit einer Handlung aus:

Не забы́ть бы об э́том!	Daß wir das nur nicht vergessen!
Пойти́ бы в лес!	Es wäre schön, in den Wald zu gehen.
Без тебя́ мне **не успе́ть бы**.	Ohne dich könnte ich das kaum schaffen.
Быть бы дождю́, е́сли бы не ве́тер.	Es würde regnen, wenn nicht der Wind wehte.

Übung 93. Lesen Sie die folgenden Sätze. Sagen Sie, wie Sie den Sinn jedes Satzes verstehen.

1. Быть грозе́ вели́кой. (*П.*) 2. Не расти́ траве́ по́сле о́сени, не цвести́ цвета́м зимо́й по́ снегу. (*Кольц.*) 3. Мне ещё коня́ пойть... (*Фад.*) 4. Ах, никогда́ мне э́то не забы́ть. (*Л.*) 5. Постро́иться в одну́ шере́нгу! (*Фад.*) 6. То́лько бы до ле́су дойти́ пре́жде, чем ме́сяц совсе́м вы́йдет. (*Л. Т.*) 7. У́тром хо́лодно, топи́ть пе́чи не́кому, сто́рож ушёл куда́-то (*Чех.*) 8. Мы молча́ли. О чём бы́ло нам говори́ть? (*Л.*) 9. Спра́шивать позволе́ния бы́ло не́ у кого. (*Гайд.*)

Übung 94. Ersetzen Sie die unpersönlichen Sätze durch persönliche, indem Sie folgende Wörter gebrauchen: *до́лжен, мочь, хоте́ть, боя́ться*.

1. Тебе́ выступа́ть пе́рвому. 2. Ребёнку не поня́ть э́того. 3. Когда́ мне позвони́ть вам? 4. Куда́ нам пойти́ в воскресе́нье? 5. Ученику́ шесто́го кла́сса не реши́ть э́ту зада́чу. 6. Не опозда́ть бы нам на ле́кцию. 7. Пойти́ бы сейча́с погуля́ть! 8. Скоре́й бы сдать все экза́мены! 9. Мне не подня́ть э́тот чемода́н. 10. В таку́ю бу́рю тебе́ не переплы́ть Во́лгу.

Übung 95. Bilden Sie unpersönliche Sätze mit einem Infinitiv, der ein Sollen, die Unmöglichkeit, die Möglichkeit, einen Wunsch, einen Befehl ausdrückt.

Übung 96. Lesen Sie das Gedicht N. A. Nekrasovs. Suchen Sie die unpersönlichen Sätze heraus.

Внима́я у́жасам войны́,
При ка́ждой но́вой же́ртве бо́я,
Мне жаль не дру́га, не жены́,
Мне жаль не самого́ геро́я...
Увы́! уте́шится жена́,
И дру́га лу́чший друг забу́дет;
Но где́-то есть душа́ одна́ —
Она́ до гро́ба по́мнить бу́дет!

Средь лицеме́рных на́ших дел
И вся́кой по́шлости и про́зы
Одни́ я в ми́ре подсмотре́л
Святы́е, и́скренние слёзы —
То слёзы бе́дных матере́й!
Им не забы́ть свои́х дете́й,
Поги́бших на крова́вой ни́ве,
Как не подня́ть плаку́чей и́ве
Свои́х пони́кнувших ветве́й...

Nominativsätze

Als Nominativsätze bezeichnet man Sätze, die nur ein hauptrangiges Satzglied, nämlich das Subjekt, enthalten. In den Nominativsätzen werden Gegenstände oder Erscheinungen lediglich benannt; es wird nur ihre Existenz, ihr Vorhandensein zum Ausdruck gebracht.

	wörtlich:
Вот и лес.	Das ist nun der Wald.
Тень и тишина́.	Schatten und Stille.
И дождь и ве́тер.	(Es herrschen) Regen und Wind.
Ночь темна́. (*Ник.*)	Die Nacht ist dunkel.

In einem Nominativsatz können beim Subjekt sowohl kongruierende wie nichtkongruierende Attribute stehen.

По́здняя о́сень. Грачи́ улете́ли. (*Н.*)	(Es ist) Spätherbst. Die Saatkrähen sind nach Süden gezogen.
Верши́ны Альп... Це́лая цепь круты́х усту́пов... (*Тург.*)	Alpengipfel... Eine ganze Kette steiler Hänge...

Nominativsätze werden in der Regel bei Beschreibungen verwendet. Vergleichen Sie z. B. Naturbeschreibung in dem folgenden Gedicht Nikitins:

	wörtlich:
Золоты́е ни́вы,	Goldene Kornfelder,
Гладь и блеск озёр,	der Widerschein und das Funkeln der Seen,
Све́тлые зали́вы,	Helle Buchten,
Без конца́ просто́р.	Endlose Weite.

Einige Nominativsätze haben die hinweisenden Partikeln **вот** und **вон**:

Вот лес.	Da ist der Wald.
Вон ре́чка.	Dort ist der Fluß.

Übung 97. Lesen Sie die folgenden Sätze. Suchen Sie die Nominativsätze heraus.

1. Моро́з и со́лнце: день чуде́сный! (*П.*)
2. Зима́! Крестья́нин, торжеству́я,
   На дро́внях обновля́ет путь. (*П.*)
3. Вот ме́льница! Она́ уж развали́лась. (*П.*)
4. Ясный зи́мний по́лдень. Моро́з кре́пок. (*Чех.*) 5. Девя́тый час утра́. Навстре́чу со́лнцу ползёт тёмная свинцо́вая грома́да. (*Чех.*) 6. Верши́ны Альп... Це́лая цепь круты́х усту́пов... Са́мая сердцеви́на гор... Си́льный, жесто́кий моро́з. Твёрдый искри́стый снег. Из-под сне́га торча́т суро́вые глы́бы обледене́лых, обве́тренных скал. (*Тург.*)

Auslassungssätze

Auslassungssätze sind Sätze, in denen bestimmte Satzglieder ausgelassen sind, die jedoch leicht aus dem vorhergehenden Satz ergänzt werden können. Die Auslassungen sind besonders für Gespräche charakteristisch:

— Где у́чится ва́ша сестра́?	— Wo studiert Ihre Schwester?
— Моя́ сестра́ у́чится в университе́те.	— Meine Schwester studiert an der Universität.

— А брат где?   — Und Ihr Bruder?
— Брат в энергети́ческом ин-   — Im Institut für Energetik.
ститу́те.

Das erste Frage- und Antwortpaar sind vollständige Sätze. In ihnen sind alle Satzglieder vorhanden. Das zweite Satzpaar sind Auslassungssätze: es fehlen die Prädikate (**у́чится** studiert).

In den Sätzen werden solche Wörter ausgelassen, die sich leicht aus vorangegangenen Sätzen oder aus der Situation ergeben:

— Кто пришёл? — Сестра́.   — Wer ist gekommen? — Meine Schwester.

(Auslassung des Prädikats)

— Что он де́лает? — Зани-   — Was macht er? — Er lernt.
ма́ется.

(Auslassung des Subjekts)

— Куда́ она́ ушла́? — В инсти-   — Wohin ist sie gegangen? — Ins
ту́т.   Institut.

(Auslassung des Subjekts und des Prädikats)

— Ты идёшь за́втра в теа́тр?   — Gehst du morgen ins Theater?
— Иду́.   — Ja, ich gehe.

(Auslassung des Subjekts sowie der Adverbialbestimmungen der Zeit und Ortes.)

Übung 98. Lesen Sie die folgenden Dialoge. Suchen Sie in den Dialogen Auslassungssätze heraus; bestimmen Sie in diesen Sätzen die Funktion der einzelnen Wörter als Satzglieder.

1. — Хо́чешь пойти́ гуля́ть сейча́с?
    — Хочу́.
    — Тогда́ пойдём.
2. — Вы хорошо́ отдохну́ли в воскресе́нье?
    — Очень.
    — Я ра́да.
3. — Мы реши́ли по́сле заня́тий пое́хать в музе́й.
    — В како́й?
    — В Политехни́ческий.
4. — Кто хо́чет писа́ть на доске́?
    — Я.
    — Пожа́луйста, к доске́.
5. — Сейча́с я за́нят.
    — Чем?
    — Подгото́вкой к экза́мену.
    — К како́му?
    — По ру́сскому языку́.
    — Когда́ бу́дет экза́мен?
    — Че́рез неде́лю.

Übung 99. Stellen Sie kurze Dialoge zusammen, in diesen Dialogen unterstreichen Sie die Auslassungssätze.

Der zusammengesetzte Satz

Ein z u s a m m e n g e s e t z t e r S a t z besteht aus zwei oder mehreren einfachen Sätzen:

Ве́тер разогна́л ту́чи, **и** не́бо очи́стилось.	Der Wind vetrieb die Wolken, und der Himmel klärte sich auf.
Ве́тер разогна́л ту́чи, не́бо очи́стилось, **и** сно́ва вы́глянуло со́лнце.	Der Wind vertrieb die Wolken, der Himmel klärte sich auf, und die Sonne blickte wieder hervor.

Einfache Sätze lassen sich zu zusammengesetzten Sätzen verbinden:

   a) ohne Konjunktionen:

      Ве́тер разогна́л ту́чи, не́бо очи́стилось.

   b) durch Konjunktionen:

      Не́бо очи́стилось, **и** сно́ва вы́глянуло со́лнце.

Der zusammengesetzte Satz kann als Satzverbindung oder als Satzgefüge auftreten.

In einer Satzverbindung sind die einfachen Sätze einander nebengeordnet:

Наступи́л ве́чер, в о́кнах зажгли́сь огоньки́.	Es wurde Abend, in den Fenstern leuchteten Lichter auf.
Та́ет снег, бегу́т ручьи́.	Es taut der Schnee, es rauschen die Bäche.
Прозвене́л звоно́к, и студе́нты вошли́ в аудито́рию.	Es klingelte, und die Studenten betraten den Hörsaal.

Ein Satzgefüge besteht aus einem Hauptsatz und einem oder mehreren Nebensätzen. Der Hauptsatz ist von den anderen Sätzen unabhängig. Die Nebensätze sind dem Hauptsatz untergeordnet und bestimmen ihn näher:

Газе́ты сообща́ют, что весе́нний сев уже́ начался́.	Die Zeitungen melden, daß die Frühjahrbestellung bereits begonnen hat.

Газе́ты сообща́ют ist der Hauptsatz. *Что сообща́ют газе́ты?* — **что весе́нний сев уже́ начался́** ist der Nebensatz. In diesem zusammengesetzten Satz wird der Nebensatz durch die Konjunktion **что** mit dem Hauptsatz verknüpft.

Die Satzverbindung

In der Satzverbindung werden die gleichen Konjunktionen gebraucht, die auch gleichartige Satzglieder verbinden. Diese beiordnenden Konjunktionen werden in drei Gruppen eingeteilt, nämlich in:

   1. a n r e i h e n d e

   2. e n t g e g e n s e t z e n d e

   2. a u s s c h l i e ß e n d e K o n j u n k t i o n e n

Anreihende Konjunktionen и, да, ни — ни

Die Konjunktion и

Die Konjunktion **и** verbindet Sätze, die folgendes bezeichnen:
1. gleichzeitig vor sich gehende Handlungen:

Звеня́т трамва́и, **и** гудя́т автомоби́ли.

Die Straßenbahnen klingeln, und die Autos hupen.

Свети́ло со́лнце, **и** шёл дождь.

Es schien die Sonne, und es regnete.

2. aufeinanderfolgende Handlungen:

Сверкну́ла мо́лния, **и** загреме́л гром.

Der Blitz zuckte, und der Donner rollte.

Дверь откры́лась, **и** в ко́мнату вошёл незнако́мый челове́к.

Die Tür öffnete sich, und ein unbekannter Mann betrat das Zimmer.

3. Grund und Folge:

Та́ет снег, **и** с гор бегу́т ручьи́.

Der Schnee schmilzt, und von den Bergen rauschen die Bäche.

Чемода́н был тяжёлый, **и** ма́льчик не мог подня́ть его́.

Der Koffer war schwer, und der Junge konnte ihn nicht heben.

Поду́л ве́тер, **и** дере́вья зашуме́ли.

Es kam ein Windstoß (Es blies der Wind), und die Bäume begannen zu rauschen.

Die Konjunktion да

Гремя́т таре́лки и прибо́ры, **Да** рю́мок раздаётся звон. (*П.*)

w ö r t l i c h : Die Teller und Bestecke klirren, und man hört, wie die Weingläser anstoßen.

Die anreihende Konjunktion **да** hat dieselbe Bedeutung wie die Konjunktion **и**; sie steht aber nur, wenn die Handlungen der miteinander verbundenen Sätze gleichzeitig verlaufen.

Die Konjunktion ни — ни

Ни я не посла́л ему́ письма́, **ни** он мне не написа́л.

Weder ich schickte ihm einen Brief, noch hat er an mich geschrieben.

Die Konjunktion **ни — ни** wird zur Verbindung verneinter Sätze gebraucht. Sie kann durch die Konjunktion **и** ersetzt werden.

Я не посла́л ему́ письма́, **и** он мне не написа́л.

Ich schickte ihm keinen Brief, und er schrieb mir auch nicht.

Die Konjunktion **ни — ни** verstärkt die Verneinung.

Entgegensetzende Konjunktionen но, а, же, да, однако

Die Konjunktion но

Но verbindet Sätze, von denen der zweite das Gegenteil von dem enthält, was erwartet wird:

Вода́ была́ холо́дная, **но** мы реши́ли купа́ться.	Das Wasser war kalt, aber wir beschlossen zu baden.
У меня́ был биле́т, **но** я не пошёл в теа́тр.	Ich hatte eine Eintrittskarte, aber ich ging nicht ins Theater.
Прозвене́л звоно́к, **но** ле́кция ещё не ко́нчилась.	Es läutete, aber die Vorlesung war noch nicht zu Ende.

Vergleichen Sie die Bedeutung der Konjunktionen **но** und **и**:

Вода́ в реке́ была́ холо́дная, Das Wasser im Fluß war kalt,	**но** мы реши́ли купа́ться. aber wir beschlossen zu baden. **и** мы не ста́ли купа́ться. und wir badeten nicht.
У меня́ был биле́т, Ich hatte eine Eintrittskarte,	**но** я не пошёл в теа́тр. aber ich ging nicht ins Theater. **и** я пошёл в театр. und ich ging ins Theater.
Прозвене́л звоно́к, Es läutete,	**но** ле́кция ещё не ко́нчилась. aber die Vorlesung war noch nicht zu Ende. **и** ле́кция ко́нчилась. und die Vorlesung war zu Ende.

Die Konjunktion а

Die Konjunktion **а** verbindet Sätze, deren Inhalt einander gegenübergestellt oder miteinander verglichen wird:

Я студе́нт **а**, он аспира́нт.	Ich bin Student, und er ist Aspirant.
Мы пошли́ в теа́тр, **а** они́ пошли́ в кино́.	Wir sind ins Theater, und sie sind ins Kino gegangen.
Все ушли́, **а** я оста́лся до́ма.	Alle waren weggegangen, und (nur) ich blieb zu Hause.
Не я помога́л ему́, **а** он помога́л мне.	Nicht ich half ihm, sondern er half mir.

Vergleichen Sie die Bedeutung der Konjunktion **а** und **и**:

Я студе́нт, Ich bin Student,	**а** он аспира́нт. und er ist Aspirant. **и** он студе́нт. und er ist (ebenfalls) Student.

Мне 20 лет, Ich bin 20 Jahre alt,	а ему́ 25 лет. und er 25. и ему́ (то́же) 20 лет. und er ist ebenfalls 20.
Сестра́ пи́шет письмо́, Die Schwester schreibt einen Brief,	а брат чита́ет кни́гу. und der Bruder liest ein Buch. и брат (то́же) пи́шет письмо́. und des Bruder schreibt (auch) einen Brief.
Мы пошли́ в теа́тр, Wir gingen ins Theater,	а они́ пошли́ в кино́. und sie gingen ins Kino. и они́ (то́же) пошли́ в теа́тр. und sie gingen auch ins Theater.
Все ушли́, Alle waren weggegangen,	а я оста́лся до́ма. und (nur) ich blieb zu Hause. и я (то́же) ушёл. und ich ging auch.

Vergleichen Sie die Bedeutung der Konjunktionen **и**, **но** und **а**:

Эта река́ широ́кая, Dieser Fluß ist breit,	но переплы́ть её легко́. aber es ist leicht, ihn zu durchschwimmen. и переплы́ть её тру́дно. und es ist schwer, ihn zu durchschwimmen. а та река́ у́зкая. und jener ist schmal.
В его́ ко́мнате темно́, In seinem Zimmer ist es dunkel,	и он давно́ спит. und er schläft schon lange. но он не спит. aber er schläft nicht. а в сосе́дней ко́мнате гори́т свет. aber im Nebenzimmer brennt Licht.
Там бы́ло тепло́, Dort war es warm,	и я согре́лся. und ich habe mich aufgewärmt. но мне бы́ло хо́лодно. aber mir war kalt. а здесь хо́лодно. aber hier ist es kalt.

Эта кни́га интере́сная, Dieses Buch ist interessant,	**и** я её обяза́тельно прочита́ю. und ich werde es unbedingt lesen. **но** у меня́ нет вре́мени чита́ть её. aber ich habe keine Zeit, es zu lesen. **а** та кни́га была́ ску́чная. aber das andere Buch war langweilig.
Вчера́ пого́да была́ хоро́шая, Gestern war schönes Wetter,	**и** мы гуля́ли. und wir gingen spazieren. **но** мы не гуля́ли. aber wir gingen nicht spazieren. **а** сего́дня идёт дождь и ду́ет холо́дный ве́тер. und heute weht ein kalter Wind und es regnet.

Die Konjunktion же

Наверху́ неи́стовствовала пурга́, здесь **же** снег па́дал ти́хо, ве́тер дул относи́тельно споко́йно. (*Аж.*)	Oben tobte ein Schneesturm, hier jedoch fiel der Schnee sacht, und der Wind wehte verhältnismäßig schwach.

Die Konjunktion **же** wird ebenso wie die Konjunktion **а** bei Gegenüberstellungen gebraucht.

Die Konjunktion да

Die entgegensetzende Konjunktion **да** ist mit der Konjunktion **но** gleichbedeutend; sie wird aber seltener gebraucht, und zwar gewöhnlich in der Umgangssprache und in Sprichwörtern.

Я давно́ собира́лся зайти́ к тебе́, **да** всё вре́мени не́ было.	Schon längst wollte ich dich besuchen, doch immer hatte ich keine Zeit.
Бли́зок ло́коть, **да** не уку́сишь. (*Sprw.*)	wörtlich: Nah ist der Ellenbogen, aber man kann in ihm nicht beißen. (Sinn: Das Nächste steht oft unerreichbar fern.)

Die Konjunktion одна́ко

Die Konjunktion **одна́ко** wird in der Bedeutung von **но** gebraucht.

Луна́ свети́ла о́чень си́льно, **одна́ко** её свет с трудо́м пробива́л тума́н. (*Кат.*)	Der Mond schien sehr hell, jedoch konnte sein Licht kaum den Nebel durchdringen.

Ausschließende Konjunktionen то — то, и́ли (иль), ли́бо, не то — не то

Die Konjunktion то — то

Die Konjunktion то — то verbindet Sätze, deren Handlungen einander ablösen.

Вчера́ мне весь день меша́ли рабо́тать: то кто́-нибудь входи́л в мою́ ко́мнату, то звони́л телефо́н.	Gestern hat man mich den ganzen Tag bei der Arbeit gestört: bald kam jemand in mein Zimmer, bald klingelte das Telefon.

Die Konjunktion и́ли

Die Konjunktion и́ли steht, wenn eine Aussage die andere ausschließt.

Или ты ко мне прие́дешь, и́ли я прие́ду к тебе́.	Entweder kommst du zu mir, oder ich komme zu dir.
Вы́ступит хор, и́ли танцева́льная гру́ппа испо́лнит наро́дный та́нец.	Entweder wird ein Chor auftreten, oder eine Tanzgruppe wird einen Volkstanz aufführen.

Die Konjunktion ли́бо

Die Konjunktion ли́бо ist mit и́ли gleichbedeutend:

Ли́бо ты ко мне прие́дешь, ли́бо я прие́ду к тебе́.	Entweder kommst du zu mir, oder ich komme zu dir.

Die Konjunktion не то — не то

Die Konjunktion не то — не то steht bedeutungsmäßig der Konjunktion и́ли nahe, hat jedoch eine Bedeutungsschattierung der Ungewißheit:

Не то ве́тер захло́пнул дверь, не то кто́-то вошёл с у́лицы.	Vielleicht hat der Wind die Tür zugeschlagen, oder es ist jemand von draußen hereingekommen.

Vor beiordnende Konjunktionen, die Sätze verbinden, wird stets ein Komma gesetzt.

A n m e r k u n g. Vor die Konjunktion и wird in einem Satzgefüge kein Komma gesetzt, wenn es ein gemeinsames abhängiges Satzglied gibt, das sich auf beide Sätze bezieht:

За реко́й сверка́ют огни́ и раздаю́тся пе́сни.	Jenseits des Flusses funkeln Lichter und erschallt Gesang.
В по́лдень ту́чи рассе́ялись и вы́глянуло со́лнце.	Am Mittag hatten sich die Wolken zerstreut und die Sonne kam hervor.

Übung 100. Bilden Sie aus den einfachen Sätzen eine Satzverbindung.

Muster: Мы пришли́ на ста́нцию ра́но.
а) По́езд уже́ ушёл. б) Они́ пришли́ по́здно.
Мы пришли́ на ста́нцию ра́но, **но** по́езд уже́ ушёл.
Мы пришли́ на ста́нцию ра́но, **а** они́ пришли́ по́здно.

1. Мне тру́дно бы́ло вы́полнить э́то поруче́ние.
   а) Я его́ вы́полнил. б) Я его́ не вы́полнил. в) Ему́ легко́ бы́ло э́то сде́лать.
2. Он давно́ занима́ется ру́сским языко́м.
   а) В его́ ре́чи есть оши́бки. б) В его́ ре́чи нет оши́бок. в) Я на́чал изуча́ть ру́сский язы́к неда́вно.
3. Ту́чи покры́ли не́бо.
   а) Дождя́ не́ было. б) Пошёл дождь.
4. Та зада́ча была́ лёгкая.
   а) Эта зада́ча тру́дная. б) Он реши́л её. в) Он не реши́л её.
5. Дверь откры́лась.
   а) Никто́ не вошёл. б) Вошёл незнако́мый челове́к.

Übung 101. Bilden Sie aus den einfachen Sätzen eine Satzverbindung und gebrauchen Sie dabei die passenden Konjunktionen (*и, а* oder *но*).

Muster: Эта кни́га интере́сная. У меня́ нет вре́мени её прочита́ть.
Эта кни́га интере́сная, **но** у меня́ нет вре́мени её прочита́ть.

1. Не́бо начина́ло темне́ть. Загора́лись звёзды. 2. Со́лнце зашло́ за го́ры. Бы́ло ещё светло́. 3. Ста́ло хо́лодно. Мы поспеши́ли домо́й. 4. Днём бы́ло жа́рко. Но́чью был моро́з. 5. На у́лице шёл дождь. Бы́ло хо́лодно. В до́ме бы́ло тепло́ и ую́тно. 6. Шёл дождь, дул неприя́тный сыро́й ве́тер. Мне не хоте́лось выходи́ть из до́ма. 7. Наступи́л ве́чер. Бы́ло о́чень жа́рко. 8. Пого́да была́ плоха́я. Мы реши́ли отложи́ть лы́жные соревнова́ния. 9. На друго́й день пого́да была́ хоро́шая. Лы́жные соревнова́ния опя́ть не состоя́лись. 10. Това́рищ звал меня́ с собо́й за́ город. Я был за́нят и отказа́лся. 11. Мой това́рищ живёт в це́нтре го́рода. Я живу́ на окра́ине. 12. Мой брат — студе́нт. Моя́ сестра́ ещё шко́льница. 13. Мне хоте́лось чита́ть. Все кни́ги бы́ли прочи́таны. Мне бы́ло ску́чно. 14. Бы́ло по́здно. Рабо́та продолжа́лась. 15. Я уста́л. Ну́жно бы́ло продолжа́ть рабо́ту. 16. Все о́чень уста́ли. Пришло́сь устро́ить переры́в. 17. Все отдыха́ли. Он продолжа́л рабо́тать. 18. Этот дом большо́й и но́вый. Тот дом ста́рый и ма́ленький. 19. Мы до́лго стуча́ли. Никто́ не откры́л нам дверь. 20. Он поверну́л нале́во. Я пошёл пря́мо. 21. Студе́нт мно́го рабо́тал над докла́дом. Докла́д получи́лся интере́сный. 22. Я сказа́л ему́ об э́том. Он забы́л. 23. Он преодоле́л пе́рвые тру́дности. Тепе́рь ему́ легко́ рабо́тать. 24. Това́рищи бы́ли уже́ гото́вы. Он всё ещё собира́лся. 25. Спра́ва был лес. Сле́ва была́ река́.

Übung 102. Lesen Sie die folgenden Sätze. Begründen Sie den Gebrauch der beiordnenden Konjunktionen.

1. Со́лнце уже́ дово́льно высоко́ стоя́ло на чи́стом не́бе, но поля́ ещё блесте́ли росо́й. (*Тург.*) 2. Плывём до́лго. Глаз жа́дно и́щет огонька́, одна́ко ка́ждый поворо́т реки́ обма́нывает на́ши наде́жды. (*Кор.*) 3. В ко́мнату ворва́лся си́льный ве́тер, и бума́ги по-

летéли со столá. (*Чех.*) 4. Мнóго другѝх примéров мне в гóлову прихóдит, да всегó не перескáжешь. (*Тург.*) 5. Глазá егó читáли, но мы̀сли бы̀ли далекó. (*П.*) 6. Прéжде в грýстные минýты он успокáивал себя̀ вся̀кими рассуждéниями, тепéрь же емý бы̀ло не до рассуждéний. (*Чех.*) 7. Óкна откры̀ты, и на свет свечѝ залетáют сéрые бáбочки. (*Пауст.*) 8. Гóсти сидéли тéсным кружкóм у столá, а Натáша, с кнѝжкой в рукáх, помéстилась в углý, под лáмпой. (*М. Г.*) 9. Мир освещáется сóлнцем, а человéк — знáнием.(*Посл.*) 10. Скóро скáзка скáзывается, да не скóро дéло дéлается. (*Посл.*)

Übung 103. Bilden Sie Satzverbindungen mit den Konjunktionen *и, ни — ни, а, но, однáко, же, то — то, ѝли, лѝбо, не то — не то.*

Übung 104. Schreiben Sie die folgenden Sätze ab und setzen Sie erforderlicherfalls vor die Konjunktionen ein Komma. Unterstreichen Sie die hauptrangigen Satzglieder.

1. С кáждой минýтой становѝлось всё светлéе и вдруг я̀ркие сóлнечные лучѝ снопóм вы̀рвались из-за гор и озарѝли весь лес. (*Арс.*) 2. Сóлнце ужé скры̀лось и ночны̀е тéни бы̀стро надвигáлись со стороны̀ лéса. (*Л. Т.*) 3. Мóре отражáло огнѝ фонарéй и бы̀ло усéяно мáссой жёлтых пя̀тен. (*М. Г.*) 4. Мéжду тéм лунá началá одевáться тýчами и на мóре подня̀лся тумáн. (*Л.*) 5. За Днепрóм синéют лесá и мелькáет проя̀снившееся ночнóе нéбо. (*Гайд.*) 6. Прошлó óколо чáса. Зелёный огóнь погáс и не стáло вѝдно тенéй. Лунá ужé стоя̀ла высокó над дóмом и освещáла спя̀щий сад, дорóжки; георгѝны и рóзы в цветникé пéред дóмом бы̀ли отчётливо вѝдны и казáлись все однóго цвéта. Становѝлось óчень хóлодно. Я вы̀шел из сáда и не спешá побрёл домóй. (*Чех.*)

Übung 105. Lesen Sie die folgenden Sätze. Begründen Sie den Gebrauch der Konjunktion *и;* sagen Sie, in welchen Fällen die Handlungen der durch *и* verbundenen Sätze a) gleichzeitig vor sich gehen; b) aufeinander folgen; c) Grund und Folge bezeichnen.

1. Мне нужнá попýтная машѝна, и я не свожý глаз с дорóги. (*Ант.*) 2. Вéтки цветýщих черéшен смóтрят мне в окнó, и вéтер иногдá усыпáет мой пѝсьменный стол их бéлыми лепесткáми. (*Л.*) 3. Дýшно стáло в сáкле, и я вы̀шел на вóздух освежѝться. Ночь ужé ложѝлась на гóры, и тумáн начинáл бродѝть по ущéльям. (*Л.*) 4. Блестéло мóре, всё в я̀рком свéте, и грóзно вóлны о бéрег бѝлись. (*М. Г.*) 5. Заря̀ ужé давнó погáсла, и едвá бéлел на небосклóне её послéдний след. (*Тург.*)

6. Прозрáчный лес одѝн чернéет,
   И ель сквозь ѝней зеленéет,
   И рéчка подо льдóм блестѝт. (*П*)

Das Satzgefüge

Nebensätze können sich auf ein Satzglied des Hauptsatzes beziehen:

In dem Satz: Мне **сказáли**, *что твой брат скóро приéдет. Man hat mir gesagt, daß dein Bruder bald kommt.*— bezieht sich der Nebensatz auf das verbale Prädikat des Hauptsatzes **сказáли**. Der Nebensatz antwortet auf die Frage *что?* (*Что* мне **сказáли**? *Was hat man mir gesagt?*)

In dem Satz: Я принёс тебе́ **то**, *что ты проси́л. Ich habe dir das gebracht, worum du gebeten hast.*—erläutert der Nebensatz das durch das Pronomen **то** ausgedrückte Objekt des Hauptsatzes. Der Nebensatz antwortet auf die Frage *что?*

In dem Satz: *Кто и́щет*, **тот** всегда́ найдёт. *Wer sucht, der findet.*—erläutert der Nebensatz das durch das Pronomen **тот** ausgedrückte Subjekt des Hauptsatzes. Der Nebensatz antwortet auf die Frage *кто? (Кто всегда́ найдёт? Wer findet immer?)*

In dem Satz: Мы пошли́ **по той доро́ге**, *кото́рая вела́ в по́ле. Wir sind den Weg gegangen, der aufs Feld führte.*—erläutert der Nebensatz das durch das Pronomen **той** ausgedrückte Attribut des Hauptsatzes. Der Nebensatz antwortet auf die Frage *По како́й доро́ге мы пошли́? Welchen Weg sind wir gegangen?*

Manche Nebensätze beziehen sich nicht auf ein Satzglied des Hauptsatzes, sondern auf den ganzen Hauptsatz:

Когда́ мы возвраща́лись домо́й, **бы́ло уже́ темно́.**	Als wir nach Hause zurückkehrten, war es schon dunkel.

Der Nebensatz antwortet auf die Frage *когда́? (Когда́ бы́ло темно́? Wann war es dunkel?)* und bezieht sich auf den ganzen Hauptsatz.

Мы спеши́ли, *потому́ что бы́ло уже́ по́здно.*	Wir beeilten uns, weil es schon spät war.

Der Nebensatz antwortet auf die Frage *почему́? (Почему́ мы спеши́ли? Warum beeilten wir uns?)* und bezieht sich auf den ganzen Hauptsatz.

Die Nebensätze werden mit dem Hauptsatz durch a) unterordnende (echte) Konjunktionen und b) unechte Konjunktionen, d. h. Wörter, die Satzgliedfunktion haben und nur zusätzlich verknüpfende Funktion haben, verbunden.

1. U n t e r o r d n e n d e (e c h t e) K o n j u n k t i o n e n (**что** *daß*, **чтобы** *daß*, damit, **если** *wenn*, **хотя** *obwohl* u. a.) sind keine Satzglieder; sie dienen lediglich zur Verknüpfung des Nebensatzes mit dem Hauptsatz.

Сестра́ написа́ла, **что** она́ прие́дет в понеде́льник.	Die Schwester hat geschrieben, daß sie am Montag kommt.
Сестра́ проси́ла, **чтобы** её встре́тил кто́-либо из нас.	Die Schwester hat gebeten, daß jemand von uns sie (vom Bahnhof) abholt.
Мы спеши́ли, **потому́ что** бы́ло уже́ по́здно.	Wir haben uns beeilt, weil es schon spät war.

2. U n e c h t e K o n j u n k t i o n e n sind Relativpronomen (**кто** *wer*, **что** *was*, **кото́рый** *der, welcher*, **како́й** *welcher*, **чей** *wessen*) und Relativadverbien (**где** *wo*, **куда́** *wohin*, **отку́да** *woher*).

Студе́нты, **кото́рые** сда́ли экза́мены, уже́ уе́хали отдыха́ть.	Die Studenten, die die Prüfungen abgelegt haben, sind schon in die Ferien gefahren.

In diesem Satz tritt als Bindewort das Relativpronomen **кото́рые** auf, das im Nebensatz Subjekt ist.

Я принёс то, **что** ты проси́л.	Ich habe das mitgebracht, worum du gebeten hast.

In diesem Satz ist das als Bindewort gebrauchte Relativpronomen **что** zugleich Objekt des Nebensatzes.

Мы пойдём туда́, **где** нас ждут това́рищи.	Wir gehen dorthin, wo auf uns die Freunde warten.

In diesem Satz ist das Bindewort zugleich das Relativadverb, **где**; im Nebensatz ist es Adverbialbestimmung des Ortes.

Anmerkung.
Das Wort **что** kann in dem einen Satz eine echte, in dem anderen eine unechte Konjunktion sein.

Я ви́дел, **что** он принёс.	Ich habe gesehen, was er mitgebracht hat.

(**что** ist hier eine unechte Konjunktion, weil es das direkte Objekt zum Verb **принёс** ist)

Я ви́дел, **что** он принёс кни́ги.	Ich habe gesehen, daß er Bücher mitgebracht hat.

(**что** ist hier echte Konjunktion, weil es kein Satzglied ist)

Im Hauptsatz können hinweisende Wörter stehen (Demonstrativpronomen wie **тот** *jener, der*, **тако́й** *solcher* oder Adverbien wie **там** *dort*, **туда́** *dorthin*, **отту́да** *von dort*, **тогда́** *dann, damals*):

	wörtlich:
Кто ве́сел, **тот** смеётся.	Wer fröhlich ist, der lacht.
Дай мне посмотре́ть **те** кни́ги, кото́рые ты принёс.	Zeige mir die Bücher, die du mitgebracht hast.
Он не пришёл **тогда́**, когда́ все его́ жда́ли.	Damals, als alle auf ihn warteten, ist er nicht gekommen.
Мы пойдём **туда́**, где нас ждут.	Wir gehen dorthin, wo man auf uns wartet.

Hinweisende Wörter im Hauptsatz korrespondieren mit Konjunktionen im Nebensatz: **тот... кото́рый; тот... кто...; то... что; тако́й... како́й...; тогда́... когда́...**

Satzgefüge mit einem Objektsatz

Ein Objektsatz antwortet auf Fragen zu abhängigen Fällen. Er dient als Objekt zu einem Satzglied des Hauptsatzes, meistens zum Prädikat, oder er erläutert das durch ein Pronomen ausgedrückte Objekt des Hauptsatzes:

Он понима́ет, **что ему́ одному́ бу́дет тру́дно вы́полнить э́ту рабо́ту.** (*Что* он понима́ет?)	Er weiß, daß er kaum allein mit dieser Arbeit fertig wird. (Was weiß er?)
Он хо́чет, **чтобы това́рищи помогли́ ему́.** (*Что* он хо́чет?)	Er will, daß seine Freunde ihm helfen. (Was will er?)

In diesen Sätzen sind die Nebensätze Objekte zu den Prädikaten der Hauptsätze (**понима́ет, хо́чет**).

Он не вы́полнил того́, **что ему́ поручи́ли**. (*Чего́* он не вы́полнил?)	Er hat nicht erfüllt, was man ihm aufgetragen hatte. (Was hat er nicht erfüllt?)
На́до сообщи́ть об э́том ка́ждому, **кто уча́ствует в э́той рабо́те**. (*Кому́* на́до сообщи́ть об э́том?)	Man muß das jedem sagen, der an dieser Arbeit beteiligt ist. (Wem muß man das sagen?)

In diesen Sätzen erläutern die Nebensätze die Objekte der Hauptsätze (**того́, ка́ждому**).

Satzgefüge mit einem Subjektsatz

Ein Subjektsatz antwortet auf die Fragen zum Nominativ **кто?** *wer?* und **что?** *was?* Er ist das Subjekt zum Prädikat des Hauptsatzes, oder er erläutert das durch ein Pronomen ausgedrückte Subjekt des Hauptsatzes:

Чу́вствовалось, **что приближа́ется весна́**. (*Что* чу́вствовалось?)	Man spürte, daß der Frühling naht. (Was spürte man?)
Ста́ло я́сно, **что мы заблуди́лись**. (*Что* ста́ло я́сно?)	Es wurde klar, daß wir uns verlaufen hatten. (Was wurde klar?)

In diesen Sätzen sind die Nebensätze Subjekte zu den Prädikaten der Hauptsätze (**чу́вствовалось, ста́ло я́сно**).

Случи́лось то, **чего́ никто́ не ожида́л**. (*Что* случи́лось?)	Es geschah das, was niemand erwartet hatte. (Was geschah?)
Э́той рабо́той мо́жет руководи́ть то́лько тот, **кто име́ет большо́й о́пыт**. (*Кто* мо́жет руководи́ть э́той рабо́той?)	Diese Arbeit kann nur jemand leiten, der große Erfahrungen hat. (Wer kann diese Arbeit leiten?)

In diesen Sätzen erläutern die Nebensätze die durch Pronomen ausgedrückten Subjekte (**то, тот**) der Hauptsätze.

KONJUNKTIONEN, DIE OBJEKT- UND SUBJEKTSÄTZE EINLEITEN

Objekt- und Subjektsätze werden eingeleitet durch: **что** *daß*, **чтобы** *daß*, **как** *wie*, **бу́дто** (**бу́дто бы**) *als ob, daß*, **ли** *ob*, **как бы не** *daß ... nicht*.

Die Konjunktion что

Ein durch **что** eingeleiteter Nebensatz bezieht sich in der Regel auf das Prädikat eines Hauptsatzes, das durch Verben des Sagens und Denkens, der Empfindung und der sinnlichen Wahrnehmung oder Wörter ähnlichen Inhalts ausgedrückt ist. Der Nebensatz erläutert den Inhalt einer Mitteilung, eines Gedankens, einer Empfindung:

Ста́роста сообщи́л нам, **что** зачёт по хи́мии бу́дет че́рез неде́лю.	Der Gruppenälteste teilte uns mit, daß die Zwischenprüfung in Chemie in einer Woche stattfindet.
Я ду́маю, **что** все студе́нты на́шей гру́ппы хорошо́ сдаду́т экза́мены.	Ich denke, daß alle Studenten unserer Gruppe die Prüfungen gut bestehen werden.
Мы ра́ды, **что** ты хорошо́ сдал экза́мены.	Wie freuen uns, daß du die Prüfungen gut bestanden hast.
Стра́нно, **что** он не присла́л ни одного́ письма́.	Merkwürdig, daß er uns keinen einzigen Brief geschrieben hat.

Als Prädikate, auf die sich der durch **что** eingeleitete Nebensatz bezieht, können auftreten:

a) Verben des Sagens und Denkens, der Empfindung und der sinnlichen Wahrnehmung (**говори́ть** *sprechen, sagen,* **сообща́ть** *mitteilen,* **заявля́ть** *bekanntgeben, erklären,* **ду́мать** *denken,* **понима́ть** *verstehen,* **оказа́ться** *sich herausstellen,* **ра́доваться** *sich freuen,* **ра́довать** *freuen,* **удивля́ться** *sich wundern,* **удивля́ть** *wundern,* **знать** *wissen,* **ви́деть** *sehen,* **слы́шать** *hören,* **замеча́ть** *merken,* **чу́вствовать** *fühlen,* **нра́виться** *gefallen* u. a.):

Това́рищи *сказа́ли* мне, **что** за́втра бу́дет собра́ние. (*Что* сказа́ли мне това́рищи?)	Die Genossen haben mir gesagt, daß morgen eine Versammlung stattfindet. (Was haben mir die Genossen gesagt?)
Я *зна́ю*, **что** за́втра бу́дет собра́ние. (*Что* я зна́ю? o d e r: *О чём* я зна́ю?)	Ich weiß, daß morgen eine Versammlung stattfindet. (Was weiß ich? o d e r: Wovon weiß ich?)
Я *слы́шал*, **что** бу́дет собра́ние. (*Что* я слы́шал? o d e r: *О чём* я слы́шал?)	Ich habe gehört, daß eine Versammlung stattfindet. (Was habe ich gehört? o d e r: Wovon habe ich gehört?)
Мы *удиви́лись*, **что** ты ра́но верну́лся. (*Чему́* мы удиви́лись?)	Wir haben uns gewundert, daß du so früh nach Hause gekommen bist. (Worüber haben wir uns gewundert?)
Нас **удиви́ло**, **что** ты так ра́но верну́лся. (*Что* нас удиви́ло?)	Es hat uns gewundert, daß du so früh nach Hause gekommen bist. (Was hat uns gewundert?)
Мне *нра́вится*, **что** он всегда́ выполня́ет свои́ обеща́ния, (*Что* мне нра́вится?)	Mir gefällt, daß er immer sein Versprechen hält. (Was gefällt mir?)

b) Kurzformen von Adjektiven (**рад** *froh,* **сча́стлив** *glücklich,* **дово́лен** *zufrieden,* **винова́т** *schuld(ig),* **уве́рен** *sicher* u. a.):

Де́ти ра́ды, **что** оте́ц верну́лся. (*Чему́* ра́ды де́ти?)	Die Kinder sind froh, daß der Vater wieder da ist. (Worüber sind die Kinder froh?)

Мать *довóльна*, **что** сын поступи́л в институ́т. (*Чем* довóльна мать?)

Die Mutter ist zufrieden, daß der Sohn in das Institut aufgenommen worden ist. (Womit ist die Mutter zufrieden?)

Ты *виновáт*, **что** мы опоздáли. (*В чём* ты виновáт?)

Du bist schuld daran, daß wir uns verspätet haben. (Woran bist du schuld?)

Все *увéрены*, **что** он хорошó вы́полнит поручéние. (*В чём* все увéрены?)

Alle sind überzeugt, daß er den Auftrag gut erfüllt. (Wovon sind alle überzeugt?)

c) prädikative Adverbien oder sächliche Kurzformen von Adjektiven (**прия́тно** *angenehm*, **ви́дно** *man sieht*, **слы́шно** *man hört*, **жаль** *schade*, **замéтно** *man merkt*, **смешнó** *lächerlich*, **стрáшно** *furchtbar*, **стрáнно** *merkwürdig*, **извéстно** *bekannt*, **я́сно** *klar*, **поня́тно** *verständlich*, **удиви́тельно** *sonderbar* u. a.):

Прия́тно, **что** товáрищи меня́ пóмнят. (*Что* прия́тно?)

Es ist angenehm, daß die Freunde mich nicht vergessen haben. (Was ist angenehm?)

Ви́дно, **что** емý трýдно рабóтать. (*Что* ви́дно?)

Man merkt, daß ihm das Arbeiten schwer fällt. (Was merkt man?)

Я́сно, **что** нáдо продóлжить рабóту. (*Что* я́сно?)

Es ist klar, daß man weiterarbeiten muß. (Was ist klar?)

Жаль (*жáлко*), **что** вы уезжáете. (*Что* жáлко?)

Schade, daß Sie fortfahren. (Was ist schade?)

d) Kurzformen von Partizipien des Passivs (**скáзано** *ist gesagt, steht geschrieben*, **объя́влено** *ist bekanntgegeben*, **докáзано** *ist bewiesen*, **замéчено** *ist bemerkt* u. a.):

В объявлéнии бы́ло *скáзано*, **что** защи́та диссертáции состóится в понедéльник. (*Что* бы́ло скáзано в объявлéнии?)

In der Mitteilung stand, daß die Verteidigung der Dissertation am Montag stattfindet. (Was stand in der Mitteilung?)

Бы́ло *объя́влено*, **что** собрáние перенóсится на пя́тницу. (*Что* бы́ло объя́влено?)

Es wurde bekanntgegeben, daß die Versammlung auf Freitag verlegt wird. (Was wurde bekanntgegeben?)

Die Konjunktion чтóбы

Ein durch **чтóбы** eingeleiteter Nebensatz bezieht sich auf das Prädikat eines Hauptsatzes, das durch ein Wort mit der Bedeutung des Wunsches, des Strebens, der Bitte, der Forderung oder des Befehls ausgedrückt ist:

Я *хочý*, **чтóбы** вы меня́ прáвильно пóняли.

Ich möchte, daß Sie mich richtig verstehen.

Учи́тель *трéбует*, **чтóбы** ученики́ бы́ли внимáтельны.

Der Lehrer verlangt, daß die Schüler aufmerksam sind.

Нýжно, **чтóбы** все учáствовали в э́той рабóте.

Es ist notwendig, daß sich alle an dieser Arbeit beteiligen.

534

Als Prädikate, auf die sich der durch **чтобы** eingeleitete Nebensatz bezieht, können stehen:

a) Verben des Wünschens, Bittens, Strebens oder Befehlens (**хотеть** *wollen,* **желать** *wünschen,* **требовать** *fordern, verlangen,* **стремиться** *streben,* **бороться** *kämpfen,* **заботиться** *sorgen,* **просить** *bitten,* **приказывать** *befehlen,* **велеть** *lassen* u. a.):

Я *хочу,* **чтобы** вы ответили на этот вопрос. (*Что я хочу?*)	Ich möchte, daß Sie auf diese Frage antworten. (Was möchte ich?)
Товарищ *просил,* **чтобы** я дал ему свои конспекты. (*О чём просил товарищ?*)	Mein Freund hat gebeten, daß ich ihm meine Konzepte gebe. (Worum hat mein Freund gebeten?)
Она *заботилась,* **чтобы** в доме всегда был порядок. (*О чём она заботилась?*)	Sie sorgte dafür, daß im Hause immer Ordnung herrschte. (Wofür sorgte sie?)

b) prädikative Adverbien, die ausdrücken, daß eine Handlung notwendig oder erwünscht ist (**нужно, надо, необходимо** *es ist notwendig,* **желательно** *es ist erwünscht*):

Нужно (*надо*), **чтобы** стенгазета была готова к субботе. (*Что нужно?*)	Es ist notwendig, daß die Wandzeitung bis Sonnabend fertig ist. (Was ist notwendig?)
Необходимо, **чтобы** на собрании присутствовали все. (*Что необходимо?*)	Es ist notwendig, daß alle an der Versammlung teilnehmen. (Was ist notwendig?)

c) sächliche Kurzformen von Partizipien des Passivs (**велено** *es ist befohlen, angeordnet,* **приказано** *es ist befohlen*):

Приказано, **чтобы** все собрались к девяти утра. (*Что приказано?*)	Es ist angeordnet worden, daß sich alle um 9 Uhr morgens versammeln. (Was ist angeordnet worden?)

Nach einigen Wörtern (**сказать** *sagen,* **написать** *schreiben,* **предупредить** *warnen;* **сказано** *es ist gesagt,* **написано** *steht (geschrieben),* **важно** *es ist interessant* u. a.) kann sowohl **что** als auch **чтобы** stehen; dabei hängt der Sinn des Satzes von dem jeweiligen Gebrauch dieser Konjunktionen ab.

Vergleichen Sie:

Он *сказал,* **что** товарищи пришли.	Он *сказал,* **чтобы** товарищи пришли.
Er sagte, daß die Genossen gekommen sind (seien).	Er sagte, daß alle Genossen kommen sollen.
В телеграмме *было сказано,* **что** он приехал.	В телеграмме *было сказано,* **чтобы** он приехал.
In dem Telegramm stand, daß er angekommen ist (sei).	In dem Telegramm stand, daß er kommen soll.
Важно, **что** все это поняли.	*Важно,* **чтобы** все это поняли.

Wichtig ist, daß alle es verstanden   Wichtig ist, daß alle es verstehen.
haben.

Die durch **что** eingeleiteten Sätze drücken die Mitteilung über eine Tatsache aus, während die durch **чтобы** eingeleiteten Sätze einen Wunsch oder eine Bitte wiedergeben.

Übung 106. Lesen Sie die folgenden Sätze. Begründen Sie den Gebrauch der Konjunktionen *что* und *чтобы*.

1. Я думал, что погода будет плохая. 2. Утром я увидел, что солнце ярко светит. 3. Я узнал, что продаётся новый учебник. 4. Товарищ хочет, чтобы я купил ему учебник. 5. Я сказал товарищу, что куплю ему учебник. 6. Сестра написала мне, что скоро приедет. 7. Сестра просила, чтобы я её встретил. 8. Врач сказал, что больной должен лежать. 9. Врач сказал, чтобы больной лежал. 10. Нужно, чтобы больной принимал это лекарство. 11. Странно, что он до сих пор не вернулся домой. 12. Необходимо, чтобы врач приехал сегодня.

Übung 107. Setzen Sie die Konjunktion *что* oder *чтобы* ein.

1. Я хотел, ... мои товарищи скорее вернулись из дома отдыха. 2. Я сегодня узнал, ... мои товарищи вернулись из дома отдыха. 3. Она почувствовала, ... очень устала и не может продолжать работу. 4. Из этого письма я узнал, ... моя сестра поступила в университет. 5. Мать всегда хотела, ... сестра поступила в университет. 6. Преподаватель попросил студентов, ... они ещё раз прочитали текст. 7. Преподаватель сказал студентам, ... они должны ещё раз прочитать текст. 8. Мы рады, ... ты хорошо сдал экзамен. 9. Мы все хотели, ... ты хорошо сдал экзамен. 10. Соседка сказала, ... ко мне приходил кто-то. 11. Я попросил моего друга, ... он пришёл ко мне. 12. Нужно, ... вы меня правильно поняли. 13. Я думаю, ... вы меня правильно поняли. 14. Все хотят, ... завтра была хорошая погода. 15. Все довольны, ... вчера была хорошая погода.

Übung 108. Ersetzen Sie die Konjunktion *что* durch *чтобы*. Sagen Sie, wie sich dabei der Sinn der Sätze ändert.

1. Товарищи сказали, что ты написал статью для стенгазеты. 2. Мать написала, что сестра приехала к ней. 3. Он ещё раз повторил, что ему принесли эти книги. 4. Она позвонила по телефону и сказала, что все товарищи собрались у неё. 5. Врач сказал, что больной принимал это лекарство. 6. Мой друг сказал мне, что я дал ему интересную книгу. 7. Важно, что работа была закончена в срок.

Übung 109. Bilden Sie Satzgefüge. Verwenden Sie im Hauptsatz die unten angegebenen Wörter und im Nebensatz die erforderliche Konjunktion *что* oder *чтобы*.

1. Знать, понимать, заботиться, требовать, удивиться, хотеть, чувствовать. 2. Рад, виноват, уверен, доволен. 3. Нравиться, чувствоваться, казаться, оказаться, потребоваться. 4. Ясно, нужно, жаль, желательно, решено, приказано, удивительно, известно.

Übung 110. Ersetzen Sie die einfachen Sätze durch zusammengesetzte.

a) M u s t e r: Това́рищ по́нял оши́бочность своего́ мне́ния.
Това́рищ *по́нял, что его́ мне́ние оши́бочно.*

1. О́пыты подтверди́ли пра́вильность пе́рвого предположе́ния. 2. Все признаю́т необходи́мость кри́тики и самокри́тики. 3. Инже-не́р доказа́л целесообра́зность примене́ния но́вого ме́тода.

b) M u s t e r: Все ра́ды наступле́нию весны́.
Все *ра́ды, что наступи́ла весна́.*

1. Наде́юсь на по́мощь това́рищей. 2. Мы ве́рим в побе́ду сил ми́ра. 3. Мать удиви́лась ра́ннему возвраще́нию сы́на. 4. Де́ти обра́довались прие́зду отца́. 5. Я не знал о его́ возвраще́нии.

c) M u s t e r: Он попроси́л по́мощи у друзе́й.
Он *попроси́л, чтобы друзья́ ему́ помогли́.*

1. Мы должны́ доби́ться хоро́шей сда́чи экза́менов все́ми сту-де́нтами на́шей гру́ппы. 2. Мы приложи́ли все си́лы к досро́чному выполне́нию пла́на. 3. Мы бу́дем стреми́ться к установле́нию дру́-жественных отноше́ний со все́ми стра́нами.

ZUM GEBRAUCH DER ZEITFORMEN DES VERBS
IN DEN DURCH ЧТО UND ЧТО́БЫ EINGELEITETEN NEBENSÄTZEN

In einem durch **что́бы** eingeleiteten Nebensatz wird das Prädikat stets durch ein Verb in Präteritum ausgedrückt, unabhängig davon, wann die Handlung vor sich geht.

Ну́жно, **что́бы** вы *всегда́* **начина́-ли** рабо́ту в 9 часо́в.	Es ist notwendig, daß ihr immer um 9 Uhr mit der Arbeit anfangt.
Ну́жно, **что́бы** вы *за́втра* **на́ча-ли** рабо́ту в 9 часо́в.	Es ist notwendig, daß ihr morgen um 9 Uhr mit der Arbeit anfangt.
Ну́жно бы́ло, **что́бы** вы *вчера́* **на́чали** рабо́ту в 9 часо́в.	Es war notwendig, daß ihr gestern um 9 Uhr mit der Arbeit anfingt.

In einem durch **что** eingeleiteten Nebensatz kann das Verb im Präsens, im Präteritum oder im Futur stehen. Die Zeitform des Verbs im Nebensatz hängt jedoch nicht von der Zeitform des Verbs im Hauptsatz ab:

В своём письме́ он *сообща́ет,*	
In seinem Brief teilt er mit,	
В своём письме́ он *сообщи́л,*	**что** дела́ **иду́т хорошо́.**
In seinem Brief teilte er mit,	daß es gut geht.
В своём письме́ он *сообщи́т,*	
In seinem Brief wird er mitteilen,	
В своём письме́ он *сообща́ет,*	
В своём письме́ он *сообщи́л,*	**что** он ско́ро **зако́нчит** свою́ рабо́ту.
В своём письме́ он *сообщи́т,*	daß er seine Arbeit bald beendet.
В своём письме́ он *сообща́ет,*	**что** рабо́та уже́ **зако́нчена.**
В своём письме́ он *сообщи́л,*	daß die Arbeit bereits beendet ist.
В своём письме́ он *сообщи́т,*	

Das Präsens im Nebensatz gibt an, daß die Handlungen des Haupt- und des Nebensatzes gleichzeitig verlaufen. Das Prädikat des Hauptsatzes kann dabei im Präsens, im Präteritum oder im Futur stehen.

Я *чувствую,* Ich fühle, Я *чувствовал,* Ich fühlte,	что ему́ **не нра́вится** мой отве́т. daß ihm meine Antwort nicht gefällt.
Она́ *говори́т,* Sie sagt, Она́ *сказа́ла,* Sie sagte, Она́ *ска́жет,* Sie wird sagen,	что она́ **занята́** и поэ́тому **не мо́жет** пойти́ в теа́тр. daß sie beschäftigt ist (sei) und deswegen nicht ins Theater gehen kann (könne).
Я́сно, Es ist klar,	что она́ **не хо́чет** уча́ствовать в э́том разгово́ре. daß sie an diesem Gespräch nicht teilnehmen will.
Бы́ло я́сно, Es war klar,	что она́ **не хоте́ла** уча́ствовать в э́том разгово́ре. daß sie an diesem Gespräch nicht teilnehmen wollte.

Das Präteritum des Verbs im Nebensatz gibt an, daß die Handlung des Nebensatzes der des Hauptsatzes vorausgeht.

Он *сказа́л,* Er sagte, Он *говори́т,* Er sagt,	что он **рабо́тал** на заво́де. daß er im Betrieb gearbeitet hat (habe).

Она́ *сказа́ла,* **что была́ занята́** и поэ́тому **не могла́ пойти́** с на́ми в теа́тр.

Sie sagte, daß sie beschäftigt war und deswegen nicht mit uns ins Theater gehen konnte.

Das Futur des Verbs im Nebensatz gibt an, daß die Handlung des Nebensatzes der des Hauptsatzes folgt.

Он *сказа́л,* Er sagte, Он *говори́т,* Er sagt,	что бу́дет **рабо́тать** на заво́де. daß er im Betrieb arbeiten wird.
Она́ *сказа́ла,* Sie sagte, Она́ *говори́т,* Sie sagt,	что бу́дет **занята́** и поэ́тому **не смо́жет** пойти́ в теа́тр. daß sie beschäftigt sein wird und deswegen nicht ins Theater gehen kann.

Übung 111. Sagen Sie, wodurch sich die Sätze eines jeden Paares in ihrer Bedeutung unterscheiden.

1. Това́рищ сказа́л, что он хо́чет пойти́ с на́ми в теа́тр. Това́рищ сказа́л, что он хоте́л пойти́ с на́ми в теа́тр. 2. Брат написа́л,

что он не мо́жет прие́хать ле́том к ма́тери. Брат написа́л, что он не смог прие́хать ле́том к ма́тери. 3. Она́ сказа́ла, что зна́ет э́ту пе́сню. Она́ сказа́ла, что зна́ла э́ту пе́сню. 4. Я сказа́л, что я верну́сь домо́й по́здно. Я сказа́л, что я верну́лся домо́й по́здно.

Übung 112. Ersetzen Sie das Präteritum im Nebensatz durch das Präsens. Sagen Sie, wie sich dabei das Zeitverhältnis zwischen Haupt- und Nebensatz ändert.

1. Она́ сказа́ла, что она́ учи́лась на истори́ческом факульте́те. 2. Студе́нт сказа́л, что он пло́хо понима́л э́тот текст. 3. Она́ отве́тила, что у неё не́ было свобо́дного вре́мени. 4. Больно́й сказа́л, что ему́ бы́ло хо́лодно. 5. Я заме́тил, что она́ пла́кала.

HINWEISENDE WÖRTER IM HAUPTSATZ

Ein durch **что, чтобы** eingeleiteter Nebensatz kann sich sowohl unmittelbar auf das Prädikat des Hauptsatzes als auch auf das hinweisende Wort **то** beziehen, das beim Prädikat des Hauptsatzes steht.

Sätze o h n e hinweisende Wörter	Sätze m i t hinweisenden Wörtern
Мне сообщи́ли, **что** моя́ статья́ бу́дет напеча́тана.	Мне сообщи́ли **о том, что** моя́ статья́ бу́дет напеча́тана.
Man hat mir mitgeteilt, daß mein Artikel veröffentlicht wird.	Man hat mir mitgeteilt, daß mein Artikel veröffentlicht wird.
Я уве́рен, **что** он сде́ржит своё сло́во.	Я уве́рен **в том, что** он сде́ржит своё сло́во.
Ich bin überzeugt, daß er sein Wort halten wird.	Ich bin überzeugt davon, daß er sein Wort halten wird.
Мне нра́вится, **что** он всегда́ выполня́ет свои́ обеща́ния.	Мне нра́вится **то, что** он всегда́ выполня́ет свои́ обеща́ния.
Mir gefällt, daß er immer sein Versprechen hält.	Mir gefällt es, daß er immer sein Versprechen hält.

In einigen Fällen ist das hinweisende Wort unentbehrlich:

Гла́вная тру́дность состоя́ла **в том, что** уча́стники экспеди́ции пло́хо зна́ли маршру́т.	Die größte Schwierigkeit bestand darin, daß die Teilnehmer der Expedition die Route schlecht kannten.
Дире́ктор на́чал **с того́, что** ли́чно познако́мился со все́ми.	Der Direktor begann damit, daß er sich mit allen persönlich bekannt machte.

Übung 113. Setzen Sie das hinweisende Wort *mo* in dem erforderlichen Fall mit oder ohne Präposition ein.

1. Мы наде́ялись ..., что в воскресе́нье бу́дет хоро́шая пого́да. 2. Я был рад..., что меня́ пригласи́ли на э́тот ве́чер. 3. Никто́ не сомнева́ется ..., что ты успе́шно сдашь экза́мены. 4. Он добива́лся ..., чтобы ему́ разреши́ли перейти́ на медици́нский факульте́т. 5. Я давно́ мечта́л ..., чтобы попа́сть на э́тот спекта́кль. 6. Я был о́чень дово́лен ..., что мне предложи́ли биле́т на э́тот спекта́кль. 7. Он всегда́ твёрдо ве́рил ..., что ему́ уда́стся доби́ться свое́й це́ли.

8. Он был уве́рен ..., что в слу́чае необходи́мости това́рищи его́ поддержат.

Übung 114. Ergänzen Sie die folgenden Satzgefüge durch Nebensätze mit *что* oder *чтобы*:

1. Тру́дность заключа́ется в том, ... 2. На́ша зада́ча состои́т в том, ... 3. Пье́са конча́ется тем, ... 4. Преподава́тель на́чал уро́к с того́, ... 5. Вся сло́жность э́того вопро́са заключа́ется в том, ... 6. Цель э́той рабо́ты состоя́ла в том, ... 7. Реша́я э́ту пробле́му, на́до исходи́ть из того́, ...

Übung 115. Verwandeln Sie die einfachen Sätze in zusammengesetzte.

1. Мы стреми́мся к овладе́нию пра́вильной ру́сской ре́чью. 2. Учи́тель тре́бует от ученико́в внима́ния. 3. Он не наде́ется на успе́шное оконча́ние на́шей рабо́ты. 4. Наро́ды стремя́тся к реше́нию междунаро́дных пробле́м путём перегово́ров. 5. Диалекти́ческий ме́тод тре́бует рассмотре́ния явле́ний в движе́нии, в разви́тии. 6. Рабо́чие добива́ются неукло́нного повыше́ния производи́тельности труда́.

Die Konjunktion как

Ein durch **как** eingeleiteter Nebensatz bezieht sich gewöhnlich auf das Prädikat eines Hauptsatzes, das durch Wörter der sinnlichen Wahrnehmung ausgedrückt ist (**ви́деть** *sehen,* **слы́шать** *hören,* **заме́тить** *erblicken, merken;* **ви́дно** *(es) ist zu sehen, man sieht,* **слы́шно** *(es) ist zu hören, man hört,* **заме́тно** *man merkt*):

Я *ви́дел,* **как** он вошёл в вести-бю́ль и пошёл по ле́стнице.	Ich sah, wie er die Vorhalle betrat und die Treppe hinaufstieg.
Мы *слы́шали,* **как** пролете́л са-молёт.	Wir hörten, wie ein Flugzeug vorbeiflog.
В ко́мнате *бы́ло слы́шно,* **как** они́ крича́ли и смея́лись.	In Zimmer konnte man hören, wie sie schrien und lachten.

Nach den Wörtern **ви́деть, слы́шать, заме́тить, ви́дно, слы́шно, заме́тно** kann auch die Konjunktion **что** stehen.

Stehen im Hauptsatz die Verben **смотре́ть** *sehen, ansehen,* **слу́шать** *hören,* **наблюда́ть** *betrachten, beobachten,* **следи́ть** *folgen,* **любова́ться** *bewundern,* so steht im Nebensatz nur **как**:

Я лежа́л на спине́ и *смотре́л,* **как** по не́бу ме́дленно дви́гались облака́.	Ich lag auf dem Rücken und sah, wie am Himmel die Wolken dahinzogen.
Мы *наблюда́ли,* **как** де́ти игра́ли во дворе́.	Wir beobachteten, wie die Kinder auf dem Hof spielten.

A n m e r k u n g: **Как** kann nicht nur eine echte, sondern auch eine unechte Konjunktion sein. Stehen im Hauptsatz Verben des Sagens oder Denkens (**говори́ть** *sprechen,* **спра́шивать** *fragen,* **расска́зывать** *erzählen,* **знать** *wissen,* **понима́ть** *verstehen,* **ду́мать** *denken* u. a.), so ist **как** eine den Nebensatz einleitende unechte Konjunktion, die durch logische Betonung hervorgehoben sein kann. Im Nebensatz tritt dieses Wort als Adverbialbestimmung der Art und Weise auf:

Това́рищ *спроси́л* меня́, **как** я реши́л э́ту зада́чу.	Mein Freund fragte mich, wie ich diese Aufgabe gelöst habe.
Това́рищ *рассказа́л* нам, **как** он отдохну́л ле́том.	Der Genosse erzählte uns, wie er sich im Sommer erholt hatte.

Der Ersatz des Wortes **как** durch die Konjunktion **что** ist entweder unmöglich oder verändert den Sinn des Satzes.

Übung 116. Lesen Sie die folgenden Sätze; nennen Sie die Sätze, in denen die Konjunktion *как* durch *что* ersetzt werden kann, und geben Sie an, wo ein Ersatz unmöglich ist.

1. Она́ с гру́стью смотре́ла, как ве́тер кружи́л в во́здухе жёлтые ли́стья. 2. Я лежа́л в посте́ли и слу́шал, как дождь стуча́л по кры́ше. 3. Мы ча́сто ходи́ли на бе́рег смотре́ть, как за мо́рем сади́лось со́лнце. 4. В окно́ бы́ло ви́дно, как к воро́там подъе́хала маши́на. 5. Ма́льчик наблюда́л, как муравьи́ по́лзали по стволу́ де́рева. 6. Вдруг мы услы́шали, как заскрипе́ла дверь и кто́-то вошёл в сосе́днюю ко́мнату. 7. Я уви́дел, как она́ подошла́ к преподава́телю и ста́ла о чём-то разгова́ривать с ним. 8. Бы́ло слы́шно, как за окно́м шуме́л ве́тер.

Die Konjunktion бу́дто (бу́дто бы)

Mit **бу́дто, бу́дто бы** werden Nebensätze unsicheren Inhalts eingeleitet. Diese Nebensätze beziehen sich ebenso wie Sätze mit der Konjunktion **что** auf Verben des Sagens, Denkens und der sinnlichen Wahrnehmung (**говори́ть** *sprechen*, **расска́зывать** *erzählen*, **ду́мать** *denken*, **каза́ться** *scheinen*, **сни́ться** *im Traum sehen*, **послы́шаться** *scheinen* u. a.):

Я *слы́шал*, **бу́дто** вы уезжа́ете.	Ich habe gehört, daß Sie fortfahren.
Мне *послы́шалось*, **бу́дто** кто́-то зовёт меня́.	Es schien mir, als rufe mich jemand.

Übung 117. Lesen Sie die folgenden Sätze. Sagen Sie, wie sich der Sinn der Sätze ändert, wenn man statt der Konjunktion *что* die Konjunktion *бу́дто (бу́дто бы)* einsetzt.

1. Я слы́шал, что вы переезжа́ете на другу́ю кварти́ру. Я слы́шал, бу́дто вы переезжа́ете на другу́ю кварти́ру. 2. Говоря́т, что она́ в мо́лодости была́ краса́вицей. Говоря́т, бу́дто в мо́лодости она́ была́ краса́вицей. 3. Она́ ду́мает, что э́та рабо́та ей по си́лам. Она́ ду́мает, бу́дто э́та рабо́та ей по си́лам. 4. Мне сказа́ли, что зачёт по хи́мии отло́жен. Мне сказа́ли, бу́дто бы зачёт по хи́мии отло́жен.

Die Konjunktion ли

Ein durch **ли** eingeleiteter Nebensatz bezieht sich auf das Prädikat eines Hauptsatzes, das ausgedrückt ist durch Verben wie **спроси́ть** *fragen*, **узна́ть** *sich erkundigen*, **ждать** *warten*, **не знать** *nicht wissen*, **не поня́ть** *nicht verstehen*, **не по́мнить** *sich nicht entsinnen* oder durch Wörter wie **неизве́стно** *es ist unbekannt, man weiß nicht*, **нея́сно** *es ist unklar*, **непоня́тно** *es ist unverständlich*, **интере́сно** *es ist interessant*:

Прохо́жий *спроси́л*, далеко́ **ли** до ближа́йшей ста́нции метро́.	Der Passant fragte, ob es noch weit bis zur nächsten Metrostation sei.
Я не зна́ю, бу́дет **ли** у меня́ свобо́дное вре́мя.	Ich weiß nicht, ob ich freie Zeit haben werde.
Неизве́стно, вернётся **ли** он сего́дня.	(Ich) weiß nicht, ob er heute zurückkommt.
Интере́сно, бу́дет **ли** за́втра дождь.	Interessant (wäre zu erfahren), ob es morgen regnen wird.

Bezieht sich ein durch **ли** eingeleiteter Nebensatz auf das Verb **спроси́ть** *fragen*, so drückt er eine indirekte Frage aus: Я спроси́л: «Мы ско́ро бу́дем у́жинать?»

(Direkte Frage)

Ich fragte: „Werden wir bald Abendbrot essen?"

Я спроси́л, ско́ро ли мы бу́дем у́жинать.

(Indirekte Frage)

Ich fragte, ob wir bald Abendbrot essen würden.

(Zu Sätzen mit der Konjunktion **ли** siehe S. 599.)

Übung 118. Lesen Sie die folgenden Sätze. Sagen Sie, wie sich die Sätze eines jeden Paares in ihrer Bedeutung unterscheiden.

1. Я не знал, что ну́жно ещё раз прове́рить вычисле́ния. Я не знал, ну́жно ли ещё раз прове́рить вычисле́ния. 2. Мне не́ было изве́стно, что она́ прие́хала. Мне не́ было изве́стно, прие́хала ли она́. 3. Мы не зна́ли, что ты поступи́л в институ́т. Мы не зна́ли, поступи́л ли ты в институ́т. 4. Интере́сно, что э́ту контро́льную рабо́ту все студе́нты написа́ли хорошо́. Интере́сно, хорошо́ ли студе́нты написа́ли э́ту контро́льную рабо́ту?

Übung 119. Ersetzen Sie die Konjunktion *что* durch die Konjunktion *ли* und verändern Sie dementsprechend die Wortfolge im Nebensatz. Sagen Sie, wie sich dadurch der Sinn des Satzes geändert hat.

Muster: Никто́ не знал, *что ты ско́ро вернёшься.*
          Никто́ не знал, *ско́ро ли ты вернёшься.*

1. Я не знал, что конце́рт уже́ начался́. 2. Мы жда́ли, что он отве́тит на э́тот вопро́с. 3. Никому́ не́ было изве́стно, что в суббо́ту бу́дет экску́рсия. 4. Това́рищи не зна́ли, что она́ хо́чет пое́хать с ни́ми за́ город. 5. Никто́ не сказа́л мне, что я до́лжен зайти́ в декана́т. 6. Больно́й не знал, что ему́ до́лго придётся лежа́ть в посте́ли.

Übung 120. Ergänzen Sie die Satzgefüge durch Nebensätze mit der Konjunktion *ли.*

1. Я хочу́ знать, ... 2. Друзья́ ча́сто спра́шивали меня́, ... 3. Никто́ не мог поня́ть, ... 4. До сих пор бы́ло неизве́стно, ... 5. Все жда́ли, ... 6. Я ника́к не мог вспо́мнить, ... 7. Мы до́лго спо́рили, ... 8. Нея́сно, ... 9. Мне интере́сно, ... 10. Он никому́ не хоте́л сказа́ть, ... 11. На́до узна́ть, ...

Die Konjunktion как бы не

Ein durch **как бы не** eingeleiteter Objektsatz bezieht sich auf das verbale Prädikat eines Hauptsatzes, das eine Befürchtung oder Unruhe ausdrückt (**бояться** *(sich) fürchten, Angst haben,* **опасаться** *befürchten,* **остерегаться** *sich hüten,* **беспокоиться** *beunruhigt sein,* **волноваться** *sich aufregen*): *Я боялся* (мне было страшно), **как бы** волны **не** перевернули лодку. (D a s h e i ß t: *Я боялся,* **что** волны перевернут лодку. *Ich befürchtete, daß das Boot durch die Wogen kentern könnte.*) Мы *опасались,* **как бы не** испортилась погода. (D a s h e i ß t: Мы *опасались,* **что** погода испортится. *Wir befürchteten, daß wir schlechtes Wetter bekommen.*)

In den mit **как бы не** eingeleiteten Sätzen steht wie bei **чтобы** das Verb im Präteritum, hat aber nicht die Bedeutung der Vergangenheit. Vor dem Verb des Nebensatzes steht eine Verneinung, obwohl die Aussage nicht verneint ist. In der Bedeutung von **как бы не** kann mitunter **чтобы** stehen: Мы *боялись,* **чтобы** погода **не** испортилась.

Übung 121. Ersetzen Sie die Konjunktion *что* durch *как бы не* und verändern Sie dementsprechend den Satz nach folgendem Muster.

M u s t e r: Мы боялись, *что погода испортится.*
Мы боялись, *как бы погода не испортилась.*

1. Мать боялась, что ребёнок простудится. 2. Мы беспокоились, что ты забудешь прийти на собрание. 3. Путешественники опасались, что начнётся метель. 4. Я боялся, что ты проспишь и опоздаешь на лекцию. 5. Мы боимся, что дождь помешает нам поехать за город. 6. Все боялись, что дети заблудятся в лесу.

Übung 122. Lesen Sie die folgenden Sätze. Suchen Sie in den Hauptsätzen die Wörter heraus, auf die sich Nebensätze beziehen. Nennen Sie die Konjunktionen, die die Nebensätze einleiten.

1. Через окно я увидел, как большая серая птица села на ветку клёна в саду. (*Пауст.*) 2. Детство кончалось. Очень жаль, что всю прелесть детства мы начинаем понимать, когда делаемся взрослыми. (*Пауст.*) 3. Он боялся, как бы гости не стали без него рассказывать что-нибудь интересное, и не уходил. (*Чех.*) 4. После обеда он подошёл к ней спросить, не пойдёт ли она гулять. (*Гонч.*) 5. Я просил, чтобы меня никто не провожал на железную дорогу. (*Гарш.*) 6. Стало ясно, что мы заблудились. (*Арс.*) 7. Важно, чтобы дети приучались ещё с юных лет работать. (*Л. Т.*) 8. Он боялся, чтобы что-нибудь в разговоре не навело Наташу на тяжёлые воспоминания. (*Л. Т.*) 9. Надо, чтобы всем на земле было хорошо. (*М. Г.*) 10. Даша с тоской глядела, как за окном летят снизу вверх клубы серой пыли. (*А. Т.*) 11. Чувствуется, что этот человек знает много. (*М. Г.*)

UNECHTE KONJUNKTIONEN, DIE OBJEKT- UND SUBJEKTSÄTZE EINLEITEN

Als unechte Konjunktionen werden in Objekt- und in Subjektsätzen gebraucht:

a) Relativpronomen: **кто** *wer*, **что** *was*, **какóй** *welcher*, **чей** *wessen*, **скóлько** *wieviel*;

b) Relativadverbien: **где** *wo*, **кудá** *wohin*, **откýда** *woher*, **когдá** *wann*, **как** *wie*, **почемý** *warum*, **зачéм** *wozu*.

Diese Wörter stehen nach Verben des Sagens, des Denkens, der sinnlichen Wahrnehmung (**говорúть** *sagen*, **спрáшивать** *fragen*, **отвечáть** *antworten*, **знать** *wissen*, **узнавáть** *erfahren*, **пóмнить** *sich erinnern*, **запоминáть** *sich einprägen*, **понимáть** *verstehen*, **вúдеть** *sehen*, **слýшать** *hören*, **объяснять** *erklären*) und nach den Wörtern wie **ясно** *es ist klar*, **извéстно** *es ist bekannt*, **неизвéстно** *es ist nicht bekannt*, **понятно** *es ist ersichtlich*, **интерéсно** *es ist interessant*, **скáзано** *es ist gesagt*, **напúсано** *es steht (geschrieben)*, **объявлено** *es ist angesagt (bekanntgegeben)* u. a.

	что мы должны́ дéлать дáльше.
	was wir nun tun müssen.
	кто нам бýдет помогáть.
	wer uns helfen wird.
	в какóй библиотéке мóжно найтú эту кнúгу.
Я *не знáю,*	
Мне *неизвéстно,*	in welcher Bibliothek dieses Buch zu finden ist.
Ich weiß nicht,	**чьи** это тетрáди.
	wessen Hefte das sind.
	скóлько стóит эта кнúга.
	was dieses Buch kostet.
	где живёт этот товáрищ.
	wo dieser Genosse wohnt.
	кудá мы поéдем лéтом.
	wohin wir im Sommer fahren.
	когдá мы кóнчим эту рабóту.
	wann wir diese Arbeit beenden werden.

Übung 123. Lesen Sie die folgenden Sätze. Stellen Sie Fragen zu den Nebensätzen.

1. Он дýмает о том, что бýдет дéлать весь дóлгий день и с кем встрéтится. (*А. Т.*) 2. Мы с нетерпéнием ждáли, когдá к нам в сад прилетят стáрые знакóмые — скворцы́. (*Купр.*) 3. Ей хотéлось чтó-то сказáть, но онá не знáла, с чегó начáть. (*Л.*) 4. Я самá не понимáю, откýда бралúсь у меня такóе спокóйствие, решúмость, тóчность в выражéниях. (*Л. Т.*) 5. Лúстья чуть шумéли над моéю головóй; по одномý их шýму мóжно бы́ло узнáть, какóе тогдá стоя́ло врéмя гóда. (*Тург.*) 6. Проснýвшись и с усúлием открыв глазá, Алексéй не срáзу пóнял, где он нахóдится. (*Аж.*) 7. Мне вспóмнилось, какúм дóбрым дрýгом былá для меня кнúга во дни óтрочества и ю́ности. (*М. Г.*)

Übung 124. Bilden Sie Satzgefüge. Gebrauchen Sie im Nebensatz die Wörter *что, кто, какóй, скóлько, где, кудá, откýда, когдá, почемý, зачéм* und im Hauptsatz die Wörter *знать, спросúть, пóмнить, понимáть, вúдеть, замéтить, извéстно, понятно, вúдно, скáзано.*

Durch **кто** und **что** eingeleitete Nebensätze

Ein durch **кто** oder **что** eingeleiteter Nebensatz kann das Objekt oder das Subjekt eines Hauptsatzes, das durch ein Pronomen ausgedrückt ist, näher bestimmen.

Als Subjekt bzw. Objekt des Hauptsatzes, das durch den Nebensatz erläutert wird, können auftreten:

1. Die Demonstrativpronomen **тот** *derjenige, der* und **то** *das*:

Счáстлив **тот, кто** всё э́то ви́дел свои́ми глазáми.	Glücklich ist derjenige, der das alles mit eigenen Augen gesehen hat.
Хорошó **томý, кто** всё э́то ви́дел свои́ми глазáми.	Wohl dem, der das alles mit eigenen Augen gesehen hat.
То, что случи́лось, никогдá бóльше не повтори́тся. **Тогó, что** случи́лось, никогдá бóльше не бýдет.	Das, was geschehen ist, wird sich nie wiederholen.

2. Die Determinativpronomen **все** *alle*, **всё** *alles*, **вся́кий** *jeder, beliebiger*, **кáждый** *jeder*, **любóй** *beliebiger*:

Все, кто пришёл на вéчер, собрали́сь в зáле.	Alle, die zur Veranstaltung gekommen waren, hatten sich im Saal versammelt.
Всем, кто пришёл на вéчер, понрáвилась э́та пéсня.	Allen, die zur Veranstaltung gekommen waren, gefiel dieses Lied.
Наконéц бы́ло готóво **всё, что** нýжно для путешéствия.	Endlich war alles für die Reise Notwendige fertig (vorbereitet).
Кáждый, кто хотéл вы́ступить, мог попроси́ть слóва.	Jeder, der sprechen wollte, konnte ums Wort bitten.
Кáждому, кто хотéл вы́ступить, бы́ло предостáвлено слóво.	Jedem, der sprechen wollte, wurde das Wort erteilt.

3. Die Negativpronomen **никтó** *niemand, keiner* und **ничтó** *nichts*:

Когó я **ни** спрáшивал, **никтó** не мог отвéтить на э́тот вопрóс.	Wen ich auch fragte, niemand konnte mir auf diese Frage antworten.
Что он **ни** ви́дел, **ничтó** емý не нрáвилось.	Nichts gefiel ihm, was er auch sah.
Что он **ни** ви́дел, **ничéм** он нé был довóлен.	Was er auch sah, mit nichts war er zufrieden.

Erläutert der Nebensatz das Pronomen **никтó** oder **ничтó**, so tritt in ihm stets die verstärkende Partikel **ни** auf.

Die Pronomen im Hauptsatz können (wie auch die unechten Konjunktionen **кто** und **что**) in einem beliebigen Fall mit und ohne Präposition stehen. Der Fall des Pronomens hängt von seiner Funktion im Satz ab:

Он вы́полнил **то,**	
Er hat (das) erfüllt,	
Он не вы́полнил **того́,**	
Er hat nicht erfüllt,	
Им бы́ло вы́полнено **то,**	**что** ему́ поручи́ли.
Von ihm wurde (das) erfüllt,	womit er beauftragt wurde.
Он забы́л **о том,**	
Er hat (das) vergessen,	
Он ещё не приступи́л **к тому́,**	
Er hat noch nicht damit begonnen,	
Наконе́ц он взя́лся **за то,**	
Endlich hat er damit begonnen,	

Der Fall der unechten Konjunktion hängt ebenfalls von ihrer Funktion im Satz ab:

	чего́ никто́ не ожида́л.
	was niemand erwartet hatte.
	о чём мы до́лго по́мнили.
Случи́лось **то,**	woran wir uns lange erinnerten.
Es geschah das,	**что** надо́лго оста́лось у нас в па́мяти.
	was für lange Zeit in unserem Gedächtnis blieb.
	чему́ все о́чень удиви́лись.
	worüber sich alle sehr wunderten.

Übung 125. Lesen Sie die folgenden Sätze. Bestimmen Sie den Fall der Pronomen, auf die sich die Nebensätze beziehen, und den Fall der unechten Konjunktionen. Stellen Sie Fragen zu den Nebensätzen.

А. 1. Всё, что говори́л сын о же́нской жи́зни, была́ го́рькая знако́мая пра́вда. (*М. Г.*) 2. Сло́во — выраже́ние мы́сли, и потому́ сло́во должно́ соотве́тствовать тому́, что оно́ выража́ет. (*Л.Т.*) 3. Что я чу́вствовал, того́ не ста́ну опи́сывать. (*Л.*) 4. Нам ну́жно то, что обогаща́ет вну́тренний мир челове́ка, всё, что возвыша́ет его́ эмоциона́льную жизнь. (*Пауст.*) 5. Почти́ физи́чески ощути́л он необъя́тность, грандио́зность ро́дины и всего́, что происходи́ло на её просто́рах. (*Аж.*)

В. 1. То́лько тот лю́бит, у кого́ светле́ет мысль и укрепля́ются ру́ки от любви́. (*Черн.*) 2. Кто про свои́ дела́ кричи́т всем без умо́лку, в том, ве́рно, ма́ло то́лку. (*Кр.*) 3. Кто не ненави́дит по-настоя́щему зла, тот не лю́бит по-настоя́щему добра́. (*Ромэ́н Ролла́н*) 4. Тому́, кто стро́ит, твори́т, создаёт, кто че́стно тру́дится и живёт труда́ми рук свои́х, ну́жен мир. (*И. Э.*) 5. Всех, кто че́стен душо́ю, мы зовём за собо́ю. (*Ош.*) 6. Наступи́ла до́лгая осе́нняя ночь. Хорошо́ тому́, кто в таки́е но́чи сиди́т под кро́вом до́ма, у кого́ есть тёплый уголо́к. (*Тург.*)

7. В на́ше вре́мя
       тот —
          поэ́т,
    тот — писа́тель,
        кто поле́зен. (*Маяк.*)

Übung 126. Schreiben Sie die folgenden Sprichwörter ab. Setzen Sie die Kommas. Unterstreichen Sie die Nebensätze.

1. Хорошо́ смеётся тот кто смеётся после́дним. 2. Не всё то зо́лото что блести́т. 3. Что с во́зу упа́ло то пропа́ло. 4. Кому́ мно́го дано́ с того́ мно́го и спро́сится.

Übung 127. Setzen Sie die Wörter *кто* oder *что* im richtigen Fall mit oder ohne Präposition ein.

1. Мы бы́ли гото́вы к тому́,	... случи́лось.
	... нас предупрежда́ли.
	... нам пришло́сь занима́ться.
	... мы должны́ бы́ли де́лать.
2. Мне не ну́жно то,	... он принёс.
	... они́ добива́ются.
	... они́ стремя́тся.
	... они́ не мо́гут обойти́сь.
3. Хорошо́ тому́,	... мно́го друзе́й.
	... всегда́ окружа́ют друзья́.
	... помога́ют това́рищи.
	... ну́жен лю́дям.
	... все це́нят и уважа́ют.
4. Этой рабо́той до́лжен руководи́ть тот,	... есть большо́й о́пыт.
	... име́ет большо́й о́пыт.

Übung 128. Setzen Sie die Pronomen im richtigen Fall (mit oder ohne Präposition) ein:

все

1. Это сообще́ние взволнова́ло ...,	
2. Это сообще́ние бы́ло интере́сно ...,	
3. Этим сообще́нием бы́ли взволно́ваны ...,	кто прису́тствовал на собра́нии.
4. Это предложе́ние бы́ло подде́ржано ...,	

ка́ждый

1. Сообщи́ об э́том ...,	
2. На́до поговори́ть об э́том ...,	
3. Об э́том до́лжен знать ...,	кто уча́ствует в кружке́.
4. На́до извести́ть об э́том ...,	

то

А. 1. Я не пове́рил ...,	
2. Я был о́чень удивлён ...,	
3. Мне показа́лось невероя́тным ...,	что мне рассказа́ли.
4. Я никогда́ ра́ньше не знал ...,	
5. Я о́чень заинтересова́лся ...,	

547

B. 1. Все удиви́лись ...,
    2. Всех удиви́ло ...,
    3. Все бы́ли удивлены́ ...,
    4. Никто́ не хоте́л вспо-
       мина́ть ...,
         что случи́лось.

Satzgefüge mit einem Attributsatz

Ein Attributsatz tritt als nähere Bestimmung zu einem Substantiv des Hauptsatzes und antwortet auf die Fragen *какой? какая? какое? какие? Was für ein? Welcher?*

Die Frage kann in einem beliebigen Fall (mit und ohne Präposition) gestellt werden:

Тепе́рь мне тру́дно вспо́мнить и поня́ть **те** мечты́ (*какие* мечты́?), **кото́рые тогда́ наполня́ли моё воображе́ние.** (*Л. Т.*)	Es ist jetzt schwer für mich, jene Träume ins Gedächtnis zurückzurufen und zu verstehen, die damals meine Phantasie erregten.
Парохо́д сел на мель вблизи́ **того́** городка́ (вблизи́ *какого* городка́?), **куда́ е́хал Лео́нтьев.** (*Пауст.*)	Der Dampfer lief in der Nähe des Städtchens, wohin Leont'ev fuhr, auf eine Sandbank.
Наста́ла **мину́та** (*какая* мину́та?), **когда́ я по́нял всю це́ну э́тих слов.** (*Гонч.*)	Es kam die Stunde, wo ich den vollen Wert dieser Worte begriff.

UNECHTE KONJUNKTIONEN, DIE ATTRIBUTSÄTZE EINLEITEN

Ein Attributsatz wird eingeleitet durch

a) Pronomen: **кото́рый** *welcher, was für ein*, **како́й** *der*, **чей** *wessen*, **что** *was*;

b) Adverbien: **где** *wo*, **куда́** *wohin*, **отку́да** *woher*, **когда́** *wann*.

кото́рый

кото́рый stimmt in Geschlecht und Zahl stets mit dem Substantiv überein, auf das es sich bezieht:

Мы вы́шли *в сад*, **кото́рый** спуска́лся к реке́.	Wir gingen in den Garten hinaus, der zum Fluß hin abfiel.
Мы пошли́ *по доро́ге*, **кото́рая** вела́ к реке́.	Wir gingen den Weg entlang, der zum Fluß führte.
Мы напра́вились *к о́зеру*, **кото́рое** находи́лось в двух киломе́трах от дере́вни.	Wir begaben uns zum See, der zwei Kilometer vom Dorf entfernt war.
Со́лнце спря́талось *за ту́чи*, **кото́рые** покры́ли всё не́бо.	Die Sonne verbarg sich hinter den Wolken, die den ganzen Himmel verdeckten.

Im ersten Beispiel steht **кото́рый** in der männlichen Form Singular, weil sich das Wort auf das männliche Substantiv **сад** bezieht.

Im zweiten Beispiel steht **кото́рая** in der weiblichen Form Singular, weil sich das Wort auf das weibliche Substantiv **доро́га** bezieht.

In allen oben angeführten Beispielen sind die Wörter **кото́рый, кото́рая, кото́рое, кото́рые** jeweils Subjekte eines Nebensatzes und stehen deshalb im Nominativ.

Ein Satzgefüge mit **кото́рый** läßt sich in zwei einfache Sätze umwandeln. Dazu muß man **кото́рый** durch das Substantiv ersetzen, auf das es sich bezieht:

Мы вы́шли в сад, **кото́рый** спуска́лся к реке́.	Мы вы́шли в сад. **Сад** спуска́лся к реке́.
Мы пошли́ по доро́ге, **кото́рая** вела́ к реке́.	Мы пошли́ по доро́ге. **Доро́га** вела́ к реке́.
Мы напра́вились к о́зеру, **кото́рое** находи́лось в двух киломе́трах от дере́вни.	Мы напра́вились к о́зеру. **Озеро** находи́лось в двух киломе́трах от дере́вни.
Со́лнце спря́талось за ту́чи, **кото́рые** покры́ли всё не́бо.	Со́лнце спря́талось за ту́чи. **Ту́чи** покры́ли всё не́бо.

Кото́рый kann auch in abhängigen Fällen stehen. Der Fall von **кото́рый** hängt von seiner Funktion im Nebensatz ab.

	кото́рого я давно́ не ви́дел.
	den ich lange nicht gesehen habe.
	кото́рому я обеща́л помо́чь.
Сего́дня ко мне придёт това́рищ,	dem ich versprochen habe zu helfen.
Heute kommt zu mir mein Freund,	**о кото́ром** я тебе́ расска́зывал.
	von dem ich dir erzählt habe.
	с кото́рым я вме́сте учи́лся в шко́ле.
	mit dem ich zusammen die Schule besucht habe.
	кото́рую ты мне дал.
Я уже́ прочита́л кни́гу,	das du mir gegeben hast.
Ich habe das Buch schon durchgelesen,	**о кото́рой** ты мне говори́л.
	von dem du mir erzählt hast.
	с кото́рой ты мне сове́товал познако́миться.
	das du mir empfohlen hast.
	к кото́рой вела́ тропи́нка.
Мы вы́шли из ле́са и уви́дели реку́,	zu dem ein Pfad führte.
Wir traten aus dem Wald und erblickten einen Fluß,	**за кото́рой** находи́лась дере́вня.
	hinter dem sich ein Dorf befand.
	че́рез кото́рую ну́жно бы́ло перепра́виться на ло́дке.
	den man in einem Boot überqueren mußte.

Он сего́дня зако́нчил докла́д, Heute ist er mit dem Vortrag fertig geworden,	кото́рый он бу́дет чита́ть в понеде́льник. den er am Montag halten wird. над кото́рым он рабо́тал ме́сяц. an dem er einen Monat lang gearbeitet hat.

Der durch **кото́рый** eingeleitete Nebensatz kann nach dem Hauptsatz stehen oder in ihn eingeschlossen sein:

Я верну́л в библиоте́ку *кни́ги*, **кото́рые** я уже́ **прочита́л**.	Ich habe die Bücher in die Bibliothek zurückgebracht, die ich schon durchgelesen habe.
Кни́ги, **кото́рые я уже́ прочита́л**, я верну́л в библиоте́ку.	Die Bücher, die ich schon durchgelesen habe, habe ich in die Bibliothek zurückgebracht.

Ein Attributsatz steht immer unmittelbar nach dem Substantiv, auf das er sich bezieht.

Кото́рый steht gelegentlich nicht am Anfang des Nebensatzes:

Я встре́тил челове́ка, **лицо́ кото́рого** показа́лось мне знако́мым.	Ich traf einen Mann, dessen Gesicht mir bekannt vorkam.

Dies geschieht in der Regel dann, wenn **кото́рый** von einem Substantiv im Nebensatz abhängt:

Мы вошли́ в сад, все **дере́вья кото́рого** бы́ли в цвету́.	Wir betraten den Garten, dessen Bäume in voller Blüte standen.

Hier hängt das Wort **кото́рого** vom Substantiv **дере́вья** ab.

какой

Како́й stimmt wie **кото́рый** mit dem Substantiv des Hauptsatzes, auf das es sich bezieht, in Geschlecht und Zahl, nicht jedoch im Fall überein.

Это была́ така́я *ночь*, **како́й** уже́ я никогда́ не вида́ла по́сле. (*Л. Т.*)	Das war eine Nacht, wie ich sie später nie wieder erlebt habe.
Был тот осо́бенный *ве́чер*, **како́й** быва́ет то́лько на Кавка́зе. (*Л. Т.*)	Das war ein so ungewöhnlicher Abend, wie es ihn nur im Kaukasus geben kann.

чей

Чей stimmt nicht mit dem Substantiv des Hauptsatzes, auf das es sich bezieht, sondern mit seinem Bezugswort im Nebensatz überein, und zwar in Geschlecht, Zahl und Fall.

Я был рад уви́деть дру́га, **чьи сове́ты** мне бы́ли нужны́.	Ich freute mich, meinen Freund zu treffen, dessen Ratschläge ich benötigte.

Я был рад увидеть друга, **в чьих советах** очень нуждался.	Ich freute mich, meinen Freund zu treffen, dessen Ratschläge ich so dringend brauchte.

Das Wort **чей** läßt sich im Attributsatz durch den Genitiv von **который** ersetzen:

Я был рад увидеть друга, советы **которого** мне были очень нужны.

Я был рад увидеть друга, в советах **которого** очень нуждался.

что

Что kann im Attributsatz nur im Nominativ oder im Akkusativ ohne Präposition stehen:

Дом, **что** стоял на берегу озера, сгорел.	Das Haus, das am Seeufer stand, ist abgebrannt.
Под деревьями, **что** росли возле дома, стояла скамейка.	Unter den Bäumen, die neben dem Haus wuchsen, stand eine Bank.
Деревня, **что** мы проехали, стоит на берегу озера.	Das Dorf, das wir durchfuhren, steht am Ufer eines Sees.

In einem Attributsatz hat **что** die gleiche Bedeutung wie **который**, wird aber seltener gebraucht.

Tritt **что** als Subjekt auf, so stimmt das Prädikat des Nebensatzes in Geschlecht und Zahl mit seinem Bezugswort im Hauptsatz überein (siehe oben, 1. und 2. Beispielsatz). Im ersten Satz steht das Prädikat in der männlichen Form Singular, weil es mit dem Bezugswort im Hauptsatz **дом** übereinstimmt. Im zweiten Satz steht das Prädikat des Nebensatzes **росли** im Plural, weil es mit dem Bezugswort im Hauptsatz **под деревьями** in der Zahl übereinstimmt. Im dritten Satz ist **что** direktes Objekt zum Prädikat **проехали.**

где, куда, откуда, когда

Где, куда, откуда und **когда** sind im Nebensatz Adverbialbestimmungen:

Недалеко от этой станции находится деревня, **где** я родился и вырос.	Unweit dieser Station befindet sich das Dorf, wo ich geboren und aufgewachsen bin.
Наблюдатель взобрался на дерево, **откуда** он мог просматривать дорогу.	Der Beobachter kletterte auf einen Baum, von wo er den Weg einsehen konnte.
Я хорошо помню то утро, **когда** я покинул родной дом.	Ich habe noch gut den Morgen im Gedächtnis, an dem ich das Elternhaus verließ.

Die Wörter **где, куда, откуда** und **когда** lassen sich im Attributsatz gewöhnlich durch einen abhängigen Fall von **который** (mit Präposition) ersetzen:

551

Недалеко́ от э́той ста́нции нахо́дится дере́вня, **в кото́рой** я роди́лся и вы́рос.

Unweit dieser Station befindet sich das Dorf, in dem ich geboren und aufgewachsen bin.

Охо́тник взобра́лся на де́рево, **с кото́рого** он мог наблюда́ть доро́гу.

Der Jäger kletterte auf einen Baum, von dem aus er den Weg gut beobachten konnte.

Я хорошо́ по́мню то у́тро, **в кото́рое** я поки́нул родно́й дом.

Ich habe noch gut den Morgen im Gedächtnis, an dem ich das Elternhaus verließ.

HINWEISENDE WÖRTER IM HAUPTSATZ

Wird der Nebensatz durch unechte Konjunktionen eingeleitet, so können im Hauptsatz zu dem Substantiv, das das Bezugswort ist, die hinweisenden Wörter **тот** *jener* oder **тако́й** *solcher* hinzutreten:

Опа́сность появи́лась **с той** стороны́, **отку́да** мы её во́все не жда́ли. (*Арс.*)

Die Gefahr kam von einer Seite, woher wir sie gar nicht erwarteten.

Э́то была́ **така́я** ночь, **како́й** уже́ я никогда́ не вида́ла по́сле. (*Л. Т.*)

Das war eine Nacht, wie ich sie später nie wieder erlebt habe.

Hinweisende Wörter treten als Attribute auf und helfen, das Bezugswort im Hauptsatz hervorzuheben. Ihr Gebrauch in den erwähnten Sätzen ist nicht obligatorisch.

Übung 129. Lesen Sie die folgenden Sätze. Stellen Sie Fragen zu den Attributsätzen. Geben Sie an, in welchem Fall *кото́рый* steht und als welches Satzglied es auftritt.

1. Со́лнце, кото́рое опя́ть появи́лось из-за ту́чи, освети́ло лесну́ю поля́ну. 2. За́яц вы́бежал на поля́ну, кото́рую освеща́ло со́лнце. 3. Дай мне кни́ги, кото́рые лежа́т на столе́. Покажи́ мне кни́ги, кото́рые ты купи́л. 4. Де́ти ра́довались сне́гу, кото́рый наконе́ц вы́пал сего́дня но́чью. 5. Я записа́л свои́ впечатле́ния, о кото́рых я расскажу́ друзья́м. 6. Друг сдержа́л своё сло́во, кото́рое он дал мне. 7. Това́рищ рассказа́л мне о конце́рте, на кото́ром он был вчера́. 8. Лес, че́рез кото́рый мы шли, тяну́лся на не́сколько киломе́тров.

Übung 130. Lesen Sie die folgenden Sätze. Begründen Sie, warum *кото́рый* nicht am Anfang des Nebensatzes steht.

1. Река́, на берегу́ кото́рой мы жи́ли, впада́ет в Во́лгу. 2. Путеше́ственники уви́дели го́ры, верши́ны кото́рых бы́ли покры́ты ве́чным сне́гом. 3. Он живёт в том до́ме, кры́ша кото́рого виднеется из-за дере́вьев.

Übung 131. Verbinden Sie mit Hilfe von *кото́рый* zwei einfache Sätze zu einem Satzgefüge.

a) M u s t e r: Мы подъе́хали к до́му. Дом был я́рко освещён.
Мы подъе́хали к до́му, *кото́рый был я́рко освещён.*

1. Мы пошли́ по тропи́нке. Тропи́нка вела́ к до́му. 2. Утром нача́лся дождь. Дождь не прекраща́лся весь день. 3. Мы спусти́лись к мо́рю. Мо́ре в э́то у́тро бы́ло споко́йно.

b) M u s t e r: Я написа́л сестре́. От сестры́ я давно́ не получа́л письма́.
Я написа́л сестре́, *от кото́рой я давно́ не получа́л письма́.*

1. Посети́тель подошёл к столу́. За столо́м сиде́л секрета́рь.
2. Де́ти вбежа́ли в ко́мнату. Среди́ ко́мнаты стоя́ла ёлка. 3. Наконе́ц вдали́ засверка́ли огни́ дере́вни. В дере́вне мы могли́ переночева́ть.

c) M u s t e r: Мы подошли́ к до́му. О́кна до́ма бы́ли я́рко освещены́.
Мы подошли́ к до́му, *о́кна кото́рого бы́ли я́рко освещены́.*

1. У меня́ есть по́лное собра́ние сочине́ний Пу́шкина. Стихи́ Пу́шкина я о́чень люблю́. 2. На столе́ стоя́ли цветы́. За́пах цвето́в наполня́л ко́мнату. 3. Мы отдыха́ли под дере́вьями. В тени́ дере́вьев бы́ло прохла́дно.

Übung 132. Wandeln Sie das Satzgefüge in zwei einfache Sätze um.
M u s t e r: Он е́хал бе́регом о́зера, из кото́рого вытека́ла ре́чка.
Он е́хал бе́регом о́зера. Из о́зера вытека́ла ре́чка.

1. Мы уви́дели ло́дку, кото́рая ме́дленно приближа́лась к бе́регу. 2. Па́дал снег, кото́рый тут же та́ял. 3. Я хочу́ успе́ть на по́езд, кото́рый отхо́дит в 10 часо́в. 4. Все гото́вятся к экза́менам, кото́рые ско́ро начну́тся. 5. Я получи́л от бра́та письмо́, в кото́ром он сообщи́л о своём поступле́нии в институ́т. 6. На на́шем пути́ была́ река́, че́рез кото́рую нам ну́жно бы́ло перейти́ вброд. 7. Бе́рег, к кото́рому прича́лила ло́дка, был крут и обры́вист. 8. Дом, в кото́ром помеща́лся санато́рий, стоя́л в берёзовой ро́ще. 9. Во дворе́ игра́ют де́ти, кри́ки и смех кото́рых доно́сятся ко мне в ко́мнату. 10. Мы подошли́ к теа́тру, пе́ред вхо́дом в кото́рый бы́ло мно́го наро́ду.

Übung 133. Schreiben Sie die folgenden Sätze ab. Setzen Sie *кото́рый* in der erforderlichen Form ein.

1. Вдали́ видне́лось о́зеро, ... сверка́ло на со́лнце. 2. Мы отдохну́ли в тени́ дере́вьев, ... росли́ на берегу́. 3. Из-за дере́вьев показа́лась кры́ша до́ма, к ... мы направля́лись. 4. Мы подошли́ к до́му, ... стоя́л среди́ са́да. 5. Писа́тель зако́нчил свой рома́н, над ... он рабо́тал три го́да. 6. Я живу́ в ко́мнате, о́кна ... выхо́дят в сад. 7. В воскресе́нье я пойду́ в го́сти к друзья́м, у ... я давно́ не́ был. 8. В своём докла́де он освети́л вопро́сы, ... все мы интересу́емся. 9. Под дере́вьями, от ... па́дала густа́я тень, бы́ло прохла́дно.

Übung 134. Verbinden Sie die unter a) und b) angegebenen Sätze zu einem Satzgefüge. Stellen Sie den Nebensatz hinter sein Bezugswort.
M u s t e r: a) Из воро́т до́ма вы́ехала маши́на.
б) Во́зле кото́рого мы останови́лись.
Из воро́т *до́ма, во́зле кото́рого мы останови́лись,* вы́ехала маши́на.

1. а) Я не получи́л письма́ и поэ́тому ничего́ не зна́ю. б) О кото́ром ты говори́шь. 2. а) Спекта́кль уже́ не идёт. б) На кото́рый вы проси́ли купи́ть биле́ты. 3. а) Мы вошли́ в све́тлую ко́мнату. б) О́кна кото́рой выходи́ли на пло́щадь. 4. а) Маши́ны жда́ли нас за мосто́м. б) На кото́рых мы прие́хали. 5. а) Доро́га была́ широ́кая и ро́вная. б) По кото́рой мы е́хали. 6. а) Я спусти́лся в овра́г и пошёл вдоль ручья́. б) По дну кото́рого бежа́л ручей.

Übung 135. Ändern Sie die Sätze so um, daß der Nebensatz zum Hauptsatz und der Hauptsatz zum Nebensatz wird.

M u s t e r : Мы шли по доро́ге, кото́рая вела́ к реке́.
Доро́га, по кото́рой мы шли, вела́ к реке́.

1. Мы е́хали ле́сом, кото́рый уже́ начина́л зелене́ть. 2. Я жил в ко́мнате, о́кна кото́рой выходи́ли в сад. 3. Де́ти с нетерпе́нием ждут отца́, кото́рый до́лжен прие́хать за́втра. 4. Мы стоя́ли на па́лубе парохо́да, кото́рый дви́гался вниз по тече́нию реки́. 5. Все ра́довались прекра́сной пого́де, кото́рая установи́лась в нача́ле ма́я. 6. Самолёт спусти́лся на льди́ну, на кото́рой находи́лась нау́чно-иссле́довательская ста́нция. 7. Рабо́та, кото́рой он о́тдал мно́го сил, была́ наконе́ц зако́нчена. 8. Мы вы́шли на пло́щадь, посреди́ кото́рой стоя́л па́мятник Го́рькому. 9. По у́лицам, кото́рые бы́ли я́рко освещены́, дви́галась оживлённая пра́здничная толпа́. 10. Студе́нты, весёлая толпа́ кото́рых вы́шла из двере́й институ́та, то́лько что сда́ли после́дний экза́мен.

Übung 136. Ergänzen Sie die Sätze durch Attributsätze mit *кото́рый*.

1. Дождь ... наконе́ц переста́л. 2. Шоссе́ ... блесте́ло от дождя́. 3. Ли́стья на дере́вьях ... уже́ распусти́лись. 4. На со́тни киломе́тров тяну́лись леса́ ... . 5. Ло́дка ме́дленно приближа́лась к бе́регу ... . 6. Ло́дка ... ме́дленно приближа́лась к бе́регу.

Übung 137. Schreiben Sie die folgenden Sätze ab, indem Sie *чей, где, куда́, отку́да, когда́* durch *кото́рый* ersetzen.

1. Това́рищ дал мне газе́ту, где была́ его́ статья́. 2. Мы подня́ли́сь на холм, отку́да открыва́лся прекра́сный вид на поля́ и дере́вни. 3. Я хорошо́ по́мню то воскресе́нье, когда́ мы вме́сте е́здили за́ город. 4. Я позвони́л о́коло той две́ри, куда́ то́лько что вошла́ де́вушка. 5. Все смотре́ли на тот бе́рег, куда́ причалила ло́дка. 6. На ве́чере бу́дет выступа́ть писа́тель, чью но́вую кни́гу все сейча́с так горячо́ обсужда́ют. 7. Лес, отку́да мы вы́шли, уже́ скры́лся в тума́не. 8. Над льди́ной, где находи́лась нау́чно-иссле́довательская ста́нция поля́рников, развева́лся росси́йский флаг.

Übung 138. Schreiben Sie die folgenden Sätze ab. Unterstreichen Sie die hinweisenden Wörter und die unechten Konjunktionen. Stellen Sie Fragen zu den Nebensätzen.

1. Мне хорошо́ па́мятен день, когда́ я впервы́е почу́вствовал геро́ическую поэ́зию труда́. (*М. Г.*) 2. Я та́кже ду́мал о том челове́ке, в чьих рука́х находи́лась моя́ судьба́. (*П.*) 3. Я бро́сился под высо́кий куст оре́шника, над кото́рым молодо́й стро́йный клён краси́во раски́нул свои́ лёгкие ве́тви. (*Тург.*) 4. Он с большо́й весёлостью описа́л мне семе́йство коменда́нта, его́ о́бщество и край, куда́ завела́ меня́ судьба́. (*П.*) 5. Вновь я посети́л тот уголо́к земли́, где я провёл изгна́нником два го́да незаме́тных. (*П.*)

KONJUNKTIONEN, DIE EINEN ATTRIBUTSATZ EINLEITEN

Attributsätze können durch die Konjunktionen **что** *daß*, **что́бы** *damit*, **бу́дто**, **как бу́дто** *als ob* eingeleitet werden.

Die Konjunktion что

Die Konjunktion **что** leitet einen Attributsatz mit der Bedeutungsschattierung der Folge ein:

Сде́лалась така́я мете́ль, **что** он ничего́ не ви́дел. (*П.*)

Es brach solch ein Schneesturm los, daß ihm Hören und Sehen verging.

Оте́ц шёл таки́ми бы́стрыми шага́ми, **что** ма́льчик с трудо́м поспева́л за ним.

Der Vater ging mit so schnellen Schritten, daß der Junge kaum nachkam.

Die Konjunktion бу́дто

Die Konjunktion **бу́дто** oder **как бу́дто** leitet einen Attributsatz mit der Bedeutungsschattierung des Vergleichs ein:

Я верну́лся домо́й с таки́м чу́вством, **как бу́дто** ви́дел хоро́ший сон. (*Чех.*)

Ich kehrte nach Hause mit dem Gefühl zurück, als hätte ich einen schönen Traum gesehen.

Die Konjunktion чтобы

Die Konjunktion **чтобы** (**чтоб**) leitet einen Attributsatz ein, wenn im Hauptsatz von einem Wunsch oder einem Erfordernis die Rede ist:

wörtlich:

Спой нам пе́сню, **чтоб** в ней прозвуча́ли Все весе́нние пе́сни земли́. (*Леб.-Кум.*)

Sing uns ein Lied, daß in ihm alle Frühlingslieder der Erde erklingen.

На́до поста́вить свою́ жизнь в таки́е усло́вия, **чтобы** труд был необходи́м. (*Чех.*)

Man muß sein Leben so einrichten, daß die Arbeit zu einer Notwendigkeit wird.

HINWEISENDE WÖRTER IM HAUPTSATZ

Wird der Attributsatz durch die Konjunktionen **что, как бу́дто, бу́дто** oder **чтобы** eingeleitet, so steht im Hauptsatz gewöhnlich das hinweisende Wort **тако́й** *solcher*.

Навстре́чу дул **тако́й** ве́тер, **что** нам тру́дно бы́ло дви́гаться вперёд.

Uns blies ein solcher Wind entgegen, daß wir nur mit großer Mühe vorwärtskamen.

У него́ **тако́й** вид, **как бу́дто** он бо́лен.

Er sieht so aus, als wäre er krank.

Дава́йте запоём **таку́ю** пе́сню, **чтобы** все могли́ подпева́ть нам.

Stimmen wir ein Lied an, bei dem alle mitsingen können.

Übung 139. Stellen Sie Fragen zu den Nebensätzen. Schreiben Sie die Sätze ab und unterstreichen Sie die Konjunktionen, die hinweisenden Wörter und die Substantive, die durch die Nebensätze näher bestimmt werden.

1. Ну́жно таку́ю жизнь стро́ить, что́бы в ней всем бы́ло просто́рно. (*М. Г.*) 2. Ве́тер дул поры́вами и с тако́й си́лой, что стоя́ть на нога́х бы́ло почти́ невозмо́жно. (*Арс.*) 3. Говори́л он уве́ренно и таки́м то́ном, как бу́дто я спо́рил с ним. (*Чех.*) 4. Ти́хое у́тро бы́ло полно́ тако́й све́жести, бу́дто во́здух промы́ли роднико́вой водо́й. (*Пауст.*)

Übung 140. Bilden Sie Satzgefüge mit Attributsätzen; verwenden Sie dabei die Konjunktionen *что, что́бы, как бу́дто.*

Satzgefüge mit einem Prädikatsatz

1. Ein P r ä d i k a t s a t z erläutert das nominale Prädikat eines Hauptsatzes, das durch die Pronomen тот (**та, то, те**) *jener, der,* **тако́й** (**така́я, тако́е, таки́е**) *solcher,* **тако́в, такова́, таково́, таковы́** *so,* **всё** *alles* ausgedrückt ist. Prädikatsätze antworten auf die Fragen *кто?* (*кто тако́й?*) *что?* (*что тако́е?*) *како́й? како́в?*

Хозя́ин — тот, **кто тру́дится.** (*М. Г.*) (*Кто хозя́ин?*)	Herr ist derjenige, der arbeitet. (Wer ist Herr?)
Како́в я пре́жде был, тако́в и ны́не я. (*П.*) (*Како́й я ны́не?*)	Wie ich früher war, so bin ich auch heute. (Wie bin ich heute?)
Тума́н был тако́й, **что в двух шага́х ничего́ не́ было ви́дно.** (*Како́в был тума́н?*)	Der Nebel war so dicht, daß man nicht zwei Schritt weit sehen konnte. (Wie war der Nebel?)

2. Ein Prädikatsatz wird durch die Wörter **кто** *wer,* **что** *was,* **кото́рый** *der,* **како́й** *wie,* **како́в** *wie,* **чей** *wessen* eingeleitet.

wörtlich:

Я тот, **кото́рому** внима́ла Ты в полуно́чной тишине́...	Ich bin der, dem du in der Nachtstille lauschtest...
Я **тот, чей** взор наде́жду гу́бит...	Ich bin der, dessen Blick die Hoffnung jedem raubt...
Я **тот, кого́** никто́ не лю́бит. (*Л.*)	Ich bin der, den niemand liebt.
Како́в ма́стер, **такова́** и рабо́та. (*Sprw.*)	Wie der Meister, so die Arbeit.

3. Einen Prädikatsatz können auch die Konjunktionen **что** und **что́бы** einleiten.

Ве́тер был **тако́й, что** тру́дно бы́ло удержа́ться на нога́х.	Der Wind war so (heftig), daß man sich kaum auf den Beinen halten konnte.
Вре́мя сейча́с **не тако́е, что́бы** мо́жно бы́ло отдыха́ть.	Jetzt sind nicht die Zeiten, da man rasten könnte.

Die Konjunktionen **что** und **что́бы** werden gebraucht, wenn das Prädikat des Hauptsatzes durch die Pronomen **тако́й** oder **тако́в** ausgedrückt ist.

Ein Prädikatsatz mit der Konjunktion **что** hat die Bedeutungsschattierung der Folge. Prädikatsätze mit der Konjunktion **чтобы** werden gebraucht, wenn im Hauptsatz vor dem Pronomen **такóй** oder **такóв** eine Verneinung steht. Vergleichen Sie:

Bejahende Sätze	Verneinte Sätze
Дождь **такóй**, **что** нельзя́ вы́йти.	Дождь **не такóй**, **чтобы** нельзя́ бы́ло вы́йти.
Es regnet so, daß man nicht hinausgehen kann.	Es regnet nicht so (stark), daß man nicht hinausgehen könnte.
Он **такóй**, **что** отсту́пит пе́ред пе́рвой же тру́дностью.	Он **не такóй**, **чтобы** отступи́ть пе́ред пе́рвой же тру́дностью.
Er ist so (einer), daß er vor der ersten Schwierigkeit kapitulieren wird.	Er ist nicht so (einer), daß er vor der ersten Schwierigkeit kapituliert.

Durch **кто** und **что** eingeleitete Prädikatsätze stehen strukturell Objekt- und Subjektsätzen nahe, die durch die gleichen Wörter eingeleitet sind:

Я **тот**, **когó** вы ждёте. (Subjektsatz)	Ich bin der, auf den Sie warten.
Пришёл **тот**, **когó** мы жда́ли. (Subjektsatz)	Der, auf den wir gewartet haben, ist gekommen.
Это **то**, **что** я проси́л. (Prädikatsatz)	Das ist es, worum ich gebeten habe.
Он принёс **то**, **что** я проси́л. (Objektsatz)	Er hat das mitgebracht, worum ich gebeten habe.

Durch **что**, **чтобы** oder **котóрый**, **какóй** eingeleitete Prädikatsätze stehen strukturell Attributsätzen nahe, die durch die gleichen Wörter eingeleitet sind:

Дождь **такóй**, **что** нельзя́ вы́йти из дóма. (Prädikatsatz)	Es regnet so, daß man das Haus nicht verlassen kann.
Льёт **такóй** дождь, **что** нельзя́ вы́йти из дóма. (Attributsatz)	Es gießt so, daß man das Haus nicht verlassen kann.
Эта кни́га **не та**, **котóрую** я проси́л. (Prädikatsatz)	Das ist nicht das Buch, um welches ich gebeten habe.
Ты принёс **не ту** кни́гу, **котóрую** я проси́л. (Attributsatz)	Du hast nicht das Buch mitgebracht, um welches ich gebeten habe.

Übung 141. Schreiben Sie die folgenden Sätze ab. Unterstreichen Sie die Prädikatsätze. Sagen Sie, wodurch die Nebensätze mit den Hauptsätzen verbunden sind. Stellen Sie Fragen zu den Nebensätzen.

1. Герóй — э́то тот, кто твори́т жизнь вопреки́ сме́рти, кто побежда́ет смерть. (*М. Г.*) 2. Всё в дóме бы́ло таки́м, каки́м он хоте́л егó ви́деть. (*Пауст.*) 3. Весь э́тот мир, э́то не́бо, э́тот сад, э́тот вóздух бы́ли не те, котóрые я зна́ла. (*Л. Т.*) 4. Морóз был такóй, что

ру́ки чу́вствовали его́ да́же в тёплых рукави́цах. (*Тих.*) 5. Я не то, что вы предполага́ете. (*П.*)

Übung 142. Lesen Sie die folgenden Sätze. Schreiben Sie zunächst die zusammengesetzten Sätze mit Prädikatsätzen, dann diejenigen mit Attributsätzen heraus.

1. Ты принёс не ту кни́гу, кото́рую я проси́л. Эта кни́га не та, кото́рую я проси́л. 2. Ве́тер был тако́й, что тру́дно бы́ло держа́ться на нога́х. Был тако́й ве́тер, что тру́дно бы́ло держа́ться на нога́х. 3. Этот арти́ст — тот са́мый, чьё выступле́ние нам так понра́вилось в про́шлый раз. На конце́рте пел тот са́мый арти́ст, чьё выступле́ние нам так понра́вилось в про́шлый раз. 4. Шум был тако́й, что я не слы́шал со́бственного го́лоса. Подня́лся тако́й шум, что я не слы́шал со́бственного го́лоса.

Übung 143. Lesen Sie die folgenden Sätze. Nennen Sie die Prädikate in den Hauptsätzen und stellen Sie Fragen zu den Nebensätzen.

1. Дере́вня показа́лась мне тако́й же, како́й я её оста́вил пять лет наза́д. 2. Он не стал таки́м, каки́м все хоте́ли его́ ви́деть. 3. Река́ в э́том ме́сте оказа́лась не тако́й, кака́я она́ о́коло на́шего до́ма. 4. Всё в го́роде измени́лось, и то́лько ста́рый де́довский дом оста́лся почти́ таки́м, каки́м он был во времена́ моего́ де́тства.

Übung 144. Bilden Sie Satzgefüge mit Prädikatsätzen; verwenden Sie dabei *кто, что, како́й* und die Konjunktionen *что* und *чтобы.*

Satzgefüge mit einem Adverbialsatz des Ortes

Ein Adverbialsatz des Ortes gibt den Ort oder die Richtung der Handlung im Hauptsatz an und antwortet auf die Fragen *где? wo?, куда́? wohin?, отку́да? woher?*

Мы останови́лись (*где?*) там, **где доро́га повора́чивала впра́во.**	Wir hielten dort an, wo der Weg nach rechts bog.
Пото́м мы пошли́ (*куда́?*) туда́, **куда́ вела́ тропи́нка.**	Dann gingen wir (in die Richtung) dahin, wohin der Pfad führte.
Весёлые кри́ки и смех доноси́лись (*отку́да?*) отту́да, **где игра́ли де́ти.**	Fröhliche Stimmen und Gelächter kamen von dort, wo die Kinder spielten.

Adverbialsätze des Ortes werden durch die Wörter **где** *wo*, **куда́** *wohin*, **отку́да** *woher* eingeleitet.

Im Hauptsatz stehen in der Regel die hinweisenden Wörter **там** *dort*, **туда́** *dorthin*, **отту́да** *von dort*; manchmal fehlen sie auch:

Мы останови́лись, где доро́га повора́чивала впра́во.
Пото́м мы пошли́, куда́ вела́ тропи́нка.

Im Hauptsatz können **всю́ду** oder **везде́** *überall* und andere Adverbien des Ortes stehen (**спра́ва** *rechts*, **сле́ва** *links*, **напра́во** *nach rechts*, **нале́во** *nach links*, **наверху́** *oben*, **внизу́** *unten*, **вверх** *nach oben*, **вниз** *nach unten* u. a.):

Везде́, **куда́** мы приезжа́ли, мы встреча́ли друзе́й.	Überall, wo wir hinkamen, begegneten wir Freunden.
Всю́ду, **где** мы бы́ли, нас принима́ли приве́тливо.	Überall, wo wir waren, wurden wir freundlich empfangen.
Автомоби́ль поверну́л *напра́во*, **где** стоя́л высо́кий дом.	Das Auto bog (dort) nach rechts ab, wo das hohe Haus stand.

Im Nebensatz kann bei einer unechten Konjunktion die verstärkende Partikel **ни** stehen. Dann treten im Hauptsatz die Adverbien *везде́, всю́ду* oder *нигде́* auf:

Куда́ ни посмо́тришь, **везде́** бесконе́чный морско́й просто́р.	Wohin man auch blickt, überall grenzenlose Weite des Meeres.
Где бы мы **ни** были, **всю́ду** нас хорошо́ принима́ли.	Überall, wo wir auch waren, wurden wir herzlich empfangen.

Übung 145. Erfragen Sie die Nebensätze. Beachten Sie die Stellung des Nebensatzes zum Hauptsatz.

1. Где не́когда всё бы́ло пу́сто, го́ло, Тепе́рь млада́я ро́ща разросла́сь. (*П.*) 2. Тепе́рь я шёл не туда́, куда́ мне бы́ло на́до, а шага́л там, где доро́га была́ поле́гче. (*Гайд.*) 3. В во́здухе, куда́ ни взгля́нешь, кру́жатся це́лые облака́ снежи́нок. (*Чех.*) 4. Где тру́дно ды́шится, где го́ре слы́шится, будь пе́рвым там. (*Н.*) 5. Там, где глаз не мог уже́ отличи́ть в потёмках по́ле от не́ба, мерца́л огонёк. (*Чех.*)

Übung 146. Ergänzen Sie die Adverbialsätze des Ortes.

1. Мы пошли́ туда́, где... Мы пошли́ туда́, куда́... Мы пошли́ туда́, отку́да... 2. Я был там, где... Я был там, куда́... Я был там, отку́да... 3. Все уже́ верну́лись отту́да, где... Все уже́ верну́лись отту́да, куда́... Все уже́ верну́лись отту́да, отку́да...

Übung 147. Setzen Sie unechte Konjunktionen ein.

1. Мы пошли́ туда́, ... вела́ у́зкая тропи́нка. 2. У́тром де́ти бежа́ли туда́, ... плеска́лись во́лны, сверка́ло на со́лнце мо́ре. 3. Он по́днял го́лову и посмотре́л наве́рх, туда́, ... па́дали снѐжные хло́пья. 4. Партиза́ны появи́лись отту́да, ... враги́ их совсе́м не жда́ли.

Übung 148. Setzen Sie hinweisende Wörter ein.

1. Отва́жные иссле́дователи стреми́лись ..., где не ступа́ла ещё нога́ челове́ка. 2. Охо́тники реши́ли переночева́ть ..., где они́ остана́вливались в про́шлый раз. 3. Все до́лго смотре́ли ..., где исче́зла в тума́не ло́дка. 4. ..., где четы́ре го́да наза́д был дрему́чий лес, вы́рос большо́й посёлок. 5. Я хочу́ рабо́тать ..., где я бо́льше всего́ ну́жен. 6. Я пое́ду рабо́тать ..., где я бо́льше всего́ ну́жен.

Übung 149. Bilden Sie aus jedem Paar einfacher Sätze Satzgefüge mit Adverbialsätzen des Ortes. Verwenden Sie dabei unechte Konjunktionen und hinweisende Wörter.

1. Сел самолёт. Побежа́ли лю́ди. 2. Была́ безво́дная степь. Тепе́рь пле́щутся во́лны Цимля́нского мо́ря. 3. Доноси́лась весёлая пе́сня. Рабо́тали студе́нты. 4. Все смотре́ли. До́лжен был появи́ться по́езд.

Übung 150. Ersetzen Sie die abhängigen Satzglieder durch Adverbialsätze des Ortes.

Muster: Го́род стоя́л *у слия́ния двух рек.*
Го́род стоя́л *там, где сливáлись две реки́.*

1. У пересечéния двух доро́г стоя́л высóкий дуб. 2. Лóдка плылá к поворóту реки́. 3. Гóрод Ни́жний Нóвгород стои́т при впадéнии ре́ки Оки́ в Вóлгу.

Satzgefüge mit einem Adverbialsatz der Zeit

Ein Adverbialsatz der Zeit gibt die Zeit der Handlung des Hauptsatzes an und antwortet auf die Fragen *когда́? wann?, с каки́х пор? seit wann?, до каки́х пор? bis wann?*

Читáть сознáтельно я научи́лся (*когда́?*), **когда́ мне бы́ло лет четы́рнадцать.** (*М. Г.*)	Bewußt lernte ich lesen, als ich 14 Jahre alt war.
С тех по́р как он уéхал из Москвы́ (*с каки́х пор?*), мы ни рáзу не ви́делись.	Seit er aus Moskau fortgefahren ist, haben wir uns kein einziges Mal gesehen.
Я броди́л до тех по́р (*до каки́х пор?*), покá со́лнце не ушлó за горизо́нт. (*Арс.*)	Ich ging so lange spazieren, bis die Sonne am Horizont untergegangen war.

Adverbialsätze der Zeit werden durch die Konjunktionen **когда́** als, **покá** *solange*, **с тех по́р как** *seit*, **как тóлько** *sobald*, **прéжде чем** *bevor* u. a. eingeleitet.

1. Die Handlung des Hauptsatzes kann gleichzeitig mit der des Nebensatzes verlaufen. Dann stehen die Konjunktionen **когда́** *als*, **в то врéмя как, покá** *während*, **по мéре тогó как** *solange, je... desto.*

Когда́ мы возвращáлись домóй, шёл дождь.	Als wir nach Hause zurückkehrten, regnete es.
В то врéмя как в пóле дýет вéтер, в лесý ти́хо и теплó.	Während im Freien der Wind bläst, ist es im Wald ruhig und warm.
Покá мы собирáлись в доро́гу, стáло темнó.	Während wir uns reisefertig machten, war es dunkel geworden.
По мéре тогó как мы поднимáлись в гóру, горизо́нт расширя́лся.	Je höher wir auf den Berg stiegen, desto mehr weitete sich der Horizont.

Der Konjunktion **когда́** können im Hauptsatz die hinweisenden Wörter **то** *so* oder **тогда́** *dann* entsprechen:

Когда́ отéц возврати́лся, **то** ни дóчери, ни сы́на нé было дóма.	Als der Vater zurückkam, waren weder die Tochter noch der Sohn zu Hause.
Он не пришёл дáже **тогда́, когда́** емý нужнá былá моя́ пóмощь.	Er kam sogar dann nicht, als er meine Hilfe brauchte.

In einem zusammengesetzten Satz mit der Konjunktion **по ме́ре того́ как** stehen sowohl im Haupt- als auch im Nebensatz nur unvollendete Verben, weil sich diese Konjunktion nur mit Verben verbinden läßt, die eine allmähliche Intensivierung der Handlung bezeichnen, z. B.

По ме́ре того́ как мы поднима́лись в го́ру, горизо́нт расширя́лся.

2. Die Handlung des Hauptsatzes kann nach der Handlung des Nebensatzes verlaufen. Dann stehen die Konjunktionen **когда́** *als,* **по́сле того́ как** *nachdem,* **как то́лько** *sobald,* **то́лько** *kaum,* **едва́** *kaum,* **лишь** *kaum,* **лишь то́лько** *kaum,* **с тех по́р как** *seit:*

Когда́ дождь ко́нчился, мы вы́шли из до́ма.	Als es aufgehört hatte zu regnen, gingen wir aus dem Haus.
По́сле того́ как рабо́та была́ зако́нчена, все разъе́хались по дома́м.	Nachdem die Arbeit beendet war, fuhren alle nach Hause.
Как то́лько скры́лось со́лнце, ста́ло о́чень хо́лодно.	Sobald sich die Sonne verbarg, wurde es sehr kalt.
С тех по́р как он прие́хал, прошло́ три го́да.	Seit seiner Ankunft waren drei Jahre vergangen.

Die einfachen Konjunktionen **то́лько, лишь, чуть, едва́** und die zusammengesetzten **как то́лько, лишь то́лько, то́лько что, чуть то́лько, едва́ лишь** haben die gleiche Bedeutung. Sie weisen darauf hin, daß die Handlung des Hauptsatzes sehr schnell der des Nebensatzes folgt.

Steht ein Nebensatz mit einer dieser Konjunktionen vor dem Hauptsatz, so kann im Hauptsatz das Wort **как** auftreten:

Едва́ то́лько мы тро́нулись в путь, **как** пошёл дождь.	Kaum hatten wir uns auf den Weg gemacht, fing es an zu regnen.

3. Die Handlung des Hauptsatzes kann vor der Handlung des Nebensatzes verlaufen. Dann stehen folgende Konjunktionen:

a) **пре́жде чем** **перед тем как** **до того́ как**	*bevor*

Пре́жде чем стемне́ло, мы добрали́сь до́ дому.	Bevor es dunkel wurde, erreichten wir das Haus.
До того́ как начну́тся кани́кулы, мы должны́ сдать два экза́мена.	Bevor die Ferien beginnen, müssen wir zwei Prüfungen ablegen.

Bezieht sich das Prädikat des durch die Konjunktionen **пре́жде чем, перед тем как** oder **до того́ как** eingeleiteten Nebensatzes auf die handelnde Person des Hauptsatzes, so steht es gewöhnlich im Infinitiv und der Nebensatz enthält kein Subjekt:

Пре́жде чем *войти́,* он постуча́л.	Bevor er eintrat, klopfte er.

Перед тем как *уйти́*, мне ну́жно убра́ть ко́мнату.

Bevor ich weggehe, muß ich das Zimmer aufräumen.

b) **пока́ не**
до тех пор, пока́ не | bis

Мы следи́ли за ло́дкой, **пока́** она́ **не** скры́лась и́з виду.

Wir sahen dem Boot nach, bis es aus unserer Sicht verschwunden war.

Я броди́л **до тех пор, пока** со́лнце не ушло́ за горизо́нт (*Арс.*)

Ich wanderte so lange, bis die Sonne am Horizont untergegangen war.

Die Konjunktionen **пока́ не** und **до тех пор, пока́ не** weisen darauf hin, daß die Handlung des Nebensatzes den Zeitpunkt bezeichnet, bis zu dem die Handlung des Hauptsatzes andauert.

Im Nebensatz stehen bei diesen Konjunktionen gewöhnlich vollendete Verben. Der unvollendete Aspekt ist nur im Falle sich wiederholender Handlungen möglich.

Мы всегда́ (ка́ждый раз) следи́ли за ло́дкой, **пока́** она́ **не** скрыва́лась и́з виду.

Wir sahen (jedesmal) dem Boot nach, bis es aus unserer Sicht verschwunden war.

Übung 151. Lesen Sie die folgenden Sätze. Nennen Sie den Aspekt der Verben im Haupt- und Nebensatz und bestimmen Sie das zeitliche Verhältnis der Handlungen zueinander:
  a) Die Handlungen im Haupt- und Nebensatz verlaufen gleichzeitig.
  b) Die Handlung des Hauptsatzes folgt der des Nebensatzes.
  c) Die Handlung des Hauptsatzes verläuft vor der des Nebensatzes.

1. Когда́ они́ возвраща́лись домо́й, то ещё издалека́ услы́шали му́зыку и дру́жные хоровы́е пе́сни. (*Гайд.*) 2. Когда́ он пришёл на ста́нцию, на платфо́рме уже́ гуля́ла в ожида́нии по́езда та пу́блика, кото́рую он привы́к ви́деть ка́ждый ве́чер. (*Чех.*) 3. Когда́ он лёг и усну́л, мать осторо́жно вста́ла со свое́й посте́ли и ти́хо подошла́ к нему́. (*М. Г.*) 4. Она́ смотре́ла вслед убега́вшим по доро́ге огня́м автомоби́ля и, когда́ они́ исче́зли, до́лго ещё стоя́ла, не шелохну́вшись, в по́лной темноте́. (*Фад.*) 5. Когда́ он слу́шал э́ти расска́зы о любви́, его́ со́бственная любо́вь к Ната́ше вдруг вспо́мнилась ему́. (*Л. Т.*) 6. Прие́хала На́дя в свой го́род в по́лдень. Когда́ она́ е́хала с вокза́ла домо́й, то у́лицы каза́лись ей о́чень широ́кими, а дома́ ма́ленькими. (*Чех.*) 7. Когда́ я вошёл наве́рх в свою́ ко́мнату и отвори́л окно́ на о́зеро, красота́ э́той воды́, э́тих гор и э́того не́ба в пе́рвое мгнове́нье буква́льно ослепи́ла и потрясла́ меня́. (*Л. Т.*) 8. Когда́ идёт пе́рвый снег, прия́тно ви́деть бе́лую зе́млю, бе́лые кры́ши, ды́шится мя́гко, сла́вно... (*Чех.*)

Übung 152. Bilden Sie aus jedem Satzpaar ein Satzgefüge mit der Konjunktion *когда́*.

1. Ли́стья желте́ют. Наступа́ет о́сень. 2. Озеро шуми́т. Ду́ет си́льный ве́тер. 3. Де́ти ката́ются на конька́х и на лы́жах. Наступа́ет зима́. 4. Мы верну́лись домо́й. Бы́ло совсе́м темно́. 5. Он откры́л окно́. В ко́мнату ворва́лся си́льный ве́тер. 6. Мы постуча́ли

в дверь. В кварти́ре послы́шались шаги́. 7. Пришла́ весна́. Перелётные пти́цы верну́лись в на́ши края́. 8. Кора́бль был далеко́ от бе́рега. Начала́сь бу́ря. 9. Он пришёл. Все уже́ собрали́сь. 10. Мы пришли́ в теа́тр. До нача́ла спекта́кля остава́лось 15 мину́т.

Übung 153. Ergänzen Sie die folgenden Sätze durch Hauptsätze.

1. Когда́ бу́дет зима́, ... 2. Когда́ мы сдади́м экза́мен, ... 3. Когда́ спекта́кль ко́нчился, ... 4. Когда́ начала́сь ле́кция, ... 5. Когда́ мы шли че́рез по́ле, ... 6. Когда́ он расска́зывал, ... 7. Когда́ звени́т звоно́к, ... 8. Когда́ начина́ется о́сень, ... 9. Когда́ сестра́ пришла́ домо́й, ... 10. Когда́ де́ти спят, ... 11. Когда́ по́езд тро́нулся, ...

Übung 154. Ergänzen Sie die folgenden Hauptsätze durch Nebensätze mit der Konjunktion *когда́*.

1. Хорошо́ в по́ле, ... 2. Лес шуми́т, ... 3. В кла́ссе наступа́ет тишина́, ... 4. Студе́нты разъезжа́ются по дома́м, ... 5. Мы сно́ва встре́тимся, ... 6. Позвони́ мне по телефо́ну, ... 7. Мы пришли́ на ста́нцию, ... 8. Я получи́л письмо́, ... 9. Он всегда́ помога́ет това́рищам, ...

Übung 155. Ersetzen Sie in den folgenden Sätzen die hervorgehobenen Verben durch ihre Aspektentsprechungen und sagen Sie, wie sich dadurch der Sinn der Sätze ändert.

1. Она́ рассказа́ла мне об э́том, когда́ мы *возврати́лись* домо́й. 2. Когда́ начался́ дождь, мы *шли* домо́й. 3. Когда́ он *пришёл, ста́ло* ве́село. 4. Я верну́лся домо́й, когда́ все уже́ *у́жинали.* 5. Мы смея́лись, когда́ *чита́ли* э́то письмо́. 6. Когда́ начина́лась ле́кция, в аудито́рии *станови́лось* ти́хо.

Übung 156. Setzen Sie das Verb im richtigen Aspekt ein.

1. Когда́ мы вы́шли из ле́са, мы ... ре́чку и дере́вню на друго́м берегу́. (ви́дели, уви́дели) 2. Когда́ мы ..., он кре́пко пожа́л мне ру́ку. (проща́лись, прости́лись) 3. Когда́ я ... из дере́вни, я реши́л после́дний раз сходи́ть в лес. (уезжа́л, уе́хал) 4. Когда́ я откры́л окно́, бума́ги ... со стола́. (лете́ли, полете́ли) 5. Когда́ я услы́шал об э́том спекта́кле, я ... обяза́тельно посмотре́ть его́. (реша́л, реши́л)

Übung 157. Lesen Sie die folgenden Sätze. Begründen Sie den Gebrauch der Konjunktionen *пока́* und *пока́ не*.

1. Пока́ не перегрузи́ли весь това́р, лю́ди рабо́тали без о́тдыха. (*М. Г.*) 2. Мы вы́полоскали оде́жду и, пока́ она́ со́хла на раскалённом песке́, мы купа́лись. (*Гайд.*) 3. Они́ сверну́ли в сто́рону и шли всё по ско́шенному по́лю..., пока́ не вы́шли на доро́гу. (*Чех.*) 4. Мину́т два́дцать я бесце́льно броди́л по одному́ ме́сту, пока́ не успоко́ился. (*Арс.*) 5. Часа́ три шли без о́тдыха, пока́ не послы́шался шум воды́. (*Арс.*) 6. Пока́ дли́лось собра́ние и выступа́ли арти́сты райо́нной самоде́ятельности, дождь переста́л. (*Овеч.*)

Übung 158. Lesen Sie die folgenden Sätze. Beachten Sie den Gebrauch der Konjunktionen *пока́* und *пока́ не* und begründen Sie den Gebrauch der Aspekte in jedem Satzpaar.

1. Мы стоя́ли под де́ревом, пока́ шёл дождь. Мы стоя́ли под де́ревом, пока́ не ко́нчился дождь. 2. Пока́ он сиде́л, никто́ не замеча́л его́ огро́много ро́ста. Пока́ он не встал, никто́ не замеча́л его́ огро́много ро́ста. 3. Пока́ шёл уро́к, в кла́ссе была́ тишина́. Пока́ не ко́нчился уро́к, в кла́ссе была́ тишина́. 4. Пока́ он писа́л письмо́, я ждал. Я ждал, пока́ он не написа́л письмо́. 5. Запиши́ а́дрес, пока́ ты по́мнишь его́. Запиши́ а́дрес, пока́ ты не забы́л. 6. Они́ рабо́тали, пока́ у них бы́ли си́лы. Они́ рабо́тали, пока́ не уста́ли.

Übung 159. Schreiben Sie je 5 Sätze mit der Konjunktion *пока́* und mit der Konjunktion *пока́ не*.

Übung 160. Lesen Sie die folgenden Sätze. Nennen Sie die Adverbialsätze der Zeit und stellen Sie Fragen zu ihnen.

1. Чу́ден Днепр при ти́хой пого́де, когда́ во́льно и пла́вно мчит сквозь леса́ и го́ры по́лные во́ды свои́. (*Г.*) 2. Лишь то́лько со́лнце скры́лось за горизо́нтом, сра́зу поду́л ре́зкий, холо́дный ве́тер. (*Арс.*) 3. По ме́ре того́ как мы углубля́лись в го́ры, расти́тельность станови́лась лу́чше. (*Арс.*) 4. По́сле того́ как кни́га была́ напи́сана и пригото́влена к печа́ти, мне захоте́лось пе́ред публика́цией познако́мить с ней её гла́вного геро́я. (*Б. Пол.*) 5. В то вре́мя как она́ выходи́ла из гости́ной, в пере́дней послы́шался звоно́к. (*Л. Т.*) 6. Пре́жде чем я останови́лся в э́том берёзовом леску́, я со свое́й соба́кой прошёл че́рез высо́кую оси́новую ро́щу. (*Тург.*) 7. Едва́ он отъе́хал не́сколько шаго́в, как ту́ча, с утра́ угрожа́вшая дождём, надви́нулась и хлы́нул ли́вень. (*Л. Т.*) 8. Пре́жде чем реши́ть что́-либо, нам ну́жно хорошо́ поду́мать. (*М. Г.*)

Übung 161. Lesen Sie die folgenden Sätze. Nennen Sie jeweils die Adverbialbestimmung des einfachen Satzes, die dem Adverbialsatz der Zeit im zusammengesetzten Satz entspricht.

M u s t e r: по́сле ле́кций — когда́ око́нчатся ле́кции

1. По́сле заня́тий я сра́зу пойду́ домо́й. Когда́ око́нчатся заня́тия, я сра́зу пойду́ домо́й. 2. Он вошёл в аудито́рию со звонко́м. Он вошёл в аудито́рию, когда́ звене́л звоно́к. Он вошёл в аудито́рию по́сле звонка́. Он вошёл в аудито́рию, когда́ прозвене́л звоно́к. 4. Мы вы́шли из до́ма по́сле восхо́да со́лнца. Мы вы́шли из до́ма, когда́ взошло́ со́лнце. 5. Мы вы́шли из до́ма с восхо́дом со́лнца. Мы вы́шли из до́ма, когда́ всходи́ло со́лнце. 6. В во́зрасте двадцати́ лет я поступи́л рабо́тать на заво́д. Я поступи́л рабо́тать на заво́д, когда́ мне бы́ло два́дцать лет. 7. По возвраще́нии в родно́е село́ он сно́ва стал трактори́стом. Когда́ он верну́лся (возврати́лся) в родно́е село́, он сно́ва стал трактори́стом.

Übung 162. Ersetzen Sie die hervorgehobenen Adverbialbestimmungen durch Adverbialsätze der Zeit mit den Konjunktionen *когда́; по́сле того́ как; до тех пор, пока́ не; по ме́ре того́ как; пока́ не; пре́жде чем*.

1. *С нача́лом ле́та* дете́й всегда́ отправля́ли за́ город на да́чу. 2. *По оконча́нии те́хникума* брат поступи́л на заво́д. 3. *С наступле́нием* ве́чера в гора́х ста́ло темно́. 4. *По возвраще́нии в родно́й го́род* она́ опя́ть ста́ла рабо́тать на фа́брике. 5. *До заверше́ния*

этой рабо́ты он не мо́жет уе́хать отсю́да. 6. *По ме́ре на́шего продвиже́ния* в глубь ле́са идти́ стано́вится всё трудне́е. 7. *До по́лного выздоровле́ния* ему́ нельзя́ выходи́ть из до́ма. 8. *Пе́ред отъе́здом в командиро́вку* обяза́тельно зайди́ ко мне.

Übung 163. Bilden Sie aus jedem Satzpaar Satzgefüge. Verwenden Sie dabei die hervorgehobenen Sätze als Hauptsätze und gebrauchen Sie die Konjunktionen *с тех пор как; пока́; по ме́ре того́ как; пока́ не; по́сле того́ как.*

1. Ребёнок засну́л. *Мать вы́шла из ко́мнаты.* 2. *Он почти́ не измени́лся.* Мы ви́делись в после́дний раз. 3. Това́рищи разгова́ривали. *Он успе́л сходи́ть в магази́н.* 4. Альпини́сты поднима́лись в го́ру. *Станови́лось холодне́е.* 5. *Сади́сь и рабо́тай.* Всё зада́ние бу́дет вы́полнено.

Übung 164. Bilden Sie Satzgefüge mit Adverbialsätzen der Zeit und verwenden Sie dabei folgende Konjunktionen: *когда́, в то вре́мя как, по ме́ре того́ как, по́сле того́ как, с тех пор как, как то́лько, пре́жде чем.*

Zum Gebrauch des Kommas bei zusammengesetzten Konjunktionen

Man teilt die Konjunktionen, die Temporalsätze einleiten, in e i n - f a c h e (z. B. **когда́** *als*, **пока́** *solange*) und z u s a m m e n g e s e t z t e ein (z. B. **как то́лько** *sobald*, **с тех пор как** *seitdem*, **в то вре́мя как** *während*, **по ме́ре того́ как** *je... desto*, **по́сле того́ как** *nachdem*, **до того́ как** *bevor, ehe*, **пе́ред тем как** *bevor, ehe*).

Ist der Nebensatz mit dem Hauptsatz durch eine zusammengesetzte Konjunktion verbunden, so steht das Komma entweder vor der ganzen Konjunktion:

Мы ни ра́зу не встре́тились, **с тех пор как расста́лись.**	Wir haben uns kein einziges Mal gesehen, seitdem wir uns getrennt hatten.

oder vor dem zweiten Teil der zusammengesetzten Konjunktion:

Мы ни ра́зу не встре́тились **с тех пор, как** расста́лись.	Wir haben uns seit Zeit, als wir uns getrennt hatten, kein einziges Mal gesehen.

Die Zeichensetzung hängt vom Sinn des Satzes und von der logischen Betonung ab. In der mündlichen Rede wird an der betreffenden Stelle eine Pause eingelegt.

Satzgefüge mit einem Zwecksatz

Ein Z w e c k s a t z bezeichnet das Ziel oder den Zweck der im Hauptsatz bezeichneten Handlung und antwortet auf die Fragen *заче́м? wozu?, для чего́? wozu?, с како́й це́лью? zu welchem Zweck?*

Что́бы сократи́ть путь, мы пошли́ к ре́чке напрями́к че́рез сыры́е луга́. (*Гайд.*)	Um den Weg abzukürzen, gingen wir direkt über die feuchten Wiesen zum Fluß.

Стеклянная дверь на балкон была закрыта, **чтобы из сада не несло жаром.** (*А. П.*)

Die Glastür zum Balkon war geschlossen, damit die Hitze aus dem Garten nicht eindringen konnte.

Ein Zwecksatz wird nur durch die Konjunktionen **чтобы** *damit; um... zu* eingeleitet.

Im Hauptsatz können hinweisende Wörter stehen:

Я записал адрес **для того, чтобы** не забыть.

Ich habe die Adresse aufgeschrieben, um sie nicht zu vergessen.

Я вернулся **с тем, чтобы** предупредить вас.

Ich bin zurückgekommen, um Sie zu warnen.

Я пришёл **не за тем, чтобы** спорить с вами.

Ich bin nicht gekommen, um mit Ihnen zu streiten.

Das Prädikat kann im Zwecksatz im Infinitiv oder im Präteritum stehen:

Я пришёл, **чтобы сообщить** вам об этом.

Ich bin gekommen, um Ihnen das mitzuteilen.

Я пришёл, **чтобы вы рассказали** мне об этом.

Ich bin gekommen, damit Sie mir davon erzählen.

Enthält der Nebensatz mit der Konjunktion **чтобы** ein Subjekt, so steht das Prädikat stets im Präteritum, und zwar unabhängig von der Zeit der Handlung, über die im Haupt- und Nebensatz gesprochen wird:

Я *говорю* ему об этом, **чтобы он не забыл.**

Ich sage ihm das, damit er es nicht vergißt.

Я *сказал* ему об этом ещё раз, **чтобы он не забыл.**

Ich habe ihm das noch einmal gesagt, damit er es nicht vergißt.

Я *скажу* ему об этом ещё раз, **чтобы он не забыл.**

Ich werde ihm das noch einmal sagen, damit er es nicht vergißt.

Ist der Nebensatz unpersönlich, so steht das Prädikat ebenfalls im Präteritum:

Я дал ребёнку книжку с картинками, **чтобы** ему **не было** скучно.

Ich habe dem Kind ein Bilderbuch gegeben, damit es sich nicht langweilt.

Он закрыл окно, **чтобы** в комнате **не было** холодно.

Er hat das Fenster zugemacht, damit es im Zimmer nicht kalt wird.

Bezieht sich das Prädikat des durch **чтобы** eingeleiteten Nebensatzes auf dieselbe handelnde Person wie das Prädikat des Hauptsatzes, so weist der Nebensatz in der Regel kein Subjekt auf. Das Prädikat des Nebensatzes steht im Infinitiv.

Мы пошли быстрее, **чтобы догнать** товарища.

Wir gingen schneller, um den Freund einzuholen.

Дéти принеслú цветы́, **чтóбы украсить** класс.	Die Kinder haben Blumen gebracht, um den Klassenraum zu schmücken.
У меня́ бы́ло врéмя, **чтóбы отдохну́ть.**	Ich hatte Zeit genug, um auszuruhen.
Ему́ ну́жно два дня, **чтóбы написáть** докла́д.	Er braucht zwei Tage, um den Vortrag zu schreiben.

Der Nebensatz mit **чтóбы** kann sowohl vor als auch nach dem Hauptsatz stehen.

Ему́ ну́жно два дня, **чтóбы написáть** докла́д.	Er braucht zwei Tage, um den Vortrag zu schreiben.
Чтóбы написáть докла́д, ему́ ну́жно два дня.	Um den Vortrag zu schreiben, braucht er zwei Tage.

Übung 165. Lesen Sie die folgenden Sätze. Begründen Sie den Gebrauch des Infinitivs in den Nebensätzen der linken Spalte und den des Präteritums in den Nebensätzen der rechten Spalte.

1. Я пришёл к тебé, чтóбы тебé помóчь. — Я пришёл к тебé, чтóбы ты мне помóг.
2. Я взял письмó, чтóбы передáть егó брáту. — Я положи́л письмó на стол, чтóбы брат срáзу уви́дел егó.
3. Они́ разговáривали ти́хо, чтóбы не разбуди́ть ребёнка. — Мать накры́ла лáмпу платкóм, чтóбы свет не мешáл ребёнку спать.

Übung 166. Ergänzen Sie die folgenden Sätze.

1. Мы приéхали в Москву́, чтóбы ... . 2. Я пришёл к товáрищу, чтóбы вмéсте с ним ... . 3. Я пришёл к товáрищу, чтóбы он ... . 4. Рыбáк привязáл лóдку, чтóбы онá ... . 5. Дéти пошли́ к рекé, чтóбы ... . 6. Брат позвáл сестру́, чтóбы онá ... . 7. Мы чáсто встречáлись, чтóбы ... .

Übung 167. Lesen Sie die folgenden Sätze. Bestimmen Sie Haupt- und Nebensatz. Beachten Sie die Form die Prädikats im Nebensatz.

1. Вся́кое дéло нáдо люби́ть, чтóбы егó хорошó дéлать. (*М. Г.*) 2. Для тогó, чтóбы хорошó изобрази́ть, худóжник дóлжен прекрáсно ви́деть и дáже предви́деть. (*М. Г.*) 3. Для тогó, чтóбы литерату́рное произведéние заслужи́ло ти́тул худóжественного, необходи́мо придáть ему́ совершéнную словéсную фóрму. (*М. Г.*) 4. Ну́жно бы́ло сломáть стáрый дом, чтóбы на егó мéсте пострóить нóвый. 5. Взрóслые, чтóбы не мешáть молодёжи, перешли́ во втору́ю кóмнату. (*Н. О.*) 6. Врóнский пошёл за кондýктором в вагóн и при вхóде в отделéние останови́лся, чтóбы дать дорóгу выходи́вшей дáме. (*Л. Т.*) 7. Я тóлько что пообéдал и прилёг на похóдную кровáтку, чтóбы отдохну́ть немнóго пóсле довóльно удáчной, но утоми́тельной охóты. (*Тург.*)

Übung 168. Wandeln Sie die einfachen Sätze mit der Präposition *для* in Satzgefüge mit der Konjunktion *чтóбы* um.

M u s t e r: *Для отвéта* на э́тот вопрóс мне ну́жно врéмя.
Чтóбы отвéтить на э́тот вопрóс мне ну́жно врéмя.

1. Для получе́ния посы́лки ну́жен па́спорт. 2. В Москву́ для уча́стия в э́той конфере́нции прие́дут делега́ты из ра́зных стран. 3. Для строи́тельства э́того зда́ния привезли́ кирпи́ч. 4. У него́ сли́шком ма́ло зна́ний для исправле́ния э́той оши́бки. 5. Для приня́тия тако́го ва́жного реше́ния ну́жно о́бщее собра́ние.

Satzgefüge mit einem Adverbialsatz des Grundes

Ein Adverbialsatz des Grundes gibt den Grund für das im Hauptsatz genannte Geschehen an und antwortet auf die Fragen *почему́? warum?, из-за чего́? weswegen?, по како́й причи́не? aus welchem Grunde?, отчего́? warum?*

На у́лицах бы́ло мно́го наро́ду, **потому́ что был пра́здник.**	Auf den Straßen waren viele Menschen, weil ein Feiertag war.
Та́к как мы рабо́тали без переры́ва, мы уста́ли.	Da wir pausenlos gearbeitet hatten, waren wir müde.
Спать не хоте́лось, **и́бо на душе́ бы́ло неспоко́йно, тяжело́.** (*Чех.*)	Ich wollte nicht schlafen, weil mir unruhig und schwer zumute war.

Ein Adverbialsatz des Grundes wird durch folgende Konjunktionen eingeleitet: **потому́ что, та́к как, и́бо, оттого́ что, всле́дствие того́ что, в си́лу того́ что, поско́льку, из-за того́ что.** Diese Konjunktionen sind gleichbedeutend.

Die durch **потому́ что** und **и́бо** *weil, da, denn* eingeleiteten Nebensätze stehen immer nach dem Hauptsatz; ein durch **та́к как** *da, weil* eingeleiteter Nebensatz kann sowohl nach als auch vor dem Hauptsatz stehen. Die Konjunktion **потому́ что** ist sowohl in der schriftlichen wie in der mündlichen Rede sehr gebräuchlich. Dagegen ist die Konjunktion **и́бо** für die Schriftsprache charakteristisch.

Die zusammengesetzten Konjunktionen **всле́дствие того́ что, ввиду́ того́ что, благодаря́ тому́ что, в си́лу того́ что** *infolgedessen, daß; in Anbetracht dessen* werden gewöhnlich in sachbetonter schriftlicher Rede gebraucht.

Alle mit **что** zusammengesetzten Konjunktionen, die Adverbialsätze des Grundes einleiten, können getrennt werden: der erste Teil der Konjunktion (**потому́, оттого́, всле́дствие того́, ввиду́ того́, в си́лу того́, из-за того́**) steht dann im Hauptsatz, der zweite (**что**) im Nebensatz. In diesem Fall wird der erste Teil der Konjuktion betont, um den Grund (die Ursache) hervorzuheben.

Он не мог спать то́лько **потому́, что** испы́тывал сли́шком большу́ю, волну́ющую ра́дость жи́зни. (*Л. Т.*)	Er konnte nur deshalb nicht schlafen, weil er zu große, aufregende Lebensfreude empfand.
Оттого́ нам не ве́село и смо́трим мы на жизнь так мра́чно, **что** не зна́ем труда́. (*Чех.*)	Nur deshalb sind wir nicht frohen Mutes und betrachten das Leben so düster, weil wir nicht wissen, was Arbeit ist.

Unter der genannten Bedingung kann der Nebensatz auch vor dem Hauptsatz (nach dem ersten Teil der zusammengesetzten Konjunktion) stehen.

Оттого́, что мы вста́ли о́чень ра́но и пото́м ничего́ не де́лали, э́тот день каза́лся о́чень дли́нным, са́мым дли́нным в мое́й жи́зни. (*Чех.*)	Da wir sehr früh aufgestanden waren und nachher nichts taten, kam mir dieser Tag sehr lang, als der längste Tag meines Lebens vor.

Der Konjunktion **что** können im Hauptsatz auch folgende Wörter entsprechen: **по слу́чаю того́** *aus Anlaß*, **по причи́не того́** *auf Grund*, **благодаря́ тому́** *da, dank*, **по той причи́не** *aus jenem Grund*.

Благодаря́ тому́, что был приме́нён но́вый ме́тод, строи́тельство шло ускоренными те́мпами.	Dank der Anwendung einer neuen Methode wurden die Bauarbeiten wesentlich beschleunigt.

Übung 169. Ergänzen Sie die Sätze.

1. Де́ти вчера́ не гуля́ли, потому́ что ... . 2. Всем бы́ло ве́село, потому́ что ... . 3. Я опозда́л, потому́ что ... . 4. Ну́жно спеши́ть, потому́ что ... . 5. Я пошёл в библиоте́ку, потому́ что ... .

Übung 170. Bilden Sie aus jedem Paar einfacher Sätze ein Satzgefüge mit den Konjunktionen *потому́ что* oder *та́к как*.

M u s t e r : Студе́нт не по́нял вопро́са. Студе́нт отве́тил непра́вильно. Студе́нт отве́тил непра́вильно, *потому́ что* он не по́нял вопро́са.

1. В са́мом нача́ле я сде́лал оши́бку. Я не мог реши́ть зада́чи. 2. Я́рко свети́ло со́лнце. Снег бы́стро та́ял. 3. Он был бо́лен. Он не́ был на заня́тиях. 4. Бы́ло уже́ по́здно. Мы пошли́ домо́й. 5. Все бы́стро засну́ли. Все о́чень уста́ли. 6. Дере́вья ста́ли желте́ть. Приближа́лась о́сень. 7. Вода́ в реке́ си́льно подняла́сь. Це́лую неде́лю шли дожди́. 8. Ту́чи закры́ли луну́. Ста́ло совсе́м темно́. 9. На факульте́те никого́ не́ было. Ле́кции давно́ ко́нчились. 10. У меня́ не́ было э́той кни́ги. Я пошёл в библиоте́ку.

Übung 171. Bilden Sie aus den Sätzen der Übung 170 Satzverbindungen, verwenden Sie dabei das Wort *поэ́тому*.

M u s t e r : Студе́нт не по́нял вопро́са. Студе́нт отве́тил непра́вильно. Студе́нт не по́нял вопро́са, *поэ́тому* он отве́тил непра́вильно.

Übung 172. Wandeln Sie die einfachen Sätze in Satzgefüge mit der Konjunktion *потому́ что* um.

M u s t e r : Благодаря́ о́пыту и зна́ниям, он рабо́тает хорошо́. Он рабо́тает хорошо́, *потому́ что* у него́ есть о́пыт и зна́ния.

1. Убо́рка урожа́я задержа́лась из-за плохо́й пого́ды. 2. Ма́льчик у́чится отли́чно, благодаря́ хоро́шим спосо́бностям и усидчивости. 3. Учени́к сде́лал оши́бку по невнима́тельности. 4. От ску́ки он стал чита́ть ста́рые журна́лы. 5. Трава́ была́ мо́крой от дождя́. 6. От волне́ния он не мог сказа́ть ни сло́ва. 7. Она́ не хо́чет призна́ть оши́бку из упря́мства. 8. Ма́льчик по неосторо́жности разли́л черни́ла. 9. Де́ти не пошли́ в шко́лу из-за си́льного моро́за.

Übung 173. Ersetzen Sie die Adverbialbestimmungen des Grundes durch Adverbialsätze des Grundes.

1. Степа́н Арка́дьич в шко́ле учи́лся хорошо́, благодаря́ свои́м хоро́шим спосо́бностям. (*Л. Т.*) 2. От мно́жества мя́гкой и краси́вой ме́бели в ко́мнате бы́ло те́сно. (*М. Г.*) 3. Све́жая листва́ зашевели́лась от набежа́вшего ветерка́. (*Л. Т.*) 4. По слу́чаю волне́ния на мо́ре, парохо́д пришёл по́здно, когда́ уже́ се́ло со́лнце. (*Чех.*) 5. С не́которого вре́мени свида́ния в ро́ще бы́ли прекращены́ по причи́не дождли́вой пого́ды. (*П.*) 6. Луговы́е цветы́ в э́том году́, благодаря́ постоя́нным дождя́м, необыкнове́нно я́рки и пы́шны. (*Приш.*) 7. Я сел за стол у распа́хнутого око́шка, подви́нул к себе́ листо́к бума́ги и от не́чего де́лать взя́лся сочиня́ть стихи́. (*Гайд.*)

Übung 174. Beachten Sie die Zeichensetzung und lesen Sie laut mit entsprechender Intonation die folgenden Sätze.

1. Я никогда́ не ви́дел так мно́го звёзд. И оттого́, что в не́бе шевели́лись звёзды, всё на земле́ каза́лось осо́бенно неподви́жным, засты́вшим. (*Ант.*) 2. Была́ гру́стная а́вгустовская ночь,— гру́стная потому́, что уже́ па́хло о́сенью. (*Чех.*) 3. Ну́жно бы́ло останови́ть ло́шадь, та́к как на́ша пряма́я доро́га обрыва́лась и уже́ шла вниз по круто́му, поро́сшему куста́рником ска́ту. (*Чех.*) 4. Жизнь всегда́ вы́ше иску́сства, потому́ что иску́сство есть одно́ из бесчи́сленных проявле́ний жи́зни. (*Бел.*) 5. Вели́кий поэ́т, говоря́ о себе́ само́м, о своём я, говори́т об о́бщем — о челове́честве, и́бо в его́ нату́ре лежи́т всё, чем живёт челове́чество. (*Бел.*)

Satzgefüge mit einem Folgesatz

Ein Folgesatz nennt die Folge (die Wirkung) des im Hauptsatz genannten Sachverhaltes:

Я сде́лал оши́бку в нача́ле вычисле́ния, **так что на́до бы́ло всё начина́ть снача́ла**. (*Л. Т.*)

Ich hatte am Anfang der Berechnung einen Fehler gemacht, so daß ich alles von neuem beginnen mußte.

Дождь лил как из ведра́, **так что вы́йти на крыльцо́ бы́ло невозмо́жно**. (*Акс.*)

Es goß in Strömen, so daß es unmöglich war, auf die Freitreppe hinauszugehen.

Der Folgesatz wird durch die Konjunktion **так что** *so daß* eingeleitet.

Übung 175. Schreiben Sie die folgenden Sätze ab. Setzen Sie die fehlenden Kommas.

1. Круго́м бы́ло ти́хо так что по жужжа́нию комара́ мо́жно бы́ло следи́ть за его́ полётом. (*Л.*) 2. Лёд на реке́ то́же истончи́лся и посине́л, а места́ми уже́ и тро́нулся так что идти́ на лы́жах бы́ло опа́сно. (*Павл.*) 3. День был хоро́ший. Бе́лые, причу́дливых форм ту́чки с утра́ показа́лись на горизо́нте; пото́м всё бли́же и бли́же стал сгоня́ть их ма́ленький ветеро́к так что и́зредка они́ закрыва́ли со́лнце. (*Л. Т.*)

Satzgefüge mit einem Adverbialsatz der Art und Weise

Ein Adverbialsatz der Art und Weise gibt an, wie sich die im Hauptsatz genannte Handlung vollzieht. Er antwortet auf die Fragen *как? wie?, каким образом? auf welche Weise?* und bezieht sich auf das Prädikat des Hauptsatzes:

Я передаю́ э́тот расска́з так, **как мне удало́сь его́ запо́мнить**. (*А. Т.*)	Ich gebe diese Erzählung so wieder, wie ich sie behalten habe.
Мы втроём на́чали бесе́довать, **как бу́дто век бы́ли знако́мы**. (*П.*)	Wir drei begannen uns zu unterhalten, als ob wir schon eine Ewigkeit miteinander bekannt wären.

Ein Adverbialsatz der Art und Weise wird eingeleitet durch die Konjunktionen **как** *wie*, **что** *daß*, **чтобы** *daß*, **бу́дто** *als ob*, **как бу́дто** *als ob*, *als wenn*, **бу́дто бы**, **сло́вно** *als ob*, **то́чно** *als ob*.

In dem Hauptsatz steht vor dem Prädikat gewöhnlich das hinweisende Adverb **так** *so*:

Дя́дюшка пел **так**, как поёт просто́й наро́д. (*Л. Т.*)	Der Onkel sang so, wie das einfache Volk singt.

KONJUNKTIONEN, DIE ADVERBIALSÄTZE DER ART UND WEISE EINLEITEN

Die Konjunktion **как**

1. Ein Satzgefüge mit der Konjunktion **как** drückt aus, daß die Handlung des Hauptsatzes dem Wunsch, der Bitte, dem Befehl, dem Rat oder der Vermutung, die im Nebensatz geäußert werden, entspricht oder nicht entspricht:

Поступа́й, **как хо́чешь**.	Handle so, wie du willst.
Я всё сде́лал так, **как** мне сове́товали.	Ich habe alles so getan, wie man mir geraten hat.
Всё произошло́ не так, **как** я предполага́л.	Alles geschah nicht so, wie ich vermutet hatte.

2. Ein Satzgefüge mit **как** kann einen Vergleich enthalten:

Мы открыва́ли Ма́ркса ка́ждый том, **как** в до́ме со́бственном мы открыва́ем ста́вни. (*Маяк.*)	w ö r t l i c h: Wir öffneten jeden Band von Marx, wie wir im eigenen Haus die Fensterläden öffnen.

Adverbialsätze der Art und Weise, die einen Vergleich enthalten (Vergleichssätze), sind oft Auslassungssätze: das Prädikat oder andere bereits im Hauptsatz genannte Satzglieder können ausgelassen werden:

Они́ встре́тились, **как бра́тья.** Sie trafen sich wie Brüder.

(vollständiger Satz: Они встре́тились, как встреча́ются бра́тья.)

Я люби́л его́, **как бра́та.** Ich habe ihn wie meinen Bruder geliebt.

(vollständiger Satz: Я люби́л его́, как лю́бят бра́та.)

Эта кни́га нужна́ мне так же, **как и тебе́.** Dieses Buch brauche ich genauso wie du.

(vollständiger Satz: Эта кни́га нужна́ мне так же, как она́ нужна́ тебе́.)

Се́рдце его́ замира́ло, **как пе́ред прыжко́м с высоты́.** (*Н. О.*) Sein Herz stockte ihm wie vor einem Sprung aus großer Höhe.

(vollständiger Satz: Се́рдце его́ замира́ло, как замира́ет се́рдце пе́ред прыжко́м с высоты́.)

Vergleichssätze, in denen Satzglieder ausgelassen sind, nennt man Vergleichskonstruktionen. Bezieht sich eine Vergleichskonstruktion auf ein Adjektiv oder Adverb im Komparativ, so wird sie nicht durch **как,** sondern durch **чем** eingeleitet.

V e r g l e i c h e n S i e :

Сего́дня так же хо́лодно, **как вчера́.** Heute ist es ebenso kalt wie gestern.

Сего́дня холодне́е, **чем вчера́.** Heute ist es kälter als gestern.

Она́ люби́ла его́, **как своего́ сы́на.** Sie liebte ihn wie ihren Sohn.

Она́ люби́ла его́ бо́льше, **чем своего́ сы́на.** Sie liebte ihn mehr als ihren Sohn.

Die Konjunktion как бу́дто (бу́дто)

Ein Satzgefüge mit der Konjunktion **как бу́дто, бу́дто** enthält ebenfalls einen Vergleich. Die Konjunktion **как бу́дто** steht dann, wenn die Handlung des Hauptsatzes mit etwas nicht Realem verglichen wird:

Я чу́вствовал себя́ так, **как бу́дто** гора́ свали́лась с мои́х плеч. (*Гарш.*) Ich hatte ein Gefühl, als wäre mir ein Stein vom Herzen gefallen.

V e r g l e i c h e n S i e :

Sätze mit **как бу́дто**

Они́ встре́тились так, **как бу́дто** они́ бы́ли бли́зкие друзья́. Sie begrüßten sich so, als wären sie enge Freunde.

Она́ лю́бит его́ так, **как бу́дто** он её родно́й сын. Sie liebt ihn so, als wäre er ihr eigener Sohn.

Sätze mit **как**

Они́ встре́тились так, **как** встреча́ются бли́зкие друзья́. Sie begrüßten sich so, wie enge Freunde sich begrüßen.

Она́ лю́бит его́ так, **как** лю́бят родно́го сы́на. Sie liebt ihn so, wie man seinen eigenen Sohn liebt.

Zum Unterschied von den durch **как** eingeleiteten Vergleichssätzen sind die durch **как бу́дто** eingeleiteten Vergleichssätze in der Regel vollständig.

Die Konjunktionen **то́чно** und **сло́вно** haben die gleiche Bedeutung wie **как бу́дто**.

Я так уста́л, **как бу́дто** (**сло́вно, бу́дто, то́чно**) рабо́тал без о́т-дыха це́лые су́тки.	Ich war so müde, als hätte ich Tag und Nacht ununterbrochen gearbeitet.

Die Konjunktion **как бу́дто** kann durch die Konjunktion **как е́сли бы** ersetzt werden; in derartigen Sätzen muß jedoch unbedingt das Präteritum stehen:

Они́ встре́тились так, **как бу́дто** они́ бли́зкие друзья́.	Sie begrüßten sich so, als wären sie enge Freunde.
Они́ встре́тились так, **как е́сли бы** они́ **бы́ли** бли́зкими друзья́ми.	

Die Konjunktionen *что und* **чтобы**

Die durch **что** eingeleiteten Adverbialsätze der Art und Weise erhalten eine zusätzliche Bedeutungsschattierung der Folge.

Он объясня́л так, **что** слу́шатели легко́ его́ понима́ли.	Er erklärte alles so, daß die Zuhörer ihn leicht verstanden.
Он на́чал де́ло так, **что** все почу́вствовали к нему́ уваже́ние.	Er ging an die Sache so heran, daß alle ihm gegenüber Achtung empfanden.

Die durch **чтобы** eingeleiteten Nebensätze erhalten eine zusätzliche Bedeutungsschattierung des Zwecks. **Чтобы** wird gebraucht, wenn das Prädikat des Hauptsatzes durch einen Imperativ ausgedrückt ist oder wenn als Teil des Prädikats Wörter stehen, die einen Wunsch, eine Verpflichtung oder die Notwendigkeit bezeichnen (**хоте́ть** *wollen*, **на́до** *man muß*, **до́лжен** *man soll* u. a.).

Говори́ так, **что́бы** тебя́ понима́ли.	Sprich so, daß man dich versteht.
На́до писа́ть так, **что́бы** ка́ждый мог прочита́ть.	Man muß so schreiben, daß es jeder lesen kann.

Wird ein Adverbialsatz der Art und Weise durch **что** oder **чтобы** eingeleitet, so muß im Hauptsatz das hinweisende Wort **так** stehen.

Übung 176. Nennen Sie die Adverbialsätze der Art und Weise. Begründen Sie den Gebrauch der Konjunktionen.

1. Некра́сов учи́л писа́ть и говори́ть так, «что́бы слова́м бы́ло те́сно, а мы́слям просто́рно». 2. Они́ труди́лись на протяже́нии всех дней войны́, как е́сли бы э́то был оди́н день. (*Фад.*) 3. Мы побежа́ли наве́рх одева́ться так, что́бы как мо́жно бо́льше походи́ть на охо́тников. (*Л. Т.*) 4. Когда́ он опусти́лся на скамью́, то прямо́й стан его́ согну́лся, как бу́дто у него́ в спине́ не́ было ни одно́й ко́сточки. (*Л.*)

Übung 177. Ergänzen Sie die Adverbialsätze der Art und Weise; gebrauchen Sie dabei die Verben *хотеть, обещать, решить, мочь, просить, советовать.*

1. Поступай так, как … . 2. Мне удалось всё сделать так, как … . 3. Всё было организовано не так, как … . 4. Ты сделал всё не так, как … . 5. Он помогал нам так, как … . 6. Она выполнила поручение так, как … .

Übung 178. Ergänzen Sie die Hauptsätze.

1. … так, как я считаю нужным. 2. … так, как меня учили. 3. … так, как вам угодно. 4. … не так, как я себе представлял. 5. … не так, как мы ожидали. 6. … так, как надо. 7. … так, как тебе нравится. 8. … так, как его просили.

Übung 179. Wandeln Sie die einfachen Sätze in Satzgefüge mit Adverbialsätzen der Art und Weise um.

1. Она всегда поступала согласно своему желанию. 2. Мы организовали всё в соответствии с решением собрания.

Übung 180. Lesen Sie die folgenden Sätze. Suchen Sie die Vergleichskonstruktionen heraus.

1. Мы веселились, как дети. (*Тург.*) 2. Анна Сергеевна и он любили друг друга, как очень близкие, родные люди, как муж и жена, как нежные друзья. (*Чех.*) 3. Я хожу в театр, как на праздник. (*Пауст.*) 4. Впечатления жизни захватили её, как птицу буря. (*А. Т.*) 5. Меня тянет к озеру, как чайку. (*Чех.*) 6. Он никогда ещё так не говорил с нею, как в тот вечер. (*Тург.*) 7. Он говорил с ней, как с другом, как с мужчиной. (*Пауст.*) 8. Народ относится к своим великим людям, как почва к растениям, которые производит она. (*Бел.*)

Übung 181. Schreiben Sie mit den folgenden Adjektiven Vergleichskonstruktionen auf; verwenden Sie dabei die unten angegebenen Substantive mit der Konjunktion *как.*

белый, чёрный, тёмный, горячий, холодный, круглый, сладкий, прозрачный, голубой, твёрдый, лёгкий, упрямый, хитрый, трусливый

M u s t e r: Острый как нож.

S u b s t a n t i v e: шар, сахар, снег, лёд, ночь, огонь, пух, небо, камень, заяц, осёл, лиса, стекло, уголь.

Übung 182. Bilden Sie Sätze; verwenden Sie dabei die folgenden Verben mit Vergleichskonstruktionen:

бояться как огня, спешить как на пожар, знать как свои пять пальцев, ползти как черепаха, отражаться как в зеркале, спать как убитый, сидеть как на иголках

Übung 183. Ersetzen Sie die Vergleichskonstruktionen durch Vergleichssätze.

M u s t e r: Я знаю его так же, как и ты.
Я знаю его так же, *как знаешь его ты.*
Я знаю его так же, как тебя.
Я знаю его так же, *как знаю тебя.*

1. Этот человек относится ко мне так же, как ты. Этот человек относится ко мне так же, как к тебе. 2. Он уважает вас так же, как

все. Он уважа́ет вас так же, как всех. 3. Он со мной так же откро́-
ве́нен, как с тобо́й. Он со мной так же открове́нен, как ты.

Übung 184. Vergleichen Sie jedes Satzpaar: erklären Sie den Bedeutungsunter-
schied der Sätze mit einer Vergleichskonstruktion und mit einem durch *как бу́дто* eingeleite-
ten Nebensatz.

1. Она́ распоряжа́ется в до́ме, как хозя́йка.

   Она́ распоряжа́ется в до́ме, как бу́дто она́ хозя́йка.

2. Он смо́трит на меня́, как на врага́.

   Он смо́трит на меня́ так, как бу́дто я его́ враг.

3. Он разгова́ривал со мной, как нача́льник с подчинён-
ным.

   Он разгова́ривал со мной, как бу́дто он нача́льник, а я —
его́ подчинённый.

Übung 185. Vergleichen Sie jedes Satzpaar. Sagen Sie, wovon der Fall in den Ver-
gleichskonstruktionen abhängt.

1. Ни оди́н вопро́с не интере-
су́ет меня́ так, как меня́ инте-
ресу́ет э́тот вопро́с.

   Ни оди́н вопро́с не интересу́ет
меня́ так, как э́тот.

2. Э́тот вопро́с интересу́ет меня́ так же, как он интере-
су́ет вас.

   Э́тот вопро́с интересу́ет меня́
так же, как вас.

3. Я ни с кем не быва́ю так от-
крове́нен, как я открове́нен
с тобо́й.

   Я ни с кем не быва́ю так откро-
ве́нен, как с тобо́й.

4. У него́ возни́к тако́й же во-
про́с, како́й возни́к у меня́.

   У него́ возни́к тако́й же вопро́с,
как у меня́.

5. Он за́дал тако́й же вопро́с, како́й за́дал я.

   Он за́дал тако́й же вопро́с,
как я.

6. Нельзя́ доверя́ть тако́му че-
лове́ку, каки́м явля́ется он
(како́в он).

   Нельзя́ доверя́ть тако́му чело-
ве́ку, как он.

7. Нельзя́ ста́вить в приме́р та-
ко́го челове́ка, каки́м явля́ет-
ся он.

   Нельзя́ ста́вить в приме́р тако́-
го челове́ка, как он.

Übung 186. Setzen Sie das Wort im abhängigen Fall (mit oder ohne Präposition)
ein.

1. Он встре́тил тебя́, как .... 2. Он всегда́ сове́туется с тобо́й,
как .... 3. Он всегда́ говори́т о тебе́, как .... 4. Он наде́ется на те-
бя́, как .... 5. Он доверя́ет тебе́, как .... 6. Он отно́сится к тебе́,
как ....

Übung 187. Setzen Sie das Pronomen *он* im richtigen Fall (mit oder ohne Präposi-
tion) ein.

1. Я никого́ не уважа́ю, как .... 2. Я ни о ком не слы́шал так
мно́го хоро́шего, как .... 3. Никто́ для меня́ так мно́го не сде́лал,
как .... 4. Э́та кни́га нужна́ мне так же, как и .... 5. У меня́ так же
мно́го нерешённых вопро́сов, как и .... 6. Меня́ э́тот вопро́с вол-
ну́ет так же, как .... 7. Я ни одного́ челове́ка не знал так хорошо́,
как .... 8. Я слу́шал ле́кцию с таки́м же интере́сом, как .... 9. У
меня́ возни́к тако́й же вопро́с, как .... 10. Я за́дал тако́й же вопро́с,

как .... 11. Мо́жно ли наде́яться на тако́го челове́ка, как ...? 12. Нельзя́ доверя́ть тако́му челове́ку, как ....

Übung 188. Setzen Sie die Konjunktionen *чем* oder *как* ein.

1. Я интересу́юсь фи́зикой, ... и мой това́рищ. Я интересу́юсь фи́зикой бо́льше, ... мой това́рищ. 2. Больно́й чу́вствует себя́ так же, ... вчера́. Больно́й чу́вствует себя́ гора́здо лу́чше, ... вчера́. 3. Он говори́т по-ру́сски бо́лее свобо́дно, ... ра́ньше. Он говори́т по-ру́сски так же, ... ра́ньше. 4. Эта кни́га мне нужне́е, ... тебе́. Эта кни́га нужна́ мне так же, ... тебе́. 5. В до́ме бы́ло так же хо́лодно, ... на у́лице. 6. Он каза́лся таки́м же уста́лым, ... вчера́. Он каза́лся бо́лее уста́лым, ... вчера́.

Satzgefüge mit einem Adverbialsatz des Maßes und des Grades

Adverbialsätze des Maßes und des Grades geben Maß und Grad einer Handlung oder Qualität an und antworten auf die Fragen *как? wie?*, *наско́лько? inwiefern?*, *в како́й ме́ре? in welchem Maß?*, *в како́й сте́пени? in welchem Grad?*, *ско́лько? wieviel?*

Че́рез че́тверть ча́са я подошёл насто́лько бли́зко к огню́, **что мог рассмотре́ть всё о́коло него́.** (*Арс.*) (*Наско́лько* o d e r: *Как* бли́зко я подошёл?)	Nach einer Viertelstunde trat ich so nah ans Feuer heran, daß ich alles rundherum gut sehen konnte.
По́сле дождя́ бы́ло сли́шком мо́кро, чтобы идти́ гуля́ть. (*Л. Т.*) (*Наско́лько* мо́кро?)	Nach dem Regen war es zu feucht, als daß man hätte spazierengehen können.
Мы должны́ взять сто́лько проду́ктов, ско́лько пона́добится на неде́лю (*Ско́лько* проду́ктов?)	Wir müssen soviel Lebensmittel mitnehmen, wie wir für eine Woche brauchen.

Die Adverbialsätze des Maßes und des Grades werden durch **наско́лько** *wie*, **ско́лько** *wieviel* und die Konjunktionen **что** *daß*, **чтобы** *daß*, **как** *wie*, **как бу́дто** *als ob* eingeleitet.

Im Hauptsatz können folgende hinweisende Wörter stehen:

сто́лько	soviel
столь	
насто́лько	so
так	
до того́	

Он был **насто́лько** тре́бователен, **наско́лько** до́лжен быть тре́бователен руководи́тель.	Er war so anspruchsvoll, wie ein Leiter es sein muß.
Мы должны́ взять **сто́лько** проду́ктов, **ско́лько** пона́добится на неде́лю.	Wir müssen soviel Lebensmittel mitnehmen, wie wir für eine Woche brauchen.

Я стуча́л **так** си́льно, **как** то́лько мог.

Ich klopfte so stark, wie ich nur konnte.

Мы **до того́** уста́ли, **что** не могли́ сдви́нуться с ме́ста.

Wir waren so müde, daß wir uns nicht von der Stelle rühren konnten.

KONJUNKTIONEN, DIE ADVERBIALSÄTZE DES MABES UND DES GRADES EINLEITEN

Die Konjunktionen что und чтобы

Stehen in einem Hauptsatz die hinweisenden Wörter **так, насто́лько, до того́,** so wird der Nebensatz gewöhnlich durch **что** eingeleitet.

Wenn in dem Hauptsatz die Wörter **не так** *nicht so,* **не насто́лько** *nicht so,* **доста́точно** *genug,* **не доста́точно** *nicht... genug,* **сли́шком** *zu,* **чересчу́р** *allzu* stehen, so wird der Nebensatz durch **чтобы** eingeleitet.

Vergleichen Sie:

Мы **так** уста́ли, **что** не мо́жем идти́ да́льше.

Wir sind so müde, daß wir nicht weitergehen können.

Сейча́с **насто́лько** тепло́, **что** уже́ мо́жно ходи́ть без пальто́.

Es ist jetzt schon so warm, daß man ohne Mantel gehen kann.

Мы **сли́шком** уста́ли, **чтобы** идти́ да́льше.

Wir sind zu müde, um weiterzugehen.

Сейча́с **доста́точно** тепло́, **чтобы** ходи́ть без пальто́.

Es ist jetzt warm genug, um ohne Mantel zu gehen.

Сейча́с **не насто́лько** тепло́, **чтобы** мо́жно бы́ло ходи́ть без пальто́.

Es ist jetzt nicht warm genug, um ohne Mantel zu gehen.

Übung 189. Nennen Sie die Adverbialsätze des Maßes und des Grades. Begründen Sie den Gebrauch der Konjunktionen *что* und *чтобы.*

1. Го́ры и ре́ки так походи́ли друг на дру́га, что мо́жно бы́ло легко́ ошиби́ться и пойти́ не по той доро́ге. (*Арс.*) 2. Пого́да немно́го уху́дшилась, но не насто́лько, чтобы помеша́ть на́шей экску́рсии. (*Арс.*) 3. С рассве́том опя́ть уда́рил моро́з, мо́края земля́ замёрзла так, что хрусте́ла под нога́ми. (*Арс.*) 4. Он доста́точно окре́п, чтобы ходи́ть. (*Н. О.*) 5. На́дя шла по тропи́нке до того́ накло́нной, что иногда́ приходи́лось держа́ться за огра́ду палиса́дников. (*Ант.*)

Übung 190. Ändern Sie die Sätze um; verwenden Sie im Hauptsatz das Wort *сли́шком* und im Nebensatz die Konjunktion *чтобы.*

1. Он пришёл домо́й так по́здно, что не мог занима́ться. 2. На дворе́ так хо́лодно, что нельзя́ идти́ гуля́ть. 3. Он чу́вствовал себя́ так пло́хо, что не мог встать с посте́ли. 4. Он зна́ет так ма́ло, что не мо́жет учи́ть други́х. 5. Чемода́н был так тяжёл, что она́ не могла́ его́ нести́. 6. Доро́га была́ так узка́, что маши́на не смогла́ про-

ехать. 7. Они́ шли так бы́стро, что их нельзя́ бы́ло догна́ть. 8. Он говори́л так ти́хо, что его́ нельзя́ бы́ло поня́ть. 9. Они́ сиде́ли так далеко́, что не могли́ слы́шать наш разгово́р.

Satzgefüge mit der Vergleichskonstruktion чем... тем

Ein Satzgefüge mit der Konjunktion чем... тем *je... desto* sagt aus, daß sich der Grad oder die Intensität des Geschehens in beiden Teilen des Satzgefüges in Abhängigkeit voneinander ändert; in jedem Teil steht das Adjektiv oder Adverb im Komparativ:

Чем бо́льше она́ ду́мала об э́том, **тем бо́льше** беспоко́илась.	Je mehr sie daran dachte, desto mehr beunruhigte sie sich.
Чем да́льше отря́д углубля́лся в лес, **тем трудне́е** станови́лось идти́.	Je weiter die Abteilung in den Wald vordrang, desto schwieriger wurde es voranzukommen.
Чем темне́е ночь, **тем я́рче** звёзды.	Je dunkler die Nacht, desto leuchtender die Sterne.

In einem Satzgefüge mit der Konjunktion чем... тем sind die beiden Teile nicht erfragbar; daher lassen sich Haupt- und Nebensatz auch nicht ausgliedern.

Übung 191. Schreiben Sie die folgenden Sätze ab; unterstreichen Sie dabei die Konjunktion *чем... тем* und den Komparativ der Adjektive und der Adverbien.

1. Подъём был продолжи́тельный и тру́дный. Чем вы́ше мы поднима́лись, тем расти́тельность станови́лась скудне́е. (*Арс.*) 2. Чем ни́же мы спуска́лись, тем гу́ще де́лался лес и тем тени́стее доро́га. (*Пауст.*) 3. Костёр уже́ потуха́л. И чем скоре́е догора́л ого́нь, тем видне́е станови́лась лу́нная ночь. (*Чех.*) 4. Чем вы́ше со́лнце, тем бо́льше птиц и веселе́е их ще́бет. (*М. Г.*) 5. Чем разнообра́знее о́пыт, тем ши́ре стано́вится по́ле зре́ния. (*М. Г.*) 6. Чем вы́ше поэ́т, тем бо́льше принадлежи́т он о́бществу, среди́ кото́рого роди́лся. (*Бел.*)

Übung 192. Ergänzen Sie die folgenden Sätze.

1. Чем вы́ше мы поднима́лись в го́ры, тем... 2. Чем бо́льше он занима́лся э́той рабо́той, тем... 3. Чем трудне́е была́ зада́ча, тем... 4. Чем лу́чше студе́нты зна́ют ру́сский язы́к, тем... 5. Чем ста́рше станови́лись де́ти, тем... 6. Чем бли́же подходи́ло вре́мя экза́менов, тем... 7. Чем ра́ньше ты возьмёшься за э́ту рабо́ту, тем... 8. Чем бли́же я узнава́л э́того челове́ка, тем...

Satzgefüge mit einem Bedingungssatz

Ein Bedingungssatz nennt die Bedingung, unter der die im Hauptsatz genannte Handlung eintritt. Er antwortet auf die Fragen **при како́м усло́вии**? *unter welcher Bedingung*?

Е́сли за́втра бу́дет хоро́шая пого́да, мы пойдём на экску́рсию.	Wenn es morgen gutes Wetter gibt, machen wir einen Ausflug.

Если бы была хорошая погода, мы поехали бы за город. — Wenn wir gutes Wetter gehabt hätten, wären wir ins Grüne gefahren.

Раз дождя нет, значит, можно идти дальше. (*Арс.*) — Da es nicht regnet, können wir weiter gehen.

Ein Bedingungssatz wird eingeleitet durch die Konjunktionen:

если **когда** **раз** **коль (коли)**	wenn, falls

Die gebräuchlichste Konjunktion ist **если**; die Konjunktion **когда** steht in Bedingungssätzen selten. Die Konjunktion **коль (коли)** wird in der Volkssprache, in Sprichwörtern gebraucht:

wörtlich:

Не будет скуки, коли заняты руки. (*Sprw.*) — Es gibt keine Langweile, wenn die Hände zu tun haben.

Satzgefüge mit einem Bedingungssatz werden in zwei Typen eingeteilt:

1. Im Hauptsatz wird von einer Handlung gesprochen, die unter einer im Nebensatz genannten Bedingung geschieht, geschehen ist oder tatsächlich geschehen kann.

Die verbalen Prädikate des Haupt- und des Nebensatzes stehen im Indikativ (im Präsens, Präteritum oder Futur):

Читатель ошибается, если представляет себе тайгу в виде рощи. (*Арс.*) — Der Leser täuscht sich, wenn er sich die Taiga als einen Hain vorstellt.

Пешеход, если такая ночь **заставала** его на горной дороге, **находился** в смертельной опасности. (*Павл.*) — Ein Wanderer befand sich in tödlicher Gefahr, wenn ihn eine solche Nacht auf dem Bergweg überraschte.

Если лёд на реке **тронется**, мы **не сможем** переправиться на тот берег. — Wenn das Eis auf dem Fluß bricht, werden wir nicht ans andere Ufer gelangen.

Im Hauptsatz kann das verbale Prädikat im Imperativ stehen:

Если ты что-нибудь узнаешь об этом, **расскажи** мне. — Wenn du etwas darüber erfährst, erzähle es mir.

In den Bedingungssätzen dieses Typs steht oft die Konjunktion **раз**. Diese Konjunktion gibt eine reale Bedingung an:

Раз ты не знаешь, молчи. — Weißt du nichts, so schweige.

Раз вы устали, кончим работу. — Wenn ihr müde seid, wollen wir mit der Arbeit aufhören.

Das Prädikat eines durch **раз** eingeleiteten Nebensatzes wird gewöhnlich im Präsens oder im vollendeten Präteritum gebraucht.

Das Prädikat eines Bedingungssatzes steht im Infinitiv, wenn der

Satz kein Subjekt aufweist. Ein solcher Satz hat verallgemeinernde Bedeutung:

Если эконо́мить, то средств хва́тит.	Wenn man spart, wird das Geld ausreichen.
Если рабо́тать по-но́вому, мо́жно перевы́полнить план.	Wenn man auf neue Art arbeitet, kann man den Plan überbieten.

2. Im Hauptsatz wird nicht von einer realen, sondern nur von einer möglichen Handlung gesprochen, im Nebensatz von einer möglichen Bedingung dieser Handlung. Dabei stehen die Prädikate des Haupt- und des Nebensatzes im Konjunktiv:

Если бы вы **пришли́** во́время, мы **успе́ли бы** ко́нчить рабо́ту.	Wären Sie rechtzeitig gekommen, hätten wir die Arbeit beendet.

Im Bedingungssatz des zweiten Typs kann Prädikat im Imperativ Singular stehen. Dann weist der Nebensatz keine Konjunktion auf:

Верни́сь он ра́ньше, он заста́л бы нас.	Wäre er früher zurückgekommen, so hätte er uns angetroffen.

(Man kann auch sagen: *Если бы он верну́лся* ра́ньше, он заста́л бы нас.)

Не будь он архите́ктором, он стал бы худо́жником.	Wäre er nicht Architekt, so wäre er Maler geworden.

(Man kann auch sagen: *Если бы он не́ был* архите́ктором, он стал бы худо́жником.)

Der Bedingungssatz kann vor oder nach dem Hauptsatz stehen und in den Hauptsatz eingeschlossen sein:

Если дождь переста́нет, мы отпра́вимся в путь за́втра.	Wenn der Regen aufhört, machen wir uns morgen auf den Weg.
Мы отпра́вимся в путь за́втра, **е́сли дождь переста́нет**.	Wir machen uns morgen auf den Weg, wenn der Regen aufhört.
За́втра, **е́сли дождь переста́нет**, мы отпра́вимся в путь.	Morgen, wenn der Regen aufhört, machen wir uns auf den Weg.

Steht der Bedingungssatz vor dem Hauptsatz, so kann am Anfang des Hauptsatzes die hinweisende Partikel **то** *so* bzw. **так** *so* oder das hinweisende Adverb **тогда́** stehen:

Если же никого́ не́ было до́ма, **то** я остава́лся и ждал, разгова́ривал с ня́ней, игра́л с ребёнком. (*Чех.*)	Wenn niemand zu Hause war, so blieb ich und wartete, sprach mit der Kinderfrau, spielte mit dem Kind.

Übung 193. Bilden Sie aus zwei einfachen Sätzen ein Satzgefüge mit der Konjunktion *е́сли.*

1. Ночь бу́дет тёплой. Мы бу́дем ночева́ть под откры́тым не-
580

бом. 2. Урожа́й бу́дет хоро́ший. Дожди́ пройду́т во́время. 3. Дождь бу́дет продолжа́ться. Река́ вы́йдет из берего́в. 4. Вы уста́ли. Мы сде́лаем переры́в. 5. Я возьму́ э́ту кни́гу. Она́ тебе́ бо́льше не нужна́. 6. Кни́га оста́нется у меня́ ещё на оди́н день. Я успе́ю прочита́ть её. 7. Я зайду́ к тебе́ ве́чером. Я успе́ю. 8. Сего́дня бу́дет собра́ние. Я верну́сь домо́й по́здно. 9. Я напишу́ письмо́. Хва́тит вре́мени.

Übung 194. Ergänzen Sie die Nebensätze.

1. Пошли́те мне телегра́мму, е́сли... 2. Лы́жные соревнова́ния не состоя́тся, е́сли... 3. Ты не опозда́ешь, е́сли... 4. Ну́жно вы́звать врача́, е́сли... 5. Снег бы́стро раста́ет, е́сли... 6. Я позвоню́ вам по телефо́ну, е́сли...

Übung 195. Ergänzen Sie die Sätze.

1. Е́сли вы бу́дете писа́ть внима́тельно... 2. Е́сли мы бу́дем системати́чески занима́ться... 3. Е́сли до́лго не бу́дет дождя́... 4. Е́сли по́езд опозда́ет... 5. Е́сли ты пойдёшь в библиоте́ку... 6. Е́сли тебе́ не ну́жен слова́рь...

Übung 196. Ergänzen Sie die Nebensätze.

1. Я бы ко́нчил рабо́ту сего́дня ве́чером, е́сли бы... 2. Он написа́л бы сочине́ние без оши́бок, е́сли бы... 3. Мы пое́хали бы за́ город, е́сли бы... 4. Я оста́лся бы здесь, е́сли бы... 5. Он стал бы занима́ться в на́шем кружке́, е́сли бы... 6. Мы могли́ бы перепра́виться на друго́й бе́рег, е́сли бы... 7. Я принёс бы тебе́ кни́гу, е́сли бы... 8. Брат был бы инжене́ром, е́сли бы... 9. Мы не доби́лись бы успе́хов, е́сли бы... 10. Он бы не заболе́л, е́сли бы...

Übung 197. Ersetzen Sie die hervorgehobenen Wörter durch Bedingungssätze.

1. *С твое́й по́мощью* я вы́полню э́ту рабо́ту. 2. *При жела́нии* вы могли́ бы написа́ть сочине́ние лу́чше. 3. *При попу́тном ве́тре* на́ша ло́дка дви́галась бы о́чень бы́стро. 4. *Без э́того дождя́* урожа́й мог бы поги́бнуть.

Übung 198. Ersetzen Sie die Bedingungssätze mit der Konjunktion *е́сли* durch konjunktionslose Nebensätze.

M u s t e r : Е́сли бы они́ мне не помеша́ли, я ко́нчил бы рабо́ту сего́дня ве́чером.
Не помеша́й они́ мне, я ко́нчил бы рабо́ту сего́дня ве́чером.

1. Е́сли бы мы вы́шли двумя́ мину́тами ра́ньше, мы не опозда́ли бы на по́езд. 2. Е́сли бы я не встре́тил вас случа́йно, я до сих по́р ничего́ не знал бы об э́том. 3. Е́сли бы у нас бы́ли биле́ты, мы пошли́ бы в теа́тр. 4. Е́сли бы он мне сказа́л об э́том, я бы помо́г.

Übung 199. Schreiben Sie die folgenden Sätze ab. Unterstreichen Sie die Nebensätze. Sagen Sie, in welcher Form das Prädikat im Bedingungssatz steht.

1. Путевы́е запи́ски необходи́мо де́лать безотлага́тельно на ме́сте наблюде́ния. Е́сли э́то не сде́лать, то но́вые карти́ны, но́вые впечатле́ния заслоня́ют ста́рые о́бразы, и ви́денное забыва́ется. (*Арс.*) 2. Упади́ на него́ це́лый сугро́б, то и тогда́ бы, ка́жется, он не

нашёл ну́жным стря́хивать с себя́ снег. (*Чех.*) 3. Это был ре́дкий час зати́шья. Если не счита́ть не́скольких далёких пу́шечных вы́стрелов да коро́тенькой пулемётной о́череди где́-то в стороне́, то мо́жно бы́ло поду́мать, что в ми́ре нет никако́й войны́. (*Кат.*)

Satzgefüge mit einem Einräumungssatz

Der Einräumungssatz antwortet auf die Frage **несмотря́ на что?** *trotz welchen Umstandes?*

Хотя́ наступи́л ве́чер, бы́ло о́чень жа́рко. (Бы́ло о́чень жа́рко *несмотря́ на что?*)	Obwohl schon Abend war, war es sehr heiß.
Несмотря́ на то, что ве́тер свобо́дно носи́лся над мо́рем, ту́чи бы́ли неподви́жны. (Ту́чи бы́ли неподви́жны *несмотря́ на что?*)	Obwohl über dem Meer ein kräftiger Wind wehte, standen die Wolken am Himmel unbeweglich.

Ein Einräumungssatz wird eingeleitet durch die Konjunktionen:

хотя́ (хоть)	obwohl, obgleich, wenn auch, selbst wenn
несмотря́ на то, что	wenn auch
пусть (пуска́й)	

Die gebräuchlichsten Konjunktionen sind **хотя́ (хоть)** und **несмотря́ на то что**, die Konjunktion **хотя́ (хоть)** wird gewöhnlich in der Umgangssprache gebraucht. Die Konjunktion **несмотря́ на то что** weist eine schriftsprachliche Schattierung auf. Die Konjunktion **пусть (пуска́й)** wird relativ selten gebraucht:

Пусть нам тру́дно, мы не остано́вимся на полпути́.	Wenn es uns auch schwer fällt, wir werden nicht auf halbem Wege stehenbleiben.

Ein Einräumungssatz kann auch durch die Konjunktionen **как ни** *wie auch* und **ско́лько ни** *wieviel auch, wie sehr auch* also mit der verstärkenden Partikel **ни** eingeleitet werden.

Как ни стара́лись мы добра́ться в э́тот день до са́мой высо́кой горы́, нам сде́лать э́того не удало́сь. (*Арс.*)	Wie wir uns auch bemühten, an diesem Tag den höchsten Berg zu erreichen, es gelang uns nicht.
Как ни жаль, мне пора́ идти́.	Wie schade es auch ist, aber ich muß gehen.

Die Konjunktionen **как ни** und **ско́лько ни** können durch **хотя́** oder **несмотря́ на то что** ersetzt werden:

Несмотря́ на то что мы стара́лись добра́ться в э́тот день до са́мой высо́кой горы́, нам сде́лать э́того не удало́сь. **Хотя́ о́чень жаль,** мне пора́ идти́.

Steht ein Einräumungssatz vor dem Hauptsatz, so kann am Anfang des Hauptsatzes die entgegensetzende Konjunktion **но** *aber* oder **одна́ко** *jedoch* stehen.

Echte und unechte Konjunktionen	Objektsätze	Attributsätze	Subjektsätze	Prädikatsätze	Zwecksätze	Adverbialsätze der Art und Weise
Konjunktion **чтобы**	Я хочу, **чтобы** он пришёл. Ich will, daß er kommt.	Ему хотелось такой работы, **чтобы** он мог отдавать ей все свои силы. Er wollte eine (solche) Arbeit haben, für die er alle seine Kräfte aufbieten konnte.	Нужно, **чтобы** он пришёл. Es ist nötig, daß er kommt.		Я послал ему письмо, **чтобы** он пришёл. Ich habe ihm einen Brief geschrieben, damit er kommt.	Рассказывай так, **чтобы** всё было понятно. Erzähle so, daß man (auch) alles versteht.
Konjunktion **что**	Я знал, **что** вы не откажетесь помочь. Ich wußte, daß Sie die Hilfe nicht verweigern würden.	Поднялся такой ветер, **что** трудно было держаться на ногах. Es erhob sich ein solcher Wind, daß man sich kaum auf den Beinen halten konnte.	Ясно, **что** работу нужно продолжать. Es ist klar, daß die Arbeit fortgesetzt werden muß.	Ветер был такой, **что** трудно было держаться на ногах. Der Wind war so stark, daß man sich kaum auf den Beinen halten konnte.		Он рассказывал так, **что** всё было понятно. Er erzählte so, daß alles vesrtändlich war.
unechte Konjunktion **что**	Я принёс то, **что** ты просил. Ich habe das gebracht, worum du gebeten hast.	Это та книга, **что** ты просил. Es ist das Buch, das du gebeten hast.	Здесь лежит то, **что** ты просил. Hier liegt das, worum du gebeten hast.	Это то, **что** ты просил. Das ist das, worum du gebeten hast.		
unechte Konjunktion **кто**	Я не знал того, **кто** должен был прийти. Ich kannte denjenigen nicht, der kommen sollte.	Это был тот человек, **кого** все ждали. Das war jener Mann, auf den alle warteten.	Пришёл тот, **кого** все ждали. Es kam derjenige, auf den alle warteten.	Это был тот, **кого** все ждали. Das war derjenige, auf den alle warteten.		

Хотя́ ему́ бы́ло тру́дно, но он спра́вился с рабо́той.	Obwohl es ihm schwer fiel, wurde er doch mit der Arbeit fertig.
Как ни жаль расстава́ться, одна́ко мне пора́ идти́.	Wie schwer mir auch der Abschied fällt, aber ich muß gehen.

Übung 200. Bilden Sie aus jedem Satzpaar ein Satzgefüge mit einem Bedingungs- oder einem Einräumungssatz.

1. Был си́льный моро́з. Де́ти ходи́ли гуля́ть. 2. Бы́ло тепло́. Де́ти ходи́ли гуля́ть. 3. Все уста́ли. Мы сде́лаем переры́в. 4. Все уста́ли. Мы бу́дем продолжа́ть рабо́ту. 5. Он полу́чит телегра́мму во́время. Он прие́дет. 6. Он получи́л телегра́мму во́время. Он не прие́хал. 7. Давно́ свети́ло со́лнце. Доро́ги ещё не вы́сохли. 8. Поя́вится со́лнце. Доро́ги ско́ро вы́сохнут. 9. Я ушёл. Това́рищи проси́ли меня́ оста́ться. 10. Я не ушёл бы. Това́рищи попроси́ли бы меня́ оста́ться.

Übung 201. Ersetzen Sie die Nebensätze mit der Konjunktion *хотя́* durch Nebensätze mit der Konjunktion *как ни*. Beachten Sie die Wortfolge. Das Wort, auf das sich die verstärkende Partikel *ни* bezieht, muß ihr unmittelbar folgen.

M u s t e r : Хотя́ мы шли о́чень бы́стро, ночь заста́ла нас в пути́.
Как ни бы́стро мы шли, ночь заста́ла нас в пути́.

1. Хотя́ путь был о́чень тру́ден, мы продвига́лись вперёд дово́льно бы́стро. 2. Хотя́ все о́чень проси́ли его́, он не согласи́лся. 3. Хотя́ на ве́чере бы́ло о́чень ве́село, он не забы́л о свое́й неуда́че. 4. Хотя́ учени́к о́чень стара́лся реши́ть зада́чу, э́то ему́ не удало́сь.

UNECHTE KONJUNKTIONEN IN VERSCHIEDENEN ARTEN VON NEBENSÄTZEN

	Adverbialsätze	Objektsätze	Subjektsätze	Attributsätze
где	Мы отпра́вились туда́, **где** бу́дет собра́ние. Wir gingen dorthin, wo die Versammlung stattfinden sollte.	Я спроси́л, **где** бу́дет собра́ние. Ich fragte, wo die Versammlung stattfinden soll.	Ещё неизве́стно, **где** бу́дет собра́ние. Es ist noch unbekannt, wo die Versammlung stattfinden wird.	Он придёт в зал, **где** бу́дет собра́ние. Er wird in den Saal kommen, wo die Versammlung stattfinden soll.
когда́	Мы уже́ не жда́ли его́, **когда́** он наконе́ц пришёл. Wir warteten schon nicht mehr auf ihn, als er endlich erschien.	Никто́ не знал, **когда́** он верну́лся. Niemand wußte, wann er zurückgekommen war.	Никому́ не́ было изве́стно, **когда́** он верну́лся. Niemand wußte, wann er zurückgekommen war.	Я по́мню то у́тро, **когда́** он верну́лся. Ich erinnere mich an den Morgen, als er zurückkam.

	Adverbialsätze	Objektsätze	Subjektsätze	Attributsätze
как	Я сделал так, **как** он сказал. Ich habe es so gemacht, wie er sagte.	Я не слышал, **как** он это сказал. Ich habe nicht gehört, wie er das sagte.	Мне нравится, **как** он это сказал. Mir gefällt, wie er das gesagt hat.	

Übung 202. Ersetzen Sie die hervorgehobenen Wortverbindungen durch Einräumungssätze.

1. *Несмотря на поздний час,* на улице было много народу. 2. *Несмотря на свою занятость,* он находил время читать все новинки художественной литературы. 3. *При всём желании* я не могу принять ваше приглашение. 4. *Несмотря на свои способности,* он не справился с этой работой.

Übung 203. Schreiben Sie die folgenden Sätze ab und setzen Sie die Kommas ein.

1. Всё ещё пустынной была улица хоть серые тучи рассвета уже дрожали над ней. (*Горб.*) 2. Как ни хлопотали люди до поздней ночи ещё не всё могло быть уложено. (*Л. Т.*) 3. Хотя кругом было ещё хмуро и сумрачно но уже чувствовалось что скоро выглянет солнце. 4. Как ни был повреждён и запылён портрет но когда удалось ему счистить с лица пыль он увидел следы работы высокого художника. (*Г.*) 5. Несмотря на то что меня осыпает дождевыми каплями рву мокрые ветки бью себя ими по лицу и упиваюсь их чудесным запахом. (*Л. Т.*) 6. Как ни совершенно крыло птицы оно никогда не смогло бы поднять её ввысь не опираясь на воздух. Факты — это воздух учёного. Без них вы никогда не сможете взлететь. (*Пав.*)

Übung 204. Lesen Sie den folgednen Auszug. Suchen Sie die Satzgefüge heraus und analysieren Sie sie.

Несколько дней лил, не переставая, холодный дождь. В саду шумел мокрый ветер. В четыре часа дня мы уже зажигали керосиновые лампы, и невольно казалось, что лето окончилось навсегда.

Был конец ноября — самое грустное время в деревне. Кот спал весь день и вздрагивал, когда тёмная дождевая вода хлестала в окна.

По вечерам мы затапливали печи. Ярко горели лампы, и всё пел и пел свою нехитрую песню медный самовар-инвалид. Как только его вносили в комнату, в ней сразу становилось уютно — может быть, оттого, что стёкла запотевали и не было видно одинокой берёзовой ветки, которая день и ночь стучала в окно.

Однажды ночью я проснулся от странного ощущения. Мне показалось, что я оглох во сне. Я лежал с закрытыми глазами, долго прислушивался и наконец понял, что я не оглох, а попросту за стенами дома наступила необыкновенная тишина. Такую тишину называ́ют «мёртвой». Умер дождь, у́мер ве́тер, у́мер шумли́вый, беспоко́йный сад. Бы́ло то́лько слы́шно, как поса́пывает во сне кот. Я откры́л глаза́. Бе́лый и ро́вный свет наполня́л ко́мнату. Я встал и подошёл к окну́ — за стёклами всё бы́ло сне́жно и безмо́лвно. В тума́нном не́бе на головокружи́тельной высоте́ стоя́ла одино́кая луна́.

Когда́ же вы́пал пе́рвый снег? Я подошёл к хо́дикам. Бы́ло так светло́, что я́сно черне́ли стре́лки. Они́ пока́зывали два часа́.

Я усну́л в по́лночь. Зна́чит, за́ два часа́ так необыкнове́нно изме́нилась земля́. (*По Паусто́вскому*).

Anlage 6

ZUM GEBRAUCH DER KONJUNKTIONEN ЧТО UND ЧТО́БЫ

Die Konjunktion **что**
1. Nach den Verben **знать** *wissen*, **понима́ть** *verstehen*, **ви́деть** *sehen*, **слы́шать** *hören*, **по́мнить** *sich erinnern*, **чу́вствовать** *fühlen*, **замеча́ть** *merken*, **сообща́ть** *mitteilen*, **забы́ть** *vergessen* u. a.:

Я зна́ю, что он прие́хал.
Ich weiß, daß er gekommen ist.
Он понима́ет, что мне нужна́ его́ по́мощь.
Er versteht, daß ich seine Hilfe brauche.

Die Konjunktion **что́бы**
1. Nach den Verben **хоте́ть** *wollen*, **проси́ть** *bitten*, **веле́ть** *lassen*, **прика́зывать** *befehlen*, **тре́бовать** *verlangen*, **стреми́ться** *streben*, **забо́титься** *sorgen*:

Я хочу́, что́бы он прие́хал.
Ich möchte, daß er kommt.
Я попроси́л това́рища, что́бы он мне помо́г.
Ich habe meinen Freund gebeten, daß er mir hilft.

Nach den Verben **сказа́ть** *sagen*, **написа́ть** *schreiben*, **предупреди́ть** *warnen*, **напо́мнить** *erinnern*, **переда́ть** *ausrichten*, **повтори́ть** *wiederholen* können Nebensätze sowohl mit der Konjunktion **что** als auch mit der Konjunktion **что́бы** stehen:

Врач сказа́л, что больно́й принима́л э́то лека́рство.
Der Arzt sagte, daß der Kranke diese Medizin genommen habe.
Он напо́мнил мне, что я взял э́ту кни́гу у тебя́.
Er hat mich daran erinnert, daß ich dieses Buch von dir entliehen hatte.
In den Sätzen mit der Konjunktion **что** wird eine Tatsache, eine Erscheinung mitgeteilt.

Врач сказа́л, что́бы больно́й принима́л э́то лека́рство.
Der Arzt sagte, daß der Kranke diese Medizin nehmen solle.
Он напо́мнил мне, что́бы я взял э́ту кни́гу у тебя́.
Er hat mich daran erinnert, daß ich dieses Buch von dir entliehen soll.
In den Sätzen mit der Konjunktion **что́бы** wird eine Bitte, ein Wunsch oder ein Befehl ausgedrückt.

2. Nach den Wörtern **я́сно** *klar*, **поня́тно** *verständlich*, из-

2. Nach den Wörtern **ну́жно** *nötig*, **на́до** *nötig*, **необходи́мо** *not-*

586

вéстно *bekannt,* ви́дно *klar,* прия́тно *angenehm,* стрáнно *merkwürdig,* стрáшно *furchtbar,* удиви́тельно *sonderbar:*

Всем стáло **я́сно**, что он не приéдет.

Allen wurde klar, daß er nicht kommt.

Стрáнно, что он не приéхал.

Merkwürdig, daß er nicht gekommen ist.

wendig, **жела́тельно** *erwünscht,* **нельзя́** *nicht erlaubt,* **невозмóжно** *unmöglich:*

Ну́жно, чтóбы он приéхал.

Es ist nötig, daß er kommt.

Жела́тельно, чтóбы собрали́сь все товáрищи.

Es wird darum gebeten, daß sich alle Genossen versammeln.

Nach den Wörtern **вáжно** *wichtig,* **интерéсно** *interessant* können Nebensätze sowohl mit der Konjunktion **что** als auch mit der Konjunktion **чтóбы** stehen:

Вáжно, что все э́то пóняли.

Es ist wichtig, daß es alle verstanden haben.

Вáжно, чтóбы все э́то пóняли.

Es ist wichtig, daß es alle verstehen.

In den Sätzen mit der Konjunktion **что** wird eine Tatsache mitgeteilt, in den Sätzen mit der Konjunktion **чтóбы** wird ein Wunsch ausgedrückt.

3. Der Nebensatz bezieht sich auf das hinweisende Wort **такóй** und hat zusätzlich die Bedeutungsschattierung der Folge. Im Hauptsatz wird dabei über eine Tatsache, eine Erscheinung berichtet:

Дул **такóй** вéтер, **что** трýдно бы́ло держáться на ногáх.

Es blies ein solcher Wind, daß man sich kaum auf den Beinen halten konnte.

Дождь был **такóй, что** нельзя́ бы́ло вы́йти из дóма.

Es regnete so (stark), daß man das Haus nicht verlassen konnte.

4. Der Nebensatz bezieht sich auf die hinweisenden Wörter **так** *so,* **наскóлько** *so,* **скóлько** *soviel* und hat zusätzlich die Bedeutungsschattierung der Folge:

Он говори́л **так, что** все егó понимáли.

Er sprach so, daß alle ihn verstanden.

3. Der Nebensatz bezieht sich auf das hinweisende Pronomen **такóй** und hat zusätzlich die Bedeutungsschattierung des Zwecks. Im Hauptsatz wird dabei ein Wunsch oder die Notwendigkeit einer Handlung ausgedrückt:

Дáйте **такóй** текст, **чтóбы** студéнты пéрвого кýрса могли́ егó читáть.

Geben Sie uns einen Text, den die Studenten des 1. Studienjahres lesen können.

Нýжен **такóй** дождь, **чтóбы** он глубокó промочи́л зéмлю.

Ein solcher Regen tut not, damit er die Erde durchtränkt.

4. Der Nebensatz bezieht sich auf die hinweisenden Wörter **так** *so,* **стóлько** *soviel* und hat zusätzlich die Schattierung des Zwecks:

Говори́ **так, чтóбы** все тебя́ понимáли.

Sprich so, daß dich alle verstehen.

Мы **так (насто́лько)** уста́ли, **что** не могли́ продолжа́ть рабо́ту.

Wir waren so müde, daß wir nicht mehr weiterarbeiten konnten.

Мы должны́ **так** рабо́тать, **что́бы** зако́нчить рабо́ту в срок.

Wir müssen so arbeiten, daß wir mit der Arbeit rechtzeitig fertig werden.

Он принёс **сто́лько** бума́ги, **что** хвати́ло всем.

Er brachte soviel Papier, daß es für alle reichte.

Принеси́ **сто́лько** бума́ги, **что́бы** хвати́ло всем.

Bring soviel Papier, daß es für alle reicht.

5. Nach den Wörtern **доста́точно** *genug*, **недоста́точно** *nicht genug*, **сли́шком** *zu* werden die Nebensätze mit der zusätzlichen Bedeutung der Folge durch die Konjunktion **что́бы** eingeleitet.

V e r g l e i c h e n S i e :

Он **насто́лько** о́пытен, **что** мо́жет руководи́ть э́той рабо́той.

Er ist so erfahren, daß er diese Arbeit leiten kann.

Он **доста́точно** о́пытен, **что́бы** руководи́ть э́той рабо́той.

Er ist erfahren genug, um diese Arbeit zu leiten.

Все **так** уста́ли, **что** не мо́гут продолжа́ть рабо́ту.

Alle sind so müde, daß sie nicht mehr weiterarbeiten können.

Все **сли́шком** уста́ли, **что́бы** продолжа́ть рабо́ту.

Alle sind zu müde, um weiterarbeiten zu können.

Die Bedeutung dieser Satzpaare ist fast die gleiche.

6. Die Konjunktion **что́бы** wird gebraucht, wenn vor den hinweisenden Wörtern **так** *so,* **насто́лько** *so,* **тако́й** *so* eine Verneinung steht.

V e r g l e i c h e n S i e :

Он **насто́лько** о́пытен, **что** мо́жет руководи́ть э́той рабо́той.

Er ist so erfahren, daß er diese Arbeit leiten kann.

Он **не насто́лько** о́пытен, **что́бы** руководи́ть э́той рабо́той.

Er ist nicht erfahren genug, um diese Arbeit zu leiten.

Льёт **тако́й** дождь, **что** нельзя́ вы́йти из до́ма.

Er regnet so stark, daß man das Haus nicht verlassen kann.

Дождь **не тако́й, что́бы** нельзя́ бы́ло вы́йти из до́ма.

Der Regen ist nicht so (stark), daß man das Haus nicht verlassen könnte.

DIE KONJUNKTIONEN ЧТО UND ЧТО́БЫ IN SINNVERWANDTEN SÄTZEN

Nach Wörtern, die Zweifel oder Unsicherheit ausdrücken (**сомнева́ться** *zweifeln,* **не ду́мать** *nicht denken,* **не ве́рить** *nicht glauben,* **не мо́жет быть** *es kann nicht sein*), kann sowohl die Konjunktion **что** als auch die Konjunktion **что́бы** stehen; diese Sätze haben ähnliche Bedeutung.

Vergleichen Sie:

Я **сомнева́юсь, что** они́ вы́полнили (вы́полнят) э́ту рабо́ту.

Я **сомнева́юсь, чтобы** они́ вы́полнили э́ту рабо́ту.

Ich zweifle, ob sie diese Arbeit erfüllt haben (erfüllen werden).

Я **не ду́маю, что** э́ту рабо́ту (бу́дет, бы́ло) тру́дно вы́полнить.

Я **не ду́маю, чтобы** э́ту рабо́ту тру́дно бы́ло вы́полнить.

Ich denke nicht, daß diese Arbeit schwer zu erfüllen ist (sein wird, war).

Не мо́жет быть, что э́та рабо́та уже́ вы́полнена.

Не мо́жет быть, чтобы э́та рабо́та уже́ была́ вы́полнена.

Es kann nicht sein, daß diese Arbeit schon abgeschlossen ist.

Satzgefüge mit zwei oder mehreren Nebensätzen

1. In einem Satzgefüge kann es zwei oder mehrere Nebensätze geben.

Когда́ война́ оторвала́ его́ от Ура́ла и заста́вила пересе́сть из экскава́тора в танк, он по́нял, как мно́го в его́ жи́зни зна́чил труд, приноси́вший ему́ сто́лько ра́дости. (*Б. Пол.*)

Als der Krieg ihn vom Ural losriß und seinen Platz im Bagger mit dem im Panzer wechseln ließ, da begriff er erst, wie viel ihm die Arbeit bedeutete, die ihm wahre Freude brachte.

In diesem Satzgefüge beziehen sich auf den Hauptsatz (**он по́нял**) zwei Nebensätze: der erste Satz (Когда́ война́ оторвала́ его́ от Ура́ла и заста́вила пересе́сть из экскава́тора в танк) ist ein Adverbialsatz der Zeit und antwortet auf Frage *когда́?*; der zweite Satz (как мно́го в его́ жи́зни зна́чил труд, приноси́вший ему́ сто́лько ра́дости) ist ein Objektsatz und antwortet auf die Frage *что?*

он по́нял

когда́?

когда́ война́ оторвала́ его́ от Ура́ла и заста́вила пересе́сть из экскава́тора в танк

что?

как мно́го в его́ жи́зни зна́чил труд, приноси́вший ему́ сто́лько ра́дости

2. Nebensätze, die sich auf ein und dasselbe Wort beziehen und auf eine und dieselbe Frage antworten, heißen gleichartig.

Ви́дел Его́рушка, как ма́лопома́лу темне́ло не́бо, как засвети́лись одна́ за друго́й звёзды. (*Чех.*)

Jegoruschka sah, wie allmählich der Himmel dunkel wurde, wie die Sterne einer nach dem anderen zu leuchten begannen.

In diesem Satzgefüge beziehen sich auf das Prädikat des Hauptsatzes (**Ви́дел** Его́рушка) zwei gleichartige Objektsätze, die auf die Frage *что?* antworten.

Ви́дел Его́рушка

↓ *что?*   ↓ *что?*

как ма́ло-пома́лу темне́ло не́бо   как засвети́лись одна́ за друго́й звёзды

Steht zwischen gleichartigen Nebensätzen die beiordnende Konjunktion **и**, so wird vor **и** kein Komma gesetzt: Ви́дел Его́рушка, как ма́ло-пома́лу темне́ло не́бо **и** засвети́лись одна́ за друго́й звёзды.

In gleichartigen Nebensätzen können die unterordnenden Konjunktionen außer im ersten Nebensatz weggelassen werden: Ви́дел Его́рушка, **как** ма́ло-пома́лу темне́ло не́бо и засвети́лись одна́ за друго́й звёзды.

3. Mehrere Nebensätze können eine Kette bilden: der erste Nebensatz bezieht sich auf den Hauptsatz, der zweite auf den ersten Nebensatz usw. Dementsprechend unterscheidet man Nebensätze ersten, zweiten usw. Ranges.

Я пожале́л, что напра́сно погуби́л цвето́к, кото́рый был так хоро́ш на своём ме́сте. (*Л. Т.*)

Ich bedauerte, daß ich umsonst die Blume zugrunde gerichtet hatte, die doch so schön an ihrem Platz gewesen war.

In diesem Satzgefüge bezieht sich auf den Hauptsatz (**Я пожале́л**) ein Objektsatz (что напра́сно погуби́л цвето́к), und auf diesen Objektsatz bezieht sich ein Attributsatz (кото́рый был так хоро́ш на своём ме́сте).

Я пожале́л

↓

о чём?

что напра́сно погуби́л цвето́к

↓

како́й цвето́к?

кото́рый был так хоро́ш на своём ме́сте

Übung 205. Analysieren Sie die folgenden Sätze. Stellen Sie jeden Satz schematisch dar.

1. Геро́й мое́й по́вести, кото́рого я люблю́ все́ми си́лами души́, кото́рого стара́лся воспроизвести́ во всей красоте́ и си́ле его́ и кото́рый всегда́ был, есть и бу́дет прекра́сен,— пра́вда. (*Л. Т.*) 2. С тех пор как он пове́рил, что путём трениро́вки мо́жет научи́ться лета́ть без ног и сно́ва стать полноце́нным лётчиком, им овладе́ла жа́жда жи́зни и де́ятельности. (*Б. Пол.*) 3. Он чу́вствовал, что жизнь ещё бо́льше прибли́зилась к тем времена́м, ра́ди кото́рых рабо́тали ты́сячи его́ соотече́ственников, ра́ди кото́рых жил и рабо́тал он сам. (*Пауст.*)

4. И до́лго бу́ду тем любе́зен я наро́ду,
    Что чу́вства до́брые я ли́рой пробужда́л,
    Что в мой жесто́кий век восслави́л я свобо́ду
    И ми́лость к па́дшим призыва́л. (*П.*)

Übung 206. Analysieren Sie die folgenden Sätze. Schreiben Sie sie ab und setzen Sie die Kommas ein.

1. То́тчас на не́бе замига́ли звёзды сло́вно и они́ обра́довались тому́ что наконе́ц-то со́лнце дало́ им свобо́ду. (*Арс.*) 2. То что уви́дел он бы́ло так неожи́данно что он испуга́лся. (*Чех.*) 3. Говори́ли они́ о веща́х кото́рые не име́ли никако́го отноше́ния к тому́ что происходи́ло вокру́г (*Фад.*) 4. Что́бы доко́нчить портре́т я скажу́ что у него́ был немно́го вздёрнутый нос зу́бы ослепи́тельной белизны́ и ка́рие глаза́. (*Л.*) 5. Я так увлёкся созерца́нием приро́ды что не заме́тил как прошло́ вре́мя (*Арс.*) 6. В во́здухе куда́ ни взгля́нешь кру́жатся це́лые облака́ снежи́нок так что не разберёшь идёт ли снег с не́ба и́ли с земли́. (*Чех.*)

Übung 207. Lesen Sie den folgenden Text. Bestimmen Sie die Satzarten.

БЕСКОРЫ́СТИЕ

Мо́жно ещё о́чень мно́го написа́ть о Мещёрском кра́е. Мо́жно написа́ть, что э́тот край о́чень бога́т леса́ми и то́рфом, се́ном и карто́фелем, молоко́м и я́годами. Но я наро́чно не пишу́ об э́том. Неуже́ли мы должны́ люби́ть свою́ зе́млю то́лько за то, что она́ бога́та, что она́ даёт оби́льные урожа́и и приро́дные её си́лы мо́жно испо́льзовать для на́шего благосостоя́ния?!

Не то́лько за э́то мы лю́бим родны́е места́. Мы лю́бим их ещё за то, что, да́же небога́тые, они́ для нас прекра́сны. Я люблю́ Мещёрский край за то, что он прекра́сен, хотя́ вся пре́лесть его́ раскрыва́ется не сра́зу, а о́чень ме́дленно, постепе́нно.

...И е́сли придётся защища́ть свою́ страну́, то где́-то в глубине́ се́рдца я бу́ду знать, что я защища́ю и э́тот клочо́к земли́, научи́вший меня́ ви́деть и понима́ть прекра́сное, как бы невзра́чно на вид оно́ ни́ было,— э́тот лесно́й заду́мчивый край, любо́вь к кото́рому не забу́дется, как никогда́ не забыва́ется пе́рвая любо́вь. (*Пауст.*)

Satzverbindungen mit Nebensätzen

Eine Satzverbindung kann aus Sätzen bestehen, die Nebensätze in sich einschließen.

Давы́дов не́ был ма́стером говори́ть ре́чи, но слу́шали его́ внача́ле так, как не слу́шают и са́мого иску́сного ска́зочника. (*Шол.*)	Davydov war kein Meister im Halten von Reden, aber man hörte ihm anfangs so aufmerksam zu, wie man selbst dem geschicktesten Märchenerzähler nicht lauscht.

In diesem zusammengesetzten Satz ist der erste Satz ein einfacher (Давы́дов не́ был ма́стером говори́ть ре́чи). Der zweite Satz ist ein Satzgefüge (слу́шали его́ внача́ле так, как не слу́шали и са́мого иску́сного ска́зочника). Der erste und der zweite Satz bilden eine Satzverbindung mit der beiordnenden Konjunktion **но**.

Давы́дов не́ был ма́стером ⟷ но слу́шали его́ внача́ле так,
говори́ть ре́чи,

↓

как?

как не слу́шают и са́мого иску́с-
ного ска́зочника.

Übung 208. Analysieren Sie die folgenden Sätze und stellen Sie jeden Satz schematisch dar.

1. До́лго втроём сиде́ли мы в саду́ под спе́лой ви́шней, и Ма-ру́ся нам расска́зывала, где была́, что де́лала и что ви́дела. (*Гайд.*) 2. У неё бы́ло тако́е чу́вство, как бу́дто она́ жила́ в э́тих края́х уже́ давно́-давно́, лет сто, и каза́лось ей, что на всём пути́ от го́рода до свое́й шко́лы она́ зна́ла ка́ждый ка́мень, ка́ждое де́рево. (*Чех.*) 3. Взбира́ясь на верши́ны, мы ка́ждый раз наде́ялись по ту сто́рону их уви́деть что́-нибудь тако́е, что предвеща́ло бы бли́зость воды́, но ка́ждый раз наде́жда э́та сменя́лась разочарова́нием. (*Арс.*) 4. Э́то была́ суро́вая любо́вь без призна́ний, и Па́вел я́сно сознава́л, что нет тако́й же́ртвы, кото́рую он не принёс бы без колеба́ния, е́сли бы она́ нужна́ была́ бра́ту. (*Н. О.*)

Zusammengesetzte Sätze ohne Konjunktionen

Einfache Sätze können zu einem zusammengesetzten Satz ohne Konjunktionen verbunden werden. Dabei wird die Verbindung zwischen den Sätzen in der mündlichen Rede durch Intonation und in der Schrift durch Interpunktionszeichen (Komma, Semikolon, Doppelpunkt und Gedankenstrich) kenntlich gemacht.

Наш огонёк разгора́лся, дым поднима́лся пря́мо кве́рху. (*Кор.*)

Unser kleines Feuer brannte immer stärker, der Rauch stieg nach oben.

Весе́нний, све́тлый день клони́лся к ве́черу; небольши́е ро́зовые ту́чки стоя́ли высоко́ в я́сном не́бе. (*Тург.*)

Der helle Frühlingstag neigte sich dem Abend zu; kleine rosige Wolken standen hoch am klaren Himmel.

Луны́ не́ было на не́бе: она́ в ту по́ру по́здно всходи́ла. (*Т.*)

Der Mond stand noch nicht am Himmel: zu dieser Zeit ging er spät auf.

w ö r t l i c h :

За двумя́ за́йцами пого́нишься — ни одного́ не пойма́ешь. (*Sprw.*)

Jagt man zwei Hasen, so fängt man keinen.

ZUR ZEICHENSETZUNG IN EINEM ZUSAMMENGESETZTEN SATZ OHNE KONJUNKTION

Komma und Semikolon

Komma und Semikolon werden gesetzt, wenn man zwischen die Sätze sinngemäß die beiordnende Konjunktion **и** setzen könnte.

Метéль не утихáла, нéбо не проясня́лось. (П.)

Das Schneegestöber legte sich nicht, der Himmel klärte sich nicht auf.

Всё бы́ло ти́хо кругóм; со стороны́ дóма не приноси́лось никакóго звýка. (Тург.)

Ringsumher war alles still. Vom Hause her kam kein einziger Laut.

Ein Semikolon wird gewöhnlich gesetzt, wenn sich die Sätze bedeutungsmäßig nicht nahe stehen und wenn jeder Satz außerdem noch durch Kommas untergliedert ist.

Погóда былá чудéсная. Всё кругóм цвелó, жужжáло и пéло; вдали́ сия́ли вóды прудóв; прáздничное, свéтлое чýвство охвáтывало дýшу. (Тург.)

Das Wetter war herrlich. Alles ringsumher blühte summte und sang; in der Ferne glänzten die Teiche; ein feierliches freudiges Gefühl ergriff das Herz.

Übung 209. Lesen Sie die folgenden Sätze. Begründen Sie die Zeichensetzung.

1. Гóрод спал, тóлько в нéкоторых óкнах мелькáли огни́. (Л.) 2. Лóшади трóнулись, колокóльчик загремéл, киби́тка полетéла, (П.) 3. Светлéет вóздух, видней дорóга, яснéет нéбо, белéют тýчки, зеленéют поля́. (Тург.) 4. Под окнóм и в садý зашумéли пти́цы, тумáн ушёл из сáда, всё кругóм озари́лось весéнним свéтом, тóчно улы́бкой. (Чех.) 5. Дождь тóлько что перестáл; облакá бы́стро бежáли, голубы́х просвéтов станови́лось всё бóльше и бóльше на нéбе. (Чех.) 6. Лунá сия́ла, ию́льская ночь былá тихá, и́зредка подымáлся ветерóк, и лёгкий шóрох пробегáл по всемý сáду. (П.) 7. Выхожý оди́н я на дорóгу; Сквозь тумáн кремни́стый путь блести́т; Ночь тихá... (Л.)

Übung 210. Schreiben Sie die Sätze ab, setzen Sie die erforderlichen Interpunktionszeichen.

1. Си́льный вéтер внезáпно загудéл в вышинé дерéвья забушевáли крýпные кáпли дождя́ рéзко застучáли зашлёпали по ли́стьям сверкнýла мóлния и грозá разрази́лась. (Тург.) 2. Прошлó ещё нéсколько минýт. В мáленькие óкна то и дéло загля́дывали синевáтые огни́ мóлнии высóкие дерéвья вспы́хивали за окнóм при́зрачными очертáниями и опя́ть исчезáли во тьме среди́ серди́того ворчáния бýри. (Кор.) 3. Нéбо помутнéло лесá подёрнулись ды́мкой снежи́нки закружи́лись осóбенно бы́стро и тревóжно с полéй потянýло стýжей. (Буб.) 4. Начинáло светáть рекá тумáнилась наш костёр потýх. (Кор.)

Doppelpunkt und Gedankenstrich

Ein Doppelpunkt steht zwischen Sätzen eines zusammengesetzten Satzes ohne Konjunktion:

1. wenn der zweite Satz einen Grund angibt:
wörtlich:

Печáлен я: со мнóю дрýга нет. (П.)

Traurig bin ich. Mein Freund ist weit von mir.

2. wenn der zweite Satz den ersten ergänzt und sich auf das Prädikat des ersten Satzes bezieht, das ausgedrückt ist durch Verben wie **ви́деть** *sehen*, **смотре́ть** *schauen*, **слы́шать** *hören*, **знать** *wissen*, **чу́вствовать** *fühlen* u. a.

Вдруг я чу́вствую: кто́-то берёт меня́ за плечо́ и толка́ет. (*Тург.*)	Plötzlich fühle ich: jemand faßt mich an der Schulter und versetzt mir einen Stoß.

3. wenn der zweite Satz den Inhalt des ersten erläutert:

Пого́да была́ ужа́сная: ве́тер выл, мо́крый снег па́дал хло́пьями. (*П.*)	Das Wetter war entsetzlich: der Wind heulte, feuchter Schnee fiel in Flocken.

In den erwähnten drei Fällen wird nicht immer ein Doppelpunkt gesetzt, möglich ist auch ein Gedankenstrich:

Учи́тель был дово́лен — всё шло хорошо́.	Der Lehrer war zufrieden — alles ging gut.

Der zweite Satz drückt hier den Grund aus.

Иногда́ мне ду́мается — на́до убежа́ть. (*М. Г.*)	Manchmal denke ich — ich muß fliehen.

Der zweite Satz ergänzt den ersten.
Ein Gedankenstrich steht meist:
1. wenn der erste Satz auf die Zeit oder die Bedingung hinweist, von der im zweiten Satz die Rede ist:

Би́ться в одино́чку — жи́зни не переверну́ть. (*Н. О.*) (Éсли би́ться в одино́чку, жи́зни не переверну́ть).	Wenn man für sich allein kämpft, wird man das Leben nicht verändern können.
Придёт весна́ — дви́нутся парохо́ды по Во́лге. (Когда́ придёт весна́, дви́нутся парохо́ды по Во́лге).	Sobald der Frühling kommt, werden die Dampfer die Wolga entlang fahren.

2. wenn der zweite Satz auf das Resultat oder die Folge aus der Handlung des ersten Satzes hinweist:

Доро́ги исче́зли — нельзя́ бы́ло прое́хать ни по́ездом, ни маши́ной, ни на лошадя́х.	Die Wege waren verschwunden — man konnte weder mit dem Zug, noch mit dem Auto, noch mit Pferden durchkommen.

Übung 211. Lesen Sie die folgenden Sätze mit der entsprechenden Intonation vor. Begründen Sie den Gebrauch des Doppelpunktes und des Gedankenstrichs.

A. 1. Я пое́хал ша́гом и ско́ро принуждён был останови́ться: ло́шадь моя́ вя́зла, я не ви́дел ни зги. (*Тург.*) 2. Сквозь постоя́нный шум дождя́ чу́дились мне вдалеке́ сла́бые зву́ки: топо́р осторо́жно стуча́л по су́чьям, колёса скрипе́ли, ло́шадь фы́ркала. (*Тург.*) 3. Ме́лкий дождь се́ет с утра́ — вы́йти невозмо́жно. (*Тург.*) 4. Пе́сенка ко́нчилась — разда́ли́сь обы́чные рукоплеска́ния. (*Тург.*) 5. Хочу́ от вас то́лько одного́ — поторопи́тесь с вы́ездом. (*Аж.*) 6. Варва́ра прислу́шалась: донёсся шум вече́рнего по́езда. (*Фад.*) 7. Им не́куда бы́ло пря́таться: все их зна́ли. (*Фад.*) 8. Тепе́рь им предстоя́ло са́мое тру́дное: они́ должны́ бы́ли поки́нуть това́рища, зна́я, что́ ему́ угрожа́ет. (*Фад.*) 9. Люби́те кни́гу: она́ помо́жет вам разобра́ться в пёстрой пу́танице мы́слей, она́ нау́чит вас уважа́ть челове́ка. (*М. Г.*) 10. От э́тих книг в душе́ сложи́лась сто́йкая уве́ренность: я не оди́н на земле́, не пропаду́. (*М. Г.*) 11. Огля́дываюсь — никого́ нет круго́м; прислу́шиваюсь — зву́ки как бу́дто па́дают с не́ба. (*Л.*) 12. Мне ста́ло стра́шно: на краю́ Грозя́щей бе́здны я лежа́л. (*Л.*)

13. Я зна́ю —
   го́род бу́дет,
Я зна́ю —
   са́ду цвесть,
Когда́
  таки́е лю́ди
В Стране́
  сове́тской
    есть!
  (*Маяк.*)

В. 1. Поспеши́шь — люде́й насмеши́шь. 2. Не плюй в коло́дец: пригоди́тся воды́ напи́ться. 3. Волко́в боя́ться — в лес не ходи́ть. 4. Лю́бишь ката́ться — люби́ и са́ночки вози́ть. (*Посл.*)

Übung 242. Ersetzen Sie die zusammengesetzten Sätze mit Konjunktionen durch Sätze ohne Konjunktionen. Schreiben Sie sie auf und lesen Sie das Geschriebene mit der entsprechenden Intonation vor.

1. Ве́щи уло́жены, и биле́ты ку́плены. 2. Я до́лжен призна́ть, что вы бы́ли пра́вы. 3. Раз на́чал говори́ть, говори́ до конца́. 4. На́до идти́ домо́й, потому́ что уже́ по́здно. 5. Преподава́тель подня́лся на ка́федру, и ле́кция начала́сь. 6. Мы уве́рены, что ты спра́вишься с э́той рабо́той. 7. Когда́ наста́нет у́тро, дви́немся в путь. 8. Дверь откры́лась, и из аудито́рии вы́шли студе́нты. 9. Если хо́чешь отдохну́ть, пойдём в парк. 10. Как то́лько ко́нчатся экза́мены, пое́ду домо́й. 11. Всем я́сно, что ну́жно продолжа́ть рабо́ту. 12. Пора́ спать, потому́ что уже́ два часа́. 13. Не зови́те его́. Если он захо́чет, придёт сам.

Die direkte und die indirekte Rede

Eine fremde Rede kann auf zweierlei Art wiedergegeben werden:
1. Der Sprecher kann die fremde Rede in ihrer ursprünglichen Form, wörtlich wiedergeben:

«Я послеза́втра на Во́лгу пое́ду», — сказа́л Са́ша. (*Чех.*)

„Ich fahre übermorgen an die Wolga", sagte Saša.

Па́вел, уходя́ из до́ма, сказа́л ма́тери: «В суббо́ту у меня́ бу́дут го́сти из го́рода». (*М. Г.*)

Als Pavel aus dem Hause ging, sagte er zur Mutter: „Am Sonnabend bekomme ich Besuch aus der Stadt".

Diese Wiedergabe bezeichnet man als d i r e k t e Rede.

2. Der Sprecher kann die fremde Rede ihrem Inhalt nach, in veränderter Form wiedergeben:

Са́ша сказа́л, что он послеза́втра пое́дет на Во́лгу.

Saša sagte, daß er übermorgen an die Wolga fährt (führe).

Па́вел сказа́л ма́тери, что в суббо́ту у него́ бу́дут го́сти из го́рода.

Pavel sagte der Mutter, daß am Sonnabend zu ihm Gäste aus der Stadt kämen.

Solche Art Wiedergabe fremder Rede bezeichnet man als i n d i - r e k t e Rede. Die indirekte Rede nimmt die Form eines Objektsatzes an.

ZUR ZEICHENSETZUNG BEI DER DIREKTEN REDE

1. Steht vor der direkten Rede ein Einführungssatz, der auf den Sprecher hinweist, so wird hinter diesen Satz ein Doppelpunkt gesetzt:

Наконе́ц она́ сказа́ла ему́: **«Ско́ро света́ть бу́дет, лёг бы ты, усну́л».** (*М. Г.*)

Endlich sagte sie zu ihm: „Bald wird es hell, leg dich doch hin und schlafe".

2. Steht der Einführungssatz nach der direkten Rede, so wird nach ihr ein Komma und dahinter ein Gedankenstrich gesetzt:

«Хорошо́ у вас здесь», — сказа́ла Ольга. (*Чех.*)

„Es ist schön hier bei euch", sagte Ol'ga.

Ist die direkte Rede ein Frage- oder Ausrufesatz, so wird am Ende das entsprechende Satzzeichen und dahinter ein Gedankenstrich gesetzt:

«Ну, как ты тут пожива́ешь?» — спроси́л я. (*Чех.*)

„Na wie geht es dir hier?" fragte ich.

«Воло́дя прие́хал!» — кри́кнул кто́-то на дворе́. (*Чех.*)

„Volodja ist gekommen!" rief jemand im Hof.

3. Wird die direkte Rede unterbrochen, so werden die Satzzeichen wie folgt gesetzt:

a) Ist der Einführungssatz in die direkte Rede an einer Stelle eingeschoben, wo sonst kein Satzzeichen stünde, so wird er in Kommas und Gedankenstriche eingeschlossen:

«Я хочу́ узна́ть от вас, — сказа́ла она́, — **лати́нские назва́ния поле́зных расте́ний и их сво́йства».**

„Ich möchte mich bei Ihnen", sagte sie, „nach den lateinischen Namen der Nutzpflanzen und ihren Eigenschaften erkundigen".

b) Ist der Einführungssatz in die direkte Rede an einer Stelle eingeschoben, wo sonst ein Komma, ein Semikolon oder ein Doppelpunkt stünde, so wird er ebenfalls in Kommas und Gedankenstriche eingeschlossen:

«Хочу́ я спроси́ть тебя́, — тихо́нько сказа́ла она́, — что ты всё чита́ешь?» (*М. Г.*)

„Ich möchte dich mal fragen", sagte sie leise, „was liest du da die ganze Zeit?"

«Нам придётся здесь ночева́ть, — сказа́л он с доса́дой, — в таку́ю мете́ль че́рез го́ры не перее́дешь». (*Л.*)

„Wir müssen hier übernachten", sagte er mit Verdruß, „bei solchem Schneesturm kommt man nicht über die Berge."

c) Ist der Einführungssatz an einer Stelle eingeschoben, wo sonst ein Punkt stünde, so werden vor den Einführungssatz Komma und Gedankenstrich und dahinter Punkt und Gedankenstrich gesetzt:

«И вдруг че́рез де́сять лет мы встре́тимся, — говори́л он. — Каки́е мы тогда́ бу́дем?» (*Чех.*)

Und was, wenn wir uns in zehn Jahren wiedersehen", sagte er. „Wie werden wir dann sein?"

d) Ist der Einführungssatz an einer Stelle eingeschoben, wo sonst ein Frage- oder ein Ausrufezeichen stünde, so werden vor den Einführungssatz dieses Zeichen und ein Gedankenstrich, dahinter Punkt und Gedankenstrich gesetzt:

«А по́мните, как я провожа́л вас на ве́чер в клуб? — сказа́л он. — Тогда́ шёл дождь, бы́ло темно́...» (*Чех.*)

„Erinnern Sie sich noch, wie ich Sie zum Abend in den Klub begleitete?" sagte er. „Damals regnete es, und es war dunkel..."

Die direkte Rede wird in Anführungszeichen gesetzt. In Fällen, wo die direkte Rede unterbrochen wird, stehen die Anführungszeichen zum Unterschied vom Deutschen nur am Anfang und am Ende des Ganzen.

In Publikationen werden bei der Wiedergabe eines Gesprächs gewöhnlich keine Anführungszeichen gesetzt. Die direkte Rede beginnt jeweils mit einem neuen Absatz und einem Gedankenstrich.

Ася посмотре́ла мне пря́мо и при́стально в глаза́:
— **Вы сего́дня дурно́го мне́ния обо мне,** — сказа́ла она́, нахму́рив бро́ви. (*Тург.*)

Asja sah mir gerade und fest in die Augen: „Sie haben heute eine schlechte Meinung von mir", sagte sie und zog die Augenbrauen zusammen.

Übung 213. Lesen Sie den Auszug aus dem Roman M. Gorkijs „Die Mutter". Beachten Sie die direkte Rede.

— Хочу́ я спроси́ть тебя́, — тихо́нько сказа́ла она́, — что ты всё чита́ешь?

Он сложи́л кни́жку.

— Ты сядь, мама́ша...

Мать гру́зно опусти́лась ря́дом с ним и вы́прямилась, насторожи́лась, ожида́я чего́-то ва́жного.

Не гля́дя на неё, негро́мко и почему́-то о́чень суро́во, Па́вел заговори́л:

— Я чита́ю запрещённые кни́ги. Их запреща́ют чита́ть потому́, что они́ говоря́т пра́вду о на́шей рабо́чей жи́зни... Они́ печатаются тихо́нько, та́йно, и е́сли их у меня́ найду́т — меня́ поса́дят в тюрьму́, — в тюрьму́ за то, что я хочу́ знать пра́вду. Поняла́? Ей ста́ло стра́шно за сы́на и жа́лко его́.

— Заче́м же ты э́то, Па́ша? — проговори́ла она́.

Он по́днял го́лову, взгляну́л на неё и гро́мко, споко́йно отве́тил:

— Я хочу́ знать пра́вду.

Übung 214. Lesen Sie die folgenden Sätze. Begründen Sie die Zeichensetzung.

1. Иногда́ она́ спра́шивала меня́:

— Что вы чита́ете?

Я отвеча́л кра́тко, и мне хоте́лось спроси́ть её:

— А вам заче́м э́то? (*М. Г.*)

2. Сто́я на крыльце́, он уви́дел На́дю и пошёл к ней.

— Хорошо́ у вас здесь, — сказа́л он. (*Чех.*)

3. — Я прошу́, това́рищ Медве́дев, — твёрдо сказа́л Долгу́шин, — не то́лько смотре́ть, как у меня́ пойду́т дела́, но и помога́ть мне. (*Овеч.*)

4. — До свида́нья, Ната́ша, — сказа́л я. — Уезжа́ю. (*Ант.*)

5. — Макси́м Макси́мыч, не хоти́те ли ча́ю? — закрича́л я ему́ в окно́. (*Л.*)

6. Я подошёл к нему́. «Е́сли вы захоти́те немно́го подожда́ть, — сказа́л я, — то бу́дете име́ть удово́льствие уви́деться со ста́рым прия́телем». (*Л.*)

DIE UMWANDLUNG DIREKTER REDE IN INDIREKTE REDE

In den meisten Fällen ist eine Umwandlung direkter Rede in indirekte Rede möglich.

1. Ist die direkte Rede ein Aussagesatz, so wird sie durch einen Objektsatz mit der Konjunktion **что** in indirekte Rede umgewandelt:

Direkte Rede	Indirekte Rede
«Оте́ц на собра́ние пошёл», — отве́тил Па́шка. (*Гайд.*)	Па́шка отве́тил, **что** оте́ц пошёл на собра́ние.
„Der Vater ist zur Versammlung gegangen“, antwortete Paška.	Paška gab zur Antwort, daß der Vater zur Versammlung gegangen sei.

2. Ist die direkte Rede ein Aufforderungssatz mit dem Prädikat im Imperativ, so wird sie durch einen Objektsatz mit der Konjunktion **что́бы** umgewandelt:

Direkte Rede	Indirekte Rede
«Расскажи́ ска́зку», — прошу́ я старика́. (*М. Г.*)	Я прошу́ старика́, **что́бы** он рассказа́л ска́зку.
„Erzähl mir ein Märchen“, bitte ich den Alten.	Ich bitte den Alten, daß er mir ein Märchen erzählt (erzähle).

3. Ist die direkte Rede ein Fragesatz mit einem Fragewort, so wird sie durch einen Objektsatz ersetzt, in dem als Fragewort eine unechte Konjunktion auftritt:

Direkte Rede	Indirekte Rede
«Куда́ прие́хали?» — спроси́л я, протира́я глаза́. (*П.*) „Wo sind wir?“ fragte ich, indem ich mir die Augen rieb.	Я спроси́л, протира́я глаза́, куда́ прие́хали. Ich frage, indem ich mir die Augen rieb, wo wir seien.
«В чём суть твоего́ пла́на, Та́ня?» — спроси́л За́лкинд. (*Аж.*) „Was ist der Sinn deines Planes, Tanja?“, fragte Salkind.	За́лкинд спроси́л Та́ню, **в чём** суть её пла́на. Salkind fragte Tanja, was der Sinn ihres Planes sei.

4. Ist die direkte Rede ein Fragesatz ohne Fragewort, so wird sie in einen Objektsatz mit der Partikel **ли** als Konjunktion umgewandelt:

Direkte Rede	Indirekte Rede
«Был како́й-нибудь отве́т на предложе́ние?» — спроси́л Батма́нов. (*Аж.*) „Gab es irgendeine Antwort auf den Vorschlag?“ fragte Batmanov.	Батма́нов спроси́л, был **ли** како́й-нибудь отве́т на предложе́ние. Batmanov fragte, ob es irgendeine Antwort auf den Vorschlag gäbe.

Bei der Umwandlung der direkten Rede in indirekte Rede muß man den Gebrauch der Personal- und der Possessivpronomen sowie der Personalformen der Verben beachten:

Direkte Rede	Indirekte Rede
«**Я** никуда́ **не** пое́ду», — отвеча́ла Ната́ша. (*Л. Т.*) „Ich will nirgendwohin fahren“, antwortete Nataša.	Ната́ша отвеча́ла, что **она́** никуда́ **не** пое́дет. Nataša antwortete, daß sie nirgendwohin fahren wolle.
«Это **моя́** кни́жка», — сказа́л он, ука́зывая на журна́л. (*Гайд.*) „Das ist mein Buch“, sagte er, auf die Zeitschrift weisend.	Ука́зывая на журна́л, он сказа́л, что э́то **его́** кни́жка. Auf die Zeitschrift weisend, sagte er, dies sei sein Buch.

Nicht in allen Fällen ist Umwandlung direkter in indirekte Rede möglich. Stehen in der direkten Rede Interjektionen, Ausrufe, Anreden, so ist eine Umwandlung nicht möglich:

«Бо́же мой, На́дя прие́хала! — сказа́л он и ве́село рассмея́лся. — Родна́я моя́, голу́бушка!» (*Чех.*)	„Mein Gott, Nadja ist gekommen!“ sagte er und lachte fröhlich. „Meine Liebe, meine Teure!“

Übung 215. Wandeln Sie die direkte Rede in die indirekte um.

1. «Самова́р гото́в!» — кри́кнула мать. (*М. Г.*) 2. «Сестра́ моя́ сего́дня прие́дет!» — сообщи́л он. (*М. Г.*) 3. «Где ты была́, Ма́ша?» — спроси́л Кири́ла Петро́вич. (*П.*) 4. «Все ли здесь? — спроси́л Дубро́вский. — Не оста́лось ли кого́ в до́ме?» (*П.*) 5. «Я хочу́ попро́бовать опя́ть петь», — сказа́ла она́. (*Л. Т.*) 6. «Расскажи́ мне, Алька, сме́лую вое́нную ска́зку», — попроси́ла На́тка. (*Гайд.*)

7. Если, идя́ с ней в теа́тр, я забыва́л взять бино́кль, то пото́м она́ говори́ла: «Я так и зна́ла, что вы забу́дете». (*Чех.*) 8. «А мне все э́ти дни так неве́село», — сказа́ла На́дя, помолча́в. (*Чех.*) 9. Уви́да́в вы́шедшего ей навстре́чу швейца́ра, она́ то́лько вспо́мнила, что посыла́ла запи́ску и телегра́мму. «Отве́т есть?» — спроси́ла она́. — «Сейча́с посмотрю́», — отвеча́л швейца́р. (*Л. Т.*) 10. Я пошёл к хозя́йке Валенти́не, что́бы спроси́ть, нет ли нам к до́му доро́ги побли́же. «Сейча́с муж на ста́нцию пое́дет, — сказа́ла Валенти́на. — Он вас довезёт до са́мой ме́льницы, там уже́ и недалеко́». (*Гайд.*)

Übung 216. Wandeln Sie die direkte Frage in eine indirekte um.

А. 1. Анна Алексе́евна выходи́ла ко мне с озабо́ченным лицо́м и вся́кий раз спра́шивала: «Почему́ вас так до́лго не́ было?» (*Чех.*) 2. Он с волне́нием спра́шивал у неё вся́кий раз, о чём она́ чита́ла в после́дние дни. «Что вы чита́ли на э́той неде́ле, пока́ мы не ви́делись?» — спроси́л он тепе́рь. (*Чех.*) 3. «Где же твой но́вый прия́тель?» — спроси́л он Арка́дия. (*Тург.*) 4. «О чём же вы с ней говори́ли?» — спроси́л меня́ Га́гин. (*Тург.*) 5. «Что же ты не е́дешь?» — спроси́л я ямщика́ с нетерпе́нием. (*П.*)

В. 1. Она́ ти́хо спроси́ла: «Не опозда́ла я?» 2. «Вам удо́бно бу́дет здесь?» — спроси́л Никола́й, вводя́ мать в небольшу́ю ко́мнату. (*М. Г.*) 3. «Вы печа́таете свои́ произведе́ния в журна́лах?» — спроси́л у Ве́ры Ио́сифовны Ста́рцев. (*Чех.*) 4. «Хо́чешь сего́дня но́чью рабо́тать со мной?» — спроси́л Челка́ш Гаври́лу. (*М. Г.*) 5. «Мо́жно ви́деть гла́вного инжене́ра Бери́дзе?» — спроси́ла де́вушка. (*Аж.*) 6. «Вас посла́ли сюда́ и́ли вы са́ми реши́ли пройти́сь?» — спроси́л Батма́нов у Та́ни. (*Аж.*) 7. «Вы надо́лго сюда́ прие́хали?» — спроси́ла она́ Влади́мира Серге́евича. (*Тург.*) 8. «Име́ете вы изве́стия от ва́шего сы́на?» — спроси́л я её наконе́ц. (*Тург.*) 9. «Так я говорю́, Алька?» — спроси́ла На́тка. (*Гайд.*)

INHALTSVERZEICHNIS

СОДЕРЖАНИЕ

Учебное издание

ПУЛЬКИНА
Ильза Максимилиановна

ЗАХАВА-НЕКРАСОВА
Екатерина Борисовна

РУССКИЙ ЯЗЫК

**Практическая грамматика
с упражнениями
(для говорящих на немецком языке)**

Художественный редактор
Л. П. КОПАЧЁВА

**Издание осуществлено при участии
издательства «Дрофа»**

Подписано в печать 14.01.05. Формат 60×90^1/$_{16}$. Бумага
офсетная. Гарнитура «Таймс». Печать офсетная (с го-
товых диапозитивов). Усл. печ. л. 38,0. Уч.-изд. л. 40,88.
Тираж 2000 экз. Заказ № 96.

Издательство «Русский язык» Федерального агентства
по печати и массовым коммуникациям.
117303, Москва, М. Юшуньская ул., 1.

ОАО «Типография «Новости».
105005, Москва, ул. Фр. Энгельса, 46.